MENÉNDEZ PELAYO

ORÍGENES DE LA NOVELA

III

ESPASA-CALPE ARGENTINA, S.A.

YOUNGSTOWN UNIVERSITY
LIBRARY

Marcelino Menéndez Pelayo
OBRAS COMPLETAS

MENÉNDEZ PELAYO

ORÍGENES DE LA NOVELA

III

ESPASA-CALPE ARGENTINA, S.A.

Queda hecho el depósito dispuesto por la ley N° 11.723
Copyright by Cía. Editora Espasa-Calpe Argentina, S. A.
Buenos Aires, 1946

IMPRESO EN ARGENTINA
PRINTED IN ARGENTINE

Acabado de imprimir el 30 de marzo de 1946

Gerónimo J. Pesce y Cía. — Pedro Goyena 1562/68. — Buenos Aires

ORÍGENES DE LA NOVELA

X

La «Celestina».—Razones para tratar de esta obra dramática en la historia de la novela española.—Cuestiones previas sobre el autor y el texto genuino de la «Tragicomedia de Calisto y Melibea».—Noticia de sus primeras ediciones y de las diferencias que ofrecen.—Noticias del bachiller Fernando de Rojas.—¿Es autor del primer acto de la «Celestina»?—¿Lo es de las ediciones publicadas en 1502?—¿Fecha aproximada de la «Celestina»?—Lugar en que pasa la escena.—Fuentes literarias de la «Tragicomedia»: reminiscencias clásicas.—Teatro de Plauto y Terencio.—Comedias elegíacas de la Edad Media, especialmente la de «Vetula»: su imitación por el Arcipreste de Hita.—Comedias humanísticas del siglo XV: el «Paulus», de Vergerio; la «Poliscena», atribuída a Leonardo Bruni de Arezzo; la «Chrysis», de Eneas Silvio.—La «Historia de Euríalo y Lucrecia», del mismo.—Otras reminiscencias de escritores del Renacimiento italiano: Petrarca; Boccaccio.—Literatura española del siglo XV que pudo influir en Rojas: el Arcipreste de Talavera, Juan de Mena, Alonso de Madrigal, la «Cárcel de Amor».—Análisis de la «Celestina».—Los caracteres.—La invención y composición de la fábula.—Estilo y lenguaje.—Espíritu y tendencia de la obra.—Censuras morales de que ha sido objeto.—Historia póstuma de la «Celestina».—Rápidas indicaciones sobre su bibliografía. Principales traducciones.—Su influjo en las literaturas extranjeras. Importancia capital de la «Celestina» en el drama y en la novela española.

Al incluir la *Celestina* y sus más directas imitaciones en esta historia de los orígenes de la novela española, y ofrecer en este tomo algunas muestras del género, no pretendo sostener que estas obras, y menos que ninguna la primitiva, sean esencialmente novelescas. En trabajos anteriores [1] he manifestado siempre parecer contrario, y no encuentro motivo para separarme de él después de atento examen. La *Celestina*, [2] llamada por su verdadero nombre *Comedia de Melibea* en la primera edición, *Tragicomedia de Calisto y Melibea* en la refundición de 1502, es un poema dramático, que su autor dió por tal, aunque no soñase nunca con verlo representado.

Por mucho que se adelante su fecha, hay que conceder que fué escrita por lo menos en el último decenio del siglo XV, y es probablemente anterior a las más viejas églogas de Juan del Enzina, a lo sumo coetánea de algunas de ellas. [3] ¿Qué relación podía tener aquel escenario infantil con el arte suyo, tan reflexivo, tan maduro, tan intenso y humano? El autor escribió para ser leído, [4] y por

---

[1] Véase el estudio crítico que precede a la edición de Vigo, 1899, tipografía de Eugenio Krapf. De aquel trabajo sólo conservo en el presente algunas frases, que por razones particulares no he querido modificar. Todo lo restante ha sido escrito de nuevo, conforme a los descubrimientos e investigaciones de estos últimos años y al minucioso estudio que he hecho de la *Tragicomedia* y de la copiosa literatura que con ella se relaciona.

[2] Ninguna de las ediciones españoles que hoy se conocen anteriores a la de Alcalá de Henares, 1569, lleva este título, pero sí todas las reimpresiones de la traducción italiana de Alfonso Ordóñez desde la de Venecia, 1519 en adelante. Y así debía designársela en el uso común, puesto que Luis Vives le cita dos veces con tal nombre en 1529 y en 1531, y también Fr. Antonio de Guevara en los preliminares de su *Aviso de privados y doctrina de cortesanos* (Valladolid, 1539).

[3] La primera edición del *Cancionero* de Juan del Enzina, en que están sus más antiguos ensayos dramáticos, es de 1496, anterior tres años no más a la *Comedia de Melibea*.

[4] Hay un pasaje del prólogo que parece indicar lo contrario: *quando diez personas se juntaren a oyr esta Comedia*. Pero, a mi ver, no se trata aquí de verdadera representación, sino de lectura entre amigos, y en tal interpretación me confirma una de las octavas de Alonso de Proaza.

«Dize el modo que se ha de tener *leyendo* esta tragiçomedia:

Si amas y quieres a mucha atencion,
Leyendo a Calisto, mouer los oyentes,
Cumple que sepas hablar entre dientes,
A veces con gozo, esperança y passion;

eso dió tan amplio desarrollo a su obra, y no se detuvo en escrúpulos ante la libertad de algunas escenas, que en un teatro material hubieran sido intolerables para los menos delicados y timoratos. Pero escribía con los ojos puestos en un ideal dramático, del cual tenía entera conciencia. Le era familiar la comedia latina, no sólo la de Plauto y Terencio, sino la de sus imitadores del primer Renacimiento. Este tipo de fábula escénica es el que procura, no imitar, sino ensanchar y superar, aprovechando sus elementos y fundiéndolos en una concepción nueva del amor, de la vida y del arte.

Todo esto lo consigue con medios, situaciones y caracteres que son constantemente dramáticos, y con aquella lógica peculiar que la dramaturgia impone a la acción y a los personajes, con aquel ritmo interno y graduado que ningún crítico digno de este nombre puede confundir con los procedimientos de la novela. La *Celestina* no es un mero diálogo ni una serie de diálogos satíricos como los de Luciano, imitados tan sabrosamente por los humanistas del siglo décimosexto. Concebida como una grandiosa tragicomedia, no podía tener más forma que el diálogo del teatro, representación viva de los coloquios humanos, en que lo cómico y lo trágico alternan hasta la catástrofe con brío creciente. Fuera de algunos pasajes en que la declamación moral pre-

> A vezes ayrado con gran turbacion.
> Finge *leyendo* mil artes y modos,
> Pregunta y responde *por boca de todos*,
> Llorando y riyendo en tiempo y sazon.»

Son verdaderas reglas de declamación, pero no para un actor, sino para un lector que habla por boca de todos los personajes de la pieza. No recuerdo que nadie después de Wolf (*Studien*, pág. 280) y antes de Creizenach (*Geschichte des neueren Dramas*, I, 34) se haya fijado en este curioso pasaje. Es probable que las comedias elegíacas de la Edad Media se recitasen así, y antes de ellas lo había sido el *Querolus*, según todas las trazas.

El carácter de *drama ideal* que la *Celestina* tiene, fué perfectamente comprendido en el siglo XVII por su traductor latino Gaspar Barth, y aun por eso aplaudía que su autor la hubiese escrito en prosa contra el uso de los antiguos y el de su propio tiempo. «Hic vero Ludus nulli Theatro affi-
»xus erit, nec diludiis factus unius aut alterius Reipublicae, Civitatisve:
»sed generatim totum Orbem Christianum ad lectionem vocat et velut
»spectaculum.»

domina, el instrumento está perfectamente adecuado a su fin.
La creación de una forma de diálogo enteramente nueva en las
literaturas modernas, es uno de los méritos más singulares de este
libro soberano. En nuestra lengua nadie ha llegado a más alto
punto; pero compárese esa prosa con la de Cervantes, y se verá
cuánto distan el estilo del teatro y el de la novela, aunque tanto
influyan el uno en el otro.

El título de *novela dramática* que algunos han querido dar a la
obra del bachiller Rojas, nos parece inexacto y contradictorio
en los términos. Si es drama, no es novela. Si es novela, no es
drama. El fondo de la novela y del drama es uno mismo, la representación estética de la vida humana; pero la novela la representa en forma de *narración*, el drama en forma de *acción*. Y todo
es activo, y nada es narrativo en la *Celestina*.

Pero ¿cómo prescindir de ella en una historia de la novela
española? Así como la antigüedad encontraba en los poemas de
Homero las semillas de todos los géneros literarios posteriores
y aun de toda la cultura helénica, así de la *Tragicomedia* castellana (salvando lo que pueda tener de excesivo la comparación)
brotaron a un tiempo dos raudales para fecundar el campo del
teatro y el de la novela.[1] Y si extensa y duradera fué la acción

---

[1] Fernando Wolf la consideraba como un poema épico-dramático, lo
cual es decir, en sustancia lo mismo: «Seine Form ist in der That eine episch-
»dramatische. In ihr zeigt sich das Drama zwar noch in den weiten, falten-
»reichen epischen Gewanden, aber schon in Begriffe dieser hemmenden
»Hüllen sich zu entledigen, um in freierer Bewegung rascheren Schrittes die
»Bühne zu besteigen. In der Wahl, Anlage und Gliederung der Fabel, in
»der composition der *Celestina* im Ganzen waltet allerdings noch das Epische
»vor; es ist darin noch das breite Sichgehenlassen, die Redseligkeit des Er-
»zählers, das Zerfahren der Handlung und Hemmung ihres rascheren, dra-
»matischeren Verlaufs durch Episoden, das Vorwalten der Situation, die
»minutiöse Ausmalung, kurz die Epische Breite und Behaglichkeit. Dennoch
»hat diese *Tragicomedia* schon dramatischen Grundton, dramatisches Le-
»ben und-abgesehen von der mehr äusserlichen Form des durchgehenden
»Dialogs und der Eintheilung in (21) Acte, nicht nur Acte, sondern auch
»Action, dramatische Handlung und vor allen in der und durch die Handlung
»drastisch dargestellte Charaktere; ja gerade durch die meisterhafte Zeich-
»nung, consequente Entwickelung und den kuntsvollen Conflict der Cha-
»racktere, durch die darin bedingte tragische Katastrophe zeichnet sie sich
»so sehr aus, dass sie Prototyp, und classisches Muster des sogenannten
»*género novelesco* des spanischen Nationaldramas geworden und hierin von

de aquel modelo sobre la parte que podemos llamar profana o secular de nuestra escena, no fué menos decisiva la que ejerció en la mente de nuestros novelistas, dándoles el primer ejemplo de observación directa de la vida: el primero, decimos, porque las pinturas de los moralistas y de los satíricos apenas pasan de rasguños, en las animadas páginas del Arcipreste de Talavera, uno de los pocos precursores indudables de Fernando de Rojas. La corriente del arte realista fué única en su origen, y a ella deben remontarse así el historiador de la dramaturgia como el que indague los orígenes de la novela. Y aun puede añadirse que en el teatro esa dirección fué contrastada desde el principio por una poesía romántica y caballeresca muy poderosa, que acabó por triunfar y dió su último fruto con el idealismo calderoniano; al paso que en la novela, vencidos definitivamente los libros de caballerías y relegados a modesta oscuridad los pastoriles y sentimentales, imperó victoriosa la fórmula naturalista, primero en la novela picaresca y luego en la grandiosa síntesis de Cervantes, que llamaba, aunque con salvedades morales, *libro divino* a la inmortal *Tragicomedia*.

Estas razones justifican, a mi ver, la inclusión de la *Celestina* en el cuadro que venimos bosquejando. Y admitida ella, que es sin duda la más dramática, no puede prescindirse de sus imitaciones, que lo son mucho menos, a excepción de la *Selvagia*, la *Lena* y alguna otra. Aun estas mismas fueron escritas sin contar para nada con la escena; y no lo digo solamente por las situaciones pecaminosas, pues iguales, ya que no peores, las hay en varias comedias italianas que positivamente fueron representadas, sino porque en todas esas imitaciones falta aquella chispa de genio dramático que inflama la creación del bachiller Rojas y la hace bullir y moverse ante nuestros ojos en un escenario ideal. En las *Celestinas* secundarias, el diálogo, aunque constantemente puro y rico de idiotismos y gracias de lenguaje, camina lento y monótono, se pierde en divagaciones hinchadas y pedantescas o se revuelca en los más viles lodazales. Sus autores calcan servil-

---

»wenigen späteren, wenn auch dramatisch ausgebildeteren Stücken der Art »erreicht, von keinem übertroffen worden ist.» (*Studien zur geschichte der Spanischen und Portugiesischen Nationalliteratur von Ferdinand Wolf*, Berlín, A. Asher, 1859, pág. 280).

mente los tipos ya creados, pero rara vez aciertan a hacerles hablar su propio y adecuado lenguaje. Del drama sólo conservan la exterior corteza, la división en actos o escenas, pero introducen largas narraciones, se enredan en episodios inconexos y usan procedimientos muy afines a los de la novela. Algunas hasta carecen de verdadera acción. *La Lozana Andaluza,* por ejemplo, no es comedia ni novela, sino una serie de diálogos escandalosos, del mismo corte y jaez que los *Ragionamenti* del Aretino. Pero de los caracteres que distinguen a algunos de estos libros y les dan peculiar fisonomía se hablará en el capítulo que sigue. Ahora debemos atender sólo a la obra primitiva, que por ningún concepto debe mezclarse con su equívoca y harto dilatada parentela.

Trabajos muy importantes de estos últimos años han puesto en claro la primitiva historia tipográfica de la *Celestina;* nos han revelado que el libro pasó por dos formas distintas, y han levantado una punta del velo que cubría la misteriosa figura del que yo tengo por único autor y refundidor de la *Tragicomedia,* aunque personas muy doctas conserven todavía alguna duda sobre el particular.

Algo de bibliografía es aquí indispensable, pero la abreviaremos todo lo posible. La primera edición de la *Celestina* conocida hasta ahora es la de Burgos, 1499.[1] ¿Existió otra anterior? Me guardaré de negarlo, pero no encuentro fundada la sospecha. Lo único que puede abonarla son estas palabras del prólogo de la edición refundida de 1502: «que avn *los impressores han dado* »*sus punturas, poniendo rúbricas o sumarios al principio de cada* »*aucto,* narrando en breue lo que dentro contenía: vna cosa bien »escusada, segun lo que los antiguos scriptores vsaron». Es así que estas rúbricas o sumarios aparecen ya en la edición de Bur-

---

[1] Aribau, en la introducción del tomo de *Novelistas anteriores a Cervantes,* citó una edición de Medina del Campo de 1499, que nadie ha visto. Acaso se atribuyó a Medina la edición incunable, que no consigna realmente el punto de impresión. Pero no consta que Fadrique Alemán imprimiese más que en Burgos. En Medina no se encuentra impresor alguno antes de 1511, en que Nicolás de Piemonte estampó el *Valerio de las historias.* Vid. *La Imprenta en Medina del Campo,* por don Cristóbal Pérez Pastor (Madrid, 1895), p. IX.

gos, luego tuvo que haber otra anterior en que no estuviesen. El argumento no me convence.[1] Pudo el primer impresor hacer esta adición en el texto manuscrito, y no enterarse de ello el autor hasta verlo impreso, puesto que no tenemos indicio alguno de que asistiera personalmente a la corrección de su libro.

Dejando aparte esta cuestión, que por el momento es ociosa e insoluble, conviene fijarnos en el inestimable y solitario ejemplar de la edición de Burgos, que nos ha conservado el texto primitivo de la *Comedia de Melibea*. Y en verdad que se ha salvado casi de milagro, pues no sólo ha tenido que luchar con todas las causas de destrucción que amagan a los libros únicos, sino con el ignorante desdén de aficionados imbéciles, que le rechazaban por estar *falto*, y hasta llegaron a dudar de su autenticidad.[2]

Carece, en efecto, de la primera hoja, empezando por la signatura A—II *(Argumento del primer auto desta comedia)*. Es

---

[1] Tampoco ha convencido al erudito italiano Mario Schiff *(Studi di filologia romanza pubblicati da E. Monaci e C. de Lollis*, Turín, 1892, fasc. 24, página 172).

La edición de Sevilla, 1501, anuncia que los argumentos están *nueuamente añadidos*, lo cual si se entiende como suena es una falsedad, puesto que la edición de 1499 tiene los mismos *argumentos*. Lo que quiere decir, a mi juicio, es que los argumentos habían sido añadidos al primitivo texto poco antes, nuevamente *(nuperrime)*.

[2] No carece de curiosidad la historia de los precios que en ventas públicas ha obtenido. Apareció por primera vez en Londres en la subasta de la biblioteca de Ricardo Heber (1836), y fué tal la insensatez o ligereza de los bibliófilos (desencantados quizá por la circunstancia del pliego falso) que fué vendido en la irrisoria cantidad de *dos libras y dos chelines*. El afortunado comprador fué Mr. de Soleinne, y en la venta de su riquísima colección dramática (1844) alcanzó ya esta *Celestina* el precio de 409 francos, que pagó el Barón Taylor. Procedente de la biblioteca del Barón Seillière, fué subastada nuevamente en París (1890), llegando al precio de 2.700 francos. No sabemos si en aquella ocasión la adquirió el librero Quaritch, de Londres, que en su catálogo de 1895 la anunció en 145 *libras esterlinas*. El bibliófilo inglés Mr. Alfredo W. Pollard es el actual poseedor de esta joya que afortunadamente podemos disfrutar todos en la lindísima reimpresión que de ella ha hecho el señor Foulché-Delbosc, a quien se deben los mayores progresos que el estudio de la *Celestina* ha logrado en estos últimos años. *Comedia de Calisto e Melibea* (Burgos, 1499). *Reimpresión publicada por R. Foulché-Delbosc*, 1902 *(Macon, Protat hermanos, impresores)*. En la *Revue Hispanique*, tomo IX, págs. 185-190, está minuciosamente descrito por el señor Foulché el incunable de Burgos.

un tomo en 4.º pequeño, de letra gótica, con diez y siete grabados en madera, que convendría reproducir. En el folio 91 se halla el escudo del impresor con la siguiente leyenda: *Nihil sine causa.* 1499. *F. A. de Basilea.* Lo cual quiere decir que el libro salió de las prensas de *Fadrique Alemán de Basilea,* que estampó en Burgos muchos y buenos libros desde 1485 hasta 1517.

Pero este último pliego es contrahecho, según testimonio unánime de los que han tenido la fortuna de ver el precioso incunable. [1] Quedaba, pues, la duda de si ese final fué copiado de otro ejemplar auténtico, o si el escudo y la fecha eran una completa falsificación. Pero tal duda no es posible después del magistral estudio del doctor Conrado Haebler, bibliotecario de Dresde, cuya pericia y autoridad en materia de incunables españoles es reconocida y acatada por todo el mundo. Haebler deja fuera de duda que los caracteres con que está impreso el libro son los bien conocidos de Fadrique Alemán de Basilea, usados por él en casi todas las ediciones que hizo en 1499 y 1500, e idéntico el escudo del impresor al que aparece en otros productos de sus prensas. [2]

Aparte de esta demostración tipográfica, bastaba haber examinado el libro por dentro (lo cual no creo que hiciese nadie antes de don Pascual Gayangos, por quien fué redactada la interesante nota del Catálogo de Quaritch) para convencerse de que la edición era original y auténtica y anterior de fijo a la de 1502, que nos da ya el texto definitivo de la *Celestina* en veintiún actos. Los trece primeros se corresponden sustancialmente en las dos versiones, pero a la mitad del décimocuarto comienza una grande interpolación que dura hasta el décimonono; el vigésimo corresponde al décimoquinto de la edición primitiva, y el vigésimoprimero al décimosexto. Se interpolan, pues, cinco actos seguidos, además de numerosos aumentos parciales, que unidos a las variantes equivalen a una refundición total.

Como el ejemplar de 1499 está falto de la primera hoja, no podemos saber cuáles eran sus preliminares; pero en tan corto espa-

---

[1] Brunet, en la quinta edición de su *Manuel du Libraire* (1860), dice que la filigrana del papel en la última hoja deja leer la fecha de 1795. Pero en su estado actual no tiene tal fecha ni señal alguna, según asegura el señor Foulché-Delbosc, que le ha examinado más despacio que nadie.

[2] *Bemerkungen zur Celestina (Revue Hispanique,* 1902, págs. 139-170).

cio no se comprende que cupiera más que el título de la obra en el anverso, y a la vuelta el argumento general de la obra. En cuanto a la carta de *El autor a un su amigo*, sólo podemos decir con seguridad, que consta ya en la edición de Sevilla de 1501, tenida generalmente por segunda, y única que conserva la división en diez y seis actos.

Pero ¿puede negarse de plano que haya existido una edición de Salamanca de 1500? En las coplas de Alfonso de Proaza,[1] que

---

[1] Siendo Alfonso de Proaza personaje de bastante importancia a principios del siglo XVI, especialmente como propagandista de la filosofía luliana, y habiendo sonado tanto su nombre en las controversias sobre la *Celestina*, parece natural que le dediquemos algunas líneas, en que procuraremos recoger, siguiendo el orden cronológico, las noticias que de él andan esparcidas en varios libros.

Su apellido indica que era natural u oriundo de Asturias, aunque don Nicolás Antonio le llama, y él propio se llamaba, *Asturicensis*, lo cual, en rigor, quiere decir natural de Astorga. Pero debe de ser una falta de latinidad, como observó bien el autor de la *Biblioteca Asturiana*, publicada por Gallardo *(Ensayo, I,* art. 457). Este manuscrito, fechado en 1782 y remitido al conde de Campomanes, no es más que el primer bosquejo de las *Memorias históricas del Principado de Asturias y Obispado de Oviedo*, que empezó a publicar en Tarragona, 1794, el canónigo don Carlos González de Posada, no pasando desgraciadamente del primer tomo. Es fácil cerciorarse del común origen de ambos libros, sin más que cotejarlos. En su primer artículo, González Posada apenas había hecho más que traducir las breves líneas que Nicolás Antonio dedica a Proaza en la *Biblioteca Nova*; pero en el segundo habló con mejores datos, que le proporcionó el erudito valenciano don Francisco Borrull.[a)]

El nombre de Alfonso de Proaza suena por primera vez en sus coplas encomiásticas de la *Celestina*, ora se pusiesen en la hipotética edición de Salamanca, 1500, ora en la de Sevilla, 1501.

«Consta de los libros de Ayuntamiento de la ciudad de Valencia, llamados *Manuales*, que en 21 de octubre de 1504 fué nombrado por dicha ciudad catedrático de Retórica Alfonso de Proaza; que en 7 de mayo de 1505 se le reeligió para el año siguiente; que en 8 de septiembre del mismo año la ciudad loó y aprobó la obra que hizo en alabanza de la misma el reverendo Alfonso de Proaza, bachiller en Artes y familiar del obispo de Tarazona, don Guillén Ramón de Moncada, y mandó que ninguno pudiera imprimir dicha obra sino la persona que quisiese el mismo Proaza...; que en

a) *Memorias Históricas del Principado de Asturias y obispado de Oviedo. Juntábalas el Dr. D. Carlos González de Posada, canónigo de Tarragona, de la Real Academia de la Historia...* Tarragona, por Pedro Canals, 1794, pp. 120-124.

van al fin de la edición de Valencia, de 1514, una de ellas, la postrera, «describe el tiempo y lugar en que la obra *primeramente* »*se imprimió acabada:*

> El carro Phebeo despues de aver dado
> *Mil e quinientas* bueltas en rueda,
> Ambos entonces los hijos de Leda
> A Phebo en su casa tenien possentado.
> Quando este muy dulce y breue tratado
> Despues de revisto e bien corregido,
> Con gran vigilancia puntado e leydo,
> Fue en *Salamanca* impresso acabado».

---

3 de enero de 1506 proveyó la ciudad que se le diera y colara el primer beneficio que vacare en la misma al reverendo Mosén Alfonso de Proaza, presbytero, etc.; que en 30 de mayo del mismo año fué reelegido catedrático de Retórica.» (Nota comunicada por Borrull a González Posada).

Don Francisco Ortí y Figuerola, en sus *Memorias históricas de la fundación y progressos de la insigne Universidad de Valencia* (Madrid, 1730), página 143 y siguientes, añade que «fué secretario del obispo de Tarazona, »don Gislenio (Guillén) Ramón de Moncada, y uno de los más fuertes defen»sores de la doctrina de Raymundo Lulio, que entonces se leía públicamen»te en la Universidad, y había en ella cátedra instituída para su lección con »el honorario correspondiente, la cual duraba aun después de la mitad del »siglo XVII, como lo escribe el Regente don Lorenzo Mateu... El Maestro »Proaza promovió esta doctrina con el mayor esfuerzo, haciendo varias edi»ciones de muchas obras de Raymundo Lulio, entre las quales imprimió »la disputa que tuvo con Homar Sarraceno, y en su conclusión añadió unas »actas del examen de la doctrina del mismo Raymundo. Hizo también el »catálogo de sus obras, del qual, y del que formó después el juicioso Wa»dingo..., se valió don Nicolás Antonio, añadiendo varias noticias que ad»quirió... Diferentes de estas ediciones dedicó el Maestro Proaza al Venera»ble Arzobispo Cardenal... Cisneros, y la última que hallamos dirigida por »su cuydado es del año de 1519. Por esta fecha, y porque dice Escolano »que leía Retórica en Valencia cerca del año de 1517, supongo que estuvo »en esta enseñanza hasta el de 1517, en que entró *Alonso Ordóñez*, tal vez »a instancia y proposición suya, y por haber sido sustituto suyo en los años »antecedentes, pues las ocupaciones de Proaza eran muchas y graves».

Hasta aquí Figuerola, el cual añade en otra parte que Alfonso Ordóñez fué reelegido para la cátedra de Retórica en 20 de mayo de 1518 y en el mismo mes de los años 1520 y 1521. Siendo tan vulgares el nombre y el patronímico, no hay que reparar mucho en su coincidencia con los del primer traductor italiano de la *Celestina*, pues nada tiene de verosímil (aunque no sea imposible) que quien en 1506 era familiar del Papa Julio II fuera diez años después a desempeñar una cátedra de Retórica en el Estudio de Valencia.

La reproducción de estos versos en la edición valenciana de 1514 no implica, en concepto de Haebler ni en el mío, que ésta sea copia de la salmantina de 1500, ni nos autoriza para creer que llevase el título de *Tragicomedia*, ni que contuviese los veintiún

---

Como meros apuntamientos cronológicos, citaré aquí las publicaciones que conozco de Alfonso de Proaza:

1505. *Oratio luculenta de laudibus Valentiae...* (Colofón: *In eadem inclyta urbe Valentia. Per Leonardum Hutz alemanum... anno messie incarnati MCCCCCV quarto idus novembris)*. (Vid. Serrano Morales, *Diccionario de impresores valencianos*, p. 224). Entre las papeletas inéditas todavía de don Bartolomé Gallardo, con las cuales ha de formarse el quinto tomo del *Ensayo*, hay una descripción muy detallada de este rarísimo opúsculo con algunos extractos. Contiene, además de la *Oratio*, algunas poesías latinas de Proaza *(Alphonsi de proaza ad divos Valentinae vrbis patronos Vincentium martyrem invictissinum: et Vincentium Ferrer confessorem, Carmina saphica adonica atque dimetra iambica)*; otras, también latinas, de un Gonzalo Ximénez, cordobés, bachiller en ambos derechos, y del balear Miguel Cossi; y, finalmente, un *Romance heroico del mesmo Alonso de Proaza en lengua castellana sacado de la ya dicha latina oracion*, que es el mismo que luego se imprimió en el *Cancionero General*. Al fin del volumen se hallan unas estancias de arte mayor, de las cuales sólo transcribiremos la última, por la gran similitud que tiene con otra de las que puso en la *Celestina*:

DESCRIPCIÓN DEL TIEMPO EN QUE SE ACABÓ

En tiempo que el padre del triste Faeton
Por nuestro horizonte muy raudo pasaba,
Y en frígido albergue hospicio le daba
El Tésalo arquero, Centauro Quiron,
Y retrogradando por otra region
Mil y quinientas jornadas hiziera
Con cinco despues que Cristo naciera,
Fraguose el no bien fraguado sermon.

En el privilegio se llama a Alonso de Proaza «Bagiller en Arts, familiar del molt Reuerent don Guillem Ramon de Moncada, bisbe de Taraçona». Gaspar de Escolano, en su *Historia de Valencia*, tomo I, lib. V, cap. 29, col. 1.117 y ss. de la primera edición (Valencia, 1610), pone traducidos varios trozos de este panegírico, pero equivocando el apellido y, al parecer, la patria del autor, a quien llama «Alfonso *Peraza*, Cathedratico de Retorica, *de nación Andaluz*». Acaso procederá la equivocación de haber un Luis de Peraza, historiador de Sevilla; pero tampoco tendría nada de extraño que Alonso de Proaza, asturiano de origen, hubiese nacido en Andalucía.

1510. *Disputatio Raymundi Lulli et Homerii Saraceni primo habita inter eos in urbe Bugiae Sermone Arabico, postea translata in Latinum ab eodem Lullo... Valentiae, per Ioannem Gofredum* (Juan Jofre). Cuidó de

actos y el prólogo. Pudo tomarse el texto de otro ejemplar posterior, que acaso estaría incompleto, y añadirle los versos del de Salamanca. Tampoco es materialmente imposible que, después de publicada la refundición, prefiriese el impresor de Sevi-

esta edición Alonso de Proaza, y escribió la epístola dedicatoria al noble genovés Bartolomeo Gentili (el Bertomeu Gentil del *Cancionero General*). Contiene además este raro libro otros dos tratados lulianos, el *De Demonstratione per aequiparantiam* y la *Disputatio quinque hominum sapientum*.

A este mismo año de 1510 corresponde la más antigua de las ediciones hasta ahora conocidas de las *Sergas de Esplandián*, famoso libro de Caballerías, del regidor Montalvo. Esta edición, acabada de imprimir en Sevilla por maestre Jacobo Cromberger a 31 de julio de 1510, está descrita con el núm. 3.331 en el *Registrum* de don Fernando Colón. Por esta descripción sabemos que el libro tenía al fin, como todas las ediciones posteriores, unas coplas de Alonso de Proaza, que comienzan «Los claros ingenios...» Estas coplas son seis octavas de arte mayor, análogas en todo a las que puso en la *Celestina*:

  Aquí se demuestran, la pluma en la mano,
  Los grandes primores del alto decir,
  Las lindas maneras del bien escribir,
  La cumbre del nuestro vulgar castellano;
  Al claro orador y cónsul romano
  Agora mandara su gloria callar,
  Aquí la gran fama pudiera cesar
  Del nuestro retórico Quintilïano.

También en este caso se titula Alonso de Proaza «corrector de la impresión»; pero ¿qué edición del *Esplandián* es la que corrigió verdaderamente? No creo que fuese la sevillana de 1510, sino otra más antigua, porque él en ese tiempo residía en Valencia.

1511. En el *Cancionero General* de Hernando del Castillo, impreso en Valencia por Cristóbal Hofman, hay seis poesías del bachiller Alonso de Proaza, que tienen los núms. 25, 35, 477, 778, 791 y 793 en la reimpresión de los Bibliófilos Españoles. La más curiosa es el *Romance en loor de la ciudad de Valencia,* que reprodujo Durán en su *Romancero General,* tomo II (núm. 1.369). Es un resumen de su oración latina, con la cual fué impreso. El colector Castillo, que dirige a Proaza dos preguntas rimadas, da testimonio de la reputación científica de que gozaba entre sus contemporáneos:

  A vos que soys prima de los inuentores
  Y todo saber en vos resplandece:
  A vos a quien grandes, medianos, menores,
  Vienen pidiendo de vuestros fauores,
  Y lleuan cumplido lo que les fallesce...

lla el texto de la *Comedia* al de la *Tragicomedia*, por ser más de su gusto o por tenerle más a mano. En bibliografía hay bastantes ejemplos de primeras ediciones que no han sido arrinconadas ni sustituídas por las segundas; que han coexistido con

---

>Discreto, prudente en metros y prosa,
>A quien s'endereçan mis simples razones,
>A vos qu'en el texto desnudo sin glosa,
>Sin que se pueda sentir otra cosa,
>Moueys grandes dubdas y altas quistiones.

1512. Publicó en Valencia, imprenta de Jorge Castilla, el *Liber correlativorum innatorum* de Raimundo Lulio (Vid. N. Antonio, *Bibliotheca Vetus*, tomo II, lib. IX, cap. III, párrafo 89).

1513. Se hace mención de Alonso de Proaza en una carta interesantísima del Cardenal Cisneros a los Jurados de la Ciudad y Reino de Mallorca: «El *Secretario* Alonso de Proaza me embió su carta, y el traslado de los tí->tulos y privilegios de aquella dotrina del Maestro Ramon Lull, Doctor >Iluminadissimo, y he avido mui grande plazer de verlos, y de todo lo que >sobre esto me escriven; porque de verdad yo tengo mucha aficion a todas >sus obras, porque son de mucha dotrina y provecho; y assi crean, que en >todo quanto yo pudiere las tengo de favorecer y trabajar cómo se publi->que y se lea por todos los Estudios... Y porque *al bachiller Proaza escrivo* >*más largo sobre todo,* no digo aqui más de remitirme a lo que él de mi >parte les escriviera: yo les ruego que le den entera fe. De Alcalá, a 8 de >octubre de 1513.»

Esta epístola, sacada del libro de *Cartas Missivas* del Archivo municipal de Mallorca y registrada en el proceso de beatificación de 1612, fué publicada por el P. Custurer en sus *Disertaciones históricas del Beato Raymundo Lulio* (Mallorca, 1700, pág. 364). Además de lo que importa para la historia del lulismo, nos presenta a Alonso de Proaza como hombre de confianza del gran Cardenal, que sostenía con él correspondencia directa.

1514. En la segunda edición del *Cancionero General*, hecha en Valencia por Jorge Costilla, se añade una poesía de Alonso de Proaza, en loor de la bienaventurada Santa Catalina (núm. 25 en el apéndice de la edición de los Bibliófilos).

1515. *Ars inventiva veritatis. Tabula generalis. Commentum in easdem ipsius Raymundi... Prima impressio per Didacum de Gumiel in inclyta civitate Valentia die XII mèsis Februarii. Anno vero christianae salutis decimo quinto supra millesimum.*

Estos tres libros lulianos, de los cuales el tercero se conoce también con el título de *Ars expositiva, seu lectura super artem inventivam et tabulam generalem,* fueron publicados por Alonso de Proaza en un solo volumen, en folio, a dos columnas, de 219 hojas numeradas y 7 de preliminares. Está dedicado al Cardenal Cisneros, bajo cuyos auspicios se hizo la edición. Alonso de Proaza tradujo al latín la *Lectura,* y añadió un catálogo metódico y

ellas, y que a veces han llegado a triunfar del texto enmendado por los propios autores. No fué éste ciertamente el caso de la *Celestina,* puesto que desde 1502 todas las ediciones tienen veintiún actos; pero ¿es tan irracional creer que el impresor de Sevilla pudo ignorar la edición de Salamanca? Hasta la circunstancia de haber omitido una de las octavas de Proaza induce a sospechar que no las tomó de allí. Hubo acaso otras ediciones de que no ha quedado

---

por materias de las obras de Lulio. (Cf. Littré, tomo 29 de la *Histoire Littéraire de la France,* pp. 182-183, 196-197).

1519. A este año pertenecen, según don Nicolás Antonio, otras dos ediciones lulianas, impresas en Valencia por Jorge Costilla, el *Liber de ascensu et descensu intellectus* y la *Logica Nova.* Pero el P. Custurer *(Disertaciones,* p. 603), a quien como especialista en la materia hemos de suponer más enterado, las atribuye al año 1512, y cita un ejemplar existente en la Biblioteca de Montesión (hoy Provincial de Mallorca). Pudiera tratarse de ediciones distintas, pero no parece creíble, porque en 1518 Jorge Costilla había trasladado sus prensas a Murcia, y no volvió a establecerse en Valencia hasta el año de 1520.

Alfonso de Proaza fué también autor dramático.

En el *Registrum* de don Fernando Colón figura con el número 12.987 *Alfonsi de Proaza, Farsa, en coplas S.* (¿Sevilla?). Empezaba:

> O qué valles tan lucidos.
> O qué chapados pradales...

De esta pieza, como de tantas otras, no queda más memoria que el apuntamiento de Colón (véase la magnífica edición en facsímile del *Registrum* publicada por el benemérito hispanista Mr. Archer M. Huntington). Los dos primeros versos de la *farsa* de Proaza corresponden exactamente a los de otra farsa de Alonso de Salaya, que afortunadamente existe, y de la cual tenemos copia. ¿Serían ambas obrillas una misma, atribuída a dos autores?

Estos datos, con ser tan exiguos, aclaran un poco la fisonomía del personaje. En su juventud, como otros humanistas trashumantes, tuvo que ganarse la vida corrigiendo pruebas de imprenta. Más adelante, su cátedra de Retórica, el oficio de secretario del obispo de Tarazona, su ferviente lulismo, que no pudo menos de hacerle grato a los mallorquines, y sobre todo la protección de Cisneros, mejoraron sin duda su condición, pero no le harían perder sus antiguas aficiones. Sin nota de temeridad puede sospecharse que no fué ajeno a la edición valenciana de la *Celestina,* salida de las prensas de Juan Jofre (utilizadas por él mismo para alguna de sus tareas), y que no sólo consintió, sino que probablemente sugirió la idea de reproducir el colofón de Salamanca, donde se «descriue el tiempo y lugar en que la obra *primeramente se imprimió acabada».* Todo esto me parece natural y sin visos de superchería.

memoria: recuérdese que las nueve más antiguas que conocemos han llegado a nosotros en ejemplares únicos, como restos de un gran naufragio. Tres de ellas son de un mismo año, 1502, lo cual atestigua la inmensa popularidad de la obra. ¡Quién sabe las sorpresas que todavía nos guarda el tiempo!

Absteniéndonos de conjeturas y cavilaciones sobre un punto imposible de resolver por ahora, la que hoy hace veces de segunda edición es la de Sevilla, 1501, ejemplar completo e inestimable que posee la Biblioteca Nacional de París y ha publicado también el señor Foulché-Delbosc con todo el primor que pone en sus reproducciones tipográficas.[1]

El título es *Comedia de Calisto z Melibea con sus argumentos nueuamente añadidos la qual contiene, demas de su agradable y dulce estilo, muchas sentencias filosofales y avisos muy necessarios para mancebos, mostrándoles los engaños que estan encerrados en siruientes y alcahuetas.*[2]

A continuación se lee una carta de *El Autor a vn su amigo*, en que le manifiesta que «viendo la muchedumbre de galanes y »enamorados mancebos que nuestra comun patria posee», y en particular la misma persona de su amigo, «cuya juventud de »amor ser presa se me representa aver visto, y dél cruelmente »lastimada, a causa de le faltar defensivas armas para resistir »sus fuegos», las halló esculpidas en estos papeles, «no fabricadas »en las grandes herrerias de Milan, mas en los claros ingenios »de doctos varones castellanos formadas; y como mirase su pri- »mor, sotil artificio, su fuerte y claro metal, su modo y manera »de labor, su estilo elegante, *jamas en nuestra castellana lengua »visto ni oydo,* leylo tres o quatro veces, y tantan quantas más »lo leya, tanta más necessidad me ponia de releerlo, y tanto más »me agradava, y en su proceso nuevas sentencias sentia. Vi no

---

[1] *Comedia de Calisto y Melibea (Unico texto auténtico de la «Celestina»).* Macon, Protat hermanos, impresores, 1900. Forma parte de la *Bibliotheca Hispanica.*

[2] Después de los versos acrósticos hay un segundo título, que no sabemos si es anterior o posterior al primero: «Sigue se la comedia de Calisto y »Melibea, compuesta en reprehension de los locos enamorados, que vencidos »de su desordenado apetito a sus amigos llaman z dizen ser su dios. Assi »mesmo fecha en auiso de los engaños de las alcahuetas z malos z lisonje- »ros siruientes.»

»sólo ser dulce en su principal hystoria, o ficion toda junta; pero
»avn de algunas sus particularidades salian delectables fontezicas de
»filosofia, de otras agradables donayres, de otras avisos y consejos
»contra lisonjeros y malos siruientes y falsas mugeres hechizeras.
»*Vi que no tenia la firma del auctor, y era la causa que estaua por
acabar;* pero quien quiera que fuesse es digno de recordable me-
»moria por la sotil invención, por la gran copia de sentencias entre-
»texidas, que so color de donayres tiene. ¡Gran filósofo era! Y pues
»él con temor de detractores y nocibles lenguas, más aparejadas
»a reprehender que a saber inventar, *celó su nombre, no me culpeys*
»*si en el fin baxo que lo pongo no expresare el mio, mayormente que*
»*siendo jurista yo,* avnque obra discreta, es agena de mi *facultad;*
»y quien lo supiesse diria que no por recreación de *mi principal*
»*estudio*, del qual yo más me precio, como es la verdad, lo hiziesse;
»antes distraydo de los *derechos*, en esta *nueva labor*, me entreme-
»tiesse... Assi messmo pensarian, que no *quinze dias de unas vaca-*
»*ciones, mientras mis socios en sus tierras, en acabarlo me detuiesse,*
»*como es lo cierto;* pero avn mas tiempo y menos acepto. Para des-
»culpa de lo cual todo, no sólo a vos, pero a quantos lo leyeren,
»ofrezco los siguientes metros. *Y porque conozcays dónde comien-*
»*çan mis mal doladas razones y acaban las del antiguo autor, en la*
»*margen hallareys una cruz, y es el fin de la primera cena.*»

Los metros son once coplas de arte mayor, en que el *autor*
insiste sobre sus propósitos morales y afirma de nuevo que ha
proseguido y acabado una obra ajena:

Yo vi en Salamanca la obra presente;
Mouime a acabarla por estas razones:
Es la primera que está en vacaciones;
La otra que oy [1] *su inventor ser sciente,*
Y es la final, ver ya la más gente
Buelta y mezclada en vicios de amor...

A primera vista estas octavas no tienen misterio, pero otras
de Alonso de Proaza, *corrector de la impresión,* que cierran el libro
con pomposo elogio, declaran un secreto que el autor *encubrió
en los metros que puso al principio:*

---

[1] Entiéndase *oí.*

> No quiere mi pluma ni manda raçon
> Que quede la fama de aqueste gran hombre,
> Ni su digna gloria, ni su claro nombre
> Cubierto de oluido por nuestra ocasion;
> Por ende, *juntemos de cada renglon*
> *De sus onze* coplas la letra primera,
> *Las quales descubren por sabia manera*
> *Su nombre, su patria, su clara nacion.*

Y en efecto, juntando las letras iniciales de los versos resulta este acróstico: «*El bachiller Fernando de Royas* (sic) *acabo la comedia de Calysto y Melybea, y fue nascido en la puebla de Montalvan.*

Quién fuese este bachiller Rojas, vamos a verlo en seguida. Pero desde luego conviene notar la contradicción en que incurren Rojas y su panegirista. El primero se da por continuador, al paso que Alonso de Proaza no reconoce más autor que uno.

Un año después, en 1502, aparecieron en Salamanca, en Sevilla y en Toledo tres ediciones cuyo orden de prioridad no se ha fijado todavía. Las tres llevan el título de *Tragicomedia de Calisto y Melibea* y constan de veintiún actos. Las variantes de pormenor son innumerables. Todo ha sido refundido, hasta el prólogo y los versos acrósticos. En el primero, después de las palabras *vi que no tenía su firma del autor,* se han intercalado estas otras, *el qual, segun algunos dizen, fue Juan de Mena,* e *según otros Rodrigo Cota, pero quien quiera que fuese, es digno de recordable memoria.* En los acrósticos se decía al principio:

> No hizo Dedalo en su officio y saber
> Alguna más prima entretalladura,
> Si fin diera en esta su propia escriptura
> Corta, un gran hombre y de mucho valer.

En la *Tragicomedia* se estampó:

> Si fin diera en esta su propia escriptura
> *Cota o Mona* con su gran saber.

Tienen estas ediciones un nuevo prólogo lleno de autoridades y sentencias,[1] en que el autor nos informa de las varias opiniones

---

[1] El origen de este prólogo se dirá cuando tratemos de las fuentes de la *Celestina.*

que hubo sobre su comedia y de los motivos que tuvo para refundirla. «Vnos dezian que era prolixa, otros breve, otros agradable, »otros escura; de manera que cortarla a medida de tantas e tan »differentes condiciones, a solo Dios pertenesce... Los niños con »los juegos, los moços con las letras, los mancebos con los deley- »tes, los viejos con mil especies de enfermedades pelean, y estos »papeles con todas las edades. La primera los borra e rompe; »la segunda no los sabe bien leer; la tercera, que es la alegre ju- »ventud e mancebía, discorda. Vnos les roen los huessos que no »tienen virtud, que es la hystoria toda junta, no aprovechandose »de las particularidades, haziendola cuento de camino; otros pican »los donayres y refranes comunes, loandolos con toda atención, »dexando passar por alto lo que haze más al caso e utilidad suya. »Pero aquellos cuyo verdadero plazer es todo, desechan el cuento »de la hystoria para contar, coligen la suma para su provecho, »rien lo donoso, las sentencias e dichos de philosophos guardan »en su memoria para trasponer en lugares convenibles a sus autos »e propositos. Assi que quando diez personas *se juntaren a oyr* »*esta comedia,* en quien quepa esta differencia de condiciones, »como suele acaescer, ¿quién negará que aya contienda en cosa que de tantas maneras se entiende?... Otros han litigado sobre el »nombre, *diziendo que no se avia de llamar comedia, pues acabaua* »*en tristeza, sino que se llamase tragedia. El primer auctor quiso* »*darle denominación del principio, que fue plazer, e llamola tragi-* »*comedia.* Assi que viendo estas conquistas,[1] estos dissonos »e varios juyzios, miré a donde la mayor parte acostava, *e hallé* »*que querian que se alargasse en el processo de su deleyte destos* »*amantes, sobre lo qual fuy muy importunado;* de manera que acor- »dé, avnque contra mi voluntad, *meter segunda vez la pluma en tan* »*estraña lavor e tan agena de mi facultad, hurtando algunos ratos* »*a mi principal estudio, con otras horas destinadas para recreacion,* »*puesto que no han de faltar nueuos detractores a la nueua adicion.*»

Tales son los datos externos que nos suministran las primeras ediciones de la *Celestina.* Hemos subrayado intencionadamente todas aquellas frases que más importancia pueden tener en este

---

[1] En vez de *conquistas* es probable que el autor escribiese «*conquestas*» (disputas).

proceso de indagación crítica. Lo primero que nos interesa es la persona del bachiller Fernando de Rojas, autor de la mayor parte de la obra por confesión propia, autor único según Alonso de Proaza.

No ha faltado en estos últimos años quien pusiese en tela de juicio la existencia del bachiller Rojas, o a lo menos su identificación con el autor de la *Celestina*. El erudito que con más tesón y agudeza, y también (justo es decirlo) con menos caridad para sus predecesores, ha examinado las cuestiones *celestinescas*, preguntaba en 1900: «¿Quién es ese Fernando de Rojas, nacido en »Montalbán? ¿Dónde ha vivido, qué ha hecho, qué ha escrito y »cuándo ha muerto?» Y se reía a todo su sabor de los eruditos españoles que habían dado por buena la atribución a Rojas, aconsejando nominalmente a uno de ellos «que no fuese tan de prisa, »porque este género de investigaciones exige menos precipita- »ción y menos credulidad».[1] El consejo era ciertamente sano, y el aludido tomó de él la parte que le convenía, quedando agradecido a quien se lo daba. Pero siguió opinando que en materias de crítica, tan peligrosa es la incredulidad sistemática como la ciega credulidad, y que era aventurarse mucho el sostener, «hasta »que hubiese pruebas de lo contrario, que Fernando de Rojas »era un personaje inventado por el autor de la carta y de los ver- »sos acrósticos, y propuesto por él a la admiración de sus contem- »poráneos y de la crédula posteridad».

La prueba en contrario vino dos años después, y pareció perentoria a todos los que no tenían opinión cerrada sobre el asunto. El señor don Manuel Serrano y Sanz, empleado de la Biblioteca Nacional entonces, y ahora dignísimo catedrático de Historia en la Universidad de Zaragoza, tropezó, entre otros procesos de la Inquisición de Toledo (que hoy se guardan en el Archivo Histórico Nacional), con uno formado en 1525 contra Álvaro de Montalbán, el cual declara bajo juramento tener una hija llamada Leonor Álvarez, *muger del bachiller Rojas, que compuso a Melibea, vecino de Talavera.* Y cuando los inquisidores autorizaron al Montalbán para nombrar defensor, «dixo que nombraba por su

---

[1] *Revue Hispanique*, 1900, pág. 42.

»letrado al *Bachiller Fernando de Rojas, su yerno, vecino de Tala-
»vera, que es converso».

Justamente satisfecho el señor Serrano con tan importante
hallazgo, publicó íntegro el proceso, acompañado de otros documentos que dan nueva luz sobre la familia de Rojas.[1] La identificación del personaje no podía ser más completa. La celebridad
de su libro era tal, que iba unida a su nombre, y su suegro le invocaba como un título de honor: «el bachiller Rojas, que compuso
a *Melibea*».

Tampoco ocultaba su condición de judío converso, que parece
recaer sobre su propia persona y no meramente sobre su familia,
pues entonces se hubiera dicho que venía «de linaje de conversos»,
según la fórmula usual. Conjetura el señor Serrano, que su madre
pudo ser cristiana y vieja, que de ella tomaría su apellido, que en
la Puebla de Montalbán, en Talavera y en otras partes del reino
de Toledo era de gente hidalga, al paso que no figura en los padrones conocidos hasta ahora de los judíos de aquella tierra. Pero
con la anarquía que entonces reinaba en materia de apellidos
y la frecuente mezcla de sangre entre gentes de ambas estirpes,
poca seguridad puede haber en esto. Lo único que resulta averiguado es que el nombre del autor de la *Celestina* debe añadirse
desde ahora a la rica serie de nombres preclaros con que la raza
hebrea ilustró los anales literarios y científicos de nuestra Península.[2]

---

[1] *Revista de Archivos, Bibliotecas y Museos,* tercera época, tomo VI,
enero a junio de 1902, págs. 245-299. *Noticias biográficas de Fernando de
Rojas, autor de la Celestina,* y *del impresor Juan de Lucena.* Con un facsímile de la declaración de Alvaro de Montalbán, y un calco de la firma autógrafa de Catalina de Rojas.

[2] Hombre de temple debió de ser el bachiller Rojas, y que no se recataba de manifestar sus convicciones. En la misma *Tragicomedia* (aucto VII)
alude con intensa ironía a los procedimientos inquisitoriales y manifiesta
su predilección por la justicia ordinaria. Después de contar Celestina cómo
salió a la vergüenza castigada por bruja su amiga Claudina, la madre de
Pármeno, la interrumpe éste: «Verdad es lo que dizes, pero *esso no fue por
justicia»,* y Celestina le replica: «Calla, bouo; *poco sabes de achaque de igle-
»sia, e quánto es mejor por mano de justicia que de otra manera;* sabialo
»mejor el cura, que Dios aya, que viniendola a consolar, dixo que la sancta
»Escriptura tenia que bienaventurados eran los que padescian persecucion por
»la justicia, e que aquéllos poseerian el reyno de los cielos. Mira si es mucho

Resulta del proceso que Leonor Álvarez, mujer del Bachiller Rojas, contaba en aquella fecha treinta y cinco años. No consta la edad de su marido, pero siendo ya autor de la *Celestina* en 1499, y viviendo todavía en 1538 según datos que parecen fidedignos, puede conjeturarse que tenía bastante más edad que su mujer, y por mi parte no encuentro inverosímil la de cincuenta años o poco más, en que se fija el señor Serrano.[1] A esto se objeta que una obra maestra como la *Celestina*, que arguye tan profunda experiencia de la vida, no puede atribuirse a un joven recién salido de las aulas, por precoz que se le suponga. Pero el autor de la *Celestina* era positivamente un genio, y con el genio no rigen las reglas comunes. La intuición puede suplir a la experiencia en tales hombres. No hablemos de los grandes poetas líricos muertos en la flor de sus años, porque la poesía lírica tiene algo de juvenil en su esencia. No es preciso recordar tampoco los portentos de precocidad de Pascal, porque el espíritu geométrico se desenvuelve en condiciones que nada tienen que ver con las experiencias de la vida. Pero buscando en nuestra propia literatura, y muy cerca de nosotros, ejemplo bien adecuado, ¿quién no sabe que toda la obra crítica y satírica de Larra, no superada en nuestra lengua durante el siglo xix, y a la cual nadie negará amarga y honda penetración social, fué escrita antes de los veintinueve años?

¿Qué inconveniente puede haber para admitir que la *Celestina* sea obra de un estudiante? Nada hay en ella que él no hubiese podido observar directamente: no hay un solo personaje, ni el

---

»passar algo en este mundo por gozar de la gloria del otro; e mas que, segun »todos dezian, *a tuerto e sin razon*, e con *falsos testigos e recios tormentos, la* »*phizieron aquella vez confesar lo que no era*... Así que, todo esto passó tu »buena madre acá, duuemos creer que le daria Dios buen pago allá, si es »verdad lo que nuestro cura nos dixo.»

Esta genial y desenfadada libertad no es incompatible con la más exquisita prudencia, y a Rojas, que como escritor es tan vigoroso y tan sereno a un tiempo, no podían faltarle en la vida las mismas condiciones que tuvo en el arte. Gracias a ellas pudo esquivar, aunque no *sin sospecha*, la persecución de los de su raza.

[1] Acaso no está puesta sin misterio la edad de Calisto en el *aucto IV*: «Podra ser, señora, de *veynte e tres años*, que aquí está Celestina que le vido »nacer y le tomó a los pies de su madre.»

gentil mancebo Calisto, ni su enamorada Melibea, ni Celestina y sus alumnas, ni los criados de Calisto, ni el rufián Centurio, que salga de los límites del mundo en que él vivía. Tipos como aquéllos debían encontrarse a cualquier hora en Toledo y en Salamanca. Además, el ambiente de la *Celestina* tiene algo de universitario. La obra de Rojas, a pesar de su originalidad potente, es una comedia *humanística,* cuyos lances recuerdan los de las comedias latinas compuestas por los eruditos italianos del siglo décimoquinto: filiación que procuraré poner en claro más adelante. Estas obras se leían en nuestras universidades, y alguna de ellas logró los honores de la reimpresión para uso de nuestros escolares. [1] El medio, pues, era perfectamente adecuado para la elaboración de la *Celestina,* a la cual prestó sus elementos la realidad castellana, y sus formas la tradición clásica en consorcio con la Edad Media.

No es un desatino, aunque lo den a entender doctos filólogos, que llegan a tachar de «inverosímil ignorancia» a los que opinamos lo contrario, el decir que las expresiones «mi facultad», «mi principal estudio», pueden aplicarse lo mismo a un estudiante que «a un hombre provisto de un empleo o que ejerce una profesión». [2] A la facultad de Derecho pertenece lo mismo el que la aprende que el que la enseña o la practica: todos ellos pueden decir con igual razón «mi facultad», «mi principal estudio». *Jurista,* según el diccionario vigente, es «el que *estudia* o profesa la ciencia de las leyes». Estudiante *jurista* se dijo siempre en nuestras aulas, para distinguirle del estudiante teólogo o de cualquier otra clase de estudiantes.

Además, aquellas *vacaciones* en que dice haber acabado su obra, ¿qué pueden ser sino vacaciones universitarias? Entonces no había vacaciones de tribunales, y aun éstos apenas comenzaban a organizarse, ni consta que Rojas ejerciese más oficio público que el de alcalde mayor de Talavera en sus últimos años. Los *socios* que «estaban en sus tierras» serían otros estudiantes o bachilleres como él. Quizá una detenida exploración en el archivo de la Universidad de Salamanca podría resolver definitivamente

---

[1] Véase lo que más adelante decimos de la *Comedia Philodoxos.*

[2] Vid. A. Morel Fatio *(Romania,* 1897, págs. 324 a 326), con ocasión de dar cuenta de un artículo de C. A. Eggert *(Zur Frage der Urheberschaft der Celestina* en la *Zeitschrift für romanische Philologie).*

este punto, en que bien podían ejercitarse los eruditos de aquella ciudad, que por no sé qué siniestro influjo empieza a olvidar demasiado la investigación de su gloriosa historia.

En Salamanca, digo, porque es para mí casi seguro que estudió allí, y allí se graduó de bachiller en Jurisprudencia, en fecha ignorada, pero anterior de fijo a 1501, cuando ya usa ese título en los versos acrósticos. No había más que dos Estudios de Leyes en todo el territorio de la corona de Castilla, y el de Valladolid estaba más lejos de Talavera o de la Puebla que el de Salamanca y tenía menos nombradía que él. [1]

---

[1] Son raras en la *Celestina* las alusiones a costumbres jurídicas, pero he notado dos o tres bastante curiosas.

«Es necesario (dice la misma Celestina) que el buen procurador ponga »de su casa algun trabaxo, algunas fingidas razones, algunos sofísticos actos; »yr e venir a juyzio, avnque resciba malas palabras del juez, siquiera por »los presentes que lo vieren, no digan que se gana holgando el salario.» *(Aucto III.)*

El monólogo de Calisto en el *aucto XIV* contra el juez que mandó tan ejecutivamente descabezar a sus criados, testifica en su primera parte el desprecio de la justicia que hacían en los días anárquicos de Enrique IV los hombres poderosos y turbulentos, convirtiéndola en función doméstica de viles paniaguados suyos; en la segunda, el autor, como hombre de ley, restablece la verdadera noción de las cosas y da la razón al juez, por boca del mismo irritado mancebo: «O cruel juez, e qué mal pago me has dado »*del pan que de mi padre comistes! Yo pensaua que pudiera con tu fauor* »*matar mill hombres sin temor de castigo*, iniquo falsario, perseguidor de ver- »dad, *hombre de baxo suelo*. Bien diran de ti, que te hizo alcalde mengua »de hombres buenos. *Miraras que tú e los que matastes, en seruir a mis passa-* »*dos e a mí, erades compañeros*; mas quando el vil está rico no tiene pariente »ni amigo. ¿Quién pensara que tú me auias de destruyr?... Tú eres público »delinquente e mataste a los que son priuados...

»Pero qué digo? Con quién hablo? Estoy en mi seso? Qué es esto, Calis- »to?... Con quién lo has? Torna en ti; mira que nunca los absentes se ha- »llaron justos; oye entrambas partes para sentenciar. *No vees que por execu-* »*tar la justicia no auia de mirar amistad, ni deudo, ni criança? No miras que* »*la ley tiene de ser ygual a todos?* Mira que Rómulo, el primer cimentador »de Roma, mató a su propio hermano porque la ordenada ley traspassó. »Mira a Torcato, romano, cómo mató a su hijo porque excedió la tribunicia »constitucion; otros muchos hizieron lo mismo.»

Quizá este monólogo es inoportuno en la situación en que Calisto se encuentra, pero no lo es para el conocimiento de las ideas de su autor, y aun las mismas citas clásicas delatan al alumno o profesor de jurisprudencia romana. Este trozo es de los añadidos en 1502.

Esta sospecha raya poco menos que en certidumbre cuando se repara en aquellos tres versos:

> Yo vi en *Salamanca* la obra presente:
> Movíme a *acabarla* por estas razones:
> Es la primera que estó en *vacaciones*...

No por eso creemos que deba localizarse en aquella ciudad la escena de la *Tragicomedia*. Pero dejando en suspenso este y otros puntos relativos a la composición de la obra, continuemos recogiendo los pocos vestigios que de su paso por el mundo dejó el bachiller Fernando de Rojas. No da mucha luz la causa inquisitorial de su suegro Álvaro de Montalbán. Es uno de tantos procesos contra judaizantes, en que pueden adivinarse de antemano las acusaciones y los descargos. La familia había dado un regular contingente a los registros de Santo Oficio, que había desenterrado y quemado los restos del escribano Fernando Álvarez de Montalbán y de su mujer Mari Álvarez, padres del procesado Álvaro. El cual declara tener setenta años, antes más que menos, y haber sido ya *reconciliado* hacía más de cuarenta, por comer el *pan cenceño* [1] y entrar en las *cabañuelas* [2] y hacer otras ceremonias judaicas. El promotor fiscal le acusa de hereje y apóstata, no sólo por los actos dichos, sino por haber sembrado proposiciones de mala doctrina, dudando, como los saduceos, de la inmortalidad del alma. «Item, que después acá, con poco temor de Dios y en »menosprecio de la religión cristina, hablando ciertas personas »cómo los plazeres deste mundo eran todos burla, e que lo bueno »era ganar para la vida eterna, el dicho Álvaro de Montalvan, »creyendo que no ay otra vida despues desta, dixo e afirmó que »acá toviese el bien, que en la otra vida no sabia sy avia nada.» Un Iñigo de Monzón, vecino de Madrid, que había conocido a Álvaro en casa de su hija Constanza Núñez, mujer de Pedro de Montalván, *aposentador de Sus Magestades,* no sólo fué testigo de este cargo, sino que añadió otros bastante graves para la ortodoxia del procesado: «Preguntado en qué posesión es avido e »tenido el dicho Alvaro de Montalvan en esta dicha villa e en »los otros lugares donde dél se tiene noticia, dixo que en vezes

---

[1] Esto es, pan ázimo, sin levadura.
[2] Fiesta de los tabernáculos.

»ha estado en esta dicha villa, en la perrochia de san Gines, en »casa del dicho su yerno, más de dos años, y el uno a la con-»tina puede aver tres años, e que en el dicho tiempo que aquí estovo »nunca le veya en misa los domingos ni fiestas, sino es alguna vez »que yva con su hija, y que en entrando en la yglesia se sentava »en un poyo cabizbaxo, y que asy se estava sin sentarse de rodillas »ni quitarse el bonete; e no se acuerda ni parava mientes si adorava »el Santo Sacramento, pero acuerdase que murmuravan muchas »mugeres en la yglesia de verle asy syn devocion y syn verle rezar »ni menear los labios; e que otras vezes se metia en una capilla, »donde estava hasta que se acabase el oficio, sentado; y que en »el dicho tiempo tampoco le vió comulgar ni confesarse, e que »preguntandole este testigo con sospecha al dicho cura, le dixo »que con él no se habia confesado ni comulgado.» El cura de San Ginés atenuó algo los términos de esta delación; y no se pasó adelante en la prueba testifical, sin duda porque en la Puebla (como dijo el mismo cura) apenas había persona que no tuviese nota de *reconciliada*. Las confesiones del reo, que prometió vivir de allí adelante como buen cristiano, y sin duda también su avanzada edad, mitigaron algo el rigor de la sentencia, que se redujo finalmente a asignarle su casa por cárcel, con obligación de traer el sambenito sobre todas sus vestiduras, y las demás penitencias en tales casos acostumbradas.

El bachiller Fernando de Rojas no vuelve a ser mencionado en el proceso de su suegro más que una vez sola, cuando le designó como abogado. Los inquisidores dijeron que no había lugar y que nombrase *persona sin sospecha*, y él nombró al licenciado del Bonillo.

Ya en 1517 había figurado *el bachiller Fernando de Rojas* entre los testigos de abono y descargo en otro proceso inquisitorial contra Diego de Oropesa, vecino de Talavera, acusado también de judaizante. Ni el triste percance de su suegro, ni los buenos oficios que generosamente prestaba a los de su raza, parecen haberle hecho personalmente sospechoso, si hemos de dar crédito a las noticias que en el primer tercio del siglo XVII recogió en su *Historia de Talavera*, inédita aún,[1] el Licenciado Cosme Gó-

---

[1] *Historia de Talavera, antigua Elbora de los Carpetanos, póstuma: escribióla en borrador el Lic. Cosme Gomez de Tejada de los Reyes. Sacóla*

mez Tejada de los Reyes, escritor juicioso y fidedigno en las tradiciones locales que conserva, y mucho más próximo a Rojas que nosotros, aunque no fuese coetáneo suyo. Este pasaje, descubierto por Gallardo y dado a conocer por Cañete con una errata substancial, [1] dice así en su integridad:

«Fernando de Rojas, autor de la *Celestina*, fábula de Calixto
»y Melibea, nació en la Puebla de Montalban, como él lo dize,
»al principio de su libro en unos versos de arte mayor acrósticos;
»pero hizo asiento en Talavera: aquí vivió y murió y está ente-
»rrado en la iglesia del convento de monjas de la Madre de Dios.
»Fué abogado docto, y aun hizo algunos años en Talavera oficio
»de Alcalde mayor. Naturalizóse en esta villa y dejó hijos en ella.
»Bien muestra la agudeza de su ingenio en aquella breve obra
»llena de donaires y graves sentencias, espejo en que se pueden
»mejor mirar los ciegos amantes que en los christalinos adonde
»tantas horas gastan riçando sus feminiles guedejas. Cumplió
»bien sus obligaciones en aquel género de escrevir, con que pueden
»entender tantos autores modernos de libros de entretenimiento
»y de otros, que no consiste la arte y gallardía de decir en afecta-
»das *culturas*, todo ruido de palabras que atruenan el viento
»y lisonjean el oido, mas no hieren el alma porque les falta solida
»munición: vano estudio, indecente, infructuoso, que solamente
»a ingenios semejantes deleita, y a ninguno enseña ni mueve. [2]
»Vienen medidos a Fernando de Rojas respecto de otros autores
»aquellos dos versos de Marcial, hablando de Persio comparado a
»Marso:

Saepius in libro memoratur Persius uno
Quam levis in tota Marsus Amazonide;

---

en limpio *Fr. Alonso de Ajofrin, profeso del Monasterio de Sta. Catalina, orden de S. Gerónimo* (Ms. 2.039 de la Biblioteca Nacional).

[1] *Salamanca* en vez de *Talavera*, lo cual ha extraviado a los investigadores por no encontrarse en Salamanca ningún alcalde mayor que llevase el nombre de Fernando de Rojas. Vid. Cañete, en su prólogo a las *Farsas y Eglogas de Lucas Fernández* (Madrid, 1867), pp. VIII y IX. El error de copia procede de Gallardo, según he comprobado en sus papeletas autógrafas.

[2] Alusión evidente a los prosélitos del culteranismo, a quienes satirizó el mismo Tejada en su *León Prodigioso* (1636).

»y lo que admira es que siendo el primer auto de otro autor (en-
»tiéndese que Juan de Mena o Rodrigo de Cota) no sólo parece
»que formó todos los actos vn ingenio, sino que es *individuo*.[1]
»El mismo ejemplo tenemos en nuestro tiempo en los dos hermanos
»Argensolas, Lupercio y Bartolomé, insignes poetas, dos padres
»de un solo hijo, que sus metros más dicen unidad que similitud.»

Prescindiendo del elogio de la *Celestina,* que es uno de los más
curiosos de un tiempo en que ya comenzaba a olvidársela, nada
hay en la sencilla noticia de Tejada que pueda infundir sospechas
al más escéptico, ni que esté en contradicción con los pocos documentos originales que poseemos. Es cosa sabida (por declaración
del mismo Rojas y por testimonio de su suegro), que era abogado,
y sin gran temeridad se le ha podido llamar *docto,* pues no hemos
de suponer ignorante y cerril en su *principal estudio* a quien era
capaz de componer por mera recreación la *Celestina.* Que se natu-
ralizó en Talavera está confirmado por todos los documentos,
pues ya aparece como vecino de aquella ciudad en 1517, y a ella
se refieren todas las noticias posteriores de su vida, que alcanzan
hasta 1538. Consta que aquel año ejerció en Talavera desde el 15
de febrero al 21 de marzo el cargo de alcalde mayor, sustituyendo
al Dr. Núñez de Durango.[2] Si Cosme Gómez escribía de memoria,
pudo equivocarse en cuanto a la duración del cargo, pero ésta
no es variante de transcendencia. Lo del enterramiento en la iglesia del convento de monjas de la Madre de Dios era caso de noto-
riedad pública y no podía inventarse. Finalmente, es ciertísimo
que Fernando de Rojas dejó descendencia. El testamento de su
cuñada, Constanza Núñez, descubierto por el benemérito y malogrado don Cristóbal Pérez Pastor en el archivo de protocolos de
Madrid, nos ha dado a conocer el nombre de una hija del poeta,
Catalina de Rojas, casada con su primo Luis Hurtado, hijo de
Pedro de Montalbán.[3] Y probablemente no fué única: en el archivo de la parroquia del Salvador, de Talavera, que está próxima

---

[1] Indivisible.

[2] Noticia comunicada al señor Serrano por don Luis Jiménez de la
Llave, correspondiente de la Academia de la Historia en Talavera, y fundada probablemente en documentos del Archivo Municipal.

[3] *Revista de Archivos, Bibliotecas y Museos,* 3ª época, tomo VI, páginas 295-299.

al convento de la Madre de Dios, se encuentran partidas bautismales de 1544, 1550 y 1552, referentes a varios hijos de *Alvaro de Rojas* y de *Francisco de Rojas*, casado este último con Catalina *Alvarez*, patronímico que llevaba también la mujer de nuestro autor. La razón de los tiempos y el no conocerse por entonces otros Rojas en Talavera, puede inducir a sospechar que el *Alvaro* y el *Francisco* eran hijos del bachiller; lo que no parece dudoso es que pertenecían a su familia.

No es únicamente el testimonio de Cosme Gómez el que afirma la atribución de la *Celestina* a Fernando de Rojas. Hay otro más antiguo y que estaba ya indicado años antes del hallazgo de los procesos de Toledo. Al tomar posesión de su plaza de número en la Academia de la Historia, leyó el inolvidable don Fermín Caballero, en 1867, un precioso discurso sobre las *Relaciones geográficas* que los pueblos de Castilla dieron a Felipe II desde 1574 en adelante, contestando al interrogatorio redactado por Ambrosio de Morales. No se olvida don Fermín de consignar que «del »bachiller Fernando de Rojas, *coautor* de la famosa *Tragicomedia*, »hace referencia la respuesta de su lugar natal, la Puebla de Mon- »talbán».[1] Y así es, en efecto, salvo lo de *coautor*, que no es frase del documento, sino gratuita afirmación del ilustre académico, que en eso seguía la opinión más corriente en su tiempo. Para los naturales de la Puebla, como para Álvaro de Montalbán, Rojas era único autor de la *Tragicomedia*. Mandaba el capítulo 37 del interrogatorio que se especificasen «las personas señaladas »en letras, armas y en otras cosas que haya en el dicho pueblo, »o que hayan nacido o salido de él, con lo que se supiere de sus »hechos y dichos señalados». El bachiler Ramírez Orejón, clérigo, que fué, en compañía de Juan Martínez, ponente (como hoy diríamos) de esta Relación, contesta que *de la dicha villa fué natural el bachiller Rojas, que compuso a Celestina*.[2]

---

[1] *Discursos leídos ante la Real Academia de la Historia, en la recepción pública del Excmo. Sr. D. Fermín Caballero*. Madrid, Imp. del Colegio de Sordo-Mudos, 1866, pág. 30.

[2] Ha tenido la bondad de enviarme la transcripción de este pasaje el R. P. Fr. Guillermo Antolín, O. S. A., dignísimo bibliotecario del Escorial, donde existe el códice original de las *Relaciones*, del cual tenemos copia en la Academia de la Historia.

Aclarado ya, aunque no tanto como nuestra curiosidad desearía, el enigma personal del Bachiller, que por tanto tiempo ha fatigado en inútiles disquisiciones a la crítica,[1] entremos en las cuestiones verdaderamente graves y difíciles que se refieren a la composición del libro. Estas cuestiones se han complicado con la aparición de los ejemplares en diez y seis actos. Antes no se disputaba más que sobre el acto primero. Ahora no basta preguntar: el bachiller Rojas, ¿es autor único de la *Celestina?*, sino que la interrogación debe formularse así: el bachiller Rojas, ¿es único autor de los diez y seis actos que conocemos por las ediciones de Burgos y de Sevilla? ¿Se le deben atribuir también los cinco actos interpolados en las ediciones de 1502, y conocidos con el nombre de *Tractado de Centurio?* ¿Le pertenecen asimismo las variantes y adiciones que se introdujeron en los demás actos del texto refundido?

En absoluto rigor crítico la cuestión del primer acto es insoluble, y a quien se atenga estrictamente a las palabras del bachiller ha de ser muy difícil refutarle.[2] Él afirmó siempre en la carta «a vn su amigo», en los versos acrósticos y en el prólogo, que no había hecho más que continuar una labor ajena. Los elogios que

---

[1] Algunos les han confundido con un *Fernando de Rojas, vecino de Toledo*, que se encuentra entre los exceptuados de la amnistía o lista de perdón que dió Carlos V en 28 de octubre de 1522. Puede verse dicho documento en los apéndices de la traducción que don José Quevedo, bibliotecario del Escorial, publicó en 1840 de los diálogos *De Motu Hispaniae* de Juan Maldonado, pág. 346. El nombre de *Fernando de Rojas* está a continuación del de otro Rojas (Francisco), vecino de Toledo. Nuestro Rojas era ya vecino de Talavera en 1517, y continuaba siéndolo en 1525. Aunque no es materialmente imposible colocar entre ambas fechas el episodio revolucionario, todo induce a creer que se trata de distinta persona.

Nada podemos decir de un *Fernando de Rojas*, autor de una insignificante poesía contenida en un códice de la Biblioteca del Real Palacio (publicada en la *Revue Hispanique*, IX, p. 172).

[2] Aun en el siglo XVI reinaba tal incertidumbre sobre esto, que el primer acto de la *Celestina* y aun toda ella fueron atribuídos caprichosamente a diversas personas. El portugués Juan de Barros dice en su *Espelho de Casados* (1540, p. 12): «Ho que fez a *Celestina*, qualquer que foy, ora fosse nosso »mestre Loarte, ora outro, nam foy outro seu fim senam dezer mal das molhe-»res.» (Nota comunicada por doña Carolina Michaëlis de Vasconcellos).

Del *encubierto aragonés* de Gracián hablaré más adelante.

hace del primer autor son tan enfáticos que superan a todo lo que han dicho los más exaltados panegiristas de la *Celestina:*

> Jamas yo no vide en lengua romana,
> Despues que me acuerdo, ni nadie la vido,
> Obra de estilo tan alto e sobido,
> En tusca, ni griega, ni en castellana.
> No trae sentencia, de donde no mana
> Loable a su auctor y eterna memoria...

Él no ha hecho más que *dorar con oro de lata*

> El más fino tíbar que vieron sus ojos,
> Y encima de rosas sembrar mil abrojos.

Afecta desdeñar los quince actos por él escritos: «el fin baxo que le pongo»; obra al fin, de *quince días* de vacaciones, en que anduvo algo «distraído de los derechos». Su *mal doladas razones* irán distinguidas de las del antiguo autor con una cruz en la margen al fin de la primera *cena.* Ha de advertirse que ni en la edición de Burgos ni en la de Sevilla (1501) aparece tal cruz, ni el texto está dividido en *cenas* o escenas, sino en *auctos,* como en todas las restantes. Un humanista como Rojas, que da tan seguras pruebas de conocer el teatro de Plauto y Terencio, no podía ignorar que tanto en la comedia latina como en la moderna son cosa muy diferente actos y escenas. En la *Celestina* misma algunos actos pueden dividirse en escenas, atendiendo a las mutaciones de lugar y a las entradas y salidas de los personajes.[1] Pero es lo cierto que el bachiller, por inexperiencia acaso del vocabulario teatral, usaba promiscuamente las dos palabras, puesto que en las ediciones de 1502 la carta termina de este modo: «acordé que todo »lo del antiguo auctor fuesse sin diuision en vn *aucto o cena,* inclu- »so hasta el segundo *aucto,* donde dize: «Hermanos míos...» No hay duda, pues, que la primera *cena* coincidía exactamente en el primer acto, y es la parte que Rojas da por ajena.

Este acto es ciertamente más largo que ningún otro de la *Tragicomedia,* aunque no con la desproporción que se ha dicho.

---

[1] Así lo ha hecho el señor don Cayo Ortega Mayor, en su reciente edición, aunque sin dar título a esas subdivisiones *(Biblioteca Clásica,* tomo 216, año 1907).

En la edición más reciente ocupa treinta y ocho páginas, pero no es corto el *aucto dozeno,* que pasa de veinticuatro. Quizá cuando el autor comenzó a escribir no pensaba en dar a su obra el desarrollo que luego tuvo, y creyó poder encerrar toda la materia en un solo acto. Lo que sí llama la atención, y lo consigno lealmente por lo mismo que soy partidario acérrimo de la unidad de autor en la *Celestina,* es que el primer acto fué el único que se salvó de adiciones y retoques en la refundición de 1502, como si Rojas hubiera tenido escrúpulo de poner la mano en obra que no le pertenecía. Hay algunas variantes, pero son puramente verbales. Hubiera sido demasiado candor en Rojas dar con su propio texto armas contra la supuesta existencia de otro autor. Inventada ya la fábula, tenía que sostenerla con algún color de verosimilitud.

Pero ¿qué autor era ese a quien tanto admiraba? En la primera redacción de la *Carta a un su amigo* no nombra a nadie, ni hace conjetura alguna: se limita a decir que la obra llegó anónima a sus manos. En la segunda es más explícito y consigna la atribución por unos a Juan de Mena y por otros a Rodrigo Cota.

Nadie ha tomado en serio la primera, a excepción del editor barcelonés de 1842, que tuvo el capricho de estampar en la portada los nombres de Mena y Cota, ligándolos con la conjunción y, como si hubiesen sido colaboradores en la tragicomedia.[1] Juan de Mena fué un poeta superior dentro de su género y escuela, y en cierto modo el mayor poeta del siglo XV, pero su prosa es francamente detestable, llena de pedanterías, inversiones y latinismos horribles, que le hacen digno émulo de don Enrique de Villena, cuyas huellas procuró seguir. Basta haber leído una página cualquiera del *Omero romanzado* o de la *Glosa* que hizo a su propio poema de la *Coronación,* para comprender que era incapaz de escribir ni una línea de la *Celestina.* De esa *Glosa* decía el Brocense que, «allende de ser muy prolija, tiene malísimo romance y no »pocas boberías (quo ansi se han de llamar): más valdría que nun- »ca pareciesen en el mundo, porque parece imposible que tan

---

[1] Ya don Nicolás Antonio había dicho con muy buen sentido, en su *Bibliotheca Nova* (artículo de Rodrigo de Cota): «Qui enim Ioanni de Mena »Cordubensi... hanc (Comoediam) tribuunt, parum animadvertunt Menae »stilum, *imo illius saeculi,* quo Mena floruit, ab hoc poematis nostri toto »coelo diversum».

»buenas coplas fuesen hechas por tan avieso entendimiento».[1]

Esta incapacidad de Juan de Mena para usar otro lenguaje que el métrico debía de ocultársele menos que a nadie a Fernando de Rojas, verdadero progenitor de nuestra prosa clásica, a quien no llega ningún escritor del siglo XV y superaron muy pocos del siguiente. ¿Cómo hubiera podido creer ni por un momento que era obra de Juan de Mena la que dice haber tenido entre manos? Este rasgo es uno de los que hacen dudar de su absoluta sinceridad. Puso a bulto el nombre del poeta cordobés, porque era una grande autoridad literaria en su tiempo y se le citaba para todo, y el mismo Rojas estaba empapado en sus escritos, como lo declaran de un modo palmario algunos pensamientos e imitaciones de detalle que en la *Celestina* se encuentran, como veremos después.

La cuestión de Rodrigo Cota es diversa y merece más atento examen. Rodrigo Cota de Maguaque, llamado comúnmente *el Tío* o *el Viejo,* para distinguirle de un deudo suyo a quien llamaron *el Mozo,* era un judío converso de Toledo, que afectó como otros muchos, odio ciego y feroz contra sus antiguos correligionarios, y recibió por ello dura lección de otro poeta judío, Antón de Montoro.[2] A Cota han sido atribuídas, con leve fundamento,

---

[1] *Epistolario Español* de la *Biblioteca* de Rivadeneyra, II, p. 33.

[2] Vid. el tomo 6º de mi *Antología de poetas líricos castellanos* (pp. 376-382). Una poesía muy curiosa de Rodrigo Cota publicó el señor Foulché-Delbosc en el número primero de la *Revue Hispanique* (marzo de 1894). Son unas coplas contra el contador mayor de los Reyes Católicos, Diego Arias de Ávila, con motivo de haber casado un hijo o sobrino suyo con una parienta del gran Cardenal Mendoza, y haber convidado a la boda, que se celebró en Segovia, a todos sus deudos, excepto a Rodrigo Cota, que se vengó con este burlesco epitalamio, *leyendo el cual la Reyna Isabel dijo que bien parescia ladrón de casa.* Esta composición es de 1472 o poco después, según de su contexto se infiere.

En sus *Anales de Literatura española* (1904), preciosa miscelánea que deseamos vivamente ver continuada, publicó don Adolfo Bonilla en facsímile una nota autógrafa de un doctor Cota, puesta en la última hoja de una de las obras jurídicas de Bartolo (ejemplar de la Biblioteca Nacional), donde el susodicho Dr. Cota declara haber comprado aquel libro en Toledo a 15 días de abril de 1485. No parece que este Dr. Cota sea el autor del *Diálogo entre el Amor y un Viejo.* Se trata, según toda probabilidad, de un Dr. Alonso Cota, que tuvo, por cierto, al año siguiente, muy desventurado fin. «Miércoles 26 días de agosto del dicho año de 86 (1486) quemaron (los primeros inquisidores de Toledo) 25 personas, 20 hombres y 5 mujeres:

diversas producciones anónimas del siglo xv, tales como las *Coplas de la Panadera,* el escandaloso y sucio libelo titulado *Coplas del Provincial* y la célebre sátira política *Coplas de Mingo Revulgo.* Pera aun suponiendo que fuera suya esta alegórica y revesada composición, que para los mismos contemporáneos tuvo necesidad de comento, más perdía que ganaba en títulos para ser considerado autor de la *Celestina,* obra sencilla y humana, y por eso eternamente viva, la cual nada tiene que ver con una sátira política del momento, ingeniosa sin duda, pero todavía más afectada que ingeniosa, especialmente en la imitación del lenguaje rústico. La verdadera joya poética que debemos a Rodrigo Cota es el *Diálogo entre el Amor y un Viejo,* inserto en el *Cancionero General* de 1511. Fuera de las *Coplas* de Jorge Manrique, no hay composición que venza a ésta en toda la balumba de los cancioneros del siglo xv. Y no vale sólo por su espléndida ejecución, por sus bellezas líricas, por la elegancia y el brío de muchos de sus versos, sino también por su contenido, que es intensamente dramático. No se trata de un mero contraste o debate, de los que tanto abundan en las escuelas de trovadores, sino de una verdadera acción, de un drama en miniatura, con tema filosófico y muy humano: el vencimiento del Viejo por el Amor y el desengaño que sufre después de su mentida transformación. Quien imaginó este coloquio en verso, anterior sin duda a las églogas de Juan del

---

entre las quales *quemaron al Dr. Alonso Cota, vecino de Toledo,* e a un Regidor de esta cibdad, e a un Fiscal, e a un Comendador de la Orden de Santiago e a otras personas que fueron en honra.» (Biblioteca Nacional, ms. Aa-105, fol. 88. *Varias cosas curiosas manuscritas, por el Lic. Sebastián de Horozco).* En la lista de los inhábiles de Toledo y cantidades que cada uno pagó por su rehabilitación (Archivo Histórico Nacional. Inquisición de Toledo, leg. 120, núm. 92), figuran Inés Cota y Sancho Cota, hijos del *doctor Cota* y de Margarita de Arroyal.

En el mismo número de la *Revue Hispanique* (p. 85-87) imprimió el señor Foulché-Delbosc dos cartas inéditas de la Reina Católica, tomadas de la colección del P. Burriel (Dd—59 de la Biblioteca Nacional). Estas cartas, fechadas en 1472, dan alguna luz sobre la familia de los Cotas, pero no es seguro que el Rodrigo Cota, hijo del jurado de Toledo Sancho Cota, y hermano del Bachiller Alfonso de la Cuadra, alcalde de Ávila, sea la misma persona que el poeta.

Véase también el *Cancionero de Antón de Montoro,* reunido, ordenado y anotado por don Emilio Cotarelo y Mori (Madrid, 1900), pp. 344-347.

Enzina, no era indigno de haber escrito algunas páginas de la *Celestina,* pero no sabemos siquiera que cultivase la prosa. Nos falta todo punto de comparación, y hay mucha distancia entre un sencillo diálogo de dos personajes alegóricos y una visión del mundo tan serena y objetiva como la que admiramos en la inmortal *Tragicomedia.*

Cota y Rojas fueron contemporáneos, aunque no de la misma generación; los dos procedían de estirpe hebrea; los dos nacieron y vivieron en el reino de Toledo: el uno en la Puebla de Montalbán, el otro en la capital misma, de la cual sólo dista cinco leguas aquella villa. En 1495 debía de haber muerto ya, puesto que su nombre no consta en la *Lista de los inhábiles de Toledo* (es decir, de los conversos) *y cantidades que cada uno pagó por su rehabilitación,* pero su apellido se repite mucho: María *Cota,* mujer de Pero Rodríguez de Ocaña; Inés y Sancho *Cota,* hijos del doctor *Cota;* Rodrigo *Cota,* joyero.[1] En la misma lista están el suegro de Rojas, Álvaro de *Montalbán,* y otros conversos de su apellido. ¿Cómo no suponer relaciones entre personas de la misma raza y que habían corrido los mismos peligros y sufrido las mismas exacciones pecuniarias? ¿Tan difícil le hubiera sido a Rojas poner en claro esa atribución a un antiguo correligionario suyo, a quien pudo muy bien conocer y tratar, puesto que hay versos de Cota posteriores a 1472?

La tradición de Cota prosperó más que la de Juan de Mena, y son varios los escritores del siglo XVI y principios del XVII que la repiten, especialmente los toledanos, que encontraban motivo de orgullo en tal compatriota. Así Alonso de Villegas, en los metros que sirven de dedicatoria a su *Comedia Selvagia,* impresa en 1554:

> Sabemos de *Cota* que pudo empeçar,
> Obrando su ciencia, la gran *Celestina;*
> Labróse por Rojas su fin con muy fina
> Ambrosia, que nunca se puede estimar.

Don Tomás Tamayo de Vargas, que nació en Madrid, pero puede considerarse como hijo adoptivo de la imperial ciudad,

---

[1] Vid. *Revista de Archivos,* 3ª época, tomo VI, pág. 248.

consigna en su inédita bibliografía *Junta de libros, la mayor que España ha visto en su lengua hasta el año de 1624,* [1] una curiosa tradición local, que valga lo que valiere, merece recogerse, por ser tan pocos los testimonios antiguos sobre la *Celestina:* «Rodrigo »Cota, llamado *el Tío,* de Toledo, *escribió estando en Torrijos »debaxo de unas higueras, en la casa de Tapia,* el acto primero de »*Scelestina,* Tragicomedia de Calisto e Melibea, libro que ha mere- »cido el aplauso de todas las lenguas. Alguno ha querido que sea »parto del ingenio de Juan de Mena, pero con engaño, que fácil- »mente prueba la lengua en que está escripto mejor que la del »tiempo de Juan de Mena.»

La indicación no puede ser más precisa, pero por lo mismo infunde recelo. Tamayo de Vargas era un erudito al uso de su tiempo, novelero y algo falsario, o por lo menos patrocinador de falsos cronicones y antiguallas supuestas. Pudo hacerse eco de un rumor vulgar, que acaso se refería a Rojas y no a Rodrigo de Cota; pudo inventarlo él mismo en obsequio y lisonja a los toledanos o a los vecinos de Torrijos. Con escritores tales es menester gran cautela. Sin duda por eso don Nicolás Antonio, que los conocía a fondo, y que manejó la *Junta de libros,* ingiriéndola casi entera en su *Biblioteca Nova,* se guardó mucho de copiar ésta y otras especies.

Con la única excepción acaso de Lorenzo Palmyreno en sus *Hypotiposes clarissimorum virorum,* [2] todo el siglo XVI creyó en la veracidad de las palabras de Rojas y aceptó la *Celestina* como obra de dos autores. El voto más importante es el del autor del *Diálogo de la lengua:* «Celestina, me contenta el ingenio del autor »que la començo, y no tanto el del que la acabó. El juicio de todos »me satisfaze mucho, porque sprimieron, a mi ver muy bien

---

[1] Manuscrita en la Biblioteca Nacional (Ff. 23 y 24).

[2] La frase de Palmyreno es ambigua, e indica que dudaba entre la atribución del primer acto a Juan de Mena o de toda la tragicomedia a Rojas. «Finge que oyes este thema: En todas partes es conoscida esta mala »vieja. El que essa proposición oye, bien entiende lo que le dizes; pero no »se le mueuen los affectos a aborescerla o a apartarse della. Mira la *Hipo-* »*typosis del excelente Joan de Mena o del Bachiller Rojas de Montaluan...* »(*Phrases Ciceronis, Hypotyposes clariss. virorum, Oratio Palmyreni post re-* »*ditum, eiusdem fabella Aenaria. Valentiae, ex officina Pet. a Huete.* 1574, »pág. 24 vta.»

»y con mucha destreza, las naturales condiciones de las personas
»que introduxeron en su tragicomedia, *guardando el decoro d'ellas
»desde el principio hasta el fin.* [1]

Precisamente por haber guardado ese *decoro* o consecuencia de los caracteres desde el principio al fin, que señala con fina crítica Juan de Valdés, parece difícil admitir en el plan y composición de la *Celestina* más mente ni más ingenio que uno solo.

Tal es el sentir unánime de la crítica moderna, con una sola excepción que yo recuerde, muy respetable por cierto,[2] y apoyada en ingeniosos argumentos, que no han logrado convencerme. En este punto sigo opinando como opinaba en 1888 cuando la tesis del autor único de la tragicomedia distaba mucho de ser tan corriente como ahora.

Prescindamos de la divergencia entre los dos textos de la *carta* al amigo y atengámonos sólo al segundo. La misma incertidumbre con que el bachiller Rojas se explica, diciendo que unos pensaban ser el autor Juan de Mena y otros Rodrigo de Cota, si no basta para invalidar su testimonio, le hace por lo menos muy sospechoso, puesto que en cosa tan cercana a su tiempo no parece verosímil tal discrepancia de pareceres. Toda la narración tiene visos de amañada. ¿Quién puede creer, por muy buena voluntad que tenga, que *quince* actos de la *Celestina* primitiva, es decir, más de las dos terceras partes de la obra, hayan sido escritas ni por un estudiante, ni por un letrado, ni por nadie, en *quince días* de vacaciones, cuando hasta por la extensión material parece imposible, y lo parece mucho más si se atiende a la perfección artística, a la madurez y reflexión con que todo está concebido y ejecutado, sin la menor huella de improvisación, ligereza ni atolondramiento? ¿Qué especie de ser maravilloso era

---

[1] Sigo la edición de Eduardo Boehmer, que es la más correcta *(Romanische Studien... Sechster Band.* Bonn, *Eduard Weber's Verlag...,* 1895, página 415).

[2] Aludo a don Adolfo Bonilla y San Martín, a quien pudiera llamar, con menos autoridad que el Maestro López de Hoyos, pero con la misma efusión, «mi caro y amado discípulo». Véase el estudio que con el modesto título de *Algunas consideraciones acerca de la Celestina* campea al frente de sus *Anales de la Literatura Española,* Madrid, Imp. de Tello, 1904, páginas 7-24.

el bachiller Fernando de Rojas, si hemos de suponerle capaz de semejante prodigio, inaudito en la historia de las letras?

Porque aquí no se trata de aquellas atropelladas fábulas que Lope de Vega se jactaba de haber lanzado al mundo *en horas veinticuatro.* Esto en Lope mismo tenía que ser la excepción y no la regla. Él no habla de todas, sino de algunas: «más de ciento», modo de decir hiperbólico sin duda (como hipérbole debe de haber también en lo de las horas), pero que, aun tomado a la letra, no sería la mayor, sino la menor parte de un repertorio que contaba ya en la fecha en que el *Arte Nuevo* se imprimió (1609) «cuatrocientas y ochenta y tres comedias». Poseyó Lope en mayor grado que ningún otro poeta el genio de la improvisación escrita; pero sin recelo puede afirmarse que ninguna de sus buenas comedias fué compuesta de ese modo. Harto se distinguen unas de otras, aunque en las mejores hay tremendas caídas y en las más endebles algún destello de aquel sol de poesía que nunca llega a velarse del todo por las nubes del mal gusto. Y además, Lope era un artista dramático, un hombre de teatro, a quien el aplauso popular estimulaba a la producción sin tasa, y con quien colaboraba inconscientemente todo el mundo. ¡Cuán diversa la posición de Rojas, que no veía delante de sí modelos, ni público en torno suyo, ni podía entrever más que en sueños lo que era la dramaturgia representada, ni podía sacar su arte más que de las entrañas de la vida y de su propio solitario pensamiento; empresa mucho más difícil que hilvanar comedias con vidas de santos o con retazos de crónicas, como solía hacer Lope en los malos días en que la inspiración le flaqueaba!

Grandes poetas románticos, que pertenecen en algún modo a la familia de Lope, se han gloriado también de esos alardes de fuerza. Sabido es de qué manera explicaba Zorrilla el origen de *El puñal del Godo,* escrito en dos días; pero su relato es tan descabellado, que apenas se le puede dar crédito.[1] Víctor Hugo afirmó que había compuesto el *Bug-Jargal* en quince días; pero su maligno comentador Biré, que le ha ido siguiendo paso a paso en toda su carrera literaria, prueba de un modo irrefutable que ese *Bug-Jargal* no era la novela que conocemos ahora, sino un

---

[1] *Recuerdos de tiempo viejo,* Barcelona, 1880, tomo I, pág. 90 y ss.

esbozo de ella, un cuento muy breve (de 47 páginas), publicado en un periódico *(Le Conservateur Littéraire)*, y que pudo ser cómodamente escrito por su joven autor en quince días y aun en menos, sin que haya en ello nada de extraordinario. [1]

Y además, la *Celestina* no es el *Bug-Jargal*, ni el *El Puñal del Godo*, ni una de las comedias que Lope olvidaba después de escritas. Pertenece a una categoría superior de arte, en que todo está firme y sólidamente construído; en que nada queda al azar de la improvisación; en que todo se razona y justifica como interno desenvolvimiento de una ley orgánica; en que los mismos episodios refuerzan la acción en vez de perturbarla. [2] No es la perfección del estilo la maravilla mayor de la *Celestina*, con serlo tanto, sino el carácter *clásico* e imperecedero de la obra, su sabia y magistral contextura, que puede servir de modelo al más experto dramaturgo de cualquier tiempo. La locución es tan abundante, fluye con tan rica vena, que no parece haber costado al autor grandes sudores. Su corrección es la del genio que adivina y crea su lengua: no es la corrección enteca y valetudinaria del estilo académico, sino la expansión generosa de un temperamento artístico, la plétora sanguínea de los grandes escritores del Renacimiento, cuando todavía la secta de la *difícil facilidad* no había venido a encubrir muchas impotencias. Pero ni ese estilo, ni mucho menos la concepción a que sirvió de instrumento, son compatibles con la leyenda de los quince días, que a mis ojos es una inocente broma literaria, un rasgo que hoy llamaríamos humorístico. Los *quince días* fueron sugeridos por los *quince auctos*, ni más ni menos.

A nuestro juicio, todas las dificultades del preámbulo tienen una solución muy a la mano. El bachiller Fernando de Rojas es único autor y creador de la *Celestina*, la cual él compuso íntegramente, no en quince días, sino en muchos días y meses, con toda conciencia, tranquilidad y reposo, tomándose luego el ímprobo trabajo de refundirla y adicionarla, con mejor o peor

---

[1] *Víctor Hugo avant 1830*, par Edmond Biré. París, 1883, pp. 389-394.

[2] Hay una sola excepción: el episodio, evidentemente ocioso, de la venganza de Elicia y Areusa encomendada al rufián Centurio. Pero éste no formaba parte de la obra primitiva, y fué intercalado a última hora. Más adelante nos haremos cargo de él.

fortuna, que esto lo veremos luego. Y la razón que tuviese para inventar el cuento del primer acto encontrado en Salamanca no parece que pudo ser otra que el escrúpulo, bastante natural, de no cargar él solo con la paternidad de una obra impropia de sus estudios de legista, y más digna de admiración como pieza de literatura que recomendable por el buen ejemplo ético, salvas las intenciones de su autor, que tampoco están muy claras.[1] Este mismo recelo o escrúpulo le movió acaso a envolver su nombre en el laberinto de los acrósticos y a llenar de sentencias *filosofales* el diálogo de la comedia, queriendo con esto curarse en salud y prevenir todo escándalo. Si no se acepta esta explicación, que acaso no cuadra con la gran libertad de ideas y de lenguaje que reinaba en Castilla a fines del siglo XV, y no queremos suponer al bachiller Rojas más tímido de lo que realmente era, dígase que la invención del primer acto fué un capricho análogo al que solían tener los autores de libros de caballerías, que rara vez declaran sus nombres verdaderos, y en cambio fingen traducir sus obras del griego, del hebreo, del caldeo, del armenio, del húngaro y de otros idiomas peregrinos.[2]

---

[1] ¿Cómo pudo creer Ticknor que Fernando de Rojas se abstuvo quizá de dar su nombre a toda la *Celestina* por respetos a su *posición eclesiástica?* ¿Qué tendrá que ver un bachiller en leyes con un eclesiástico? Esta peregrina ocurrencia subsiste aún en las últimas ediciones de su obra «It is that the different portions attributed to the two authors are so similar in style and finish, as to have led to the conjecture that, after all, the whole might have been the work of Rojas, who, for *reasons, perhaps, arising out of his ecle-siastical position in society,* was unwilling to take the responsability of being the sole author of his.» *(History of Spanish Literature, by George Ticknor,* Londres, 1863, Trübner, tomo I, pág. 237). Un erudito como Ticknor no debió haberse fiado del prologuista de la edición de Amarita, que fué el primero en consignar este disparate: «no le parecía la obra ocupación propia de un *eclesiástico».*

[2] Pudo ser también un rasgo de timidez literaria, propia de un escritor novel. Al principio dió el libro como anónimo. La edición de 1499, en su estado actual, no tiene los versos acrósticos, ni pudo tenerlos nunca porque no hubiesen cabido en la hoja primera que falta, y además, sin la clave difícilmente se habrían fijado los lectores en su artificio. No es creíble tampoco que esa hoja que hacía veces de frontis contuviese ningún otro indicio para reconocer al autor, porque hubiera pasado a alguna de las ediciones posteriores. Alentado Rojas por el buen éxito de su obra, se descubrió a medias

La igualdad, diremos mejor, la identidad de estilo entre todas las partes de la *Celestina,* así en lo serio como en lo jocoso, es tal, que a pesar de la respetable opinión de Juan de Valdés, repetida por muchos sin comprobarla, no ha podido ocultarse a los ojos de la crítica, desde que ésta comenzó a ejercitarse directamente sobre los textos y a desconfiar de los argumentos de autoridad. Moratín declara en sus *Orígenes del teatro español* que «quien »examine con el debido estudio el primer acto y los veinte añadi-»dos, no hallará diferencia notable entre ellos, y que si nos faltase »la noticia que dió acerca de esto Fernando de Rojas, leeríamos »aquel libro como producción de una sola pluma». [1]

Don José María Blanco (White) afirmó resueltamente, en un discreto artículo de las *Variedades o Mensajero de Londres,* que «toda la *Celestina* era paño de la misma tela», y que «ni en lengua-»je, ni en sentimientos, ni en nada de cuanto distingue a un escri-»tor de otro, se halla la menor variación». [2] ¿Sería esto posible, aun suponiendo que entre la composición del primer acto y de los restantes no mediaran más que veinte o treinta años, cuando precisamente estos treinta años fueron de total renovación para la prosa castellana, en términos tales que un libro del tiempo de los Reyes Católicos se parece más a uno de fines del siglo XVI que a otro del reinado de don Juan II, con la sola excepción del *Corbacho?* Rojas está a medio camino de Cervantes, y, sin embargo, una centuria entera separa sus dos producciones inmortales.

Ni Fernando Wolf, [3] ni Lemcke, [4] ni Carolina Michaë-

---

en el acróstico de 1500 o de 1501, en connivencia con Alonso de Proaza, que dió la clave para descifrarle.

[1] *Obras de don Leandro Fernández de Moratín,* edición de la Real Academia de la Historia, 1830, tomo I, pág. 88.

[2] *Periódico trimestral, intitulado Variedades o Mensagero de Londres. Lo publica R. Ackermann, núm.* 101, *Strand, Londres.* Tomo I, núm. 3º (abril de 1824, p. 228).

[3] *Studien zur Geschichte der Spanischen und Portugiesischen Nacionalliteratur...* p. 296.

[4] *Handbuch der Spanischen Literatur... von Ludwig Lemcke.* Leipzig, Fr. Fleischer, 1855.

P. 150: «Denn zwischen dem angeblich von Cota oder Mena herrühren-»den ersten Akt und den folgenden ist so ganz und gar keine Verschieden-»heit des Styls sichtbar, der im ersten Akte angelegte Plan is so consequent »durchgeführt, das Ganze überhaupt so aus einem Gusse gearbeitet, dass es

lis,[1] ni otros eminentes hispanistas de los que más a fondo han tratado de la historia de nuestras letras, admiten que el primer acto de la *Celestina* sea de distinta mano que los restantes. La impresión general de los lectores está de acuerdo con ellos. Por mi parte no temo repetir lo que escribí hace veinte años: «El bachiller Rojas se mueve dentro de la fábula de la *Celestina*, no como quien continúa obra ajena, sino como quien dispone libremente de su labor propia. Sería el más extraordinario de los prodigios literarios y aun psicológicos el que un continuador llegase a penetrar de tal modo en la concepción ajena y a identificarse de tal suerte con el espíritu del primitivo autor y con los tipos primarios que él había creado. No conocemos composición alguna donde tal prodigio se verifique; cualquiera que sea el ingenio del que intenta soldar su invención con la ajena, siempre queda visible el punto de la soldadura; siempre en manos del continuador pierden los tipos algo de su valor y pureza primitivos, y resultan o lánguidos y descoloridos, o recargados y caricaturescos. Tal acontece con el falso *Quijote*, de Avellaneda; tal con el segundo *Guzmán de Alafarache*, de Mateo Luján de Sayavedra; tal con las dos continuaciones del *Lazarillo de Tormes*. Pero ¿quién será capaz de notar diferencia alguna entre el Calisto, la Celestina, el Sempronio o el Pármeno del primer acto y los personajes que con iguales nombres figuran en los actos siguientes? ¿Dónde se ve la menor huella de afectación o de esfuerzo para sostenerlos ni para recargarlos? En el primer acto está en germen toda la tragicomedia, y los siguientes son el único desarrollo natural y legítimo de las premisas sentadas en el primero.»

»rein undenkbar ist, *ein Fortsetzer habe sich in diessem Grade in die In-*
»*tention seines Vorgängers hineindenken und seine Manier in so Vollkomme-*
»*nem Maase nachamen können.* Die neue Kritik hat sich daher fast allge-
»mein dafür entschieden, *die Celestina für das Werk eines einzigen Verfassers*
»*zu halten, nämlich des obengennanten Fernando de Rojas*».

[1] Véanse los dos artículos acerca de las ediciones de Krapf y Foulché-Delbosc, en el *Literaturblatt für germanische und romanische Philologie* (tomo XXII, 1901). En el segundo dice: «Ein einziger Verfasser aller 21 »Akte, wie Menendez y Pelayo und wie ich selber annehme.» Tal sufragio vale por muchos. Verdad es que la insigne romanista deja en duda si tal autor fué Fernando de Rojas u otro, pero ha de tenerse en cuenta que cuando escribió su artículo no se conocían todavía los documentos que prueban indisputablemente la existencia de Rojas y le declaran autor de la *Celestina*.

Claro es que esto se escribió cuando no se conocían más que *Celestinas* en veintiún actos. El señor Foulché-Delbosc, que está enteramente de acuerdo conmigo en lo que toca a la cuestión del primer acto y de los quince siguientes,[1] ha planteado con mucho tino un nuevo y más interesante problema, que afecta a la integridad de la *Celestina,* aunque por diverso modo. ¿Pertenecen al autor primitivo las adiciones introducidas en 1502 (acaso antes)? ¿Pueden atribuírsele los cinco actos nuevos, o sea, el *Tractado de Centurio?* El señor Foulché-Delbosc sostiene resueltamente que no. Su argumentación es brillante y especiosa; pero en materia de gusto tales alegatos nunca pueden convencer a todos, por mucho que sea el ingenio y la sutileza del abogado. La crítica literaria nada tiene de ciencia exacta, y siempre tendrá mucho de impresión personal.

Para mí las adiciones son de Rojas, aunque muchas de ellas empeoren el texto. Prescindamos de la inverosimilitud de que nadie, en vida del autor, se hubiese atrevido a alterar tan radicalmente su obra, sin que él de alguna manera protestase; porque esta razón, que sería de mucha fuerza para la literatura moderna, pierde valor tratándose de los primeros años del siglo XVI y aun de épocas muy posteriores. Todavía en la centuria siguiente las obras dramáticas eran objeto de la más desenfrenada piratería: Lope, Tirso, Alarcón, Calderón vieron impresas muchas de sus comedias en forma tal, que no acertaban a reconocerlas. Cualquier librero que compraba a histriones hambrientos unas cuantas copias de teatro, llenas de gazafatones y desatinos, formaba con ellos una parte *extravagante,* y la echaba al mundo atribuyendo las comedias a quien se le antojaba. Si esto sucedía en tiempo de Felipe IV, imagínese lo que podía pasar en tiempo de Rojas, cuando apenas comenzaba a existir la salvaguardia del *privilegio.*

Pero las interpolaciones de 1502 tienen tal carácter, que cuesta trabajo ver en ellas una mano intrusa. Afortunadas o desgraciadas, son enmiendas de autor, que se propone mejorar su libro y condescender con el gusto común de los que le importunaban para que «se alargasse en el proceso de su deleyte destos amantes».

Líbreme Dios de negar las ventajas de la corrección y de la

---

[1] *Revue Hispanique,* VII, p. 57.

lima. Rodrigo Caro volvió tres veces al yunque la *Canción de Itálica* antes de encontrar la forma definitiva y perfecta de aquella oda clásica. Moratín, cuyo gusto era tan severo, y en quien llegó a ser monomanía el furor de las correcciones, mejoraba comúnmente sus obras; pero no siempre el último texto de sus comedias aventaja en todo y por todo a los anteriores. Hartzenbusch escribió tres veces *Los Amantes de Teruel,* y la última versión supera notablemente a la primitiva, aunque algo ha perdido de su juvenil frescura. Pero, ¿cuántos ejemplos grandes y chicos presenta la historia literaria de obras estropeadas por sus propios autores, con retoques que la posteridad ha desdeñado, ateniéndose a la lección primera? ¿Quién se acuerda hoy de la *Gerusalemme Conquistata* del Tasso? Para nadie que no sea erudito de profesión existe más *Gerusalemme* que la *Liberata*. ¿Quién no se duele de ver estropeados los mejores versos de Meléndez en la edición póstuma, que había preparado él mismo? ¿Quién no aplica la misma censura a la última colección que de sus versos líricos y dramáticos hizo doña Gertrudis Avellaneda? Más cerca de nosotros, Tamayo, digan lo que quieran sus panegiristas, sacrificó muy bellos rasgos de su *Virginia* en aras de una corrección fría y seca, de que en sus últimos años se había prendado.

Siendo tan frecuentes estos ejemplos, no hay motivo para creer que las intercalaciones de Rojas dejen de ser auténticas por ser desacertadas. Luego veremos que no siempre lo son, y que perderíamos mucho con perder algunas de ellas.

Estas alteraciones pueden estudiarse sin trabajo alguno, ya en el importante estudio del señor Foulché-Delbosc, que las ha recogido y clasificado antes que nadie, ya en la reciente y muy cómoda edición de la *Celestina,* en que el señor don Cayo Ortega ha distinguido, poniéndolas entre corchetes, todas las frases añadidas en el texto de veintiún actos.

Supresiones hay muy pocas e insignificantes. Todas ellas juntas suman treinta y cinco líneas, según el cálculo del señor Foulché.

Las adiciones son de dos clases: unas recaen sobre el texto antiguo, otras constituyen actos nuevos. De las primeras, que llegan a 439 líneas, hay poco que decir, porque casi todas obedecen al mismo sistema.

Una de las mayores novedades de la *Celestina* (aunque tuviese algún precursor), y una de las que más debieron contribuir a su éxito, fué el empleo feliz y discreto de los refranes, proverbios y dichos populares. Ya el primitivo diálogo estaba sembrado de ellos, pero en la refundición hay abuso: tiene razón el señor Foulché. Parece que el autor ha querido darnos un índice paremiológico o verter todo el del marqués de Santillana. Generalmente son repeticiones excusadas de lo que ya estaba bien dicho. «Señor (dice Sempronio en el acto VIII), no es todo blanco aquello que de negro no tiene semejanza.» *«Ni es todo oro quanto amarillo reluze»*, se añade en el texto de 1502. Decía Celestina en sus diabólicos consejos a Areusa: «Una ánima sola ni canta ni llora; un frayle solo pocas veces le encontrarás por la calle; una perdiz sola por maravilla vuela.» Y en la edición refundida, continúa así: *«un manjar solo presto pone hastio; una golondrina no hace verano; un testigo solo no es entera fe; quien sola una ropa tiene presto la envejece»* (Acto VII).

Claro que esta retahila no puede aplaudirse, y menos tomada como procedimiento habitual, pero ¿por ventura era infalible el gusto de Rojas? ¿Es intachable el texto de diez y seis actos? ¿Por qué no hemos de suponer que dormitó alguna vez, a pesar de su maravilloso instinto, un hombre que no había nacido en la edad de la crítica ni tenía más consejero que su propio discernimiento? ¿No era fácil que cayese en la tentación de recargar lo que un artista de tiempos más cultos, aunque de menos lozanía, hubiese probablemente cercenado como vicioso?

La repetición de los refranes en formas diversas ofende más, porque casi siempre es superflua. Pero en las sentencias añadidas hay cosas muy notables, que sólo el primitivo autor o alguno que valiese tanto como él era capaz de escribir.

Sirvan de ejemplo estas enseñanzas morales del acto IV, que nada pierden de su valor por estar puestas en boca de la *madre* Celestina: «Aquél es rico que está bien con Dios; más segura »cosa es ser menospreciado que temido; mejor sueño duerme el »pobre que no el que tiene de guardar con solicitud lo que con tra- »bajo ganó y con dolor ha de dexar. Mi amigo no será simulado »y el del rico sí; yo soy querida por mi persona, el rico por su »hacienda; nunca oye verdad, todos le hablan lisonjas a sabor de

»su paladar; todos le han envidia; apenas hallarás un rico que
»no confiese que le seria mejor estar en mediano estado o en ho-
»nesta pobreza. Las riquezas no hazen rico, mas ocupado; no
»hazen señor, mas mayordomo; más son los poseidos de las ri-
»quezas que los que las poseen; a muchos traxeron la muerte, a
»todos quitan el placer y a las buenas costumbres ninguna cosa
»es más contraria. ¿No oiste dezir: durmieron su sueño los va-
»rones de las riquezas, y ninguna cosa hallaron en sus manos?»

El que haya leído en las ediciones vulgares éste y otros trozos no dejará de echarlos de menos en la de diez y seis actos. Y todavía le sorprenderá más que se tache de intercalación apócrifa este donoso pasaje del acto IX, en que la mala pécora de Areusa se duele de la triste suerte de las criadas: «Nunca tratan
»con parientes, con yguales a quien pueden hablar tú por tú,
»con quien digan: ¿qué cenaste? ¿estás preñada? ¿cuántas galli-
»nas crias? llevame a merendar a tu casa; muestrame tu enamo-
»rado; ¿quánto ha que no te vido? ¿cómo te va con él? ¿quién
»son tus vecinas? e otras cosas de igualdad semejantes. ¡O tia,
»y qué duro nombre, e qué grave e soberbio es *señora* contino
»en la boca!»[1] Ese diálogo intercalado, tan vivo y tan sobroso, ¿no vale más que el texto, aquí muy seco, de la primera edición? «Assi goce de mí, que es verdad; que éstas que sirven a señoras
»ni gozan deleyte ni conocen los dulces premios de amor.»

Tales excepciones, y hay otras, prueban, a mi juicio, que no siempre anduvo torpe la mano del refundidor. Se le acusa de hacer impertinente y pedantesco alarde de erudición histórica y mitológica; pero este cargo, que es muy justo, debe recaer sobre toda la Celestina, no sobre una parte de ella tan sólo. Ya en el primer acto, Sempronio, criado con puntas de rufián, pregunta a su amo, después de compararle con *Nembrot* y *Alexandro*: «¿No has leydo de *Pasifae* con el toro, de *Minerva* con el can?» Y más adelante, tratando de los peligros del amor y de las malas artes de las mujeres, tiende el paño del púlpito como si fuera un moralista de profesión: «Lee los historiales, estudia los philosofos,
»mira los poetas, llenos están los libros de sus viles y malos exem-

---

[1] He aquí uno de los lugares en que la prosa de la *Celestina* recuerda más la del *Corbacho*.

»plos e de las caydas que levaron los que en algo, como tú, las
»reputaron. Oye a Salomon do dize que las mujeres y el vino
»hazen a los hombres renegar. Conséjate con Séneca e verás en
»qué las tiene. Escucha al *Aristoteles,* mira a *Bernardo.* Gentiles,
»judíos, cristianos e moros, todos en esta concordia están.» En el
acto VIII el mismo Sempronio cita a «Atipater Sidonio» y «al
gran poeta Ovidio».

El conjuro archilatinizado de Celestina (en el acto III), más
propio de la maga Ericto de Tesalia que de una bruja castellana
del siglo xv, y bien diverso de los verdaderos conjuros que los
procesos inquisitoriales nos revelan, estaba ya en la primera versión y sólo se le añadieron en la segunda las pocas líneas que van
en bastardilla y que no alteran su carácter aunque le refuercen
con nuevas pedanterías: «Conjúrote, triste Pluton, señor de la
»profundidad infernal, emperador de la Corte dañada, capitan
»sobervio de los condenados angeles, señor de los sulfureos fuegos
»que los hirvientes ethnicos montes manan, governador e veedor
»de los tormentos e atormentadores de las pecadoras ánimas
»*(regidor de las tres furias Tesifone, Megera e Aleto, administra-*
»*dor de todas las cosas negras del reyno de Stigie e Dite, con todas*
»*sus lagunas e sombras infernales e litigioso caos, mantenedor de*
»*las bolantes arpias, con toda la otra compañia de espantables*
»*e pavorosas ydras)*; yo, Celestina, tu más conocida clientula, te
»conjuro, por la virtud e fuerza destas bermejas letras; por la
»sangre de aquella nocturna ave con que estan escritas; por la
»gravedad de aquellos nombres e signos que en este papel se
»contienen; por la áspera ponçoña de la bivoras de que este
»aceyte fue hecho, con el qual vnto está hilado, vengas sin tar-
»dança a obedescer mi voluntad...»

No es éste el lenguaje habitual de Celestina, pero en lo restante de la pieza se muestra tan leída en las historias antiguas
como el que más. Ponderando en el acto IV las buenas partes de
Calisto, no se olvida de las fábulas ovidianas y acota como si le
fueran muy familiares los versillos de Adriano *Animula, vagula,
blandula,* que seguramente lo serían para el escolar o bachiller
que puso en sus labios tan donosa cita: «Por fe tengo que no era
»tan hermoso aquel gentil Narciso que se enamoró de su propia

»figura, cuando se vido en las aguas de la fuente... [1] Tañe tan-
»tas canciones e tan lastimeras, que no creo que fueran otras
»*las que compuso aquel Emperador e gran musico Adriano de la
»partida del ánima, por suffrir sin desmayo la ya vezina muer-
»te...* Si acaso canta, de mejor gana paran las aves a le oir, que
»no aquel antico, de quien se dize que movia los arboles e pie-
»dras con su canto. Siendo éste nacido, no alabaran a Orfeo.»

En este género de erudición, todos los personajes rayan a la misma altura. Si los criados y las alcahuetas saben tanto y hablan tan bien, no han de quedar inferiores los que se criaron en mejores paños, los mancebos de noble estirpe, las ilustres doncellas, los viejos venerables y sentenciosos. Calisto poseía a fondo la *Eneida,* y saca de ella un cumplimiento para Celestina, que no le hubiera entendido a no estar versada también en el poema virgiliano: «De cierto creo, si nuestra edad alcançara aquellos
»passados Eneas e Dido, no trabajara tanto Venus para atraer
»a su hijo el amor de Elisa, haciendo tomar a Cupido *Ascánica*
»*forma* para la engañar; antes por evitar prolixidad pusiera a ti
»por medianera.»

La lamentación del padre de Melibea, Pleberio, que llena el acto XXI, contiene reminiscencias clásicas tan oportunas como éstas: [2] «Yo fuy lastimado sin aver ygual compañero de seme-
»jante dolor, aunque más en mi fatigada memoria rebuelvo pre-
»sentes e passados. Que si aquella severidad e paciencia de *Paulo*
»*Emilio* me viniere a consolar con pérdida de los hijos nuestros
»en siete dias, ...no me satisfaze, que otros dos le quedaban
»dados en adopción. ¿Qué compañía me ternan en su dolor aquel
»*Pericles,* capitan atheniense, ni el fuerte *Xenofon,* pues sus pér-
»didas fueron de hijos absentes de sus tierras... Pues menos po-
»drás decir, mundo lleno de males, que fuimos semejantes en pér-
»dida aquel *Anaxágoras e yo*», etc., etc.

---

[1] Involuntariamente se recuerdan los versos de Fernán Pérez de Guzmán, que acaso estarían presentes a la memoria de Rojas:

> El gentil niño Narciso
> En una fuente gayado,
> De si mismo enamorado
> Muy esquiva muerte priso...

[2] Más adelante veremos de dónde están tomadas.

No negamos que en la parte añadida el abuso de citas llega al colmo y estropea algunas situaciones que antes estaban libres de este vicio. Pero ¿por eso hemos de suponer un autor nuevo? Mas natural es creer que Rojas, al refundirse, extremase sus defectos, lo mismo la verbosidad declamatoria que el pedantismo infantil del Renacimiento. Grima da leer en el soliloquio de Melibea, próxima a arrojarse de la torre, aquella absurda enumeración de todos los grandes parricidas: Bursia, rey de Bitinia, que *sin ninguna razón mató a su propio padre*; Tolomeo rey de Egipto, que exterminó a toda su familia por gozar de una manceba; Orestes, matador de Clitemnestra; Nerón, de Agripina; Filipo, rey de Macedonia; Herodes, Constantino; Laodice, reina de Capadocia; Medea, la *nigromantesa*, y finalmente, «aquella »gran crueldad de Phraates, rey de los Partos, que porque no »quedase sucesor después de él mató a Orotc (Orontes), su viejo »padre, e a su único hijo, e treynta hermanos suyos».

Todo este catálogo falta, es cierto, en la edición de diez y seis actos; pero ¿no era muy capaz de escribirlo el que había puesto en boca de Melibea, dirigiéndose a su padre en el momento crítico de consumar el suicidio, una pedantería mayor que todas esas, aunque no esté recargada de nombres propios? «Algunas con- »solatorias palabras te diría antes de mi agradable fin, *collegidas* »*e sacadas de aquellos antiguos libros que por más aclarar mi inge-* »*nio me mandavas leer,* sino que la dañada memoria con la gran »turbación me las ha perdido.»

Falta examinar el valor de los cinco actos nuevos, o sea del, *Tractado de Centurio.* Para ello hay que tener a la vista algunos antecedentes sobre el plan de la *Celestina,* que nos ahorrarán luego otras explicaciones. ¿Y qué palabras serán más breves para declararlo que las mismas palabras del *argumento de la obra?*

«Calisto fué de noble linaje, de claro ingenio, de gentil dispo- »sición, de linda criança, dotado de muchas gracias, de estado me- »diano. Fue preso en el amor de Melibea, muger moça, muy gene- »rosa, de alta y serenissima sangre, sublimada en próspero esta- »do, una sola heredera a su padre Pleberio y de su madre Alisa »muy amada. Por solicitud del pungido Calisto, vencido el casto »proposito de ella, entreveniendo Celestina, mala y astuta muger, »con dos servientes del vencido Calisto, engañados e por ésta tor-

»nados desleales, presa su fidelidad con anzuelo de codicia y de
»deleyte, vinieron los amantes e los que les ministraron en amargo
»y desastrado fin. Para comienço de lo qual dispuso la adversa
»fortuna lugar oportuno, donde a la presencia de Calisto se pre-
»sentó la desseada Melibea.»

Cómo empezó a cumplirse este proceso amoroso, lo declara el *argumento* del primer *aucto*, que también íntegramente transcribimos. «Entrando Calisto en una huerta en seguimiento de un »falcon suyo, halló allí a Melibea, de cuyo amor preso, començole »de hablar. De la cual rigurosamente despedido fué para su casa »muy angustiado. Habló con un criado suyo llamado Sempronio, »el qual despues de mucha raçones le endereçó a una vieja llama-»da Celestina, en cuya casa tenia el mismo criado una enamorada »llamada Elicia...»

La fábula, aunque muy sencilla, está perfectamente construída. Desde que Celestina entra en escena, ella la domina y rige con su maestría infernal, convirtiendo en auxiliares suyos a los criados de Calisto y Melibea, seduciendo a Pármeno con el cebo del deleite de Areusa, prima de Elicia; a Sempronio con la esperanza de participar del botín; a Lucrecia, otra prima de Elicia, que no desmiente la parentela aunque criada de casa grande, con recetas de polvos de olor y de lejías para enrubiar los cabellos. Pero éstos son pequeños medios para sus grandes y diabólicos fines. Necesita introducirse en casa de Melibea, adormecer la vigilancia de los padres, despertar en el inocente corazón de la joven un fuego devorador nunca sentido, hacerla esclava del amor, ciega, fatalmente, sin redención posible. Esta obra de iniquidad se consuma con la intervención de las potencias del abismo, requeridas y obligadas por Celestina con enérgicos conjuros, aunque el lector queda persuadido de que Celestina sería capaz de dar lecciones al diablo mismo. La verdadera magia que pone en ejercicio es la sugestión moral del fuerte sobre el débil, el conocimiento de los más tortuosos senderos del alma, la depravada experiencia de la vida luchando con la ignorancia virginal, condenada por su mismo candor a ser víctima de la pasión triunfante y arrolladora. Toda la dialéctica del genio del mal se esconde en las blandas razones y *filosofales sentencias* de aquella perversa mujer.

Pero tanto ella como sus viles cómplices sucumben antes que

Melibea (vencida moralmente en el auto X y concertada ya con su amante en el XII) acabe de caer en brazos de Calisto. Riñen Sempronio y Pármeno con la desalmada vieja, que les niega su parte en la ganancia de la cadena de oro entregada por Calisto. Encréspase la pendencia y acaban por darla de puñaladas y saltar por una ventana, quedando muy mal heridos. La justicia los prende y al día siguiente son degollados en público cadalso, con celeridad inaudita.

Con tan siniestos agüeros llega Calisto a su primera y aquí única cita de amor con Melibea (aucto XIV). La escena es rápida y no puede calificarse de lúbrica. Triunfa el enamorado mancebo de la honesta aunque harto débil resistencia de la doncella; pero la fatalidad que se cierne sobre sus amores le hiere alevosamente cuando se creía más dichoso, al salir del huerto que había ocultado con sus sombras los regalados favores de Melibea. Ella misma lo cuenta admirablemente en su discuro postrero: «Como las »paredes eran altas, la noche escura, la escala delgada, los sirvien- »tes que traía no diestros en aquel género de servicio, no vido »bien los pasos, puso el pie en vazio e cayó, e de la triste cayda »sus más escondidos sesos quedaron repartidos por las piedras »e paredes. Cortaron las hadas sus hilos, cortáronle sin confession »su vida; cortaron mi esperança, cortaron mi compañía.»

Los dos últimos actos, equivalentes al XX y XXI de la edición actual, no contienen más que el suicidio de Melibea y el llanto de sus padres. No hay duda que en esta primera forma la *Celestina* tiene más unidad y desarrollo más lógico; pero ¿la intercalación de los cinco actos es tan absurda como se pretende? ¿Nada perderíamos con perderlos? ¿Son tales que puedan atribuirse a un falsario más o menos experto?

Por mi parte, no puedo menos de responder negativamente a estas preguntas. La tesis que pretende despojar a Rojas del *Tractado de Centurio,* me parece tan dura y difícil de admitir como la del que pretendiera ser apócrifas todas las aventuras y episodios que añadió el Ariosto a su gran poema en la edición de 1532, y se empeñase en preferir la de 1516. Claro que un poema novelesco de plan tan libre como el *Orlando* se prestaba mejor a las intercalaciones; pero ¿es seguro que todas las que hizo el Ariosto sean igualmente felices? Bellísimos son sin duda el episodio de Olimpia y Bireno y el de Ulania y Bradamente en el castillo de Tristán; pero no todos dirán lo mismo de la historia de León de Grecia, de la expedición de Rugero a Oriente y de otras cosas que alargan sin fruto el poema.

Mucho más peligro corre el interpolador de una obra dramática, y obra tan sencilla como la *Celestina*. Acaso Rojas no debió condescender nunca con los que mucho le instaban para que «se alargasse en el proceso de su deleyte destos amantes», exigencia muy propia de lectores vulgares y mal inclinados a la *carnal grosería*. Pero ya que «contra su voluntad» entró en la empresa (lo cual no creemos más que a medias) y determinó retardar la catástrofe, haciendo que «el deleytoso yerro de amor» durase «quasi un mes», no había para qué recurrir a una intriga episódica e inútil, que no conduce a ninguna parte ni modifica en nada el desenlace. Si la venganza que Areusa y Elicia quieren tomar de Calisto y Melibea por haber sido sus amores ocasión de las muertes de Pármeno y Sempronio llegara a cumplirse, y Calisto pereciera a manos de asesinos y no por el accidente fortuito de la caída de la escala, aun pudiera tener disculpa este largo rodeo, que haría la muerte del amante más verosímil desde el punto de vista material, y más interesante como cuadro escénico. Pero como el rufián Centurio, buscado por las dos mozas para el caso, no hace más que proferir fieros y baladronadas, y el otro rufián, llamado Traso el Cojo, y sus dos compañeros, no pasan de dar cuatro voces y trabar una pendencia de embeleco con los pajes de Calisto, claro es que tres por lo menos de los actos intercalados huelgan por completo, aunque a nadie le pesará leerlos, pues allí fué trazado la primera vez con indelebles rasgos uno de los tipos que más larga vida habían de tener en nuestra literatura dramática y novelesca, la figura del *bravo* de profesión, del baladrón cobarde. Centurio es uno de los personajes cómicos más vivos y mejor planeados de la obra. Ninguna de sus innumerables copias ha llegado a oscurecerle.

Pero hay en la parte añadida bellezas de otro orden, que pertenecen a la más alta esfera de la poesía; que nadie, seguramente nadie, más que el bachiller Fernando de Rojas, era capaz de escribir en España en 1502, cuando ni siquiera habían comenzado su carrera dramática Gil Vicente y Bartolomé de Torres Naharro.

Son dos adivinaciones de genio, que conviene reivindicar de la injusta nota que se ha querido poner a esta continuación.

Uno de estos aciertos, salvo pedanterías accidentales, que pueden borrarse mentalmente, es el acto XVI de la segunda versión, en que los padres de Melibea razonan sobre las bodas que proyectan para su hija y ella a escondidas oye su conversación. ¡Qué tormenta de afectos se desata en su alma bravía y apasionada! ¡Qué delirio amoroso en sus palabras, tan ardientes como las de Safo y Heloisa! «¿Quién es el que me ha de quitar mi gloria? »¿Quién apartarme mis placeres? Calisto es mi ánima, mi vida, »mi señor, en quien yo tengo toda mi esperança; conozco dél »que no vivo engañada. Pues él me ama, ¿con qué otra cosa le »puedo pagar?... El amor no admite sino sólo amor por paga. »En pensar en él me alegro; en verlo me gozo; en oyrlo me glori- »fico. Haga e ordene de mí a su voluntad. Si passar quissiere la »mar, con él yré; si rodear el mundo, lléveme consigo; si vender- »me en tierra de enemigos, no rehuyré su querer. Dexenme mis »padres goçar dél, si ellos quieren goçar de mí; no piensen en estas »vanidades, ni en estos casamientos, que más vale ser buena ami- »ga que mala casada.»

Pero esta mujer furiosamente enamorada y cuya pasión llega hasta la impiedad, no es una impúdica bacante, sierva vil de los sentidos, sino una castellana altiva y noble, en quien el yerro de amor deja intacta la dignidad patricia. El autor lo ha expresado con un rasgo delicadísimo. Oye Melibea decir a su madre, falsamente persuadida de la virtud de su hija: «¿Piensas que »su virginidad simple le acarrea torpe deseo de lo que no conosce »ni ha entendido jamás? ¿Piensas que sabe errar aun con el pen- »samiento? No lo creas, señor Pleberio; que si alto o baxo de san- »gre, o feo o gentil de gesto le mandáremos tomar, aquello será »su placer, aquello habrá por bueno; que yo sé bien lo que tengo »criado en mi guardada hija» Al escuchar eso, Melibea, enemiga de toda simulación y mentira, siente oprimido el corazón por el engaño en que viven sus padres, y exclama dirigiéndose a su criada: «Lucrecia, Lucrecia, corre presto, entra por el postigo en la »sala, y estorvales su hablar, interrumpeles sus alabanças con »algun fingido mensaje, si no quieres que vaya yo dando vozes

»como loca, segun estoy enojada del concepto engañoso que tie-
»nen de mi ignorancia.»

«Este rasgo de carácter (dice muy bien Blanco-White), este
»dolor intenso causado por alabanzas indebidas, pinta a la infeliz
»Melibea del modo más interesante, y aumenta el efecto lastimo-
»so de la catástrofe.»

¿Y habremos de declarar apócrifo todo esto? ¿Lo será también la segunda escena del jardín, que a tantos ha hecho recordar los grandes nombres de Goethe y de Shakespeare? ¿Quién si no un poeta de primer orden, al cual en este caso habría que declarar más eminente que el inventor original, pudo imaginar aquel contraste de voluptuosidad y muerte, asociando a él los misterios de la noche, las armonías de la naturaleza, el prestigio del canto lírico, en versos que conservan perenne juventud, como dictados por el Amor mismo, y que se parecen tan poco a los que solían hacerse en el siglo XV? Cierto es que algunas groserías deslucen este acto. Hay en él cierta embriaguez sensual, que es sin duda de mal gusto y de mal ejemplo. Pero en el trozo bellísimo que vamos a citar no hay una sola palabra que pueda suprimirse ni por razón de arte ni por razón de decoro. La cita será algo larga, pero no la creo inútil, porque, a pesar de las apariencias, son muchos los españoles cultos que no conocen la *Celestina* más que de nombre, y los que la leen no suelen fijarse en la perfección de los detalles.

CALISTO

Poned, mozos, la escala, e callad, que me paresce que está hablando mi señora de dentro. Sobire encima de la pared y en ella estaré escuchando, por ver sy oyre alguna buena señal de mi amor en absencia.

MELIBEA

Canta más, por mi vida, Lucrecia, que me huelgo en oyrte, mientras viene aquel señor; e muy passo entre estas verduricas, que no nos oyan los que passaren.

LUCRECIA

¡O quién fuesse la ortelana
De aquestas viciosas flores,
Por prender cada mañana
Al partir a tus amores!

Vistanse nuevas colores
Los lirios y el açuçena;
Derramen frescos olores,
Quando entre por estrena.

MELIBEA

¡O quán dulce me es oyrte! De gozo me deshago; no cesses, por mi amor.

LUCRECIA

Alegre es la fuente clara
A quien con gran sed la vea;
Mas muy más dulce es la cara
De Calisto a Melibea.
Pues aunque más noche sea,
Con su vista goçará.
¡O quando saltar le vea
Qué de abrazos le dará!
Saltos de gozo infinitos,
Da el lobo viendo ganado;
Con las tetas los cabritos,
Melibea con su amado.
Nunca fue más desseado
Amador de su amiga,
Ni puerto más visitado,
Ni noche más sin fatiga.

MELIBEA

Quanto dizes, amiga Lucrecia, se me representa delante; todo me parece que lo veo con mis ojos. Procede, que a muy buen son lo dizes, e ayudarte he yo.

LUCRECIA Y MELIBEA

Dulces árboles sombrosos,
Humillaos cuando veays
Aquellos ojos graciosos
Del que tanto deseeays.
Estrellas que relumbrays,
Norte e lucero del dia,
¿Por qué no le despertays
Si düerme mi alegria?

MELIBEA

Oyeme tú, por mi vida, que yo quiero cantar sola.

Papagayos, ruyseñores,
Que cantays al alvorada,
Llevad nueva a mis amores,
Cómo espero aqui asentada.
La media noche es passada,
E no viene.
Sabedme si hay otra amada
Quél detiene [1].

CALISTO

Vencido me tiene el dulçor de tu suave canto; no puedo más suffrir tu penado esperar. ¡O mi señora e mi bien todo! ¿Quál muger podia aver nascida, que desprivase tu gran merescimiento? ¡O salteada melodia! ¡O gozoso rato! ¡O coraçon mio!...

MELIBEA

¡O sabrosa traycion! ¡O dulce sobresalto! ¿Es mi señor de mi alma? ¿Es él? No lo puedo creer. ¿Dónde estavas, luziente sol? ¿Dónde me tenias tu claridad escondida? ¿Avia rato que escuchavas? ¿Por qué me dexavas echar palabras sin seso al ayre, con mi ronca voz de cisne? Todo se goza

---

[1] *Que lo detiene,* dicen la edición de Valencia, 1514, y otras muchas. Por evidente razón métrica prefiero el texto de Gorchs, tomado, al parecer, del de Zaragoza, 1507.

Creo enteramente casual la coincidencia entre los últimos versos que canta Melibea con el célebre fragmento de Safo:

> Δέδυ κε μὲν ἀ σελάννα
> Καὶ Πληϊαδες, μέσαι δὲ
> Νύκτες, παρα δ' ἔρχεθ' ὥρα
> Ἐγὼ δὲ μόνα καθεύδω.

(Poetae lyrici Graeci, ed. Bergk, Leipzig, 1843, pág. 612.)

La semejanza de la situación ha inspirado la misma frase al bachiller Rojas y a la poetisa de Lesbos, pero la imitación hubiera sido imposible, puesto que antes de 1556 no fueron coleccionados los fragmentos de Safo, y antes de 1526 no fué impreso el texto del gramático Hefestión, que nos ha conservado esos cuatro versos, débil pero fielmente traducidos por nuestro Castillo y Ayensa:

> Ya sumergióse la luna,
> Ya las Pléyades cayeron,
> Ya es media noche, ya es hora,
> ¡Triste! y yo sola en mi lecho?

(Poesías de Anacreonte, Safo y Tirteo...
Madrid, Imp. Real, 1832, pág. 192).

este huerto con tu venida. Mira la luna quán clara se nos muestra; mira las nuves cómo huyen. Oye la corriente agua de esta fontecica, ¡quánto más suave murmurio e ruido lleva por entre las frescas yervas! Escucha los altos cipreses, ¡cómo se dan paz unos ramos con otros por intercession de un templadico viento que los menea! Mira sus quietas sombras, ¡quán escuras están e aparejadas para encobrir nuestro deleyte!...

En resumen, la *Celestina* de diez y seis actos y la *Celestina* de veintiuno pertenecen a un mismo autor, que por todas las razones expuestas no creemos pueda ser otro que el bachiller Fernando de Rojas, el cual unas veces refundió con acierto y otras con desgracia lo que de primera intención había escrito: percance en que suelen tropezar los más discretos. Por lo demás, es imposible desconocer su mano, tanto en la creación de las nuevas figuras como en la manera de sostener las antiguas. De los reparos que se han hecho a esto hablaremos más de propósito al tratar de los personajes que intervienen en la *Tragicomedia*. La identidad del estilo no ha sido negada por nadie y viene a reforzar todas las pruebas alegadas. Felicitémonos, pues, de poseer dos versiones de una obra maestra, que tanta luz dan, cotejadas entre sí, sobre los procedimientos del autor, pero no sacrifiquemos la una a la otra y reimprimámoslas siempre juntas. No amengüemos por mera cavilosidad nuestros goces estéticos: también la hipercrítica tiene sus peligros; acordémonos, no ya del P. Harduino, sino de lo que modernamente hizo el holandés Hofman Peerlkamp con el texto de las obras de Horacio.[1]

Aun no hemos agotado las cuestiones previas al estudio de la *Celestina*. ¿Cuándo fué escrita aproximadamente? ¿En qué lugar de España quiso poner el autor la acción del drama?

---

[1] La paradoja del erudito director de la *Revue Hispanique* ha hecho pocos prosélitos. Entre los críticos que disienten de ella debemos mencionar (además de nuestro Bonilla) a doña Carolina Michaëlis de Vasconcellos (*Literaturblatt für germanische und romanische Philologie*, Nº 1º, 1901) y a Mr. E. Martinenche *(Bulletin hispanique*, tomo IV, 1902, pp. 95-103), *Quelques mots sur la Celestine.* «Je dois ajouter (dice Martinenche) que, »s'il a vraiment existé, cet *adicionador* est en tout cas fort loin d'être l'écri- »vain maladroit que suppose M. Foulché-Delbosc, Il est, en effet, dans la »*Célestine*, une scène qui a fait songer à Shakespeare, et qui mérite cet hon- »neur. Cet inmortel duo d'amour, ce n'est pas celui de l'acte XIV, c'est »celui de l'acte XIX. J'ai presque autant de peine à refuser à Pierre Cornei- »lle la seconde entrevue de Rodrigue et de Chimène.»

La primera cuestión es insoluble hasta ahora. El único pasaje que puede dar alguna luz sobre ella se encuentra en al *auto* tercero, y ha sido interpretado de tan varios modos, que unos infieren de él que la *comedia de Calisto* es posterior al año 1492, otros que debió ser escrita en 1483 y otros que no puede fijarse con precisión fecha alguna. Veamos de qué se trata: «El mal y el bien, »la prosperidad y adversidad, la gloria y pena, todo pierde con el »tiempo la fuerça de su acelerado principio. Pues los casos de ad- »miración venidos con gran desseo, tan presto como passados, »olvidados. Cada dia vemos novedades, y las oymos, y las passa- »mos y dexamos atrás: disminuyelas el tiempo, fazelas contingi- »bles. ¿Qué tanto te maravillarias, si dixesen: la tierra tembló, »o otra semejante cosa, que no olvidasses luego? Assi como: ela- »do está el rio, el ciego vee ya, muerto es tu padre, un rayo cayó, »*ganada es Granada*, el rey entra oy, el turco es vencido, eclipse »hay mañana, la puente es llevada, aquel es ya obispo, a Pedro »robaron, Ines se ahorcó. ¿Qué me dirás sino que a tres días »passados o a la segunda vista, no hay quien dello se maraville? »Todo es assi, todo passa desta manera, todo se olvida, todo que- »da atrás.»

El sentido general de estas palabras de Sempronio no puede ser más claro. Todas las cosas, por admirables que parezcan al principio, dejan de causar maravilla con el tiempo y con el hábito. Pero los ejemplos que se traen para probarlo, ¿son de cosas pasadas o futuras? Evidentemente lo segundo, cuando se trata de hechos concretos como la conquista de Granada, el vencimiento del turco, la entrada del rey; no de cosas genéricas y que en todo tiempo acontecen, como «muerto es tu padre,[1] un rayo cayó, aquél es ya obispo, a Pedro robaron, Inés se ahorcó». No creo que *ganada es Granada* sea una frase proverbial, que lo mismo pudo emplearse antes que después de la conquista, y que sólo alude a la dificultad de la empresa. No es regla segura tampoco el que la acción de una obra ficticia haya de coincidir con los datos de la cronología histórica, pero el señor Foulché nota con razón que esta coincidencia es general en las obras antiguas.

---

[1] Aunque las palabras de Sempronio van dirigidas a Celestina, sería ridículo entenderlas del padre de ésta, que debía estar enterrado hacía muchos años.

Entendido el pasaje de esta manera, sólo nos autoriza para decir que la *Celestina* fué escrita antes de la rendición de Granada (2 de enero de 1492) y cuando todavía se consideraba ésta como un acontecimiento remoto. La guerra había comenzado en 1482. Su término venturoso no pudo presagiarse con claridad antes de la toma de Málaga en 1487, o más bien, hasta la rendición del rey Zagal en Baza (1489). La resistencia de la capital se prolongó todavía dos años.

El señor Foulché-Delbosc, que por su tesis contra Rojas propende a exagerar la antigüedad de la *Celestina*, la hace remontar hasta 1483, conjeturando que la alusión al vencimiento del turco es una reminiscencia del sitio de Rodas en 1480; que «la puente es llevada» debe de referirse al hundimiento de uno de los arcos del puente de Alcántara en Toledo, que fué reparado en 1484; que el eclipse de sol puede ser el de 17 de mayo de 1482, y finalmente, que la frase «aquél es ya obispo» hace pensar en don Pedro González de Mendoza, que comenzó a ser arzobispo de Toledo en 1482. La tal frase es de lo más vago y genérico que puede darse y a nadie cuadra menos que al gran Cardenal de España, que ya en 1452 era obispo de Calahorra y la Calzada, que en 1468 lo fué de Sigüenza y en 1473 arzobispo de Sevilla. ¿Qué podía tener de insólito, ni qué estupor había de causar a nadie el que llegase a ocupar la silla primada un varón de extraordinarios merecimientos, tan poderoso además por su linaje, riqueza y sabiduría política, que llegó a ser llamado en su tiempo el tercer Rey de España?

Además, estos argumentos son contraproducentes o se quiebran de sutiles. Si alude Sempronio a hechos pasados, hay que contar entre ellos la toma de Granada, es decir, todo lo contrario de lo que se pretende demostrar. Por consiguiente, no hay prueba alguna, ni indicio siquiera, de que la *Celestina* fuese compuesta entre los años 1482 y 1484. Más natural es creerla del último decenio del siglo, y este parecer es conciliable con cualquier interpretación que se dé a las palabras de Sempronio, y con lo que podemos conjeturar acerca de la edad de Rojas.

Es tal la ilusión de realidad que la *Tragicomedia* produce, que ha hecho pensar a algunos que puede estar fundada en un suceso verdadero, y ser históricas las principales figuras. Sin llegar a tanto, sospechamos que hay algunas alusiones incidentales a cosas que el tiempo ha borrado. Aquellas horribles palabras de Sempronio a Calisto en el aucto I: «Lo de tu abuela con el »ximio, ¿hablilla fué? testigo es el cuchillo de tu abuelo», ocultan probablemente alguna monstruosa y nefanda historia en que no conviene insistir más. Acaso la venganza del judío converso se cebó en la difamación de la *limpia sangre* de algún mancebo de claro linaje, parecido a Calisto. También tiene visos de cosa no inventada (y sobre este pasaje me llamó la atención el señor Foulché - Delbosc) aquella *venida del embaxador francés,* a quien engañó dándole gato por liebre la pícara Celestina del modo que Pármeno lo cuenta en su famosa descripción de la vida y hazañas de su madrina (acto I).

Desde antiguo se supuso personaje real a la famosa hechicera y se enlazó su recuerdo con tradiciones locales de Salamanca, donde suponían muchos que pasaba la acción del drama. Ya se consigna esta especie en uno de los escritos médicos del famoso *Amato Lusitano* (Juan Rodríguez de Castelobranco), que terminó sus estudios en aquella Universidad el año 1529. Habla en su comentario a Dioscórides de una fábrica de cola animal que había en Salamanca, junto al puente del Tormes y no lejos de la casa de Celestina, mujer famosa de quien se hace mención en la comedia de Calisto y Melibea: «*non procul a domo Celestinae »mulieris famosissimae et de quale agitur in comoedia Calisti et »Melibeae*».[1] Sancho de Muñón, que era natural de Salamanca y puso en la Atenas castellana el teatro de su *Tragicomedia de Lisandro y Roselia* (1542), da a entender que Celestina la barbu-

---

[1] *In Dioscoridis Anazarbei de materia medica libros quinque enarrationes eruditissimi Doctoris Amati Lusitani. Venetiis, apud Gualterum Scotum,* 1553, lib. III, en 99, pág. 1.907.

Llamo por primera vez la atención sobre este texto el doctor Pedro Dias, *Archivos da historia da medicina portugueza,* 1895, pág. 6.

Véanse la preciosa monografía del doctor don Maximiano Lemos, ilustre historiador de la Medicina en Portugal, *Amato Lusitano, A sua vida e a sua obra* (Porto, 1907), pp. 35-38, y el erudito folleto del doctor don Ricardo Jorge, *La Celestina en Amato Lusitano, contribución al estudio de la famosa comedia,* traducido para la revista *Nuestro Tiempo* por el doctor don Federico Montaldo (Madrid, 1908).

da vivió allí y también su discípula y heredera Elicia.[1] El doncel de Xérica, Bartolomé de Villalba y España, en *El Pelegrino Curioso*, obra terminada en 1577, cuenta que unos estudiantes le mostraron la casa de Celestina. «Y ansi baxaron por la puente »que es larguísima, y de ahí dieron en las *Tenerías,* donde con gran »chacota dixo uno de ellos al Pelegrino: «veis aquí la segunda »estación; esta dicen ser *la casa de nuestra madre Celestina,* tan »escuchada de los doctos y tan acepta, de los mozos tan loada». »A lo qual riendo respondió nuestro Pelegrino:

«Reverenciar se debe la morada
De quien el mundo tiene tal noticia,
Mujer que es tan heroyca y encumbrada
¿Qué discreto no quiere su amicicia?
De todos los estados es loada,
Y más de los cursados en milicia:
Filosofo dichoso y bien andante
Quien retrató una madre ansí elegante.»[2]

Nueve años después, la casa estaba arruinada, al decir de Bernardo González de Bovadilla, estudiante de aquella insigne Universidad, en su libro *Ninfas y Pastores de Henares,*[3] pero en

---

[1] «¿Qué más claro lo quieres? No tienes ya por qué dubdar; y *si vas* »*a San Laurencio, junto a la pila de baptizar hallarás sobre su sepultura este* »*epitafio:*

Las mientes empedernidas
De las muy castas doncellas,
Aunque más altas y bellas,
De mí fueron combatidas;
Y ablandadas y vencidas
Con mis sabrosas razones,
Pusieron sus corazones
En mis manos ya rendidas...

(Siguen otras dos estrofas).
Claro es que ni la sepultura de Celestina en San Lorenzo, ni su epitafio, pueden tomarse en serio, pero son un nuevo documento de la tradición salmantina. (Vid. *Tragicomedi*a *de Lisandro...,* tomo III de *Libros Raros o Curiosos,* p. 35).

[2] *El Pelegrino Curioso y Grandezas de España... Publícalo la Sociedad de Bibliófilos Españoles.* Tomo I. Madrid, 1886, pág. 310.

[3] Tanto este pasaje como el de *El Pelegrino* fueron ya acotados por el señor Foulché-Delbosc.

cambio se enseñaba la torre de Melibea. «Se fueron (los pastores) »a pasear y a mostrar a Florino las cosas memorables que hay »en la famosa Salamanca; conviene a saber: los insignes teatros »de donde salen los eminentes varones para gobernar el mundo »y tener a la republica en pacífico estado, los reales y innumera- »bles colegios de doctos y letrados hombres, la cueva cegada »donde dicen haberse leido la nigromancia, *la nombrada y poco* »*vistosa torre de Melibea y la derribada casa de la vieja Celestina,* »los pasatiempos y recreaciones del humilde Tejares, etc.» [1]

Una tradición tan vieja y constante algún respeto merece; pero examinada atentamente la *Celestina*, nada se ve en ella que convenga a Salamanca más que este pasaje, que puede haber sido el único fundamento de una localización caprichosa: «Tiene »esta buena dueña al cabo de la ciudad, *allá cerca de las tenerías,* »*en la cuesta del río,* una casa apartada, medio cayda, poco com- »puesta e menos abastada.» Tenerías cerca del río había en otras partes, y lo que nunca ha podido verse en el Tormes son los *navíos* de que habla Melibea: «Subamos, señor, al açotea alta, porque »desde allí goze de la deleytosa vista de los navios» (Aucto XX). Si de lo material se pasa a lo moral, parece muy raro que en una comedia salmantina no se hable ni una sola vez de la Universidad y que ninguno de los personajes sea estudiante. Véase, por el contrario, cuánto los hace intervenir en la suya Sancho de Muñón. No me contradigo al decir esto, y afirmar en otra parte que la *Celestina* es una obra *humanística* y de ambiente universitario, porque esto recae sobre los procedimientos literarios y sobre el fondo de la comedia, no sobre la circunstancia material del lugar de la escena. Calisto, Pármeno y Sempronio no son estudiantes, pero hablan y piensan como tales: la indigesta pedantería de Melibea y la extraña y abigarrada ciencia de que hace alarde Celestina son más verosímiles en una ciudad literaria que en otra parte. Creo que en Salamanca recogió Rojas los principales documentos humanos para su obra, pero si hubiese querido dar a entender que la acción pasaba allí no habría dotado

---

[1] *Primera Parte de las Nimphas y Pastores de Henares. Diuidida en seys libros. Compuesta por Bernardo Gonçalez de Bouadilla, Estudiante en la insigne Universidad de Salamāca... Impressa en Alcalá de Henares, por Iuan Gracian, Año de M.D.LXXXVII*, fol. 178.

a la ciudad de un río navegable, ni hubiese dejado de hacer alguna alusión a sus escuelas.

La única ciudad de la Corona castellana desde cuyas azoteas pudiera disfrutarse de la vista de un gran río y de embarcaciones de alto bordo era Sevilla, y por esta sola razón sostuvo el canónigo Blanco que la *Celestina* pasaba en su tierra.[1] Pero bien leída la *Celestina*, nadie encontrará en ella indicios de que su autor conociese la región meridional de España y el habla de sus moradores, ni se hubiese fijado en las costumbres andaluzas, todavía más pintorescas entonces que ahora y tan distintas de las que él había visto en el reino de Toledo y en las aulas de Salamanca. Compárese a Rojas con Cervantes en este punto, y se palpará la diferencia. Pintores eminentemente realistas uno y otro, no difieren mucho en la factura, y, sin embargo, los mejores cuadros de Cervantes, hasta cuando pinta las arideces de la llanura manchega, tienen algún reflejo de la luz de Sevilla, al paso que el bachiller Rojas permaneció cruda y netamente castellano, con cierta sequedad y amargura muy ajena del tono blando y misericordioso de la sátira de Cervantes.

Queda una tercera hipótesis, la del señor Foulché-Delbosc, que fija en Toledo el escenario de la *Celestina*. Pero aquí nos encontramos también con la dificultad del río navegable. Nunca desde una azotea de Toledo han podido verse navíos, ni esto puede pasar como una licencia poética. La tentativa grandiosa, pero desgraciadamente efímera, de navegación del Tajo hasta su desembocadura en Lisboa, pertenece al reinado de Felipe II. Hubo, sin duda, proyectos anteriores, alguno del tiempo de los Reyes Católicos, pero no autorizaban a un escritor para dar por cumplido lo que no llegó a ser ni intentado siquiera.

Si se prescinde de los *navíos*, resulta que en Toledo concurren casi todos los pormenores topográficos citados por Rojas: las tenerías junto al río; los nombres de las parroquias de San Miguel y la Magdalena y de alguna calle como la del Arcediano, si es que realmente se la puede identificar con una antigua plaza del mismo nombre. De la calle del Vicario Gordo, mencionada también

---

[1] En el ya citado artículo de las *Variedades o Mensajero de Londres*, página 246.

en la obra, nadie da razón hasta ahora. Pármeno refiere haber servido nueve años en el monasterio de Guadalupe, que pertenece a la diócesis de Toledo, aunque situado en Extremadura.

Pero es el caso que algunas de estas cosas no son peculiares de Toledo: tenerías junto al río había también en Salamanca (como hemos visto), e iglesias de San Miguel y de la Magdalena allí y en Sevilla, aunque creo, por las razones expuestas, que Rojas no pudo pensar más que en una ciudad castellana. ¿Y por qué en una ciudad determinada? ¿No pudo crear, como suelen hacer los novelistas, una ciudad ideal, con reminiscencias de las que tenía más presentes, es decir, Salamanca y Toledo? El haber puesto una circunstancia que es imposible en ambas mueve a creer que no quiso concretar demasiado el lugar de la acción, para lo cual tendría muy buenas razones; que no es el cuento de Calisto y Melibea de los que pueden achacarse a personas particulares, moradoras de cierto pueblo, sin que padezca no leve mengua su buena fama y la de su apellido.

Poco nos importa todo esto. La *Celestina* no es obra local, sino de interés permanente y humano. Los datos sencillísimos de su fábula: una pasión juvenil, una tercería amorosa, una doble catástrofe trágica, han podido reproducirse infinitas veces. En esta parte Rojas no inventó ni quiso inventar nada, porque su arte, antítesis radical de los libros de caballerías, no estribaba en quiméricas combinaciones de temas incoherentes. Tomó del natural todos sus elementos y extrajo el jugo y la quintaesencia de la vida.

Pero aunque su obra sea directamente naturalista y deba tenerse por un original dechado de pasmosa verdad y observación encarnizada y fría, no puede desconocerse que la armazón o el esqueleto de la fábula, y aun la mayor parte de los personajes, y por de contado las sentencias y máximas que pronuncian, tienen abolengo próximo o remoto en la literatura clásica, y en sus imitadores de la Edad Media y del Renacimiento, y en algunas obras también de nuestra propia literatura. La investigación de las que en este sentido pueden llamarse fuentes de la *Celestina* daría materia para un libro entero, del cual ya existe un excelente capítulo, el relativo a los «antecedentes del tipo celestinesco en la literatura latina».[1] Aquí nos limitaremos a lo más esencial, insistiendo en lo menos sabido.

La influencia clásica fué reconocida, aunque en términos vagos, por Aribau. «Sin parecerse la *Celestina* a ninguna de las obras »de la antigüedad, en toda ella trasciende un olor suavísimo de »lectura y meditación sobre los mejores modelos.»[2] No se parece, en efecto, a ninguna; pero tiene rasgos sueltos de muchas, y algo, capital a mi juicio, que procede de fuente conocida.

No doy grande importancia a los nombres históricos, geográficos y mitológicos; pedantería harto fácil y común a todos los autores de aquel tiempo, pero merecen más atención las citas positivas de varios clásicos que hay esparcidas por el libro y la traducción ocasional de alguna frase o sentencia. Desde las primeras líneas del prólogo nos encontramos con el filósofo Heráclito y la exposición bastante clara de un principio capital de su sistema físico: «Todas las cosas ser criadas a manera de contien-»da o batalla, dize aquel gran sabio Eráclito en este modo: *Omnia »secundum litem fiunt.»*

Más adelante nos da noticias del pez *echeneis,* que parecen tomadas de Aristóteles, Plinio y Lucano, pero que realmente lo han sido del Comendador Hernán Núñez en su glosa a Juan de Mena: «Aristóteles y Plinio cuentan maravillas de un pequeño »pece llamado Echeneis... Especialmente tiene una, que si llega »a una nao o carraca, la detiene que no puede menear, aunque »vaya muy rezio por las aguas; de lo cual haze Lucano mencion »diciendo:

Non puppim retinens, Euro tendente rudentes,
In mediis Echeneis aquis...

»No falta allí el pece dicho *Echeneis,* que detiene las fustas »cuando el viento Euro estiende las cuerdas en medio de la mar.»[3]

---

[1] Vid. el artículo de don Adolfo Bonilla y San Martín, en la *Revue Hispanique,* tomo XV (1906), pp. 372-386.

[2] *Discurso preliminar sobre la novela española* (en el tomo III de la colección de Rivadeneyra), p. XIV.

[3] Comentando un verso de la copla 252 del *Laberinto*

Allí es mesclada gran parte de echino...

había citado el Comendador los mismos textos de Plinio, Aristóteles y Lu-

Del texto de la *Tragicomedia* sólo recordaré unos cuantos lugares, dejando lo demás para quien emprenda el comentario perpetuo que tal obra merece. La madre Celestina, en el aucto IV, cita con precisión un verso de Horacio, sin nombrarle: «¿No has »leydo que dizen: *verná el dia que en el espejo no te conozcas?*» El lírico latino había escrito (Od. IV, carm. X, v. 6):

> *Dices, heu! quoties te in speculo videris alterum...*

Sempronio nos advierte (aucto VIII) que «las yras de los amigos suelen ser reintegracion de amor». Es sentencia muy sabida de Terencio en la *Andria* (v. 556): *Amantium irae, amoris integratio est.* Pármeno, tan leído como su compañero, traduce, embebiéndolos en el diálogo, cuatro versos del prólogo de las sátiras de Persio (8-II);

> *Quis expedivit psittaco suum χαῖρε,*
> *Picasque docuit verba nostra conari?*
> *Magister artis ingenîque largitor*
> *Venter, negatas artifex sequi voces.*

«La necessidad e pobreza; la hambre, que no ay mejor maestra »en el mundo, no ay mejor despertadora e abivadora de ingenios. »¿Quién mostró a las picaças e papagayos ymiten nuestra propia »habla con sus *harpadas lenguas*,[1] nuestro órgano e boz, sino »esta?» (Aucto IX).

En boca de Pleberio (aucto XX) encontramos el *degeneres animos timor arguit*, de Virgilio *(Aen.,* VI, 13): «a los flacos cora- »çones el dolor los arguye». Y en su lamentación repite el *Cantabit vacuus coram latrone viator,* de Juvenal (Sat. X, 22): «como »caminante pobre que sin temor de los crueles salteadores va »cantando en alta boz».

---

cano, traduciendo este ultimo en los mismos literales términos que Rojas: «No falta ally el pez dicho echeneis, que detiene las fustas en mitad del »mar quando el viento euro estiende las cuerdas.» El plagio no puede ser más completo, aunque nadie se había fijado en él antes del señor Foulché-Delbosc. La *Glosa* del Comendador se imprimió en 1499, el mismo año que la *Celestina,* pero sabido es que su prólogo no aparece hasta 1502 en las ediciones refundidas. De la fuente general de este prólogo se tratará más adelante.

[1] Estas *harpadas lenguas* pasaron a Cervantes.

Estos y otros pasajes, [1] que sin esfuerzo notará cualquier humanista, pertenecen a lo más sabido y vulgar de las lenguas clásicas, y por lo mismo parecen indicar reminiscencias escolares muy frescas. Horacio, Virgilio, Terencio, Juvenal y Persio, eran de los autores que se leían más en las aulas. Acaso las frecuentaba todavía el autor o había salido de ellas poco antes.

Pero entremos en otro género de imitaciones más dignas de consideración. El primer esbozo del carácter de la tercera de ilícitos amoríos (con puntas y collares de hechicera) puede encontrarse en la vieja Dipsas, que figura en una de las elegías de los *Amores* del lascivo poeta de Sulmona (Lib. I, eleg. VIII):

Est quaedam; (quicumque volet cognoscere lenam,
Audiat) est quaedam, nomine Dipsas, anus,... [2]

---

[1] No he podido encontrar en las obras de Séneca la sentencia que Celestina le atribuye en el *aucto I*: «Que, como Séneca dice, los peregrinos tie»nen muchas posadas e pocas amistades, porque en breue tiempo con nin»guno pueden firmar amistad, y el que está en muchos cabos, está en nin»guno»; aunque el filósofo cordobés dice cosas muy análogas en el segundo capítulo del libro *De Tranquillitate animi*. Tampoco la encontró Gaspar Barth, que en las *Animadversiones* que acompañan a su versión latina de nuestra *Tragicomedia* (p. 351) dice: «Loca Senecae non pauca memini vitu»perantia peregrinationem propter animi motus institutam, et laudantia So»craticum illud; quid iuvat te mutare loca, cum te ubi ibis circumferas? Hoc »tamen dictum non occurrit; puto sententiolam aliquam esse Publii, aut al»terius Poetae quales olim plurimae Senecae titulo commendatae fuerunt.»

[2] Es anterior, sin duda, y sirvió de modelo a Ovidio, el *Carmen* V del libro 4º de Propercio, *Lena Acanthis*, que es una serie de imprecaciones contra el túmulo de una alcahueta.

Terra tuum spinis obducat, lena, sepulcrum,
Et tua, quod non vis, sentiat umbra sitim...

Pero dudo que el bachiller Rojas la tuviese presente, porque en su tiempo se leía muy poco a Propercio. El tipo de Acanthis conviene en muchas cosas con el de Dipsas, especialmente en la magia:

Illa velit, poterit magnes non ducere ferrum...
Audax cantatae leges imponere lunae,
Et sua nocturno fallere terga lupo...
Consuluitque striges nostro de sanguine, et in me
Hippomanes foetae semina legit equae,
(V. 9, 13-14, 17-18).

Acanthis procura seducir a la querida *(puella)* de Propercio y le da los mismos consejos que Dipsas a la de Ovidio.

Dipsas tiene rasgos comunes con Celestina. El primero es la intemperancia báquica *(Lacrimosaque vino lumina)*, de la cual procede su nombre *(ex re nomen habet)*, y por la cual el poeta, en sus maldiciones, la desea perpetua sed:

> *Di tibi dent nullosque lares, inopemque senectam;*
> *Et longas hyemes, perpetuamque sitim.*
>
> (V. 113-114).

Otro, y más característico, es la pericia en las artes mágicas, el poder de la hechicería, que no se limita aquí a la preparación de filtros amorosos ni al conocimiento de las virtudes arcanas de ciertas yerbas, sino que domeña la naturaleza con infernal señorío, torciendo el curso de las aguas, disponiendo a su arbitrio de la tempestad y de la calma, enrojeciendo la faz de la Luna y haciendo que derramen sangre las estrellas.[1] No falta, por supuesto, el vuelo nocturno y la evocación de los muertos:

> *Evocat antiquis proavos atavisque sepulcris;*
> *Et solidam longo carmine findit humum.*
>
> (V. 17 y 18).

Por robusta que fuese la credulidad de los contemporáneos de Fernando de Rojas, no era fácil que a una bruja castellana pudieran atribuirse tales portentos. Sólo de la *necromancia* ha quedado algún rastro en la relación que Celestina hace de las diabólicas artes de la madre de Pármeno.[2] En todo esto puede

---

[1]   *Illa magas artes, Aeaeaque carmina novit,*
      Inque Caput rapidas arte recurvat aquas.
  Scit bene quid gramen, quid torto concita rhombo
  Licia, quid valeat virus amantis equae,
  Quum voluit, toto glomerantur nubila coelo;
  Quum voluit, puro fulget in orbe dies.
  Sanguine, si qua fides, stillantia sidera vidi·
      Purpureus Lunae sanguine vultus erat.

                                         (V. 5-12).

[2] «O qué graciosa era! o qué desenvuelta, limpia, varonil tan sin pena »ni temor se andaua a media noche de cimenterio en cimenterio, buscando »aparejos para nuestro officio, como de dia; ni dexaua cristianos, ni moros, »ni judios, cuyos enterramientos no visitaua; de dia los acechaua, de noche »los desenterraua. Assi se holgaua con la noche escura como tú con el dia »claro; dezia que aquella era capa de pecadores. ¿Pues maña no tenía, con

verse también el recuerdo de las Canidias y Saganas de Horacio y del libro de Apuleyo, que está expresamente citado en la *Tragicomedia* (aucto VIII): «En tal hora comiesses el diacitron, como »*Apuleyo el veneno que le convirtió en asno.*»

Pero no son la embriaguez ni la hechicería las notas capitales de la Celestina española; en lo que emula y supera a la Dipsas ovidiana es en el oficio que ambas ejercen de concertadoras de ilícitos tratos, y en la pérfida astucia de sus blandas palabras y viles consejos:

Haec sibi proposuit thalamos temerare pudicos;
Nec tamen eloquio lingua nocente caret.

(V. 19-20).

De esta *elocuencia* da muestra Dipsas queriendo sobornar a la amada del poeta en un razonamiento que recuerda mucho los coloquios de Celestina con Areusa y aun con la misma Melibea:

Scis, hera, te, mea lux, juveni placuisse beato;
Haesit, et in vultu constitit usque tuo...
....

Ludite, formosae: casta est, quam nemo rogavit,
Aut, si rusticitas non vetat, ipsa rogat.
....

Labitur occulte, fallitque volubilis aetas;
Ut celer admissis labitur amnis aquis.

(V. 23-24; 43-44; 49-50).

Tal es el tipo de la *Lena* romana, ligeramente bosquejado por Ovidio y Propercio.

»todas las otras gracias? Vna cosa te diré, porque veas qué madre perdiste, »aunque era para callar; pero contigo todo passa: siete dientes quitó a un »ahorcado con unas tenazicas de pelar cejas, mientras yo le descalcé los »çapatos. Pues entrar en un cerco mejor que yo e con más esfuerço, avn- »que yo tenía harta buena fama, más que agora, que por mis pecados todo »se oluidó con su muerte; qué más quieres sino que los mesmos diablos le »auian miedo? atemorizados y espantados los tenía con las crudas bozes »que les daua; assi era dellos conocida, como tú en tu casa; tumbando venian »vnos sobre otros a su llamado; no le osarian dezir mentira, segun la fuèrça »con que los apremiaua; despues que la perdi, jamas les oy verdad.» (Aucto VII).

En el teatro clásico tiene otros precedentes de más consideración la fábula española. No los disimula Alonso de Proaza en sus octavas encomiásticas:

> No debuxó la cómica mano
> De Nevio ni *Plauto*, varones prudentes,
> Tan bien *los engaños de falsos siruientes*
> *Y malas mugeres* en metro romano.
> Cratino y Menando y Magnes anciano
> Esta materia supieron apenas
> Pintar en estilo primero de Atenas
> Como este poeta en su castellano.

Claro es que Magnes y Cratino, poetas de la antigua comedia ateniense, eran meros nombres para Rojas y su panegirista. Poco menos debía de pasarles con Menandro, cuyos fragmentos no fueron impresos hasta 1553, y de quien sólo en años muy recientes nos han revelado los papiros egipcios algunas comedias más o menos incompletas [1]. Pero Menandro, a quien toda la antigüedad consideró como el más exquisito poeta de la comedia nueva [2], vivía indirectamente en sus imitadores latinos, especialmente en Terencio. Tanto él como Plauto eran familiares al bachiller Rojas, según puede colegirse por varios indicios. Ya Aribau se fijó en los nombres de algunos personajes, que evidentemente están tomados de las comedias latinas, donde desempeñan papeles análogos. *Pármeno* [3] (que se interpreta *manens et aditans*

---

[1] El más importante de estos descubrimientos ha sido hecho en 1906, cerca de la antigua Afroditopolis, por Gustavo Lefebvre. El papiro descubierto y publicado por él contiene los restos de cuatro piezas, tres de las cuales han podido ser reconstruídas conjeturalmente, aunque con grandes lagunas. (*Fragments d'un manuscrit de Ménandre, découverts et publiés par M. Gustavo Lefebvre, inspecteur en chef du service des Antiquités de l' Egipte.* Impreso en el Cairo, 1907).
Lo que hoy poseemos de Menandro, además de los simples fragmentos, son partes más o menos extensas de seis comedias (*El Labrador, El Adulador, El Héroe, El Juicio de Albedrío, La Sannia, La Mujer Pelona*).

[2] Los versos con que Ovidio caracteriza el teatro de Menandro (*Amorum*, I, XV, 17) incluyen tres de los principales tipos de la *Celestina*:

> Dum *fallax servus*, durus pater, *improba lena*.
> Vivent, dum *meretrix blanda*, Menandros erit.

[3] Tal es la legítima acentuación de este nombre, confirmada en cuan-

domino) aparece en el *Eunuco,* en los *Adelfos* y en la *Hecyra.* En esta misma comedia y en la *Andria* interviene *Sosia,* todavía más conocido por la parte chistosísima que desempeña en el *Anfitrión* de Plauto. El nombre de *Crito* se repite tres veces en el teatro de Terencio *(Andria, Heautontimorumenos* y *Phormio). Traso* es el soldado fanfarrón rival del joven Fedria en el *Eunuco,* y probablemente la idea de llamar *Centurio* a un rufián ha sido sugerida por la misma comedia (v. 775), en que se pregunta por un *centurión* llamado Sanga: «Vbi *centurio* est Sanga, *manipulus furum?»* La madre de Melibea (acto IV) dice que va a visitar a la mujer de *Cremes.* Tres viejos de Terencio *(Andria, Heautontimorumenos, Phormio)* y un adolescente *(Eunuchus)* tienen el nombre de *Chremes.* Otros nombres de la *Tragicomedia* parecen forjados a similitud de éstos. [1]

---

to al castellano por estos versos de un soneto de Bartolomé Leonardo de Argensola contra el esgrimidor Pacheco de Narváez:

> Cuando los aires, *Parmeno,* divides
> Con el estoque negro, no te acuso...

Como este nombre llegó a nosotros por vía erudita, se conservó el nominativo latino y se dijo *Pármeno* en vez de *Parmenón,* contraviniendo a la ley general. Lo mismo se observa en *Crito* y *Traso,* que son también nominativos grecolatinos; *Critón* y *Trasón* hubieran sido las formas naturales en nuestra lengua.

[1] No es imposible que *Celestina* tuviese ya en la mente del autor el sentido de *Scelestina* que le dieron algunos de sus censores morales. Pero pudo ser sugerido también por el *Libro del esforzado caballero D. Tristán de Leonís,* como ha notado el señor Bonilla en el tomo I, pág. 410 de su colección de *Libros de Caballerías.* En el capítulo LII de *Don Tristán* se lee: «Dize la historia que quando Lançarote fue partido de la doncella, ella »se aparejó con mucha gente, y *fuese con ella su tía Celestina.*» El nombre de *Lucrecia* parece inspirado, más que por el recuerdo de la matrona romana, por la reciente lectura del libro de Eneas Silvio. *Tristán,* no hay que decirlo, se deriva del ciclo bretón. *Alisa* nos trae a la memoria cierta fábula de la ninfa *Cardiama* convertida en fuente por amores del gentil *Aliso,* que trae Juan Rodríguez del Padrón en el *Triunfo de las donas.* El nombre de *Sempronio* (eterno compañero de Ticio) no puede ser más natural en un bachiller legista. El *Melibeo* de las églogas virgilianas pasó a nuestra tragicomedia cambiando el sexo. Nada hay que advertir en cuanto a Calisto (no Calixto, como muchas veces se ha impreso), derivado del superlativo griego καλλιοτος (hermosísimo).

En algunos de los nombres, no en todos, se ajustó el autor de la *Tra-*

Si en la imposición de los nombres lleva Terencio la ventaja, en otras cosas de la *Celestina* se revela más el estudio de Plauto. A él hay que referir probablemente el título definitivo de la obra que primeramente había llamado su autor *comedia*. La voz *tragicomedia* (más bien *tragicocomedia*) es una invención jocosa del poeta latino en el prólogo de su *Anfitrión*. Mercurio, que le pronuncia, dice a los espectadores:

«Voy a exponeros el argumento de esta tragedia. ¿Por qué »arrugáis la frente? ¿Porque os dije que iba a ser tragedia? Soy »un dios, y puedo, si queréis, transformarla en comedia, sin cam- »biar ninguno de los versos. ¿Queréis que lo haga así o no? ¡Pero, »necio de mí, que siendo un dios no puedo menos de saber lo que »pensáis sobre esta materia! Haré, pues, que sea una obra mixta, »a la cual llamaré *tragico-comedia*, porque no me parece bien ca- »lificar siempre de comedia aquella en que intervienen reyes y »dioses, ni de tragedia a la que admite personajes de siervos. »Será, pues, como os he dicho, una *tragicocomedia*.»

Post, argumentum huius eloquar tragoediae.
Quid contraxistis frontem? quia tragoediam
Dixi futuram hanc? Deus sum; commutavero
Eandem hanc, si voltis; faciam ex tragoedia
Comoedia ut sit, omnibus eisdem versibus.

---

gicomedia a la práctica de los cómicos latinos, según la explica el gramático Donato comentando los primeros versos de los *Adelfos* de Terencio: «Nomina personarum, in comoediis duntaxat, habere debent rationem et »etymologiam. Etenim absurdum est, comicum aperte argumentum confin- »gere: vel nomen personae incongruum dare, vel officium quod sit a nomi- »ne diversum (Lessing, en el número 90 de la *Dramaturgia*, propone que »se lea *et nomen*, y no *vel nomen*, para que resulte más clara la frase). *Hinc* »*servus fidelis Parmeno:* infidelis vel Syrus vel Geta; miles Thruso, vel Po- »lemon: *juvenis Pamphilus:* matrona Myrrina; et puer ab odore Storax: »vel a ludo et gesticulatione Circus, et item similia.» (En el *Terencio* de la colección de Valpy, pág. 1.392).

De antiguo viene reparándose en la intención con que están aplicados los nombres de la *Celestina*. Covarrubias en su *Tesoro de la lengua castellana* (2ª ed. 1674, p. 184) dice a este propósito: «*Celestina*, nombre de una »mala vieja que le dió a la tragicomedia Española tan celebrada. Dixose »assí *quasi scelestina a scelere*, por ser malvada alcahueta embustidora; y »todas las demás personas de aquella comedia tienen nombre apropiado a »sus calidades. *Calixto* es nombre griego, *pulcherrimus*; Melibea vale tanto »como dulçura de miel, *mel et vita*», etc.

*Vtrum sit, an non, voltis? Sed ego stultior
Quasi nesciam vos velle, qui divus siem.
Teneo quid animi vostri super hac re siet.
Faciam ut commixta sit tragicocomoedia,
Nam me perpetuo facere ut sit comoedia,
Reges quo veniant et di, non par arbitror.
Quid igitur? quoniam heic servos quoque parteis habet
Faciam, sit, proinde ut dixi, tragicocomoedia.*

(V. 51-63).

Sin duda que este pasaje no puede tomarse en serio como determinación de un nuevo género poético, porque Plauto se chancea con el público, pero también es cierto que ninguna obra de su teatro se asemeja al *Anfitrión,* que no es parodia trágica ni tampoco verdadera comedia. El infortunio conyugal del jefe tebano, víctima de un poder tan absurdo como incontrastable, no produce risa sino indignación en el lector o espectador moderno, y acaso también en el antiguo, ni hay en los caracteres de Anfitrión y Alcumena nada que no sea decoroso y digno de personas trágicas. Lo cómico se refugia en figuras secundarias. Y como en los diez y nueve siglos que transcurrieron entre Plauto y el bachiller Fernando de Rojas, una sola obra que sepamos volvió a llamarse *tragicomedia,*[1] nos inclinamos a admitir la de-

---

[1] Esta excepción, muy curiosa por tratarse de una pieza fundada en argumento histórico español y contemporáneo (el frustrado regicidio de Fernando el Católico en Barcelona, 7 de diciembre de 1492), es el *Fernandus Servatus,* de Marcelino Verardo de Cesena, sobrino de Carlos Verardo, camarero y secretario de Breves durante los pontificados de Paulo II, Sixto IV, Inocencio VIII y Alejandro VI, y autor de la *Historia Baetica seu de expugnatione Granatae,* drama en prosa latina, excepto el argumento y el prólogo, que están en versos yámbicos.

El *Fernandus Servatus* está en versos exámetros, y en rigor los versos son lo único que pertenece a Marcelino, puesto que el plan fué de Carlos, que es el que escribe la dedicatoria al Cardenal Mendoza: «*Materiam ipsam »Marcellino nepoti et alumno meo, qui Poesi mirifice delectatur, versu descri- »bendam, poeticisque coloribus salua rerum dignitate ac veritate pingendam »exornandamque tradidi.*»

Tanto la *Historia Baetica* (cuyo asunto es la conquista de Granada) como el *Fernandus Servatus,* son curiosas muestras de la tragedia humanística, y una y otra fueron representadas con gran pompa. La primera en el palacio del Cardenal Riario y en fecha conocida: «Acta Ludis Roma- »nis. Innocentio VIII in solio Petri sedente, anno a Nat. Salvatoris de »MCCCCXCII, undecimo Kalendas Maii.» Del *Fernandus Servatus* sólo sa-

rivación plautina. Pero conviene notar que el poeta romano justifica la novedad del título con la mezcla de personajes trágicos y cómicos, y el autor castellano con la mezcla de placer y dolor, lo cual es mucho más racional y filosófico: «Otros han litigado »sobre el nombre, diziendo que no se avia de llamar comedia, »pues acabava en tristeza, sino que se llamase tragedia. El primer »autor quiso darle denominación del principio, que fue plazer, »e llamóla comedia. Yo, viendo estas discordias entre estos ex- »tremos, partí agora por medio la porfia, e llaméla *tragicomedia.*»

El nombre quedó en la literatura española del siglo XVI, y fué aplicado a obras de muy vario argumento. Gil Vicente, que en tantas cosas fué tributario de la *Celestina,* llamó *tragicomedias* a una sección entera de sus obras, en que se mezclan piezas ale-

---

bemos, por la dedicatoria de Verardo, que patrocinaron la representación los prelados españoles don Bernardino de Carvajal, obispo de Badajoz, y don Juan de Medina, obispo de Astorga, y que fué oída con gran aplauso por el Papa, muchos cardenales y obispos y otra porción de egregias personas: «Tanto autem fauore et attentione ab ipso Pontifice Maximo, pluri- »busque Cardinalibus ac praesulibus (ut inferiores taceam...)»

En este prólogo es donde Verardo aplica a su obra el dictado de *tragicomedia,* olvidado desde Plauto. Y la llama así por tener triste el principio (la herida del Rey) y alegre el desenlace en que se le ve restituído a la salud: «*Potest enim haec nostra, ut Amphitruonem suum Plautus appellat,* »*Tragicocomoedia nuncupari quia personarum dignitas et Regiae maiestatis* »*impia illa violatio ad Tragoediam, iucundus vero exitus rerum ad Comoe-* »*diam pertinere videantur.*»

Ambas tragedias fueron impresas en Roma, con otras poesías latinas de ambos Verardos, en 1493, *per Magistrum Eucharium Silber alias Franck.* Hay otras varias ediciones de la *Historia Baetica,* entre ellas la famosísima de Basilea, 1494, que contiene la carta de Colón «*de insulis in mari Indico nuper inventis*». Del *Fernandus Servatus* no conozco más reimpresión que la de Strasburgo de 1513, unida a otros opúsculos latinos de varios autores *(Argentorati, Ex officina Matthiae Schurerii Selestensis Mense Aprili Anno M. D. XIII).*

Me parece fuera de duda que Fernando de Rojas conocía la obra de Verardo, que por su asunto debió de divulgarse bastante en España, y quizá la lectura de su prólogo le sugirió la idea de cambiar el título de *Comedia* que había dado a la *Celestina* en *tragicomedia.* Obsérvese también que la explicación que da del nombre conviene con la de Verardo y no con la de Plauto. Pero puede admitirse la influencia simultánea de los dos textos. Tengo por seguro que la *Celestina* estaba escrita antes del *Fernandus Servatus,* pero en su primitiva forma no se llamaba *tragicomedia,* sino *comedia.*

góricas, como el *Triumpho do inverno* y la *Serra da Estrella*, con dramas caballerescos, como *Don Duardos* y *Amadís de Gaula*. *Tragicomedia alegórica del Paraíso y del Infierno* se rotula la excelente refundición castellana de una de las *Barcas* del mismo Gil Vicente, impresa en Burgos en 1539. Una de las piezas de la *Turiana*, atribuídas a Juan de Timoneda, lleva el título de *Tragicomedia Filomena*. En la numerosa serie de las *Celestinas*, sólo una, la de Sancho Muñón, conserva el dictado de *Tragicomedia de Lisandro y Roselia*.

Ninguna de las comedias de Plauto y Terencio presenta una acción análoga a la de la *Celestina*, pero hay en casi todas rasgos de parentesco y semejanza que las hacen hasta cierto punto de la misma familia dramática.[1] Rojas se asimiló muchos de los elementos de la comedia latina. La continua intervención de los siervos en las intrigas amorosas de sus amos hacen al Líbano de la *Asinaria*, al Toxilo y al Sagaristión de *El Persa*, al redomado *Pseudolo* que da título a una comedia, al *Epidico* protagonista de otra, al Crisalo de *las dos Báquides*, precursores remotos de Sempronio y Pármeno. Lo mismo puede decirse del Davo de la *Andria*, del Siro del *Heautontimorumenos*, del Geta del *Formion*, del Pármeno del *Eunuco*, que ni siquiera ha tenido que cambiar de nombre.

Abundan también en el teatro latino los rufianes propiamente dichos *(lenones)*, que trafican con la venta de mujeres, como el Capadocio del *Curculio*, el Labrax del *Rudens*, el Dordalo de *El Persa*, el Sannion de los *Adelfos* y otros varios, casi todos escarnecidos y burlados en su torpe lucro por las estratagemas de los siervos. Cuando desapareció la esclavitud en la forma en que la conocieron los pueblos clásicos, tuvieron que resultar exóticas en cualquier teatro moderno las intrigas a que dan lugar los raptos de doncellas, su exposición en público mercado y los reconocimientos o *anagnorises* que las hacen pasar súbitamente de la

---

[1] La derivación terenciana está indicada ya por el más antiguo imitador de la *Celestina*, don Pedro Manuel de Urrea, en el prólogo de su *Penitencia de amor* (1514). «Esta arte de amores está ya muy vsada en esta ma- »nera por cartas y *por çenas que dize el Terencio, y naturalmente es estylo* »*del Terencio* lo que hablan en ayuntamiento.» (Pág. 3 de la reimpresión de Foulché - Delbosc.)

condición servil a la ingenua. Nuestro autor se abstuvo cuerdamente de imitarlas, al revés de lo que hicieron los poetas cómicos de Italia en el siglo XVI con monotonía servil y fatigosa.

Pero había otra figura cómica en el teatro latino, que podía trasplantarse a la escena moderna: el soldado fanfarrón, el *miles gloriosus*, bravo en palabras y corto en hechos, que al pasar a las imitaciones adquiere algunos de los caracteres del *leno*. No es ya mercader de esclavas, pero vive cínicamente con el tráfico vil de sus protegidas. Tal es el rufián Centurio, llamado así irónicamente, no por ser capitán de cien hombres, sino por rufián de cien mujeres. El abolengo de estos *milites*, que en los siglos XVI y XVII inundan nuestra escena y la italiana, se remonta a aquellos otros figurones que en el repertorio de Plauto llevan los retumbantes nombres de *Therapontigono* (en el *Curculio*), de *Pyrgopolinices* (en el *Miles gloriosus*), de *Strasophanes* (en el *Truculentus*). Todos ellos tienen por nota característica la fanfarronada: todos se jactan sin cesar de sus imaginarias proezas; todo el mundo se burla de ellos y de sus ridículos amoríos; son víctimas de los parásitos y de las rameras y a todos cuadra la descripción que Palestrio hace de su amo:

> .... *gloriosus, impudens,*
> *Stercoreus, plenus perjurii atque adulterii:*
> *Ait sese ultro omnes mulieres sectarier.*
> *Is deridiculu'st, quaqua incedit omnibus.*
>
> (M. G., Acto II, scena I, v. 11-14).

Apenas hay comedia latina sin meretrices, porque los hábitos de la antigua escena rara vez toleraban intrigas amorosas con mujeres de condición libre, sino con esclavas y libertas. Pero entre estas cortesanas hay muchos grados. Las de Terencio suelen ser enamoradas sentimentales, que desmienten con la delicadeza de sus afectos el oprobio unido a su nombre y oficio. La honestidad de su lenguaje es tal, que los más severos educadores cristianos no han tenido reparo en poner el volumen de las comedias terencianas, con muy ligera expurgación, en manos de sus alumnos.[1]

---

[1] Bien conocido es el pasaje de Bossuet en su carta al Papa Inocencio XI sobre los estudios del Delfín de Francia: «Quid memorem, ut Delphinus in Terentio suaviter atque utiliter luserit: quantaque se hic rerum hu-

Las heroínas de Plauto, por el contrario, suelen pertenecer al mismo mundo que Elicia y Areusa, y aun peor. Rasgos hay de ternura, por ejemplo, en la escena de la separación de Argiripo y Filenia en la *Asinaria* (acto III, scena III), pero ¿a quién no repugnan las bajas complacencias de Filena con el padre y el hijo simultáneamente?

Las comedias de Plauto donde más de propósito se pintan costumbres meretricias son las *Bacchides*, la *Cistellaria* y el *Truculentus*. En todo esto no se ve ninguna imitación indirecta. Más importante es la galería de las *lenas*, no sólo porque desempeñan el mismo oficio que Celestina, sino porque se muestran como ella razonadoras y sentenciosas y dan verdaderas lecciones de perversidad a sus educandas. Así Cleereta en la *Asinaria*, Scafa en la *Mostellaria*, y más especialmente otra *lena* anónima que adoctrina en la *Cistellaria* a Silenia y a Gimnasia (acto I, scena I). Añádase el rasgo común de la embriaguez consuetudinaria y parlante. «*Multiloqua et multibiba*» es la «*anus*» de la *Cistellaria*.

»manarum exempla praebuerint, *intuenti fallaces voluptatum ac mulier-*
»*cularum illecebras, adolescentulorum impotentes et caecos impetus; lubricam*
»*aetatem* «*servorum*» *ministeriis atque adulatione per devia praecipitatam, tum*
»*suis exagitatam erroribus, atque amoribus cruciatam,* nec nisi miraculo ex-
»peditam, vix tandem conquiescentem ubi ad officium redierit. Hic morum,
»hic aetatum, hic cupiditatum naturam a summo artifice expressam; ad haec
»personarum formam ac lineamenta, verosque sermones, denique ve nus-
»tum illud aut decens, quo artis opera commendetur. Neque interim ju-
»cundissimo poetae, si quae licentius scripserit, parcimus: sed e nostris plu-
»rimos intemperantius quoque lusisse, mirati, horum lasciviam exitiosam
»moribus, severis imperiis coercemus.» (En el *Terencio* de Lemaire, I, p. CLXVIII.)

La ejemplaridad moral que Bossuet encuentra en las comedias de Terencio, es por el estilo de la que afectaba el bachiller Rojas y celebran sus panegiristas. Las palabras subrayadas convienen extraordinariamente con el encabezamiento de la *Celestina*. En realidad, Terencio no es ningún severo moralista, pero, aunque gentil, es muy casto y morigerado en la expresión, y por eso, y sin duda también por el prestigio de la antigüedad, le otorgó Bossuet la indulgencia que negaba a Molière, tan castigado por sus episcopales anatemas. A la fortuna de Terencio en las escuelas cristianas puede aplicarse aquel dístico de Ovidio *(Trist.* II, I, 369):

Fabula iucundi nulla est sine amore Menandri,
Et solet hic pueris virginibusque legi.

«*Multibiba*» y «*merobiba*» son epítetos que se aplican a la del *Curculio*.

> *Quasi tu lagenam dicas, ubi vinum solet*
> *Chium esse.*
>
> (Acto I, scena I, v. 78-79).

Las palabras con que celebra el vino tienen el mismo entusiasmo ditirámbico que las de Celestina en el aucto IX de la *Tragicomedia*:

> *Salve anime mi,*
> *Liberi lepos: ut veteris vetusti cupida sum!*
> *Nam omnium unguentum odor prae tuo, nautea'est.*
> *Tu mihi stacte, tu cinnamomum, tu rosa,*
> *Tu crocinum et casia es, tu bdellium: nam ubi*
> *Tu profusus, ibi ego me pervelim sepultam...*
>
> (Acto I, scena II, v. 3-8).

Rojas, que tan versado se muestra en las letras latinas, ¿tendría algún conocimiento de las griegas? No sería inverosímil el caso, ya que en su tiempo las enseñaban en Salamanca, Nebrija y Arias Barbosa, pero no tengo ningún motivo para afirmarlo. Lo que me parece seguro es que conoció, a lo menos en la versión latina de Marcos Musuro, que estaba impresa antes de 1494, el poema de Museo sobre los amores de *Hero y Leandro*,[1] de donde manifiestamente está imitada la catástrofe de Melibea. Sólo aquel texto clásico pudo sugerirle la idea, tan poco española, del suicidio, porque es idéntica la situación de ambas heroínas e idéntico también el modo que eligen de darse muerte, precipitándose ambas de una torre:

> Παρὰ κρηπιδα δὲ πύργου
> θρυπτόμενον σπιλάδεσσιν ὅτ' ἔδρακε νεκρὸν ἀκοίτην
> δαιδαλέον ῥήθασα περὶ σιήθεσσι χιτῶνα,
> ῥοιζηδὸν προκάρηνος ἀπ' ἠλιβάτου πέσε πύργου.
> Καδ δ' Ἡρὼ τέθνηκεν ἐπ' ὀλλυμένῳ παρακοίτῃ.
> ἀλλήλων δ' ἀπόναντο καὶ ἐν πυμάτῳ περ ὀλέθρῳ.

---

[1] Véase lo que sobre este particular digo en mi reciente libro acerca de Boscán (p. 344). El poemita de Museo es uno de los dos primeros libros griegos impresos en España (Alcalá de Henares, ¿1514?; fecha, como se ve, muy posterior a la *Celestina;* pero su autor pudo conocer las ediciones de Venecia y Florencia, que se remontan a 1494 ó 1495.

.... *Apud fundamentum vero turris*
Dilaniatum scopulis ut vidit mortuum maritum,
Artificiosam disrumpens circa pectorae tunicam
Violenter praeceps ab excelsa cecidit turri.
At Hero periit super mortuo marito,
Se-invicem vero fruiti-sunt etiam in ultima pernicie. [1]

Versos que tradujo con valentía, especialmente el final, nuestro orientalista don José Antonio Conde:

> Desde los pechos rasga el rico manto,
> Y al mar se lanza desde la alta torre;
> Así murió por su difunto esposo,
> Y hasta en la misma muerte se gozaron. [2]

Esta apoteosis del Amor triunfante de la Muerte, es una de las cosas más notables de la *Celestina*, y no creo que pueda referirse a otra fuente literaria que la indicada. El delirio amoroso de los poemas del ciclo bretón es cosa muy diferente, y el lento y torpe suicidio del Leriano de la *Cárcel de Amor*, que se extingue de hambre bebiendo en una copa de agua los pedazos de las cartas de su amada, por ningún concepto anuncia la arrogante y desesperada resolución de Melibea.

Pero no basta con los estudios clásicos puros para explicar la elaboración de la *Celestina*. Tuvo el drama antiguo una continuación erudita que nunca faltó del todo aun en los siglos más oscuros de la Edad Media, aunque llegara a perderse el genuino sentido de las voces *tragedia* y *comedia* y no quedase rastro alguno de representaciones en público teatro. Ya no fué destinada para él (aunque sí para cierta escena privada y aristocrática) la única obra cómica del tiempo del Imperio que nos ha quedado: la ingeniosa y elegante comedia *Querolus* o *Querulus*, que puede estimarse como una continuación de la *Aulularia* de Plauto, cuyo puesto y título usurpó durante los siglos bárbaros. Esta pieza, de autor ignoto, compuesta al parecer en la Galia Meridional a principios del siglo v y dedicada a un Rutilio, que bien puede ser Rutilio Namaciano el autor del *Itinerarium*, tuvo por audi-

---

[1] Ed. de Dübner en la colección Didot, pág. 9.
[2] *Poesías de Safo, Meleagro y Museo, traducidas del griego*... Madrid, año 1797, pág. 133.

torio a los comensales del mismo Rutilio, según se infiere de la dedicatoria: «Nos hunc fabellis atque *mensis* librum scripsimus». Es lo que hoy diríamos una «comedia de gabinete», fruto tardío, aunque sabroso, de un grammático de la decadencia. En su primitiva forma esta comedia seguía las tradiciones métricas del teatro latino, pero fué prosificada en la Edad Media, como lo fueron también las fábulas de Fedro. Varios eruditos han trabajado en restituirla a su lección primitiva, entre ellos Klinkhamer (1825) y más recientemente L. Havet, que al parecer ha salido triunfante de la empresa. De su delicado y minucioso análisis resulta que el *Querolus* fué escrito no en un *pes clodus* como el que Bücheler ha notado en las inscripciones de África, sino en tetrámetros trocaicos catalécticos y tetrámetros yámbicos acatalectos, y con arreglo a este principio logra restaurar gran número de versos.[1]

Cinco siglos nada menos, y una transformación total del mundo, separan el *Querolus* de las seis comedias que en el siglo x compuso la monja alemana Rosvita *(Hrotsvitha)*, bella y simpática figura en el renacimiento literario de la corte de los Otones. Estas seis piezas, que forman la segunda parte de sus obras *(liber dramatica serie contextus)*, no llevan la menor indicación de haber sido representadas, ni nadie sostiene ya que lo fuesen, aunque Magnín lo defendió con deslumbradores argumentos[2] y sobre ellos

---

[1] *Le Querolus, comédie latine anonyme. Texte en vers restitué d'après un principe nouveau...* París, Vieweg, 1880.

[2] *Théâtre de Hrotsvitha, religieuse allemande du Xeme siècle...* París, año 1845, págs. VI y XLI de la introducción y en varios lugares de las notas. Esta insostenible paradoja, aventurada, primero por Villemain y monstruosamente exagerada por Philarète Chasles, fué victoriosamente impugnada por Du Méril en sus *Orígenes latines du théâtre moderne* (pp. 16-19) y por otros críticos posteriores, entre los cuales no debe omitirse a nuestro Fernández Espino, autor de un extenso y juicioso trabajo sobre Rosvita, inserto en sus *Estudios de literatura y de crítica* (Sevilla, 1862, pp. 181-266). Hoy todo el mundo admite que los dramas de Rosvita fueron escritos únicamente para la lectura. Vid. especialmente Köpk, *Hrotsuit von Gandersheim. Zur Literaturgeschichte des 10 Jarhundert*, Berlín, 1869, y A. Ebert, *Historia General de la Literatura de la Edad Media en Occidente* (traducción francesa de Aymeric y Condamin, tomo III, 1889, pp. 340-357). Posteriores a la edición de Magnin hay dos por lo menos, la de Benedixen, que se contrae a la parte dramática *(Hrotsvithae Gandershemensis Comoedias VI ad fidem codicis Emmeramensis typis expressas edidit...* Lubeck, 1857), y la

fantaseó libremente la crítica romántica. Por su argumento son leyendas religiosas, que sólo en estar dialogadas se diferencian de otras varias que Rosvita trató en narración épica. Por su forma o estilo quieren ser imitaciones de Terencio, y al mismo tiempo una especie de antídoto contra el veneno de las ilícitas pasiones que representó en sus versos aquel poeta.[1] Nada a primera vista menos terenciano que las comedias de Rosvita, que ni siquiera tienen división de actos y escenas; que no están en verso, sino en prosa; que sólo presentan triunfos de la castidad y de la fe, conversiones de pecadores, luchas heroicas de santos mártires, y que en su latinidad, cuyo mérito se ha exagerado, aunque es notable para su tiempo, poco o nada conservan de aquella flor de aticismo y gracia urbana que es el mayor encanto de Terencio. Pero reparando algo se advierte que la religiosa de Gandersheim debe a la asidua lectura del poeta cómico romano, no sólo la relativa pureza de su lenguaje y ciertos giros marcadamente imitados de su modelo, sino la soltura y facilidad con que llegó a manejar el diálogo y hasta algunos atisbos de psicología sentimental y amatoria, de que ella misma parece ruborizarse en su *prefacio*, escrito con cierta coquetería mística que no carece de encanto.[2] Terencio,

---

de Barack, que se extiende a todas las obras *(Die Werke der Hrotswitha,* Nurember, 1858).

Rosvita parece condenada a servir de blanco a críticos excéntricos o imaginativos. En 1867, José Aschbach llegó a sostener, en una Memoria de la Academia Imperial de Viena *(Roswitha und Conrad Celtes),* que sus obras eran apócrifas y habían sido forjadas por Celtes y otros humanistas del siglo XVI. De esta opinión dió buena cuenta Waitz *(Goëtting. gelehrte Anzeigen,* 1867, pp. 1.261 y ss.) y no ha sido tomada en cuenta por nadie.

[1] «Plures inveniuntur catholici, cuius nos penitus expurgare nequimus »facti, qui, pro cultioris facundia sermonis, gentilium vanitatem librorum »utilitati praeferunt sacrarum Scripturarum. Sunt etiam alii sacris inhaeren- »tes paginis, qui licet alia gentilium spernant, Terentii tamen figmenta fre- »quentius lectitant, et, dum dulcedine sermonis delectantur, nefandarum no- »titia rerum maculantur. Unde ego, *clamor validus gandershemensis,* non »recusavi illum imitari dictando, dum alii colunt legendo; quo, *eodem dic- »tationis genere, quo turpia lascivarum incesta feminarum recitabantur,* lau- »dabilis sacrarum castimonia virginum, iuxta mei facultatem ingenioli, ce- »lebraretur.» (P. 4 de la ed. de Magnin.)

[2] «Hoc tamen facit non raro verecundari gravique rubore perfundi, »quod, huiusmodi specie dictationis cogente, detestabilem inlicite amantium »dementiam et male dulcia colloquia eorum, quae nec nostro auditui per-

aunque sea el más casto de los poetas antiguos, es al fin un poeta del amor. Queriendo Rosvita imitarle a lo divino para borrar el efecto de sus pinturas, no retrocedió ante los coloquios amatorios, ni temió penetrar con los ermitaños Abraham y Pafnucio en los pecaminosos lugares de donde redimen aquellos santos varones a María y a Tais.[1] Sólo en las páginas de Terencio pudo adivinar

»mittuntur, accomodari dictando mente tractavi et stili officio designavi. (Pág. 4.)

[1] «*Amicus.*—In domo cuiusdam lenonis habitationem elegit, qui tenello »amore illam colit; nec frustra: nam omni die non modica illi pecunia ab »eius amatoribus adducitur.

»*Abraham.*—A Mariae amatoribus?
»*Amicus.*—Ab ipsis.
»*Abraham.*—Qui sunt eius amatores?
»*Amicus.*—Perplures.» *(Abrahamus,* sc. IV, pág. 246.)

....

«*Stabularius.*—Fortunata Maria, laetare, quia non solum ut hactenus »tui coaevi, sed etiam senio iam confecti te adeunt, te ad amandum con- »fluunt.

»*Maria.*—Quicumque me diligunt aequalem amoris vicem a me reci- »piunt.

»*Abraham.*—Accede, Maria, et da mihi osculum.
»*Maria.*—Non solum dulcia oscula libabo, sed etiam crebris senile collum »amplexibus mulcebo.» (Ib., sc. VI pág. 254.)

....

«*Maria.*—Ecce triclinium ad inhabitandum nobis aptum; ecce lectus haud »vilibus stramentis compositus. Sede ut tibi detraham calciamenta, ne tu »ipse fatigeris discalciando...» *(Abrahamus,* sc. VII pág. 258.)

....

«*Paphnutius.*—Tu isthaec intro, Thais, quam quaero?
»*Thais.*—Quis hic qui loquitur ignotus?
»*Paphn.*—Amator tuus.
»*Thais.*—Quicumque me amore colit, aequam vicem amoris a me recipit.
»*Paphn.*—O Thais, Thais, quanta gravissimi itineris currebam spatia, quo »mihi daretur copia tecum fandi, tuique faciem contemplandi.
»*Thais.*—Nec aspectum subtraho, nec colloquium denego.
»*Paphn.*—Secretum nostrae confabulationis desiderat solitudinem loci se- »cretioris.
»*Thais.*—Ecce cubile bene stratum et delectabile ad inhabitandum.» *(Paphnutius,* sc. III pág. 316.)

No deja de ser una de las curiosas ironías que suele ofrecer la historia el que las primeras escenas lupanarias del teatro moderno hayan sido trazadas por la pluma castísima de una religiosa que en su mismo atrevimiento revela la pureza de su alma y la rectitud de su intención.

algo de aquel mundo de las meretrices, que la inspira tan candorosas observaciones: «Hoc meretricibus *antiquitus* fuit in »more, ut alieno delectarentur in amore.»

Las obras de Rosvita poco importan en la evolución del teatro religioso y profano de la Edad Media, pero son un anillo en la historia de la comedia clásica, y bastarían para probar, si no fuese tan notorio el hecho, que Terencio es de los raros autores que tuvieron el privilegio de atravesar incólumes la Edad Media, sin que fuese preciso desenterrarlos en los grandes días del Renacimiento.

No acontece lo mismo con Plauto. De este padre de los donaires cómicos sólo se conocieron antes del siglo XV ocho piezas, y aun éstas se leían muy poco *(Amphitrio, Asinaria, Aulularia, Captivi, Curculio, Casina, Cistellaria, Epidicus)*. Hay, sin embargo, en la literatura de los siglos XII y XIII un género curiosísimo de *comedias* (así las llamaban sus autores), en que a vueltas de otros argumentos aparecen dos o tres de Plauto, pero tan extrañadamente modificados que es imposible ver en ellos imitación directa de las piezas originales. Proceden, a no dudarlo, de otras refundiciones más antiguas.[1]

Todas estas comedias tienen el mismo metro, que es el más antidramático que puede darse: el dístico de exámetros y pentámetros, a imitación de Ovidio. Se las designa, por eso, con el calificativo de *comedias elegíacas*. Algunas, como la de *Vetula*, están completamente dialogadas; otras, y son las más, mezclan el diálogo con la narración, y realmente no son tales comedias, sino cuentos en verso, que por lo cínicos y desaforados corren parejas con los más licenciosos *fabliaux* compuestos en lengua vulgar.

Las dos muestras más antiguas y más *plautinas* de la comedia elegíaca pertenecen a un mismo autor, Vital de Blois *(Vitalis Blessensis)*. A lo menos, él creía imitar a Plauto, y se escuda con su nombre:

> *Qui releget Plautum, mirabitur altera forsan*
> *Nomina personis quam mea scripta notent.*

....

---

[1] Aun a riesgo de incurrir en digresión, me extiendo algo sobre las comedias *elegíacas* y las comedias *humanísticas*, por ser géneros poco conocidos en España.

Absolvar culpâ; Plautum sequor...
....
*Haec mea vel Plauti comoedia, nomen ab ollâ
Traxit, sed Plauti quae fuit, illa mea est...
Curtari Plautum; Plautum haec jactura beabit,
Ut placeat Plautus, scripta Vitalis emunt.
Amphytrion nuper, nunc Aulularia tandem
Senserunt senio pressa Vitalis opem.*

En realidad no conocía ni por asomos al verdadero Plauto. La *Aulularia*, que refundió y abrevió, era el *Querolus*. El *Anfitrión*, disfrazado con el nombre de *Comedia de Geta*, tampoco procede del genuino *Anfitrion*, sino de una imitación más moderna, probablemente contemporánea del *Querolus*, puesto que a mediados del siglo V alude a ella Sedulio en los primeros versos de su *Carmen Paschale:*

*Quum sua gentiles studeant figmenta poetae
Grandisonis pompare modis, tragicoque boatu,
«Ridiculove Geta» seu qualibet arte canendi,
Saeva nefandarum renovent contagia rerum.*[1]

En el poema de Vital de Blois, la fábula de Júpiter y Alcumena queda muy en segundo término, y todo el interés se concentra en dos figuras de esclavos, Geta y Birria. El primero, que sustituye al *Sosia* de Plauto, es la caricatura de un fámulo escolástico de la Edad Media, cargado de libros y de presunción pedantesca. Hace contraste a su figura la de otro siervo, Birria, grosero, lerdo e ignorante, que triunfa de la vana dialéctica de su compañero por no haberse depravado y entontecido en las escuelas como él. Este dato, que no carece de ingenio, contribuyó mucho a la popularidad de esta comedia, de la cual se encuentran rastros en todas las literaturas medioevales.

Imitación de Plauto [2] pudiera juzgarse también por el título

---

[1] *Caelii Sedvlii Opera Omnia...* (ed. del P. Faustino Arévalo), *Romae*, anno 1794, *apud Antonium Fulgonium*, p. 155.
Du Méril fué el primero que llamó la atención sobre estos versos en sus *Origines Latines du Théâtre Moderne*, p. 15.

[2] Vid. *Histoire Littéraire de la France*, tomo XV, pp. 428-434, y tomo XXII, pp. 39-50 (artículo de Víctor Le Clerc); Bozon, *De Vitali Blesensi* (Rothomagi, 1880); Müllenbach, *Comoediae elegiacae* (Bonn, 1885).

la *Comedia de milite glorioso,* atribuída a Mateo de Vendôme,[1] pero de la obra antigua apenas ha quedado más que el título. Los lances son enteramente diversos y pertenecen al fondo más escandaloso de la novelística popular.[2] Lo mismo puede decirse de la *Comedia Milonis,* cuyo autor, que es el mismo Mateo, declara su nombre en el verso final:

> Debile «Mathaei Vindocinensis» opus.

Esta pieza es de origen oriental, y se deriva remotamente de un episodio del *Sendebar.* El héroe se llama Milón de Constantinopla, y la pieza misma se da como imitación de las fábulas griegas *(ludicra graeca).* Y efectivamente, por la Grecia bizantina pasaron todas estas historias antes de incorporarse a la cultura europea.[3]

La *Comedia Lydia,* también de Mateo Vendôme, es un largo *fabliau,* cuyo principal interés consiste en ser fuente de la novela 9ª, jornada 7ª del *Decameron,* es decir, de la historia del peral encantado.[4] Pero la más cínica y brutal de estas composiciones

---

[1] Publicada por Edeléstand Du Méril, *Origines Latines du Théâtre Moderne,* París, 1849, pp. 285-297. Sobre Mateo de Vendôme vid. *Histoire Littéraire,* tomo XV, pp. 420-428, y tomo XXII, pp. 55-64.

[2] Víctor Le Clerc notó la semejanza del desenlace con la fábula 4ª de la Noche 4ª de Straparola.

[3] El *Milo* fué publicado por Mauricio Haupt en sus *Exempla poeseos latinae medii aevi* (Viena, 1834).

[4] La *Comoedia Lydiae* fué publicada por Du Méril en la tercera serie de su colección de textos latinos de la Edad Media *(Poésies Inédites du Moyen Age, precedées d'une histoire de la fable ésopique,* París, 1854, pp. 350-373).

La atribución de la *Lydia* y del *Miles gloriosus* a Mateo de Vendôme ha sido impugnada por críticos más modernos, que sólo atribuyen a Mateo el *Milo* y consideran las otras dos comedias como de autor desconocido, aunque uno mismo, según se infiere de los primeros versos de la *Lydia:*

> Postquam prima *Equitis* ludentis tempora risit,
>   Mox acuit mentem musa secunda meam;
> Ut nova *Lidiades* veteres imitata placeret,
>   Finxi femineis quoque notanda dolis.

Vid. Cloetta, *Beiträge zur Literaturgeschichte des Mittelalters und der Renaissance. I. Komödie und Tragödie im Mittelalter...* Halle, 1890, p. 79.

es la *Alda*, atribuída a Guillermo de Blois. Quienquiera que fuese el poeta, se da por imitador nada menos que de Menandro:

> *Venerat in linguam nuper peregrina latinam*
> *Haec de Menandri fabula rapta sinu...*

Su argumento recuerda mucho el del *Eunuco*, de Terencio, salvo que el seductor no se hace pasar por eunuco, sino por mujer: tema común de muchos cuentos libidinosos desde la aventura de Aquiles y Deidamia. La comedia de Terencio era una imitación del *Phasma* de Menandro, como en su prólogo se declara, y es muy verosímil que en alguna refundición del Bajo Imperio se hubiese sustituído el nombre del poeta griego al del imitador latino, con lo cual tendríamos un caso análogo al *Querolus* y al *Amphitrion*. [1]

Completan la breve serie de las comedias elegíacas, la de *Baucis*, la de *Babio*, la de *Affra et Flavius* y alguna otra de menos cuenta. De intento hemos reservado para el fin las dos que nos interesan para este estudio: la comedia *de Vetula* y el *Libellus de Paulino et Polla*.

No he visto en España códice alguno de comedias elegíacas, pero consta de un modo indudable que fueron conocidas e imitadas algunas de ellas. La de *Geta y Birria* está aludida tres veces en el *Cancionero de Baena* (n. 115, 116, 117). Dice Alfonso Álvarez de Villasandino, en su profecía contra el Cardenal de España don Pedro Fernández de Frías, escrita hacia 1405:

> Cuenten de *Byrra* toda su peresa,
> E las falsedades de Cadyna e Dyna...

Y en otra poesía del mismo autor y del mismo tiempo:

> Atyendan vengança del muy falso Breta,
> Qual ovo de *Birra* su compañero (¿compadre?) *Geta*.

---

[1] Publicada por Tomás Wright para la *Percy Society* (1842) en tirada de cortísimo número de ejemplares; después por Du Méril en el citado tomo de *Poésies Inédites du Moyen Age*, pp. 421-422, y últimamente por E. Lohmeyer, *Guilelmi Blessensis Alda*. Leipzig, 1892. Sobre Guillermo de Blois, vid. *Histoire Littéraire*, tomo XXII, pp. 51-55.

En otros versos, muy oscuros por cierto y revesados, de un Maestro Frey Lopez, alusivos también a la caída del Cardenal:

> Ya *Byrra* floresció (¿floresce?) por su condicion:
> Del que por peresça de vida discreta,
> Pierde su facienda por el torpe *Geta*,
> Non ha este mundo nin la salvacion.[1]

¿Estos versos se refieren al poema latino o a alguna versión castellana que hubiese de él? No es temerario conjeturarlo, puesto que medio siglo antes había pasado ya a nuestro romance, mejorada en tercio y quinto, la obra más curiosa de este género, *Pamphilus de amore,* llamada también *Comedia de Vetula.* Intercalada en el libro multiforme del Arcipreste de Hita, forma casi la quinta parte de él, y eso que ha llegado a nosotros con lamentables mutilaciones aun en el manuscrito más completo, en el que fué del Colegio Viejo de Salamanca.[2]

Habiendo discurrido largamente acerca del *Pamphilus* en el tomo primero de estos *Orígenes,* doy por sabido todo lo que allí expuse[3] sobre la fecha probable de esta comedia, sobre su especial carácter y sobre la transformación genial y luminosa que de ella hizo el Arcipreste de Hita, convirtiendo en un cuadro de costum-

---

[1] *El Cancionero de Juan Alfonso de Baena...* Madrid, 1851, pp. 115, 116 y 118.

[2] El episodio comienza en la copla 580 (ed. de Ducamin). Al códice de Salamanca le faltan, después de la cuarteta 659, seis hojas, que debían contener treinta y dos cuartetas, las cuales se suplen con el manuscrito llamado de Gayoso (hoy de la Academia Española), exceptuando los dos primeros versos de la 660. Pero lo que desgraciadamente no puede suplirse de ninguna manera es la pérdida total de otros dos folios, LVIII a LXI, que fueron sin duda intencionalmente arrancados *pudoris causa,* y contenían gran parte del desenlace de la historia: *De cómo doña Endrina fue a casa de la vieja y el arcipreste acabo lo que quiso.*

Citaré constantemente el texto del Arcipreste por la edición paleográfica de Juan Ducamin, única que hoy debe manejarse *(Juan Ruiz Arcipreste de Hita, Libro de Buen Amor, texte du XIVᵉ siècle publié pour la première fois avec les leçons des trois manuscrits connus...* Tolosa de Francia, ed. Privat, 1901).

[3] En 1900, reimprimí el *Pamphilus* con una advertencia, en el tomo II de la *Celestina,* de Vigo, conforme al texto de Adolfo Baudouin (París, 1874), que es el de la edición parisiense de 1499.

bres lleno de vida y lozanía lo que en el original no es más que una árida y fastidiosa rapsodia, un centón de hemistiquios de Ovidio, una mala paráfrasis de algunas de sus lecciones eróticas. Claro que en el fondo el *Pamphilus* es el *esquema,* no sólo del episodio del Arcipreste, sino de la propia *Celestina,* pero lo es de un modo tan simple, tan pueril, tan adocenado, que casi da pena acordarse de él cuando se trata de tales obras. [1]

No está probado, a pesar de la rotunda afirmación de Schack [2] que Fernando de Rojas conociera el *Pamphilus* en su forma original, aunque precisamente en su tiempo menudearon las ediciones de esta comedia, que llegó a ser tan rara y olvidada después; y algún uso debía de hacerse de ella en las escuelas, como lo indica el *comento familiar* del humanista Juan Prot. Pero realmente no necesitaba haberla leído, porque todo lo que de ella pudo sacar había pasado a la obra del Arcipreste, que es sin duda uno de sus indisputables predecesores.

Este gran poeta no estaba olvidado en el siglo XV, aunque por su estilo y su métrica se le considerase como arcaico. El marqués de Santillana le nombra en su famosa *Carta al Condestable de Portugal,* y el Arcipreste de Talavera, Alfonso Martínez, no sólo le cita dos veces, sino que le recuerda cuanto es posible, dada la diferencia de géneros que cultivaron. De los tres manuscritos que nos han conservado la obra poética del primer Arcipreste, uno procede del más antiguo de los colegios mayores de Salamanca, otro de la catedral de Toledo, ciudades una y otra tan familiares a Rojas.

---

[1] El primer erudito que señaló la *Comoedia de Vetula* como fuente del Arcipreste de Hita, fué don Juan Antonio Pellicer en la curiosa nota que comunicó a don Tomás Antonio Sánchez, y publicó éste en el tomo IV de su *Colección de Poesías Castellanas anteriores al siglo XV,* Madrid, 1790, páginas XXIII a XXIX. Después se han hecho cargo de esta imitación casi todos los que han escrito sobre el gran poeta castellano del siglo XIV. Véase, como último estudio importante, el de don Julio Puyol y Alonso, uno de los jóvenes de más sólida cultura que tiene España, *El Arcipreste de Hita,* Madrid, 1906, pp. 266-279).

[2] *Geschichte der dramatischen Literatur und Kunst in Spanien. Von Adolph Friedrich von Schack,* 2ª edición, Francfort, 1854, tomo 1º, página 157. Cf. la traducción castellana de don Eduardo de Mier (Madrid, año 1885), tomo 1º, p. 275.

Pero la evidencia interna se saca no sólo de la comparación de algunos pasajes de la *Celestina* con otros de Juan Ruiz, en que están manifiestamente inspirados, sino del estudio de la fábula misma y de los cambios que en ella introdujo el Arcipreste, alongándose mucho trecho de la *comedia de Pánfilo* y preparando el advenimiento de la *comedia de Calisto*.

Aunque la *Vetula*, como todas las demás elegías dramáticas, no tiene en los manuscritos división de actos ni de escenas, tanto el antiguo comentador Juan Prot como el moderno editor Baudouin reconocen en ella cinco actos breves. La forma es enteramente dialogada, sin mezcla de relato alguno, y podría ser representable si no lo estorbasen su insulsez y la escena lúbrica del final. El Arcipreste de Hita tuvo que acomodarla a la índole autobiográfica de su libro, y puso en relato parte de la historia, dándose al principio como protagonista de ella, aunque luego confiesa lisa y llanamente su origen literario:

> Sy vyllania he dicho aya de vos *perdon*,
> Que lo feo de estoria dis *Panfilo e Nason*.
>
> (Copla 891).

> Entyende byen mi estoria de la fija *del endrino*,
> Díxela por te dar enxiemplo, non porque *a mi avino*.
>
> (Copla 909).

Comienza el acto primero con un monólogo del protagonista Pánfilo, cuyo nombre parece tomado de Terencio en la *Andria* o en la *Hecyra*. El Arcipreste ha embebido este soliloquio en el diálogo del amante con Venus, que corresponde a la escena segunda del texto latino:

> So ferido e llagado, de un dardo so perdido,
> En el coraçon lo trayo *ençerrado e escondido*.
>
> (Copla 588).

> *Vulneror et clausum porto sub pectore telum,*
> *Crescit et assidue plaga dolorque michi.*
>
> (V. 1 y 2).

Toda la escena está fielmente traducida, pero largamente amplificada.

> Señora doña Venus, muger de don Amor,
> Noble dueña, omíllome yo vuestro servidor;

De todas cosas sodes vos e el Amor señor,
Todos vos obedescen commo a su façedor.
Reyes, duques e condes e toda criatura
Vos temen e vos serven commo a vuestra fechura.

(Coplas 585-6).

Unica spes vite nostre, Venus inclita, salve,
 Que facis imperio cuncta subire tuo,
Quam timet alta Ducum servitque potentia Regum!

(V. 25-27). [1]

Todos los tipos salen de la fría y sosa abstracción ética en que el anónimo autor de la comedia latina los había dejado. En vez de la sombra de Pánfilo, que sólo acierta a decir de su amada Galatea:

Est michi vicina (vellem non esse) puella...
....
Fertur vicinis formosior omnibus illa,
 Aut me fallit amor, omnibus haud superest
....
Dicitur (et fateor) me nobilioribus orta

(V. 35-39-40-47)

tenemos aquí las españolizadas figuras de don Melón de la Huerta «mancebillo guisado que en nuestro barrio mora», y de doña Endrina, la viuda de Calatayud, de quien se hace este lindo retrato:

De talle muy apuesto, de gestos amorosa,
Donegil, muy loçana, plasentera e fermosa,
Cortés e mesurada, falaguera, donosa,
Graciosa e risuenna, amor de toda cosa...
Fija de algo en todo e de alto linaje.

(Coplas 581-583).

El ser la heroína viuda y no doncella, es nota peculiar de la imitación del Arcipreste, que no pasa a Rojas. Pudiera sospecharse que la concordancia que en esto guardan el *Pamphilus* y la *Celestina* arguye parentesco directo entre estas dos piezas. Pero no

---

[1] Conservo en los diptongos y en todo lo demás la ortografía del original.

es necesario admitirlo, porque el proceso de la seducción es más natural, y también más dramático, tratándose de una virgen que de una mujer, en quien ha de suponerse alguna experiencia de la vida. Para el efecto artístico, tal combinación es la preferible, y creo que a Rojas se le hubiera ocurrido aun sin tener presentes el *Pamphilus* ni la *Poliscena*. Nadie se imagina a don Juan conquistando viudas.

De los consejos de doña Venus no hay que hablar: proceden del *Pamphilus* gallardamente traducido. También está allí, aunque sólo en germen, el primer coloquio de los dos amantes:

Quam formosa, Deus! nudis venit illa capillis!
....

(V. 153).

Pero aquí es donde más se palpa la enorme superioridad del imitador. La escena del primer encuentro de doña Endrina con don Melón en los soportales de la plaza está escrita con tal cortesanía, discreción y gentileza, que los primeros versos han hecho recordar a algún crítico nada menos que el incomparable soneto de Dante, *Tanto gentile e tanto onesta pare*:

¡Ay Dios! E quán fermosa vyene doña Endrina por la plaça!
¡Qué talle, qué donayre, qué alto cuello de garça!
¡Qué cabellos, qué boquilla, qué color, qué buena andança!
Con saetas de amor fyere quando los sus ojos alça.

Pero tal lugar no era para fablar en amores:
A mí luego me venieron muchos miedos e temblores,
Los mis pies e las mis manos non eran de sí sennores.
Perdi seso, perdi fuerça, mudaron se mis colores.

Unas palabras tenia pensadas por le desir,
El miedo de las compañas me facian ál departir,
Apenas me conoscia nin sabia por do yr,
Con mi voluntat mis dichos non se podian seguir.
....

Paso a paso doña Endrina so el portal es entrada,
Bien loçana e orgullosa, bien mansa e sosegada;
Los ojos baxó por tierra en el poyo asentada,
Yo torné en la mi fabla que tenia comenzada.
....

En el mundo non es cosa que yo ame a par de vos;
Tiempo es ya pasado de los años más de dos
Que por vuestro amor me pena: *amo vos más que a Dios*...

(Coplas 653, 54, 55, 661).

Tenemos aquí el equivalente de la primera escena de la tragicomedia de Melibea, sin que falte siquiera la sacrílega expresión de «amo vos más que a Dios», que recuerda otras no menos impías de Calisto: «Por cierto los gloriosos santos que se deleytan en la »visión divina no gozan más que yo agora en el acatamiento tuyo.» «Si Dios me diesse en el cielo la silla sobre sus santos, no lo ternia »por tanta felicidad.» Hipérboles amorosas no menos desaforadas que éstas se encuentran en los trovadores cortesanos del siglo XV, en don Álvaro de Luna, en Álvarez Gato, pero no hay rastro de ellas en el *Pamphilus,* que dice con mucha moderación:

> *Gratior in mundo te michi nulla manet,*
> *Et te dilexi, iam ter praeteriit annus...*

(V. 180-81).

En el primer acto de la *Celestina*, Melibea rechaza con ásperas palabras a Calisto. En el diálogo del Arcipreste, doña Endrina comienza por mostrarse esquiva y zahareña:

> Ella dixo: «vuestros dichos non los prescio dos piñones».
> Bien assi engañan muchos a otras muchas Endrinas;
> El ome tan engañoso asi engaña a sus vesinas;
> Non cuydedes que so loca por oyr vuestras parlillas,
> Buscat a quien engañedes con vuestras falsas espinas.

(Coplas 664-668).

Lo cual equivale a estos versos de *Pamphilus:*

> *Sic multi multas multo temptamine fallunt,*
> *Et multas fallit ingeniosus amor.*
> *Infatuare tuo sermone vel arte putasti*
> *Quam falli vestro non decet ingenio!*
> *Quere tuis alias infestis moribus aptas.*
> *Quas tua falsa fides et dolus infatuent.*

(V. 187-192).

Pero luego se ablanda, y llega a otorgar grandes concesiones que Melibea no hace antes del acto XII, porque no lo toleraba el progreso lento y sabio de la obra de Rojas:

> Esto yo non vos otorgo salvo la fabla de mano,
> Mi madre verná de misa, quiero me yr de aqui temprano,

No sospeche contra mí que ando con seso vano;
Tiempo verná en que podremos fablar nos, vos e yo este verano.

(Copla 686).

Por eso Pánfilo y don Melón de la Huerta pueden exclamar mucho antes que Calisto:

Desque yo fué naçido nunca vy mejor dia,
Solaz tan plazentero e tan grande alegria,
Quiso me Dios bien guiar y la ventura mia.

(Copla 687).

En el segundo acto del *Pamphilus* aparece el *Deus ex machina* de la tramoya, una vieja *(anus)*, de la cual sólo sabemos que es sutil, ingeniosa y hábil medianera para los tratos amorosos:

*Hic prope degit anus subtilis et ingeniosa,
Artibus et Veneris apta ministra satis.*

(V. 281-282).

Ni el ingenio ni la habilidad resaltan en las palabras de la tal *anus* o *vetula*. Es un espantajo que no hace más que proferir lugares comunes. La *Trotaconventos*, cuyo verdadero nombre es Urraca,[1] es una creación propia del Arcipreste, y ella y no la

---

[1] Como apelativo está usado en la copla 441:

E busca mensajera de unas negras pecas [a],
Que vsan mucho frayres, monjas e beatas;
Son mucho andariegas e merescen las çapatas;
Estas *trota-conventos* fasen muchas baratas...

Pero las rúbricas de los manuscritos del libro del Arcipreste prueban que el apelativo se convirtió muy pronto en nombre propio, puesto que nunca lleva artículo en ellas, aunque se remontan al siglo XIV.

El nombre de Urraca consta en el epitafio:

Urraca so que yago so esta sepultura...

(Copla 1.576).

Reaparece la palabra *trotaconventos* en el Arcipreste de Talavera, al parecer como nombre propio: «Llámame a *Trotaconventos*, la vieja de mi prima, que vaya de casa en casa» *(Reprobación del Amor mundano*, parte segunda, capítulo I, pág. 120 de la edición de los Bibliófilos Españoles), y luego en la *Celestina* (aucto II), donde dice Pármeno: «e lo que más dello siento es venir a manos de aquella *trotaconuentos*, después de tres veces emplumada». No recuerdo ningún texto intermedio.

[a] Verso sin rima y evidentemente estragado, pero no nos atrevemos a corregirle. ¿Acaso *picazas*, por el mucho hablar?

Dipsas de los *Amores* de Ovidio, ni mucho menos la vieja de *Pánfilo,* debe ser tenida por abuela de la madre Celestina, con toda su innumerable descendencia de Elicias, Claudinas, Dolosinas, Lenas y Marcelias. El Arcipreste se recrea en esta hija de su fantasía; no sólo la hace intervenir en el episodio de don Melón, sino que la asocia después a sus propias aventuras, la sigue hasta su muerte, *fase su planto,* la promete el Paraíso y escribe su epitafio:

¡Ay! mi *trota conventos,* mi leal verdadera!
Muchos te seguian biva, muerta yases señera.
¿A do te me han levado? non es cosa certera;
Nunca torna con nuevas quien anda esta carrera.
....

A Dios merced le pido que te dé la su gloria,
Que más leal trotera nunca fué en memoria;
Faserte he un epitafio escripto con estoria.
....

Daré por ty lymosna e faré oracion,
Faré cantar misas e daré oblacion;
La mi trota conventos, ¡Dios te dé rredençion!
El que salvó el mundo, él te dé salvaçion.
....

Dueñas, ¡non me rrebtedes nin me digades moçuelo!
Que si a vos syrviera vos avriades della duelo,
Llorariedes por ella, por su sotil ansuelo
Que quantas siguia todas yvan por el suelo.
Alta muger nin baxa, encerrada nin escondida,
Non se le detenia do fasia debatida;
Non sé omen nin duenna que tal oviese perdida
Que non formase tristesa e pesar syn medida.
Efícele un epitafio pequeño con dolor,
La tristeza me fiso ser rrudo trobador,
Todos los que lo oyeren, por Dios nuestro Señor,
La oracion fagades por la vieja de amor.

(Coplas 1.569, 1.571, 1.572, 1.573, 1.574, 1.575).

Con esta libre e irreverente socarronería, que no se detiene ante la profanación, fueron celebradas las exequias poéticas de la primera Celestina en el extraño libro del genial humorista castellano de los siglos medios.

Las artes y maestrías de Trotaconventos son las mismas que las de Celestina: como ella, gusta de entreverar en su conversación proloquios, sentencias y refranes, y no sólo esto, sino *enxienplos* y fábulas; como ella, se introduce en las casas a título de buhonera y corredora de joyas, y con el mismo arte diabólico que ella va tendiendo sus lazos a la vanidad femenil:

> Si parienta non tienes atal, toma viejas,
> Que andan las iglesias e saben las callejas,
> Grandes cuentas al cuello, saben muchas consejas,
> Con lagrimas de Moysen escantan las orejas.
> Son grandes maestras aquestas panjotas,
> Andan por todo el mundo, por plaças e cotas.
> A Dios alçan las cuentas, querellando sus coytas;
> ¡Ay! cuánto mal saben estas viejas arlotas.
> Toma de unas viejas que se fasen *erveras*,
> Andan de casa en casa e llamanse parteras,
> Con polvos e afeites, e con alcoholeras,
> Echan la moça en ojo e çiegan bien de veras.
>
> (Coplas 438 a 441).

A una de estas viejas buscó el Arcipreste, que aquí distingue claramente su persona de la de Pánfilo:

> Fallé una vieja qual avia menester,
> Artera e maestra e de mucho saber;
> Doña Venus por Panfilo no pudo más faser
> De quanto fiso aquesta por me faser placer.
> Era vieja buhona destas que venden joyas;
> Estas *echan el laço*, estas cavan las foyas;
> Non ay tales maestras commo estas viejas troyas...
> ....
> Como lo han uso estas tales buhonas,
> *Andar de casa en casa vendiendo muchas donas,*
> Non sse rreguardan dellas, estan con las personas,
> Fasen con el mucho viento andar las atahonas.
>
> (Coplas 698 a 700).

También Celestina andaba de casa en casa so pretexto de vender baratijas: «Aquí llevo un poco de hilado en esta mi fal-»triquera, con otros aparejos que conmigo siempre traygo, para »tener causa de entrar donde mucho no só conoscida... assí co-»mo gorgueras, garvines, franjas, rodeos, tenazuelas, *alcohol, al-* »*bayalde e soliman,* agujas e alfileres, que tal ay, que tal quiere? »porque donde me tomara la voz, me halle apercebida para les »*echar cebo,* o requerir de la primera vista» (acto III).

La *anus* del comediógrafo elegíaco no se vale de ningún género de encantamientos. Celestina, sí, y también Urraca, y es una de las notas características que nunca pierde este tipo en la literatura española:

> Dixo: «yo yre a su casa de esta vuestra vesina,
> E le fare tal *escanto* e le dare tal atalvina
> Porque esta vuestra llaga sane por mi melesina;
> Desid me quien es la dueña».—Yo le dixe: «doña Endrina».
> ....
> (Copla 709).

> Ssi me dieredes ayuda de que passe algun poquillo,
> A esta dueña e a otras moçetas de cuello alvillo,
> Yo fare con mi *escanto* que se vengan paso a pasillo;
> En aqueste mi harnero las traere el sarçillo.
> (Copla 718).

> Començo su *escanto* la vieja coytral...
> (Copla 756).

La sortija que puso a doña Endrina debía de tener virtud mágica. Y a mayor abundancia leemos en otro lugar:

> Ssy la *ensychó* o sy le dio atyncar,[1]
> O sy le dio raynela[2] o sy le dyo mohalinar.[3]
> O sy le dyo ponçoña o algud (¿algund?) adamar,
> Mucho ayna la supo de su seso sacar.
> (Copla 941).

La escena capital de la seducción de Melibea en el aucto cuarto de la *Tragicomedia*, es un portento de lógica dramática y de

---

[1] *Atincar*, goma de un árbol índico llamado comúnmente *borraj*. Es voz para nosotros de origen arábigo, transmitida al árabe por el persa y oriunda del sánscrito (Vid. Eguilaz (don Leopoldo), *Glosario etimológico de las palabras españolas de origen oriental*, p. 307). Dozy la confundió con la *crysocolla*, pero ya desde el siglo XVI el Dr. Andrés Laguna, en sus anotaciones a Dioscórides, había notado la diferencia entre ambas drogas: «To-»dos aquellos se engañan que toman por la tal chrisocolla el *Atincar*, llama-»do borax en las boticas.»

[2] Ignoro qué especie de hechizo sea la *raynela*, aunque el nombre indica que se trata de alguna raíz.

[3] Aunque *mohalinar* parece nombre árabe, no consta en los glosarios de Engelmann, Dozy y Eguilaz. Sánchez salió fácilmente del paso diciendo que era «cierto hechizo». Urge un vocabulario completo y razonado de la lengua del Arcipreste. Ningún autor de la Edad Media lo necesita tanto.

progresión hábil. No podía esperarse tanto del Arcipreste, que escribía en la infancia del arte; pero baste para su gloria haber trazado el primer rasguño de ella, con las inevitables diferencias que nacen del dato de la viudez de doña Endrina:

> La buhona con farnero va tanniendo cascabeles,
> Meneando de sus joyas, sortijas e alfileres;
> Desia por falsalejos: «comprad aquestos manteles»;
> Vydola doña Endrina, dixo: «entrad, non reçeledes».
> Entró la vieja en casa, dixole: «señora fija,
> Para esa mano bendicha quered esta sortija»...
> ....
> Ffija, siempre estades en casa ençerrada,
> Sola envejeçedes, quered alguna vegada
> Salyr, andar en la plaça con vuestra beldat loada,
> Entre aquestas paredes non vos prestará nada.
> En aquesta villa mora muy fermosa mançebia,
> Mançebillos apostados e de mucha loçania,
> En todas buenas costumbres creçen de cada dia,
> ....
> Muy bien me rresçiben todos con aquesta pobledat,
> El mejor et el más noble de lynaje e de beldat
> Es don Melon de la Verta, mançebillo de verdat,
> A todos los otros sobra en fermosura e bondat...
> ....
> Creed me, fija señora, que quantos vos demandaron,
> A par deste mançebillo ningunos non llegaron,
> El dia que vos nasçistes fadas alvas vos fadaron,
> Que para ese buen donayre atal cosa vos guardaron.
> Dixo doña Endrina: «Callad ese predicar,
> Que ya este parlero me coydó engañar;
> Muchas otras vegadas me vyno a retentar,
> Mas de mí él nin vos non vos podredes alabar»...

(Coplas 724-27, 739-740).

Cuando esto se lee acuden involuntariamente a la memoria aquellas graves y sosegadas razones de Celestina. «Donzella gra-
»ciosa e de alto linaje, tu suave habla e alegre gesto, junto con
»el aparejo de liberalidad que muestras con esta pobre vieja, me
»dan osadia a te lo dezir. Yo dexo un enfermo a la muerte, que
»con sola palabra de tu noble boca salida, que lleve metida en mi
»seno, tiene por fe que sanará, segun la mucha devoción que tiene
»en tu gentileza... Bien ternás, señora, noticia en esta cibdad de

»un cavallero mancebo gentil hombre, de clara sangre, que llaman »Calisto.

»*Melib.*—Ya, ya, buena vieja, no me digas más, no passes »adelante. ¿Este es el doliente por quien has hecho tantas pro- »mesas en tu demanda?»

La psicología del amor, ruda y toscamente esbozada en el *Pamphilus*,[1] tiene en el Arcipreste toques tan delicados que no serían indignos de la experta mano del bachiller Fernando de Rojas:

«Amigo—dis la vieja—, en la dueña lo veo,
Que vos quiere e vos ama e tiene de vos desseo;
Cuando de vos le fablo e a ella oteo,
Todo se le demuda el color e el desseo

»Yo a las de vegadas mucho cansado callo,
Ella me dis que fable e non quiere dexallo;
Fago que non me acuerdo, ella va començallo,
Oye me dulçemente, muchas señales fallo.

»En el mi cuello echa los sus blaços entramos,
Ansy una grand pieça en uno nos estamos,
Siempre dél vos desimos, en ál nunca fablamos,
Quando alguno vyene otra raçon mudamos.

»Los labrios de la boca tyenbranle un poquillo,
El color se le muda bermejo e amarillo,
El coraçon le falta ansy a menudillo,
Aprieta me mis dedos en sus manos quedillo.

»Cada que vuestro nombre yo le estó desiendo
Oteame e sospira e está comediendo,
Avyva más el ojo e está toda bulliendo,
Paresçe que con vusco non se estaria dormiendo.

---

[1] Véanse los versos del *Pamphilus* que corresponden a los del Arcipreste, y se juzgará de la diferencia:

Dum loquor eius adest michi mens animusque loquenti,
   Dulciter omne meum suscipit eloquium,
Curvat et ipsa suos circum mea colla lacertos,
   A te missa sibi dicere verba rogat.
Dumque tuum nomen rationis nominat ordo,
   Nominis ammonitu fit stupefacta tui.
Dum fruitur verbis pallet rubetque frequenter,
   Fessaque si taceo, me monet ipsa loqui.
His aliisque modis cognoscimus eius amorem:
   Non negat ipsa michi quin sit amica tibi.

(V. 507-516).

>En otras cosas muchas entyendo esta trama,
Ella non me lo niega, antes dis que vos ama;
Sy por vos non menguare, abaxar se ha la rrama,
E verna doña Endrina sy la vieja la llamá.»

(Coplas 801-812).

La intervención del *Pamphilus* en la historia de los orígenes de la *Celestina* es muy secundaria, pero la del Arcipreste es de primer orden, quizá la más profunda de todas, y por eso nos hemos detenido en ella todo lo que exige su importancia.[1]

---

[1] Otra comedia elegíaca existe, de la cual creemos que tuvieron conocimiento nuestros dos autores, aunque no la utilizaron en nada esencial, sino en meros detalles. Se trata del *Libellus de Paulino et Polla*, gracioso poemita bastante bien versificado, y de una latinidad muy elegante para su tiempo, que fué el del emperador Federico II (1212-1250). Su autor fué el italiano Ricardo, juez de Venosa *(Venusium)*, la antigua patria de Horacio. El argumento son los cómicos amores de dos viejos, Paulino y Pola, y sus ridículas bodas efectuadas por mediación del casamentero Fulco:

Materiam nostri, quisquis vis, nosce libelli;
Haec est: Paulino nubere Polla petit.
Ambo senes; tractat horum sponsalia Fulco:
Cuius adit tremulo corpore Polla domum [a].

En la obra de Rojas hemos notado una que nos parece reminiscencia de esta comedia. Dice la *madre Celestina* en el *aucto* IV: «Las riquezas no hazen rico, mas ocupado;—no hazen señor, mas mayordomo;—más son los perseguidos de las riquezas que no los que las poseen». El *Libellus* expresa idénticos conceptos:

Hi non sunt domini, sed servi divitiarum,
Illas prodesset non habuisse magis.
....
Hi dum divitiis retinendis, non potiendis
Intendunt, servi constituuntur opum.

La idea es tan vulgar que ha podido ocurrirsele a los dos autores con independencia, pero el giro de la frase es idéntico. Acaso tengan una fuente común.
La imitación del Arcipreste puede estar, si no me engaño, en el célebre pasaje sobre *la propiedad que el dinero ha* (cop. 490 y ss.), a cuyo espíritu corresponden bastante exactamente algunos versos del *Paulinus*:

Denario castella simul produntur et urbes,
Denario falli saepe puella solet...

[a] Edición de Du Méril, en el tercer tomo de las *Poésies inédites du Moyen Age* (pp. 374-416).

Las *comedias elegíacas,* que otros llaman *épicas* por la monstruosa mezcla de la narración y del diálogo, pertenecen todavía al seudoclasicismo de la Edad Media, en que se había perdido la verdadera noción del drama latino y de su métrica. Ya cuando se escribió el curioso diálogo anónimo entre Terencio y un empresario de teatros *(Terentius et delusor),* que Magnin atribuyó al siglo VII, aunque el códice en que se ha conservado es del siglo XII, no se sabía a punto fijo si las comedias antiguas estaban en prosa o en verso:

An sit prosaicum nescio an metricum. [1]

La combinación esencialmente antidramática del exámetro y pentámetro bastaría para probar que tales obras fueron escritas sin ninguna intención escénica; pero a mayor abundamiento tenemos un texto positivo y terminante de Juan de Salisbury, el espíritu más culto de la primera Edad Media, un precursor del Renacimiento, el cual confirma la absoluta desaparición de todo género de actores trágicos y cómicos en fecha ya remota del tiempo en que él escribía su *Policraticus,* dedicado en 1159 al santo arzobispo de Cantorbery Tomás Becket. [2]

El verdadero renacimiento del arte dramático de Plauto y Terencio se verificó en Italia, a fines del siglo XIV y durante todo el transcurso del XV, en una serie de piezas latinas que se designan con el título genérico de *comedias humanísticas,* importante y rara manifestación que apenas había sido estudiada en con-

---

Denario sedes maculatur pontificalis
Cum non ex meritis, sed magis aere datur.

Pero son tantos los lugares comunes que en la Edad Media se escribieron sobre este argumento, que no afirmo, ni mucho menos, que ésta sea la fuente, y de seguro no es la única.

[1] Este diálogo fué publicado por Magnin en la *Bibliothòque de l'Ecole des Chartes* (t. I, p. 524).

[2] «Et quidem histriones erant, qui gestu corporis arteque verborum, »et modulatione vocis, factas aut fictas historias, sub aspectu publico refe- »rebant, quos apud Plautum invenis et Menandrum, et quibus ars nostri Te- »rentii innotescit. Porro comicis et tragicis abeuntibus, cum omnia levitas »occupaverit, clientes eorum videlicet et tragoedi, exterminati sunt.»
(Johannis Sarisberienses Policraticus sive de nugis Curialium et vestigiis Philosophorum libri octo... Amsterdam, 1664, p. 32, cap. VIII del libro I).

junto, hasta que Creizenach, en su excelente *Historia del drama moderno,* escribió sobre ella algunas páginas doctas y juiciosas como suyas.[1] Pero estas indicaciones, que para un libro general son suficientes, distan mucho de agotar la riqueza del tema, y así lo ha estimado el ilustre profesor de Roma Ireneo Sanesi, que actualmente tiene en prensa una historia de la comedia en Italia, a la cual auguramos un éxito tan venturoso como lo merecen la ciencia, conciencia y fina crítica de su autor, que ha tenido la rara generosidad de comunicarnos las primicias de su trabajo, en prensa todavía. El capítulo segundo de esta obra, consagrado a las comedias humanísticas, es una magistral monografía que, dándome a conocer con suma precisión algunos textos inaccesibles en España y completando mis indagaciones sobre otros, me ha puesto en camino de rastrear algunas semejanzas dignas de notarse entre este género literario y nuestra *Celestina.* Ya en 1900 hice una ligera indicación, que no he visto recogida por nadie, acerca de la comedia *Poliscene.*[2] Y me consta que mi buen amigo el eruditísimo Arturo Farinelli ha trabajado también sobre este punto, que ilustrará sin duda con su especial competencia, como ha ilustrado tantos otros de literatura comparativa.

El iniciador del teatro humanístico, como de casi todas las formas literarias del Renacimiento, fué el Petrarca, que siempre se deleitó en la lectura de Terencio («Terentius noster»), y que seguramente le leía con otros ojos que los de Rosvita. En su edad madura revisó y anotó el elegantísimo texto del siervo afri-

---

[1] *Geschichte des neuren Dramas von Willelm Creizenach... Erster Band. Mittelalter und Frührenaissance.* Halle. Niemeyer editor, 1893. *Achtes Buch. Die ersten dramatischen Versuche der Humanisten,* pp. 529-578. Véase además el libro de Chassang, *Des essais dramatiques imités de l'antiquité au 14.me et 15.me siècle* (París, 1852), y los trabajos de Cloetta, *Beiträge zur Literaturgeschichte des Mittelalters und der Renaissance. I. Komödie und Tragödie im Mittelalter. II. Die Anfänge der Renaissancetragödie* (Halle, año 1890-92).

[2] En el segundo tomo de su obra, publicado en 1903, Creizenach afirma en términos demasiado generales el parentesco de la *Celestina* con las comedias humanísticas: «Es ist ein Lesendrama in der Art der lateinische Frührenaissancekomödien *(Geschichte des Neuerendramas,* II. *Renaissance und Reformation,* pp. 153-157).

cano. En su primera mocedad, había compuesto una comedia llamada *Philologia*, y según Boccaccio otra, el *Philostratus*, si es que ambas no eran una misma con diverso título, lo cual no parece probable. Hoy no existe ninguna de ellas, acaso porque su autor mismo las destruyó como ensayos demasiado imperfectos. Del *Philostratus*, por lo menos, consta que era imitación de Terencio.

La más antigua comedia humanística que ha llegado a nuestros tiempos, y la única que pertenece al siglo XIV, es el *Paulus* de Pedro Pablo Vergerio, natural de Capodistria, a quien no debe confundirse con otro de su mismo nombre y apellido que figura entre los protestantes italianos del siglo XVI. El Vergerio *senior* es importante como historiador, humanista y pedagogo. Su libro *De ingenuis moribus* se leía todavía en las escuelas en tiempo de Paulo Jovio. Una rarísima edición barcelonesa de 1481 prueba que también había penetrado en España.[1] No sería maravilla que fuesen conocidos también otros escritos suyos, pero me parece inverosímil que entre ellos se contase su comedia juvenil, que hasta estos últimos años ha dormido inédita en la Biblioteca Ambrosiana de Milán y en la del Vaticano.[2] Y, sin embargo, esta obra presenta algún punto común con la *Celestina*, empezando por las promesas de moralidad que el título encierra. Vergerio pone a su obra el rótulo de *Paulus comoedia ad iuvenum mores coercendos*, y se propone, entre otras cosas, mostrar cómo los malos siervos y las mujeres perdidas estragan los más pingües patrimonios: «ad diluendas opes». El autor de la *Celestina* nos dice desde la portada que su libro contiene «avisos muy necesa- »rios para mancebos, mostrándoles los engaños que están ence- »rrados en sirvientes e alcahuetas». Los medios empleados son de tan dudosa eficacia moral en una comedia como en otra.

El protagonista de la comedia, Paulo, es un estudiante hara-

---

[1] De este libro, impreso en Barcelona por Pedro Posa y Pedro Brun, y terminado en 3 de septiembre de 1481, no se conoce más que un ejemplar en la Biblioteca Municipal de Tolosa de Francia (Vid. Haebler, *Bibliografía Ibérica del siglo XV*. La Haya, Nijhof, editor, pág. 326).

[2] La publicó K. Müllner en los *Wiener Studien*, a. XXII, pp. 236 y ss., valiéndose para establecer el texto del códice Ambrosiano C. 12 sup. y del Vaticano Lat. 6.878 que afirma ser el mejor.

gán y desaplicado, a quien su siervo *Herotes* arrastra por el camino del vicio. A esta perversa influencia se contrapone la de otro siervo, bueno y leal, *Stichus*, que advierte lealmente a su señor de los peligros que corre y procura apartarle de la vida disipada que lleva en compañía de otros estudiantes tan corrompidos como él y de rufianes y meretrices. La intriga se reduce a una odiosa tercería, en que la inmunda vieja Nicolasa cede por dinero a Paulo su propia hija, Úrsula, que Herotes se encarga de hacer pasar por virgen después de haberla desflorado.

Como se ve, la semejanza con la *Celestina* es muy vaga y genérica. Los dos criados de Paulo traen a la mente los de Calisto, pero son diversos sus caracteres. *Stichus* resulta constantemente bueno en la comedia latina. Pármeno, que al principio da sanos consejos a su amo, se pervierte con el trato de su compañero y los regalos amorosos de Areusa, y llega a hacerse cómplice del asesinato de Celestina. Sempronio, en la obra española, es un gentil racimo de horca, un rufián o poco menos, que acaba por dar de puñaladas a una vieja para robarla una joya. Pero su perversidad no iguala de ningún modo a las negras maquinaciones de Herotes, que se complace y encarniza en el mal con tanto deleite como Yago, y hace alarde y reseña de sus propios crímenes, jactándose de haber arrastrado a la pobreza y a la infamia a muchos mancebos ilustres. Tampoco la *madre* Celestina, aunque pertenece a la familia de Nicolasa, parece capaz del horrendo parricidio moral que a ésta se atribuye: a lo menos en la *Tragicomedia* no lo comete, ni artísticamente podía cometerlo.

Por otra parte, hasta la forma exterior, que no es la prosa, como en la mayor parte de las comedias humanísticas, sino el trímetro yámbico acataléctico o senario, muy incorrectamente manejado, aísla de sus congéneres esta pieza, en que por primera vez reaparecen los nombres clásicos de *prótasis, epítasis* y *catástrofe.* De nada de esto hay vestigio en la *Celestina.* Lo que tienen de común ambas piezas es el ambiente escolar en que se desarrollan: «Paulo es un estudiante universitario (dice el señor Sanesi);
»sus procederes, sus palabras y las de todos los que le rodean,
»nos descubren un rincón de la vida estudiantil de aquel siglo
»tan remoto de nosotros. Ni la ávida Nicolasa, ni la diestra Úrsu-
»la tienen mucho de común con las mujeres del teatro latino;

»son, por el contrario, figuras copiadas del natural, ofrecidas di-
»rectamente por la realidad, y pertenecen a aquella clase de mu-
»jeres de que no es difícil a un joven, ni habrá sido difícil a Ver-
»gerio cuando frecuentaba los cursos de las universidades de Pa-
»dua, de Florencia o de Bolonia, hacer conocimiento personal o
»adquirir experiencia inmediata.»

Los mismos tipos pudo encontrar, y seguramente encontró, en Salamanca el bachiller Fernando de Rojas, sin necesidad de conocer el *Paulus*. La exacta observación del crítico italiano da nueva fuerza a la opinión de los que hemos sostenido que la *Celestina* puede muy bien ser obra de un estudiante, y si no lo es, ciertamente lo parece. Los escolares del Renacimiento solían ser muy hombres cuando frecuentaban las escuelas, y eso que no se había llegado todavía a los felices tiempos en que, para disfrutar de los privilegios del fuero académico y acogerse a la blanda jurisdicción del Maestrescuela, solían matricularse personas que pasaban de treinta años, y hasta verdaderos bigardos y malhechores, de lo cual en la biografía, todavía inédita, de un dramaturgo español del siglo XVII hay un curioso ejemplo.

Comedias universitarias son en su mayor número las comedias latinas escritas en Italia durante el siglo XV, y lo son, ya porque reflejan costumbres meramente académicas, como la comedia anónima que Sanesi llama *electoral*, y es obra, al parecer, de algún alemán concurrente a la escuela de Padua; ya porque son estudiantes algunos de los interlocutores; ya porque consta haber sido escritas y representadas por escolares, como lo fué en el estudio de Pavía la horrible y obscenísima comedia *Janus sacerdos*, en 1427, imitado por Mercurio Roncio de Vercelli en la suya, no menos feroz, *De falso ypocrita et tristi*, que se representó diez años después en la misma universidad lombarda. Una y otra permanecen afortunadamente inéditas, y el mero hecho de su existencia arguye la profunda depravación intelectual y moral de la sociedad en que nacieron. Apenas se concibe que en tiempo alguno hayan podido ser materia de chistes, pronunciados en público teatro, en solemnidad académica, por jóvenes cultos, estudiosos, ilustres, los vicios y torpezas más hediondas, que ni nombrarse deben entre cristianos y que por su enormidad misma requieren el cauterio de la ley penal, no el de la sátira, y son incompatibles con la representación festiva.

Por fortuna estas dos comedias, y alguna otra, como la *Conquestio uxoris Canichioli*, son excepciones en la rica galería del teatro humanístico, que rara vez es casto y morigerado en la dicción, pero no ultraja, por lo menos, los fueros de la naturaleza. Su materia es varia: hay piezas que pueden considerarse como cuentos dialogados, unos de origen clásico, por ejemplo, la comedia *Bile*,[1] otros derivados de Boccaccio o de tradiciones populares, que ya habían recibido diversas formas, incluso la dramática, en lengua vulgar francesa o italiana.

Por la singularidad de su forma alegórica, por el prestigio del nombre de su autor, memorable en todos los órdenes de la cultura artística y científica, varón de muchas almas, como sólo el Renacimiento los produjo, debe mencionarse la comedia *Philodoxus* o *Philodoxeos*, que el florentino León Bautista Alberti compuso (según las investigaciones del señor Sanesi) antes de la segunda mitad de 1426, cuando la enfermedad y la dura pobreza le hicieron suspender los estudios de Derecho que había comenzado en la universidad de Bolonia. Esta comedia, bastante confusa, que su propio autor procuró aclarar con un comentario, tuvo en el tiempo de su aparición maravilloso éxito, a causa de que Alberti la hizo pasar por obra de un antiguo poeta llamado Lépido, encontrada en un vetustísimo códice.[2] Nadie sospechó el engaño; pero cuando fué declarado por su propio autor, la pieza perdió algo de su crédito, suerte común de las falsificaciones más hábiles. Todavía el *Philodoxos* se leía y comentaba en las escuelas a principio del siglo XVI. Precisamente en 1501, dos años después de la primera edición de la *Celestina*, salía de las prensas

---

[1] Es una *facecia* que se encuentra en Ateneo y otros antiguos, y también en el *Fabulario* de nuestro Sebastián Mey, en los *Cuentos de Garibay* y en la *Floresta Española* de Santa Cruz, como puede verse en otro lugar de estos *Orígenes de la Novela*.

[2] Todavía lleva su nombre en la edición de Luca de 1588, descrita por Brunet: *Lepidi comici veteris Philodoxios fabula, ex antiquitate eruta ab Aldo Manucio*. El texto impreso por Amico Bonucci (*Opere vulgari di Leon Battista Alberti*... Florencia, 1843-1849, tomo I, pág. CXX) difiere bastante de éste.

de Salamanca la comedia latina de Alberti, para estudio y recreo
de los discípulos de un cierto bachiller Quirós, que explicaba en
aquella Universidad los poetas clásicos.[1]

---

[1] Gallardo *(Ensayo,* tomo IV, núm. 3.559) es el único bibliógrafo que
ha descrito esta edición, de la cual posee un ejemplar la Biblioteca de la
Universidad de Salamanca, y creo que otro la de Oviedo. He creído oportuno, tratándose de pieza tan rara y curiosa, hacer una descripción más
detallada, en la cual pongo íntegros el prólogo del Bachiller Quirós, el argumento de la comedia y la lista de los personajes:

Comoedia Philodoxeos leonis baptiste. (A la vuelta): *Bachalarius quirosius
Alfonso ti ̃ ....utos assecuto et Salmanticensis academie grammatico atque
praeceptori suo. S.*—Quum diebus superioribus, praeceptor suavissime: nonnullis ex auditoribus meis quibus publica lectione Vergilium enarro, quibusque privatim et Iuvenalis Satyras et Lucani pharsaliam interpretor: philodoxeos fabulam: quam Baptista albertus singularis ingenii: summa cum elegantia ac venustate composuit: ostendissem: quamprimum a me efflagitare caeperunt: ne tam pulcherrimum opus *et hic omnibus incognitum* apud nos amplius latere permitterem; quorum ego etsi honestissimis studiis tamdiu abnuendum esse existimavi quo [ad] tibi ipsi qui id mihi mandaveras morem gerere fuit necesse: tuo itaque ductu et auspicio comoediam ipsam imprimi curavimus: quod tamen illi et dignitatem allaturum puto et auctoritatem. In qua re si gratum tibi laborem nostrum fuisse sensero: forsitam tecum maioribus agam: id autem una potissimum re iudicabo: si dabis operam: ut apud scholasticos ipsos quan gratiosum me tua commendatione factum esse cognoscam. Vale longissimis praeceptor annis: et hunc tibi mancipatum discipulum amare non desinas. Iterum vale.

«*Incipit Philodoxeos. Leo. Bap.* Philodoxus atheniensis adolescens doxiam romanam civem amat perdite. Atqui habet fide optima et singulari amicitia coniunctum Phronisim, qui cum sua consilia conferat. Dat operam Phronisis amici causa: ut Ditonum libertum convicinum amate benivolentia sibi advinciat. Homo fidem praestat rebus defuturum se nunquam. At interim Fortunius civis insolens adolescens, dynatis suasu hanc ipsam Doxiam cupere occipiens lepidissima Phronisis astutia depulsus est: quo adamans non nihil sese verbis commendatum fecit mulieribus. Denique irrisus Fortunius adolescens per vim edes ingreditur, Simiam sororem Doxie rapit. Tandem Mnimia ancilla, cum virum suum Phronisim comperisset atque Tichia Fortunii mater precibus exorarunt ut Cronos excubiarum magister omnia componeret. Ex quo hic raptam tenuit, is vero amatam duxit. Explicit argumentum.»

Personajes de la comedia:

Philodoxus, adolescens.
Phronisis, amicus Philodoxeos.
Ditonus, libertus.
Dynastes, senex, libertus.

Fortunius, adolescens.
Doxa, puella.
Phymia, soror Doxae.
Mnimia, ancilla.

El bachiller Quirós afirma, y no podemos menos de darle crédito, que el *opus pulcherrinum,* de León Bautista Alberti, era enteramente desconocido en Salamanca hasta su tiempo. Es de creer, pues, que tampoco le conociese el bachiller Rojas antes de esa fecha. Pero nada importa averiguarlo, porque el *Philodoxus* no se parece en nada a la *Celestina,* ni en la fábula, ni en los caracteres, ni mucho menos en la interpretación alegórica que su autor quiso darle. Hay, sí, un joven ateniense llamado Filodoxo, enamorado de la romana Doxa, y que se vale para conseguir sus fines de un amigo suyo llamado Fronesio. Otro pretendiente de la misma joven, hombre rico y brutal, llamado Fortunio, cansado de perseguirla con inútiles ruegos, se decide por el rapto, entrando a viva fuerza en su casa; pero en vez de Doxa se lleva por equivocación a su hermana Femia. Al fin, todo se compone merced a la oportuna intervención de una especie de comisario de barrio, jefe de los centinelas o vigilantes nocturnos *(Chronos, excubiarum magister),* el cual decide que Fortunio se quede con la doncella raptada y Filodoxo se case con su amada Doxa. Pero ésta es la corteza del drama; en el fondo hay una idea simbólica, a la cual responden exactamente los nombres de los personajes. *Filodoxo,* el amante de la gloria *(Doxa),* llega a desposarse con ella. *Fortunio,* el favorecido por la fortuna, cree conquistar la Gloria y se queda con la Fama *(Femia),* que es cosa no despreciable, pero de calidad inferior. *Chronos* es una personificación del tiem-

---

Alithya, ancilla.   *Thychia,* mater Fortunii.
Cronos, excubiarum magister.

—Io. Francisci Poggii Florentini ad Alexandrum VI. Pont. Maxim, in expeditione contra Turcos Epistola.

—In Turcos Porcia Declamatio (precedida de una dedicatoria a Alejandro VI).

(Colofón): «Hieronymi Porcii Patricii Romani Bas. Prin. Ap. Canonici Rote primarii Auditoris. Hundrensis Episcopi in Turcos Christiani Federis Compilatio lubente Alexandro Borgia Sexto Pontifice Maximo: totius sacri Senatus Reuerendissimis Cardinalibus ac Regum et Principum Oratoribus adstantibus universis inter divina publicate foeliciter.

»*Impressum Salmanticae per Ioannem Gyser Alemanum de Silgenstat Anno domini M.CCCCCI, die vero XX decembris.*»

Todos estos opúsculos forman un solo volumen con signaturas seguidas *(a d* IV). La comedia llega hasta la *c* VII.

po, y a este tenor todos los personajes. La moralidad es fácil de inferir: sólo la sabiduría y la prudencia pueden conquistar la verdadera gloria; la fortuna y la riqueza tienen que contentarse con la fama. La comedia de Alberti está en prosa y consta de doce escenas. En la larga serie de las *Celestinas* sólo encontramos una y muy tardía, la *Doleria del Sueño del mundo,* que tenga el carácter alegórico de la obra de Alberti. Una y otra son lánguidas y fastidiosas, aunque de intachable honestidad.

Las comedias humanísticas que verdaderamente pudieron influir en la *Celestina* se reducen a tres: la *Philogenia,* de Ugolino Pisani; la *Poliscena,* atribuída a Leonardo de Arezzo y la *Chrysis,* de Eneas Silvio Piccolomini. Daré a conocer rápidamente estas obras en lo que tienen relación con la nuestra. Son tres historias de amor, pero tratadas de muy diversa manera. He aquí cómo expresa Sanesi el argumento de las primeras escenas de la *Philogenia,* únicas que a nuestro asunto interesan: «Epifebo, »que ama a Filogenia y desea violentamente poseerla, va de noche »bajo sus ventanas y tiene con la doncella un largo y apasionado »coloquio. La joven, en quien luchan el amor y el deseo con el »freno del pudor y de la educación, se muestra al principio indi- »ferente e incrédula. Pero Epifebo habla con tanta dulzura, supli- »ca con tanto calor, invoca la muerte con tanta angustia, mani- »fiesta los propios tormentos con tanta viveza y sinceridad de »palabra y emplea tanto arte en disipar sus temores y sus dudas, »que finalmente la doncella cede al destino y abandona oculta- »mente la casa paterna. El joven, acogiéndola entre sus brazos, »la conduce sin dilación a su propia casa, donde (como él dice) »*pasarán todos los días al modo de los epicúreos.*» [1]

Los sucesivos lances de la comedia, que ya pueden inferirse por tal principio, pertenecen enteramente al género de Boccaccio y recuerdan la historia de la hija del Rey del Algarbe, tan traída y llevadas por diversos amadores. Epifebo, perseguido por los parientes de Filogenia, acaba por casarla con un rústico, tan codicioso como crédulo y necio.

---

[1] «Della *Philogenia* del Pisani ricorda due antiche edizioni il Bahlmann in *Centralblatt für Bibliothekswesen,* a. XI, fasc. 4, pag. 175. Ma a me rimasero inaccesibili; e io mi valsi, per l'esame della commedia, del cod. Laurenziano Ashb. 188.» (Nota que me ha comunicado el señor Sanesi).

Sólo en el coloquio de la ventana, en la intervención episódica de las dos cortesanas Servia e Irzia, y en el noble carácter de los padres de Filogenia (Cliofa y Calisto), que un tanto recuerdan a Pleberio y Alisa, cuando se despiertan sobresaltados al sentir ruido en la cámara de su hija, puede verse algo que se parezca a la *Celestina*. Tengo por muy dudosa esta fuente.

No así la *Poliscena*, atribuída generalmente (acaso con error) al célebre humanista Leonardo de Arezzo, a quien, por no confundirle con su infame homónimo del siglo XVI, no llamaremos Aretino. Esta comedia, que se conoce también con los nombres de *Calphurnia* y *Gurgulio*, corrió impresa desde 1478 y tuvo la honra de ser explicada en cursos universitarios, hasta en la remota Polonia. [1] Es de suponer que llegase a España antes que el

---

[1] Tanta boga tuvieron en su tiempo algunas comedias humanísticas, que se insertaron fragmentos de ellas, al lado de los de Plauto y Terencio, en una célebre compilación retórica, formada en Alemania, la *Margarita Poética*, de Alberto de Eyb (Nuremberg, 1472), de la cual hemos manejado en nuestra Biblioteca Nacional las siguientes ediciones:

a) *Margarita poetica de arte dictandi ac practicandi epistolarum opus clarissimum incipit.*

Incunable, sin año ni lugar. 4º

b) *Oratorum omnium Poetarum: Hystoricorum: ac Philosophorum eleganter dicta: per clarisimum virum Albertum de Eyb in unum collecta faeliciter incipiunt.*

(Colofón): *Summa Oratorum omnium: Poetarum: Historicorum: ac Philosophorum Autoritates in unum collectae per clarissimum virum Albertum de Eyb Vtriusque doctorem eximium: quae Margarita poetica dicitur: faeliciter finem adepta est. M.CCCC.LXXXXIII. Kalen. Ianuarii. Fol.*

c) *Margarita Poetica.*

(Colofón): *Explicit opus excellentissimum in se continens omnium fere Oratorum Poetarum Historicorum ac Philosophorum Autoritates: collectum p. Clarissimum vir. Albertum de Eyb utriusque Iuris doctorem, quod Margaritam poeticam inscripsit: Impressum Basileae per magistrum Ioannem de Amerbach. Anno domini. M.CCCC. XCV.*

d) *Margarita poetica de arte dictandi ac practicandi epistolarum opus clarissimum feliciter incipit.*

Incunable, en 4º sin año ni lugar.

e) Edición en folio de 1503.

(Colofón): *Explicit opus excellentissimum in se continens omnium fere Oratorum: Poetarum: Historicorum ac Philosophorum Auctoritates: collectum p. Clarissimum virum Albertum de Eyb utriusque Iuris doctorem, quod Mar-*

Philodoxus, y todo el que atentamente la lea notará sus semejanzas y diferencias con la *Celestina.* Creizenach advirtió ya que el contenido de la *Poliscena* se parecía mucho al del *Pamphilus.* En pocas líneas, pero muy exactas, da idea Gaspary, en su excelente *Historia de la literatura italiana,*[1] del argumento de esta comedia: «Un joven, llamado Graco, encuentra a la joven Polis-
»cena que volvía con su madre Calfurnia de oir un sermón en la
»iglesia de los frailes menores. Enamórase súbitamente de la don-
»cella, y ésta de él. Graco se vale de la mediación de su esclavo
»*Gurgulio* (nombre tomado de una comedia de Plauto) y Polis-
»cena acude a su esclava Tharatántara, hábil en todo género de
»tercerías. El parásito, después de haber .... inútilmente
»a la madre con promesas y ofrecimientos, va una mañana a ver
»a Poliscena, mientras Calfurnia está en la iglesia, y con bellas
»palabras, y pintando muy al vivo los tormentos de su amador,
»induce a la joven a concederle una entrevista. Graco se vale de
»la ocasión sin ningún escrúpulo; sobreviene la madre, enfureci-
»da, y amenaza con citarle a juicio; pero el padre de Graco, Maca-
»rio, pone remedio a todo permitiendo que su hijo se case con
»Poliscena.»

Tal es el asunto de esta pieza, brutal y refinada a un tiempo, pues, aunque escrita en prosa, remeda con suma habilidad la lengua de los poetas cómicos latinos. Si en la comedia humanística hay algún prototipo innegable de la fábula de Rojas, éste es sin duda alguna. La semejanza consiste, no sólo en la acción,

---

garitam poeticam inscripsit: Impressum Basileae p. magistrum Ioannem de Amorbach Ioannes petri et Ioannem froben, consocios Anno domini. M.CCCCC.III.

Secundae Partis: tractatus I. Cap. XVI.

Nunc vero aliquas extraordinarias item Comoedias: et quidem numero tres prosequendas ex ordine duxi. Et in primis Philodoxios: quae est Caroli Aretini: sese fert Comoedia admodum iucundissima.

De auctoritatibus ac sententiis ex Comoedia philodoxios Caroli Aretini collectis. Cap. XV.

De auctoritatibus ac sententiis sumptis ex Comoedia de falso Hypocrita et tristi: Mercurii Roncii Vercellensis. Cap. XVI.

De auctoritatibus ac sententiis receptis ex Comoedia Philogenia Ugolini Parmensis. Cap. XVII.

[1] Storia della letteratura italiana di *Adolfo Gaspary,* tradotta dal tedesco da *Vittorio Rossi.* Turín, Loescher, 1891, tomo II, pág. 196.

sino en los tipos del siervo *Gurgulio* y de la vieja *Tharatántara.*
Esta última, sobre todo, parece abuela de Celestina. Como ella
se lamenta de los males de la vejez y recuerda los perdidos goces
juveniles: *Memini ego me quondam a multis amari, memini etiam
me multis egregie saepius illudere ac fune quasi ligatos trahere.
Verum heu me jam effoetam manent fata ultricia, non ita ut pridem ambior, nec ullis artibus pristinum vigorem possum reparare.*
Como ella tiene fama de hechicera: *Non verentur etiam me veneficam nuncupare ac blanditiis fallacibus me palpare ipsos incusant,
ac magico carmine vitam auferre conati.* Y el mismo Graco, después de hacer un horible retrato de la vieja, añade como último
improperio: *Suspecta etiam admodum es veneficii nomine.*

El diálogo de Tharatántara con Poliscena tiene también rasgos celestinescos, especialmente en lo que toca a la recomendación de las prendas del amante y al encarecimiento de los extremos de su pasión: *Ita me iuvet Jesus, posteaquam te amare coepit,
nunquam vidi ipsum hilarem, placidum nemini, satago obsonia
ac pulpamenta quae scio omnia, demulceo verbis quantum possum,
at nequit esse, inquit, neque potare, noctes ducit insomnes, ingemiscit perpetuo...* La semejanza continúa en el acto o escena en que
Tharatántara da cuenta a Graco del desempeño de su comisión.[1]

---

[1] «*Gracchus.*—Nisi me fallit spes bona, bonum refert modo nuncium
»Tharatantara, nam, aedepol, venit hilarior, seque ocius movet ac solet...
»Triumpho, hercule, si quid iussi impetravit, eo obviam, heus, heus, Tha-
»ratantara, quae nova, quae nova?

»*Tharatantara.*—Bona, bona.

»*Gracch.*—Non sum apud me, successit oportune?

»*Tharat.*—Laetare, laetare inquam Grache, omnis res in vado est, nihil
me fefellit, quod in mentem venerat.

....

»*Gracch.*—Si defessa es, mea mater, sede modo, atque enarra sedulo
»prout sese res habuere, primum cave ne me in gaudium conjicias frustra.

....

»*Tharat.*—Sede propius ne quis audiat nos.

»*Gracch.*—Sedeo.

»*Tharat.*—Principio ubi pulso fores aperitur illico, postea, quae usus
»poscit omnium, rogat Poliscena quid rei est secum.

»*Gracch.*—Timeo.

»*Tharat.*—Dico illam verbis tuis alloqui si lubet, stupet, squalor nasci-
»tur faciei, primum utor circuitione, laudibus extollo virginis formam, sub-
»ridet ubi te nomino, rubet faciem...»

Pero en la *Poliscena* todo marcha por la posta, sin rastro de estudio psicológico y sin recato ni comedimiento alguno. Poliscena otorga una cita a las primeras de cambio, aprovechando la ausencia de su madre, que está en la iglesia, y el nudo se desata por los procedimientos más brutales y menos complicados. Si de esa comedia, así como del *Pamphilus*, pudo aprovechar algo Fernando de Rojas, nunca con tan humildes materiales se levantó edificio tan grandioso y espléndido. [1]

Si la *Poliscena* fué la primera imitación consciente y deliberada de la dramaturgia plautina, la *Chrysis*, compuesta en 1444 por el futuro Pío II (Eneas Silvio Piccolomini) cuando asistía a la dieta de Nuremberg, es la primera tentativa formal de reproducir el metro propio de la comedia, el senario yámbico de los latinos, abandonando la prosa en que habían escrito todos sus predecesores, con la única excepción de Vergerio. En la *Chrysis* no hay verdadera acción, sino una serie de escenas que pintan muy al vivo las costumbres de las meretrices y de los jóvenes disolutos. Hay coincidencias con la *Celestina*, pero todas ellas se refieren a pasajes que están antes en Plauto: «Ningún amante » (dice Casina a Crisis) me agrada por más de un mes; siempre las

---

[1] Hay de la *Poliscene* varias ediciones, todas de suma rareza. La más antigua, con el título de *Calphurnia et Gurgulio*, es de 1478, y probablemente sería la que leyese el bachiller Rojas, puesto que las demás que Brunet y otros bibliógrafos citan son posteriores a la impresión de la *Celestina* (Leipzig, 1500, y otras cinco tiradas más hasta 1515; Krakau, 1509; Viena, 1516; todas con el título de *Comedia Poliscene per Leonardum Aretinum congesta*). No habiendo podido encontrar en España ninguna de ellas, he tenido que valerme de la reproducción incompleta que por casualidad hallé en un curioso librillo cuya portada dice así:

»*Equitis Franci et Adolescentulae Mulleris Italae Practica Artis Amandi insigni et iucundissima historia ostensa. Cui praeterea, quae ex variis autoribus antehac annexa sunt, alia quaedam huic materiae non inconvenientia iam primum accesserunt, eaque singularia, et ad Proxim huius saeculi potissimum accommodata. Auctore Hilario Drudone Poëseos studioso. Amstelodami, apud Georgium Trigg. 1651.*»

Comienza con la novela de Eneas Silvio, pero contiene otras muchas piezas, en prosa y verso, de varios autores, algunas de ellas muy singulares y difíciles de hallar.

Las escenas de la comedia *Poliscene* no llevan nombre de autor y sólo este caprichoso título: *Idea clandestinarum desponsationum, quae fiunt mediantibus mulieribus vetulis* (págs. 147 a 158).

»nuevas calendas me traen nuevos amores.» Y Crisis la replica:
«Tu constancia es excesiva, porque conviene celebrar también
»con nuevos amores las nonas y los idus, o, como hago yo, procu-
»rarme a cada nuevo sol nuevos amantes.» La misma doctrina
inculca Celestina a Areusa en el acto VII: «Nunca uno me agradó,
»nunca en uno puse toda mi afficion. No hay cosa más perdida,
»hoy, que el mur que no sabe sino un horado; si aquel le tapan,
»no avrá dónde se esconda del gato; quien no tiene sino un ojo,
»mira a quánto peligro anda... ¿Qué quieres, hija, deste número
»de uno? más inconvenientes te diré dél que años tengo acuestas;
»ten siquiera dos, que es compañia loable... E si más quisieres,
»mejor te yrá, que mientras más moros más ganancia.»

En uno y otro pasaje se ve la imitación de los consejos que
Scapha dirige a Philematium en la *Mostellaria* de Plauto (v. 188-90):

*Tu ecastor erras, quae quidem expectes unum atque illi
Morem praecipue sic geras atque alios asperneris.
Matronae, non meretriciumst, unum inservire amantem.*

Hay también en la *Chrysis* una *lena* llamada con toda propiedad *Canthara* por su insaciable amor a la bebida. Eneas Silvio, que lleva muchas veces la imitación hasta el plagio, pone literalmente en su boca el mismo ditirambo que pronuncia la vieja del *Curculio*.

Puede tenerse por cierto que Rojas desconocía la existencia de la *Chrysis*, obra que todavía está inédita a estas horas, y que su sabio autor, cuando llegó a las altas dignidades eclesiásticas, y por fin a la cátedra de San Pedro, procuró destruir con suma eficacia, lo mismo que otros escritos suyos, no enteramente juveniles,[1] pero compuestos cuando hacía secular y profana. Era

---

[1] No se conoce más que un manuscrito de esta comedia, el códice 462 de la biblioteca del Príncipe Lobkowitz, de Praga. Tanto la *Chrysis* como la *Historia de Eurialo y Lucrecia* fueron escritos en 1444, cuando Eneas Silvio contaba treinta y ocho años. Había nacido en 1405. En 1447 fué Obispo de Trieste; en 1450, de Siena; en 1456 entró en el Colegio de Cardenales, y fué electo Papa en el Cónclave de 1458. Tuvo corto pontificado, puesto que falleció en 1464. La obra, muy extensa y erudita, pero no siempre imparcial, de Voigt (*Enea Silvio de'Piccolomini als Papa Pius der Zweite und sein Zeitalter*, Berlin, 1856-1858) da cuantas noticias puedan desearse acer-

el principal entre ellos la célebre *Historia duorum amantium*, de la cual ya hemos dicho algo en el primer tomo de estos *Orígenes*,[1] por haber sido muy bien traducida a nuestra lengua en el siglo XV y haber influído grandemente en la *Cárcel de Amor* y en otras ficciones sentimentales.

Traducida u original, la había leído de seguro Fernando de Rojas, y no fué de los libros que menos huella dejaron en su espíritu y en su estilo. La novela del futuro Pontífice es, como la tragicomedia española, una historia de amor y muerte de dos jóvenes amantes. En una y otra se mezcla el placer con las lágrimas, y una siniestra fatalidad surge en el seno mismo del deleite. Pero es diversa la condición de las personas, puesto que Eurialo y Lucrecia son amantes adúlteros, y diversa también la catástrofe, que en la obra de Eneas Silvio pertenece al orden moral, y se cumple, no por ningún medio exterior, sino por el fuego de la pasión, que consume y aniquila a la mísera enamorada. «Esta »nuestra, como vido a Eurialo partir de su vista, cayda en tierra, »la lleuaron a la cama sus sieruas hasta que tornasse el espíritu. »La qual como en sí tornó, las vestiduras de brocado, de púrpura »y todos los atavios de fiesta y alegría encerró y de su vista apar- »tó, y de camarsos y otras vestiduras viles se vistió. Y de alli ade- »lante nunca fue vista reyr ni cantar como solia. Con ningunos

---

ca de este Papa, una de las más dulces y simpáticas figuras del Renacimiento (Cf. Pastor, *Historia de los Papas*, tomo III de la traducción francesa, año 1892).

[1] A lo que allí se dice sobre la bibliografía de esta novela debe añadirse que la edición segunda, mencionada por Nicolás Antonio y Gallardo como de Sevilla, 1533, acaso sea la de 1530, de que he visto un ejemplar en la biblioteca del Duque de T'Serclaes:

Hystoria muy verdadera de dos amantes Eurialo Franco y Lucrecia Senesa que acaecio en la ciudad de Sena en el año de Mil y CCCC y XXXiij años en presencia del emperador Fadrique. Fecha por Eneas Silvio, que despues fue elegido papa llamado Pio Segundo.

(Al fin): *Fin del presente tractado de los dos Amantes Eurialo Franco y Lucrecia Senesa. Fué impreso en la muy noble y muy leal ciudad de Sevilla por Juan Cromberger. Año de Mil y quinientos y treynta.*

El señor Foulché-Delbosc ha hecho una lindísima reimpresión de este librito, tomando por texto la edición de Sevilla, 1512, de la cual existen dos ejemplares, uno en la Biblioteca Nacional de Madrid, otro en el Museo Británico.

»plazeres, donayres ni juegos jamás pudo ser en alegría tornada,
»e algunos dias en esto perseverando, en gran enfermedad cayó,
»de la qual por ningun beneficio de medicina pudo ser curada.
»Y porque su coraçon estaua de su cuerpo ausente y ninguna
»consolación se podia dar a su ánima, entre los braços de su lloro-
»sa madre y de los parientes que en balde la consolaban, la indig-
»nante ánima del anxioso y trabaxoso cuerpo salió fuera.»[1]

En lo que la historia de Eurialo y Lucrecia pudo servir de modelo a la *Celestina* fué en la elocuencia patética de algunos trozos y en aquella especie de psicología afectiva y profunda que el culto, gentil y delicado espíritu de Eneas Silvio adivinó quizá el primero entre los modernos. Porque aquí no se trata del amor místico, dantesco o petrarquista, que toma las perfecciones de la criatura como medio para ascender a otra perfección más alta; ni tampoco del amor cortesano, que es mero devaneo en la lírica de Proveza y en sus imitadores; ni tampoco de la pasión desenfrenada y furiosa, pero declamatoria, que se exhala en las quejas delirantes de Fiammetta, sino de un género de pasión más apacible y humano, ni enteramente sensual, ni reducido a lánguidas contemplaciones. Este amor, finamente estudiado con una penetración que honraría al más experto y sagaz moralista de cualquier tiempo, constituye el mérito principal de las epístolas que contiene el tratado de Eneas Silvio, que, al revés de tantas otras composiciones artificiales, no es más que la interpretación estética de un suceso real acaecido en Siena cuando entró en ella triunfante el emperador Segismundo.

Hay pasajes de la *Celestina* que inmediatamente traen a la memoria otros del *Eurialo*. La descripción de la hermosura de ambas heroínas se parece mucho.[2] Eurialo envía a Lucrecia

---

[1] PP. 57 y 58 de la edición de Foulché.

En las últimas palabras se habrá notado la imitación del último verso de la Eneida.

Vitaque cum gemitu fugit indignata sub umbras.

[2] «Era la estatura de Lucrecia algo más que la de sus compañeras; su
»cabelladura roxa en abundancia; la frente alta y espaciosa, rin ruga al-
»guna; las cejas en arco tendidas, delgadas, con espacio conueniente en me-
»dio; sus ojos tanto resplandecientes que, a la manera del sol, la vista de
»quien los mirasse embotauan, con aquellos a su plazer podia prender, herir
»matar y dar la vida; la nariz, en proporcion afilada; las coloradas mexillas,

su primera carta por medio de una vieja tercera, y las palabras con que la recibe son tan ásperas como las de Melibea en el principio de sus amores:

«Como la alcahueta recibió la carta de Eurialo, luego a más »andar se fue para Lucrecia, y fallandola sola le dixo: «El más »noble y principal de toda la corte del César te envia esta carta, »y que ayas dél compasion te suplica.»

»Era esta mujer conocida por muy pública alcahueta: Lu- »crecia bien lo sabía; mucho pesar ovo que muger tan infame »con mensaje le fuesse embiada, y con cara turbada le dixo: «Qué »osadía, muy malvada henbra, te traxo a mi casa? Qué locura

»con ygual medida della apartadas; ninguna cosa más de dessear ni más »deleytable a la vista podia ser, la qual como reya, en cada vna de aquellas »vn hoyo hendia, muy desseoso de besar de quien lo viesse; su boca, peque- »ña en lo conuenible; los beços como corales asaz codiciosos para moder; »los dientes, pequeños y en orden puestos, semejauan de cristal, entre los »quales la lengua discurriendo, no palabras mas suaue armonia parecia mouer. »Qué diré de la blancura de la garganta? Ninguna cosa era en aquel cuerpo »que no fuese mucho de loar...» (Pág. 4).

Cf. la descripción que Calisto hace de su amada en el *aucto* primero: «Los ojos verdes, rasgados; las pestañas luengas, las cejas *delgadas* e alçadas, »la nariz mediana; la boca *pequeña*, los dientes *menvdos* e blancos, los labios »*colorados* e grossezuelos; el torno del rostro poco más luengo que redondo »el pecho alto...»

Pero una y otra descripción quedan eclipsadas por la pintura que se hace de la reina Iseo en el último capítulo de *Don Tristan de Leonis*, justamente elogiada por el señor Bonilla *(Libros de Caballerías*, tomo I, pág. 456). No dudo que también la tuvo presente el autor de la *Celestina*, porque coinciden en algunas frases: «Otrosí tenia muy amorosa e graciosa y muy *peque- »ñita boca,* cuyos *labrios,* delgados quanto cumplian, eran *colorados,* que »parescian de color de la resplandeciente mañana quando el sol encomienza »a salir. Los quales labrios, segund su apostura, bien parescia no rehusar »los dulces besos... La guarda o cobortura de los cuales tenian los muy *me- »nudos dientes,* que parescian ser de fino marfil, puestos en orden no más »uno que otro, puestos affirmados en las muy coloradas enzias, que pares- »cian ser de color de rosa...»

El gracioso rasgo de Rodrigo de Reinosa o quien quiera que sea el autor del romance de «La gentil dama y el rústico pastor»:

Las teticas agudicas—que el brial quieren romper,

está tomado de este lindísimo retrato de Iseo: «Tenia otrosí muy espacioso »e blanco pecho, en que eran dos tetillas a manera de dos mançanas, eran »*agudas que parescian romper sus vestiduras.*»

»en mi presencia te aconsejó venir? Tú en las casas de los nobles
»osas entrar y a las castas dueñas tentar, y los legítimos matri-
»monios turbar? Apenas me puedo refrenar de te arrastrar por
»essos cabellos y la cara despedaçar. Tú tienes atrevimiento de
»me traer carta? Tú me fablas? Tú me miras? Si no oviesse de
»considerar lo que a mi estado cumple más que lo que a ti convie-
»ne, yo te facía tal juego, que nunca dé cartas de amores fueses
»mensajera...»

»Mucho temor oviera otra qualquiera; mas ésta que sabía las
»costumbres de las dueñas, como aquella que en semejantes afren-
»tas muchas vezes se avia visto, dezia consigo: «Agora quieres
»que muestras no querer», y allegando más a ella dixo: «Perdó-
»name, señora; yo pensaba no errar y tú aver desto placer. Si otra
»cosa es, da perdon a mi ynocencia. Si no quieres que buelva,
»hecho he de principio, en lo ál yo te obedeceré. Mas mira qué
»amante menosprecias.»

No prolongaré este cotejo haciendo notar otras semejanzas de detalle que en las entrevistas de los amantes pueden encontrarse. Lo principal es el ambiente novelesco análogo, la suave y callada influencia que en la concepción de Rojas ejerció un escritor digno de inspirarle.

Volviendo sobre nuestros pasos, creemos inútil mencionar otras comedias *humanísticas*, ya por ser de fecha algo posterior a la *Celestina*, ya por no tener con ella más que conexiones remotas. Por lo tocante a la comedia italiana del Renacimiento, las fechas dicen bien claro que no pudo influir en la *Celestina*, la cual es anterior a todas las obras de Maquiavelo, Ariosto y Bibbienna.[1]

Nació la *Celestina* en pleno clasicismo, cuando el teatro de

---

[1] La *Cassaria* y *Gli Suppositi*, primeras comedias del Ariosto, son de 1508 y 1509. La *Amicizia*, del Nardi, fué escrita entre 1509 y 1512. La *Calandria*, del cardenal Bibbiena, fué representada por primera vez en la Corte de Urbino en 6 de febrero de 1513. No se sabe la fecha precisa de la *Mandragola*, pero sí que no pudo ser anterior a 1512; fechas todas muy tardías comparadas con la de la *Celestina*, que ya estaba traducida al italiano en 1505. No hay para qué hablar del *Orfeo*, de Poliziano (1471), ni del *Timon*, de Boyardo (¿1480?), porque no tienen la menor relación con el género de la *Celestina* ni son tampoco verdaderas comedias.

Vid. Arturo Graf, *Studi drammatici* (Turín, ed. Loescher, 1878), páginas 281-282.

Plauto, que no constaba ya de ocho comedias, sino de veinte, había surgido del vetusto códice descubierto en Alemania por el cardenal de Cusa, y embelesaba y regocijaba la fantasía de los humanistas, que no se limitaban a transcribirle y comentarle y a añadirle escenas y suplementos, sino que le hacían objeto de públicas representaciones en su lengua original. Los actores solían ser escolares, pero estas fiestas del arte antiguo no eran meramente universitarias. Se celebraban con gran pompa y magnificencia en los palacios de príncipes y cardenales, ante el auditorio más aristocrático y selecto. Así en Roma aquel Pomponio Leto, tan sospechoso de paganismo, hizo representar en fecha ignorada la *Aulularia* bajo los auspicios del cardenal Riario, sobrino de Sixto IV; en 1499, algunos actos de la *Mostellaria*, en casa del cardenal Colonna; en 1502, los *Menechmi*, en presencia de Alejandro VI, para festejar las bodas de su hija Lucrecia con Alfonso de Este.

Otras representaciones, algunas muy anteriores, hubo en Florencia, en Mantua, en Ferrara, en Pavía, en todos los grandes centros de la vida intelectual y cortesana del Renacimiento. Si alguna noticia de éstas llegó a oídos de Fernando de Rojas, ¡cómo debió agrandarse en su mente la visión del teatro y soñar con otro igual para su patria, y encenderse en el anhelo de superar, no ya los pobres remedos de la comedia latina que tenía delante, sino al mismo Terencio y al mismo Plauto, que habían sabido menos que él de la vida del corazón humano!

¿Se compusieron o representaron en España comedias *humanísticas* durante el siglo xv? No podemos afirmarlo ni negarlo. Hasta ahora el género parece exclusivamente italiano. Sólo en tiempo de Carlos V, cuando la comedia latina empezaba a decaer en Italia, cediendo su puesto al teatro vulgar, la vemos aparecer en nuestras escuelas con los mismos caracteres y a veces con la misma pompa de representación que en su patria.[1] Y durante todo el curso del siglo xvi la encontramos más o menos ingenio-

---

[1] En los Estatutos de la Universidad de Salamanca (1538), título 61, «de los Colegios de Gramática», se dispone que «en cada Colegio cada año »se representará una comedia de Plauto o Terencio o *tragicomedia*, la pri- »mera el primero domingo de las octavas de Corpus Christi, y las otras en »los domingos siguientes; y el regente que mejor hiziere y representare las

samente cultivada: en Alcalá por Juan Petreyo (Pérez), que puso en latín tres comedias del Ariosto; en Salamanca y Burgos, por Juan Maldonado, cuya *Hispaniola* no figuraría mal en la serie de las *Celestinas*; [1] en Sevilla, por Juan de Mal-Lara; en Valencia, por Lorenzo Palmireno; en Barcelona, por Juan Cassador y Jaime Cassá, y hasta en la isla de Mallorca, por Jaime Romanyá, autor del *Gastrimargus*, que se representó en la plaza pública ante un concurso de más de ocho mil espectadores. [2] Por fin, este género,

---

»dichas comedias o tragedias se le den seis ducados del arca del estudio, y »sean juezes para dar este premio el rector y maestre escuela».

(*Memoria histórica de la Universidad de Salamanca*... por don Alejandro Vidal y Díaz. Salamanca, 1869, pág. 94).

[1] *Ioannis Maldonati Hispaniola (Comedia) nunc denique per ipsum autorem restituta atque detersa; scholiisque locis aliquot illustrata*, 1535. (Al fin): *Burgis in officina Ioannis Iuntae mense octobri anno M.D.XXXV* (Biblioteca Nacional).

Esta edición, única que he visto, es probablemente la última. El autor según nos informa en el prólogo, había escrito esta comedia en 1519. Corrieron copias de ella, se representó en Portugal ante la reina de Francia doña Leonor, y fué impresa dos veces (una de ellas en Valladolid) sin anuencia suya. También habla de una representación en Burgos *in aula Principis*. La comedia tiene cinco actos en prosa, y está dedicada al Corregidor de Córdoba don Diego de Osorio. La fábula es original y poco ingeniosa, pero en el estilo quiere remedar a Plauto: «Rapuit me tunc feriatum a bonis »studiis, Plautus suis deliciis ac iocis; et extra vitae institutum longe pro- »lusit. Commentus sum novum argumentum; sed nostris annis magis accom- »modum; nam in hoc nihil mihi juvavit Plautus; coeterum inter meditandum, »sales et ioci Plautini circumsonabant aures meas.»

Maldonado da a entender que ya iba pasando en Italia la moda de las comedias humanísticas: «Videvantur auditores et spectatores admirari; et »frontem corrugare *quod esset in Hispania qui Comoedias componeret, cum »Italia iamdudum Comicos non producat*».

Sobre la *Hispaniola* vid. Gallardo, tomo 3º, núm. 2.878, y Bonilla, en una nota a su traducción castellana del *Manual de Literatura Española*, de Fitz-Maurice Kelly (p. 230).

[2] «En 1562 se representó en la plaza pública una comedia latina sobre »el rico epulón, titulada *Gastrimargus*, miserable parodia de las de Teren- »cio, con sus criados locuaces, sus desvergonzadas rameras y sus máximas »morales, pero sin numen, sin agudeza y casi sin versificación. Asistían a »ella dos Obispos, el virrey, multitud de autoridades, teólogos y caballeros, »y un concurso de ocho mil personas...»

(Artículo de don José María Quadrado en *La Palma* (1840), pág. 232. Ignoro el paradero actual del manuscrito del *Gastrimargus* que poseía Bover y leyó Quadrado.)

cada vez más abatido y escuálido, cayó en manos de los jesuítas, que le morigeraron, convirtiéndole en comedia de colegio. Así nació y murió el teatro humanístico en España, con poco brillo siempre y con poca influencia en el drama nacional.

¿Pudo encontrar Rojas en la dramaturgia vulgar de su tiempo, en el infantil teatro de la Edad Media, algún punto de apoyo para su creación? Difícil es responder categóricamente a esta pregunta. De los *juegos de escarnio*, que llegaron a penetrar en la iglesia y a ser representados por clérigos, apenas sabemos más que lo que dice una ley de Partida. De la Corona de Aragón tenemos un documento aislado, pero muy curioso, sobre el cual llamó la atención don José María Quadrado.[1] Es la queja presentada en 1442 a los Jurados de Mallorca contra los abusos introducidos en las representaciones que solían hacerse en las fiestas del primer domingo después de Pascua y el lunes inmediato, las cuales no versaban ya, como al principio, sobre materias devotas y honestas, sino sobre amores y alcahueterías.

«E en qual manera per solemnitat e honorificentia de la dita »festa se acostumavan en temps passat fer en semblant dia diver- »ses entremeses e representacions per las parroquias, devotas »e honestas, e tals que trahien lo poble a devoció; mes empero »d'algun temps ensá quasi tots anys se fen per los *caritaters* (encar- »gados de las fiestas de la Caridad) de las parroquias, qui los demés »son jovens *entremeses de enamoraments, alcavotarias e altres »actes desonests e reprobats*, majorment en tal dia en lo qual va »lo clero ab processons e creu levada portans diverses reliquies »de sants, de que lo poble pren mal exempli e roman scandalizat.»

Yo no me atreveré a decir, con mi inolvidable amigo Quadrado, que «aquí tenemos ya el drama secularizado en Mallorca medio »siglo antes de la aparición de la *Celestina*; los temas devotos »sustituídos por los profanos; el *auto* suplantado por la *comedia*». Sería preciso que la casualidad nos descubriese algún fragmento o muestra de tales representaciones para que pudiéramos inducir su carácter. De todos modos, el documento es singular, pero en

---

[1] Artículo publicado en *La Unidad Católica*, periódico de Palma de Mallorca, 1871, y reimpreso en el tomo VI de las *Obras Completas de don Manuel Milá y Fontanals* (Barcelona, 1895), página 323.

Castilla tenemos otro muy análogo: los decretos del Concilio de Aranda, que en 1473 mandó celebrar el arzobispo de Toledo don Alfonso Carrillo. Uno de ellos da testimonio del escandaloso abuso de las representaciones profanas dentro del templo en las fiestas de la Navidad, de San Esteban, de San Juan y de los Inocentes, y en las solemnidades de misas nuevas: «*Ludi theatrales, »larvae, monstra, spectucula, necnon quam plurima inhonesta et »diversa figmenta in ecclesiis introducuntur, tumultuationes quoque »et* «*turpia carmina*» *et* «*derisorii sermones*» *dicuntur.*» Pero dudamos mucho que esta inculta y bárbara manifestación dramática hubiera podido influir en un espíritu tan culto como el de Fernando de Rojas.

Los orígenes de la *Celestina* no son populares, sino literarios, y de la más selecta literatura de su tiempo. Aún no hemos apurado el catálogo de sus reminiscencias. Leía mucho su autor, como todos los hombres estudiosos de su generación, a los dos grandes maestros del primer Renacimiento italiano, Francisco Petrarca y Juan Boccaccio. Las obras latinas del primero le eran tan familiares, que desde las primeras líneas del prólogo encuentra ocasión de citarle, para probar que «todas las cosas son creadas a mane-»ra de contienda y batalla». «Hallé (dice) esta sentencia corrobora-»da por *aquel gran orador e poeta laureado, Francisco Petrarca, »diziendo: Sine lite atque offensione nihil genuit natura parens:* »sin lid e offension ninguna cosa engendra la natura, madre de »todo. Dize más adelante: *Sic est enim, et sic propemodum uni-»versa testantur: rapido stellae obviant firmamento; contraria invi-»cem elementa confligunt, terrae tremunt; maria fluctuant; aer »quatitud; crepant flammae; bellum inmortale venti gerunt; tempo-»ra temporibus concertant; secum singula, nobiscum omnia,* que »quiere dezir: «En verdad assi es, e assi todas las cosas desto dan »testimonio; las estrellas se encuentran en el arrebatado firmamento »del cielo; los adversos elementos unos con otros rompen pelea; »tremen las tierras; ondean los mares; el ayre se sacude; suenan »las llamas; los vientos entre sí traen perpetua guerra; los tiempos »contienden e ligan entre sí, uno a uno e todos contra nosotros.» [1]

---

[1] Vid. *Francisci Petrarchae Florentini, Philosophi, Oratoris et Poetae clarissimi... Opera quae extant omnia... Basileae excudebat Henrichus Petri* (1554), tomo I, pág. 121.

El pasaje que Rojas alega está en el prefacio del libro 2.º *De Remediis utriusque fortunae;* pero lo que nadie ha advertido hasta ahora, que yo sepa, es que continúa traduciendo sin decirlo; de suerte que todo el segundo prólogo es un puro plagio, como puede verse por el texto latino que pongo al pie, subrayando las frases que más literalmente copió Rojas. [1] ¿Qué explicación pue-

---

«Ex omnibus quae mihi lecta placuerint vel audita, nihil pené vel inse-
»dit altius, vel tenacius inhaesit, vel crebrius ad memoriam rediit, quam
»illud Heracliti: Omnia secundum litem fieri, sic est enim, eet sic esse pro-
»pemodum universa testantur. Rapido Stellae obuiant firmamento, etc.»

Sigue el pasaje copiado por Rojas.

[1] «*Ver humidum, aestas arida, mollis autumnus, hyems hispida, et quae*
»*vicissitudo dicitur pugna est.* Haec ipsa igitur quibus insistimus, quibus
»circumfouemur et vivimus, quae tot illecebris blandiuntur, quamque si irasci
»ceperint sint horrenda, indicant terraemotus et concitatissimi turbines, indi-
»cant naufragia atque incendia seu coelo seu terris saevientia, *quis insultus*
»*grandinis, quaenam illi vis imbrium, qui fremitus tonitruum, qui fulminis*
»*impetus,* quae rabies procellarum, qui feruor, qui mugitus pelagi, qui torren-
»tium fragor, qui fluminum excursus, *qui nubium cursus et recursus et con-*
»*cursus?* Mare ipsum praeter apertam ac rapidam vim ventorum, atque ab-
»ditos fluctuum tumores, incertis vicibus alternantes, certos statutosque flu-
»xus ac refluxus habet... *quae res dum manifesti motus latens causa quae-*
»*ritur, non minorem Philosophorum in scholis, quam fluctuum ipso in pelago*
»*litem movit. Quid quod nullum animal bello uacat? pisces, ferae, volucres,*
»*serpentes, homines, una species aliam exagitat, nulli omnium quies data, leo*
»*lupum, lupus canem, canis leporem insequitur...* Basiliscus angues reliquos
»*sibilo territat, adventu fugat, visu perimit...* Qui et littoreae volucres, aqua-
»ticaeque quadrupedes, aequor, stagna, lacus et flumina rimantur, exhauriunt,
»et infestant, ut mihi omnium inquetissima pars rerum aqua videatur, et
»suis motibus et incolarum perpetuis acta tumultibus, quippe quae nouorun
»animantium ac monstrorum feracissima esse non ambigitur, usque adeo, ut
»vulgi opinionem, ne docti quidem respuant, *omnes prope quas terra vel*
»*aër animantium formas habet, esse in aquis cum innumerabiles ibi sint,* quas
»*vel aër et terra non habet...*

»*Maris caput sua quadam naturali, sed effrenata dulcedine, in os viperae*
»*insertum, illa praecipiti feruore libidinis amputat, inde iam praegnans vidua,*
»*cum pariendi tempus advenerit, foetu multiplici praegravante, et velut in*
»*ultionem patris uno quoque quamprimum erumpere festinante, discerpitur,*
»*Ita duo animantium prima vota, proles et coitus, huic generi infausta peni-*
»*tusque mortifera deprehenduntur,* dum marem coitus, matrem partus inte-
»rimit.

»*Echineis semipedalis pisciculus navim quamvis immensam, ventis, un-*
»*dis, remis, velis actam, retinet.*» (Aquí Rojas añade de su cosecha o de la
del Comendador Griego las citas de Aristóteles, Plinio y Lucano).

de tener un procedimiento tan extraño, mucho más si se recuerda que el *De Remediis* andaba en manos de todas las personas letradas, y existía ya una traducción castellana anterior a la de Francisco de Madrid, tantas veces impresa desde 1510? ¿A quién podía engañar Rojas, apropiándose con tanta frescura la doctrina y las palabras ajenas, que además venían traídas por los cabellos al propósito de su libro? ¿Para qué necesitaba un escritor de su talla ajeno auxilio en la redacción de un sencillo prólogo? Quizá por eso mismo. Recuérdese el caso bastante análogo, aunque en menores proporciones, de la dedicatoria de la primera parte del *Quijote,* tejida en parte con frases de otra dedicatoria de Herrera en sus *Anotaciones a Garcilaso,* y del maestro Francisco de Medina, en el hermoso prólogo que llevan. A los grandes escritores suele desistírseles más la correspondencia familiar o la redacción de un documento de oficio, que la composición de un libro entero. Uno de esos apuros debió de pasar el bachiller Fernando de Rojas, y para salir de él apeló al extravagante recurso de echar mano del primer libro que sobre la mesa tenía y traducir de él unas cuantas páginas, que lo mismo podían servir de introducción a cualquier otro libro que a la *Celestina.* Cervantes todavía necesitó menos para zurcir cuatro frases de cortesía.

Más interés tiene este plagio directo que las vagas reflexiones morales sobre la próspera o adversa fortuna que hay en varios pasos de la *Tragicomedia,* registrados ya por Arturo Farinelli: «O fortuna (exclama Calisto en el aucto XIII) quánto e por quán- »tas partes me has combatido! Pues por más que sigas mi morada,

---

«*Esse circa mare Indicum inauditae magnitudinis auem quandam quam* »*Rochum» nostri vocant, quae non modo singulos homines, sed tota insuper* »*rostro praehensa navigia secum tollat in nubila, et pendentes in aëre miseros* »*navigantes, advolatu ipso terribilem mortem ferat...*

»*Homo ipse terrestrium dux et rector animantium,* qui rationis gubernacu- »lo solus hoc iter vitae, et hoc mare tumidum turbidumque tranquillè agere »posse videretur, quàm continua lite agitur, non modò cum aliis sed se- »cum... Quid de communi vita deque actibus mortalium loquar? vix duos »in magna urbe concordes, *cum multa tum maxima aedificiorum habituum-* »*que uarietas arguit... Iam quae infantium bella cum lapsibus, quae puerorum* »*rixae cum literis... quaenam insuper adolescentium lis cum voluptatibus* »*dicam verius, immo quanta secum lis affectuumque collisio?»*

F. *Petrarchae Operum,* ed. de Basilea, pp. 121-124.

»e seas contraria a mi persona, las adversidades con ygual ánimo
»se han de sufrir, e en ellas se prueba el coraçon rezio o flaco.»
Y antes había dicho Celestina (aucto XI) convirtiéndose en
eco de las palabras del Petrarca: «Siempre lo oí dezir, que es más
»difficil de suffrir la próspera fortuna que la adversa; que la vna
»no tiene sossiego, e la otra tiene consuelo.» Aunque hoy nos parezca
tan vulgar el contraste entre una y otra fortuna, su filiación
petrarquista no puede ocultarse a quien esté versado en la literatura
de nuestro siglo xv, que había convertido en una especie
de breviario moral la obra *De Remediis,* y aplicaba a todos los
momentos de la vida sus poco originales sentencias diluídas en
un mar de palabrería ociosa. [1]

Pero no es sólo en el libro de los *Remedios,* sino en otros varios
del Petrarca, donde hay que buscar el origen y la explicación
de algunos lugares de la *Celestina.* Dice Calisto a la vieja en el
aucto VI: «Qué más hazia aquella tusca Adeeta, cuya fama, siendo
»do tú viva, se perdiera? la qual tres dias ante su fin prenunció
»la muerte de su viejo marido e de dos hijos que tenia.» Esta alusión,
a primera vista oscura, se descifra con una advertencia de
la edición de Salamanca del año 1570, hecha por Matías Gast,
en la cual sospecho que anduvo la mano del Brocense por el género
de las enmiendas: «Atrevíme con consejo de algunos doctos
»a mudar algunas palabras que algunos indoctos correctores per-
»virtieron... En el acto sexto corregí *Adelecta.* Fue esta Adelec-
»ta (como cuenta Petrarca) una noble mujer toscana, grandísima
»astróloga y mágica. Dixo muchas cosas a su marido, e hijos,
»Eternio y Albricio. Pero principalmente estando a la muerte,
»en tres versículos, anunció a sus hijos lo que les habia de acaecer,
»especialmente e Eternio, que se guardase de Cassano, lugar de
»Padua. Siendo al fin de sesenta años vino a Milan, adonde por
»sus obras era muy aborrecido de los longobardos: fué de ellos
»cercado, y pasando un puente con gran fatiga, supo que aquel
»lugar se nombraba Cassano. Luego da espuelas al caballo, y lán-
»zase en el río diciendo a grandes voces: Oh hado inevitable!
»Oh maternales presagios! Oh secreto Cassano! Al fin salió a tierra;

---

[1] Vid. A. Farinelli, *Sulla fortuna del Petrarca in Ispagna nel Quattrocento,* Turin. Loescher, 1904 (Extracto del *Giornale storico della letteratura italiana,* tomo 44, pp. 297-350).

»mas los enemigos, que la puente y entrambas riberas tenian to-
»madas, alli le acabaron.»

Lo que se olvidó advertir al corrector salmantino fué el lugar de las obras del Petrarca en que se encontraba la mención de *Adelecta,* y como en el índice de la edición de Basilea no se consigna tal nombre, tuve que internarme con verdadero empeño en la lectura del primer tomo, hasta que di en el libro 4º, *Rerum Memorandarum,* cap. V, *De Vaticiniis,* con la historia de Adelheida o Adelaida de Romano, madre del célebre tirano Ezzelino (no Eternio) y de Albricio, que es la *tusca Adeleta* de nuestro poeta, la *fatídica de Hetruria,* que no pudo explicar su comentador Gaspar Barth.[1] Y allí muy cerca encontramos otra anécdota de Alcibíades, que también está repetida fielmente por Calisto en el mismo acto de la *Celestina:* «Entre sueños la veo tantas noches, »que temo que me acontezca como a Alcíbiades, que soñó que se »veya embuelto en el manto de su amiga, e otro dia matáronlo,

---

[1] *Adelheidis de Romano.*

«Fama est et quidam scriptores asserunt Ezzelinum de Romano, et Albri-
»cum fratres, cruentos et immanes homines, matrem habuisse Adelheidam ex
»nobili Tuscorum sanguine foeminam, alti ingenii consiliique et tam astrorum
»coelique studio, quam magicis artibus supra fidem venturi praesciam. Haec
»cum saepe multa tam viro quam natis, tum praecipue euidens unum, circa
»diem suae mortis, oraculi more tribus versiculis pronunciasse dicitur. In
»quibus quidem et filiorum potentiam, et exitum, *et utrique* suae mortis lo-
»cum ita cecinit, ut ipsis euentibus nihil ex vaticinio demeretur, quinetiam ut
»Albricum sileam, cum Ezzelinus ipse monitus Cassanum cauere, ignobilis
»vici nescius, Cassanum castrum in Paduanorum ac Hetruscorum situm fi-
»nibus fatale ratus... omni semper studio vitasset, tandem post septuage-
»simum aetatis annum, dum summa vi Mediolanum petit, ab omnibus fer-
»me Longobardis, quibus trux et insolens spiritus, odiosum illum fecerat,
»circumventus est. Iam pontem adhuc fluminis transiverat, illic in extremis
»sese casibus videns, loci nomen scistitatus, ubi Cassanum audivit, confusio-
»nem nominum recognoscens, adacto calcaribus equo, in oppositum sese flu-
»men injecit. Heu fatum inevitabile heu materna praesagia, heu arcanum
»Cassanum horrendo murmure vociferans, ac vix terrae redditus adversae,
»ab innumerabili hostium exercitu, qui iam pontem et utramque ripam occu-
»pauerat opprimitur.»

F. Petrarchae Opera, ed. de Basilea, tomo I, pág. 536.

Sabido es que Ezzelino y su madre son personajes capitales en uno de los más antiguos ensayos trágicos de Europa, la *Eccerinis* del paduano Albertino Mussato, contemporáneo del Petrarca.

»e no ouo quien lo alçase de la calle, sino ella con su manto.»[1]

Fuente indudable, aunque secundaria, de la *Celestina,* son también las *Epístolas familiares* del Petrarca. Hay dos, sobre todo, que, por cierto, están inmediatas, tanto en las ediciones antiguas como en la moderna de Fracasseti (la 1ª y 2ª del libro 2º), de donde está tomada punto por punto toda aquella impertinente erudición que estropea el desconsolado razonamiento de Pleberio. También aquí puede hacerse la comparación con el texto latino que pongo en nota: «Que si aquella seueridad e paciencia de Paulo
»Emilio me viniere a consolar con pérdida de dos hijos muertos
»en siete dias, diziendo que su animosidad obró que consolasse
»él al pueblo romano, e no el pueblo a él, no me satisfaze, que otros
»dos le quedauan dados en adopcion. ¿Qué compañia me ternán
»en mi dolor aquel Pericles, capitan atheniense, ni el fuerte Xeno-
»fon, pues sus pérdidas fueron de hijos absentes de sus tierras?
»Ni fue mucho no mudar su frente e tenerla serena, y el otro
»responder al mensajero que las tristes albricias de la muerte de
»su hijo le venia a pedir, que no rescibiesse él pena, que él no sentia
»pesar... Pues menos podrás decir, mundo lleno de males, que fui-
»mos semejantes en pérdida aquel Anaxágoras e yo, que seamos
»yguales en sentir, e que responda yo, muerta mi amada hija,
»lo que él a su único hijo que dixo: como yo fuese mortal, sabía
»que avia de morir el que yo engendraua...

»Ninguno perdió lo que yo el dia de oy, aunque algo confor-
»me parescía la fuerte animosidad de Lambas de Auria, duque
»de los athenienses *(ginoveses* corrigió la edición de Zaragoza de
»1507, y está bien), que a su hijo herido en sus braços desde la
»nao echó en la mar...»[2]

---

[1] «Alcibiades paulo prius quam e rebus humanis repelleretur, se ami-
»cae suae veste contectum somniaverat, alias fortassis sperare licuit illece-
»bras amanti, sed enim brevi post occisus, et nullo miserante insepultus iacens,
»amicae obvolutus amiculo est.»
F. *Petrarchae Opera,* I, p. 532.

[2] »Dice el Petrarca consolando a un amigo suyo en la muerte de su hermano:
«Et tamen, ut intelligas quorum ego te numeris adscribo, tantoque fre-
»tus comitatu haereas in incepto, quantum memoria complecti potuero...
»aliquot nobiliora exempla ex omni copia vetustatis interseram. *Aemilius
»Paulus,* vir amplissimus et suae aetatis ac patriae summum decus, ex qua-

Por los trozos transcritos se ve claro que la lectura del Petrarca no sirvió al bachiller Rojas para nada bueno, sino para alardear de un saber pedantesco; pero valga lo que valiere esta influencia, es de las que pueden documentarse de un modo más auténtico e irrefragable.

Boccaccio, lo mismo que el Petrarca, influye en Rojas, como en todos los españoles del siglo xv, más como humanista y erudito que como poeta y novelista, más por sus obras latinas que por las vulgares. Contra todo lo que pudiera esperarse, no es el *Decamerón,* ni siquiera el *Corbaccio,* sino el libro *De casibus Princi-*

»tuor ⸺ praeclarissimae indolis, *duos, extra familiam in adoptionem aliis* »*dando, ipse sibi abstulit: duos reliquos intra septem dierum spatium mors* »*rapuit.*» (Aquí Rojas trastocó el sentido, pues lo que el Petrarca dice no es que a Paulo Emilio le quedasen dos hijos dados en adopción, sino al contrario, que los perdió para su familia por habérselos dado en adopción a extraños). «Ipse tamen orbitatem suam tam excelso animo pertulit, ut pro- »diret in publicum, ubi, audiente populo Romano, *casum suum tam mag-* »*nifice consolatus est, ut magis metuere ne quem dolor ille fregisset, quam* »*ipse fractus esse, videretur...* Pericles, Atheniensis dux, inter quatuor dies »duobus filiis orbatus non solum non ingemuit, sed nec priorem frontis ha- »bitum mutavit... Xenophon, filii morte nuntiata, sacrificium cui tunc in- »tererat, non omisit... Anaxagoras mortem filii nuncianti: Nihil, inquit, no- »*vum aut inexpectatum audio: ego enim, cum sim mortalis, sciebam ex me* »*genitum esse mortalem.*»

(*Liber secundus. Epistola I. Philippo Episcopo Cavallicensi.*)

El caso de Lambas de Auria está referido en la carta siguiente a persona desconocida sobre el tema «Facilem sapienti iacturam esse sepulchri»:

«Unum de multis exemplum illustre non sileo. *Lambas de Auria,* vir ace- »rrimus atque fortissimus, *dux Januensium* fuisse narratur eo maritimo prae- »lio quod primum cum Venetis habuerunt, omnium memorabili, quae pa- »trum nostrodum temporibus gesta sunt... Cumque in eo congressu filius »illi unicus, florentissimus adolescens, qui paternae navis proram obtinebat, »sagitta traiectus, primus omnium corruisset, ac circa iacentem luctus ho- »rrendus sublatus esset, accurrit pater, et *Non gemendi,* inquit, *sed pugnan-* »*di tempus est.* Deinde versus ad filium, postquam in eo nullam vitae spem »videt: *Tu vero,* inquit, *fili, nunquam tam pulchram habuisses sepulturam,* »*si defunctus esses in patria.* Haec dicens, armatus armatum tepentemque »complexus, proiecit in medios fluctus, ipsa, ut mihi quidem videtur, calami- »tate felicissimus.»

(Libro II, epist. II, *Ad ignotum.*)

Francisci Petrarcae, Epistolae de rebus familiaribus et variae... studio et cura Josephi Fracasseti. Florentiae, typis Le Monnier, 1859.

(Tomo I, págs. 81, 82 y 85.)

pum (lectura favorita de nuestros moralistas, desde el tiempo del Canciller Ayala) la obra de Boccaccio que ha dejado positiva e innegable huella en la *Celestina*. Alusión muy clara a ella son estas palabras de Sempronio en el aucto I: «Lee los historiales, »estudia los philosophos, mira los poetas; llenos están los libros »de sus viles y malos exemplos e de las *caydas* que levaron los que »en algo, como tú, las reputaron.» Las *Caydas de Príncipes* y el *Valerio Máximo* estaban sin duda entre aquellos «antiguos libros» que «por más aclarar su ingenio» mandaba su padre leer a Melibea, y que ojalá no hubiesen leído nunca ni ella ni el poeta que la inventó.

Nada he encontrado en la *Celestina* que indique conocimiento de las *Cien novelas*. En realidad, Boccaccio y Rojas no son ingenios del mismo temple, aun cuando parece que describen escenas análogas. Hay en Boccaccio una alegría sensual, un pagano contentamiento de la vida que contrasta con el arte profundo y doloroso a veces, de Rojas. El *Surgit amari aliquid* de Lucrecio nos asalta involuntariamente en muchas de sus páginas. Todas las catástrofes trágicas, que no faltan en el *Decamerón*, no son suficientes para quitar al libro su carácter risueño y jovial. Las visiones lúgubres pasan tan rápidas, que no pueden entristecer a nadie, y la sátira misma es más amena que sangrienta: *circum praecordia ludit*.

Tampoco discierno imitaciones del *Corbaccio* italiano. Si alguna hay, habrá pasado por intermedio del Arcipreste de Talavera.[1] Pero es imposible dejar de reconocer en la retórica sentimental

---

[1] Vid. A. Farinelli, *Note sulla fortuna del «Corbaccio» nella Spagna Medievale*, en la *Miscellanea Mussafia*, Halle, 1905, pág. 43. «Non dipende »invece, a mio giudizio, del *Corbaccio* la tirata contro le donne che Sempro»nio regala a Calisto nella *Celestina* (1º atto) per guarire la sua struggente »passione d'amore. E suggerita dalla *Reprobación* dell Arcipreste, come in»tendo dimostrare altrove trattando delle fonti della *Celestina*.» Si esta promesa se hubiese cumplido, me hubiera ahorrado mucho trabajo.

En otro eruditísimo estudio suyo *(Note sul Boccaccio in Ispagna nell' Età media*, publicado en el *Archiv für das Studium der neuren Sprachen und Literaturen*, de L. Herrigs, Braunschweig, 1906) recuerda Farinelli que «la »povera Melibea... negli estremi frangenti apre il libro delle *Caydas* per »leggervi i fatti di Nembrot, del «magno Alexandre», di Pasifae, di Miner»va, di Mirra, di Semiramide e d'altri illustri». (Pág. 33).

de la obra, en los apóstrofes y exclamaciones patéticas al lector asiduo de la *Fiammetta,* que fué el tipo de todas las novelas amatorias de nuestro siglo XV. La *Fiammetta* es un tejido de declamaciones y pedanterías; pero aquel interminable monólogo trajo al arte moderno una novedad psicológica, la revelación de un alma de mujer furiosamente enamorada. La lección no fué perdida para Rojas, y aunque en general prefirió el arte de suaves matices y el fino proceso psicológico de Eneas Silvio, se inclinó más bien en las últimas escenas a la manera vehemente y ampulosa de la *Fiammetta.* [1]

Deudas tiene también el autor de *Melibea* con la literatura castellana anterior a su tiempo. Ya hemos hecho mención de la más importante de todas, la del Arcipreste de Hita, que se completa y refuerza con la del Arcipreste de Talavera, Alfonso Martínez. Hay entre estos tres ingenios, nacidos en el antiguo reino de Toledo, un hilo misterioso, pero innegable, mediante el cual se transmite del siglo XIV al XVI la corriente naturalista. El Arcipreste de Hita la recoge en un poema multiforme, que es a la vez sátira, descripción de costumbres, autobiografía, novela picaresca y expansión libre y caprichosa del numen lírico. El de Talavera la deja correr por las páginas, en apariencia graves, de un tratado didáctico; le sazona de picante humorismo, como quien se entretiene en sus propios escarceos y lozanías más que en la enseñanza moral que pretende difundir; transcribe por primera vez en forma literaria la lengua pintoresca y cruda del pueblo; sorprende la vida con enérgica inspiración; siembra un tesoro de modismos y proverbios; forja el gran instrumento de la prosa familiar y satírica.

Esta fué su verdadera creación, y por esto más que por nada es el más inmediato precursor de Rojas, a quien estaba reservada la gloria de fijar esa prosa en su momento clásico, de dramatizarla, de reducirla a un cauce más estrecho y profundo, represando aquella abundancia generosa, pero despilfarrada, en que la ardiente

---

[1] Léase, sobre todo, el capítulo VIII: «Nel quale madonna Fiammeta »le pene sue con quelle di molte antiche donne commensurando, le sue mag- »giori che alcune altre essere dimostra, e poi finalmente ai suoi lamenti con- »chiude» *(Opere Volgari di Giovanni Boccaccio...* Florencia, ed. Moutier año 1829, tomo VI, pág. 181 y siguientes).

imaginación del Arcipreste talaverano se complace sin freno ni medida.

Pero además de esta relación general entre la *Reprobación del amor mundano* y la *Celestina,* que fácilmente percibirá quien pase de un libro a otro y se fije en la copia de refranes y de modos de decir sentenciosos y castizos que en ambos libros reaparecen, hay imitaciones de pormenor, que la crítica ha señalado varias veces y que comienzan desde el acto primero.[1] Los ejemplos y doctrinas de que Sempronio se vale para prevenir a su amo están sacados del arsenal del *Corbacho,* nombre con que generalmente es conocida la *Reprobación.* «E non pienses en este paso fallarás »tú más fermeza que los sabios antyguos fallaron, expertos en »tal sçiencia o locura mejor dicho. Lee bien cómo fué Adán, San- »son, Davyd, Golyas, Salamon, Virgilio, Aristotiles e otros dignos »de memoria en saber e natural juyzio» (Cap. V). Compárese también el capítulo XVII, «cómo los letrados pierden el saber »por amar», donde están las donosas historias de los amores de Aristóteles y de Virgilio.[2]

Aquellas enumeraciones sonoras y pintorescas del *Corbacho,* tan intemperantes como las de Rabelais, sólo una que otra vez se encuentran en la *Celestina.* Recuérdese la descripción que Pár-

---

[1] Vid. entre otros, el elegante libro del Conde de Puymaigre, uno de los más simpáticos cultivadores que han tenido en Francia los estudios hispánicos, *La Cour Littéraire de Don Juan II,* París, 1873, tomo I, pág. 166.

[2] «Verás quién fué Virgilio e qué tanto supo; mas ya avrás oydo cómo »estuvo en un cesto colgado de una torre, mirándolo todo Roma; pero por »esso no dexó de ser honrado, ni perdió el nombre de Virgilio.» *(Celestina,* aucto VII).

«¿Quién vido Vergilio, un hombre de tanta acucia e ciencia, cual nunca »de mágica arte nin ciencia otro cualquier o tal se sopo nin se vido nin falló »*segund por sus fechos podrás leer, oyr e ver,* que estuvo on Roma colgado »*do una torre a una ventana,* a vista de todo el pueblo romano, sólo por »dezir e porfiar que su saber era tan grande que mujer en el mundo no le »podia engañar?» *(Arcipreste de Talavera,* ed. de la Sociedad de Bibliófilos Españoles, 1901, pág. 49).

Me parece que el Arcipreste en las palabras subrayadas alude al libro popular *Les faits merveilleux de Virgile,* del cual existen traducciones en inglés, en alemán, en holandés y hasta en islandés, y es muy verosímil que la hubiera en castellano (Vid. Comparetti, *Virgilio nel Medio Evo,* Liorna, año 1872, tomo II, pág. 151 y ss.).

meno hace del laboratorio en que la vieja prepara los untos y drogas para sus parroquianas: «En su casa hazía perfumes, fal-
»saua estoraques, menjuy, animes, ambar, algalia, polvillos, al-
»mizcles, mosquetes. Tenía vna cámara llena de alambiques,
»de redomillas, de barrilejos de vidrio, de corambre, de estaño,
»hechos de mil faciones; hazía soliman, afeyte cozido, argentadas,
»bujelladas, cerillas, lanillas, unturillas, lustres, lucentores, cla-
»rimientes, alualinos; e otras aguas de rostro, de rasuras, de ga-
»mones, de corteza de espantalobos, de teraguncia, de hieles, de
»agraz, de modo destillados e açucarados. Adelgazaua los cue-
»ros con çumos de limones, con turuino, con tuétano de corco
»e de garça, e otras confaciones. Saçaua agua para oler, de rosas,
»de azahar, de jazmin, de trébol, de madreselua e clauellinas
»mosquatadas e almizcladas, poluorizadas con vino; hazía lexias
»para enrruuiar, de sermientos, de carrasca, de centeno, de marru-
»uios, con salitres, con alumbre e millifolia, e otras diversas cosas.
»E los vntos e mantecas que tenía, es hastio de dezir: de vaca,
»de osso, de cauallos e de camellos, de culebra e de conejo, de
»vallena, de garça, de alcarauan e de gamo, e de gato montés,
»e de texon, de harda, de herizo, de nutria. Aparejos para baños,
»esto es, una maravilla; de las yervas e rayces que tenía en el
»techo de su casa colgadas: mançanilla e romero, maluaviscos,
»culantrillo, coronillas, flor de sauco y de mostaza, spliego e luarel
»blanco, tortarosa e gramonilla, flor salvaje e higueruela, pico
»de oro e hoja tinta. Los azeytes que sacaua para el rostro, no es
»cosa de creer: de storaque e de jazmin, de limon, de pepitas, de
»violetas, de menjuy, de alfócigos, de piñones, de granillo, de
»açofeyfos, de neguilla, de altramuces, de aruejas y de carillas,
»e de yerva paxarera...» (Aucto I).

Esta curiosa página de perfumería y farmacia cosmética está evidentemente calcada sobre otra que hay en el libro del Arcipreste (Parte 2ª, cap. III): «Pero despues de todo esto comiençan
»a entrar por los ungüentos, ampolletas, potecillos, salseruelas,
»donde tienen las aguas para afeytar; unas para estirar el cuero,
»otras destiladas para relumbrar, tuétanos de çiervo e de vaca
»e de carnero, e non son peores estas que diablos, que con las
»reñonadas del ciervo fazen ellas xabon?... Mesclan en ello almis-
»que e algalia e clavos de girofre remojados dos días en agua de

»azahar, o flor de azahar, con ella mezclado, para untar las manos,
»que se tornan blancas como seda. Aguas tienen destiladas para
»estirar el cuero de los pechos e manos, a las que se les fazen
»rugas... Fazen más agua de blanco de huevos cochos estilada,
»con mirra, canfora, angelores, trementina, con tres aguas puri-
»ficada e bien lauada, que torna como la nieue blanca. Rayzes
»de lirios blancos, borax fino; de todo esto fazen agua destilada
»con que reluzen como espada, e de las yemas cochas de los huevos
»azeyte para las manos e la cara ablandar e purificar...»[1]

El tipo celestinesco está muy secamente delineado en el *Corbacho* (2ª parte, capítulo XIII): «Desto son causa unas viejas »matronas, malditas de Dios e de sus santos, enemigas de la Vir- »gen Santa Maria, que desque ellas no son para el mundo... e ya »ninguno non las desea nin las quiere, entonçe toman ofiçio de »alcagüetas, fechiceras e adevinadoras, por fazer perder las otras »como ellas... Empero, dime: estas viejas falsas paviotas, ¡quántos »matan e enloqueçen con sus *maldades* de *byenquerencias*! ¡Quán- »tas divysiones ponen entre maridos e mugeres, e quántas cosas »fazen e desfazen con sus fechizos e maldiciones! Fazen a los casa- »dos dexar sus mugeres e yr a las extrañas; esso mesmo la muger, »dexado su marido, yrse con otro; las fijas de los buenos fazen »malas; non se les escapa moça, nin biuda, nin casada que non »enloquecen. Asy van las bestias de ombres e mugeres a estas vie- »jas por estos fechizos como a pendon ferido.»[2]

Sin exagerar la influencia que un libro doctrinal y satírico, en que no hay acción dramática ni desarrollo novelesco, pudo ejercer en una obra de arte puro como la *Celestina,* es imposible desconocer el parentesco estrecho que liga al Arcipreste y a Rojas en la historia de la lengua y en la pintura de costumbres.

De otros tres autores del siglo XV se advierten reminiscencias puramente formales, en la inmortal *tragicomedia*. Juan de Mena, cuyo temperamento artístico se asemeja tan poco al del bachiller Rojas, era sin embargo uno de sus poetas predilectos. Son varios los pasajes en que le imita. El muy docto filólogo americano don Rufino J. Cuervo ha advertido que la idea y aun la forma de

---

[1] Páginas 130-131.
[2] Páginas 181-182.

estas palabras: «No quiero marido, no quiero ensuciar los ñudos »del matrimonio, ni las maritales pisadas de ageno hombre re- »pisar», se encuentran en el poema de *los siete pecados mortales:*

> Tú te bruñes y te aluzias,
> Tú fazes con los tus males
> Que las manos mucho suzias
> Traten limpios corporales.
> *Muchos lechos maritales*
> *De ajenas pisadas huellas,*
> Y sienbras grandes querellas
> En deudos tan principales.

El señor Foulché-Delbosc, por su parte, ha hecho notar la semejanza del conjuro de Celestina con el de la hechicera de Valladolid, en un célebre episodio del *Laberinto,* que está imitado principalmente de Lucano. Hay coincidencias verbales: «Heriré »con luz tus carceres tristes y escuras» *(Celestina).*

> E con mis palabras tus fondas cavernas
> De luz sempiterna te las feriré.
>   (Juan de Mena).

En las octavas acrósticas del principio hay versos copiados del *Laberinto,* v. gr.:

> A otro que amores dad vuestros cuidados.[1]

Puede añadirse otra reminiscencia evidente del aucto I: «Mucho seguro es la mansa pobreza.»

No ha sido reparada hasta hoy, aunque me parece obvia e innegable, la imitación de cierto tratadillo *del amor* que compuso, siendo estudiante, el famoso Alfonso Tostado de Madrigal, bien conocido después como fecundo autor de obras de muy diverso linaje.[2] Ni aun en ésta que parece tan liviana prescinde enteramente del método escolástico. Dos son las conclusiones que pro-

---

[1] *Revue Hispanique,* IX, p. 297.

[2] Ha sido publicado por don Antonio Paz y Melia en un tomo de *Opúsculos literarios de los siglos XIV a XVI,* que forma parte de la colección de los Bibliófilos Españoles (Madrid, 1892).
Págs. 219-244: «Tractado que fizo el muy excelente e elevado Maestro »en Santa Teología e en Artes, don Alfonso, Obispo que fué de Ávila, que »llamaban el Tostado, estando en el Estudio, por el qual se prueba por la »Santa Escriptura cómo al ome es nescesario amar.»

pugna el Tostado: Primera, «ser necesario los omes amar a las »mujeres». Segunda, «que es necesario al que ama que alguna »vez se turbe», es decir, se trastorne y salga de seso. El autor habla por propia experiencia y dirigiéndose a un condiscípulo: «Herma-»no, reprehendiste me porque amor de muger me turbó o poco »menos desterró de los términos de la razon, de que te maravi-»llas como de nueva cosa... E por cierto non me pesa porque amé, »aunque dende non me vino bien, si non que me certifiqué de cosa »que me era dubdosa, e acrecenté en saber por verdadera espi-»rencia. E por esto me pena en mayor grado el amor, que es a mí »nueva disciplina, como acaesce a los que son criados libres e »delicadamente, o después vienen a servidumbre.» Los argumentos son vulgarísimos, y están confirmados con muchas historias: Sansón, David, Salomón, Tereo, Tiestes, Píramo y Tisbe, Scila, Medea, Tamar, Fedra, Deyanira y otras varias; erudición muy semejante a la que gastan los personajes de la *Celestina*. Toda la doctrina del *Tractado* puede decirse que está compendiada en estas palabras del acto primero: «Has de saber, Pármeno, que »Calisto anda de amor quexoso; e no le juzgues por esso por flaco, »que el amor *impervio* todas las cosas vence; e sabe, si no sabes, »que *dos conclusiones son verdaderas. La primera, que es forçoso el »hombre amar a la muger, e la muger al hombre. La segunda, que el »que verdaderamente ama, es necesario que se turbe con la dulçura »del soberano deleyte que por el hazedor de las cosas fue puesto »porque el linaje de los hombres se perpetuase, sin lo qual peres-»ceria.»

Aquí están literalmente transcritas las dos conclusiones del Tostado y uno de sus principales argumentos: «E ciertamente, pa-»ra sustentación del *humanal linaje,* este amor es nescesario por »esto que diré. *Cierto es que el mundo poroocría* si ayuntamien-»to entre el ome y la muger non oviese, e pues este ayuntamien-»to non puede aver efecto sin amor de amos, sigueooo que necesa-»rio es que amen.» Se ve que la *madre* Celestina era tan puntual en sus citas como un erudito profesional: nunca pensaría el Abulense en tener tan rara casta de discípulos y lectores.

Fernando de Rojas, como otros grandes ingenios, se asimilaba rápida y fácilmente todo lo que leía. La lamentación de Pleberio después de la muerte de Melibea tiene su indudable modelo en el llanto de la madre de Leriano con que termina la *Cárcel de Amor.* La situación es casi idéntica, pero no era menester que lo fuesen tanto las palabras. En la novela de Diego de San Pedro, leemos: «¡O muerte, cruel enemiga, que ni perdonas los culpa- »dos ni asuelves los inocentes!... *Más razon avia para que con- »servases los veyntes años del hijo moço, que para que dexases »los sesenta de la vieja madre.* Por qué volviste el derecho al re- »ves? Yo estaba harta de estar viua y él en edad de beuir...»[1] Y en la *Celestina:* «O mi hija e mi bien todo! Crueldad sería »que biua yo sobre ti. *Más dignos eran mis sesenta años de la »sepultura que tus veynte.* Turbóse la orden del morir con la tris- »teza que te aquexava. O mis canas, salidas para aver pesar! »Mejor gozara de vosotras la tierra que de aquellos ruvios ca- »bellos que presentes veo.» Apresurémonos a advertir que cada una de las dos lamentaciones tiene sus bellezas propias: la de la madre de Leriano es más sobria, mas concentrada, más clásica y emplea con fortuna el elemento sobrenatural de los agüeros y presagios. La de Pleberio, cercenadas las pedanterías que la des- lucen por culpa del Petrarca, tiene todavía más fuerza patética y llega a lo sublime del sentimiento en dos o tres rasgos.

No faltará quien tache de vano alarde de investigación todo lo que voy escribiendo sobre los orígenes de la *Celestina.* El mé- todo histórico comparativo, lento y minucioso de suyo, tiene pocos prosélitos en España. Por no someterse a su rígida disciplina, que requiere como auxiliares otras muchas si ha de convertirse en hábito constante del espíritu, suelen perderse los esfuerzos de nuestra crítica en vagas consideraciones de estética superficial o de psicología recreativa. Y sin embargo, ¿puede haber cosa más interesante que seguir paso a paso la elaboración de una obra de genio en la mente de su autor; asistir si es posible a la crea- ción de sus figuras; deslindar los elementos que por sabia combi- nación o por genial y súbita reminiscencia se concertaron para formar un nuevo tipo estético? Y si se trata de un personaje como el bachiller Fernando de Rojas, que no ha dejado detrás de sí más que su nombre y el eco de su voz, todos los medios

---

[1] Vid. la *Cárcel de Amor,* en el tomo 1º de estos *Orígenes.*

de indagación parecen pocos para descifrar el enigm[...]
Bien lejos estoy yo ni de intentarlo siquiera, pero[...]
a los que vengan después, sin temor a las detracc[...]
ticos amenos, ni de los impresionistas, ni de los transcen[...]

Ni la naturaleza ni el arte proceden por saltos. Todo se une, todo se encadena en la historia literaria; no hay antecedente pequeño ni despreciable; no hay obra maestra que no esté precedida por informes ensayos, y no sugiera, a quien sabe leer, un mundo de relaciones cada vez más complejas y sutiles. Los más grandes ingenios son los que han imitado a todo el mundo: Shakespeare, Lope de Vega, Molière, deben a sus predecesores la primera materia de sus obras, y algo más que la primera materia. No hay producción humana sobresaliente y dominadora que no sea la resultante de fuerzas que han trabajado en la oscuridad durante siglos. Ni Dante, ni el Ariosto, ni Cervantes, ni Goethe, se eximen de esta ley. Su grandeza procede de la misma amplitud, vasta y luminosa, de su genio, que da hospitalaria acogida a todas las manifestaciones precedentes en su raza, en su pueblo, en su siglo, en la humanidad entera.

No podríamos, sin nota de exageración, aplicar tales conceptos al bachiller Fernando de Rojas, que ni por la elevación ni por la fecundidad de su obra está a la altura de los colosos citados. Pero en su obra solitaria, concebida y escrita antes de la madurez del arte, demostró tales condiciones, que nadie en el siglo XV mereció en tanto grado como él la calificación de grande artista literario. La *Celestina* no es un libro peculiarmente español: es un libro europeo, cuya honda eficacia se siente aún, porque transformó la pintura de costumbres y trajo una nueva concepción de la vida y del amor.

Bellamente lo dijo Gervinus en su *Historia de la poesía alemana:* «Esta obra marca propiamente la hora natal del drama »en los pueblos modernos. No es, en verdad, un drama perfecto »en la forma, sino una novela dramática en veintiún diálogos; »pero si prescindimos de la forma exterior, es una acción dramá- »tica admirablemente trazada y desenvuelta, con reflexiva con- »ciencia de la verdad poética, y con tal maestría para caracteri- »zar a todos los personajes, que en vano se buscará nada que se »le parezca antes de Shakespeare. Mucho del contenido de *Romeo*

»y *Julieta* se halla en esta obra, y el espíritu según el cual está
»concebida y expresada la pasión es el mismo.» [1]

Profunda verdad encierran las palabras de Gervinus. *Calisto
y Melibea* es el drama del amor juvenil, casi infantil, menos casto
que el de *Romeo y Julieta* en palabras y situaciones, pero no
menos apasionado y candoroso que el de los inmortales amantes
de Verona. [2] No es la *Celestina* obra picaresca, ni quién tal pensó,

---

[1] *Geschichte der deutschen Dichtung*, 4ª edición, Leipzig, 1853. Reproduzco la elegante traducción que ocasionalmente hizo de este pasaje don Juan Valera *(Disertaciones y juicios literarios*, 1878, pág. 320).

[2] La comparación con Shakespeare ha llegado a ser un lugar común en la crítica alemana sobre la *Celestina*. Ya Clarus había escrito en 1846, «Der Contrast zwischen Liebesglück und Liebesleid ist auf eine so bewun-
»dernswürdige Art benutzt, dass man in der Gallerie der Tragödien der
»Liebe die Melibea dreist in der Nähe von Romeo und Julia aufstellen
»darf. Diese Tragödie ähnelt in vielen Zügen dem 150 Jahre ältern Werke
»des Spaniers, in welchen sich überhaupt, wie ich näher belegen werde,
»vielfach eine Anlage zu einem pyrenäischen Shakespeare hervorthut, an
»dessen Kraftmanier so mancher Witz, so manches Bild un so manche Em-
»pfindungsform erinnert. Ich glaube wohl, dass der im oben angeführten
»Titel ausgedrückte didaktische Zweck dem Verfasser mehr gegolten hat,
»als die unvergleichliche Darstellung von der Liebe Lust und Leid, wel-
»che sich selbst als den Kern des Stückes bleibend geltend zu machen ge-
»wusst hat».

(Darstelhung der Spanischen Literatur im Mittelalter von Ludwig Clarus. Mit einer Vorrede von Joseph v. Görres. Zweiter Band, Mainz (Maguncia), año 1846, tomo II, pág. 358.)

Con este magnífico elogio concuerdan el de Lemcke *(Handbuch*, I, 152) y el de Fernando Wolf *(Studien*, p. 287), que no se fija sólo en *Romeo y Julieta*, sino que declara shakespirianos otros rasgos, como el de Melibea, cuando oye a sus padres ponderar su inocencia, o la escena en que el rufián Centurio, cuyo humor compara con el de Falstaff, promete a Elicia y Areusa darles cumplida venganza de la muerte de su *madre*.

Finalmente Klein, de cuyo enorme trabajo, tan interesante, aunque tan desordenado y de tan raro estilo, no se hace el debido aprecio, desarrolla más extensamente que nadie el paralelo entre *Romeo y Julieta* y *Calisto y Melibea*, y se inclina a admitir que Shakespeare conoció la *Celestina* de cualquier manera que fuese, original o traducida:

«Wenn Shakespeare dem Italienischen Drama Motive für die äussere
»Structur seines Fabel absah, wenn er einzelge Züge italienischer Charac-
»tertypen in seine Figuren aufnahm: so war die «Celestina», von der wir nun
»hühnlich annehmen dürfen, dass er sie gekannt, für ihn eine Studie psy-
»chologischer Charaktervertiefung und Leidenschaftsentwickelung, eine Stu-
»die des tragikomischen Kunststyls, und er musste eine innere Verwandt-

sino *tragicomedia*, como su título definitivo lo dice con entera verdad; poema de amor y de exaltación y desesperación; mezcla eminentemente trágica de afectos ingenuos y poco más que instintivos, y de casos fatales que vienen a torcer o a interrumpir el desatado curso de la pasión humana y envuelven a los dos amantes en una catástrofe que no se sabe si es expiación moral o triunfante apoteosis.

¡Poder inmenso el de la sinceridad artística! Las bellezas de esta obra soberbia son de las que parecen más nuevas y frescas a medida que pasan los años. El don supremo de crear caracteres, triunfo el más alto a que puede aspirar un poeta dramático, fué concedido a su autor en grado tal, que no parece irreverente la comparación con el arte de Shakespeare. Figuras de toda especie, aunque en corto número, trágicas y cómicas, nobles y plebeyas, elevadas y ruines; pero todas ellas sabia y enérgicamente dibujadas, con tal plenitud de vida que nos parece tenerlas presentes. El autor, aunque pretenda en sus prólogos y afecte en su desenlace cumplir un propósito de justicia moral, procede en la ejecución con absoluta objetividad artística, se mantiene fuera de su obra; y así como no hay tipo vicioso que le arredre, tampoco hay ninguno que en sus manos no adquiera cierto grado de idealismo y de nobleza estética. Escrita en aquella prosa de oro, hasta las escenas de lupanar resultan tolerables. El arte de la ejecución vela la impureza, o más bien impide fijarse en ella.

La misma profusión de sentencias, aforismos y citas clásicas; aquella especie de filosofía práctica difundida por todo el diálogo; aquella *buena salud* intelectual que el autor seguramente disfrutaba, y de la cual, en mayor o menor grado, hace disfrutar a sus personajes más abyectos, salvan los escollos de las situaciones más difíciles, y no consienten que ni por un solo momento se confunda esta joya con otros libros torpes y licenciosos, que son pestilencia del alma y del cuerpo. Digno será de lástima el espíritu hipócrita o depravado que no comprenda esta distinción.

»schaft seiner Compositionsweise, seiner Ausdruksfärbung und seines Kunst-
»humors mit dieser ursprünlichen, tiefgeschöpfen Darstellung-und Behand-
»lungsart empfínden...»
  (Geschichte der Drama's von J. L. Klein, VIII, Das Spanische Drama,
Erster Band, Leipzig. T. O. Weigel, 1871, p. 927).

Y en la parte seria de la obra, poco estudiada y considerada hasta nuestro tiempo, ¡con qué poesía trató el autor lo que de suyo es puro y delicado! Para encontrar algo semejante a la tibia atmósfera de noche de estío que se respira en la segunda escena del jardín hay que recordar *el canto de la alondra* de Shakespeare o las escenas de la seducción de Margarita en el primer *Fausto*. Hasta los versos que en ese acto de la *Celestina* se intercalan:

> ¡Oh, quién fuera la hortelana
> De aquestas viciosas flores!...

tienen un encanto y un misterio líricos, muy raros en la poesía de los cancioneros del siglo XV.

Tres cosas hay que considerar principalmente en la *Celestina*: los caracteres, la invención y composición de la fábula y, finalmente, el estilo y lenguaje. Algo diremos sobre cada uno de estos puntos, sin someternos a un orden rigurosamente escolástico.

Sobre todos los personajes descuella la vieja *Celestina*, hasta el punto de haber impuesto nuevo título a la tragicomedia, contra la voluntad de su autor, y haber convertido su nombre de propio en apelativo, dando una nueva palabra a nuestro idioma. La excelencia del tipo fué reconocida ya por el autor del *Diálogo de la lengua*:

«*Martio*.—¿Quáles personas os parecen que stan mejor expri-
»midas?

»*Valdés*.—La de Celestina, sta, a mi ver, perfetísima en todo
»quanto pertenece a una fina alcahueta.»[1]

Este juicio de la crítica antigua es atinado, pero insuficiente. Celestina no es una alcahueta vulgar como la Acanthis de Propercio o la Dipsas de Ovidio. Tipos de *lenas* finamente representados hay en la comedia latina y en muchas obras cómicas y novelescas del siglo XVI italiano. En Francia es célebre la *Macette* de una de las sátiras de Regnier. Y de nuestra casa no hablemos, porque las hijas, sobrinas y herederas de Celestina fueron tantas que por sí solas forman una literatura en que hay cosas muy dignas de alabanza bajo el aspecto formal. Todas esas copias son

---

[1] Edición de Eduardo Boehmer en los *Romanische Studien (Heft XXII, sechsten Bandes viertes Heft)*. Bonn, 1895, p. 415.

muy fieles al modelo, y, sin embargo, ninguna de ellas es Celestina, ninguna tiene su diabólico poder ni su satánica grandeza. Porque Celestina es el genio del mal encarnado en una criatura baja y plebeya, pero inteligentísima y astuta, que muestra, en una intriga vulgar, tan redomada y sutil filatería, tanto caudal de experiencia mundana, tan perversa y ejecutiva y dominante voluntad, que parece nacida para corromper el mundo y arrastrarle, encadenado y sumiso, por la senda lúbrica y tortuosa del placer. «A las duras peñas promoverá e provocará a luxuria si »quiere», dice Sempronio.

En lo que pudiéramos llamar *infierno estético*, entre los tipos de absoluta perversidad que el arte ha creado, no hay ninguno que iguale al de Celestina, ni siquiera el de Yago. Ambos profesan y practican la ciencia del mal por el mal; ambos dominan con su siniestro prestigio a cuantos les rodean, y los convierten en instrumentos dóciles de sus abominables tramas. Pero hay demasiado artificio teatral en los crímenes que acumula Yago, y ni siquiera su odio al género humano está suficientemente explicado por los leves motivos que él supone para su venganza. En Celestina todo es sólido, racional y consistente. Nació en el más bajo fondo social, se crió a los pechos de la dura pobreza, conoció la infamia y la deshonra antes que el amor, estragó torpemente su juventud y las ajenas, gozó del mundo como quien se venga de él, y al verse vieja y abandonada de sus galanes vendió su alma al diablo, cerrándose las puertas del arrepentimiento.

Y no se tengan por pura metáfora estas últimas expresiones. Hay en Celestina un positivo satanismo, que también apunta en el Yago de Shakespeare.[1] No importa que el bachiller Rojas creyese o no en él. Basta que lo haya expresado con eficacia poética. Es cierto que por boca de Pármeno se burla del ajuar y laboratorio de la hechicera: «Tenía huessos de coraçon de cieruo,

---

[1] OTHELLO

*I look down towards his feet;—but that's a fable—
If that thou be'st a devil, I cannot kill thee*
....
Will you, I pray, demand *that demidevil*,
Why he hath thus ensnar'd my *soul and body?*

(Ac. V, sc. II).

»lengua de bíuora, cabeças de codornizes, sesos de asno, tela de
»cauallo, mantillo de niño, haua morisca, guija marina, soga
»de ahorcado, flor de yedra, spina de erizo, pie de texon, granos
»de helecho, la piedra del nido del aguila, e otras mill cosas.
»Venian a ella muchos hombres e mugeres; e a unos demandaua
»el pan do mordian; a otros de su ropa; a otros de sus cabellos;
»a otros pintaua en la palma letras con azafran; a otros, con ber-
»mellon; a otros daua unos coraçones de cera llenos de agujas
»quebradas, e otras cosas en barro o en plomo fechas, muy espan-
»tables al ver. Pintaua figuras, dezia palabras en tierra; ¿quién
»te podra dezir lo que esta vieja hazia? e todo era burla e mentira.»

Puede creerse también que la misma Celestina habla en burlas
cuando hace aquél donoso panegírico de las *virtudes* de la madre
de Pármeno: «O qué graciosa era! o qué desembuelta, limpia,
»varonil, tan sin pena ni temor se andaua a media noche de ci-
»menterio en cimenterio, buscando aparejos para nuestro oficio,
»como de dia; ni dexaua cristianos, ni moros, ni judios, cuyos en-
»terramientos no visitaua; de dia los acechaua, de noche los des-
»enterraua. Assi se holgaua con la noche escura, como con el dia
»claro; dezia que aquella era capa de pecadores... Pues *entrar en*
»*un cerco mejor que yo e con mas esfuerço*? aunque yo tenia harta
»buena fama, más que agora, que por mis pecados todo se oluidó
»con su muerte; ¿qué más quieres, sino que los mesmos diablos
»le auian miedo? atemorizados y espantados los tenía con las
»crudas bozes que les daua; assi era dellos conocida como tú en
»tu casa; tumbando venian unos sobre otros a su llamado; no le
»osauan dezir mentiras, segun la fuerça con que los apremiaua;
»despues que la perdí, jamás les oy verdad» (Aucto VII).

Podía Celestina, para deslumbrar a los imbéciles y acrecentar
los medros y ganancias de su oficio, fingir un poder sobrenatural
que no poseía. Pero hay pasajes en que no cabe esta interpretación, porque son monólogos y apartes de la misma Celestina, que
revelan con sinceridad sus más escondidos pensamientos: «Todos
»los agüeros se adereçan favorables, o yo no sé nada desta arte
»(va diciendo al acercarse a casa de Melibea)... La primera pala-
»bra que oy por la calle fue de achaque de amores; nunca he tro-
»peçado como otras vezes. Las piedras parece que se apartan e me
»fazen lugar que passe; ni me estoruan las faldas, ni siento can-

»sancio en andar; todos me saludan; ni perro me ha ladrado, ni
»aue negra he visto, tordo ni cueruo, ni otras noturnas» (Aucto IV).

Y aún es más singular lo que pasa en la conversación con la pobre doncella. De vez en cuando, Celestina, para cobrar ánimos, invoca por lo bajo la asistencia del demonio: «Por aqui anda el »diablo, aparejando oportunidad, arreziando el mal a la otra. »Ea, buen amigo, tener rezio; agora es mi tiempo o nunca; no la »dexes, lleuamela de aqui a quien digo...» «En hora mala acá »vine, si me falta mi conjuro; ea, pues, bien sé a quien digo; ce, »hermano, que se va todo a perder.» ¿Y puede darse más efusiva acción de gracias al enemigo malo que el soliloquio con que principia el aucto V? «O diablo a quien yo conjuré! cómo cumpliste »tu palabra en todo lo que te pedí! en cargo te soy; assi amansaste »la cruel hembra con tu poder, e diste tan oportuno lugar a mi »habla quanto quise, con la absencia de su madre... O serpentino »azeyte! o blanco hilado! cómo os aparejastes todos en mi fauor! »o yo rompiera todos mis atamientos hechos e por hazer, ni cre-»yera en yeruas, ni piedras, ni en palabras.»

Estos pasajes son terminantes: el autor quiso que Celestina fuese una hechicera de verdad y no una embaucadora. Ciertos rasgos que en la *Tragicomedia* sorprenden y pueden parecer falta de arte, sobre todo la rápida y súbita conversión del ánimo de Melibea, que hasta entonces no ha manifestado la menor inclinación a Calisto y que tanto se enfurece cuando la vieja pronuncia por primera vez su nombre, sólo pueden legitimarse admitiendo que Melibea, al caer en las redes de la pasión como fascinado pajarillo, obedece a una sugestión diabólica. Ciertamente que nada de esto era necesario: todo lo que pasa en la *Tragicomedia* pudo llegar a término sin más agente que el amor mismo, y quizá hubiera ganado este gran drama realista con enlazarse y desenlazarse en plena realidad. Pero el bachiller Rojas, aunque tan libre y desenfadado en otras cosas, era un hombre del siglo xv y escribía para sus coetáneos. Y en aquella edad todo el mundo creía en agüeros, sortilegios y todo género de supersticiones, lo mismo los cristianos viejos que los antiguos correligionarios de Rojas, como en el monstruoso proceso del Santo Niño de la Guardia puede verse. La parte sobrenatural de la *Celestina* es grave y trágica; nada tiene de comedia de magia. Prepara el horror

sombrío de la catástrofe e ilumina el negro fondo de una conciencia depravada, que pone a su servicio hasta las potestades del Averno. «La figura demoníaca y gigantesca de Celestina, verda-
»dera y propia heroína del libro (ha dicho el traductor alemán
»E. de Bülow) no tiene, a lo que recuerdo, término de compara-
»ción en toda la moderna literatura, y bastaría por sí sola para
»marcar a su creador con el sello de los grandes poetas.» [1]

Estas representaciones del mal llevado al último límite, que llaman los estéticos «sublime de mala voluntad», ofrecen para el artista no menores escollos que la representación de la pura santidad, aunque por opuesto estilo. Nadie los ha vencido tan gallardamente como Rojas, en cuya obra Celestina es constantemente odiosa, sin que llegue a ser nunca repugnante. Es un abismo de perversidad, pero algo humano queda en el fondo, y en esto a lo menos lleva gran ventaja a Yago. La lucidez de su inteligencia es pasmosa, y la convierte a veces en el más singular de los diablos predicadores. Si sus intenciones son abominables, sus palabras suelen ser sabias, y no siempre miente su lengua al proferirlas. De sus dañadas entrañas nacen los pérfidos consejos, las insinuaciones libidinosas, la torpe doctrina que Ovidio quiso reducir a arte, y que ella predica a Pármeno y a Areusa con cínicas palabras. [2] Pero no es ésa la noción del amor, que con suavidad y gota a gota va infiltrando en el tierno corazón de Melibea:

---

[1] Citado por Wolf en sus *Studien*, pp. 287-288. Traducción de don Miguel de Unamuno, con el impropio título (debido meramente al editor) de *Historia de las literaturas castellana y portuguesa*, tomo I, pág. 318.

[2] «Por Dios, pecado ganas en no dar parte destas gracias a todos los
»que bien te quieren; que no te las dió Dios para que passasen en balde por
»el frescor de tu juventud, debaxo de seys doblezes de paño e lienço. Cata
»que no seas auarienta de lo que poco te costó; no atesores tu gentileza,
»pues es de su natura tan comunicable como el dinero; no seas como el
»perro del ortolano... Mira que es pecado fatigar e dar pena a los hombres,
»pudiendolos remediar»... (Aucto VII).

Cf. *Artis Amatoriae*, lib. III:

    Venturae memores iam nunc estote senectae:
      Sic nullum vobis tempus abibit iners.
    Dum licet, et veros etiam nunc degitis annos,
      Ludite: eunt anni more fluentis aquae.

«*Melibea.*—Cómo dizes que llaman este mi dolor, que assi se
»ha enseñoreado en lo mejor de mi cuerpo?
»*Celestina.*— Amor dulce.
»*Melib.*—Eso me declara qué es, que en solo oyrlo me alegro.
»*Celest.*—Es un fuego escondido, una agradable llaga, un sa-
»broso veneno, una dulce amargura, una delectable dolencia, un
»alegre tormento, una dulce e fiera herida, una blanda muerte.»

De un modo habla a las nobles y castas y retraídas doncellas;
de otro a las cortesanas atentas al cebo de la ganancia. Su ingenio, despierto y sagaz como ninguno, la hace adaptarse a las más
varias condiciones sociales y penetrar en los recintos más vigi-
lados y traspasar los muros más espesos. El sinnúmero de oficios
menudos que ejerce, no ilícitos todos, la dan entrada franca hasta
en hogares tan severos como el de Pleberio, a ella, vieja maestra
de tercerías y lenocinios, encorozada y puesta en la picota por
hechicera.

El poder de Celestina sobre cuantos la rodean consiste en que
es un espíritu reflexivo y horriblemente sereno, en quien ninguna
pasión hace mella, salvo la codicia sórdida, que es precisamente
la causa de su ruina. Es la inteligencia sin corazón aplicada al
mal con tan insistente brío que resultaría peligrosa su representación, si no apareciese templada por la propia indignidad de la
persona (que la aleja de todo contacto con el lector honrado) y
por los aspectos cómicos de su figura, que son fuente de inofensi-
vo placer estético. No sabemos si el público la resistiría en escena:
nos inclinamos a creer que no; pero en el libro es tan deseada su
presencia como lo eran sus visitas por Calisto, y casi nos indigna-
mos con la barbarie de Sempronio y su compañero, que atajaron
en tan mala hora aquel raudal de castizos donaires y de elegantes
y pulidas razones. Los discursos de Celestina contienen en sen-
tenciosa forma una filosofía agridulce de la vida, en que no todo
es falso y pecaminoso. Porque no sólo de amores es maestra Celestina, sino que con gran ingenio discurre sobre los males de la
vejez, sobre los inconvenientes de la riqueza, sobre el ganar ami-

---

Nostra sine auxilio fugiunt bona: carpite florem;
Qui, nisi carptus erit, turpiter ipse cadet.
....
(V. 59-63; 79-80).

gos y conservarlos, sobre las vanas promesas de los señores, sobre la tranquilidad del ánimo, sobre la inconstancia de la fortuna, y otros temas de buena lección y aprovechamiento, que no por salir de tales labios pueden menospreciarse. Claro es que la socarronería de la perversa vieja quita mucho de su gravedad y magisterio a estos aforismos; pero de aquí se engendra un humorístico contraste, y no es éste el menor de los méritos en la creación de este singular Séneca o Plutarco con haldas luengas, que parece una caricatura de los moralistas profesionales.

Elicia y Areusa son figuras perfectamente dibujadas, aunque episódicas en la *Tragicomedia*. Sirven para completar el estupendo retrato de Celestina, mostrando los frutos de su enseñanza. Ni ellas ni su maestra pertenecen al mundo triste y feo de la prostitución oficial y reglamentada, de las públicas mancebías, sobre las cuales guardan nuestros archivos concejiles tan peregrina cuanto lamentable documentación. Elicia y Areusa no son mozas del partido, sino «mujeres enamoradas» como por eufemismo se decía; que viven en su casa y guardan relativa constancia a sus dos amigos, y los lloran con sincero duelo y procuran vengar su muerte. No tienen el sentimentalismo de las rameras de Terencio ni el ansia y la sed de ganancia que distingue a las de Plauto. Más verosímiles que las primeras, son menos abyectas que las segundas. No han pasado por la dura esclavitud, y en el arranque y la fiereza con que tratan a sus rufianes y en los rasgos de generosidad instintiva bien se muestran mujeres libres y españolas. Pero el autor no ha querido idealizarlas por ningún concepto. Son menos perversas que Celestina porque son más jóvenes y están haciendo el aprendizaje del vicio. No llegarán nunca a su grandeza satánica, pero cuando la flor de su juventud se marchite, ellas heredarán los trebejos de la hechicera y conservarán la casilla de la cuesta del río, que «jamás perderá el nombre de Celestina». Porque Celestina es un símbolo, y Elicia y Areusa y Claudina nunca serán más que reflejos suyos, aunque alguna se atreva a usurpar su nombre.

Los dos criados de Calisto tienen particular importancia en la historia de la comedia moderna, porque en ellos acaba la tradición de los Davos y los Siros, y penetra en el arte el tipo del fámulo libre, consejero y confidente de su señor, no sólo para estafar a un padre avaro dinero con que adquirir una hermosa esclava, sino para acompañar a su dueño en todos los actos y situaciones de la vida, alternando con él como camarada, regocijándole con sus ocurrencias, entremetiéndose a cada momento en sus negocios, adulando o contrariando sus vicios y locuras, haciendo, en suma, todo lo que hacen nuestros *graciosos* y sus similares italianos y franceses, derivados a veces de los nuestros.[1] Pero esta representación, que con el tiempo llegó a ser

---

[1] Dice Sempronio a Calisto en el aucto II: «O de muerto o loco no po-
»drás escapar, si siempre no te acompaña quien te allegue plazeres, diga
»donayres, tenga canciones alegres, cante romances, cuente hystorias, pinte
»motes, finja cuentos, juege a naypes, arme motes; finalmente, que sepa
»buscar todo género de dulce passatiempo para no dexar trasponer tu pen-
»samiento en aquellos crueles desvios que recebiste de aquella señora en el
»primer trance de tus amores.»

En sus amoríos con Elicia quiere remedar chistosamente la gentileza y gala de su señor, y habla en su mismo lenguaje, jactándose de haber hecho proezas y festejos caballerescos, seguramente imaginarios: «Señora en »todo concedo con tu razon; que aqui está quien me causó algun tiempo »andar fecho otro Calisto, perdido el sentido, cansado el cuerpo, la cabeça »vana, los dias mal dormiendo, las noches todas velando, dando aluoradas, »haziendo *momos*, saltando paredes, poniendo cada dia la vida al tablero, »esperando toros, corriendo cauallos, tirando barra, echando lança, cansan-
»do amigos, quebrando espadas, haziendo escalas, vistiendo armas y otros »mill autos de enamorado, haziendo coplas, pintando motes, sacando inuen-
»ciones» (Aucto IX).

A pesar de tan fanfarrón lenguaje, la cobardía es una de sus notas características, y no la disimulan ni él ni Pármeno cuando acompañan, a razonable distancia, a su amo en el aucto XII. Allí está la célebre frase: «Aper-
»cibete, a la primera boz que oyeres, *tomar calças de Villadiego*». Hasta en esto son precursores de los lacayos y graciosos de las comedias del siglo xvii.

El profesor de la Sorbona, E. Martinenche, en su tesis latina, que es uno de los juicios más razonados que se han escrito sobre la tragicomedia de Rojas, ve también en los mozos de Calisto el primer tipo de criados del teatro moderno:

«Illi famuli industriosi simul et solertes et quibus nihil sancti erat, cum »in Italiam devecti fuissent, solertiores dolorum et comicarum machinarum »artifices paulo post facti sunt, saporemque rusticum quem apud Hispanos »habuerant exuere. Mox in Galliam penetravere, ibique sub variis seu Sca-
»pini seu Mascarilli nominibus praeclaras vel potius in primas partes, in »his comoediis quas exemplaria Italorum secuti nostri poetae ediderunt. »Attamen vera eorum proles intra fines Hispaniae permansit non solum in »fabulis ad scenam accommodatis, sed etiam in his ubi legentibus seu sig-

tan convencional, es en Rojas tan verídica como todo lo demás, si se tienen en cuenta las costumbres de su siglo y la intimidad en que vivían los grandes señores, no sólo con sus criados (palabra que tenía entonces más noble significación que ahora), sino con truhanes, juglares y hombres de pasatiempo.

Rojas, gran adivinador de las combinaciones escénicas, ha presentado por primera vez el paralelismo entre los amores de amos y criados, repetidos luego hasta la saciedad en nuestras comedias *de capa y espada*. El apetito groseramente carnal de Pármeno y Areusa hace resaltar por el contraste la pasión, no ciertamente inmaculada ni casta, pero sí vehemente y tierna, de los protagonistas, que no sólo es impura llama de los sentidos, sino también amor de las almas y frenesí y delirio romántico, en que carne y espíritu padecen y gozan juntamente.

No hay personaje alguno de la *Celestina*, aunque rara vez aparezca, que no muestre propia e inconfundible fisonomía. La tienen hasta Sosia y Tristanico, los pajes que acompañan a Calisto en su última e infausta visita al jardín de Melibea, muertos Pármeno y Sempronio. Nada digamos del rufián Centurio, que es el personaje más plautino de la pieza. Compárese con Pyrgopolinices, que le ha servido de original, y el personaje más antiguo

---

»nobilium, seu nequam hominum facta narrantur... Ex illa prosapia evadunt »illi apud populum notissimi quibus inclytum nomen *Gil Blas* et *Fígaro* »indictum est. Ad *Celestinam* igitur, si quis verum originem illorum recen- »tiorum famulorum... respicere necesse est.»

(*Quatenus Tragicomoedia de Calisto y Melibea vulgo Celestina dicta ad informandum Hispaniense Theatrum valuerit. Thesim Facultati Litterarum in Parisiensi Universitate proponebat*. Nimes, 1900, pp. 55-56).

En las últimas palabras del distinguido crítico hay algo de exageración. Tanto los héroes de nuestras novelas picarescas como Gil Blas y Fígaro, tienen una psicología mucho más complicada que la de los sirvientes de Calisto. Tampoco encuentro en éstos ninguna clase de sabor rústico, lo cual más bien cuadra al *bobo*, que es figura casi obligada en nuestro teatro popular del siglo XVI. Sempronio y Pármeno son evidentemente criados de ciudad.

Cronológicamente preceden a los de la comedia italiana del siglo XVI, pero ésta se formó sobre la imitación de Plauto y Terencio, sin intervención de la *Celestina*. Se ha de tener en cuenta, además, que ya en algunas comedias humanísticas, por ejemplo el *Paulus*, aparece el fámulo o doméstico moderno emancipado de la condición servil.

parecerá una débil caricatura del más moderno. Y no porque le falte gracejo de muy buena ley. Las sales de Plauto no se reducen, como algunos piensan, a amontonar palabras sexquipedales y rimbombantes, que sólo pueden hacer reír a la inculta plebe:

> *Quemne ego servavi in campis Gurgustidoniis,*
> *Ubi Bombomachides Cluninstaridysarchides*
> *Erat imperator summus, Neptuni nepos?*
>
> (V. 13-15).

Es de buen efecto cómico que el vanaglorioso capitán se haga referir sus soñadas proezas por su taimado siervo Artotrogo; pero en el desarrollo de esta idea se traspasan todos los límites de la verosimilitud. Citaré algo de la primera escena, aprovechando la ocasión para dar una breve muestra de la elegante traducción castellana de esta comedia, publicada en Amberes por autor anónimo en 1555:

«*Pyrgopolinices.*—Moços, poned diligencia en que mi coselete »esté más claro y limpio que suelen estar los rayos del sol, quando »es muy sereno, porque siendo necesario entrar en el campo, la »mucha claridad y resplandor del acero quite la vista al enemigo, »porque yo harto terné que hacer en consolar esta mi espada, que »no se quexe y desespere, porque ha tantos dias que la hago holgar, y que no saqué fruto de mis enemigos; pero ¿dónde está »Artotrogo?

»*Artotrogo.*—Aquí estoy, señor, cerca de vn varon fuerte y »bien afortunado, y de una disposición real, con el qual Marte, »dios de las batallas, no osara competir ni comparar sus virtudes.

»*Pyrg.*—¿Cómo fue aquello del que salvé la vida en los campos »Cutincalidonios, adonde era capitan general el gran nieto de »Neptuno?

»*Art.*—Muy bien me acuerdo; dizes lo, señor, por aquel de las »armas de oro, cuyas batallas tú desbaratastes con solo tu soplo, »como vn gran viento desbarata las ojas secas.

»*Pyrg.*—Pues todo eso no es nada.

»*Art. (aparte).*—No por cierto en comparación de otras cosas »que yo podria dezir que tú nunca heziste. Si uviere en el mundo »quien aya visto otro más perjuro ni más lleno de vanaglorias »que este hombre, téngame por esclavo perpetuo suyo.

»*Pyrg.*—Oyes, ¿dónde estás?

»*Art.*—Aqui estoy, señor, acordandome cómo en la India de »una puñada quebraste un braço a vn elefante.

»*Pyrg.*—¿Qué dizes braço?

»*Art.*—No sé qué dezir, señor, sino la espalda, y avn osaria »jurar que si pusieras vna poca de más fuerça pasaras el braço »al elefante por el cuero y por las entrañas, y se lo sacaras por »la boca.

....

Pyrg.—¿Tienes ay libro de memoria?

Art.—¿Quieres me preguntar algo? Sí tengo, y la punta para »escrevir en él.

»*Pyrg.*—¡Qué graciosamente sabes aplicar tu ánimo a mi vo- »luntad!

Art.—Conviene me tener muy conocidas todas tus costum- »bres, y que no ayas bien pensado la cosa quando ya yo esté »contigo.

»*Pyrg.*—Pues dime, ¿no te acuerdas?

»*Art.*—Muy bien, señor, tengo en la memoria que en vn solo »dia matastes en Cilicia cient salteadores, y ciento y cincuenta en »Sicilia, y treynta en Cerdeña y sessenta en Macedonia.

»*Pyrg.*—¿Qué número de hombres será ese?

»*Art.*—Siete mil.

»*Pyrg.*—Tantos han de ser, muy buen cuenta tienes.

»*Art.*—Pues no los-escreví, pero acuerdo me muy bien dello.

»*Pyrg.*—Pos los dioses, que tienes excelente memoria.

»*Art.*—El mantenimiento me la haze tener.

»*Pyrg.*—Mientras hizieres lo que hasta aqui, nunca te faltará »de comer ni yo te negaré mi mesa.

»*Art.*—Pues quán mejor fue, señor, aquello de Capadocia, »donde si no tuvieras bota la espada, de un solo golpe mataras »quinientos, y la gente de pie si viniera fuera para ti poca presa. »Pero para qué tengo de gastar tiempo en contar aquello que es »tan notorio en el mundo, y que saben todos, que viue Pyrgopo- »linice en la tierra, varon excelentisimo en virtud, y gesto y haza- »ñas. Todas las mugeres te aman, y con mucha razon, pues te »ven tan fermoso. ¡O qué dezian aquellas que ayer me tirauan »de la capa!

»*Pyrg.*—¿Qué te dixeron ayer, por mi vida?
»*Art.*—Preguntauan me: ¿es este Achilles? Respondía yo: no,
»sino su hermano. Entonces la una dellas dixo: Por cierto muy
»fermoso me parece y muy bien dispuesto; mirad cómo le asien-
»tan bien los cabellos y la barba. ¡O quán venturosas son las que
»alcançaren su amor!
»*Pyrg.*—¿Mas de veras que assí lo dezian?
»*Art.*—Antes entrambas me rogaron que tuviesse forma cómo
»passases oy por su calle.
»*Pyrg.*—Tambien es gran pesadumbre ser vno demasiadamen-
»te gentil hombre.»[1]

Enfrente de este figurón graciosamente descrito, pero imposible, pongamos algunas bravatas de nuestro Centurio, auténtico temerón y jayán del siglo XV, rebosando de aquella vida y fuerza cómica que al capitán del rey Seleuco le falta:

»*Cent.*—Mándame, tú, señora, cosa que yo sepa azer, cosa que
»sea de mi officio; vn desafio con tres juntos, e si más vinieren,
»que no huya por tu amor; matar vn hombre, cortar una pierna
»o braço; harpar el gesto de alguna que se aya ygualado contigo,
»estas tales cosas antes serán hechas que encomendadas. No me
»pidas que ande camino, ni que te dé dinero, que bien sabes que
»no dura conmigo, que tres saltos daré sin que me se cayga blan-
»ca... Las alhajas que tengo es el axuar de la frontera: vn jarro
»desbocado, vn assador sin punta; la cama en que me acuesto está
»armada sobre aros de broqueles; un rimero de malla rota por
»colchones; una talega de dados por almohada; que avnque quie-
»ro dar collacion, no tengo qué empeñar, sino esta capa harpada
»que traygo a cuestas...

»Si mi espada dixesse lo que haze, tiempo le faltaria para
»hablar. ¿Quién sino ella puebla los más cimenterios? ¿Quién haze
»ricos los cirujanos desta tierra? ¿Quién da contino que hazer a
»los armeros? ¿Quién destroça la malla muy fina? ¿Quién haze
»riça de los broqueles de Barcelona? ¿Quién reuana los capacetes
»de Calatayud sino ella? Que los caxquetes de Almazan assi los

---

[1] *La Comedia de Plauto, intitulada Milite glorioso, traducida en lengua Castellana. En Anvers, En casa de Martin Nucio. M.D.LV.* (En el mismo tomito, y con paginación seguida, aunque con distinta portada, está la versión de los *Menechmos*). Fol. 5 vto. a 8.

»corta como si fuesen fechos de melon... Veynte años ha que me
»da de comer; por ella soy temido de hombres e querido de mu-
»geres, sino de ti; por ella le dieron Centurio por nombre a mi
»abuelo, e Centurio se llamó mi padre, e Centurio me llamo yo.
    »*Elicia.*—Pues ¿qué hizo el espada por que ganó tu abuelo
»ese nombre? Dime, ¿por ventura fue por ella capitan de cient
»hombres?
    »*Cent.*—No, pero fue rufian de cient mugeres.
    »*Areusa.*—No curemos de linage ni hazañas viejas; si has de
»hazer lo que te digo, sin dilacion determina, porque nos quere-
»mos yr.
    »*Cent.*—Más desseo yo la noche, por tenerte contenta, que tú
»por verte vengada, e porque más se haga todo a tu voluntad, es-
»coge qué muerte quieres que le dé; allí te mostraré un repertorio
»en que ay sietecientas e setenta species de muertes, verás quál
»más te agradare.
    »*Elicia.*—Areusa, por mi amor, que no se ponga este fecho en
»manos de tan fiero hombre; más vale que se quede por hazer,
»que no escandalizar la ciudad, por donde nos venga más daño
»de lo passado.
    »*Areusa.*—Calla, hermana; diganos alguna que no sea de mu-
»cho bullicio.
    »*Cent.*—Las que agora estos dias yo vso e más traygo entre
»manos son espaldarazos sin sangre, o porradas de pomo de es-
»pada, o revés mañoso; a otros agujero como harnero a puñala-
»das, tajo largo, estocada temerosa, tiro mortal. Algun dia doy
»palos por dexar holgar mi espada» (Aucto XVIII).
    Este solo ejemplo mostrará cómo transforma Rojas sus ori-
ginales hasta cuando más de cerca imita.
    Si admirables son los personajes secundarios y cómicos de la
Celestina, ¿qué diremos de la pareja enamorada, que en la historia de la poesía humana precede y anuncia a la de Verona? Nunca
el lenguaje del amor salió tan férvido y sincero de pluma española como no fuese la de Lope de Vega en sus más felices momentos.
Nunca antes de la época romántica fueron adivinadas de un modo
tan hondo las crisis de la pasión impetuosa y aguda, los súbitos
encendimientos y desmayos, la lucha del pudor con el deseo, la
misteriosa llama que prende en el pecho de la incauta virgen, el

lánguido abandono de las caricias matadoras, la brava arrogancia con que el alma enamorada se pone sola en medio del tumulto de la vida y reduce a su amor el universo, y sucumbe gozosa, herida por las flechas del omnipotente Eros. Toda la psicología del más universal de los sentimientos humanos puede extraerse de la *tragicomedia* de Rojas si se la lee con la atención que tal monumento merece. Por mucho que apreciemos el idealismo cortesano y caballeresco de don Pedro Calderón, ¡qué fríos y qué artificiosos y amanerados parecen los galanes y damas de sus comedias, al lado del sencillo Calisto y de la ingenua Melibea, que tienen el vicio de la pedantería escolar, pero que nunca falsifican el sentimiento! También Shakespeare pagó tributo al *eufuismo*, y en *Romeo and Juliet* muy particularmente; versos hay allí de innegable mal gusto, y alguno habremos de citar, pero ¿quién se acuerda de ellos, cuando la tormenta de la pasión estalla?

Retórica hay también en los personajes de Rojas, pero no toda retórica debe proscribirse en estos casos, porque el amor es retórico de suyo y se complace en devanear largamente sobre nonadas. No seré yo quien tache de afectación los cándidos extremos que hace Calisto cuando recibe el cordón de Melibea (aucto VI): «¡O mi gloria e ceñidero de aquella angélica cintura; »yo te veo e no lo creo! ¡O cordon, cordon, ¿fuésteme tú enemigo? »Dilo cierto... Conjúrote me respondas, por la virtud del gran »poder que aquella señora sobre mí tiene... ¡O mezquino de mí! »que assaz bien me fuera del cielo otorgado, que de mis braços »fueras hecho e texido, e no de seda como eres, porque ellos goza- »ran cada dia de rodear e ceñir con deuida reuerencia aquellos »miembros que tú, sin sentir ni gozar de la gloria, siempre tienes »abraçados...»

Involuntariamente se recuerda que también Romeo, en la escena del jardín, envidiaba el guante de su amada, porque podía tocar su mejilla.[1] Otras expresiones de ambos mancebos se parecen de un modo extraordinario:

«*Sempronio.*—¿Tú no eres christiano?

---

[1]   *O, that I were a glowe upon that hand!*
    That I might touch that cheek!...

(Act. II, sc. II).

»*Calisto.*—¿Yo? Melibeo so, y a Melibea adoro, y en Melibea »creo, e a Melibea amo.»

«*Romeo.*—¡Que me bauticen de nuevo; desde ahora no quiero »ser Romeo!» [1]

Romeo, como envuelto en una intriga más complicada, es carácter más rico de matices, es también más lírico, romántico y soñador. Su lenguaje, constantemente figurado y poético, eleva el pensamiento a una esfera superior a la del puro realismo. Pero su amor carece de la virginidad del de Calisto, para el cual ni antes ni después de la posesión existe otra mujer que Melibea. Las primicias del alma de Romeo no pertenecen a Julieta, porque antes de ella ha amado a Rosalina con los mismos extremos y prodigando en honor suyo las mismas hipérboles. «¿Puede haber alguna más hermosa que mi amor? Ni aun el sol que lo ve todo »ha visto otra igual desde que alumbra al mundo.» [2] Pero un momento después, en la escena del baile, Julieta borra instantáneamente el recuerdo de Rosalina: «Esta sí que puede enseñar a las »antorchas a arder. Resplandece sobre el oscuro rostro de la noche »como rica joya en la oreja de un etiope. ¡Belleza demasiado rica »para ser poseída, demasiado excelente para la tierra! Parece »entre las otras damas como nívea paloma entre grajos. ¿Por »ventura mi corazon ha amado hasta ahora? Negadlo con jura- »mento, ojos míos, porque no he contemplado belleza verdadera »hasta esta noche.» [3]

---

[1]   *Call me but love, and I'll be new baptized;*
      Henceforth I never will be Romeo.   (Id, íd).

[2]   *One fairer tham my love! the all-seeing sun*
      Ne'er saw her match, since first the world begun.
                                                    (Act. I., sc. II).

[3]   *O, she doth teach the torches to burn bright!*
      It seems she hangs upon the cheek of night
      Like a rich jewel in an Aethiop's ear:
      Beauty too rich for use, for earth too dear!
      So shows a snowy dove trooping with crows,
      As yonder lady o'er her fellows shows.

      Did my heart love till now? forswear it, sight!
      For I n'er saw true beauty till this night.
                                                    (Act. I, sc. V).

En el alma de Romeo, ardientemente apasionada como es, hay un germen de ligereza e inconstancia. Sin las nupcias sepulcrales sabe Dios cuál hubiera sido su fidelidad a Julieta, mientras de Calisto no podemos dudar que nació para servir a Melibea y ser suyo en vida y en muerte. Calisto no hubiera merecido nunca que Fr. Lorenzo le llamase, como llama a Romeo, «débil mujer con aspecto varonil, irracional furia de bestia.» [1] En cambio Melibea y Julieta parecen de la misma familia: audaces, impulsivas las dos, cándidas en el desbordamiento de su pasión y marcadas por el sello de la fatalidad trágica desde el primer instante. En Julieta, el enamoramiento es todavía más súbito que en Melibea, y no necesita intervención de Celestinas, puesto que no puede calificarse de tal a su nodriza, que honradamente la presta lícitos aunque poco prudentes servicios. Basta que por primera vez se encuentren sus ojos con los de Romeo, a quien todavía no conoce ni de nombre, para que exclame: «Si es casado, el sepulcro será mi lecho de bodas.» [2] Y cuando sabe que es un vástago del linaje de los Montescos, tan odiado por los suyos, parece que con terrible imprecación quiere atraer sobre sí los manes de la venganza: «¡Mi sólo amor, nacido de mi único odio! ¡Harto tarde te he co- »nocido! Quiere mi negra suerte que consagre mi amor al único »hombre a quien debo aborrecer.» [3]

Tanto en *Romeo y Julieta* como en la *Celestina* son dos las entrevistas amorosas, y hasta en el pormenor de la escala aplicada al muro se mantiene el paralelismo de las situaciones, en medio de la profunda diversidad moral con que Shakespeare y Rojas

---

[1]   *Art thou a man? thy form cries out, thou art:*
      Thy tears are womanish; thy wild acts denote
      The unreasonable fury of a beast.
                                        (Act. III, sc. III).

[2]   *Go, ask his name:—If he be married,*
      My grave is like to be my wedding bend.
                                        (Ac. I, sc. V).

[3]   *My only love sprung from my only hate!*
      Too early seen unknow, and know too late!
      Prodigious birth of lowe is to me,
      That I must love a loathed enemy.
                                        (Act. I, sc. V).

las interpretan.[1] La doncella italiana pone su amor de acuerdo con la ley moral y canónica; la tempestuosa enamorada castellana procede como si ignorase tales leyes o se hubiese olvidado de

---

[1] El origen del segundo y bellísimo dúo shakespiriano (Act. III, sc. V):

Wilt thou be gone? it is not yet near day...

se encuentra, según recientes investigadores, en el poema de Chaucer *Troylus and Cryseide* (Vid. E. Koeppel, *Juliet Capulet and Chaucer's Troylus*, en el *Jahrbuch der Shakesp. Gesellschaft*, 1902, pp. 238 y ss.). Pero este poema, a su vez, está imitado del *Filostrato* de Boccaccio y de la *Crónica Troyana* (Vid. G. C. Hamilton, *The indebtedness of Chaucer' «Troilus and Cryseide» to Guido delle Colonne's «Historia Troyana»*, New York, 1903). Ambas obras eran seguramente familiares a Rojas, y pueden explicar algunas semejanzas entre él y Shakespeare.

En el *Bursario*, traducción de las *Heroidas* de Ovidio, atribuída, creo que con fundamento, a Juan Rodríguez del Padrón, se encuentran algunas epístolas añadidas por el traductor, y entre ellas dos muy notables de *Troylo y Bresayda (sic, por Criseyda)*. En la primera se lee este pasaje, verdaderamente poético, que coincide en gran manera con los de Chaucer y Shakespeare: «Miémbrate agora de la postrimera noche que tú e yo ma- »nimos en uno, e entravan los rayos de la claridat de la luna por la finies- »tra de la nuestra cámara, y quexávaste tú pensando que era la mañana, »y decias con falsa lengua, como en manera de querella: «Oh fuegos de la »claridat del radiante divino, los quales haziendo vuestro ordenado curso »vos mostrades y venides en pos de la conturbal hora de las tinieblas! Mue- »van vos agora a piedat los grandes gemidos y dolorosos sospiros de la mez- »quina Breçaida, y cesat de mostrar tan ayna la fuerza del vuestro gran »poder, dando logar a Bresayda que repose algun tanto con Troylos, su leal »amigo!» E dezias tú, Bresayda: «Oh quánto me ternia por bienaventura- »da si agora yo supiese la arte mágica, que es la alta sciencia de los má- »gicos, por la qual han poder de hazer del dia noche y de la noche dia por »sus sabias palabras y maravillosos sacrificios!... ¿E por qué no es a mí po- »sible de tirar la fuerza al dia?» E yo, movido a piedat por las quexas que »tú mostrabas, levantéme y sallí de la cámara, y vi que era la hora de la »media noche, quando el mayor sueño tenía amansadas todas las criaturas, »y vi el ayre acallantado, y vi ruciadas las fojas de los arboles de la huerta »del alcazar del rey mi padre, llamado Ilion, y quedas, que no se movian, »de guisa que cosa alguna no obraban de su virtut. E torné a ti, y dixete: »«Breçaida, no te quexes, que no es el dia como tú piensas». E fueste tú »muy alegre con las nuevas que yo te dixe...» *(Obras de Juan Rodríguez del Padrón*, publicadas por la Sociedad de Bibliófilos Españoles, Madrid, 1884, páginas 303-304).

Palabra por palabra se encuentran repetidas algunas frases de este trozo en el *Tirant lo Blanch* (ed. de Aguiló, tomo II, p. 365, *Resposta feta per lo*

su existencia. La primera es sin duda más ejemplar, y la emoción trágica que su fin produce no va mezclada con ningún pensamiento de torpeza o rebeldía, pues hasta del suicidio es casi irresponsable.[1] Melibea, por el contrario, muere desesperada e impenitente: «¿Oyes lo que aquellos moços van hablando? ¿Oyes sus tris- »tes cantares? rezando lleuan con responso mi bien toda muerta »lleuan mi alegria. No es tiempo de yo biuir» (Aucto XIX). «De »todos soy dexada; bien se ha adereçado la manera de mi morir; »algun aliuio siento en ver que tan presto seremos juntos yo e aquel »mi querido e amado Calisto. Quiero cerrar la puerta, porque nin- »guno suba a me estoruar mi muerte; no me impidan la partida; »no me atajen el camino, por el qual en breue tiempo podré visitar »en este dia al que me visitó la passada noche. Todo se ha hecho »a mi voluntad; buen tiempo terné para contar a Pleberio, mi »señor, la causa de mi ya acordado fin. Gran sinrazon hago a sus »canas, gran offensa a su vejez; gran fatiga le acarreo con mi

---

Conestable a la letra de Stephania... «Recordam aquella darrera nit que tu »e yo erem en lo llit, e tu pensant fos lo dia, deyes en manera de querella... »E mes deyes: O quant me tendria yo per benaventurada si yo sabes lart »magica que es lalta sciencia dels magichs en la qual han poder de fer tornar »del dia nit».

¿Existirían también en catalán estas epístolas o las traduciría del castellano Juan Martorell? De todos modos, resulta oscuro para mí el origen de estas cartas, que no se explican sólo con el canto o parte quinta del *Filostrato*. Mucho más se parece el segundo capítulo de la *Fiammetta*, pero las principales bellezas tampoco están allí. Otro, con más datos que yo, resolverá este punto, que aquí es incidental.

[1] Se ha de advertir, aunque la *Celestina* pasa por obra impura y *Romeo y Julieta* por un poema de amor casto e inocente, que en las escenas culminantes de pasión el lenguaje de las dos heroínas se parece mucho. Recuérdese el ardiente soliloquio de Julieta en el acto tercero:

> Spread thy close curtain, love-performing nigth,
> That run-away's eyes may wink; and Romeo
> Leap to these arms, untalk'd of; and unseen!
> Lovers can see to do their amorous rites
> By their own beauties; or, if love be blind,
> It best agrees with nigth. Come, civil nigth,
> Thou sober-suited matron, all in black,
> And learn me how to lose a vinning match,
> Play'd for a pair of stainless maidenhoods.
>
> (Act. III, sc. II).

»falta; en gran soledad le dexo, pero no es más en mi mano. Tú,
»Señor, que de mi fabla eres testigo, vees mi poco poder; vees
»quán cativa tengo mi libertad; quán presos mis sentidos de tan
»poderoso amor del muerto cauallero, que priua al que tengo con
»los biuos padres...» (Aucto XX).

Melibea no intenta justificar con sofismas su pasión culpable y desordenada; al contrario, acumula sobre su cabeza todos los males que resultaron de la muerte de Calisto y se ofrece como víctima expiatoria de todos ellos: «Bien vees e oyes este triste e do-
»loroso sentimiento que toda la ciudad haze; bien oyes este clamor
»de campanas, este alarido de gentes, este aullido de canes, este
»strépito de armas; de todo esto fuy yo causa. Yo cobrí de luto
»e xergas en este dia quasi la mayor parte de la ciudadana caua-
»lleria; yo dexé muchos siruientes descubiertos de señor; yo quité
»muchas raciones e limosnas a pobres e enuergonçantes, yo fuy
»ocasion en que los muertos toviessen compañia del más acabado
»hombre que en gracias nascio; yo quité a los biuos el dechado de
»gentileza, de inuenciones galanas, de atauios e bordaduras, de
»habla, de andar, de cortesia, de virtud; yo fuy causa que la tierra
»goze sin tiempo el más noble cuerpo e más fresca juuentud que
»al mundo era en nuestra edad criada.»

El desenlace, pues, aunque éticamente condenable, es el único que podía tener el drama, so pena de degenerar en una aventura ridícula. ¿Quién concibe a Melibea sobreviviendo a Calisto? Estas grandes enamoradas no tienen más razón de existir que el amor mismo; llevan enclavado el dardo ponzoñoso de la venganza de Afrodita: «Su muerte conbida a la mia; conbidame e fuerça que
»sea presto, sin dilacion... E assi contentarte he en la muerte,
»pues no toue tiempo en la vida... ¡O padre mio muy amado!
»Ruégote, si amor en esta pasada e penosa vida me has tenido,
»que sean juntas nuestras sepulturas, juntas nos fagan nuestras
»obsequias.» (Aucto XX).

Grave reparo puso al carácter de Melibea Juan de Valdés, y por ser suyo no debe pasarse en silencio. Dice que la persona de Melibea pudiera estar mejor, porque «se dexa muy presto vencer,
»no solamente a amar pero a gozar del deshonesto fruto del amor».[1]

---

[1] *Diálogo de la lengua*, ed. Boehmer, pág. 415.

Y ciertamente que es así, pero no sin circunstancias, unas muy humanas y otras diabólicas, que aceleren su caída y la expliquen dentro de la verosimilitud dramática. La misma Melibea ha contestado anticipadamente a su crítico: «Mi amor fue con justa »causa: requerida e rogada, cativada de su merescimiento, aque- »jada por tan astuta maestra como Celestina, seruida de muy »peligrosas visitaciones, antes que concediesse por entero en su »amor». Mucho más rápido procede el enamoramiento de Julieta, aunque no sea deshonesto el fruto de su amor ni trabajen por él los espíritus del Averno.

El señor Foulché-Delbosc, que niega la autenticidad de las adiciones de 1502, opina que en manos del adicionador «han per- »dido los tipos algo de su valor y pureza primitivos» e insiste principalmente en el de Melibea. En la primitiva forma son recatados e irreprensibles sus discursos a Calisto; en toda la escena del jardín (acto XIV) no se encuentra ni una palabra equívoca. Compárese con la Melibea del acto XIX: ¡qué metamorfosis en un mes!

Podían ser, con efecto, más honestas algunas expresiones de este acto, y nada hubieran perdido el arte y la moral con ello; pero la segunda Melibea, que tan desaforada parece al erudito francés, no es una falsificación, sino un desarrollo naturalísimo de la primera. Basta con un mes, y bastaría con menos tiempo para producir este cambio psicológico, porque entre el acto XIV y el XIX median nada menos que la desenvoltura de Calisto y el goce reiterado de varias noches. Melibea no puede hablar lo mismo en la segunda escena del jardín que en la primera. Antes era la virgen tímida y enamorada que cede a la brutal sorpresa de los sentidos; después la mujer ebria de amor y enajenada de su albedrío. La *madre* Celestina, muy ducha en la materia, nos explicará esta metamorfosis: «No te sabré dezir lo mucho que obra »en ellas aquel dulçor, que les queda de los primeros besos de »quien aman; son enemigas del medio; contino están posadas »en los extremos.»

¿Cómo negar que en la primera Melibea está el germen de la segunda, cuando la oímos exclamar en un monólogo del aucto X: «¡O género femenino, encogido y frágile! ¿Por qué no fue tambien »a las hembras concedido poder descobrir su congoxoso e ardiente

»amor, como a los varones?» O cuando dice tan enérgicamente a Celestina: «¡Madre mia, que comen este coraçon serpientes den- »tro de mi cuerpo!... ¡O mi madre e mi señora!, haz de manera »como luego le pueda ver, si mi vida quieres». ¿Son por ventura muy ajustadas a la modestia virginal estas palabras del aucto XII?: «Las puertas impiden nuestro gozo, las quales yo maldi- »go, e sus fuertes cerrojos e mis flacas fuerças, que ni tú estarias »quexoso ni yo descontenta». ¿Y no es formal entrega de cuerpo y alma la que termina el aucto XIV en su forma primitiva? «Señor, »por Dios, pues ya todo queda por ti, pues ya soy tu dueña, pues »ya no puedes negar mi amor, no me niegues tu vista, de dia pas- »sando por mi puerta, de noche donde tú ordenares». Pero basta ya sobre este punto, que en realidad es secundario.

Si por la perfección de los caracteres está la *Celestina* a la altura de las obras más clásicas de cualquier tiempo, no puede decirse lo mismo respecto del arte de composición, en que el poeta no pudo menos de pagar tributo a la época primitiva en que escribía. No era posible a fines del siglo xv construir una fábula tan ingeniosa y hábilmente combinada como la de *Romeo y Julieta*; pero Shakespeare no era sólo un genio dramático, sino un hombre de teatro, un *profesional* de la escena, y además iba siguiendo paso a paso las peripecias del cuento italiano, que le daba la armazón de su drama.[1] En tiempo de Rojas no había escenario ni apenas materia dramática preexistente, fuera de la que podían suministrarle algunos libros de la antigüedad y algunas novelas de la Edad Media.

No se crea por eso que Rojas, en medio de su inexperiencia y de la soledad en que escribía, dejase de adivinar con pasmosa intuición las grandes leyes de la composición dramática y se sujetara a ellas en todo lo esencial. El plan sencillo, claro y elegante

---

[1] Así y todo, no le falta razón a Klein cuando escribe *(Geschichte des Drama's*, VIII. *Das Spanische drama*, ersters Band, pág. 914): «Wir wären »zu glauben geneigt, dass die, einige Decennien nach der «Celestina» von »Luigi da Porto zuerst (1524) und dann von Bandello verfasste Julia—und »Romeo—Novelle, einen Widerstrich dem analogen Motive in der Celestina »bieten, dasselbe zu dem Zwecke veredeln sollte, um das Geschick der bai- »den Liebenden für christliche Herzen mitleidwürdirger als abschreckend »erscheinen zu lassen.»

de la *Celestina* merecería todo elogio si el autor no hubiese escrito su obra en dos veces, lo cual le llevó a intercalar un episodio parásito. Aparte de este lunar, la *Tragicomedia* castellana corrobora la profunda doctrina de Lessing en su *Dramaturgia:* «El genio »gusta de la sencillez, el ingenio gusta de las complicaciones... »El genio no puede interesarse más que por aventuras que tienen »su fundamento unas en otras, que se encadenan como causas y »efectos. La obra del genio consiste en referir los efectos a las »causas, en proporcionar las causas a los efectos, en ordenar los »acontecimientos de tal manera que no puedan haber sucedido »de otra.» Toda la enmarañada selva de las comedias de capa y espada de Calderón y sus secuaces[1] no vale tanto como esta única pieza, que es también una intriga de amor, con criados confidentes, con escenas nocturnas y coloquios a la puerta o a la reja, pero sin disfraces, ni empeños del acaso, ni damas duendes, ni galanes fantasmas, ni confusiones en la oscuridad de un jardín y hasta sin la duplicación forzosa del galán y la dama, y el no menos indispensable arbitrio del rival celoso y del padre o hermano guardador de la honra de su casa, que por diversos caminos se oponen al logro de la felicidad de los dos amantes. Todo esto es sumamente entretenido y demuestra gran poder de invención en los que crearon este género de fábulas y las impusieron a Europa; pero es sin duda arte inferior al que, ahondando en las entrañas de la vida y en la conciencia de los hombres, logra sin nin-

---

[1] Claro es que aquí no pretendo caracterizar el riquísimo y variado teatro cómico de Lope, Tirso y Alarcón, ni tampoco el de Rojas y Moreto, sino únicamente el de Calderón, y en una parte sola, que no es la más importante. Hay que guardarse de la exageración realista, ya que hemos pasado de la exageración romántica. Algo lejos va en este camino de reacción el señor Martinenche en su tesis latina ya citada: «Quod exemplum *(el de Rojas)* »si Lope de Vega eiusque discipuli assecuti essent, multum fortasse profecis- »sent. Sexto enim decimo in saeculo nescio quem sincerum poetae saporem »fundunt quo multo magis delectamur quam fucatis horum odoribus qui »ab illis profecti sunt. Secundum naturam sermonem tum scriptores enun- »tiant qui, velut Rojas noster, simplicem atque in promptu positum dicendi »modum ad vividissimas res ingenue exprimendas adhibent. Qui contra sep- »timo decimo in saeculo ingenium iactant, dum fictis et veritatem exceden- »tibus fabulis inserviunt, accersitis utuntur sententiis et iam deflorescentem »et deminutam hispaniensis theatri speciem ante oculos nostros obversant» (pág. 111).

guna complicación escénica darnos la ilusión de la existencia actual y hacer de cada personaje un tipo imperecedero. Todas esas lindas comedias llegan a confundirse entre sí: la *Celestina* no se confunde con nada de lo que se ha escrito en el mundo. «Hay en la *Celestina* (dice don Juan Valera) cierto misterioso »encanto que se apodera del alma de quien la lee, embelesándola »y moviéndola a la admiración más involuntaria.»

El gran maestro cuyas son estas palabras suscitó una importante cuestión que atañe al fondo de la *Celestina,* y es ética y estética a un tiempo. A primera vista encuentra inverosímiles, hasta rayar en lo absurdo, algunos casos de la tragicomedia: «Melibea »y Calisto son ambos de igual condición elevada, así por el naci-»miento como por los bienes de fortuna. Entre la familia de ambos »no se sabe que haya enemistad, como la hubo, pongamos por »caso, entre las familias de Julieta y de Romeo. Ni diferencia de »clase, ni de religión, ni de patria los divide. ¿Por qué, pues, no »buscó Calisto a una persona honrada que intercediese por él y »venciese el desvío de Melibea, y por qué no la pidió luego a sus »padres y se casó con ella en paz y en gracia de Dios? Buscar »Calisto para tercera de sus amores a una empecatada bruja zur-»cidora de voluntades y maestra de mujeres de mal vivir, tiene »algo de monstruoso, que ni en el siglo XV ni en ningún siglo se »comprende, no siendo Calisto vicioso y perverso y sintiéndose »muy tierna y poéticamente enamorado.» [1]

Admirablemente dicho está esto, y a primera vista convence. Alguien dirá que si Calisto hubiese tomado el camino recto y seguro en casos tales, no habría comedia ni menos tragedia, sino uno de los lances más frecuentes de la vida cotidiana entre personas honestas y morigeradas. Así es la verdad; pero esta respuesta no absuelve al artista, que pudo trazar su plan de otra manera o escoger medios más adecuados a sus fines. Los que crean en la sinceridad del fin moral que afecta Rojas podrán añadir que le extravió su propósito docente, llevándole a poner en con-

---

[1] *El Superhombre y otras novedades, artículos críticos sobre producciones literarias de fines del siglo XIX y principios del XX.* Madrid, año 1893, página 228 (artículo escrito con ocasión de la *Celestina* de Vigo).

Algo semejante había indicado don Alberto Lista en sus *Lecciones de Literatura Española,* tomo I, pág. 53.

tacto dos distintas esferas de la vida. Pero el talento agudísimo de don Juan busca una explicación más honda, y resuelve la antinomia que en la *Celestina* existe, considerándola como una obra altamente idealista, en que «Fernando de Rojas hace abstracción »de todo menos del amor, a fin de que el amor se manifieste con »toda su fuerza y resplandezca en toda su gloria. Y no es el amor »de las almas, ni tampoco el amor de los sentidos, cautivo de la »material hermosura, sino tan apretada e íntima combinación de »ambos amores, que no hay análisis que separe sus elementos, »apareciendo tan complicado amor con la irreductible sencillez »del oro más acendrado y puro».

El espíritu helénico y serenamente optimista de mi glorioso maestro llega a calificar de triunfante apoteosis la muerte trágica de los dos amantes y a no ver en ella nada de tétrico y sombrío. El razonamiento del insigne literato no me ha convencido del todo, a pesar de mi natural tendencia a adherirme a los dictámenes de quien tanto me quiso y tanto me enseñó. No es la *Celestina* libro tan alegre como podría inferirse por las palabras de don Juan Valera. A pesar del gracejo crudo y vigoroso de la parte cómica, la impresión final que la obra deja, a lo menos en mi ánimo, es más bien de tristeza y pesimismo. La suerte de los dos amantes no puede ser más infausta, ni más espantosa la soledad en que Pleberio y Alisa quedan: «¡O duro coraçon de padre! ¿Có- »mo te quiebras de dolor, que ya quedas sin tu amada heredera? »¿Para quién edifiqué torres? ¿Para quién adquirí honrras? ¿Para »quién planté árboles? ¿Para quién fabriqué navíos? ¡O tierra »dura! ¿Cómo me sostienes? ¿Adónde hallará abrigo mi desconso- »lada vejez?... ¿Qué faré quando entre en tu cámara e retraymien- »to e la halle sola? ¿Qué haré de que no me respondas si te llamo? »¿Quién me podrá cobrir la gran falta que tú me hazes?»

Si la tragedia terminase con las últimas palabras de Melibea y con arrojarse de la torre, podría creerse que el poeta había querido envolver en luz de gloria a los dos infortunados amantes, haciendo lo que hoy diríase la apoteosis del amor libre. Ni puede rechazarse tal idea por impropia de la literatura de aquel tiempo, puesto que, mezclada con impulsos de dudoso misticismo, late en el fondo de los poemas del ciclo bretón cuya materia épica, transformada en prosa, era tan familiar a Rojas como a todos sus contemporáneos. Verdadera y triunfante apoteosis del amor adúltero son la muerte y las exequias de Tristán e Iseo, y es imposible evitar aquí su recuerdo: «E desque vuo dicho estas pala->bras (don Tristán), luego besó a la reyna, y estando abraçados »boca con boca, le salió el ánima del cuerpo, e la reyna, quando »lo vió assí muerto en sus braços, de gran dolor que vuo le reben->tó el coraçon en el cuerpo, y murió alli en los braços de don »Tristan; y assi murieron los dos amados, e aquellos que los veyan »assi estar, creyan que estauan amortescidos, y como los cataron, »fallaronlos muertos ambos a dos.

»E quando el rey Mares [1] vio muertos a don Tristan y a la »reyna, en poco estuuo que no murio por el gran dolor que ouo »de su muerte, y començo a dezir: «¡Ay mezquino, y qué gran pér->dida he yo auido, que he perdido aquellas cosas que más en »el mundo amaua, y nunca fue rey que tan gran pérdida oviesse »en vn dia como yo he avido, e mucho más valdria que yo fuesse »muerto que no ellos!» Luego se començo a fazer gran llanto a »marauilla por todo el castillo, y tan grande fue, que ninguno »lo podria creer, y luego vinieron todos los grandes hombres y »los cauballeros de Cornualla y de todo el reyno, e todos comen->çaron a fazer mucho duelo a marauilla, e a dezir entre sí mesmos: «¡Ay rey Mares! fueras tú muerto antes que no don Tristan, el »mejor cauallero del mundo...» Y quando en toda Cornualla se »supo que don Tristan y la reyna Yseo eran muertos, fueron muy »tristes, e marauillauanse mucho y dezian: «Todo el mundo fa->blará de su amor tan sublimado». Y quando todos los cauualle->ros fueron allegados, e muchos perlados e clerigos, e frayles, alli »donde estaua don Tristan e la reyna muertos, el rey fizo poner »sus cuerpos, que estauan abraçados, ambos en unas andas muy »ricamente, con paños de oro, e fizolos lleuar muy honrrada->mente, rezando toda la clerezia con muchas cruces y hachas en->cendidas, a Tintoyl. E quando entraron por la ciudad, los llantos »fueron muy grandes a marauilla de grandes e de pequeños, e pu->sieronlos en vna cama que las dueñas auian hecho, y fueron se-

---

[1] El marido de la reina Iseo.

»pultados en vna rica sepultura, en la qual escriuieron letras que »dezian: «Este el premio que el amor da a sus seruidores.»[1]

Así acaba el libro de *Tristán de Leonís*, y es muy poético y gentil acabamiento, salvo la triste figura que hace el pobre rey Mares de Cornualla a los ojos de todo el mundo y a los suyos propios, que es lo más lamentable. Pero no acaba así la *Celestina*, porque el concepto del amor es radicalmente diverso en ambos libros, sin que por eso sea más ortodoxo en uno que en otro. Para Rojas el amor es una deidad misteriosa y terrible, cuyo maléfico influjo emponzoña y corrompe la vida humana y venga en los hijos los pecados de los padres. Se alimenta del llanto y de la sangre de cien generaciones, trituradas entre las ruedas de su carro. No es sólo el exceso de la desesperación ni el flujo retórico, sino una convicción arraigada la que dicta las últimas palabras del venerable Pleberio, que contienen, a mi juicio, la filosofía del drama: «¡O amor, amor! ¡Que no pensé que »tenías fuerça ni poder de matar a tus subjectos! Herida fue de »ti mi juuentud; por medio de tus brasas pasé: ¿cómo me soltaste, »para me dar la paga de la huyda en mi vejez? Bien pensé que »de tus laços me avia librado, quando los quarenta años toqué; »quando fuy contento con mi conyugal compañera; quando me »vi con el fruto que me cortaste el dia de hoy. No pensé que to- »mauas en los hijos la venganza de los padres... ¿Quién te dió »tanto poder? ¿Quién te puso nombre que no te conuiene? Si »amor fuesses, amarias a tus siruientes; si los amasses, no les »darias pena; si alegres biuiessen, no se matarian, como agora »mi amada hija. ¿En qué pararon tus siruientes e tus ministros? »La falsa alcahueta Celestina murió a manos de los más fieles »compañeros que ella para su seruicio emponçoñado jamás halló. »Ellos murieron degollados; Calisto despeñado; mi triste hija qui- »so tomar la misma muerte por seguirle; esto todo causas; dulce »nombre te dieron; amargos hechos hazes. No das yguales galar- »dones; iniqua es la ley que a todos ygual no es. Alegra tu sonido, »entristece tu trato. Bienauenturados los que no conoscite, o de »los que no te curaste. Dios te llamaron otros, no sé que error

---

[1] *Libros de Caballerías* (primera parte), publicados por don Adolfo Bonilla (tomo VI de la presente *Biblioteca*), pág. 455.

»de su sentido traydos. Cata que Dios mata los que crió: tú matas
»los que te siguen. Enemigo de toda razon, a los que menos te
»siruen das mayores dones, hasta tenerlos metidos en tu congo-
»xosa dança. Enemigo de amigos, amigo de enemigos, ¿por qué te
»riges sin orden ni concierto? Ciego te pintan, pobre e moço;
»pónente un arco en la mano, con que tires a tiento; más ciegos
»son tus ministros, que jamás sienten ni veen el desabrido galar-
»don que se saca de tu seruicio. Tu fuego es de ardiente rayo,
»que jamás haze señal do llega. La leña que gasta tu llama son
»almas e vidas de humanas criaturas» (Aucto XXI).

Y no es sólo el anciano Pleberio quien prorrumpe en tan dolo-
ridos acentos. Es el mismo Calisto, en quien las primeras caricias
de Melibea no llegan a borrar el sentimiento de la muerte afren-
tosa de sus criados y de su propia deshonra y vilipendio. ¡Qué
triste lenguaje en quien acaba de salir de los brazos de su amada! «¡O mezquino yo, quánto me es agradable de mi natural la
»solitud e silencio e escuridad. No sé si lo causa que me vino a la
»memoria la traycion que fize en me despartir de aquella señora
»que tanto amo, hasta que más fuera de dia, o el dolor de mi des-
»honrra. ¡Ay, ay! que esto es; esta herida es la que siento agora
»que se ha resfriado; agora que está elada la sangre que ayer her-
»uia, agora que *veo la mengua de mi casa, la perdicion de mi pa-
»trimonio, la infamia que a mi persona de la muerte de mis criados
»se ha seguido*... ¡o mísera suauidad desta breuissima vida, ¿quién
»es de ti tan cobdicioso, que no quiera más morir luego que gozar
»un año de vida denostado e prorrogarle con deshonrra corrom-
»piendo la buena fama de los passados? mayormente que no ay
»hora cierta ni limitada, ni avn un solo momento. Deudores somos
»sin tiempo, contino estamos obligados a pagar luego» (Aucto XIV).

El sentido de las últimas frases no puede ser más cristiano;
pero en las primeras, ¿cómo no ver un reflejo de la amarga y terrible doctrina del libro IV de Lucrecio? (v. 1.113 y ss.):

Adde quod absumunt nervos, pereuntque labore;
Adde quod alterius sub nutu degitur aetas,
Labitur interea res, et vadimonia fiunt;
Languent officia, atque aegrotat fama vacillans.
....
Nequidquam; quoniam medio de fonte leporum
Surgit amari aliquid quod in ipsis floribus angat;

*Aut cum conscius ipse animus se forte remordet
Desidiose agere aetatem, lustrisque perire.*
....

No sólo en el concepto general sino en las palabras encuentro analogía. Y que Rojas conociese el poema de Lucrecio parece seguro, puesto que en los versos acrósticos imita aquella famosa comparación del principio del libro IV (v. 11 y ss.):

> Nam veluti pueris absinthia tetra medentes
> Cum dare conantur prius oras, pocula circum,
> Contingunt mellis dulci flavoque liquore,
> ....
> Como el doliente que píldora amarga
> O la recela, o no puede tragar
> Métela dentro de dulce manjar:
> Engáñase el gusto, la salud se alarga...

Claro es que en la juvenil inexperiencia de Calixto y en la pasión que absorbe todo su ser no pueden muy continuas las reflexiones melancólicas a que se entrega el gran poeta epicúreo. Acaso sin la catástrofe de sus criados no se le hubiera ocurrido exclamar: «¡Oh, mi gozo, cómo te vas disminuyendo!» (Aucto XIII). Pero este desfallecimiento es pasajero, y acaso de los sentidos más que de la voluntad. El grito de la pasión vuelve a levantarse cada vez más impetuoso y enérgico: «No quiero otra honrra ni otra »gloria; no otras riquezas, no otro padre ni madre, no otros deudos »ni parientes; de dia estaré en mi cámara, de noche en aquel »parayso dulce, en aquel alegre vergel, entre aquellas suaues plan- »tas e fresca verdura» (Aucto XIV). Pero basta que tales ráfagas pasen por su cabeza, para convencernos de que la *Celestina* no es libro de alegre frivolidad, sino de profunda y triste filosofía, y que su autor tuvo ciertamente un propósito moral al escribirle. Singular parecerá esto a quien sólo de oídas o por algún fragmento conozca la renombrada *tragicomedia*, pero no lo parecerá tanto a quien la haya estudiado con sosiego crítico. No han sido hombres de laxa moral sus más fervientes panegiristas, aun sin acudir al místico Clarus (Guillermo Volk), amigo y prosélito del gran José de Görres.[1] Fernando Wolf, que no era sólo eminente eru-

---

[1] Fué de los primeros que en Alemania hicieron plena justicia a la *Celestina*, dedicándola un extenso análisis con traducción de varias escenas,

dito, sino varón muy respetable y de severas costumbres, se indignaba contra los que achacan a la *Celestina* tendencias inmorales y sentido vulgar. Aun las escenas que hoy nos parecen libres y desenvueltas tenían a su juicio menos peligro que la ambigüedad y la velada concupiscencia de los modernos. No dejaba por eso de convenir en que no es obra muy adecuada para los colegios de señoritas. [1]

Puede haber algo de candor germánico en esto, y las consecuencias nos llevarían demasiado lejos. Pero en el fondo tiene razón Wolf. Dada la libertad (él la llama *ingenuidad*) con que la literatura de la Edad Media representaba las relaciones sexuales, la *Celestina* parece menos escandalosa que otras muchas obras. No llega a los torpes lenocinios y a la impura sugestión de los cuentos de Boccaccio. Las escenas libidinosas no son el objeto principal ni están detalladas con morosa delectación, sino que nacen del argumento y eran inevitables dentro de él. Las conveniencias sociales y el decoro de las palabras cambian según los tiempos, y no hay que hacer un capítulo de culpas al bachiller Rojas por haber estampado en su libro frases y conceptos que hoy nos parecen indecorosos o de baja ralea, pero que entonces usaba sin escrúpulos todo el mundo. A un hombre tan severo como Zurita le parecía la *Celestina* libro escrito con honestidad.

Pero, aun concedido todo esto, la *Celestina* puede tener sus peligros para quien no esté muy seguro de contemplar las obras de arte con amor desinteresado. Cuanto más vigorosa y animada

---

y una característica y muy interesante, en su Manual, que traducido a tiempo hubiera evitado muchos tropiezos a los historiadores de nuestras letras.

Darstellung der Spanischen Literatur in Mittelalter von Ludwig Clarus. Mit einer Vorrede von Joseph v. Görres. Mainz (Maguncia), 1846. PP. 357-406.

[1] «Es ist wahr, dass ein Verk, worin eine Kupplerin die Hauptrolle »spielt, worin mehrere Scenen ihren Verkehr mit liederliche Dirnen schil- »dern, sich nicht für ein Mädchenpensionat schickt. Wenn man aber be- »denkt, mit welcher Naivetät das Mittelalter überhaupt gesschlechtliche »Verhältnisse darstellt, wie bei den Südländern insbesondere noch jetzt selbst »ehrbare Frauen keinen Anstoss nehmen, in dieser Beziehung *pan, pan* »*vino vino* zu nennen, so wird selbst durch einzelne Stellen und Scenen, die »darin nach unseren jetzigen Ansichten allzu frei und allzu nackt wären, »ein wahrhaft sittliches Gefühl sich minder beleidigt fühlen, als durch die »sanctionierten Zweideutigkeiten und die verhüllte Lüstternheit der Moder- »nen». (*Studien,* p. 288).

sea la representación de la vida, más participará de los peligros inherentes a la vida misma. Rojas, observador vigoroso, grave y lúcido,[1] no pensó ni podía pensar en la emoción personal de cada lector; pero esta emoción no en todos puede ser sana, por razones de edad, sexo y temperamento. Es claro que los tales no deben abrir la *Celestina*, y tengo por un grave error hacer ediciones populares de ella. La *Celestina* no puede ser nunca un libro popular, porque la misma perfección y hermosura de su forma, los largos discursos y la sintaxis arcaica ahuyentan a los lectores vulgares y a los mozalbetes distraídos. Por otra parte, a tal grado de desenfreno ha llegado la novela moderna, y de tal modo han viciado el gusto y el corazón sus abominables producciones, que obras como la *Celestina* parecen ya sosas, cándidas y primitivas a los que se regodean con la pintura de las más innobles aberraciones de la carne.

Pero, en suma, la *Celestina* no es irreprensible ni mucho menos en sus detalles. No lo es siquiera en su concepto general, por lo mismo que se presta a varias interpretaciones. Aun admitida la que yo propongo, es cierto que se cumple, exteriormente al menos, la ley de expiación; pero lo que se halla en el fondo es un pesimismo epicúreo[2] poco velado, una ironía transcendental y amarga. La inconsciencia moral de los protagonistas es sorprendente.

---

[1] Palabras con que perfectamente le caracteriza el señor Fitz-Maurice Kelly, en su bello prólogo a la *Celestina* inglesa de Mabbe: «The work is the product of a mind vigorous, grave, lucid, shackled by few prejudices or opinions, alert to impressions, stored with a large experience of life and men, their occassions, foibles, and pittfalls... Richly dowered with the sense of the romance, the mystery, and the passions of existence, Rojas stands apart from the buoyant hope of youth and from the ecstasy of love: he describes and analyses from without» (PP. 25-26). En lo que va un poco lejos es en suponer que Rojas era un artista puro, que no se proponía ningún fin moral: «he is an artist, not a moralist», comparándole con algunos modernos como Flaubert y Guy de Maupassant. No es fácil concebir un artista de este género a fines del siglo xv, ni siquiera en Italia. Bueno o malo tiene su fin moral la *Celestina*, y el autor no pierde ocasión de inculcarlo.

[2] Junto de intento esas dos palabras, porque la filosofía de Epicuro, de la cual suele hablarse de oídas, es profundamente triste, sobre todo en los versos de su gran intérprete romano, que es uno de los precursores más legítimos de la melancolía romántica.

Viven dentro de una sociedad cristiana, practican la devoción exterior, pero hablan y proceden como gentiles, sin noción del pecado ni del remordimiento. Calisto y Melibea van atraídos el uno al otro por irresistible impulso. Ni una sola vez hablan del matrimonio en sus coloquios. Para ellos no existe, o le consideran, según la errada casuística provenzal y bretona, como una institución por todo extremo inferior a la libre y delirante unión de sus almas y de sus cuerpos. Pero al mismo tiempo hacen una monstruosa confusión de lo humano y lo divino. Véase, por ejemplo, lo que dice Calisto en el aucto XII: «¡O mi señora e mi bien »todo! ¿Por qué llamas yerro a aquello que por los santos de Dios »me fue concedido? Rezando oy ante el altar de la Magdalena me »vino con tu mensaje alegre aquella solícita muger.» No son menos sorprendentes estas palabras del mismo Calisto cuando Sempronio va a llamar por primera vez a Celestina: «¡O todo poderoso, »perdurable Dios! tú que guias los perdidos e los reyes orientales »por el estrella precedente a Belén truxiste y en su patria los re-»duxiste, humildemente te ruego que guies a mi Sempronio en »manera que convierta mi pena e tristeza en gozo, e yo indigno »merezca venir en el desseado fin» (Aucto I).

No sabemos si este trastorno de ideas puede atribuirse al escepticismo religioso y moral en que solían parar las conversiones forzadas o interesadas de los judíos; pero tales profanaciones y blasfemias se explican, aun sin eso, por la espantosa anarquía de ideas y costumbres en que vivió Castilla durante el reinado de Enrique IV, que el bachiller Rojas refleja fielmente en su obra.

Su condición de converso debía hacerle más cauto que a otros en la pintura de tal libertinaje cuando recaía en gentes de iglesia, y, sin embargo, la sátira anticlerical es frecuente y muy cáustica en la *Celestina*. Sólo Gil Vicente y Torres Naharro, cristianos viejos los dos, dicho sea de pasada, le superan en esto. No quiero insistir en citas poco edificantes, aunque necesarias para mostrar este aspecto importante de la tragicomedia, y me limito a poner en nota un pasaje, que es por cierto de los mejor escritos que salieron de la pluma de Rojas.[1] El que haya leído los cánones del

---

[1] «*Lucrecia.*—Trabajo ternias, madre, con tantas moças, que es gana-»do muy penoso de guardar.
»*Celest.*—¿Trabajo, mi amor? Antes descanso e aliuio; todas me obe-

Concilio de Aranda (para citar un documento solo) no se escandalizará de la libertad de la pintura, ni la tendrá por calumniosa, dentro de los ensanches hiperbólicos de la poesía satírica. Téngase en cuenta, además, que es una corrompida y abominable mujer la que habla, y que se refiere a sus años juveniles, cuando el Santo Oficio no había comenzado todavía su obra de depuración por el hierro y el fuego, ni Cisneros había acometido la reforma de los claustrales, ni el espíritu profundamente religioso

»descian, todas me honrrauan, de todas era acatada, ninguna salia de mi
»querer; lo que yo dezia era lo bueno, a cada qual daua cobro... Mio era el
»prouecho, suyo el afan. Pues seruidores, ¿no tenia por su causa dellas?
»cauallleros viejos e moços, abades, de todas dignidades, desde obispos hasta
»sacristanes. En entrando por la Iglesia via derrocar bonetes en mi honor,
»como si yo fuera vna duquessa: el que menos auia de negociar conmigo,
»por mas ruyn se tenia. De media legua que me viessen, dexauan las Horas;
»vno a vno, dos a dos, venian a donde yo estaua, a ver si mandaua algo,
»a preguntarme cada vno por la suya. En viendome entrar se turbauan,
»que no hazian ni dezian cosas a derechas. Vnos me llamauan señora, otros
»tia, otros enamorada, otros vieja honrrada...

»*Sempronio.*—Espantados nos tienes con tales cosas como nos cuentas
»de essa religiosa gente e benditas coronas. Si que no serían todos.

»*Celes.*—No hijo; ni Dios lo mande que yo tal cosa leuante: que muchos
»viejos deuotos auia con quien yo poco medraua, e avn que no me podian
»ver; pero creo que de embidia de los otros que me fablauan. Como la cle-
»rezia era grande, hauia de todos, vnos muy castos, otros que tenian cargo
»de mantener a las de mi officio; e avn todavia creo que no faltan. Y em-
»biauan sus escuderos e moços a que me acompañassen, e apenas era lle-
»gada a mi casa, quando entraban por mi puerta muchos pollos e gallinas,
»ansarones, anadones, perdizes, tórtolas, perniles de tocino, tortas de trigo,
»lechones; cada qual como recebia de aquellos diezmos de Dios, ansi le
»venia luego a registrar, para que comiesse yo e aquellas sus deuotas. Pues
»vino, ¿no me sobraua de lo mejor que se beuia en la ciudad, venido de
»diuersas partes: del Muruiedro, de Luque, de Toro, de Madrigal, de Sant
»Martin, e de otros muchos lugares? e tanto, que avnque tengo la differencia
»de los gustos e sabor en la boca, no tengo la diuersidad de sus tierras en
»la memoria, que harto es que vna vieja como yo, en oliendo qualquiera
»vino, diga de donde es. Pues otros curas sin renta; no era ofrecido el bo-
»digo, quando en besando el feligrés la estola, era del primer boleo en mi
»casa. Espessos como piedras a tablado entrauan muchachos cargados de
»prouisiones por mi puerta.» (Aucto IX).

La Inquisición dejó intacto este trozo aun en las ediciones expurgadas del siglo XVII, por lo menos en la de Madrid, 1619, que es la penúltima de las antiguas hechas en España.

de la Reina Católica había impuesto su sello al gran siglo que alboreaba.

Éticamente considerada la *Celestina,* se comprende muy bien que fuese mirada como libro de mal ejemplo por los graves moralistas de aquella centuria, que no eran por cierto frailes oscuros muchos de ellos. Sabido es el anatema de nuestro gran pensador Luis Vives en el cap. V, lib. I, de su tratado *De institutione christianae feminae,* que contiene una especie de catálogo de las novelas más leídas en su tiempo (1520). Allí juntamente con el *Amadís,* el *Esplandián,* el *Don Florisando,* el *Tirante,* el *Tristán,* el *Lanzarote, Páris y Viana, Pierres y Maguelona, Melusina, Flores y Blanca Flor, Curial y Floreta, Leonela y Canamor,* y en general toda la literatura caballeresca, figuran como en tabla censoria las *Cien novelas* de Boccaccio, el *Eurialo y Lucrecia,* las *Facecias,* realmente indecentísimas, de Poggio, la *Cárcel de Amor* y la *Celestina,* «*Celestina lena, nequitiarum parens*». Todos estos libros quiere que sean cuidadosamente apartados de manos de la mujer cristiana, y a nadie parecerá excesivo rigor respecto de algunos, aunque otros hay bien inocentes. Lo que resulta injusto y durísimo es calificar, en montón, de hombres ociosos, mal ocupados, ignorantes y encenagados en los vicios *(homine otiosi, male feriati, imperiti, vitiis ac spurcitiae dediti)* a los que tales libros compusieron, como si no figurasen entre ellos los insignes humanistas Boccaccio y Eneas Silvio. [1]

Pero ¡cosa singular y poco advertida! El filósofo valenciano, que en 1529 incluía la *Celestina* en su edicto de proscripción, la celebraba en 1531 como obra más sabiamente compuesta que las fábulas de los poetas cómicos de la antigüedad, sobre todo por lo ejemplar del desenlace que pone al goce de los amantes acerbo y trágico fin, y no festivo y alegre como en el teatro greco - latino. [2]

---

[1] *Joanis Ludovici Vivis Valentini Opera Omnia,* tomo IV de la edición de Valencia, 1783, pág. 87. He transcrito el pasaje en el primer tomo de estos *Orígenes.*

[2] «Venit in scenam poesis, populo ad spectandum congregato, et ibi »sicut pictor tabulam proponit multitudini spectandam, ita poeta imaginem »quandam vitae; ut merito Plutarchus de his dixerit, «Poëma esse picturam »loquentem, et picturam poëma tacens», ita magister est populi, et pictor, »et poeta, corrupta est enim haec ars, quòd ab insectatione flagitiorum et »scelerum transiit ad obsequium pravae affectionis, ut quaecumque odisset

En esta observación, que no es sólo de literato, sino de moralista, ¿hemos de ver una retractación del juicio anterior? De ninguna manera. Luis Vives pudo seguir creyendo, como toda persona sensata, que la *Celestina*, con su fin moral y todo, no es libro para andar en manos de doncellas. En el *De institutione feminae* consignó su criterio pedagógico. En el *De causis corruptarum artium* habló como crítico, puesta la atención en la *Tragicomedia* y no en la clase de lectores que podía tener. No veo incompatibilidad alguna entre ambos textos.

Inútil es citar otros de autores menos famosos que reprueban las livianas escenas de la *Celestina* o *Scelestina*, como la llamaba el maestro Alejo de Venegas, para dar a entender que todo género de perversidad se encerraba en ella.[1] Pero el gusto nacional triunfó de todo, y la *Celestina*, considerada desde su aparición como una obra clásica, disfrutó de aquella especie de franquicia que a los clásicos de Grecia y Roma otorgan los más severos censores *prop-*

»poëta, in eum linguae ac stili intemperantia abuteretur: cui iniuriae atque
»insolentiae itum est obviam, primum a divitibus potentia sua, et opibus,
»hinc legibus, quibus cavebatur ne quis in alium noxium carmen pangeret:
»tum involucris coepit tegi fabula; paullatim res tota ad ludicra et in vulgum
»plausibilia, est traducta, ad amores, ad fraudes meretricum, ad periuria leno-
»nis, ad militis ferociam et glorias; quae quum dicerentur cuneis refertis pue-
»rorum, puellarum, mulierum, turba opificum hominum et rudium mirum
»quam vitia bantur mores civitatis admonitione illa, et quasi incitatione ad
»flagitia, praesertim quum comici semper catastrophen laetam adderent amo-
»ribus, etimpudicitiae; nam si quando addidissent tristes exitus, deterruisent
»ab iis actibus spectatores, quibus eventus esset paratus acerbissimus. *In*
»*quo sapientior fuit qui nostra lingua scripsit Celestinam tragicomoediam; nam*
»*progressui amorum, et illis gaudiis voluptatis, exitum annexuit amarissimum,*
»*nempe amatorum, lenae, lenonum casus et neces violentas: neque vero igno-*
»*rarunt olim fabularum scriptores turpia esse quae scriberent, et moribus ju-*
»*ventutis damnosa.*»

(De Causis Corruptarum Artium liber secundus).

J. L. *Vivis Opera*, ed. de Valencia, 99.

[1] Por ser de lo más antiguo no debe omitirse el de Fr. Antonio de Guevara, en el argumento de su *Aviso de Privados y Doctrina de Cortesanos* (Valladolid, por Juan Villaquirán, 1539), hoja 7ª sin foliar.

«Vemos que ya no se ocupan los hombres sino en leer libros, que es
»afrenta nombrarlos, como son «Amadís de Gaula», «Tristán de Leonis», «Pri-
»maleon», «Cárcel de amor» y *Celestina*, a los quales y a otros muchos con
»ellos se debria mandar por justicia que no se impremiesen ni menos se ven-
»diesen, porque su doctrina incita la sensualidad a pecar y relaxa el espiritu
»a bien vivir.»

ter elegantiam sermonis. En el notabilísimo dictamen sobre prohibición de libros que redactó como consultor del Santo Oficio el sabio y austero historiador Jerónimo Zurita, después de dejar a salvo toda la literatura antigua y las mismas novelas de Boccaccio en su original italiano, aplica la misma indulgencia a la *Celestina,* distinguiéndola cuidadosamente de sus imitaciones: «Ay »también algunos tratados que, aunque *escritos con honestidad,* »el subjecto son cosas de amores, como *Celestina, Cárcel de Amor,* »*Question de Amor* y algunos desta forma, *hechos por hombres* »*sabios;* algunos, quiriendo imitar éstos, han escrito semejantes »obras con menos recato y honestidad, como la *Comedia Flo-* »*rinea, La Thebayda, la Resurrection de Celestina* y *Tercera* y »*Quarta,* que la continuaron; estos segundos todos se deben vedar, »porque dizen las cosas sin arte y con tantos gazafatones, que nin- »gunas orejas honestas los deben sufrir. *De los primeros destos* »*digo lo mismo que de los de latin.*» Y lo que había dicho de los latinos pocos renglones antes era lo siguiente: «Paréceles a algu- »nos hombres pios que estos autores se veden, lo qual hasta aora »ningun hombre docto ha dicho, a lo menos para quitarlos de »las manos de todos, pues *aun a los niños se puede hoy muy bien* »*leer Plauto y las mas comedias de Terencio; para las prouectos* »*no puede aver cosa más consideradamente escrita...* Y pues estas »materias no las han de dexar los moços, mejor es que tengan »estos buenos auctores, donde ceuandose en la elegancia y virtu- »des de la poesia dellos se resfrien para otras... *Resoluiendome,* »*digo, que ninguno de los sobredichos autores latinos se debe vedar.*»[1]

Antes y después de este prudente consejo del príncipe de nuestros analistas, la Inquisición dejó correr libremente la *Tragicomedia,* que se imprimió en España treinta y cuatro veces por lo menos en todo el curso del siglo XVI y primer tercio del siguiente, sin contar con las numerosas ediciones hechas fuera.[2] Sólo en la centuria siguiente se decidió a expurgarla, castigando con

---

[1] *Revista de Archivos, Bibliotecas y Museos,* tercera época, tomo VIII, año 1903, págs. 219-220.

[2] La *Celestina* no figura ni en el Índice de Valdés (1559), ni en el de Quiroga (1583). Sólo la Inquisición de Portugal, que procedía con más rigor que la nuestra en estas materias, puso en su Índice de 1581 todas las Celestinas, «assi a de Calisto e Melibea, como a Resurreição ou Segunda Co-

cierto rigor las alusiones satíricas a las costumbres de los eclesiásticos y las hipérboles amorosas que frisaban con la blasfemia. Todo lo demás quedó intacto. La *Celestina* fué respetada como texto de lengua, y nuestra censura se hubo mucho más benignamente con ella que la italiana con el *Decamerón*. En realidad, no hay más edición expurgada que la de Madrid de 1632. Sus variantes son de poquísimo monto y no afectan a nada sustancial; después se hicieron algunas más, especialmente en el Expurgatorio de 1747. Sólo a fines del siglo XVIII y a principios del XIX, cuando se iban perdiendo todas las tradiciones castizas, los jansenistas hazañeros y mojigatos, que eran entonces dueños del moribundo *Santo Oficio*, prohibieron totalmente el libro, por edicto de 1º de febrero de 1793, reproducido en el último índice de 1805.[1] Por lo visto, los Arces, Llorentes y Villanuevas eran más fáciles de escandalizar y tenían los oídos más pudibundos que los Valdeses, los Quirogas, los Sardovales, los Pachecos y demás famosos inquisidores de la época clásica.

De la excelencia de la *Celestina* como obra de arte y tipo y modelo de prosa castellana, toda alabanza parece pequeña.[2] El moralista no puede menos de hacer muchas salvedades; el crítico apenas tiene que hacer ninguna:

---

media». Sin duda por eso no se conoce más edición hecha en aquel reino que la de Lisboa, 1540.

Vid. la reimpresión de los antiguos Índices, con que ha prestado gran servicio a la bibliografía la Sociedad Literaria de Sttutgart (tomo 176), *Die Indices Librorum Prohibitorum des sechzehnten Jahrhunderts gesammelt und herausgegeben von Fr. Heinrich Reusch*. Tübingen, 1886, pág. 358.

[1] *Suplemento al Indice Expurgatorio del año de 1790, que contiene los libros prohibidos y mandados expurgar en todos los Reynos y Señoríos del Católico Rey de España el Sr. D. Carlos IV, desde el edicto de 13 de diciembre del año 1789 hasta el 25 de agosto de 1805. Madrid, en la Imprenta Real,* año de 1805.

P. 9 «Calisto y Melibea (tragicomedia), impresa en Madrid en 1601, sin nombre de autor.»

Adelantados estaban los inquisidores en la bibliografía de la *Celestina*. No se equivocaban más que un siglo justo en cuanto a la fecha de su aparicion.

[2] Es sabida, aunque poco segura, la anécdota de don Diego Hurtado de Mendoza, que cuando fué de embajador a Roma no llevaba en su portamanteo más libros que el *Amadís* y la *Celestina*. Vid. tomo I de estos *Orígenes de la Novela*.

Libro a mi entender divi-
Si encubriera más lo huma-

dijo Cervantes por boca del *donoso poeta entreverado*.[1] Y el mismo severísimo Moratín, a pesar de su criterio rígido y estrictamente clásico, o quizá por la fuerza de este criterio mismo, habló de la famosa *Tragicomedia* en términos de entusiasmo que muy rara vez se escapan de su pluma: «Como la tragicomedia griega se »compuso de los relieves de la mesa de Homero, la comedia es- »pañola debió sus primeras formas a la *Celestina*. Esta novela »dramática, escrita en excelente prosa castellana, con una fábula »regular, variada por medio de situaciones verosímiles e intere- »santes, animada con la expresión de caracteres y afectos, la fiel »pintura de costumbres nacionales y un diálogo abundante en »donaires cómicos, fué objeto del estudio de cuantos en el siglo XVI »compusieron para el teatro. Tiene defectos que un hombre in- »teligente haría desaparecer, sin añadir por su parte una sílaba al »texto, y entonces, conservando todas sus bellezas, pudiéramos »considerarla como una de las obras más clásicas de la literatura »española.»[2]

---

[1] Sobre la inmoralidad de la *Celestina* se han escrito verdaderos desatinos, aun en libros de crítica literaria que han gozado de cierta nombradía. Adolfo de Puibusque, en su *Histoire comparée des Littératures Espagnole et Française* (París, 1843), premiada por la Academia Francesa, y que fué en su tiempo el Manual del hispanista a la violeta, llega a decir que la obra de Rojas «es una amalgama de *comedias* y *tragedias* de un cinismo repugnante», que «ninguna pluma, por hábil que fuese, podría honestamente analizar »las escenas subalternas», y, en suma, que el libro es «una *enciclopedia del »libertinaje*». Cualquiera creería que se trataba de las obras del Marqués de Sade o de la *Aloisia* de Nicolás Chorier. Asegura Puibusque, muy formal, que, a pesar de eso, hay *dos mil* sentencias morales sepultadas en este monstruoso drama, y que el autor mismo las había contado, por lo cual no puede dudarse de sus buenas intenciones. «Pero el escándalo fué tan espantoso que *los rayos de la Iglesia estallaron en seguida*. Algunas impresiones *clandestinas* (!) burlaron la vigilancia de la censura religiosa, pero por mucho tiempo *no pudo verificarse ninguna representación en público*.» No dice claro si de la *Celestina* o de cualquier otra pieza (Tomo I, págs. 195 y 201).

De este modo se escribía en Francia sobre nuestras cosas hace medio siglo. ¡Cuánto camino se ha andado desde entonces y cuántos hispanistas de verdad han surgido!

[2] *Obras de don Leandro Fernández de Moratín*, edición de la Academia de la Historia, 1830, tomo I, pág. 88.

Y aun sin eso ¿quién ha de negarle semejante título? ¿ni qué obra de la literatura española habrá que le merezca, si de buen grado no se otorga a la *Tragicomedia* del bachiller Fernando de Rojas? La minuciosidad académica del gusto de Moratín le hizo dar excesiva importancia a esos defectos de la *Celestina,* que, por lo mismo que son tan obvios y pueden borrarse de una plumada, poco significan para la apreciación del libro. Aun las pedanterías y citas absurdas sembradas en el diálogo, lejos de desagradarnos hoy, contribuyen al efecto cómico de ciertas escenas y al delicioso carácter de época que tiene todo el cuadro, mostrándonos cuáles podían ser los estudios y preocupaciones habituales de un bachiller aventajadísimo de las aulas salmantinas a fines del siglo XV, y cómo se fundían armoniosamente en su ingenio la observación directa de la vida contemporánea y el prestigio de la antigüedad clásica, que entonces parecía resurgir con segunda vida. Tales defectos son de los que, andando el tiempo, llegan a convertirse en excelencias, a lo menos para el curioso historiador de las vicisitudes de la cultura.

Si Cervantes no hubiera existido, la *Celestina* ocuparía el primer lugar entre las obras de imaginación compuestas en España. El juez más abonado del siglo XVI, el primer maestro de la prosa castellana en tiempos de Carlos V, declaró con fallo inapelable que «ningún libro hay escrito en castellano adonde la lengua esté »más natural, más propia ni más elegante.»[1]

El estilo y la lengua de la *Celestina* no son para tratados incidentalmente. Hoy la Estilística no es una dependencia de la Retórica, sino parte integrante y la más ardua y superior de la Filología. Para estudiar formalmente el estilo de un autor es preciso conocer a fondo el material lingüístico que emplea y haber agotado previamente todas las cuestiones de fonética, morfología y sintaxis que su obra sugiere. Nada de esto o casi nada se ha intentado respecto de la *Celestina,* cuya gramática y vocabulario exigen un libro especial. Sólo cuando la historia de nuestra lengua esté hecha por el único que puede y debe hacerla, por el que nos ha dado, con aplauso de propios y extraños, el primer manual de Gramática histórica, tendremos base firme para un

---

[1] Juan de Valdés, *Diálogo de la Lengua,* ed. Boehmer, pág. 415.

estudio de tal naturaleza. Ni mi vocación ni mis particulares circunstancias me permiten emprenderlo, y así tendrá que ser vago y sucinto lo que en esta parte diga.

La prosa no tiene orígenes populares como la poesía, a lo menos en las literaturas derivadas. Nace a veces de la poesía épica, y es su transcripción degenerada (nuestros *cantares de gesta* convertidos en fragmentos de crónicas). Pero con más frecuencia se amolda a un tipo literario preexistente en la lengua madre o en alguna otra que sostenga sus primeros y vacilantes pasos. Así nació la prosa castellana, con un visible dualismo entre el elemento oriental, muy influyente al principio, casi nulo después, y el elemento latino-eclesiástico, educador común de todos los pueblos de Occidente. En la gran labor de traducciones y compilaciones que nos legó la corte literaria de Alfonso el Sabio, no importan menos los libros del *saber de Astronomía,* el *Calila y Dina* y los *Engannos de mugeres,* los libros de proverbios y consejos, traducidos del árabe, que las *Partidas* y las dos *Estorias,* cuyas principales fuentes son latinas, sin duda alguna. Y como las versiones solían hacerse muy literales, y el organismo gramatical del árabe y del latín difieren tanto, no es maravilla que el tránsito del uno al otro, que a veces puede estudiarse en una obra misma, resulte violento y desmañado. Con todo eso se percibe ya en esta variadísima literatura *alfonsina* cierto conato de unidad, la aspiración a un tipo de lengua culta y cortesana. No en vano se preciaba el mismo rey de «endereszar él por sí» el estilo de sus colaboradores.

Este tipo persistió en sus rasgos fundamentales durante los siglos XIII y XIV, no sin recibir también notable influjo de la lengua francesa, mediante la cual se nos comunicaron obras de tanta importancia como la *Gran Conquista de Ultramar,* el *Tesoro* de Brunetto Latini y la *Crónica Troyana.* En medio de este período de tanteo y aprendizaje, surge como por encanto la figura del primer prosista español digno de este nombre, del primero que estampó su individualidad en la prosa. No fué verdadero innovador don Juan Manuel: la lengua que habla es la de su tiempo, pero la habla mejor que nadie, con cierto gusto personal e inconfundible, con talento de narrador ameno y fácil, con elegante y cándida malicia. La construcción lenta y embarazosa de sus antecesores parece que se aligera en él y que va a romper las trabas conjuntivas. Faltó a don Juan Manuel la educación de humanista que tuvo su contemporáneo Boccaccio, y no pudo dar ambiente a su estilo ni amplitud a su dicción, ni mucho menos adivinar el ritmo del período prosaico, tal como le habían forjado los latinos y comenzaba a imitarse en Italia. Pero esta imitación tenía mucho de viciosa y pedantesca, y por haberse librado de ella don Juan Manuel conservan sus escritos una sabrosa llaneza y dulce naturalidad, que suelen echarse de menos en las redundantes cláusulas del novelista de Certaldo.

La orientación propiamente clásica tuvo un precursor en el canciller Ayala, no sólo en lo que toca a la materia y forma de la historia, sino en el estilo mismo, que denuncia a veces al asiduo lector de las *Décadas* de Tito Livio, aunque no pudiese disfrutarlas en su lengua original. Las traducciones hechas bajo los auspicios de aquel magnate abren una larguísima serie de ellas, que se dilata durante todo el siglo XV, derivadas unas del latín, otras del toscano y aun del catalán, útiles todas como instrumentos de vulgarización, pero ninguna como ejemplar de estilo. Con ellas cambia la faz de nuestra prosa, invadida y perturbada por el hipérbaton latino, de que hacen grosero y servil calco los alumnos de la detestable escuela de don Enrique de Villena, al mismo paso que inundan sus escritos de pedantescos neologismos, so pretexto «de »non fallar equivalentes vocablos en la romancial texedura, en »el rudo y desierto romance, para exprimir los angélicos concebi- »mientos virgilianos». Sigue tan extraviada dirección Juan de Mena, que considerado como prosista, es de lo peor de su tiempo, pero que por el prestigio de sus obras poéticas contribuyó a autorizar la obra de los latinizantes. Y no se puede negar que ésta trasciende mas o menos a todos los escritores de entonces, pero con diferencias muy esenciales, nacidas del ingenio de cada cual y de las diversas materias en que ejercitaron su pluma. Don Alonso de Cartagena, que con el trato de los humanistas de Italia se había acercado más que ninguno de sus compatriotas a la recta comprensión del ideal clásico, muestra un latinismo inteligente y mitigado, sobre todo en sus versiones de Séneca, de quien supo decir con mucha lindeza que, «puso tan menudas y juntas las »reglas de la virtud, en estilo elocuente, como si bordara una »ropa de argentería, bien obrada de ciencia, en el muy lindo paño

»de la elocuencia». Noblemente se inspiró en la literatura filosófica de la antigüedad el bachiller Alfonso de la Torre en su *Visión Delectable,* donde hay facundia y armonía y número más que en ninguna prosa de su tiempo. Juan de Lucena, en la *Vita Beata,* imitando, o más bien traduciendo a Bartolomé Fazio, pero con entera libertad de estilo, ensayó una nueva manera, muy viva, rápida y animada, desmenuzando la oración en frases concisas y agudas.

Pasada la crudeza del primer momento, no fué estéril, sino muy fecundo, el impulso latinista. La vía era larga y fragosa pero segura, y la torpeza de los operarios que comenzaron a abrirla no podía comprometer el éxito de la empresa. Si en los moralistas y didácticos, que suelen ser meros repetidores de lugares comunes, prevalecía la construcción afectada e hiperbática, en los historiadores, que trabajaban sobre materia viva y presente, la realidad actual penetraba dentro del molde antiguo y creaba páginas imperecederas, como algunas de la *Crónica de Don Alvaro de Luna,* y sobre todo las estupendas *Semblanzas* de Fernán Pérez de Guzmán, llenas de pasión y de brío.

Pero toda nuestra prosa anterior al Arcipreste de Talavera, sean cuales fueren los orígenes y fuentes de cada libro, es prosa erudita. La lengua popular no había sido escrita hasta entonces más que en versos de gesta y en la epopeya cómica del Arcipreste de Hita. Era necesario trasfundir esta sangre fresca y juvenil en las venas de la prosa, para que adquiriese definitivamente carácter nacional y reflejase el tumulto de la vida. Tal fué la empresa del autor del *Corbacho,* y no insistiremos en ella, puesto que ya en páginas anteriores procuramos caracterizar su estilo, cuya influencia sobre el de Rojas, es tan notoria. Pero como antecedente necesario de la evolución lingüística que Alfonso Martínez de Toledo realizó con instinto genial, es imposible omitir aquella compilación que el Marqués de Santillana formó de los *Refranes que dicen las viejas tras el fuego.* Si ese libro no hubiese existido, acaso ni el *Corbacho* ni la *Celestina* tendrían el carácter *paremiológico* que de tan singular modo los avalora. Aquellas reliquias del saber vulgar, aquellos aforismos de ignorados y prácticos filósofos, que por raro capricho recogió el poeta más aristocrático y culto del siglo xv, el más desdeñoso con la poesía del pueblo, vinieron a incrustarse en las más egregias obras del ingenio castellano, desde la *Comedia de Calisto* hasta el *Quijote* y la *Dorotea*. Pero no se niegue al Marqués de Santillana la gloria de haberse fijado antes que nadie en estas silvestres florecillas, ni al Arcipreste talaverano la adivinación del valor artístico que podían tener entretejidas en la maraña gentil de su prosa.

Lo que había sido en la corte de don Juan II preparación y ensayo, llegó en tiempo de los Reyes Católicos a adquirir la clásica firmeza de un verdadero Renacimiento, preparado por la disciplina gramatical de los humanistas italianos y españoles y engrandecido por la maravillosa expansión de la vida nacional. No es definitiva casi nunca la lengua de los escritores de entonces, pero contiene en germen todas las buenas cualidades que han de llegar a su punto más alto en la edad que, por excelencia, llamamos de oro. Y lo que la falta acaso de perfección técnica lo compensa con cierta gracia primaveral, que no suele darse más que una vez en las literaturas. Rojas es el mayor escritor de su siglo, y la *Celestina* tiene algo de grandioso y aislado; pero al mismo período corresponden otros monumentos de nuestra prosa: los *Claros Varones* y las *Letras* de Hernando del Pulgar, la *Cárcel de Amor* de Diego de San Pedro, en que a veces la expresión sentimental raya muy alto, y el *Amadís de Gaula*, que para la posteridad sólo existe en la forma que le dió el regidor Montalvo.

No se escribía ya por mero instinto o por imitación servil como en épocas anteriores. La lengua castellana, al fenecer el siglo XV, contaba ya con un código gramatical que no poseía ninguna otra de las vulgares, incluso el italiano. Claro es que los escritores de genio se crean su propia gramática, y la *Celestina* estaba escrita muy probablemente antes de 1492, en que apareció el *Arte de la lengua castellana* del Maestro Nebrija; pero la enseñanza oral de aquel gran varón, a quien Rojas conocería de seguro en el estudio salmantino, había empezado en 1474, y su método filológico, aplicado al latín, al griego y al castellano, no podía ser indiferente a persona tan culta como nuestro poeta. En todo el libro se percibe el deliberado propósito de escribir bien y con la mayor corrección posible. Pero esta corrección no es la de los tiquismiquis retóricos que pueden aprenderse por receta, sino la corrección fuerte y viril de quien es dueño de su estilo, porque domina la materia en que le emplea, no deformándola arbitrariamente, sino ajustándole a ella como se ajusta el vestido a los contornos de una estatua. Porque el estilo de la *Celestina*, con ser tan trabajado, no tiene trazas de afectación más que en los discursos y razonamientos; en el diálogo fluye natural y espontáneo, y aunque nos parezca un asombro que todos los personajes hablen tan bien, no por eso somos tentados a creer que pudiesen hablar de otro modo. No diremos que hablan como el autor, porque el autor es para nosotros un enigma. Hablan cada cual según su carácter, con la expresión exacta, precisa, impecable; pero todos propenden a la amplificación, que era el gusto de aquel tiempo y quizá el tono habitual de las conversaciones. El Renacimiento no fué un período de sobriedad académica, sino una fermentación tumultuosa, una fiesta pródiga y despilfarrada de la inteligencia y de los sentidos. Ninguno de los grandes escritores de aquella edad es sobrio ni podía serlo. Rojas lo parece por la prudente parsimonia con que enfrena y rige el corcel de su fantasía, por el tejido compacto de su dicción, por lo cortante de las réplicas y el hábil tiroteo de sentencias y donaires, por el uso continuo de frases cortas y desligadas que dan la ilusión del estilo conciso, Pero en realidad amplifica y repite a cada momento: toda idea recibe en él cuatro, cinco o más formas, que no siempre mejoran la primera. Esta superabundancia verbal se agrava considerablemente en la segunda forma de la tragicomedia, pero existía ya en la primitiva. Pondré un ejemplo tomado del aucto X: «Más »presto se curan las tiernas enfermedades en sus principios, que »quando han hecho curso en la perseueracion de su oficio; mejor »se doman los animales en su primera edad, que cuando es su »cuero endurecido para venir mansos a la melena; mejor crecen »las plantas que tiernas e nueuas se trasponen, que las que fruc- »tificando ya se mudan; muy mejor se despide el nueuo pecado, »que aquel que por costumbre antigua cometemos cada día.»

Los símiles son elegantes y apropiados, pero tanta repetición de una misma idea enerva el diálogo dramático. Juan de Valdés, que cifraba gran parte de su estilística en esta máxima: «que »digais lo que querais con las menos palabras que pudieredes, de »tan manera que splicando bien el conceto de vuestro ánimo y »dando a entender lo que quereis dezir, de las palabras que pusie-

»redes en una clausula o razon, no se pueda quitar ninguna sin
»ofender o a la sentencia della o al encarecimiento o a la elegan-
»cia»,[1] conoció que éste era el punto vulnerable de la *Celestina*,
«el amontonar de vocablos algunas veces fuera de proposito». El
otro defecto que señala no es tan frecuente: «Pone algunos vocablos tan latinos que no se entienden en el castellano, y en partes
adonde podría poner propios castellanos que los hay». Estas eran
las dos cosas que él hubiera querido corregir en la *Celestina* para
dejarla perfecta, y uno de los interlocutores del diálogo aconseja-
ba que lo hiciese,[2] idea que tuvo también Moratín, como queda
dicho. Pero, con perdón de tan severos jueces, los latinismos no
son tantos que empalaguen. Cualquier autor de aquel tiempo
tiene más que Rojas. Los que éste usa están generalmente puestos
en trozos y discursos de aparato, cuando los personajes quieren
levantar el estilo, como el conjuro de Celestina y los últimos razonamientos de Melibea y de su padre. Entonces es cuando aparecen el *pungido Calisto*, la *clientula*, el *incogitado dolor*, la *mens-
trua luna*, copiada de Juan de Mena, la fortuna *flutuosa*, el verbo
incusar varias veces repetido, la *castimonia de Penélope*, las *palabras fictas*, la *asueta* casa y otras pedanterías, si bien las tres
últimas no deben achacarse al autor, sino al que redactó las rúbricas o sumarios que van al principio de cada aucto.

Otros leves defectos tiene también esta prosa, nacidos, no de
incuria, sino de inexperiencia, y acaso de un error técnico. El oído
del bachiller Rojas estaba tan avezado a la cadencia de los versos
de arte mayor de su predilecto poeta Juan de Mena y al octonario
doble de los romances viejos, que a cada paso reaparecen estas
dos medidas en su prosa. De ambas daremos algunos ejemplos:

        Pone su estudio—con odio cruel...
        Pasos oigo; acá desciende—haz, Sempronio, que no lo oyes...
        Tener con quien puedan—sus cuytas llorar...
        Ensañada está mi madre duda tengo en su consejo...
                La dádiva pobre...
        De aquel que con ella—la vida te ofrece...
        E arrepentirse del don prometido...

---

[1] *Diálogo de la lengua*, ed. Boehmer, pág. 405.

[2] «*Martio.*—¿Por qué vos no tomais un poco de trabajo y hazeis esso?
»*Valdés.*—Demas estava.»

Todo esto sin salir del acto primero. En cualquiera de los otros puede hacerse la misma experiencia. En cambio, son rarísimos los endecasílabos, y éstos no a la manera italiana, sino con la acentuación que tienen los del *Laberinto,* que tanto han hecho cavilar a la crítica:

> Todo se rige con un freno ygual,
> Todo se prueva con igual espuela.
>
> (Aucto XIV).

Estos versos ocasionales pueden ser involuntarios, porque no están libres de ellos los prosistas más atildados y académicos. Pero lo que seguramente es intencionado en Rojas, y lo afecta como gala, es el aconsonantar la prosa en algunos trozos:

«*Melibea.*—Por Dios, sin más dilatar, me digas quien es esse »*doliente,* que de mal tan perplexo se *siente,* que—su passion e re- »medio—salen de una misma *fuente*» (Aucto IV).

«*Areusa.*—Assi que esperan *galardón,* sacan *baldón;* esperan »salir *casadas,* salen *amenguadas;* esperan vestidos e joyas de boda, »salen desnudas e *denostadas...* Obliganse a darles *marido,* quítan- »les el *vestido*» (Aucto IX).

La influencia de los refranes, y sobre todo la del Arcipreste de Talavera, que se parecía por la prosa rimada, explican la afición de Rojas a este ornamento, que en el primer ejemplo es de mal gusto y en el segundo se tolera y aun hace gracia por estar en un diálogo cómico.

A despecho de esos leves lunares, que sólo por curiosidad notamos, la *Celestina,* en su estilo y lenguaje, tiene un valor no relativo e histórico, sino clásico y permanente. Bastantes trozos de todos géneros hemos tenido ocasión de citar para que se forme idea de sus innumerables bellezas. Es el dechado eterno de la comedia española en prosa, y ni Lope de Rueda en el siglo XVI, ni el gran poeta que compuso la *Dorotea* en el XVII, ni Moratín en el XVIII, ni mucho menos los dramaturgos modernos (incluyendo al celebrado autor del *Drama Nuevo),* han llegado a mejorarle. Para todos guarda aún ejemplos y enseñanzas, que hoy más que nunca son necesarias si queremos impedir que bárbaras traducciones y adaptaciones perviertan el gusto de los autores originales y den al traste con nuestra prosa dramática, que, por raro privilegio, fué perfecta desde su cuna.

Si el autor de la *Celestina* pagó tributo alguna vez al gusto de su tiempo, enamorado todavía de lo crespo y ampuloso, esto es accidental y exterior en él: no imprime carácter. El mismo se burla donosamente de tales retóricas a renglón seguido de incurrir en ellas. El buen sentido del criado corrige las extravagancias del amo.

«*Calisto.*—Ni comere hasta entonces, avnque primero sean »los cauallos de Febo apascentados en aquellos verdes prados que »suelen, quando han dado fin a su jornada.

«*Sempropio.*—Dexa, señor, essos rodeos, dexa essas poesias, »que no es habla conveniente la que a todos no es comun, la que »todos no participan, la que pocos entienden. Di: «aunque se »ponga el sol», e sabran todos lo que dizes; e come alguna conser- »va, con que tanto espacio de tiempo te sostengas» (Aucto VII).

Cuando se leen tales palabras, y se recuerdan otras del *Diálogo de la lengua,* se comprende que Juan de Valdés, a pesar de su ascetismo, fuese tan *amigo de Celestina.* Allí está adivinada y practicada en parte, aunque con una exuberancia que él condena, su propia teoría del estilo. «El que tengo me es natural, y sin »afetazion ninguna escrivo como hablo; solamente tengo cuidado »de usar de vocablos que sinifiquen bien lo que quiero dezir, y »dígolo quanto mas llanamente me es possible, porque a mi pare- »cer en ninguna lengua sta bien el afetacion.» [1] Afectación hay en los personajes de Rojas cuando declaman o moralizan, como la hay en los episodios sentimentales del *Quijote* y en muchos alambicados conceptos de Shakespeare; pero en todo lo demás es sincero y verídico intérprete de la naturaleza y sabe encontrar muchas veces la expresión adecuada y única.

Parte interesante en el estudio de toda obra maestra es su bibliografía, porque nos da a conocer el grado de su difusión e influjo en el mundo. Pero la de la *Celestina* es tan vasta y compleja, que por sí sola reclama un libro, como el que prepara el señor Foulché-Delbosc hace años. Entretanto, sólo muy imperfectamente pueden suplir su falta el *Catálogo* de Salvá y el del malogrado Krapf, que es más completo y noticioso y comprende las traducciones extranjeras, omitidas por su predecesor. Aquí me

---

[1] *Diálogo de la lengua,* ed. Boehmer, pág. 402.

limitaré a recordar algunos textos, que no sólo por su rareza sino por alguna curiosidad literaria o tipográfica son dignos de especial mención.

Hasta ochenta ediciones en lengua castellana ha catalogado el señor Krapf, a cuya lista habría que añadir algunas de que no tuvo noticia y cercenar otras que no existen o son muy dudosas, pero no creo que la cifra total pueda cambiar mucho. De estas ediciones, 62 corresponden al siglo XVI: número enorme y muy superior a las que tuvo el *Quijote* en la centuria de su aparición, pues sólo llegan a 27 las catalogadas por Rius.

Largamente hemos tratado, en el presente estudio, de las primitivas ediciones de 1499, 1501 y 1502, que son las que tienen verdadero interés para fijar las dos formas del texto. No hemos conseguido ver la de Zaragoza, 1507, de la cual se dice copia (y no dudamos que lo sea, aunque descuidada y modernizada en la ortografía) la reimpresión barcelonesa de Gorchs (1842). La más antigua de las que nuestra Biblioteca Nacional posee es la de Valencia, 1514, por Juan Joffre: ejemplar único, procedente de la librería de Salvá, y que reproduce, como es sabido, el colofón del hipotético volumen de Salamanca de 1500.

Grupo muy curioso forman las tres ediciones de Toledo, 1526; Medina del Campo, sin año, y Toledo, 1538, porque en ellas la *Celestina* tiene veintidós actos, según se anuncia desde la portada: «con el tratado de Centurio y *Auto de Traso*». Este auto, aunque no mal escrito, es cosa pegadiza e impertinente, en que para nada intervino Fernando de Rojas. El nombre de su verdadero autor se declara en el *argumento* de dicho *auto*, que en esas ediciones tiene el número XIX: «Entre Centurio e Traso, publicos ru- »fianes, se concierta una leuada por satisfacer a Areusa e a Elicia, »yendo Centurio a ver a su amiga Elicia. Traso pasa palabras »con Tiburcia, su amiga, y entreviniendo Terencia, tia de Tibur- »cia, mala e sagaz muger, entrellos trayciones e falsedades de una »parte e otra se inuentan, como parece en el proceso de este auto: »*El qual fue sacado de la comedia que ordenó Sanabria*». No sabemos quién fuese este Sanabria, ni se ha descubierto hasta ahora su comedia, que a juzgar por este *auto* debía de ser una imitación bastante servil de la *Celestina*, escrita en prosa como su modelo.

Hasta 1531 no encontramos fuera de España ediciones de la

Celestina, a no ser que fuese estampada en Venecia, como por todo género de indicios tipográficos parece, la que lleva el colofón de Sevilla, 1523, notable, entre otras cosas, por haberse suprimido, ignoramos con qué fin, la quinta octava de Alonso de Proaza que indica el modo de encontrar el nombre del autor. Las ediciones incuestionablemente venecianas, que fueron cuatro por lo menos, empiezan con la de 1531, en que hizo oficio de corrector el clérigo Francisco Delicado, famoso autor de la *Lozana Andaluza*. Él mismo nos declara su patria, aunque no su nombre, en el colofón, sobremanera curioso, de la citada *Celestina:* «El libro presente, agrada»ble a todas las estrañas naciones, fue en esta ínclita ciudad de »Venecia reimpreso por miscer Juan Batista Pedrezano, mercader »de libros, que tiene por enseña la Tore *(sic)* : iunto al puente de »Rialto, donde está su tienda o botica de diversas obras y libros, »a petición y ruego de muy muchos magnificos señores desta pru»dentissima señoria. Y de otros muchos forasteros, los quales »como el su muy delicado y polido estilo les agrade y munchos »mucho la tal comedia amen, maxime en *la nuestra lengua Ro*»*mance Castellana que ellos llaman española,* que cassi pocos la »ygnoran; y porque en latin [1] ni en lengua Italiana no tiene ni »puede tener aquel impresso sentido que le dio su sapientissimo »autor; y tambien por gozar de su encubierta doctrina encerada »*(sic)* debaxo de su grande y maruilloso ingenio, assi que auiendo »le hecho coregir *(sic)* de muchas letras que trastrocadas esta»uan (ya de otros estampadores), lo acabó este año del Señor »de 1531, a dias 14 de Otobre. Reinando el inclito y serenissimo »Principe miscer Andrea Griti Duque clarissimo. El corrector, »que es de la Peña de Martos, solamente corrigio las letras que »malestauan.» Parece que tomó por texto la edición de Sevilla, año 1502, cuyo colofon métrico conserva. No es cierto que introdujese variantes caprichosas ni en esta edición ni en la de 1534, »reimpresa por maestro Estephano da Sabio impressor d'libros »griegos, latinos y españoles muy corregidos». Lo que hizo en la segunda fué añadir, dando ya su nombre, unos rudimentos de

---

[1] De este pasaje puede inferirse que existió una versión latina anterior en un siglo a la de Gaspar Bath, pero no encuentro ningún otro dato que compruebe el dicho de Francisco Delicado.

ortología para uso de los italianos: «Introduccion que muestra el »Delicado a pronunciar la lengua española.»

Las ediciones de Delicado son todavía de letra de tortis, y llevan grabados en madera tan toscos y sin expresión como los españoles que les sirvieron de modelo. Las dos de Giolito de Ferraris (1553 y 1556) carecen de ellos y están impresas en lindo carácter cursivo, con la novedad de haber sacado al margen los nombres de los interlocutores y poner en versalitas algunos de los refranes. Cuidó de ambas ediciones, que en rigor son una misma, el español Alfonzo de Ulloa, traductor ambidextro y fecundo editor de libros castellanos e italianos. Es singular que en el prólogo hable únicamente de Juan de Mena y Rodrigo Cota y no mencione para nada a Rojas, a pesar de reimprimir el acróstico y las octavas de Proaza. Pondera demasiado su propio trabajo, que no pasó de enmendar algunas erratas.[1] En el prólogo anuncia pomposamente «una Gramática y un Vocabulario en Hes- »pañol, y en Italiano, para más instruction de los que studian

---

[1] «Y al cabo de hauerla visto y notado bien, hallé que ni en Hespaña, »ni en Flandes, ni en otras partes no la hauian dado al mundo como conue- »nia. Porque la vi oppressa de dos faltas muy principales: la una mal corre- »gida, y sin ninguna ortographia (que es por cierto falta muy grande en un »libro), y la otra, siendo comedia como lo es, que la hayan impreso, no como »comedia, sino como historia, o otra cosa semejante; prosiguiendo siempre »desde el principio del Aucto hasta el fin, sin poner en la margen los inter- »locutores, que de passo en passo uan hablando: que a mi uer es un impor- »tante error en el tal libro, y se le ha hecho gran sin razon; pues veemos que »las comedias de Terencio y de Plauto y d'otros han sido y estan impressas »con muy gentil orden, es a saber, que cada persona que en la comedia va »hablando, tiene su nombre puesto en la margen, y donde acaba el uno, »no prosigue alli luego el otro, sino que comiença nueuo renglon con el »nombre a fuera (dado que aquellas sean Latinas y que por sus auctores »hayan sido scriptas en verso), y esto mesmo han usado y usan los Italianos »en las suyas... Por lo qual, ya que nadie no ha mirado en esto, o si lo »ha, no ha puesto remedio, me atrevi yo a tomar la mano, y ser el primiero »(sic) que en tal guissa la hiziese imprimir, creyendo (como creo) hazēr »grato seruicio a mi nacion, y assi hallandome en Venecia la corregi en todo »lo que convenia (no digo que le haya mudado ningun uocablo antiguo, que »todos se los he dexado como los compuso el auctor, juzgando ser temeridad »haziendo al contrario, sino que la he emendado de los errores de la stam- »pa, y con summa diligencia hecho imprimir a manera de comedia, a fin »que de todos fuesse bien lehida y entendida como conuiene.»

»la lengua». Pero lo que llama *gramática* son las reglas de pronunciación de Delicado, a quien plagia sin nombrarle. Lo que sí le pertenece, y es trabajo curioso que da realce a esta edición, es «un vocabulario, o exposition Thoscana de muchos vocablos Cas- »tellanos contenidos casi todos en la Tragicomedia de Calisto y »Melibea», de la cual dice que «es en nuestro idioma lo que las »novellas de Juan Boccaccio en el Thoscano».

Así como el mercado de Venecia surtía a Italia de *Celestinas,* el de Amberes las difundía por el centro de Europa. Se conocen, por lo menos, ocho de aquella ciudad flamenca, siendo la más antigua la de 1539, que sigue el texto de las de Delicado. Las restantes, impresas en casa de Nucio o de Plantino, forman una familia distinta, que se prolonga hasta 1599 por lo menos, y que tuvo el mérito de conservar el texto íntegro cuando ya en España comenzaba a expurgarse. Son de elegante aspecto, pero tienen bastantes erratas.

Sevilla y Salamanca son las ciudades españolas donde más veces se imprimió la *Celestina;* once por lo menos en la primera, ocho en la segunda. Siguen Barcelona y Alcalá de Henares con cinco respectivamente, Valencia, Toledo y Zaragoza con cuatro, Burgos con tres, Medina del Campo con dos, Cuenca, Tarragona y Lisboa con una sola.

Todas, sin excepción, son raras y deben guardarse con aprecio. Las posteriores a 1563 se dicen «corregidas y emendadas de muchos errores», pero es muy poco lo que enmiendan, salvo la de Matías Gat (Salamanca 1570), que parece hecha con algún cuidado. [1]

Esta profusión de ediciones en el siglo XVI contrasta con la pobreza del siguiente, que sólo nos ofrece siete, tres de ellas extran-

---

[1] Algunas enmiendas de nombres clásicos son felices, porque el corrector tomó el buen camino de recurrir a las fuentes. Así en el acto primero, en vez de *Eras o Crato,* médicos, que dicen las primeras ediciones o de *Crato y Galieno,* como se enmendó caprichosamente en algunas de las sucesivas, puso *Erasistrato,* y en vez de *piedad de Silencio, piedad de Seleuco,* «porque allí toca la historia del Rey Seleuco, que por industria del médico »Erasistrato concedió por paternal piedad su propia mujer al unico hijo »que por amores della casi al punto de la muerte habia llegado. Cuéntalo »largamente Luciano en su *Dea Syria,* y tócalo Valerio Máximo, lib. V, »capítulo VII».

Amarita hizo mucho uso de esta edición para la suya.

jeras: una en Amberes, una en Milán [1] y otra bilingüe de Ruán, acompañada de traducción francesa (1633). La que se dice de Pamplona, por Carlos Labayen, es esta misma con falso pie de imprenta para introducirla en España. Quedan como únicas ediciones positivamente españolas, la de Zaragoza, 1607, y tres de Madrid, en 1601, 1619 y 1632. Esta última tiene dos circunstancias dignas de repararse: la de haber sido formalmente expurgada *conforme al Expurgatorio nueuo de* 1632, y la de consignar en la portada el nombre del bachiller Fernando de Rojas, ejemplo que siguió inmediatamente el editor de Ruán.

En todo lo restante de aquel siglo no volvió a imprimirse la *Celestina,* fenómeno que puede atribuirse a varias causas. Algo pudo influir en ello la Inquisición, pues aunque dejara correr con leve expurgo las ediciones del siglo XVI, quizá se hubiera opuesto a que siguieran multiplicándose. Pero la principal razón hubo de ser el cambio del gusto, la exuberancia de la producción dramática y novelesca, que había llevado al ingenio español por otros rumbos y ofrecía a los hombres del siglo XVII alimento más adecuado a sus inclinaciones. La *Celestina* era todavía compatible con el arte de Cervantes, de Quevedo, de Lope, de Tirso, puesto que le contenía en germen, pero no era compatible con los Góngoras, Calderones y Gracianes. Cuando triunfaron los cultos, los discretos y sutiles, y se prefirió el estilo almidonado a la ejecución franca y vigorosa, pocos paladares pudieron gustar con deleite aquel fruto sabrosamente agrio del árbol nacional. [2]

---

[1] Es de 1622, «a costa de Juan Baptista Bidelo». Tiene una curiosa dedicatoria del editor italiano, en que se nota la influencia de la Celestina en la novela picaresca: «Aunque muchas vezes oy alabar de grandes y letra»dos varones a la Tragicomedia de Calisto y Melibea, y por esso yo tuuiesse »inclinacion muy de veras a la imprimir, con todo esso estoruauame mucho »ser ella escrita en habla extrangera, que acarreaua algunas dificultades... »y verdaderamente es este libro el abundante fuente de que se derramaron »aquellos limpios arroyos de la vida del Picaro Guzman, la Picara Monta»ñesa y la Hija de Celestina; luego si ellos tanto agradan a todos los que »entienden essa lengua, y tienen doctrina, cómo no mucho más agradará esse »tan lleno de moral filosofia y dichos tan sentenciosos y sabios?»

[2] Pobremente apreció la *Celestina* Baltasar Gracián, aunque no deja de colocarla en el *Museo del Discreto* (crisis IV, parte 2ª de *El Criticón*): «De la *Celestina* y otros tales, aunque ingeniosos, comparó sus hojas a las »del perejil, para poder pasar sin asco la carnal grosería.» En el discurso 56

Y menos todavía en el siglo XVIII, cuya labor científica es tan respetable, pero que en literatura produjo poco bueno, y eso en sus postrimerías. Los eruditos preceptistas y críticos que más nombre tuvieron en aquella centuria, Luzán,[1] Nasarre,[2] Ma-

---

»de la *Agudeza y Arte de ingenio* vuelve a citar «la ingeniosísima Tragicomedia »de Calisto y Melibea», llamando a su autor con evidente despropósito «el »encubierto aragonés». ¿Le confundiría acaso con su primer imitador don Pedro Manuel de Urrea, cuya *Égloga* pudo leer en su *Cancionero*, imaginando que era uno mismo el autor de los dos textos en verso y en prosa? De todos modos, Gracián demuestra muy poca familiaridad con la *Celestina*, cuando la menciona en compañía de libros tan heterogéneos como los *Raguallos del Parnaso*, de Boccalini, y las *Carrozas de las Heroidas*, de don Álvaro de Luna, que supongo que será el *Libro de las claras y virtuosas mujeres*, confundido en la memoria del jesuíta aragonés con el *Carro de las donas*, de Eximeniz.

Aunque en términos tan extravagantes, Gracián, es acaso el último crítico del siglo XVII que habla de la *Celestina*, olvidada por completo en la *República Literaria* de Saavedra Fajardo (donde también se hace caso omiso del *Quijote*), y lo que es más singular, en el *Hospital das letras* de don Francisco Manuel de Melo, la más copiosa revista bibliográfica que de aquella época conocemos.

[1] Manifiesta conocer, además de la primitiva, la *Segunda Celestina*, de Feliciano de Silva, la *Tragicomedia de Lisandro y Roselia*, la *Policiana*, la *Florinea* y la *Selvagia*. «La *Celestina* (añade) se imprimió muchas veces »dentro y fuera del Reyno, y sin embargo es rara; las demás, que se han »impreso menos veces o una sola, rarísimas; y conviene lo sean todas, por»que su misma *pureza de estilo, facilidad del diálogo y expresión demasiado »viva en las pasiones de los enamorados, y de las artes de rufianes y alcahuetas, »hacen sumamente peligrosa su lectura.»

(*La Poética o Reglas de la Poesía en general y de sus principales especies...* 2ª edición, imprenta de Sancha, 1789, tomo II, pág. 43).

[2] En la extraña *Disertación* que antecede a las *Comedias de Cervantes*, reimpresas en Madrid, 1749, por Antonio Marín, escribió Nasarre lo siguiente: «Los hombres de juicio, que leían y observaban la naturaleza y los »primores ve los autores Griegos y Romanos, conocieron quán apartados es»taban del buen gusto y de la cordura, y detestaron del abuso que se hacía »del Diálogo para corromper el corazon y el juicio. Por esso escribieron Diá»logos que llamaron Comedias, pero muy largos e incapaces de representar»se. Los Portugueses se aplicaron mucho a esta composición (a), pero no nos »faltan Comedias de este jaez, de las cuales se pueden sacar pinturas y re»tratos al natural: caracteres y pinturas puestas a todas luces para repre-

[a] No sé que nadie la cultivase más que Jorge Ferreira de Vasconcellos, puesto que las comedias en prosa de Sá de Miranda y Antonio Ferreira son meras imitaciones de las italianas.

yans,[1] Velázquez,[2] el mismo Jovellanos,[3] tuvieron palabras de justo aprecio para la *Tragicomedia,* aunque deplorando el daño que podía producir su lectura. Las ideas que entonces generalmente dominaban sobre preceptiva dramática eran más conciliables con la *Celestina* que con la comedia llamada por excelencia española; pero nadie antes de Moratín fijó con precisión el carácter de aquella fábula inmortal ni su puesto único en la historia del teatro.

»hender agradablemente lo vicioso y ridículo de los hombres, y apartarlos
»assi del mal camino, enseñando la moral buena e introduciéndola suave-
»mente; avergonzando al vicio, que se pinta en otros, y tal vez es el mismo
»retrato de quien lo rie. Las comedias *Florinea, La Selvagia, La Celestina,*
»*La Eufrosina,* son admirables en esta clase, y pudieran tener buen uso si
»se enmendassen algunos passages de ellas demasiadamente lascivos y malig-
»nos, en los quales se muestra la deshonestidad del todo desnuda, con el
»pretexto de azotarla».

[1] «Las mejores comedias que tenemos en español, que son *La Celestina*
»i *Eufrosina,* están escritas en prosa *(Vida de Miguel Cervantes Saavedra,*
»5ª impresión Madrid, 1750, pág. 185).

Es singular que en su *Retórica* no cite Mayans la *Celestina,* aunque sí la *Eufrosina* y la *Ulisipo* de Jorge Ferreira, y *El Celoso,* de Velázquez de Velasco, a quien llama don Alonso de Uz (!).

[2] «Tal es la famosa *Celestina* o tragicomedia de Calisto y Melibea, en
»que hay descripciones tan vivas, imágenes y pinturas tan al natural y ca-
»racteres tan propios, que por eso mismo serían de malísimo exemplo si se
»sacasen al teatro.»

(Orígenes de la Poesía Castellana, por don Luis Josef Velázquez... Segunda edición, Málaga. Por los Herederos de don Francisco Martínez de Aguilar. Año de 1797, p. 83).

Sabido es que el insignificante librillo de Velázquez fué enteramente refundido por su traductor alemán Juan Andrés Dieze, profesor y bibliotecario de la Universidad de Gottinga, que hizo en sus notas la mejor historia de la literatura española que entonces podía escribirse. Sobre la *Celestina* tiene una nota muy interesante (fué, según creo, el primero que citó la edición de 1501). Da razón también de las primeras continuaciones, por lo cual tendremos que volver a mencionarle).

(Don Luis Joseph Velazquez Geschichte der Spanischen Dichtkunst. Aus dem Spanischen übersetzt. Von Johann Andreas Dieze... Göttingen, 1769, páginas 306-312).

[3] «Bástenos decir que a los fines de aquel siglo (el xv) teníamos ya en
»la *Celestina* un drama, aunque incompleto, que presenta no pocas belle-
»zas de invención y de estilo, dignas del aprecio, si no de la imitación de
»nuestra edad» *(Memoria sobre los espectáculos y diversiones públicas de España,* en el tomo I de las *Obras de Jovellanos,* ed. Rivadaneyra, p. 488).

Prescindiendo de estas simpatías literarias,[1] no hay duda que la *Celestina* había dejado de ser un libro popular. Los ejemplares de las antiguas ediciones, con haber sido tan numerosas, escaseaban mucho, y sabemos por algún testimonio contemporáneo que no faltaban beatos imbéciles que se dedicasen a destruirlos.[2] La libertad de su lenguaje contrastaba con la blanda mojigatería reinante que, sin fuerza para empedir la invasión de las malas ideas, tenía la suficiente para llenar la vida de molestias pueriles. El Expurgatorio de 1747 acrecentó el rigor de los anteriores, y así paso a paso, se llegó a la absoluta prohibición del edicto de 1793, reproducida en el Índice de 1805.

Pero a la Inquisición le quedaban pocos días de vida, y sus edictos, cada día menos acatados, sólo servían para despertar la codicia del fruto prohibido. Así fué que en el segundo período constitucional, a la sombra de la omnímoda libertad de imprenta, resurgió la *madre* Celestina después de un enterramiento de siglo y medio. La edición de 1822, impresa por don León Amarita, fué meritoria para entonces, y algún tacto crítico revela en la elec-

---

[1] No las encontramos sólo en Moratín, sino en algunos escritores de la escuela sevillana que representaban a principios del siglo XIX la más sensata y adelantada crítica española. Además del artículo de Blanco (White), impreso en 1823, aunque pensado seguramente mucho antes, merece algún recuerdo la 4ª de las *Lecciones de Literatura Española* de don Alberto Lista (Madrid, 1836, tomo I, pp. 49-62). Estas primeras tentativas de la crítica indígena no son para desdeñadas como algunos suponen. Menos disculpa tienen los eruditos posteriores, que cuando ya existían los brillantes juicios de Clarus, de Wolf, de Schack, de Lemcke, se limitaban a decir por todo elogio de la *Celestina*, que «estaba bien hablada» o que «tenía virtudes nada vulgares de estilo y lenguaje», lo cual puede decirse de tantos libros adocenados.

[2] En una carta del poeta salmantino Iglesias a Forner, publicada por don Leopoldo Augusto de Cueto *(Poetas líricos del siglo XVIII,* tomo I, página CXV), leemos el siguiente rasgo de un poetastro llamado don Ramón Caseda, hombre fanático y estrafalario: «Prestó un tal Villafranca un libro »a Caseda, éste a Meléndez, y Meléndez hízose prenda de él, *porque Caseda* »*le destruyó una Celestina, que tampoco era de Meléndez, sino del Maestro* »*Alba.* Caseda desafió a Meléndez porque no le daba el libro, y Meléndez »por fin se lo dió a Caseda.»

El Maestro Alba, dueño de la *Celestina* destruída por Caseda, era un religioso agustino «muy apreciado por su grande instrucción, su gusto deli- »cado y su ática urbanidad», según dice Quintana en la biografía de Meléndez.

ción de las variantes, pero son pocos los textos antiguos que se tuvieron presentes y no los mejores, siguiendo por lo general el de Salamanca, 1570, por Matías Gast. Fué autor del prólogo, y dirigió la parte literaria de la publicación, no el impresor Amarita, como generalmente se cree, sino el famoso traductor de Horacio, don Francisco Javier de Burgos, según me aseguró don Aureliano Fernández-Guerra habérselo oído al mismo Burgos en Granada.

Esta edición, que con más o menos precauciones siguió vendiéndose durante el reinado de Fernando VII, fué reimpresa por el mismo Amarita en 1835 y copiada servilmente en el tomo tercero de la *Biblioteca* de Rivadeneyra, 1846, de la cual se derivan otras varias que es inútil citar. Más apreciable que este texto ecléctico es el de Barcelona, 1841, por don Tomás Gorchs,[1] que al parecer nos da, aunque con ortografía modernizada, la lección de uno de los ejemplares más antiguos, el de Zaragoza, 1507, que poseyó don Manuel Bofarull. El prólogo y las notas fueron escritos por el literato tortosino don Jaime Tió.[2] En 1899, para festejar el centenario de la aparición de la *Celestina,* reimprimió lujosamente en Vigo el malogrado editor suizo don Eugenio Krapf la edición valenciana de 1514, con aparato de variantes, copiosa bibliografía y apéndices útiles. En 1900 exhumó el señor Foulché-Delbosc la edición de 1501, y en 1902 la de 1499. Cuando esté reimpreso con la misma exactitud el texto de 1502, tendrá base enteramente sólida la reconstrucción de la *Celestina,* y podrá hacerse de ella una edición crítica y filológica.

Las traducciones que en varias lenguas se hicieron de este

---

[1] Hay ejemplares que llevan la fecha de 1842 y la indicación de la librería de Manuel Sauri, pero es una mera variante comercial.

[2] El prólogo contiene algunas ideas críticas que tenían novedad entonces, como la comparación de Celestina con Yago: «En la *Celestina,* que »no es más que un pensamiento, un boceto delineado en quince días por una »mano inexperta, y el primer crepúsculo de un sol que se deja morir en su »oriente, vemos un carácter como el de Iago en la perversa tercera que se »presenta a Melibea, virgen que pierde su pureza por Celestina, como Otelo »pierde por Iago a Desdémona. Ambos caracteres pertenecen a un mismo »género, y ambos están sostenidos con tanto acierto, que no sabríamos a »quién dar la preferencia si la composición de Rojas no llevase más de dos »siglos y medio de antigüedad sobre la del poeta inglés» (Pág. VIII).

drama inmortal, ya en los siglos XVI y XVII, ya en tiempos modernos, tienen grande interés, no sólo como testimonio del universal aprecio del libro, sino por ser algunas de ellas insignes monumentos de sus respectivas literaturas. La *Celestina* ejerció, por medio de ellas, positiva influencia en los orígenes del teatro y de la novela, y convirtió en clásicos a algunos de sus intérpretes, como Wirsung y Mabbe.

La más antigua de estas traducciones, y fuente de varias otras, es la italiana del español Alfonso Ordóñez, familiar del Papa Julio II, hecha por invitación de la *Illustrissima Madonna Gentile Feltria de Campo Fregoso*. Fué acabada de imprimir en Roma, a 29 de enero de 1506, y compite en rareza con las más peregrinas ediciones españolas.[1] Aunque su título diga «de lingua casteliana in italiana nouamente traducta», no basta para que podamos inferir que hubiese otra traducción o edición anterior, porque el *novamente* puede tener aquí, como en otros casos, el sentido de *nuper* (poco ha, recientemente). Tampoco es argumento para probar que hubiese una edición de 1505 la última octava del traductor, con que termina la de 1560:

> *Nel mille cinquecento cinque appunto*
> *Despagnolo in idioman italiano*
> *E stato questo opuscul trasunto*
> *Dame Alphonso de Hordognez nato hispano.*
> Aistanzia di colei cha in se rasunto
> Ogni bel modo et ornamento humano
> Gentil feltria fregosa honesta e degna
> In cui vera virtu triumpha e regna.

Estos versos sólo dicen que Alfonso Ordóñez hizo la traducción en 1505, y seguramente en aquel mismo año comenzaría a imprimirse, aunque se acabara en los primeros días del siguiente. La versión de Ordóñez, notable por su fidelidad, se ajusta, con leves diferencias, al texto de las ediciones de 1502, en veintiún actos, sin que por ningún motivo pueda afirmarse que el intérprete conociera la forma primitiva de la tragicomedia, ni mucho menos aprovechase sus variantes.

---

[1] Poseo un ejemplar falto de la portada y de la cuarta hoja. El del Museo Británico está completo.

El haber aparecido esta traducción bajo los auspicios de una ilustre señora, que expresamente encargó de ella a un familiar del Papa,[1] indica que la *Celestina* no había de encontrar obstáculos para su difusión en la Italia del Renacimiento, que mal podía escandalizarse de nada. Hasta once veces fué reproducida en aquel siglo por las prensas de Venecia y Milán.[2] Su estudio hubiera podido ser muy útil a los dramaturgos del *Cinquecento,* pero los italianos de aquel siglo desdeñaban las literaturas vulgares y no reconocían más modelos que Terencio y Plauto, a los cuales sacrificaron su originalidad, que sólo conservan en los detalles de costumbres.[3] Ni siquiera puede sostenerse con probabilidad

---

[1] Así se consigna en la dedicatoria: «V. S. quale mossa da virtuoso de »siderio non per miei meriti ma per sua virtu se degnata uolerme pregare »douesse io tradure la presente tragicomedia intitulata di Calisto & Melibea »de lingua castigliana in italiano idioma acio che V. S. insieme con questa »degna patria doue questa opera non e diuulgata si possa allegrare di tante »e cosi degne sententie & auisi che sotto colore di piaceuolezze ui sonno. »Io adunque, uedendo che legitima obligazione di ubidire suoi preghi mi »constringe: quali a me sonno stati acceptabili commandamenti: e per sa»tisfare in parte al desiderio che di seruir quella continouamente mi spro»na: meritamente me hanno obligato a la executione di questa impressa: »quantunque sia tenuto manifestare ogni opera virtuosa maggiormente che »per il presente tractato a quelli che lo leggeranno retenendo per se le sen»tentie necessarie & le lasciue lassando grande utile ne uenga: e como gia »sia considerata mia insufficientia e le curiali e familiari occupationi.»

[2] La de Milán, 1514, se dice: «nouamente revista e correcta e a piu »lucida venustate reducta per *Hyeronymo Claricio, Immolese».* La de 1515, también de Milán, que por cierto fué hecha a expensas de un eclesiástico «impensis venerabilis presbyteri Nicolai de Gorgonzola» nos declara el nombre de otro corrector: «nouamente reuista e correcta per *Vicentio Minutia»no,* con quanta magiore diligentia se la metterai a parangone con l'altre »editioni senza dubio el conoscerai». No he cotejado ni ésta ni las demás que llevan anuncios no menos pomposos, pero dados los hábitos de los editores de aquellos tiempos, puede sospecharse que esas correcciones tendrán tan poca importancia como las de Delicado y Ulloa. La última *Celestina* italiana es de 1543.

[3] Son muy raras las alusiones a la *Celestina* en los eruditos y humanistas de Italia, pero un curioso pasaje de Giraldi Cintio parece indicar que tuvo imitadores: «In questo errore mi pare che trascorresse l'autore della »*Celestina* spagnuola, mentre volle ella imitare la comedia *archea,* già sban»dita come biasimevole da tutti i teatri; ne pure incorse in questo errore, »ma in molti altri, non solo nell' arte ma nel decoro ancora, degni da essere »fuggiti da chi lodevolmente scrive, ancora *che non vi siano mancati di quelli*

que el admirable rufián Centurio y las innumerables copias que hay de él en todas las imitaciones de la *Celestina* influyesen directamente en la creación del tipo grotesco del capitán fanfarrón y matamoros que invadió la escena italiana, si bien tengan algunas semejanzas, derivadas de su común origen, que ha de buscarse en los Pyrgopolinices y Trasones de la antigüedad. Además, ni Centurio, ni Galterio, ni Pandulfo, ni Brumandilón, ni Escalión son capitanes, ni sus bravezas, fieros y rebatos tienen que ver con la honrada profesión militar, sino con la torpe vida lupanaria. La verdadera pintura de las costumbres del campamento está en la *Comedia Soldadesca*, de Torres Naharro, que precisamente fué escrita y representada en Italia. El tipo italiano, que degeneró muy pronto en caricatura grotesca del soldado español, el más temido y más odiado en aquella península, se explica por sí mismo y por las circunstancias históricas en que nació. Generalmente habla en castellano, y lleva nombres archirretumbantes, como «el capitán Cardona Matamoros, Rajabroqueles, Sangre y Fuego». Era, en suma, un género equivalente a las *Rodomontadas* españolas, tan gratas a los franceses. Algunos de los que componían estas farsas habían leído la *Celestina* y plagian frases de Centurio. Así, por ejemplo, el cómico napolitano Fabricio de Fornaris, en su *Angélica*, representada en París el año 1584, hace

---

»*che la si hanno proposta per esempio,* intendendo più a quei giuochi spagno-»li, che alla convenevolezza della favola».

El error que achacaba Giraldi Cinthio al autor de la *Celestina* era que dejaba demasiado patente el artificio dramático: «portando negli occhi e »nelle orecchie degli ascoltanti l'artificio, il quale vuole essere celato sotto »il naturale, che altrimenti diviene ogli tedioso e spiacevole».

Scritti Estetici di Giambattista Giraldi Cintio (Milán, 1864, en la *Biblioteca Rara* de Daelli), tomo II, *Discorso ovvero Lettera... intorno al comporre delle Comedie e delle Tragedie* (escrito en 1543), pág. 99.

En otro lugar de la misma disertación, desgraciadamente mutilado por la cuchilla del encuadernador en el ejemplar de la Biblioteca de Ferrara que ha servido de texto para ésta (pág. 31), vuelve a insistir Giraldi Cintio en la peregrina idea de considerar como imitador de la antigua comedia ateniense (que es la que llama *comedia archea*) a Fernando de Rojas, que seguramente no conocía a Aristófanes ni tiene con él ningún punto de contacto: «delle quali convenienze e stato imitatore sovra tutti gli altri l'autore della »Celestina...»

hablar así al capitán Cocodrilo, ponderando las virtudes de su espada: «Quién puebla más los cimiterios d' esta tierra sino ella? »Quién ha hecho ricos los cyrugianos del mundo? Quién da de con- »tinuo que hazer a los armeros? Quién destroza la mala y fina?» *(sic,* por malla fina), etc., etc. [1]

De la traducción italiana procede la muy famosa alemana de Máximo Wirsung, publicada en Ausburgo en 1520 y reimpresa con algunos cambios en 1533; ediciones rarísimas entrambas y cuyo precio se acrecienta por los artísticos grabados en madera de Hans Burgkmair, célebre colaborador de Alberto Durero. [2] Es bajo todos aspectos un hermoso libro del Renacimiento, del cual España carecería, probablemente, si algún antiguo jesuíta alemán no hubiese traído el ejemplar que se conserva en la Biblioteca de los Estudios de San Isidro. [3] Tenía Max Wirsung veintiún años cuando publicó su traducción, que dice hecha del «lombardo» *(lumbardisch welsch),* lo cual indica que trabajó sobre una de las dos ediciones de Milán, 1514 ó 1515, a no ser que considerase como parte de Lombardía a Venecia, donde declara haber pasado algunos años y adquirido el conocimiento de la lengua. En la dedicatoria a su primo Ernesto Mateo Langen de Wellenburg, que termina recomendándose a la benevolencia del Cardenal Arzobispo de Salzburgo, repite con otras palabras las prevenciones de Rojas sobre el fin moral del libro y sobre su carácter mixto de trágico y cómico: «Tragedia, como tú sabes, es un géne-

---

[1] *Angelica, Comedia di Fabritio de Fornaris napoletano, detto il Capitano Coccodrillo, Comico confidente. In Parigi, apresso Abel l'Angelier,* 1585.
Sobre el tipo del capitán español en la comedia italiana, y sobre la Celestina en Italia, deben leerse las dos memorias presentadas a la Academia Pontaniana por el ilustre napolitano B. Croce *(Ricerche Ispano-Italiane,* I y II Nápoles, 1899) y el erudito artículo de A. Farinelli, *Sulle Ricerche di Benedetto Croce* (en la *Rassegna Bibliografica della Letteratura Italiana.* Pisa, año 7º, 1899).

[2] Estas ilustraciones, apenas conocidas en España, y que son realmente de Hans Burgkmair, *Senior* (1473-1532), y no de su hijo, artista muy inferior a él, pueden verse en la obra de Jorge Horth, *Les Grands Illustrateurs* (I, Nº 8-25), y en la *Zeitschrift für Bildende Kunst,* de Lützkow, 1881, vol. XIX, pág. 392.

[3] Está perfectamente descrito y estudiado a fondo en un artículo de don Lorenzo González Agejas publicado en *La España Moderna,* julio de 1894, pp. 78-103.

»ro que tiene alegre comienzo y término triste. Tal es el presente
»libro. También se le puede llamar comedia, porque nos muestra,
»entre burlas y veras, unos amores de dos jóvenes que se valen
»de sus criados y doncellas; y describe, en especial, la perversa
»seducción de rufianes y alcahuetas, y otros diferentes lances y
»negocios de los hombres... Te envío esta tragedia, querido primo,
»como un presente muy adecuado a tu florida edad y a la mía,
»pues aquí podemos aprender lo que por experiencia no sabemos
»todavía, y librarnos del peligroso mar de las sirenas y desconfiar
»de las malas mañas de los falsos servidores y de las engañosas
»palabras de las viejas hechiceras, que quieren arrastrarnos a la
»relajación y hacernos perder la flor de la juventud, que nunca
»se recobra, y enajenarnos de la voluntad propia y convertirnos
»en siervos de la ajena.» [1]

La traducción está hecha con el mismo candor del prólogo,
y con gran viveza y frescura, según declaran los críticos alemanes.
No podía ser enteramente fiel no siendo directa, pero la versión
italiana que le sirvió de norma es poco más que un calco. Wirsung
procede con libertad de artista, y según el genio de la lengua en
que escribe, añade o modifica algunos pasajes, pero ninguno es
de verdadera importancia, más que las pocas palabras puestas
como conclusión del acto XXI y de toda la obra. Sabido es que
en el original se cierra con la lamentación de Pleberio y el *in hac
lachrimarum valle*, que falta, por cierto, en las ediciones de 1499
y 1501. Wirsung da más animación dramática al final y hace
intervenir en el diálogo a la madre de Melibea. [2]

---

[1] Abrevio este prólogo, que puede leerse íntegro en los *Studies* de Wolf (página 300) o en la traducción que de ellos ha hecho el señor Unamuno (tomo I, pág. 330).

[2] Véase este trozo, traducido por el señor Agejas, remedando el hipérbatón antiguo:

«*Pleberio.*—Corre, oh Lucrecia, corre y trae presto agua con que reviva
»el aletargado espíritu de esta mujer mia! ¡Oh Alisa, da a ti algun consuelo
»a fin de que mi lastimada vida conserve; causa no des a que mi alma tan
»infeliz prontamente de mí salga!

»*Alisa.*—¡Ay, ay, desconsolada mujer! ¡Ah! ¿qué mi suerte desvia o
»qué mi espíritu retiene en este cuerpo lleno de todo dolor? ¡Oh, tú ha poco
»eras mi hija! ¡Mísera yo, que para tan gran pesar nuestro la vida te diera,
»para ver agora esta tu lamentable muerte!

»*Pleberio.*—Levántamela, Lucrecia, y ayúdame, que de aquí la aparte

A pesar de su excelencia literaria, esta traducción cayó muy pronto en olvido, puesto que sólo una vez fué reimpresa.[1] Es enteramente inverosímil que Goethe la conociera. Si Marta hace pensar en Celestina, y las escenas de la seducción de Margarita evocan las del jardín de Melibea, es por una coincidencia remota y casual. El romanticismo alemán fué el que desenterró la obra de Wirsung, diciendo de ella, por boca de Clemente Brentano, en una de sus cartas a Tieck: «Es tan original, tan llena de vida, »tan propia en el lenguaje, que jamás he visto cosa igual; hacer »una traducción mejor, es completamente imposible.»[2]

No debió de pensarlo así Eduardo de Bulow, quien en 1843 publicó una nueva *Celestina* traducida del original, que Wolf declara estar hecha con la mayor precisión y elegancia posibles, aunque el mismo traductor reconoce que, por acomodarse al gus-

---

»y la lleve a nuestra cámara, donde ambos angustiados el corazon esperemos »nuestro fin contemplando a nuestra hija, mientras consideramos lo que ha- »cerse haya de su noble cuerpo.»

[1] Tanto la primera edición, de 1520, como la segunda, de 1533, también de Ausburgo (únicas que hasta ahora se conocen), eran ya rarísimas en el siglo XVIII. No quiere esto decir que las ignorasen algunos curiosos eruditos. En una obra reciente, de gran trabajo y erudición, donde es lástima que investigaciones nuevas y sólidas estén mezcladas con acerbas notas de agresión personal contra hispanistas muy beneméritos *(Contributions á l'étude de l'Hispanisme de G. E. Lessing,* p. Camilo Pitollet, París, Alcan, año 1909, pp. 221-224), se menciona un artículo sobre la *Celestina* de Wirsung, incluído por el famoso preceptista clásico Gottsched en su *Nothiger Vorrath zur Geschichte der deutschen dramatischen Dichtkunst* (Leipzig, año 1757, pp. 52 y ss.), y citas de menos importancia en otros compiladores, como Lôven.

[2] *Briefe an Ludwig Tieck, ausgewählt und herausgegeben von Karl von Holtei,* Breslau, 1864, tomo I, pág. 106-107, sexta carta de Brentano a Tieck, sin fecha.

Sobre la traducción de Wirsung, véanse especialmente la tesis de Guillermo Fehse: *Cristof Wirsung deutsche Celestin Übersetzungen* (Hallische Inaug. Dissertation. Halle, 1902), y la recensión de Arturo Farinelli en la *Deutsche Literaturzeitung* de 1º de noviembre del mismo año, sin olvidar otra del mismo Farinelli sobre el libro de Adam Schneider *Spaniens Anteil an der Deutschen Literatur des 16 und 17 Jahrhunderts* (Strasburgo 1898), publicada en la *Zeitschrift für vergleichende Literaturgeschichte* de Koch (febrero de 1900).

Schneider habla poco y mal de la *Celestina* (p. 277) y da por desconocido el nombre del traductor alemán.

to de su nación, tuvo que hacer una «seca atenuación germánica» de ciertos discursos y expresiones demasiado libres.

No puedo asegurar, por no haber tenido ocasión de verla nunca, si la primera y rarísima traducción francesa de 1527, reimpresa en 1529 y 1532, procede del original o de la italiana de Ordóñez, pero no cabe duda que a ésta se atiene el segundo traductor Jacques de Lavardin, Señor de Plessis Bourrot, en Turena, a quien su padre confió el encargo de ponerla en su lengua para «beneficio singular» de sus hermanos, por ser «un claro espejo y virtuosa doctrina que enseña a gobernarse bien en los casos de la vida».[1] Como se ve, la ejemplaridad de la tragicomedia tenía muchos partidarios y las declaraciones de Rojas se tomaban al pie de la letra. Wirsung, Gaspar Barth y Salas Barbadillo, dicen en sustancia lo mismo, pero ninguno de ellos era padre de familia como el viejo caballero de Turena, lo cual da más peso a su testimonio, que hoy nos parece tan extraordinario.[2]

---

[1] «Depuis quelques mois que ie me suis trouué l'sprit libre, et de repos »aprés l'heureuse fin des troubles et miseres communes de ce Royaume »(escribía en 1578) qui durant le cours de tant de tristes années m'avoyent »à mon tres grand regret desrobbé l'esperance de plus frequenter ces bonnes »lettres: ie m'estois vn jour mis en opinion de visiter encore les muses de »mon cabinet, comme y estans de retour apres un si long et ennuyeux exil. »Et à cet effet remuant mes livres encore tous noirciz, de bonne rencontre »m'en tomba un entre mains, intitulé *Tragicomedie de Celestine, traducte* »*pièce de langue castillane en Italien*. Lequel soudain par moy recogneu, pour »autreffois m'auoir esté donné par deffunct monsieur nostre pere (que Dieu »absoluê) a mon premier retour d'Italie, noté de sa main, és endroits plus »memorables (comme il estait l'un des plus practics gentils hommes de son »temps esdictes langues, et de non moindre iugement, pour le continuel ma- »niement des grands affaires, ou il a esté employé jusques à son extreme »vieillesse) me remist en memoire la recommandation que ce bon et prudent »pere m'en avait faicte; m'enjognant par expres de la communiquer en »nostre langue à vous tous aussi ses enfans, por uotre bien singulier. Car »c'est à la verité, un clair mirouêr et vertueuse doctrine à se bien gouuer- »ner... où ie rencontray en son gentil subiect, tel contentement, quoy que fort »mal correct, faute de la impression, que ie ne me peu contenir de le relire »plusieurs fois...»

El libro está dedicado a Juan de Lavardin, Abad de L'Estoile, y Antonio de Lavardin, Señor de Rennay y Boessoy, hermano del traductor.

[2] Lavardin dice en el prefacio de su versión «qu'il l'a repurgée de plu- »sieurs endroits scandaleux qui pouvaient offenser les religieuses oreilles». Pero ninguno de los trozos realmente escandalosos de la *Celestina* ha sido

Esta versión hecha en la sabrosa lengua del siglo XVI tuvo tres ediciones, la primera de París en 1578 y las dos siguientes de Ruán en 1598 y 1599. La interpretación francesa que acompaña al texto castellano en la edición, también de Ruán, de 1633, está hecha directamente del castellano, pero vale poco. A todas las antiguas supera, y es sin duda una de las mejores traducciones de la *Celestina*, la que Germond de Lavigne publicó en 1841 y reimprimió con algunas enmiendas en 1873.[1] El *ensayo histórico* que la precede contiene graves errores, lo mismo que las notas; pero tiene Germond de Lavigne el mérito de haber sido uno de los primeros que reconocieron la unidad de la obra y la atribuyeron totalmente a Fernando de Rojas. Sus conocimientos en historia literaria eran superficiales y confusos, pero entendió y tradujo bien ciertas obras, sobre todo la *Celestina*, que admiraba con franqueza.

No ha tenido la *Celestina* acción directa sobre la literatura de nuestros vecinos, pero se encuentra mencionada en varios autores del siglo XVI, el más antiguo Clemente Marot:

> Or ça, le livre de Flammete,
> *Formosum Pastor*, «Celestine»,
> Tout cela est bonne doctrine
> Et n'y a rien de deffendu.[2]

Buenaventura Desperiers, en el cuento décimosexto de sus *Nouvelles Récréations et Joyeux Devis*, la cuenta entre las lecturas favoritas de los elegantes de París: *Et avec cela il avoit leu Bocace et Celestine*.[3]

---

expurgado por el traductor. Todo se reduce a haber puesto *officier* en vez de «faile», *gros officier* en vez de «canónigo» y otras cosas por el estilo.

[1] Sobre esta segunda edición véase un artículo del conde de Puymaigre en la *Revue Critique d'Histoire et de Littérature* (N° 19, 9 de mayo de 1874).

[2] En la poesía titulada *Du coq à l'asne. A Lyon Jannet* (1535).
Vid. *Oeuvres complètes de Clément Marot* (ed. Jannet), tomo I, pág. 224.

[3] *Nouvelles Récreations et Joyeux Devis de B. des Periers*, ed. Jouaust. Paris, 1874, pág. 85. «Et puis il avoit reduict en memoire et par escript les »ruses plus singulieres que les femmes inventent pour avoir leur plaisir. »Il sçavoit comme les femmes font les malades, comme elles vont en ven- »danges, comme parlent à leurs amis qui viennent en masque, comme elles »s'entrefont faveur soubz ombre de parentage. Et avec cela il avoit leu »Bocace et Celestine.»

Cuando se lee la famosa *Macette*, de Maturino Regnier, que Sainte Beuve llamaba «nieta de *Patelin* y abuela de *Tartuffe*», nos sentimos inclinados a emparentarla con la *madre* Celestina. En el fondo, la sátira del poeta francés no es más que una imitación de la elegía de Ovidio sobre *Dipsas*, cuyos principales rasgos conserva y traduce libremente. Pero suprime uno, el de la magia, y añade otro, el de la hipocresía. Creo que éste ha sido tomado de las costumbres de su tiempo, sin ningún intermedio literario. Celestina conviene con *Macette* en lo que una y otra tienen de *Dipsas* y de *Acanthis*, pero *Macette* es muy poca persona al lado de Celestina. *Macette* es gazmoña y beata, afecta una devoción fingida para encubrir sus malas artes. También Celestina tiene sus devociones, y de ellas se vale para sus añagazas; pero escarbando en el fondo de su alma se encuentra, no una ruin y apocada mojigatería o *tartufismo*, sino una cínica y monstruosa confusión de lo religioso y lo diabólico. La hipocresía de *Macette* es epidérmica; a la de Celestina ni aun el nombre de hipocresía le cuadra, porque se trata de algo mucho más tenebroso y espantable.

De todos modos, la sátira de Regnier prueba, aunque por otro camino, la influencia española en Francia:

> Elle lit Saint Bernard, la *Guide des Pecheurs*,
> Les *Meditations* de la Mère Therese... [1]

Fué la *Celestina* el primer libro español traducido al inglés, aunque en detestables condiciones. Se trata de una adaptación en pésimos versos, publicada por los años de 1530, y atribuída por algunos a Juan Rastell, del cual sólo consta que la hizo imprimir. Comprende únicamente los cuatro primeros actos y está hecha sobre la versión italiana de Ordóñez.[2] Consta también

---

[1] *Oeuvres de Math. Regnier*, ed. Delarue, pág. 121.

[2] *A new comedy in English in manner of an interlude right elegant and full of craft of rhetoric: wherein is shewed and described as well the beauty and good properties of women, as their vices and evil conditions with a moral conclusion and exhortation to virtue. John Rastell me imprimi fecit. Cum privilegio regali* (Folio, let. got.).

El único ejemplar conocido de esta obra pertenece a la Biblioteca Bodleyana de la Universidad de Oxford. Está reimpresa en *A Select Collection of Old English Plays*, originally published by Robert Dodsley in the year 1744, reimpresa por cuarta vez en Londres, 1872, tomo I, pp. 53-92.

que en 5 de octubre de 1598, un cierto William Aspley solicitó y obtuvo privilegio para imprimir una obra titulada *The Tragicke Comedye of Celestina,* pero no queda de ella más noticia. [1]

Apareció, por fin, en 1631, *The Spanish Bawd,* de James Mabbe, «el mejor traductor que ha tenido la lengua inglesa, a »excepción de Eduardo Fitz - Gerald» según el parecer de Fitzmaurice - Kelly. Mabbe, que no sólo tradujo la *Celestina,* sino *El Pícaro Guzmán de Alfarache,* algunas de las novelas de Cervantes y un tomo de sermones del Padre Cristóbal Fonseca, era un conocedor eminente de nuestra lengua y un prosista clásico en la suya. Desde 1611 a 1613 había vivido en Madrid, como secretario del embajador Sir John Digby, después Conde de Bristol, y a su vuelta a Inglaterra prosiguió cultivando sus aficiones hispánicas, en que le estimulaba y acompañaba su amigo el profesor de Oxford, Leonardo Digges, excelente traductor de *El Español Gerardo.*

La versión de la *Celestina* se publicó anónima, pero la dedicatoria va firmada por *Don Diego Puede - ser,* juego de palabras con que Mabbe quiso disimular su nombre ligeramente alterado: *James May - be.* A diferencia de otros traductores confiesa ingenuamente que la *Celestina* es un libro *non sine scelere,* pero que puede tener utilidad: *non sine utilitate.* «La heroína es mala, pero sus »preceptos son hermosos; sus ejemplos son perversos, pero su doc»trina es buena; su traje es roto y andrajoso, pero su mente está »enriquecida con muchas sentencias de oro.» [2] Y prosigue haciendo en estilo ligeramente *eufuístico* una gran ponderación de los méritos de la obra: «Aquí encontraréis sentencias dignas de ser escri»tas, no en frágil papel, sino en cedro o en perenne ciprés; no »con pluma de ánsar, sino con la del Fénix; no con tinta, sino con »bálsamo; no con letras negras, sino con caracteres de oro y azul; »sentencias dignas de ser leídas, no sólo por el lascivo Clodio o el »afeminado Sardanápalo, sino por los más graves Catones o seve»ros estoicos.» «No se me oculta (añade) que este libro tendrá

---

[1] Garret Underhill (John), *Spanish Literature in the England of the Tudors,* New York, 1899, pág. 402.

[2] «Her life is foule, but her Precepts faire; her example naught, but her »Doctrine good; her coate ragged, but her mind inriched with many a gol»den sentence» (P. 3 de la reimpresión).

»algunos detractores, que como perros que ladran por costumbre,
»condenarán toda la obra, solamente porque alguna frase de ella
»es más obscena que lo que tolera el estilo culto y urbano; lo cual
»yo no he de negar, aunque esos pasajes están escritos para re-
»prender el vicio, no para insinuarle. No veo razón para que se
»abstengan de leer una gran cantidad de cosas buenas porque
»tengan que entresacarla de las malas. Que no se ha de desdeñar
»la perla, aunque se pesque en agua turbia, ni el oro, aunque se
»arranque de una mina infecta...»

Después de haber comparado a los tales detractores con el escarabajo de la fábula, dice que cuantos sabios han podido leer la *Celestina* en su lengua la han estimado como «el oro entre los »metales, como el carbunclo entre las piedras preciosas, como la »palma entre los árboles, como el águila entre los pájaros y como »el Sol entre las luminarias inferiores; en suma, como lo más esco-»gido y lo más excelente. Pero así como la luz del gran Planeta »ofende a los ojos enfermos y conforta a los sanos, así la *Celesti-*»*na* puede ser un veneno para los que tienen el corazón dañado »y profano, pero para los ánimos castos y honestos es un preser-»vativo contra tantos escándalos como ocurren en el mundo».[1]

Mabbe, que nunca fué puritano, defiende en este notable prólogo la legitimidad de las representaciones del mal, así en Pintura como en Poesía: «*Non laudare rem sed artem:* no se aplaude la »materia de la imitación, sino la pericia y destreza del artista »que ha representado tan al vivo el objeto que se proponía. De »parecido modo, cuando leemos las viles acciones de rameras y »rufianes y su bestial modo de vivir, no las aprobamos por buenas »ni las aceptamos por honestas, pero admiramos el juicio de los

---

[1] «Yet they that are learned in her language, have esteemed it (in »comparison of others) as Gold amongst metalls, as the Carbuncle amongst »stones; as the Rose amongst flowers; as the Palme amongst trees; as the »Eagle amongst Birds; and as the Sunne amongst inferior Lights; In a word, »as the choicest and chiefest. But as the light of the great Planete doth hurt »sore eies, and comfort those that are sound of sigth; so the reading of Ce-»lestina, to those that are prophane, is a poyson to their hearts; but to the »chaste, and honeste minde, a preservative against such inconveniences as »occurre in the world» (P. 7).

»autores que han desarrollado su argumento de un modo tan pro-
»pio y adecuado a los caracteres.» [1]

Recuerda el ejemplo de los lacedemonios, que emborrachaban a sus esclavos para hacer aborrecible la embriaguez, y aconseja al lector de la *Celestina* que imite «al generoso corcel que se sola-»za donde hay dulce y saludable pasto, y no al perro hambriento, »que agarra y despedaza sin elección todo lo que encuentra en su »camino». En suma, recomienda la *Celestina,* pero no sin distinción a toda clase de personas.

Su traducción es clásica y magistral, a juicio de los críticos ingleses, y en nada adolece del conceptismo y culteranismo que campean en sus prólogos. El docto hispanista Fitz - Maurice Kelly, que ha hecho de ella una lindísima reimpresión, [2] dice en su prólogo que «mucho del vigor, de la pasión y del fuego de Rojas, y mucho también de aquella *gravitas et probitas* que en él recono-

---

[1] «And for mine owne part, I am of opinion that Writers many as »well be borne withall, as Painters, who now and then paint those actions »that are absurd. As Timomachus painted Medea killing her children; Ores-»tes, murthering his mother Theo, and Parrasius; Ulyses counterfeited mad-»nes, and Cherephanes, the immodest imbracements of women with men. »Which the spectators beholding, doe not *laudare rem, sed artem;* not com-»mend the matter which is exprest in the imitation, but the Art and skill »of the workeman, wich hath so lively represented what is proposed. In like »sort, when we reade the filthy actions of whores, their wiched conditions, »and beastly behaviour, we are neither to approve them as good, nor to »imbrace them as honest, but to commend the Authors judgement in expres-»sing his Argument so fit and pat to their dispositions» (Pág. 7).

[2] En la colección de Henley *The Tudor Translations* (t. VI).

Celestina or the tragicke-comedy of Calisto and Melibea englished from the spanis of Fernando de Rojas by James Mabbe anno 1631 *with an Introduction by Iames Fitzmaurice-Kelly. London, published by David Nutt...* Año 1894.

El prólogo (en 36 páginas) es una de las mejores apreciaciones críticas que conocemos de la *Celestina.* El señor Fitzmaurice - Kelly ha tratado con predilección de esta obra maestra, no sólo en estas páginas, escritas con mente artística y fino gusto, sino en las varias ediciones de su *Manual de Literatura Española* (1ª ed. inglesa en 1898, traducción castellana de Bonilla en 1902, traducción francesa de Davray en 1904) y en un interesante artículo bibliográfico en la *Revista Crítica de Historia y Literatura Españolas* (febrero de 1896), con ocasión del insignificante libro de don J. de Soravilla (*Rodrigo Cota y Fernando Rojas, La Celestina... Juicio crítico de la obra.* Madrid, 1895).

cía Barth, han pasado a la copia, y si sus colores no son siempre los mismos del original, ostentan, sin embargo, no común brillantez y belleza». «La fina sencillez, el ritmo y la música de esta versión, la amplitud y la urbanidad del estilo, llevan el sello de la edad heroica de la prosa inglesa. Ningún escritor de su tiempo le aventajó en la descripción directa, ninguno tuvo mejor oído para la cadencia de la frase.»

Solamente de la fidelidad podemos juzgar los españoles, y hay que reconocérsela en el conjunto, aunque no tanto como a Ordóñez y a Wirsung, precisamente porque Mabbe hizo una traducción más literaria. Su propio gusto y el de su tiempo le llevaba a la amplificación, y pareciéndole sobria la *Celestina*, aunque sólo en apariencia lo sea,[1] la llenó de redundancias y pleonasmos. Pero sus adiciones son meramente verbales, y en cambio, no suprime nada o casi nada, cumpliendo lealmente sus obligaciones de traductor, salvo en un punto muy curioso. Por escrúpulos protestantes evita todas las alusiones al culto católico, sustituyéndolas con disparatadas reminiscencias clásicas. Así en vez de «estaciones, procesiones de noche, misas del gallo, misas del alma y otras secretas devociones», habla intrépidamente de «los misterios de Vesta y de la Buena Diosa». En lugar de la iglesia de Santa María Magdalena cita la «arboleda de los mirtos»... Un abad se convierte en un *flamen*, las monjas en *Vestales* y todo lo demás a este tenor. Pero éstos son ligeros e imperceptibles lunares de una obra maestra que honra por igual a las literaturas inglesa y española.

Shakespeare había muerto catorce años antes de publicarse esta versión, y ningún provecho hubiera podido sacar de la antigua en verso, que sólo comprende cuatro actos. Pero aun admitiendo, lo cual dista mucho de estar probado, que no supiese el castellano, pudo leer la *Celestina*, y es muy verosímil que la leyera, en la versión italiana, tan difundida, de Ordóñez, o en alguna de

---

[1] «Our Author is but short, yet pithy: not so full of words as sense; each other line, being a Sentence; unlike to many of your other Writers, who either with the luxury of their phrases or superfluity of figures, or superabundance of ornaments, or other affected guildings of Rhetorik, like indiscreet Cookes, make their meats either too sweet, or too tarte, too salt, or too full of pepper» (P. 4).

las francesas. De este modo tendrían fácil explicación las semejanzas con *Romeo y Julieta,* notadas desde antiguo por la crítica alemana y admitidas a lo menos como posibles por los hispanistas ingleses.[1]

Sólo por mera referencia bibliográfica nos es dado citar las cuatro ediciones en holandés o flamenco que salieron de las prensas de Amberes en 1550, 1574, 1580 y 1616, y pertenecen, al parecer, a dos distintas traducciones, cuyo origen no podemos fijar. Acaso haya otras en lenguas vulgares, que no han llegado a nuestra noticia.

Faltaba a la *Celestina* la consagración suprema que un libro del Renacimiento podía tener: el ser traducido a la lengua sabia, y comentado y puesto en manos de los doctos como un autor de la clásica antigüedad. Tal fué la empresa que acometió y llevó a término el célebre humanista de Brandeburgo Gaspar Barth *(Barthius),* tan famoso por su ciencia como por sus extravagancias, aunque no fuese ni con mucho el prototipo del Licenciado Vidriera, como han supuesto ineptamente algunos cervantistas. Gaspar Barth, que había viajado por España después de 1618, era el más ferviente admirador de nuestra lengua y de nuestra literatura que puede darse. No sólo tradujo y publicó en latín la *Celestina,* la *Diana Enamorada,* de Gil Polo, y la refundición española que Fernán Xuárez había hecho de uno de los *Coloquios* del Aretino, sino que dejó inéditas otras novelas latinizadas, una de ellas la *Diana* de Montemayor y más de *treinta* volúmenes de fábulas milesias, tomadas de varios idiomas,[2] entre las cuales

---

[1] «In any case it is scarce an exaggeration to say that, after the creation »of Calisto and Melibea, the appearance of Romeo and Juliet was but a »question of time. Where in the Plautine and Terentian comedy there was »appetite, where in their late derivatives there was rank lubricity, where »in the writers who immediately preceded Rojas there were symbolism and »mystical transport, the *Celestina* strikes the note of rapture, passion, the »love of love...» (Fitz-Maurice Kelly, en el prólogo ya citado, p. XVII).

«If we did not know of the Italian origin of *Romeo and Juliet,* we migth »think that Shakespeare had been inspired by *Celestina;* and, indeed, it »is likely that he knew of Mabbe's translation of it in manuscript from Mab- »be's friend Ben Jonson.» (Martin Hume, *Spanish Influence on English Literature...* Londres, 1905, pág. 126).

[2] «Non alia itidem ratione paris genii opus, Georgii de Monte-Maiore,. »Pastoralia, translata sunt proximis his diebus. Eâdem inductus insignia

sabemos que figuraban los *Cuentos de la Reina de Navarra* y las *Noches de Invierno* de Antonio de Eslava.[1] Todo ello estaba traducido antes de 1624, en que salió de las prensas de Francfort el *Pornoboscodidascalus Latinus,* pedantesco título que dió Barth a su traducción de la *Celestina,* calificándola desde el frontispicio de *Liber plane divinus.*[2]

Son tantas y tan curiosas las especies que en los prolegómenos y en las *animadversiones* o notas de Gaspar Barth se consignan, y tan singular la versión en sí misma, que no puedo menos de detenerme algo en ella, aunque todavía merecen más amplio

---

Milesiarum plus quam Triginta Volumina ex omnium Idiomatum selectis »fabulis et Historiis, summa, qua fieri potuit sermonis aequabilitate et hilari- »tate, composui.» (En la *Dissertatio* que precede a la *Celestina,* pliego 5, hoja 4 sin foliar).

En su furor de traducirlo todo al latín, pensaba hacer la misma operación con la *Segunda Celestina,* de Feliciano de Silva, aun sin haberla visto más que de paso, según dice en sus *Animadversiones* (p. 231): «Indicare hic »lectori volo *secundam* interea dum haec universi litterari orbis plausibus »excipitur, *Celestinae partem* in Hispania fabricatam esse, quam exinde de- »latam tum recens vidi in manibus egregii viri Sebastiani Mederi Brisgo- »vii, Ilustrisimo tum Principi Badensi a Consiliis, nunc vero non habeo »in potestate; ubi indeptus fuero non dubitabo et illam Latino Orbi pro- »ponere».

[1] «Huius autem generis fabulae sunt apud Antonium Eslavam in libro »Hispanico qui *Noches de Invierno* inscribitur, quarum nos quasdam etiam »indidem in Milesiarum nostrarum Narrationes retulimus» (P. 317).

[2] «*Pornoboscodidascalus Latinus, De lenonum, lenarum, conciliatricum, »servitiorum, dolis, veneficiis, machinis plusquam diabolicis, de miseriis iu- »venum incautorum qui florem aetatis Amoribus inconcessis addicunt; de »miserabili singulorum periculo et omnium interitu. Liber plane divinus, »lingua Hispanica ab incerto avctore instar ludi conscriptus Celestinae titulo. »Tot vitae instruendae sententiis, tot exemplis, figuris, monitis plenus, ut par »aliquid nulla fere lingua habeat, Gaspar Barthius inter exercitia linguae »castellanae, cuius ferè princeps stilo et sapientia hic Ludus habetur, Latio »transcribebat. Accedunt Dissertatio eiusdem ad Lectorem cum Animadver- »sionum Commentariolo Item, Leandris eiusdem, et Musaeus recensiti. Fran- »cofvrti, apud Danielem et Davidem Aubrios et Clementem Schleichium. »Anno M.DC.XXIV».*

Una interesante noticia bibliográfica de este libro puede verse en los *Anales de la literatura Española,* del señor Bonilla (p. 167-172).

El *Pornoboscodidascalus* es muy raro, a lo menos en España. La Biblioteca Nacional no le poseía hasta que adquirió los libros de Gayangos. Mi ejemplar procede de la colección de don Valentín Carderera.

estudio ésta y las demás traducciones latinas que en el siglo XVII hicieron de nuestras novelas y libros de pasatiempos algunos humanistas germánicos. Ellos fueron a su modo los primeros *hispanizantes* de su nación.

Precede al libro una larga *Dissertatio,* que contiene uno de los más interesantes juicios que se han escrito sobre la *Celestina.* Después de tratar en general de la utilidad de las fábulas dramáticas y novelescas, que considera más instructivas y verdaderas que la Historia misma, y de la razón que el mismo Barth tuvo para dedicarse al moderno hispanismo *(ad Hispanismum hodiermum),* buscando en él novedades que no podían ofrecer ya las obras de griegos y latinos, tan familiares a todos los eruditos, trata en particular del libro que quiso precediese a todos, porque la juventud puede encontrar en él los documentos más necesarios para la cautela y prudencia de la vida. «Son tantas (prosigue) y tan oportunas y capitales las sentencias sacadas del mismo fondo de las cosas, que quien las fije en su ánimo como reglas para dirigir la vida y asiduamente las practique, tendrá bastante con ellas solas para merecer no vulgar opinión de sabiduría entre todos los buenos jueces. Añádase la excelencia del estilo, que en su lengua original es tan elegante, pulido, exacto, numeroso, *grave* y *venerable,* que según confesión unánime de los españoles, pocos pueden encontrarse iguales en todo el campo de la literatura. Nada diré de aquel genio particular que tuvo este escritor para caracterizar las personas y hacerlas hablar adecuadamente, en lo cual es cierto que supera a todos los monumentos que nos han quedado de la antigüedad griega y latina. Sus sentencias, que hieren y penetran con admirable energía en los espíritus más vulgares, como si para ellos solos fuesen escritas, son materia de meditación para los sabios de más profunda doctrina.» [1]

«Maluimus autem primo istum, quem alium quemlibet interpretari, »quoniam et materia ei talis est, ut iuventus nostra, praecipue in hanc vo- »luptatum partem peccans hinc vel maxime necessaria documenta haurire, »vitae caute instituendae, possit, et tot interspersae huic brevi scripto, tam »ex mediis rebus petitae, tamque capitales, insint sententiae, ut qui vel solas »has animo fixerit, et velut regulas dirigendae (praecipue peregre vivens) »vitae, edidicerit, usuque adhibuerit, non vulgarem sapientiae opinionem »apud omnes boni iudicii adepturus certò videatur. Accedit, quod et dicen- »di genus tam comtum, politum, exactum, numerosum, grave atque vene-

El humanista alemán reconoce finamente, aunque en los términos de la crítica de su tiempo, aquella especie de objetividad serena, que es uno de los encantos de la *Celestina:* «Su autor tiene conciencia de la verdadera filosofía, pero no afecta indignación alguna contra los vicios; conserva en todas las situaciones la tranquilidad de su alma, va al fondo de las cosas, y con cierta suavidad divina cumple entretanto su papel de castigador.»[1]

Gaspar Barth, a pesar de ser humanista de profesión y haber comentado a innumerables autores clásicos, estaba por los modernos contra los antiguos. El siglo en que había nacido le parecía mucho más fecundo en ingenios que todos los anteriores, y las lenguas modernas mucho más ricas en obras de amenidad. Pero entre todas descollaba a sus ojos la lengua española, cuya «gravedad y propiedad» se habían manifestado en numerosas ficciones, tan útiles como deleitables, que cada día salían a luz. Y si en otras lenguas, principalmente en la francesa, se encontraba este género de libros, eran trasunto en gran parte de las invenciones o ilustraciones de los españoles.[2] Entre todas estas invenciones el autor da la palma a la *Celestina,* sin hacer ninguna alusión al *Quijote,*

»rabile est in suo, huic libello, idiomate, ut pares per universa eius spatia »paucos inveniri consensus ipsorum Hispanorum fateatur. Taceo nunc pe- »culiarem quemdam Genium, affingendis Personis, quibuslibet moribus, et »ex his sermonibus, huic scriptori datum; a quo certè longè abest quicquid »Graecorum aut Latinorum monumentorum ad nos pervenit... Et senten- »tiarum quidem ea est comitas et eruditio, ut vulgarium hominum animos »non minus, atque si ipsis solis scriptae forent, mirificè penetrent, et opi- »nione melioris doctrinae, ipso quasi ictu percellant... Eruditorum autem »vel principes penitissimae Sapientiae et Antiquitatis profundae hic moni- »ta percipient...» (Pliego 5, hoja 2, sin foliar).

[1] «Hoc vult verae doctrinae sibi conscius pectus, nil indignationis in »ipsa etiam vitia sibi permittere sed tranquillitate animi per omnia stabili »servatâ, ire in medias res, et suavitate illa divina, undique relucente, par- »teis tamen interim castigatoris agere.»

[2] «Quoquò regionum aut locorum te vertes omnibus hodiernis idio- »matis linguarum hoc genus scriptorum excellere videbis. Ut autem His- »panicae seu Castellanae Linguae gravitas et proprietas, hodie caeteris ferè »amplior est, ita et in hac licet plures auctores id genus observare, qui »iuncta utilitati venustate, fictionum in publicum prodesse connitantur; adeo »quidem ut si qua in caeteris, Gallica praecipue, delectabilia simul et utilia »talia scripta prodeant, pleraque vel inventionibus Hispanorum vel illustratio- »nibus debeantur.»

lo cual es verdaderamente extraordinario, porque desde 1615 había podido leerle completo él, que andaba siempre a caza de novelas españolas.

Es muy curioso, aunque demasiado largo para transcribirse aquí, lo que Barth observa sobre cada uno de los personajes de la *Celestina*, «tan divinamente inventados (dice), que parece que »el autor los conoció vivos y los llamó a su tribunal». Analiza muy bien el coloquio de Celestina con Melibea, haciendo notar que eran superfluos los encantamientos, pues apenas ninguna doncella hubiera podido resistir a tales asaltos.[1] Toda esta página es de una crítica enteramente moderna, a pesar de la exótica vestidura que a su autor plugo darle. Barth había estudiado profundamente la *Celestina*, y este análisis psicológico de los caracteres lo prueba. Su entusiasmo era grande, pero se fundaba en razones técnicas que arguyen rara penetración para un crítico del siglo XVII.

Barth, como otros muchos, supone que la *Celestina* es un libro de utilidad moral, pero entiende esta utilidad de un modo asaz extravagante. No se trata de los puros preceptos de la ética, sino de cierta sabiduría práctica y mundana, llevada a tan alto punto, que quien posea a fondo este libro no podrá ser engañado por nadie, triunfará de todos sus adversarios, ganará amigos y los conservará; todo el mundo le será adicto por amor o por temor, y tendrá siempre próspera fortuna en sus negocios. En suma, una verdadera ganga, lograda sin más trabajo que la frecuente lectura de un libro tan chico y tan ameno. Y todo esto no le dice de oídas el grave humanista, sino que procura corroborarlo con el caso de un amigo suyo, muy astuto y sagaz, que labró su for-

---

[1] «Ipsa verò, artifex Lena, quamquam toto opere nimium quam pul- »chré personae suae indolem efferat, nullo tamen loco omnia sua artificia »melius exercet, quam ubi cum Melibaea colloquium habet. Illic videas, »mulierem malarum artium doctissimam, omnis experientiae suae technas »accersere, ut miseram, nobilitati, opibus, Amori Parentum, suo denique »ipsius honore, et existimatione, in foedum Amorem excutiat. Minimum sa- »nè hic incantationes egerunt, quamquam et huius sceleris crimini anum »veneficam illigarunt; quibus etiam demtis, vix quaequam puella caeteris »talibus assultibus restiterit. Norat nimirum, tot annorum Lena, ex tempo- »re omnia consilia, atque ad animum cuiusvis puellae expugnandum, ex re »ipsa vertere...»

tuna en el mundo aplicando, con oportunidad, a todos los lances de la vida, ya una ya otra de las sentencias de la tragicomedia que tenía recogidas y clasificadas en su memoria.[1] Cuando se lee tan extraño pasaje, no puede menos de darse algún crédito a la antigua leyenda de la locura que temporalmente afligió a Gaspar Barth.

Pero su traducción hízola, sin duda, en un intervalo de plena lucidez, y no de la manera extemporánea e improvisada que él da a entender, queriendo imitar aun en esto al autor primitivo. Dos semanas de trabajo dice que le costó: afirmación poco menos increíble que la de Rojas.[2] Gaspar Barth tenía una asombrosa facilidad de trabajo, y sus particulares aficiones le habían familiarizado con la lengua de los poetas cómicos Terencio y Plauto y de los novelistas Petronio y Apuleyo, lo cual le proporcionó

---

[1] «Quod si exemplo res et clarior facienda erit, dicam novisse me ho-
»minem astutissimum, capitalem emolumentorum suorum artificem, nequa-
»quam ullis simulationibus decipi valentem, ipsum astutâ quadam urbanita-
»te et comitate, cum patientia et pertinacia coniuncta, nihil non fere a
»quovis impetrantem. Huius ego, etiamnum adolescentibus annis, cum vi-
»tam impense semper mirarer, observarem negotia, dissimularem noticiam,
»ad extremum, multorum mensium usu et conversatione, eò inductus sum,
»ut cum primis hominum perspicacem atque astutum, prudentemque arbi-
»trarer tum, et nunc quoque putem. Non iam disputo utrum bene ille sem-
»per suo ingenio, et acumine sensuum, et spirituum vivacitate, usus fue-
»rit, hoc potius affirmare velim, tam accuratâ, cautione, omnes adversarios
»et amicos suos vicisse, ut et diligeretur, et caveretur ab omnibus: nemo
»vero auderet ferè illi quippiam secus atque res erat, credendum proponere.
»Diu multumque mores hominis observans, nihil non illum huic libro tribue-
»re, multa licet cura, tandem percepi. Nullus in hoc aspexerat, nulla senten-
»tiae vestigia quae non in numerato haberet, et utilitati suae accomodare
»nosset, quae cum mirificam homini sagacitatem et prudentiam concilias-
»sent, hoc unum illi non cesserant, ut a commodis, seu lucris potius, suis,
»aliorum incommoda desecare posset; quin etiam, cum detrimentis nonnun-
»quam amicorum, rem suam augere velle videretur. Hoc dempto caetera in-
»geniosissimum nemo non dixisset. Neque diffitebatur sanè ipse, cum alio-
»quin mihi innotuisse videret, maximam partem sese huic libro prudentiae
»debere: certè cum vellet, nulli non rei, nulli non loco sententiam hinc accom-
»modatam reipsa ostendebat, vel cavendi vel aggrediendi negotii consilium
»utile praebere...»

[2] «Ad huius autem Celestinae meae interpretationem nescio quo fato
»meo raptus fui, tanta certè celeritate totum descripsi, ut nec *integris dua-
»bus dierum hebdomadis integram absolverim*...»

grandes recursos para interpretar la *Celestina* con el sabor clásico que en su original tiene, restituyendo de este modo a la lengua madre lo que remotamente procedía de ella. Pero aunque la obra de Rojas tenga mucho de comedia humanística, tiene todavía más de indígena y castizo, lo cual dificulta su versión, sobre todo en una lengua muerta. El latinista alemán, que tenía plena conciencia de sus deberes de traductor, hizo cuanto humanamente era dable para vencer esta dificultad, ciñéndose al texto lo más cerca posible, sin permitirse apenas amplificación alguna, pues no llegan a diez, según su cálculo, los lugares en que añadió algo *studio delectationis* o por amor a la claridad de la locución, que quiso que fuese tanto o más perspicua que en el original. La mayor dificultad consistía en los preverbios, y ésta la sorteó como pudo, dejándolos sin traducir unas veces y dando otras el sentido, aunque no en forma paremiológica. Trasladarlos palabra por palabra hubiera sido absurdo, pero no era tan difícil encontrar equivalentes de muchos de ellos, aun sin salir de los *Adagios* de Erasmo, ya que no existía entonces la socorrida colección hispánica del Dr. Caro y Cejudo.[1]

No esquivó la traducción de los versos, honrándose con ser el primero que había adaptado a los metros antiguos la poética de nuestra lengua. Véase alguna muestra de estos peregrinos ensayos, en que predomina la estrofa sáfica. Canta Lucrecia en la escena del jardín:

> Laetus est fontis lepor, unda vivens:
> Grata torrenti site macerato:
> Gratior vultus tamen est Callisti,
>   Mi Melibaeae.
> ....
> Gaudio exultant tenerae capellae,
> Matris advisae gravidas papillas,
> Sponsi in adventum Melibaea toto
>   Pectore laeta est.

---

[1] «*Refranes y Modos de hablar Castellanos con Latinos, que les corresponden, juntamente con la glosa y explicacion de los que tienen necesidad de ella... Compuesto por el Licenciado Geronimo Martin Caro y Cejudo, Maestro de Latinidad y Eloquencia en la villa de Valdepeñas de Calatrava su Patria, con titulo del Consejo Supremo de Castilla...*» En Madrid, por Iulian Izquierdo, año de 1675 (Hay una reimpresión de 1792).

> Nemo tam charae fuit umquam amicae
> Gratus adventor; neque visitata est
> Ulla nox umquam simile lepore
> Inter amantes. [1]

El contraste del metro horaciano con el ritmo corto y gracioso de los versos originales no puede menos de parecer violento, tanto en esta canción como en la de Melibea, excepto en los eptasílabos finales, que remedan bastante bien el rápido giro de la copla de pie quebrado:

> Iam noctis it meridies,
> Differt adesse Adoneus!
> An ille vinctus alterâ
> Amasiam hanc fastidiet?

Aunque Barth no pasaba de mediocre poeta, tenía tal flujo de versificar, que después de haber traducido en prosa el razonamiento de Melibea antes de suicidarse, volvió a ponerle en versos hexámetros, que se leen por apéndice en su libro. [2]

Su prosa es abundante y ecléctica, no muy limada, pero exenta de las fastidiosas afectaciones ciceronianas del siglo anterior, no menos que de aquel refinado culteranismo que en el siglo XVII tuvo por principal representante a Juan Barclay, célebre autor de las dos novelas *Argenis* y *Euphormio*. La *gravedad* y *probidad* del estilo de la *Celestina*, que Barth tanto encomia, le ha salvado de los dulces vicios y vana frondosidad del humanismo decadente, a los cuales no deja de propender en otras obras.

En cuanto a fidelidad tiene pocas tachas. Raras veces equivoca el sentido, y sólo en dos o tres casos se permite expurgar levemente un texto que miraba con veneración supersticiosa. Estas supresiones no recaen, ni en lo que se dice de las gentes de iglesia, puesto que Barth era protestante; ni en las blasfemias amatorias de Calisto, que la Inquisición mandó tachar en el *Pornoboscodidasculus*, lo mismo que en el original; ni mucho menos en las escenas de amores, sino en la enumeración de algunas de las dro-

---

[1] PP. 266 y 267.
[2] P. 295. «Vltima verba Melibaeae ad parentem Pleberium priusquam, post casu mortuum amasium suum Callistonem, se turri praecipitaret. Ex Hispanico Ludo, Celestinâ.»

gas, ungüentos y confecciones de que se valía Celestina para sus dañadas artes, y que al traductor no le parecían materia propia para ser divulgada, aun siendo vanas en sí mismas.

Como ligera muestra del brío y la elegante soltura con que en general está hecha esta versión, copio en nota un breve pasaje del acto XIX (segunda escena del jardín), que el lector puede cotejar fácilmente con el texto castellano citado pocas páginas más atrás.[1]

Acompañan al *Pornoboscodidascalus,* con el título de *Animadversiones traslatitiae,* cerca de doscientas páginas de notas, que son hasta la hora presente el único comentario de la *Celestina,* ya que no puede calificarse de tal un centón inédito de reflexiones morales, escrito en España hacia mediados del siglo XVI, y que no conceptuamos digno de salir del olvido en que yace, puesto que ninguna luz proporciona para la inteligencia de la tragicomedia a lo menos en la parte hasta donde ha alcanzado nuestra pacien-

---

[1] Callist. «Superavit me dulcedo suavissimi cantus: non est mihi ultra »tolerabilis amantis animi tui expectatio. O Domina mea unica, o omnis spes »et omnis felicitas mea! Quae mulier nata talibus sit Gratiis, ut tua merita »non omnes illas ultro confutet? O improvisa auribus meis cantionis suavitas! »O tempus deliciis uberans! O anima mea, o pectus o corculum meum! »Et quomodo non potuisti ulterius aliquid temporis insumere isti suavissi- »mae vocis tuae suavitati, cur non porro etiam amborum desideriis canen- »do satisfacere.
»*Melib.*—O exoptatissima deprehensio, o insidiae exspectatissimae, o sua- »vissima superventio! Es tu hic mei animi Domine, anima ipsa et corculum »meum? Es tu ipsemet? non possum credere. Ubi absconsus eras, lucidissi- »me Sol? Quo recondideras claritatem illam immensam tuam? Quamdiu »factum est quod auscultasti nos? Cur me raucâ et absurdâ meâ instar »Cygni voce frustrà aerem verberare passus es? cur exsensis verbis instre- »pentem audire sustinuisti? Totus hic hortus noster adventu tuo novâ lae- »titiâ inducitur. Vide Lunam inter innumerabilia sidera prolucentem; etiam »suaviorem suam lucem coelo exserere videtur. Vide nubes illae quam per »coelis spatium diffugere properant; audi decurrentem hanc aquam de fontis »hujus meditullio, quam longè suaviori nunc murmure per viridarium hoc »florescentium herbarum properat? Attende celsas istas cyparissos quo pac- »to rami invicem sibi abblandiuntur, alius alium arridet et alloquitur velut »interprete compositissimo illo vento, qui summa temperie omnia permul- »cens voces mutuas foliorum perferre hinc inde occupatus est. Vide omnium »arborum placidissimas istas umbras, quam obscuritates suas condensare la- »borant, ut furtivis nostris voluptatibus gratissimum tegmen inducant» (pp. 268-269).

cia.[1] Cosa muy distinta son las notas de Barth, doctas y prolijas al modo de las que solían ponerse a los clásicos de la antigüedad. No puede negarse que hay en ellas mucha erudición impertinente y falta a veces la necesaria. Basta que en el prólogo de Rojas se nombre a Heráclito para que el traductor se crea obligado a darnos un extenso artículo sobre la vida y opiniones de dicho filósofo. Sobre el basilisco, sobre la víbora, sobre el pez equino y el ave *Ruch* o *Roc* nos regala sendas disertaciones, llenas de citas y testimonios que prueban su enorme e indigesta lectura. Pero de este fárrago pueden entresacarse curiosos rasgos críticos que completan el juicio expresado en el preámbulo; observaciones sobre algunos lugares difíciles del texto y sobre su propia traducción; curiosas noticias literarias, incluso algunos versos castellanos de autor desconocido. En cambio, confiesa su ignorancia en cosas tan sabidas como la historia de Macías, y muy rara vez indica la fuente de alguna sentencia o expresión. De todos modos, no perderá el tiempo quien repase con algún cuidado estas notas, olvidadas en un libro rarísimo. ¡Tiene tan pocos aficionados la latinidad moderna!

Tal fué el triunfal camino que por Europa recorrió la *Celestina*, dejando en todas partes alguna huella de su paso. Pero su influencia más directa y profunda se ejerció, desde el momento de su aparición, en nuestras letras nacionales. Ora se la califique de novela, ora de drama, ora se diga con Wolf, y es acaso el parecer más cierto, que la cuestión de nombre es ociosa, puesto que la obra de Rojas nació en un tiempo en que los géneros literarios apenas comenzaban a deslindarse y la dramática moderna no existía más que en germen,[2] es tan rica la materia estética de la

---

[1] Nº 674. *Celestina Comentada.*

«Comentario a la *Tragicomedia de Calisto y Melibea*, por un escritor »anónimo de mediados del siglo XVI.

»Comienza por el folio 14, está falto de los folios 18 a 21 e incompleta »por el fin, terminando en el fol. 221.»

(Vid. *Catálogo de los Manuscritos que pertenecieron a don Pascual Gayangos, existentes hoy en la Biblioteca Nacional*, redactado por don Pedro Roca. Madrid, 1904. Publicado por la «Revista de Archivos», pág. 231).

[2] «Daher scheint der Streit müssig, ob man sie zur Gattung der Novelle »oder des Dramas rechnen soll; sie enstand ja eben in einer Zeit, who sich

Celestina, tan amplia su objetividad, tan humano su argumento, tan viva y minuciosa la pintura de costumbres, tan espléndida la lengua, y tan vigoroso el diálogo, que no pudo menos de acelerar el desarrollo de las dos grandes formas representativas de la vida nacional, y aun puede decirse que en el teatro obró antes y con más eficacia que en la novela.[1]

Cuando apareció la inmortal tragicomedia, apenas comenzaba a secularizarse nuestra poesía dramática en algunas sencillas églogas de Juan del Enzina, impresas en su *Cancionero* de 1496 y que apenas pasan de diálogos sin acción. Pero esta su primera manera aparece profundamente modificada en las piezas que compuso durante su larga residencia en Roma, no precisamente por la influencia de modelos italianos, que hasta ahora no podemos afirmar ni negar, sino por el estudio asiduo de dos libros castellanos en prosa: la *Cárcel de Amor* y la *Celestina.* De uno y otro se asimiló algunos elementos y los incorporó bien o mal en su naciente dramarturgia. La pasión de Melibea le sirvió de modelo para las ardientes imprecaciones que pone en labios de la celosa y desesperada *Plácida.* Tanto la Égloga que lleva su nombre unido con el de *Vitoriano,* como la de *Fileno y Zambardo,* terminan con un suicidio que tiene visos de apoteosis gentílica en la primera y de canonización cristiana en la segunda: tal era entonces la licencia y relajación de las ideas.[2] Pero en general, el vate salmantino no acertó a remedar sino la parte ínfima de la tragicomedia, las

---

»die Dichtungsgattungen erst schaerfer zu sondern begannen, who eben aus »den übrigen das Drama sich entwickelte» *(Studien,* p. 281).

[1] La influencia de la *Celestina* en el drama español es el principal asunto de la excelente y poco conocida tesis latina del señor E. Martinenche, *Quatenus Tragicomedia de Calisto y Melibea, vulgo «Celestina», dicta ad in- »formandum hispanense theatrum valuerit,* que ya en otra ocasión hemos recomendado.

[2]   ZAMBARDO

No rueguen por él, Cardonio, que es santo,
Y asi lo debemos nos de tener.
Pues vamos llamar los dos sin carcoma
Al muy santo crego que lo canonice;
Aquel que en vulgar romance se dice
Allá entre groseros el Papa de Roma.

escenas lupanarias de bajo cómico, que por su grosería misma habían de ser las que tentasen más a los lectores vulgares y a los imitadores de corto vuelo. Los chistes más que deshonestos de Eritea y Fulgencia en la ya citada *Égloga de Plácida y Vitoriano* [1] bastan para caracterizar esta triste manera de imitación, que alcanza monstruoso desarrollo en el curso del siglo XVI. Prescindiendo de este falso rumbo que llenó de torpezas nuestra literatura, lo que Enzina hubiera debido aprender principalmente de Rojas era el artificio de una fábula más complicada, el estudio de los caracteres, la viveza y nervio de la expresión. Pero en todo esto adelantó muy poco el patriarca de nuestro drama, porque sus fuerzas no eran para tanto, aun asistidas por tal modelo.

Mucho más lo hubieran sido las del gran poeta portugués, que es la mayor figura de nuestro primitivo teatro. También Gil Vicente debe a la *Celestina* escenas de las más picantes, y sobre todo, el tipo de la alcahueta Brígida Vaz, que tan desvergonzadamente pregona sus baratijas en la *Barca do Inferno,* pieza que (dicho sea entre paréntesis) fué representada en la cámara regia «para consolación de la muy católica y sancta reina Doña María, »estando enferma del mal de que falleció». [2] Sin llegar a la imita-

GIL

¿Qué es lo que queréis, oh nobres pastores?

ZAMBARDO

Queremos rogar querais entonar
Un triste requiem que diga de amores.

Así se encuentran estos versos en la rarísima edición suelta en letra de Tortis. Fueron suprimidos en el *Cancionero* de Juan del Enzina, ed. de 1509, única que incluye esta égloga.

(Vid. *Teatro completo de Juan del Encina* (ed. de la Academia Española), Madrid, 1903, pág. 226).

[1] *Teatro de Juan del Encina,* pp. 286-292. Esta desvergonzada escena sólo tiene par en algunas de *La Lozana Andaluza.*

[2] *Obras de Gil Vicente, correctas e emendadas pelo cuidado e diligencia de J. V. Barreto Feio e J. G. Monteiro.* Hamburgo, *na officina typographica de Langhoff,* 1834, tomo I, p. 232.

Eu sou Brizida a preciosa,
Que dava as moças ós mólhos;
A que criava as meninas

Pera os conegos da Sé.
Passae-me por vossa fé,
Meu amor, minhas boninas,

ción directa, como en este caso, hay en el teatro de Gil Vicente, sobre todo en las farsas, muchos elementos celestinescos, y aun verdaderas celestinas; verbigracia, Branca Gil en *O Velho da Horta*,[1] la bruja Ginebra Pereira en el *Auto das Fadas*,[2] la Ana Dias en *O Juiz da Beira*.[3] Pero la genialidad lírica del autor le lleva

---

Olhos de perlinhas finas:
Que eu sou apostolada,
Angelada, e martelada,
E fiz obras mui divinas.

Sancta Ursula não converteo
Tantas cachopas, como eu;
Todas salvas polo meu,
Que menhūa se perdeo...

Tanto este pasaje como otros muchos aparecen mejorados en la refundición castellana de este auto, que lleva el título de *Tragicomedia alegórica d'el Paraiso y d'el Infierno. Moral representacion del diverso camino que hazen las animas partiendo de esta presente vida, figurada en los dos navios que aqui parescen: el uno d'el Cielo y el otro del Infierno. Cuya subtil invencion y materia en el argumento de la obra se puede ver.* (Al fin) *Fue impresa en Burgos en casa de Juan de Junta, a 25 dias del mes de enero, año de 1539.* (Ejemplar de la Biblioteca Nacional, procedente de la de Campo Alanje). El de la Biblioteca de Munich, descrito por Wolf, es de otra edición sin año ni lugar. Hay extractos de esta refundición en el *Ensayo* de Gallardo (tomo I, Nº 1.012) y en las notas de Aribau a los *Orígenes* de Moratín (página 194).

[1] «A seguinte farça he o seu argumento, que hum homen honrado e »muito rico, ja velho, tinha hūa horta; e andando hūa manhan por ella es- »pairecendo, sendo o seu hortelão fóra, veio hūa moça de muito bom pa- »recer buscar hortaliça, e o velho em tanta maneira se namorou della, que »por via de hūa alcoviteira gastou toda sua fazenda. A alcoviteira foi aço- »tada, e a moça casou honradamente». *(Obras de Gil Vicente...* tomo III, páginas 63-90).

[2] *Obras de Gil Vicente...* tomo III, pp. 91-120.

Eu sam Genebra Pereira,
Que moro alli á Pedreira,
Vezinha de João de Tara,
Solteira, ja velha amara,
Sem marido, e sem nobreza;
Fui criada en gentileza
Dentro nas tripas do Paço,
E por feitiços qu'eu faço,
Dizem que sam feiticeira.

Porém Genebra Pereira
Nunca fez mal a ninguem;
Mas antes por querer bem
Ando nas encruzilhadas
Ás horas que as bem fadadas
Dormen somno repousado;
E estou com hum enforcado
Papeando-lhe a orella;
Esto provará esta velha
Moito melhor do que os diz.

[3] *Obras de Gil Vicente...* tomo III, p. 172.

Vase la vieja al molino,
Entra muy disimulada,
Muy honesta cobijada,
Como quien sabe el camino.

Tan to escarva, tanto atiza
Por tal arte y por tal modo,
Que hace un cielo ceniza
Hasta ponella de lodo.

a la creación de un arte diverso, en que la observación realista no es lo esencial, sino lo secundario. En la riqueza del lenguaje popular, en la curiosidad con que recoge lo que hoy llamaríamos material *folklórico*, y especialmente las creencias supersticiosas, los ensalmos y conjuros, las prácticas misteriosas y vitandas, el autor de la *Comedia Rubena* y del *Auto das Fadas* es un continuador de la *Celestina*, pero en todo ello se mezcla un elemento poético fantástico que nos recuerda a veces la comedia aristofánica.

Inferior a Gil Vicente como poeta, pero superior en la técnica dramática, el extremeño Bartolomé de Torres Naharro fué el primero que llevó al teatro la parte sentimental y amorosa de la *Celestina*. Don Alberto Lista, cuyos trabajos sobre el antiguo teatro español, aunque pobres de erudición no son tan anticuados e inútiles como creen algunos, advirtió, a mi juicio con razón,[1] que Naharro había tenido muy presente la *Celestina*, con la cual coincide, tanto en la pasión de la enamorada Febea como en las astucias de que se valen los criados de Himeneo para ocultar su cobardía, cuando acompañan a su señor a la calle de su dama. Basta, en efecto, cotejar estos pasajes para advertir la semejanza. Y limitándonos a las quejas que pronuncia Febea en la quinta jornada, cuando su hermano la persigue con la espada desnuda y va a ejecutar en ella la venganza de su honor, que supone mancillado, no hay sino leer las dolorosas razones que profiere Melibea antes de arrojarse de la torre, para ver que Torres Naharro, como todos nuestros dramáticos del siglo XVI sin excepción, bebió en aquella fuente de verdad humana, y se aprovechó de sus aguas, más saludables que turbias. Dice Febea:

```
Hablemos cómo mi suerte        Tal que por su merescer
Me ha traido en este punto      Es mi mal bien empleado.
Do yo y mi bien todo junto        No me queda otro pesar
Moriremos d'una muerte.        De la triste vida mia,
  Mas primero                  Sino que cuando podia,
Quiero contar cómo muero.      Nunca fui para gozar.
Yo muero por un amor             Ni gocé
Que por su mucho querer        Lo que tanto deseé;
Fué mi querido y amado,        Muero con este deeo,
Gentil y noble señor,          Y el corazon me revienta
```

---

[1] *Lecciones de Literatura Española...* tomo I, pág. 51.

Con el dolor amoroso;
Mas si creyera a Himeneo,
No moriera descontenta
Ni le dejara quejoso...
 ¡Guay de mí,
Que muero ansi como ansi!
....
 No me quejo de que muero,
Mas de la muerte traidora;
Que si viniera primero
Que conosciera a Himeneo,
Viniera mucho en buen hora.
Mas veniendo d'esta suerte,
Ya sin razon a mi ver,
¿Cuál será el hombre o mujer
Que no le doldrá mi muerte?...

 Yo nunca hice traicion:
Si maté, yo no sé a quién;
Si robé, no lo he sabido;
Mi querer fue con razon;
Y si quise, hice bien
En querer a mi marido.
 Cuanto más que las doncellas,
Mientras que tiempo tuvieren,
Harán mal si no murieren
Por los que mueren por ellas...
Pues, muerte, ven cuando quiera,
Que yo te quiero atender
Con rostro alegre y jocundo;
Qu'el morir de esta manera
A mí me debe plazer
Y pesar a todo el mundo... [1]

No pondré estos apasionados versos al lado de la prosa de Melibea. Diversa es la situación de ambas heroínas: culpable la una y arrastrada por la fatalidad de su ciega pasión al suicidio; víctima inocente la otra del furor de su hermano, pero tan enamorada, que con menos vigilancia, y a no intervenir tan oportunamente el sacro vínculo, hubiera podido decir, como su antecesora: «Su muerte convida a la mía; convídame, y es fuerza que sea »presto sin dilación... Y así contentarte he en la muerte, pues no »tuve tiempo en la vida.»

Nadie puede negar la evidente semejanza entre los principales pasos de la *Comedia Himenea* y los de la comedia de amor e intriga del siglo XVII, que adquirió bajo la pluma de Calderón su última y más convencional forma. Un caballero que ronda la casa de su amada con acompañamiento de criados e instrumentos; una noble doncella ingenuamente apasionada, no menos que briosa y decidida, que a pocos lances franquea con honesto fin la puerta de su casa; un hermano, celoso guardador de la honra de su casa, algo colérico y repentino, pero que acaba por perdonar a los novios; dos criados habladores y cobardes; músicas y escondites, pendencias nocturnas y diálogos por la ventana. Pero todo esto, o casi todo, si bien se repara, estaba en la *Celestina,* salvo

---

[1] *Propaladia de Bartolomé de Torres Naharro* (edición de los *Libros de Antaño),* tomo II, pp. 60-63.

el tipo del hermano, que parece creación de Torres Naharro. Pármeno y Eliso son Calisto y Sempronio, la criada Doresta es Lucrecia, todos un poco adecentados. Porque es muy singular que autor tan liviano y despreocupado como suele ser en su estilo el autor de la *Propalladia*, se haya creído obligado a tanta circunspección en esta obra excepcional, y haya tenido la habilidad de transportar al teatro la parte de la *Celestina* que en su género podemos llamar ideal y romántica, prescindiendo de la picaresca y lupanaria. De este modo consiguió borrar las huellas de origen, y ha podido pasar por inventor de un género del que no fué realmente más que continuador feliz, con gran inteligencia de las condiciones del teatro y del arte del diálogo, que llega a la perfección en varios pasajes de esta comedia.

En mi monografía sobre aquel poeta, de la cual he transcripto las reflexiones anteriores, hago constar que durante la primera mitad del siglo XVI coexistieron dos escuelas dramáticas. Una, la más comúnmente seguida, la más fecunda, aunque no por cierto la más original e interesante, se deriva de Juan del Enzina, considerado no sólo como dramaturgo religioso, sino también como dramaturgo profano, y está representada por los autores de églogas, farsas, representaciones y autos, que debieron de ser muy numerosos, a juzgar por las reliquias que todavía nos quedan y por las noticias que cada día se van allegando. La otra dirección dramática, que produjo menos número de obras, pero todas muy dignas de consideración, porque se aproximan más a la forma definitiva que entre nosotros logró el drama profano, nace del estudio combinado de la *Celestina* y de las comedias de Torres Naharro, sin que por eso se niegue el influjo secundario del teatro latino, ya en su original, ya en las traducciones que comenzaban a hacer los humanistas, y el de las comedias italianas, cada vez más conocidas en España, particularmente las del Ariosto, que llegaron a ser representadas en su propia lengua con ocasión de fiestas regias.

Si el título no nos engaña, la más antigua imitación dramática de la *Celestina* fué la *Comedia llamada Clariana, nuevamente compuesta, en que se refieren por heroico estilo los amores de un cavallero moço llamado Clareo con una dama noble de Valencia,* dicha *Clariana.* El autor anónimo, que era «un vecino de Toledo», dedicó al duque de Gandía su obra, impresa en Valencia por Juan Jofre, en 1522. Los traductores de Ticknor, que la mencionan, nada dicen de su actual paradero, ni dan más noticia de ella sino que está escrita en prosa, mezclada de versos. Juan Pastor, natural de la villa de Morata, declara al fin de su *Farsa* o *Tragedia de la castidad de Lucrecia,* haber compuesto otras dos llamadas *Grimaltina* y *Clariana,* pero no nos atrevemos a afirmar que la última sea esta misma.

De Naharro y la *Celestina* combinados proceden las dos desaliñadas comedias del aragonés Jaime de Huete, *Tesorina* y *Vidriana,* impresas hacia 1525.[1] La división de cinco jornadas y la versificación en coplas de pie quebrado las entroncan con la *Propaladia,* de la cual imita Huete otras cosas, entre ellas el tipo grotesco de *Fr. Vejecio,* que dió motivo, sin duda, a la prohibición de la *Tesorina* en el *Indice* de 1559. La intriga de amor, en ambas farsas, especialmente en la *Vidriana,* es celestinesca, pero sin intervención de ninguna Celestina: todo pasa por manos de criados, y las dos terminan en boda. Vidriano y Tesorino, Leridana y Lucina son pálidas copias de Calisto y Melibea; los criados Pinedo, Secreto y Carmento cumplen el mismo oficio que los mozos de Calisto; la doncella Lucrecia está repetida en la Oripesta de la *Vidriana;* Citeria en la *Tesorina* tiene algún rasgo de Areusa; los padres de Melibea resucitan en Lepidano y Modesta, padres de Leridana, y tienen las mismas pláticas sobre su casamiento. Todo ello calco servil y sin ingenio de ninguna clase. El lenguaje es tosco y abunda en curiosos provincialismos. Al mismo género

---

[1] *Comedia intitulada Thesorina, la materia de la qual es uños amores de vn penado por una señora, y otras personas adherentes. Hecha nueuamente por Jayme de Guete. Pero si por ser su natural lengua Aragonesa no fuere por muy cendrados terminos quanto a esto merece perdon.*

Comedia llamada Uidriana, compuesta por Jayme de Gueta (sic) *agora nueuamente; en la qual se recitan los amores de un cauallero y de una señora de Aragon a cuya peticion por serles muy sieruo se ocupó en la obra presente: el sucesso y fin de cuyos amores va metaphoricamente tocado justa el processo y execucion de aquellos.*

Los ejemplares que la Biblioteca Nacional posee de estas dos rarísimas farsas proceden de la biblioteca de Salvá y están descritos en su *Catálogo* (tomo I, núms. 1.279 y 1.280).

pertenece la *Comedia Radiana,* de Agustín Ortiz,[1] otra pequeña *Celestina* sin Celestina y con casamiento en el jardín. Nada puedo decir de la *Comedia Rosabella,* de Martín de Santander, impresa en 1550, porque no he llegado a verla, pero su portada indica que tenía un argumento muy análogo.[2]

Del mismo año (si es que no hay edición anterior, como puede sospecharse) es la *Comedia Tidea, compuesta por Francisco de las Natas: beneficiado en la yglesia perrochial* (sic) *de la villa Cuevas rubias, y en la yglesia de Santa Cruz de Rebilla cabriada. En la qual se introduce un gentil hombre cavallero llamado don Tideo y dos criados suyos, el vno Prudente, y el otro Fileno, y una vieja alcahueta llamada Beroe, y una doncella noble llamada Faustina, con vña su criada Justina. Dos pastores, el vno llamado Damon, el otro Menalcas. Vn alguazil con sus criados. El padre y madre de la donzella, el padre Riffeo, la madre Trecia. Tratanse los amores de don Tideo con la donzella, y cómo la alcançó por interposición de aquella vieja alcagueta; y en fin por bien de paz fueron en uno casados. Es obra muy graciosa y apacible,* 1550.[3] Salvo la inoportuna aparición de los pastores, que pertenecen al repertorio de

---

[1] *Comedia intitulada Radiana: compuesta por Agustin Ortiz; en la qual se introduzen las personas siguientes. Primeramente un cauallero anciano llamado Lireto z su criado Ricreto, z una hija deste cauallero llamada Radiana z su criada Marpina z vn cauallero llamado Cleriano z su criado llamado Turpino, z tres pastores Lirado z Pinto z Juanillo, z un Sacerdote. Reparte se en cinco jornadas breues e graciosas e de muchos exemplos.*

El ejemplar, al parecer único, de Salvá (Cf. *Catálogo,* I, 1.337) pasó también a la Biblioteca Nacional.

[2] *Comedia llamada Rosabella. Nueuamente compuesta por martin de Santander. En la qual se introduzen un cauallero llamado Jasminio, y dos criados: es vno un Vizcaino, y es otro vn Negro, y vna dama llamada Rosabella y su padre de la dama llamado Libeo, un hijo suyo y vn alguacil con sus criados, y vn pastor llamado Pabro. En la qual tracta de como el cauallero por amores se desposo con ella, y la saco de casa de su padre. Es muy graciosa y apazible.* 1550.

(Nº 4.495 del *Ensayo* de Gallardo, nota comunicada por don Pascual de Gayangos). Un ejemplar de esta obra salió a la venta en Roma en enero de 1884. Ignoro quién lo adquirió.

[3] El único ejemplar conocido de esta farsa pertenece a la Biblioteca de Munich, y fué dado a conocer por Fernando Wolf en 1852, en los *Sitzungberichte* de la Academia de Viena (clase filosófica histórica, tomo VIII). De esta memoria sobre varias piezas dramáticas, a cual más peregrinas, hay

Juan del Enzina, el beneficiado de Covarrubias no hizo más que poner en malas coplas el argumento de la *Celestina,* a la cual dió placentero desenlace, según era costumbre en estas farsas representables, que rara vez son trágicas. En la versificación y número de jornadas sigue a Naharro.

No en cinco, sino en tres jornadas (novedad que a fines del siglo XVI se atribuyeron a Virués y Cervantes), está compuesto el *Auto llamado de Clarindo, sacado de las obras de Captivo* (?) *por Antonio Díez, librero sordo, y en partes añadido y emendado; es obra muy sentida y graciosa para se representar,* pieza rarísima, que por meros indicios se supone impresa en Toledo hacia 1535. [1] Clarindo y Clarisa son una nueva repetición de Calisto y Melibea, pero esta intriga de amor esta cruzada por otra entre Felecín y Florinda. Los padres de las dos doncellas las encierran en un monasterio de que era abadesa una tía suya, pero logran fugarse de él gracias a la diabólica intervención de una bruja que hechizándolas a entrambas las hace cautivas de la voluntad de sus enamorados.

Más interesante, como pintura de costumbres, es la *Farsa llamada Salamantina,* compuesta por Bartolomé Palau, estudiante de Burbáguena (1552), de la cual debemos una excelente reimpresión al señor Morel-Fatio. [2] Este largo entremés es «obra que passa entre los estudiantes en Salamanca», como se anuncia desde el frontis; y el *introyto* tampoco nos deja duda de que fué representada por estudiantes y ante un auditorio universitario. El escolar perdido y buscón, que es héroe de la pieza, atestigua la popularidad de la *Celestina,* único libro que afirma poseer, juntamente con un tratadista de derecho:

> Libros? pues vos lo veed:
> Una *Celestina* vieja
> y un *Phelipo* de ayer (¿de alquiler?)

---

traducción hecha por don Julián Sanz del Río, en el tomo XXII de la colección de *Documentos Inéditos para la Historia de España,* 1853.

Tanto la *Tidea* como la *Thesorina* figuran en los índices del Santo Oficio desde 1559.

[1] Dieron la primera noticia de él los traductores de Ticknor en 1851 (tomo III de la *Historia de la Literatura Española,* pp. 525 a 527). Tengo copia entre los manuscritos de Cañete.

[2] *Bulletin Hispanique,* octubre a diciembre de 1900.

Las escenas bajamente cómicas del bachiller Palau están tomadas de la realidad misma, con franco y brutal naturalismo, sin ningún género de selección artística. Sería injusto considerarlas como imitación de la obra de Rojas, pero todavía son prole suya, aunque bastarda y degenerada.

La influencia del gran modelo no se manifiesta sólo en estos adocenados y torpes ensayos, sino en obras de más elevado fin, de intención moral y de asunto que a primitiva vista nada tiene de celestinesco.[1] Tal es el de la excelente *Comedia Pródiga* del extremeño Luis de Miranda, impresa en Sevilla en 1554.[2] Esta obra es una dramatización, a la verdad bastante profana, de la parábola evangélica del Hijo Pródigo (San Lucas, cap. XV, v. II-32), pero la portada misma es un plagio intencionado de la *Celestina*, sin duda para atraer lectores a la obra nueva:

«*Comedia Pródiga... compuesta y moralizada por Luis de Mi-*
»*randa, placentino, en la cual se contiene (demas de su agradable*
»*y dulce estilo) muchas sentencias y avisos muy necesarios para*
»*mancebos que van por el mundo, mostrando los engaños y burlas*
»*que están encubiertos en fingidos amigos, malas mujeres y trai-*
»*dores sirvientes.*»

Don Leandro Fernández de Moratín, que en sus *Orígenes* fué el primero en llamar la atención sobre esta rara pieza, hace de ella extraordinario encarecimiento, mucho más digno de notarse dada la habitual acrimonia de sus juicios: «Está muy bien des»empeñado el fin moral de esta fábula, que es, sin duda, una de »las mejores del antiguo teatro español: bien pintados los carac-

---

[1] Aun en la notabilísima *Tragedia Josefina*, de Miguel de Carvajal, con ser bíblico el argumento, la verdad humana, la expresión viva y enérgica de los afectos, hacen pensar en la *Celestina* más que en ningún otro modelo. El monólogo de Zenobia, la mujer de Putifar, en el acto II, bastaría para comprobarlo. Es curiosa la advertencia que hace el *Faraute* sobre estas escenas: «El auctor, como es tosco y grosero y sabe poco de amor, »en esta segunda parte, a algunas personas socorridas, quiero decir hábiles »en estos acaecidos y venéreos casos, se encomendó: vuestras mercedes lo »tomen como cosa de prestado.»

Tragedia llamada Josefina, sacada de la profundidad de la Sagrada Escritura y trobada por Micael de Carvajal, de la ciudad de Placencia (ed. de la Sociedad de Bibliófilos Españoles), con una erudita y brillante introducción de don Manuel Cañete (Madrid, 1870), pág. 71.

[2] Reimpreso en Sevilla, por la Sociedad de Bibliófilos Españoles, 1868.

»teres, bien escritas algunas de sus escenas, las situaciones se suce-»den unas a otras, aunque no con particular artificio dramático, »siempre con verosimilitud y rapidez.»

Lástima que a todos estos méritos y al grandísimo de la verdad humana en los diálogos y en las situaciones no pueda añadirse el de la cabal originalidad, puesto que la comedia de Luis de Miranda es sobre todo una imitación libre y muy bien hecha de la *Comedia d'il figliuol prodigo* del florentino Juan María Cecchi, transportada de las costumbres italianas a las españolas, y hábilmente combinada con los datos de la *Celestina*. A estas dos fuentes hay que referir las andanzas del Pródigo, que sigue como soldado aventurero al capitán que pasa por su pueblo levantando bandera, y corre por ferias y mesones malbaratando su dinero entre rufianes y mozas del partido. Olivenza, el baladrón cobarde, las dos rameras Alfenisa y Grimana, la criada Florina y sobre todo la vieja alcahueta Briana, son tipos que no desmienten su origen.

Cambió el gusto en la segunda mitad del siglo XVI: triunfó la comedia italiana, nacionalizada por Lope de Rueda, Timoneda, Sepúlveda y Alonso de la Vega; triunfó la prosa en el teatro, y con ella la imitación formal de la *Celestina*, que hasta entonces sólo por su materia y argumento, personajes y situaciones, había influído en las obras representables.

Lope de Rueda, en quien esta imitación tomó propio y adecuado carácter, no era, a pesar de su humilde condición y errante vida, un poeta primitivo, como el vulgo imagina, ni era posible que lo fuese después de una elaboración dramática tan larga. Hábil imitador de los italianos, a quienes saqueó sin escrúpulo para los argumentos y trazas de sus comedias y coloquios,[1] fué maestro de la lengua y del diálogo cómico, no por ruda espontaneidad, sino por arte refinado. La fábula en sus obras es lo de menos, ni tiene una sola que pueda llamarse propia. Pero triunfa en la representación de costumbres populares y en el manejo siempre hábil de ciertas figuras escénicas, que repite con fruición, ya en sus pasos o entremeses, ya episódicamente en sus obras de más empeño. Entre estos tipos hay uno conocidamente tomado

---

[1] Vid. especialmente el trabajo de A. L. Stiefel, *Lope de Rueda und das italianische Lustspiel en la Zeitschrift für Romanische Philologie*, tomo XV, año 1891, pp. 182 y 318.

de la *Celestina* y de sus imitaciones, el rufián Centurio, que es el lacayo Vallejo de la comedia *Eufemia*, el *Gargullo* de la comedia *Medora*, el *Madrigalejo* y el *Sigüenza* de dos de los pasos del *Registro de Representantes*. Era uno de los papeles en que como actor sobresalía Lope de Rueda, según atestigua Cervantes en el prólogo de sus comedias: «Aderezábanlas y dilatábanlas con dos o tres »entremeses, ya de negro, ya de *rufián*, ya de bobo y ya de viz- »caíno; que todas estas cuatro figuras y otras muchas hacía el tal »Lope con la mayor excelencia y propiedad que pudiera imagi- »narse... Sucedió a Lope de Rueda, Navarro, natural de Toledo, »el cual fué famoso en hacer la figura de un *rufián cobarde*.»

Pero no es esta imitación parcial y directa lo que hace de Lope de Rueda un discípulo del autor de la *Celestina*. Lo es también por su sentido realista de la comedia, que se abre paso a través de los argumentos más inverosímiles y extravagantes, por sus dotes de observador de costumbres, aunque aplicadas en pequeña escala y sin aquel aspecto de grandeza que a la obra de Rojas caracteriza. Lo es por la viva y natural expresión de los afectos, cuando obedece a su buen instinto y no se pierde en enfáticos discursos y afectaciones de falsa poesía pastoril, como en los *Coloquios*. Lo es sobre todo por el jugo sabrosísimo de su prosa, que es un venero de sales castizas inimitables. La lengua de Lope de Rueda, a quien tanto admiraba Cervantes, no es más que la lengua de la *Celestina* descargada de su exuberante y viciosa frondosidad y transportada a las tablas por un hombre de verdadero talento dramático, que la hizo más rápida, animada y ligera, no sin que perdiese algo, quizá mucho, de su fuerza poética y honda energía.

¿Fué Lope de Rueda el primero que escribió en prosa comedias representables y representadas? Hay algún motivo para dudarlo y aun para negarlo. Juan de Timoneda, en el prólogo de las tres comedias que hizo imprimir en 1559, se atribuye categóricamente la innovación. «Quán aplazible sea el estilo comico para leer pues- »to en prosa, y quán propio para pintar los vicios y las virtudes... »bien lo supo *el que compuso los amores d' Calisto y Melibea y el otro que hizo la Tebaida. Pero faltauales a estas obras para ser con- »sumadas poderse representar como las que hizo Baltasar d'Torres »y otros en metro. Considerando yo esto quise hazer Comedias en »prosa, de tal manera que fuessen breues y representables; y hechas,*

»*como paresciessen muy bien assi a los representantes como a los*
»*auditores, rogaronme muy encarecidamente que las imprimiesse,*
»*porque todos gozassen de obras tan sentenciosas, dulces y regocijadas.*» [1]

Sólo la extraordinaria rareza del libro de las *Tres Comedias* ha podido hacer que no se fijase la atención en este pasaje, que, si Timoneda dice verdad, como creemos, algo cambia de la relación que generalmente se establece entre el librero de Valencia y el batihoja de Sevilla, considerando al primero como simple discípulo y editor del segundo. Pero con ser excelente la prosa en las comedias de Timoneda, y mucho más racional y bien urdida la fábula, nunca fueron tan populares como las de su amigo, sin duda porque hay en ellas menos sabor indígena. Dos son imitaciones de Plauto y otra del Ariosto, y siguen la corriente del teatro italiano más bien que la de la *Celestina* y la *Tebaida*, aunque él mismo las cita y confiesa su influjo.

Pero aquella escuela dramática tuvo muy corta vida. La comedia en verso volvió a imponerse y fué en adelante la única forma del drama nacional. Virués, Juan de la Cueva, Rey de Artieda y otros ingenios de menos cuenta hicieron triunfar en el último tercio de aquel siglo una especie de tragicomedia lírica, medio clásica, medio romántica, en la cual se incorporaron elementos históricos y tradicionales, cuya vitalidad fué tanta que, unida al genio de un inmenso poeta, hizo surgir del caos fecundo de la antigua dramaturgia la forma definitiva de la comedia española. Pero aun en las obras novelescas y extravagantes del período de transición, se nota de vez en cuando la influencia siempre provechosa de la *Celestina*, contrastando con las aberraciones de los nuevos autores. Sirva de ejemplo la *Comedia de El Infamador*, una de las más interesantes de Juan de la Cueva, hasta por la supuesta semejanza que algunos han querido encontrar entre su protagonista Leucino y don Juan Tenorio. En esta pieza monstruosa, conjunto

---

[1] *Las tres Comedias del facundissimo Poeta Juan Timoneda, dedicadas al Illustre Señor don Ximen Perez de Calatayū y Villaragut*. Año 1559 (En la epístola de *El autor a los lectores*).

Los dos únicos ejemplares conocidos de este rarísimo libro, pertenecen a la Biblioteca Nacional. Tengo reimpreso, y publicaré en breve, todo el teatro profano de Timoneda como primer tomo de sus *Obras*, que saca a luz la Sociedad de Bibliófilos Valencianos.

de escenas mitológicas y de lances familiares, el tipo de la alcahueta Teodora, que es el único medianamente trazado, pertenece al género celestinesco, y la relación que hace del mal recibimiento que tuvo en casa de la doncella Eliodora está calcada punto por punto en el acto IV de la tragicomedia. Pero en Juan de la Cueva la heroína es de una virtud inexpugnable. Teodora, como todas sus congéneres en materia de tercerías, practica la magia y evoca a los espíritus del Erebo en elegantes versos clásicos imitados de Virgilio e indirectamente de Teócrito. [1]

---

[1] Es rarísima la *Primera* (y única) *Parte de las Comedias de Ioan de la Cueua dirigidas a Momo (Sevilla, en casa de Ioan de Leon, 1580)*, y urgente la necesidad de su reimpresión, honor que han logrado tantos libros baladíes, cuando éste de tanta curiosidad en la historia de nuestra literatura dramática es de tan difícil adquisición. Sólo he manejado dos o tres ejemplares, incluso el de la Biblioteca Nacional.

La *Comedia del Infamador* puede leerse en el tomo I del *Tesoro del Teatro Español,* de Ochoa (Baudry, 1838), pp. 265-285.

En la jornada primera leemos:

> Bien negoció la *nueva Celestina*...

En la jornada tercera encontramos una alusión a la madre de Pármeno:

> ¿No estuviste agora aquí
> Con las dos *viejas Claudinas?*

Hay también un curioso pasaje sobre el Arcipreste de Talavera y Cristóbal del Castillejo:

PORCERO
¿En qué te has entretenido
En su ausencia estos tres días?

ELIODORA
En cien mil melancolías,
Con dos libros que he leído.

PORCERO
¿Tan grande letora eres?

ELIODORA
Sí, mas éstos me han cansado,
Porque todo su cuidado
Fué decir mal de mujeres.

PORCERO
Suplícote que me nombres
Los nombres de esos autores
Que ofenden vuestros loores.

ELIODORA
Son dos celebrados hombres.

PORCERO
¿Qué hay que celebrar en ellos
Si ofenden vuestra bondad?
Mas, dime, con brevedad,
¿Quién son? para conocellos.

ELIODORA
El uno es el arcipreste
Que dicen de Talavera.

PORCERO
Nunca tal preste naciera,
Si no dió más fruto que éste.

ELIODORA
El otro es el secretario
Cristóbal del Castillejo;

Lope de Vega tributó a la *Celestina* el más alto homenaje, imitándola con magistral pericia en aquella «acción en prosa», que era una de sus obras predilectas *(por ventura de mí la más querida)*. Su fecha (1632) saca de nuestro cuadro actual esta confesión autobiográfica de juveniles extravíos, hoy descifrada por la crítica sagaz e ingeniosa de un malogrado erudito, que vino a confirmar en parte las adivinaciones de Fauriel.[1] Hay mucho de personal en la *Dorotea*, y por eso interesa profundamente y se aparta del trillado camino de las Celestinas, pero intencionalmente las recuerda, sobre todo a la de Rojas, no sólo por el cuño de su admirable prosa, sino por la creación del tipo de «Gerarda», único que puede medirse sin gran desventaja con la primitiva Celestina, aunque la intriga de amor en que interviene tenga distinto proceso. Los rencores personales del poeta, vivos todavía a pesar de los años, se combinaron aquí con la imitación literaria y dieron a la figura una pujanza y un relieve que no había logrado ni Feliciano de Silva, ni Sancho Muñón, ni el autor de la *Selvagia*, ni otro alguno de los imitadores que examinaremos en el capítulo siguiente.

Lope adopta todos los procedimientos de la *Celestina*, incluso la influencia de sentencias y proverbios, los largos y a veces impertinentes discursos, la afectación de citas pedantescas, que llega al colmo; pero su Gerarda no es ya el tipo convencional de la alcahueta que mecánicamente repiten los otros. Es Celestina, que vuelve al mundo con su antigua y persuasiva elocuencia y su caudal de tercerías y malas artes: es una genial *resurrección*,

---

Hombre es de sano consejo,
Aunque a mujeres contrario.

PORCERO

Cuánto mejor le estuviera
Al reverendo arcipreste,
Que componer esta peste,
Doctrinar a Talavera;
Y al secretario hacer

Su oficio, pues dél se precia,
Que con libertad tan necia
Las mujeres ofender.

ELIODORA

Cierto que tienes razón,
Y en eso muestras quién eres;
Que decir mal de mugeres
Ni es saber, ni es discrecion.

[1] Aludo al interesante libro de don Cristóbal Pérez Pastor, *Proceso de Lope de Vega por libelos contra unos cómicos*. Madrid, 1901. Allí está la clave de la *Dorotea*, pero todavía quedan puntos oscuros y difíciles, que acaso con el hallazgo de nuevos documentos puedan resolverse.

bien distinta de aquella otra que toscamente inventó el autor de la historia de *Felides y Polandria.* Los demás personajes de la pieza no están sacados de la tragicomedia antigua: son el mismo Lope, sus amigos, sus rivales, sus dos enamoradas Dorotea y Marfisa (preciosos retratos entrambas); todo un mundo de pasión loca, de mundana alegría y de acerbo, aunque mal aprovechado, desengaño.

No se escribió la *Dorotea* para ser representada, ni en su integridad podía serlo, aunque no ha faltado algún curioso ensayo para llevarla a las tablas, muy en compendio.[1] Pero es poema intensamente dramático, que en la historia del teatro, más bien que en la de la novela, debe ser considerado. No es la única muestra tampoco del profundo estudio que Lope había hecho de la obra del más grande de sus precursores. Muchas son las comedias de su inmenso repertorio que presentan caracteres, situaciones y diálogos celestinescos. Basta recordar *El Anzuelo de Fenisa* (aunque el argumento esté tomado de un cuento de Boccaccio), *El Arenal de Sevilla, El Rufián Castrucho,* cuadro naturalista de los más entonados y vigorosos; *El Caballero de Olmedo,* que su autor llamó *tragicomedia,* y es, con efecto, deliciosa comedia de costumbres del siglo XV en los dos primeros actos, admirable tragedia llena de terror y sublime prestigio, en el tercero. Hay en esta pieza, una de las mejores del teatro de Lope, muchas imitaciones felices y deliberadas de la *Celestina,* y lo es, sobre todo, en sus obras y palabras, la hechicera Fabia, gran maestra en tercerías.[2]

---

[1] *La Dorotea, comedia original en tres actos, por D. F. E. Castrillon, representada en el Teatro de los Caños del Peral el día 13 de junio de 1804. Madrid, en la imprenta de Repullés. Año 1804.*

Aunque la pieza se titula «original», y en cierto sentido no puede negarse que lo es, el autor pone al reverso de la portada la siguiente advertencia: «El argumento de esta Comedia está tomado de la *Dorotea* de Lope de »Vega; pues como el fin de su autor era imitar la versificación de aquel ex- »celente ingenio, quiso seguir sus huellas en cuanto al plan de la obra.» Esta imitación es a veces feliz.

[2]
    La fruta fresca, hijas mías,
    Es gran cosa, y no aguardar
    A que la venga a arrugar
    La brevedad de los días...
    ....

El arte de Lope y de Tirso [1] se complace todavía en la imitación de la *Celestina*, aunque beba en otras innumerables fuentes que no le hacen perder su sabor realista. Pero conforme avanza el siglo XVII y surge otra generación de dramaturgos, menos populares que cortesanos, los fulgores de aquel astro van apagándose, y la estrella de Calderón, «el más grande de los poetas amanerados», se levanta triunfante sobre el horizonte. Consta, sin embargo, que aquel preclaro ingenio había compuesto una comedia con el título de la *Celestina*, que se ha perdido como algunas otras. [2] ¿Quién sabe si algún vestigio de ella habrá quedado en la ingenio-

¿Veisme aquí? Pues yo os prometo
Que fué tiempo en que tenía
Mi hermosura y bizarría
Más de algún galán sujeto.
 ¿Quién no alababa mi brío?
¡Dichoso a quien yo miraba!
Pues ¿qué seda no arrastraba?
¡Qué gasto, qué plato el mío!
 Andaba en palmas, en andas,
Pues ¡ay Dios! si yo quería,
¡Qué regalos no tenía
Desta gente de hopalandas!
 Pasó aquella primavera,
No entra un hombre por mi casa;
Que como el tiempo se pasa,
Pasa también la hermosura.

(Jornada primera.)

Cf. *Celestina*, aucto IX.
Véase mi estudio sobre *El Caballero de Olmedo* en el tomo X de las *Obras de Lope de Vega*, publicadas por la Academia Española, pp. LXXV-XCVIII.

[1] Este gran poeta es el que, no sólo por el picante desenfado de su lenguaje, sino por la franca objetividad, por el nervio dramático, por el poder característico, sugiere más el recuerdo de la *Celestina*, y alguna vez parece que la imita. En *Por el sótano y el torno*, comedia de corte bastante clásico, donde está refundida una parte de la intriga del *Miles Gloriosus* de Plauto, el gracioso Santarén, para servir las intrigas amorosas de su amo, se introduce en casa de doña Bernarda y doña Jusepa fingiéndose buhonero, y pregonando su mercancía en términos análogos a los de Celestina cuando se vale del mismo recurso para penetrar en casa de los padres de Melibea.

[2] La cita él mismo en la lista de sus comedias que envió al Duque de Veragua, y publicó don Gaspar Agustín de Lara en el prólogo de su *Obelisco Fúnebre, Pirámide funesta a la inmortal memoria de don Pedro Calderón de la Barca* (Madrid, 1684).

sa y amena pieza de un discípulo suyo, el doctor don Agustín de Salazar y Torres, terminada y sacada a luz por otro discípulo, biógrafo y editor de Calderón, don Juan de Vera Tassis, con el rótulo de *El encanto es la hermosura y el hechizo sin hechizo*, pero mucho más conocida por *La segunda Celestina*? [1] Hay, prescindiendo de esta hipotética relación, otras dos piezas de nuestro antiguo teatro, *El Astrólogo fingido*, del mismo Calderón y *El familiar sin demonio*, de Gaspar de Ávila, cuyo pensamiento, aunque muy diversamente tratado, tiene alguna analogía con el de esta comedia, que es una discreta y sazonada burla de la supersticiosa creencia en brujas y hechiceras:

> Y no que tengan te asombres
> Con los necios opinión;
> Porque los brujos lo son
> Porque son tontos los hombres.

El enredo hábil y entretenido de esta comedia honra a su autor, no menos que la sal y agudeza de los diálogos y la limpieza general del estilo, salvo algún resabio culterano, de que nadie podía librarse entonces. Pero lo más curioso es el tipo de la nueva Celestina, que conserva muchos rasgos de la antigua, y es una especie de adaptación morigerada, para los cosquillosos oídos del tiempo de Carlos II:

> Hay en Triana una mujer,   Y heredera de sus obras;
> Que puede ser que ahora viva   Esta, no hay dama en Sevilla
> Donde yo la conocí,   Que no conozca, porque
> Que es hija de Celestina   Con las más introducida

---

[1] Con el primer título está en la Segunda Parte de la *Cythara de Apolo*, colección general de las obras dramáticas y líricas de Salazar y Torres, publicada por su amigo Vera Tassis (Madrid, 1694). Con el de *La Segunda Celestina* corre en ediciones sueltas, en que la segunda mitad del tercer acto difiere por completo. Creemos que ni una ni otra conclusión pertenece a Salazar, que dejó incompleta su comedia, escrita para festejar los días de doña Mariana de Austria, terminándola, cada cual por su parte, don Juan de Vera y un poeta anónimo. En la colección de *Dramáticos posteriores a Lope de Vega*, de la Biblioteca de Rivadeneyra, tomo II, p. 240 y ss., se ha seguido el texto de Vera Tassis. Pero el mérito de la comedia justificaría una nueva edición con las variantes de ambos.

Está, por su habilidad;
Pues vendiendo bujerías,
Como abanicos, color,
Alfileres, barcos, cintas,
Guantes y valonas y otras
Semejantes baratijas,
Se introduce, y con aquesto
Por el ojo de una tía
Meterá un papel, y hará
Con tan rara y peregrina
Maña un embuste, que muchos,
Siendo así que eso es mentira,
La tienen por hechicera.

....

Celestina, entre las raras
Mañas con que se introduce,
Es la que más se le luce
Ser remendona de caras...

Pule cejas y pestañas,
Y ella introdujo el estilo
De pegar la tez con hilo
Y dél hacer sus marañas.

Friega un rostro de manera,
Con una y otra invención,
Que una cara de Alcorcón

La vuelve de Talavera...
Hace tan raro jabón
Con el sebo y con la hiel,
Que hará mano de papel
Una mano de tejón.

Es del amor mandadera,
Mas su mayor interés
Sólo se funda en que es
Tan grandísima hechicera.

Que a un hombre, desde Carmona
Le puso en el Preste Juan,
Y otro trajo de Tetuán
Como pudiera una mona.

Pero entre una y otra tacha
Tiene, hablando la verdad,
Una buena habilidad,
Que es grandísima borracha;

Pues en esta historia breve
Que mi ingenio te describe,
Si es asombro como vive,
Es un pasmo como bebe.

Y en fin, aquesta embustera
Tiene en amor tal poder,
Que si quiere, ha de querer
Uno, que quiera o no quiera...

Esta comedia conservó su popularidad hasta tiempos relativamente modernos, y todavía en los últimos años de Fernando VII se representaba con aplauso, según testifica algún viajero.[1] De ella procede aquel dicho tantas veces citado, y atribuído caprichosamente a otros autores:

> Es esto de las estrellas
> El más seguro mentir,
> Pues ninguno puede ir
> A preguntárselo a ellas.

Total fué el eclipse de la *Celestina* durante el siglo XVIII. Ni siquiera en los sainetes, que son la única forma viva del teatro de entonces, es apreciable su influjo. El que la había estudiado profundamente, como espejo de la vida humana y como dechado

---

[1] *L'Espagne sous Ferdinand VII, par le Marquis de Custine*. Bruxelles, 1838. Tomo I, pág. 232. La carta a que corresponde este trozo lleva la fecha de 25 de abril de 1831.

de lengua, era aquel reflexivo y terenciano ingenio, maestro intachable de la técnica severa, que restauró a fines de aquella centuria la olvidada comedia de costumbres, vistiendo (según su dicho) a la Musa de Molière de «basquiña y mantilla». Ya hemos visto como juzgó la obra de Rojas en sus *Orígenes del teatro*. Pero además alude a ella en aquel esbozo de poética dramática que encabeza como prólogo la edición definitiva de sus obras: «La »comedia pinta a los hombres como son, imita las costumbres »nacionales y existentes, los vicios y errores comunes, los inciden- »tes de la vida doméstica... Imitando, pues, tan de cerca a la na- »turaleza, no es de admirar que hablen en prosa los personajes »cómicos; pero no se crea que esto puede añadir facilidades a la »composicion. *Difficile est proprie communia dicere.* No es fácil »hablar en prosa como hablaron *Melibea* y *Areusa*, el Lazarillo, »el pícaro Guzmán, Monipodio, Dorotea, la Trifaldi, Teresa y »Sancho. No es fácil embellecer sin exageración el diálogo familiar, »cuando se han de expresar en él ideas y pasiones comunes; ni »variarle, acomodándole a las diferentes personas que se introdu- »cen; ni evitar que degenere en trivial e insípido, por acercarle demasiado a la verdad que imita.»[1] La prosa dramática de Moratín, cuyo primor es incontestable, aun para los que no hacen la debida justicia a su ingenio cómico, se formó con el estudio de los castizos modelos que indica, a los cuales hubiera podido añadir los personajes de Lope de Rueda, que también le eran familiares.

Todo esto debió a la *Celestina* el teatro español, aun en sus postreras evoluciones.[2] Y no es menor la deuda que con el numen

---

[1] *Obras dramáticas y líricas de don Leandro Fernández de Moratín, entre los Arcades de Roma, Inarco Celenio.* París, imprenta de Augusto Bobée, 1825, tomo I, pág. XXIII.

[2] No han faltado en estos últimos años algunas curiosas tentativas para refundir la *Celestina* en forma representable. Impreso corre el libreto de una ópera del maestro catalán don Felipe Pedrell no cantada hasta ahora: *La Celestina, tragicomedia lírica de Calisto y Melibea* (Barcelona, 1903, tipografía de Salvat). Y al tiempo mismo de corregir estas pruebas ha sido representado en el *Teatro Español* de Madrid, un *arreglo* dramático de la *Celestina*, debido a la pluma del juicioso y elegante crítico don F. Fernández de Villegas. Enemigo, como soy, de toda clase de refundiciones, no puedo aprobar estos ensayos, pero sí el loable entusiasmo y la buena conciencia artística de sus autores.

de Fernando de Rojas contrajo nuestra novela. Aparte de las imitaciones directas, en cuyo estudio vamos a entrar y que por su número y su valor son una de las más curiosas y ricas manifestaciones de la literatura del siglo XVI, no hay obra alguna fundada en el estudio del natural que no tenga en Rojas su ascendencia, aunque sea remota e invisible. Pero no conviene exagerar esta tesis, porque nunca es uno solo, son muchos los hilos de que se teje la historia literaria, muchas las acciones y reacciones que toda obra de arte implica, muy profunda, a veces la diferencia entre cosas que a primera vista parecen análogas. Sólo en el sentido vago y general que hemos indicado, puede admitirse el parentesco entre la *Celestina* y las novelas picarescas. Puede haber, y hay, analogía entre ciertos tipos cómicos; la hay más segura en la crudeza franca y brutal del procedimiento, en la objetividad impasible, en la falta de misericordia con que está presentado el espectáculo de la vida, en aquella especie de pesimismo desengañado y sereno que se cierne sobre la miseria social y en cierto modo la idealiza. Pero aquí paran las semejanzas, porque el mundo de la novela picaresca, aunque confina con el del drama lupanario, no se confunde jamás con él. La novela picaresca nunca fué novela de amor, ni siquiera de lujuria; al contrario, uno de sus caracteres es la poca importancia que concede a las relaciones sexuales. Es un género esencialmente *misógino*, en que la expresión es a veces cínica, pero el pensamiento rara vez puede tacharse de licencioso. Hubo en el siglo XVII novelas picarescas de mujeres como *La Pícara Justina,*[1] *Teresa de Manzanares,*

---

[1] Fr. Andrés Pérez, o quienquiera que sea el autor de este curiosísimo libro publicado bajo el nombre del licenciado Francisco López de Ubeda, marca perfectamente su carácter en el *Prólogo al lector:* «No es mi intencion, »ni hallarás que he pretendido contar amores al tono del libro de *Celestina;* »antes, si bien lo miras, he huydo de esso totalmente, porque siempre que »de esso trato, voy a la ligera, no contando lo que pertenece a la materia »de deshonestidad, sino lo que pertenece a los hurtos ardidosos de Justina; »porque en esto he querido persuadir y amonestar que ya en estos tiempos »las mugeres perdidas no cesan sus gustos para satisfacer a su sensualidad, »que esto fuera menos mal, sino que hacen desto trato, ordenandolo a una »insaciable codicia de dinero. De modo que más parecen mercaderas, tra- »tantes de sus desventurados apetitos, que engañadas de sus sensuales gus- »tos. Y no solo lo parece assi, pero lo es; demas que a un hombre cuerdo »y honesto, aunque no le entretuvieran lecturas de amores deshonestos, pero

La Garduña de Sevilla, pero más bien que rameras y alcahuetas son estafadoras y ladronas; lo que importa al autor y lo que con fruición describe son sus hurtos, no sus deshonestidades, que sólo sirven de anzuelo o cebo para pescar incautos. La novela picaresca, no ya en estos productos degenerados de arte compuesto, sino en sus primeras y enérgicas personificaciones, en Lazarillo, en Guzmán de Alfarache, en el Buscón don Pablos, es la epopeya cómica de la astucia y del hambre, la expresión de un feroz individualismo que no carece de cierta grandeza humorística. Para tales héroes, estoicos de nuevo cuño, los deleites carnales no pasan de un apetito grosero, tan pronto satisfecho como olvidado; en su vida holgazana y errante, cuajada de aventuras que siempre tienen una base *económica,* la áspera y viril pobreza, los hace relativamente castos, no por virtud, sino por falta de sensualidad. Los livianos y fugitivos lances de amor nada pesan en su destino ni en su carácter. Si la mancebía se columbra, es bajo su aspecto más odioso y nada festivo.

Pero dejando aparte este género, del cual trataremos ampliamente en su día, basta para la gloria del autor de la *Celestina* haber inspirado más de una vez a Cervantes. No me refiero a *La Tía Fingida,* pues cada vez me persuado más de que esta excelente novela no salió de su pluma, a pesar de los eruditos alegatos

---

»enredos de hurtillos graciosos le dan gusto, sin dispendio de su gravedad, »en especial con el aditamento de la resumption y moralidad... Y deste modo »de escriuir no soy yo el primer Autor, pues la lengua latina, entre aquellas »a a quien era materna, tiene estampado mucho de esto, como se verá en »Terencio, Marcial y otros, a quien han dado benebolo oido muchos hom- »bres cuerdos, sabios y honestos». (*Libro de Entretenimiento de la Picara Iustina, en el qual debaxo de graciosos discursos se encierran prouechosos auisos... Impreso en Medina del Campo, por Chritoual Lasso Vaca. Año de* M.DC.V. Hoja 2 del prólogo.

A pesar de eso, en otro prólogo sumario, cuenta la *Celestina* entre sus modelos: «no hay enredo en *Celestina,* chistes en *Momo,* simpleças en *La-* »zaro, elegancia en *Guevara,* chistes en *Eufrosina,* enredos en *Patrañuelo,* »cuentos en *Asno de oro,* y generalmente no hay cosa buena en romancero, »comedia ni poeta español, cuya nata aqui no tenga, cuya quinta esencia »no saque».

En la lámina alegórica que va al frente de esta primera y rara edición, la *madre* Celestina navega en el mismo barco que el Pícaro Guzmán de Alfarache; Lazarillo en un barquichuelo.

que hemos leído en estos últimos años. Doña Clara de Astudillo y Quiñones es una copia fiel de la *madre* Celestina, pero tan fiel que resulta servil, y no es éste el menor de los indicios contra la supuesta paternidad de la obra. Cervantes no imitaba de esa manera que se confunde con el calco. Un autor de talento, pero de segundo orden, bastaba para hacerlo. Quizá el tiempo nos revele su nombre, acaso oscuro y modesto, cuando no desconocido del todo; que estas sorpresas suele proporcionar la historia literaria, y no hay para qué vincular en unos pocos nombres famosos los frutos de una generación literaria tan fecunda como la de principios del siglo XVII.

Pero hay en las novelas auténticas de Cervantes, y más todavía en sus entremeses, tantos vestigios del libro que él llamaba *divino*, que sin recelo de contradicción podemos afirmar que de todas las obras compuestas en nuestra lengua, ninguna influyó tanto en el arte y estilo de Miguel Cervantes como ésta. *Rinconete y Cortadillo, el Celoso Extremeño, El Casamiento Engañoso* y el *Coloquio de los Perros*, acreditan por varios modos esta influencia que no es necesario puntualizar, puesto que está a la vista de cualquier persona medianamente versada en nuestras letras. Todavía percibo más sabor celestinesco en algunos entremeses, tales como *El Viejo Celoso, La Cueva de Salamanca, El Rufián Viudo, La Guarda Cuidadosa* y *El Vizcaíno Fingido*, obrillas de picante y sabroso donaire, que por la alegre desenvoltura con que se escribieron recuerdan la manera libre y desenfrenada de principios del siglo XVI más bien que el estilo habitual de Cervantes.

Contra lo que pudiera esperarse, no abundan en don Francisco de Quevedo las referencias a la *Celestina*. Sólo recuerdo ésta en el prólogo que puso a la *Eufrosina* castellana, traducida por su amigo don Fernando de Ballesteros y Saavedra, que va reimpresa en este tomo: «Pocas comedias hay en prosa en nuestra »lengua, si bien lo fueron todas las de Lope de Rueda; mas para »leídas tenemos la *Selvagia*, y con superior estimación la *Celestina*, que tanto aplauso ha tenido en todas las naciones.» La manera profundamente original, pero artificiosa y violenta, del gran satírico, contrasta con el apacible y llano decir de la antigua tragicomedia; pero hay una obra de su juventud, escrita en diverso estilo, donde se encuentra palpables reminiscencias de fondo y forma. Casi todo lo que el *Buscón don Pablos* nos cuenta de su madre en el capítulo primero de su historia, y lo que se contiene en la estupenda carta de su tío el verdugo de Segovia, Alonso Ramplón, trae a las mientes algunas páginas de la *Comedia de Calisto:*

»Hijo (dice Celestina a Pármeno)... prendieron quatro vezes »a tu madre, que Dios aya... e avn la una le levantaron que era »bruza, porque la hallaron de noche con vnas candelillas cojiendo »tierra de una encruzijada, e la tovieron medio día en vna escalera »en la plaça puesta, vno como rocadero pintado en la cabeça; pero »no fue nada: algo han de suffrir los hombres en este triste mundo »para sustentar sus vidas e honrras... *En todo tenia gracia: que* »*en Dios y en mi consciencia, avn en aquella escalera estava e* »*parescia que a todos los debaxo no tenia en vna blanca, segun su* »*meneo e presencia...* Todo lo tuvo en nada; que mil vezes le »oya dezir: si me quebré el pie, fue por mi bien, porque soy más »conocida que antes» (Aucto VII). Quevedo retoca el cuadro con feroz humorismo, pero no hace olvidar la intensa socarronería del bachiller toledano.

Entre los autores del siglo XVII ninguno admiraba tanto la *Celestina*, y nadie, salvo Lope de Vega, llegó a imitarla con tanta perfección como Alonso Jerónimo de Salas Barbadillo. Pero este peregrino ingenio y agudo moralista, cuyo nombre renace en nuestros días más por codicia bibliománica que por afición sincera, merece atento y particular estudio, que pensamos dedicarle cuando el orden cronológico le traiga a esta galería de novelistas. Ahora sólo le citamos para recordar el notable elogio que en la dedicatoria de *El Sagaz Estacio* (1620) hizo de la *Celestina*, mostrando por cierto singular ignorancia respecto de sus continuaciones: «En Castilla no tenemos más que una (comedia en »prosa), que es la *Celestina*, bien que ésta, aunque vnica, es de »tanto valor, que entre todos los hombres, doctos y graues, aun- »que sean los de mas recatada virtud, se ha hecho lugar, adqui- »riendo cada dia venerable estimacion, porque entre aquellas bur- »las, al parecer livianas, enseña vna doctrina moral y católica,

»amenazando con el mal fin de los interlocutores a los que les imi-
»taren en los vicios.» [1]

De las imitaciones directas de la *Celestina* trataremos ampliamente en el capítulo que sigue.

---

[1] *El Sagaz Estacio marido examinado... Autor Alonso Geronimo de
Salas Barbadillo. Año 1620... En Madrid, por Iuan de la Cuesta,* hoja II de
los preliminares, sin foliar.

XI

Primeras imitaciones de la «Celestina».—«Égloga», de don Pedro Manuel de Urrea.—Su «Penitencia de Amor».—Farsa de Ortiz de Stúñiga.—Romance anónimo.—Rodrigo de Reinosa y otros autores de pliegos sueltos.—«Celestina» versificada, de Juan Sedeño.—Comedias «Hipólita», «Seraphina» y «Thebayda», de autor anónimo.—Francisco Delicado y su «Retrato de la Lozana Andaluza».—Escasa influencia del Aretino en España: refundición del «Coloquio de las Damas», por Fernán Xuárez. Continuaciones legítimas de la obra de Fernando de Rojas.—«Segunda Celestina» o «Resurrección de Celestina», de Feliciano de Silva.—«Tercera Celestina», de Gaspar Gómez de Toledo.—«Tragicomedia de Lisandro y Roselia», de Sancho Muñón.—La «Celestina» en Portugal; imitaciones de Jorge Ferreira de Vasconcellos: la comedia «Euphrosina».—Su traducción, por Ballesteros y Saavedra.—Otras imitaciones castellanas de la «Celestina».—«Tragedia Policiana», de Sebastián Fernández.—«Comedia Florinea», de Juan Rodríguez Florián.—«Comedia Selvagia», de Alonso de Villegas.—«Comedia Selvaje», de Joaquín Romero de Cepeda.—«La Doleria del sueño del mundo», comedia alegórica de Pedro Hurtado de la Vera.—«La Lena» o «El Celoso», del capitán don Alonso Velázquez de Velasco.

El más antiguo de los imitadores de *La Celestina* fué el prócer aragonés don Pedro Manuel de Urrea, hijo segundo de los condes de Aranda y autor de un notabilísimo *Cancionero* impreso en Logroño en 1513,[1] que sale mucho de la monotomía de los libros de su clase, y anuncia, a lo menos en esperanza, un poeta sincero y humano. Ya en otra ocasión[2] hemos procurado trazar los rasgos característicos de su simpática fisonomía, que dan tanto precio a algunos de sus *villancicos* y a sus composiciones de índole personal y doméstica. Aquí sólo nos incumbe tratar de las dos obras (desconocida una de ellas hasta nuestros días) en que ensayó la imitación de la famosa *Tragicomedia,* catorce o quince años después de publicada.

La primera de estas imitaciones se halla al fin de su *Cancionero* con el encabezamiento siguiente:

Egloga de la Tragicomedia de Calisto y Melibea, de prosa trobada en metro, por don Pedro de Urrea, dirigida a la condesa de Aranda, su madre.

Es muy probable que este fragmento se representase en alguna fiesta de familia; a lo menos el autor le tenía por representable, según las prevenciones que hace en el *Argumento:*

«Esta egloga ha de ser hecha en dos vezes: primeramente entra »Melibea, y luego despues Calisto, y pasan ally las raçones que »aquí parescen, y al cabo despide Melibea a Calisto con enojo »y salese el primero; y despues luego se va Melibea, y torna presto »Calisto muy desesperado a buscar a Sempronio, su criado, y los »dos quedan hablando, hasta que Sempronio va a buscar a Celes- »tina para dar remedio a su amo Calisto. Está trovado esto hasta

---

[1] *Cancionero de las obras de don Pedro Manuel de Urrea.*

Fol. Let. got. de XLIX hojas foliadas y dos más sin foliatura, una al principio con la Tabla y otra al fin con el colofón: «Fue la presente obra »emprentada en la muy noble y muy leal ciudad de Logroño a costa y es- »pensas de Arnao Guillen de Brocar, maestro de la emprenta en la dicha »ciudad. E se acabo en alabança de la Santisima trinidad a siete dias del »mes de julio. Año del nascimiento de nuestro Señor Jesucristo mil y qui- »nientos y trece años.» El texto está impreso a dos y tres columnas.

Es una de las impresiones más elegantes y primorosas de aquel tiempo, como cuadraba a la condición aristocrática del poeta. La *Egloga* empieza al dorso del folio XLIV y llega hasta el XLIX.

Hay una reimpresión moderna en la *Biblioteca de escritores aragoneses* costeada por la Diputación Provincial de Zaragoza. (*Cancionero de don Pedro Manuel Ximenez de Urrea...* Zaragoza, imprenta del Hospicio Provincial, 1878). Escribió el prólogo don Martín Villar, antiguo profesor de la Universidad cesaraugustana. PP. 453-479 está la *Egloga.*

[2] *Antología de poetas líricos castellanos,* tomo VII, páginas CCLIV-CCLXXX.

»que queda solo Calisto, y ally acaua; y por no quedar mal vanse
»cantando el villancico que está al cabo.»

El título de *égloga* y la forma metrificada han sido sugeridas, a no dudarlo, por el ejemplo de Juan del Enzina. Urrea mismo indica la división en dos escenas cortas que contienen menos de una cuarta parte del texto original del primer acto.[1] No puede creerse de ningún modo que sólo éste le fuese conocido, ni que trabajase sobre un manuscrito, puesto que en 1513 existían ya siete u ocho ediciones castellanas de la *Celestina*, unas con el texto en diez y seis actos y otras con el definitivo de veintiuno. Si levantó Urrea la mano del trabajo, bien excusado, de versificarla, sería por cansancio o por haber encontrado más dificultades que al principio, o sencillamente, porque creyó que bastaba con aquella pequeñísima parte para construir una sencilla fábula o más bien un diálogo semidramático, sin acción, nudo ni desenlace, como los que entonces se estilaban.

Entendemos que a Urrea alude, y no a otro, el P. Baltasar Gracián cuando atribuye toda la *Celestina* a un *encubierto aragonés*: desatino de marca, pero que puede tener explicación. Gracián, que era hombre de mucha y varia lectura, pero no erudito de profesión, conocía probablemente el *Cancionero* de Urrea, y al encontrarse allí con un fragmento de la *Celestina* en verso, en que nada se dice del autor primitivo, pudo pensar que el hijo de la condesa de Aranda había versificado su propia prosa. En los versos acrósticos no se fijó, o no les dió valor, y acaso su ejemplar careciese de ellos, como carecen algunas *Celestinas* tardías. Por lo demás, con decir que Urrea, nacido probablemente en 1486 tendría a los sumo doce o trece años cuando se publicó por primera vez la *Celestina*, queda demostrada la imposibilidad física de tan extravagante atribución.[2]

Lo que prueba su *Égloga*, que no creemos muy anterior a la fecha del *Cancionero*,[3] es la inmensa popularidad de que ya go-

---

[1] En la primera reproducción hecha por Foulché-Delbosc de la *Comedia de Calisto y Melibea* (1900) este acto ocupa desde la pág. 6 a la 37. El trabajo versificatorio de Urrea no alcanza más que hasta la pág. 17.

[2] Consta por sus propios versos que Urrea se casó a los diez y nueve años. Sus capitulaciones matrimoniales llevan la fecha de 1505.

[3] La Tabla lleva este encabezamiento: «Tabla de las obras que hay en

zaba la obra original de Fernando de Rojas y el carácter dramático que todos la atribuían. Y prueba también la facilidad y soltura de rimador que tenía Urrea, puesto que en sus coplas octosilábicas se ciñe de tal suerte al texto de Rojas, que más bien le calca que le traduce, con cierto desaliño sin duda, pero mostrando verdadero instinto del diálogo escénico. Véase la primera escena de la *Égloga,* y cotéjese con el texto de la *Celestina* que va al pie: [1]

CALISTO
Veo en esto, Melibea,
La *gran grandeza de Dios.*

MELIBEA
¿En qué, Calisto, veys vos
Cosa que tan alta sea?

CALISTO
En dar poder a natura
Que de perfeta hermosura,
Acabada, te dotase,
Y a mí que verte alcançasse
Sin merecer tal ventura.

»este Cancionero, trobadas por don Pedro Manuel de Urrea, *acabada todo* »*lo que en él se contiene hasta XXV años.»*

[1] *Calisto.*—En esto veo, Melibea, la grandeza de Dios.

Melibea.—En qué, Calisto?

Calisto.—En dar poder a natura que de tan perfecta hermosura te dotasse, y fazer a mí inmerito tanta merced que verte alcançase, y en tan conueniente lugar, que mi secreto dolor manifestarte pudiesse. Sin duda incomparablemente es mayor tal galardon que el seruicio, sacrificio, deuocion y obras pias que por este lugar alcançar tengo yo a Dios offrecido, ni otro poder mi voluntad humana puede complir. Quién vido en esta vida cuerpo glorificado de ningun hombre como agora el mio? Por cierto los gloriosos santos que se deleitan en la vision diuina, no gozan más que yo agora en el acatamiento tuyo. Mas, o triste! que en esto diferimos: que ellos puramente se glorifican sin temor de caer de tal bienauenturanza, y yo mixto *(a)* me alegro con recelo del esquiuo tormento que su absencia me ha de causar.

Melibea.—Por gran premio tienes esto, Calisto?

Calisto.—Téngolo por tanto en verdad, que si me diesse en el cielo la silla sobre sus santos, no lo ternia por tanta felicidad.

Melibea.—Pues aun más ygual galardon te daré yo, si perseueras.

Calisto.—O bienauenturadas orejas mias que indignamente tan gran palabra aueis oydo!

Melibea.—...Vete, vete de ay, torpe, que no puede mi paciencia tolerar que aya subido en coraçon humano comigo el ylicito amor comunicar su deleyte...

(a) Mísero leen desatinadamente muchas ediciones. Las primitivas dicen *mixto* o *misto,* y así debe ser, puesto que Calisto compara sacrílegamente su estado, en que se mezclan la bienaventuranza y el recelo, con el *puro* estado beatífico.

Y en lugar donde me viese
Gozar de tanto fauor,
Que mi secreto dolor
Manifestar te pudiesse.
Sin duda tal galardon
Es mayor en deuocion
Que obras de sacrificio,
Aunque por tal exercicio
Espero yo saluacion.

¿Quién vió nunca en esta vida
Un cuerpo glorificado
Como el myo, que ha mirado
Vna cosa tan sentida?
Por cierto, todos los santos,
Donde gozan de sus cantos
Mirando a nuestro señor,
No tienen gloria mayor
Que yo en ver plazeres tantos.
Somos en esto apartados:
Que la gloria que poseen
Por muy perpetua la veen,
Sin ser de alli derribados:
Mas yo me veo alegrar
Con recelo de dexar
Tu vista y acatamiento,
Recelando el gran tormento
Que en absentia he de pasar.

MELIBEA

¿Por gran premio, por tu fe,
Tienes aqueste, Calisto?

CALISTO

Por tanto, en esto que he visto,
Como agora te diré:

Que si Dios me diesse arriba
A esta mi alma catiua
La gloria del alto cielo,
No tendría más consuelo
Que con esto que me aviua.

MELIBEA

Pues aun más galardón
Te daré si perseueras.

CALISTO

Mis orejas placenteras
Bien aventuradas son,
Que indignamente an oydo
Palabra de gran sonido.

MELIBEA

Mas serán desventuradas
Tus orejas bien aosadas,
Despues de averme entendido...
Vete ya, torpe, de ahí
Cual onbre mucho liuiano,
Que en un coraçon humano
No cabe servir a my.
Que no tomo con paciencia
Que, en absencia ni en presencia,
Un muy ylícito amor
Piense ningun amador
Comigo alcanzar de eçencia...

*Agora se va Calisto, y sálese Melibea,
y luego vuelve buscando sus criados.*

No faltan en esta versión métrica ripios e incorrecciones graves, palabras impropias y algunos barbarismos, o si se quiere formas dialectales, en la conjugación:

Y las caydas que *daron*
Los que como tú amaron...
Pusiéndome inconvenientes.

Urrea era un improvisador y no se paraba en barras, pero el efecto general de sus versos es agradable. [1]

Mucho menos vale su prosa en la única muestra que conocemos de ella, y que también se enlaza con la *Celestina* por derivación muy inmediata. Esta pieza rarísima, indicada por Brunet, que por cierto equivoca dos veces el apellido de su autor, [2] es la *Penitencia de Amor*, estampada en Burgos por Fadrique Alemán de Basilea, en 1514. [3] El antiguo impresor de la *Comedia de Calisto* conservó en el frontispicio de la *Penitencia*, cambiando los nombres de los personajes, uno de los grabados de la obra que Urrea imitaba, fácil en efecto, de transportar de una composición

---

[1] El villancico con que termina la *Égloga* es de los más endebles de su autor, que los compuso primorosos, pero se inserta aquí por ser lo único original que Urrea puso en su imitación:

Téngase siempre alegría
Do puede auer esperança,
Que todo hace mudanza.
  La rueda de la ventura
Siempre anda en su mouer,
En vna mano el plazer
Y en la otra la tristura.
No desmaye la cordura
Do puede auer esperança,
Que todo haze mudança.
  Do el descanso haze asiento
El pesar hace morada,
Que ventura está fundada,

En sus hechos, sobre viento.
Muy poco dura el tormento
Do puede auer confiança,
Que todo haze mudança.

Fin.

  Y así que nunca el consuelo
Se tarda ni durará,
Que en lo que en ventura está
Todo se pasa de vuelo.
Pues no tengamos recelo
Do puede auer esperança,
Que todo haze mudança.

[2] En el tomo IV del *Manuel du libraire*, p. 478, le llama *Vebra*; en el V, página 1.146, *Verrea*.

[3] *Penitencia de amor compuesta por don pedro manuel de Vrrea*.

(Colofón): «Fue la presente obra emprentada en la muy noble y muy »leal ciudad de Burgos a costas y espensas de Fadrique, aleman de Basi-»lea, maestro de la emprenta en la dicha ciudad. E se acabo en alabança »de la sanctissima trinidad a viij dias del mes de junio. Año del nascimien-»to de nuestro Señor jesuchristo de Mil y quinientos y quatorze años.»

A la *Penitencia* siguen poesías de Urrea, que ninguna relación tienen con ella, y pueden considerarse como un pequeño suplemento de su *Cancionero*.

No conozco este rarísimo opúsculo más que en la reproducción de la *Biblioteca Hispánica* (tomo X). *Penitencia de Amor* (Burgos, 1514). Reimpresión publicada por R. Foulché-Delbosc (Barcelona, tipografía «L'Avenç», año 1902).

Vid. además *Revue Hispanique*, 1902, pp. 200-215.

a otra, puesto que Finoya y Darino, en la novelita del ingenio aragonés, corresponden a Melibea y Calisto, y los criados Renedo y Angis a Sempronio y Pármeno. Faltan Areusa, Elicia, Lucrecia y sobre todo Celestina, es decir, la salsa del pescado de la tragicomedia, que sin intervención de la vieja barbuda será insípida siempre. La parte cómica se reduce a unas octavas de arte menor que el poeta llama «pullas honestas», y son un pugilato de groseras desvergüenzas cambiadas entre dos lacayos. Todo lo restante está en prosa. El fin de la obra quiere ser ejemplar, aunque por distinto rumbo que el de la *Celestina*, para lo cual se altera el desenlace de la manera que veremos; pero hay, no sólo detalles licenciosos, sino una escena de brutalidad sin ejemplo, esmaltada con sentencias como ésta: «El mayor plazer es pecar mortalmente; los que no gozan desto no tienen descanso.» Ninguna de las blasfemias de Calisto llega a ésta.[1]

¡Extraños tiempos aquellos en que un caballero tan distinguido como Urrea, que en varias poesías de su *Cancionero* muestra haber sido capaz de las más sanas inspiraciones y de los más delicados sentimientos, osaba hacer presente de tal farsa como la *Penitencia* a su madre la condesa de Aranda, con la leve salvedad de decir en el prólogo: «Esta obrezilla, por ser toda su calidad »cosa de amores, parece que se aparta de la condicion y virtud de »vuestra señoría; pero porque todo lo que yo hiziere no puede

---

[1] Su efecto no se destruye ni con el inmediato castigo de los amantes, ni mucho menos con una piadosa oración que pronuncia Darino, porque ésta se halla al principio de la obra (pág. 8) y la escena de la violación de Finoya al fin (pág. 66), después de los chistes de cuerpo de guardia con que se obsequian Renedo y Santoyo.

Por lo demás, no puede dudarse de la ortodoxia de Urrea, y aun del recelo que le inspiraban las especulaciones filosóficas. Así lo indica este curioso pasaje:

«*Darino.*—Dexa de hablar en la filosofía natural: todos los filosofos se »perdieron; Dios es sobre natura. Como harás tú creer a un filosofo, que »cree las cosas naturales, que Dios esté en la ostia, que es carne suya y el vino »sangre? No creen lo que Dios manda, syno lo que ellos pueden compren»der. Saben la fisica y no saben en lo de Dios; el mayor filosofo dixo que »el mundo nunca tuvo principio ni tendria fin: mira qué grande eregia! »No hables de filosofos falsos, que materia tenemos entre manos de qué »hablar» (página 58).

»ni deve yr dirigido a otro, embio tambien esto como lo otro que
»de mí tiene vuestra señoria.»

Esta dedicatoria ofrece otros puntos curiosos. El autor no hace profesión de originalidad, sino todo lo contrario. «Ya no va nadie »a infierno syno por lo que otros an ydo; ninguno puede hazer »ni dezir cosa que no paresca a lo dicho y hecho; nadie puede »trobar sino por el estilo de otros, porque ya todo lo que es a sido.» Se remonta a Terencio como padre del género en que ejercita su pluma. «Esta arte de amores está ya muy vsada en esta manera »por cartas y por çenas (escenas) que dize el Terencio, y natural- »mente es estylo del Terencio lo que hablan en ayuntamiento; »mas esta es cosa quel estylo no se puede quitar ni vedar, pues »que las mismas razones no sean.»

Pero en verdad no fué Terencio su modelo, ni era posible que lo fuese. Urrea, aristocrático aficionado, que a ratos aparentaba desdeñar la «trabajosa vanagloria de la pluma, pues ay otras »cosas en que mas cavallerosamente se puede exercitar el enten- »dimiento con otros passatiempos seguros de reprensiones», no tenía más que leve tintura de estudios clásicos, a pesar del alarde que hace de sembrar por su diálogo sentencias de Séneca tomadas de alguno de los florilegios morales que entonces se manejaban tanto.[1] En lo que estaba positivamente versado era en la poesía italiana, sobre todo en la del Petrarca[2] y en la literatura española

---

[1] Hasta siete veces, salvo error, está alegado Séneca. De Ovidio hay una cita (*Art. Amat.*, I, 3-5): «Que, como dice Ouidio; por arte de los remos »y velas van las fustas por la mar, por arte son ligeros los carros y carretas »y por arte se a de regir el amor.» De Juvenal otra que parece corresponder a la sátira décima (328-329): «Y Juvenal dize: las mugeres o aman ardien- »do o aborrecen mortalmente.»

[2] No sólo le imita a menudo en sus versos, sino que le cita en la *Penitencia* (pág. 9): «Bien dize Petrarcha quel morir es un salir de presion, y »que no es triste syno para los que tienen puestos los vanos cuydados en »el lodo deste mundo.»

También alude a Seraphino Aquilano (pág. 58): «No sabes lo que dize »Serafino, poeta aquilano? que aunque sean dos ombres de una condicion »no son de una ventura, syno que pueden ser muy diferentes. De un mismo »arbol, de la una rama hazen un crucifixo que todo el mundo lo adora, »y del otro hazen una horca o lo hechan en el tajo; y en un mismo campo »sembrada una misma simiente, la metad della comen los ganados y del »otro se haze una ostia y viene Dios a estar en ella.»

de su tiempo. Dos libros se hallaban entonces en el momento culminante de su éxito: la *Celestina* y la *Cárcel de Amor*. Urrea, sin hacerse cargo de la radical oposición del sentido artístico de ambos libros, ni de la profunda desemejanza de su plan y estilo, intentó fundirlos en uno solo, no olvidando tampoco sus hábitos de poeta cortesano. Resultó de aquí una producción híbrida, de la cual puede formarse idea por el *argumento* con que el mismo autor la encabeza:

«Hubo vn cauallero Darino, hijo de Galmaux y de Volisa, el »qual andando vn dia solo a cauallo, paseando, llegó a vn casti- »llo y casa fuerte en muy gentil acatamiento puesto. Vió a la ven- »tana a Finoya, muy gentil dama, hija de Nertano y de Solona, »donde con mucho contentamiento y turbacion llegó a hablar con »ella, y acabadas sus razones partióse della muy cativado de su »amor, y sin reposo voluiendo a su posada procuró con dos cria- »dos de los suyos de quien él más fiaua (al vno llamauan Rene- »do y al otro Angis) para que con todas sus fuerças y mañas »hiziesen que Finoya recebiese vna carta de Darino. Fue tal la »diligencia y astucia de sus criados, que alcançó Darino al prin- »cipio reçebir cartas de Finoya y al cabo goçar de su persona; »y aunque las cosas que algun tiempo duran de continuo son sa- »bidas y descubiertas, esto en breue tiempo fue sabido; por donde »Nertano, padre de Finoya, sabiendo esto, aguardó a Darino y »tomóle. La segunda vez que entró en su casa halló a los dos »juntos tomando sus retraydos deleytes, el cual metió en vna »torre a Finoya con sus doncellas, y en otra a Darino con sus »criados, y todos hicieron penitencia allí en aquellas torres hasta »el cabo de sus dias.»

La obrita de Urrea no es enteramente dramática, ni tampoco novelesca. Ninguna parte de ella está en narración, sino toda en razonamientos y cartas. En los primeros imita algunas veces a Fernando de Rojas,[1] pero el tipo de Diego de San Pedro es el

---

[1] Esta imitación es a veces casi literal en el concepto y en la frase: «Salamon, que fue tan sabio, no se enamoró de vna de las gentiles, y ella »le hizo ydolatrar? y Virgilio no estuuo colgado en un cesto que lo puso »su amiga vn dia que passó por allí una *procession*? Todos los papas, empe- »radores y reyes, gente de yglesia y del mundo, an peccado en esto más »que en otro» (pág. 55).

que predomina, no sólo en la parte epistolar, sino en la retórica culta y alambicada del estilo. La acción, que es de suma pobreza, está desarrollada con simétrica monotonía. A cada una de las cartas de Darino a Finoya y viceversa se agrega un presente simbólico, que por lo común es una joya de oro labrado, acompañada de un mote en verso. Algunos son ingeniosos, y del mismo gusto galante y amanerado que otros que se leen en el *Cancionero general*. Envía Finoya a Darino una vihuela sin cuerdas, y dice la letra:

> No tienes más esperança
> De alcançar lo que concuerdas,
> Que esa de tañer syn cuerdas.

Envía Darino a Finoya unos ruiseñores y dice la letra:

> Cantarán éstos de amores;
> Yo, aunque callo,
> Lloro por los desamores
> Que en ty hallo.

En el desenlace, sugerido indudablemente por la *Cárcel de Amor,* se nota la misma falta de originalidad y brío. «En la torre »de mano derecha (dice Nertano) estareys vos, Finoya, con vues- »tras doncellas... y vos, Darino, estareys en la torre de mano iz- »quierda, y vosotros tendreys cargo de la manera que se a de regir. »No he querido daros muerte a vos, hija, porque el coraçon no lo »ha çufrido; y a vos, Darino no he querido mataros, porque »peneys mas. La fama que se pondrá a de ser que Finoya mi hija »es muerta; y assi le haremos las onrras; y de Darino se dirá que »se ha ydo al cabo del mundo; vnos creeran que por veer tierras, »otros que de desesperado se a ydo por la muerte de mi hija, que »ya sabian que la queria. Vamos, que ello será tan secreto quanto »él fue traidor.» Aquí vemos apuntar ya la máxima de *A secreto agravio...*

Algunos trozos de la *Penitencia* están bien escritos en su género sentimental y retórico,[1] pero otros son mortalmente fasti-

---

[1] Véanse dos ejemplos breves:
«*Darino.*—Yo te beso, carta, que traes razones pensadas del gentil en-

diosos y el conjunto revela una pluma inexperta en el difícil arte de la prosa, a pesar del gran modelo que tenía a la vista. La locución claudica a veces por el sentido incierto de las palabras,[1] y el vocabulario no es ni muy selecto ni muy rico.[2]

A pesar de su medianía, la *Penitencia de Amor*, que en España fué completamente olvidada hasta que en nuestros días la exhumó el señor Foulché-Delbosc de una biblioteca particular que no expresa, tuvo en el siglo XVI los honores de una traducción francesa o más bien de un verdadero plagio.

El supuesto autor original de *La Penitence Damour*, Renato Bertaud, señor de la Grise, secretario del cardenal arzobispo de Tolosa Gabriel de Gramond Navarre, cambia los nombres de los

---

»tendimiento de aquella que no tiene comparacion, o palabras escriptas por »aquella mano blanca y delicada, o papel guardado en aquella arquilla don- »de tiene aquella dama el espejo y atauios sin los quales ella puede pare- »çer donde quiere y ninguna delante della...» (pág. 23).

«*Angis*.—O, quánto me pareçen mejor las trompetas en el campo que »las músicas en la calle! mucho mejor las armas que los brocados, los qua- »les se gastan más cauallerosamente en los campos batallando que en los »destrados diziendo donayres. No han de ser los ombres todos en burlas, »que se avezan a çufrir injurias, mas las más veces vestidos de fieltro y de »cuero, y morir en el campo y no en la cama, lleuar la barba creçida, por- »que en todas las cosas que el ombre se puede apartar de parecer muger es »razon que lo haga... (pág. 37).

[1] «Ya trayo *aconuerto* de muerte: en la hora que acordé venir aqui, dexé »todo quanto tenia sin esperança» (pág. 14).

«Mi *aconuerto* va luchando con mi peligro: no me puede venir cosa que »ya no la tenga ensoñada» (pág. 40).

«Suele venir el *aconuerto* de cosa que no hay alegria» (pág. 66).

«Todas tus palabras son para aconfortarme, mas no me dan *aconuerto* »quando pienso el desamor de Finoya y mi poca ventura» (pág. 55).

«Ya trayo mis *aconuertos* hechos. Dios nos guie: a él encomiendo esto, y »venga lo que viniere» (pág. 51).

Sólo en el cuarto de estos ejemplos está usada la palabra *aconuerto* en el sentido de «consuelo» o «alivio», que es el que cuadra a su derivación del verbo *aconhortar*.

[2] No faltan insulsos juegos de palabras que anuncian a Feliciano de Silva, v. gr.: «Porque vea más de cerca tu gentil *figura* que me tiene *desfi- »gurado*» (pág. 48). «Yo contra ti no puedo ganar, porque no me queda en »qué *aventurar*, y no aprouecharia ser *auenturero*, pues que soy *desuentura- »do*» (pág. 35).

La lengua no ofrece particularidad notable. Los aragonesismos son raros. Sólo he notado un *por tú sola* (pág. 52).

personajes, llamando *Lanzarote* al caballero, *Lucrecia* a la dama y *Themot* y *Michellet* a los criados. Traslada íntegro el texto de Urrea, pero le añade un final de su cosecha, en el cual, pasados siete años del cautiverio de los amantes, consiente el padre de Lucrecia en darles libertad y celebrar sus bodas. Todo es al principio regocijo y fiestas, justas y torneos, pero la dama muere al poco tiempo y su marido determina hacer penitencia durante el resto de su vida junto al sepulcro de la mujer a quien se lamenta de haber seducido y en cuya temprana muerte ve un castigo de la justicia divina. [1]

No fué Urrea el único poeta que intentó llevar al naciente teatro español una parte del argumento de la *Celestina*. Poco posterior a su *Égloga* hubo de ser otra de Lope Ortiz de Stúñiga, de la cual no conocemos hasta ahora más que su título y encabezamiento en el núm. 15.139 del *Registrum* de don Fernando Colón: *Farsa en coplas sobre la comedia de Calisto y Melibea. Inc.*

> Hi de san y qué floresta
> Y qué floridos pradales,
> Qué compaña...

En el mismo *Registrum* (núm. 4.083) se citan otras producciones poéticas de Lope Ortiz (suponemos que sea la misma persona), adquiridas por el hijo de Cristóbal Colón en Medina del Campo, a 25 de noviembre de 1524, [2] lo cual puede servir para conjeturar

---

[1] *La Penitēce Damour, en laquelle sont plusierus Permasiōs et respōces tres utilles et prouffitables, Pour la recreatiō des Esperitz qui veullēt tascher a hōneste conuersation auec les Dames. Et les occassions que les Dames doibuēt fuyr de coplaire par trop aux pourchatz des Hommes, et importunitez qui leur sont faictes soubz couleur de Seruice, dont elles se trouuent ou trompees, ou infames de leur Honneur, R. B.*

(Al fin): Cy fine la Penitence damour nouuellement Imprimee. Mil. D. XXXVII. En 16º.

El único ejemplar conocido de este libro pertenece hoy a la Biblioteca nacional de París, y procede de la de Mr. Méon, conocido colector de los *Fabliaux* de la Edad Media.

(Vid. Foulché-Delbosc, *Revue Hispanique*, 1902, pp. 203-205).

[2] Coplas sobre la toma de Fuenterrabía, hechas por Lope Ortiz. It. «Hágase mucha alegria.» D. «A la contina os va mal». It. un villancico. It. «Pues no quereis tener paz». It. se siguen unas coplas del mismo a una señora, porque trovó una glosa sobre *Maldito sea Mahoma*. It. «Señora muy

aproximadamente la fecha de la *Farsa,* sobre cuya procedencia y coste nada se indica.

En un pliego gótico, de dos hojas en folio, a cuatro columnas, que acaso es ejemplar único encuadernado con otros igualmente rarísimos del primer tercio del siglo XVI, poseo un compendio en verso de la *Celestina,* cuyo título dice de esta suerte: *Romance nueuamente hecho de Calisto y Melibea que trata de todos sus amores y de las desastradas muertes suyas y de la muerte de sus criados Sempronio y Parmeno y de la muerte de aquella desastrada mujer Celestina intercesora en sus amores.* [1] Habiendo reproducido esta curiosa pieza en mis adiciones a la *Primavera* de Wolf, [2] no creo necesario insistir sobre su carácter juglaresco y sobre la habilidad con que su incógnito autor va fundiendo en el molde narrativo las principales situaciones de la tragicomedia, conservando en todo lo que puede las mismas palabras del original:

> Un caso muy señalado—quiero, señores, contar,
> Como se iba Calisto—para la caza cazar.
> En huertas de Melibea—una garza vido estar,
> Echado le habia el falcon—que la oviese de tomar,
> El falcon con gran codicia—no se cura de tornar:
> Saltó dentro el buen Calisto—para habello de buscar,
> Vido estar a Melibea—en el medio de un rosal,
> Ella está cogiendo rosas—y su donzella arrayan...

En el mismo apacible estilo prosigue todo el romance, que

---

noblecida». D. «tan ligera me vencí». It. un Codicillo de amores del mismo. It. «Sepan los enamorados». D. «Y por amansar su pena». Es en 4º Costó en Medina del Campo 3 blancas, a 23 de noviembre de 1524.

[1] A este romance sigue un *villancico:*

> Amor, quien de tus plazeres
> Y deleites se enamora,
> A la fin cuytado llora...

y un *Romance que fizo un galan alabando a su amiga,* del cual se conoce otra lección publicada por Wolf *(Sammlung,* 276), tomada de un pliego suelto de la Biblioteca de Praga.

[2] Tomo IX de la *Antología de poetas líricos castellanos,* pp. 339-350.

El ejemplar que Salvá *(Catálogo,* t. I, p. 394) ocasionalmente describe, es, según toda probabilidad, el mismo que hoy pertenece a mi colección, y que el bibliófilo valenciano vería en Inglaterra, en la de Mr. Samuel Turner, cuyo *ex libris* conserva.

demuestra en el poeta que le compuso verdadero sentido de las bellezas de la obra que imitaba.

Urrea había metrificado, aunque no íntegramente, el primer acto de la *Celestina:* el romancerista abarcó todo el cuadro, reduciéndole a mínima escala. Tarea mucho más ardua, y tan prolija como impertinente, emprendió Juan Sedeño, natural y vecino de la villa de Arévalo, trasladando toda la *Celestina* en desaliñadas coplas de arte menor, que sólo sirven para enaltecer por el contraste la divina prosa de Rojas. Este esfuerzo de paciencia y de mal gusto cayó muy pronto en el justo olvido que merecía y no ha vuelto a ser impreso después de la rarísima edición de Salamanca, 1540.[1] Juan Sedeño es principalmente conocido por autor o

---

[1] *Síguese la tragicomedia de Calisto y Melibea, nueuamente trobada y sacada de prosa en metro castellano, por Juan Sedeño, vezino y natural de Areualo...* 4º let. gót. 114 pp.

(Colofón): «Acabose la tragicomedia de Calisto y Melibea: impresa en »Salamanca, a quinze dias del mes de deciembre, por Pedro de Castro im-»presor de libros. Año de mil y quinientos y quarenta años.»

El ejemplar de la Biblioteca Nacional, que no es por cierto el bellísimo que perteneció a don Agustín Durán, carece de portada y está expurgado por Fr. Alonso Cano, calificador del Santo Oficio, en Madrid 28 de julio de 1639.

En el *prólogo al lector* se leen algunas especies curiosas, de las cuales pudiera inferirse que algo había descendido la popularidad de la *Celestina* en 1540, si no tuviésemos tantas pruebas de lo contrario. Es probable que Sedeño exagerase las cosas para justificar de algún modo su inútil trabajo de refundición.

«Escudriñando y buscando en qué mi grosera pluma exercitar pudiese, »ocurriome a la memoria la no menos sutil y artificiosa que util y provecho-»sa tragicomedia de Calisto y Melibea. La cual como algunas veces fuese »por mí leida, siempre me hallaba nuevo en ella, hallando cada vez cosas »dignas de ser vistas y notadas; consideraba el gran provecho que a los »que (no parando en la corteza) sacan y toman el meollo de ella se sigue. »Vi asi mismo que siendo un compendio tan fructuoso, como todas las no-»vedades aplazen más; a causa *de algunas nuevas cosas que en depravacion »de las antiguas, de poco tiempo acá son salidas;* de esta ya como raida y apar-»tada *de la memoria por olvido de la gente, están las públicas tiendas de los »mercaderes y libreros tan solas como las secretas librerías de los sabios des-»amparados; y que nadie cura de leerla* para sacar de ella la utilidad que »lícitamente podía conseguir... Muchos toman gusto en las cosas nuevas, y »pocos (aunque algunos) toman sabor de las cosas antiguas; y al fin cada »uno de diverso modo, y por esto, viendo que *este breve libro por su anti-*

compilador de un diccionario biográfico que tituló *Summa de va-*

»güedad que entre las modernas cosas tenía, a muchos era odioso y cuasi a
»ningun favor acepto; quise dalle favor con alguna novedad en que los lectores
»se deleitasen, y esto no quise que fuese adicion de algun auto como algunos
»han hecho... (a). Y como esta obra estuviese del todo cumplida, y de nin-
»guna cosa falta, no me pareció justo añadir en ella cosa alguna. Mudar la
»orden de su proceder, era en agravio de sus primeros autores, a quien
»tanta reverencia se debe. Pues considerando que todas las cosas que en
»metro son puestas traen a sus autores dos grandes provechos. Lo uno ser
»así a los oyentes como a los lectores más aceptas, y lo otro que más fácil-
»mente a la memoria de las gentes son encomendadas: aunque con trabajo
»de mucho tiempo me dispuse a lo hacer con determinada voluntad de no
»adicionar ni disminuir las sentencias y famosos dichos. I por tanto al dis-
»creto lector (a cuya correccion me someto) suplico si coplas o versos de
»esta mi obrilla el debido sonido no tuvieren, no por eso me culpe, pues no
»se sufria menos, para que la sentencia del verso de la prosa no discrepase;
»principalmente en obra de tanta fatiga y trabajo; antes su elocuencia emien-
»de aquello que emienda requiere, y lo demas ampare con las alas de su
»prudencia y discrecion.»

Como muestra del trabajo de Sedeño, copio los primeros versos del
acto primero, para que se comparen con los de Urrea:

CAL. En esto veo, Melibea,
la grandeza de mi Dios
cuán sublime y grande sea.
MEL. Decid, porque yo lo vea,
Calisto, en qué lo veis vos.
CAL. En dar poder a natura
que tan linda te hiciese
y dotase tu figura
de tan alta hermosura
que ninguna igual te fuese.
Y a mí quisiese hacer,
indigno, merced tamaña,
que te alcanzase yo a ver
en lugar do mi querer
descubra mi pena estraña.
Y para mi gran pasion
juzgo yo, señora mia,
ser mayor tal galardon
que toda mi devocion
ni cualquiera otra obra pia.
Dime, si en ello has mirado,
señora de mi alvedrio,

quién ovo jamás hallado
un cuerpo glorificado
de la suerte que está el mio.
Por cierto los muy gloriosos
ante la viva existencia
no se hallan tan graciosos,
tan contentos ni gozosos
como yo con tu presencia.
Mas hay esta diferencia
de su gloria a mi placer:
que ellos gozan la apariencia
de la divina excelencia
sin temor de la perder;
yo me alegro con recelo
del tormento tan esquivo
que tu ausencia y mi gran duelo
dan a mi gran desconsuelo
en grado muy escesivo.
MEL. Tienes este galardon
por muy grande y muy crecido?
CAL. Júzgale mi corazon
cor tan alto y claro don

(a) Alude sin duda al de *Traso.*

rones ilustres,[1] obra de corto mérito y ninguna originalidad; pero merece serlo con más razón por sus elegantes *Coloquios de amores y bienaventuranza*,[2] los cuales, dicho sea de pasada, nada tienen que ver con la historia del teatro, como da a entender un moderno académico,[3] ni pueden calificarse de desconocidos, puesto que en libro tan corriente como el Manual de Ticknor se da exacta idea de ellos, colocándolos en el grupo a que realmente pertenecen; es decir, entre los diálogos filosóficos y morales de Hernán Pérez de Oliva, Francisco Cervantes de Salazar y otros prosistas didácticos de la centuria décimasexta.[4] Tampoco se ha de confundir a Juan Sedeño, como hizo Nicolás Antonio, con un homónimo, y probablemente deudo suyo, que fué alcaide o castellano de Alessandria della Paglia, y publicó en 1587 la primera traducción española de la *Jerusalem* del Tasso.

Antes de llegar a las imitaciones propiamente dichas de la *Celestina*, no podemos menos de hacer notar el influjo que la parte picaresca de la tragicomedia ejerció en los poetas semipopulares de la primera mitad del siglo XVI, cuyas composiciones se registran en pliegos sueltos góticos de extraordinaria rareza. El prin-

cual otro jamás ha sido.
Si en la gloria Dios me diese,
y esto te digo en verdad,

una silla en que estuviese,
no pienso que lo tuviese
por tanta felicidad.

[1] *Svmma de varones ilustres: en la qual se contienen muchos dichos, sentencias y grandes hazañas y cosas memorables, de Docientos y veynte y quatro famosos, ansi Emperadores, como Reyes y Capitanes, que ha auido de todas las naciones desde el principio del mundo hasta quasi en nuestros tiempos por el orden de A. B. C. y las fundaciones de muchos Reynos y Prouincias... La qual recopiló Johan Sedeño, vezino de la villa de Areualo. Año de 1551...* En Medina del Campo, por Diego Fernandez de Cordoba. Hay otra edición de Toledo, 1590.

[2] *Siguense dos coloquios de amores y otro de bienauenturança en el qual se trata en qué consiste la bienauenturança de esta vida, nueuamente compuestos por Juan de Sedeño, vezino de Areualo. M. D. XXXVI.* Sin lugar de impresión. 16 páginas en 4º.

[3] *Catálogo de obras dramáticas impresas pero no conocidas hasta el presente... Por Don Emilio Cotarelo y Mori*, 1902, pág. 30.

[4] «Juan de Sedeño published, in 1536, two prose dialogues on Love »and one on Hapiness; the former an a more philosophical spirit and with »more terseness of manner, tham belonged to the age» (t. II de la ed. de 1863, página 10).

cipal representante de este género, que llegó a los últimos límites del cinismo, es Rodrigo de Reinosa, émulo de los más licenciosos poetas del *Cancionero de Burlas*.[1] A propósito de sus *Coplas de las comadres* escribió Gallardo: «Es una pintura al fresco, viva y »colorada, de las costumbres de aquel tiempo. Pocas poesías se »leerán impresas en España más libres y licenciosas que estas »coplas. Son además graciosísimas.» En lo primero no hay duda, porque las *Coplas* son verdaderamente desaforadas; pero lo segundo dista mucho de ser cierto, porque son groseras, toscas y llenas de incorrecciones métricas. Citaremos algunos versos de los menos malos, en que saltan a la vista las reminiscencias de la *Celestina*:

> Allá cerca de los muros,
> Casi en cabo de la villa,
> Cosas haz de marauilla
> Vna vieja con conjuros,
> Porque tengamos seguros
> Los plazeres cadal dia,
> Llámase Mari Garcia,
> Sabe encantaderos duros.
>
> Una casa pobre tiene,
> Vende hueuos en cestilla,
> No ay quien tenga amor en villa
> Que luego a ella no viene...
>   Está en missa y processiones,
> Nunca las pierde contino,
>
> Missas dalua yo esmagino
> Son las más sus deuociones;
> Jamás pierde los sermones,
> Bisperas, nona, completas,
> Sabe cosas muy secretas
> Para mudar coraçones...
>
>   Ciertas agujas quebradas
> Lança en ciertos coraçones,
> Con muchas encantaciones
> De palabras endiabladas,
> Rayces de cardo sacadas;
> Y a todas las que a ella van
> Escriue con açafran
> En las palmas ciertas fadas [2]

A Rodrigo de Reinosa atribuye, con bastante probabilidad, Gallardo otra composición mucho más escandalosa que ésta,

---

[1] No existe ningún estudio especial acerca de este fecundo y desvergonzado versificador. En Usoz (*Cancionero de obras de Burlas*, pp. 237-241), en el *Romancero General* de Durán (ns. 285, 1.252, 1.845), en el *Catálogo* de Salvá (tomo I, pp. 14 y 15) y sobre todo en el tomo IV del *Ensayo* de Gallardo (pp. 42 a 59, 1.406 a 1.422), se encuentran varias piezas poéticas suyas y noticias bibliográficas de otras. Dos de sus pliegos góticos fueron reproducidos en facsímile por don José Sancho Rayón.

[2] *Aqui comiençan unas coplas de las comadres. Fechas a ciertas comadres no tocando en las buenas: saluo de las malas y d' sus lenguas y hablas malas, y de sus afeytes y sus azeytes y blanduras; z de sus trajes z otros sus tratos! Fechas por Rodrigo de Reynosa* (Facsímile de Sancho Rayón). El original que sirvió para ella pertenece a la inestimable colección de pliegos góticos que posee la Biblioteca Nacional, procedentes de la de Campo Alanje.

pero mejor escrita y de carácter netamente dramático, pues salvo algunas palabras de introducción narrativa, puede considerarse como una pequeña farsa lupanaria o rufianesca, en coplas de arte mayor. [1] Tanto en ella como en el *Coloquio entre las Torres-Altas y el rufián Corta-Viento,* [2] hizo alarde Rodrigo de Reinosa de emplear la jerigonza llamada *germanía,* nombre que por primera vez aparece en sus obras, y es por tanto más antiguo de lo que generalmente se cree. [3]

---

[1] *Gracioso razonamiento, en que se introducen dos rufianes, el vno preguntando, el otro respondiendo en germanía, de sus vidas z arte de vivir: quando viene vn alguacil; los quales como le vieron, fueron huyendo, z no pararon fasta el burdel a casa de sus amigas: la vna de las quales estaua riñendo con vn pastor, sobre quel se quexaua que le auia hurtado los dineros de la bolsa. Y viendo ella su rufian hazese muerta, y el se haze fieros, y dize al pastor que se confiese, el qual haziendo asi, acaua.* Reproduje este Razonamiento en el *Ensayo* de Gallardo (t. IV, cols. 1.418-1.422), excepto las seis últimas estrofas *(confesión del pastor),* que no me atreví a incluir por estar llena de horribles obscenidades.

[2] *Comiença vn razonamiento por coplas, en que se cõtrahace la germanía z fieros de los rufianes z las mugeres del partido, z de vn rufian llamado Cortauiento y ella Catalina torres altas, con otras dos maneras de romance y la Chinigula.* Fechas por Rodrigo de Reinosa (Nº 4.487 de Gallardo).

Otras composiciones de muy diverso estilo tiene Rodrigo de Reinosa, feliz imitador de Juan del Enzina en la poesía pastoril y aun en la lírica popular de asunto religioso. Pero no me incumbe tratar de ellas aquí, reservando para otro lugar el estudio de este peregrino poeta, que acaso fué oriundo de la villa montañesa de su apellido, pues no hay otro pueblo homónimo en España.

[3] Incidentalmente fué imitada la *Celestina* en otros pliegos sueltos que relatan fierezas y desgarros de jaques y rufianes, pero tienen menos curiosidad que los de Rodrigo de Reinosa. Un solo rasgo de la tragicomedia, el ditirambo que pronuncia Celestina en el acto IX, escandecida por el mosto de Luque o de Munviedro, fué origen de una serie de *Villancicos muy graciosos de unas comadres muy amigas del vino.* Tienen verdadera gracia, y en Gallardo (t. I, Nº 1.272) pueden leerse. Uno de ellos tiene por tema inicial una frase de la vieja dipsómana:

La letra dice que beban
Tres veces a la comida;
Mas debe estar corrompida...

«*Pármeno.* Madre, pues tres vezes dizen que es bueno e honesto todos los que escriuieron.

»*Celest.* Hijos, estará corrupta la letra, por treze tres.»

El desenfreno que tales composiciones arguyen es un signo de los tiempos, que importa al historiador registrar y considerar maduramente. La disolución social de las postrimerías de la Edad Media, contenida por la férrea mano y el alto pensamiento de los Reyes Católicos, fermentó tumultuosa durante el efímero reinado de Felipe *el Hermoso* y el nominal de su infeliz consorte; y no llegó a ser vencida y domada hasta que el César Carlos V, que no era ya el inexperto y mal aconsejado joven de su primer viaje a España, entró en la plenitud de su misión histórica. Anarquía fué ésta de la cual participaron nobles y plebeyos, eclesiásticos y legos, seculares y regulares; anarquía de palabras, de ideas y de costumbres, que si no hizo vacilar los fundamentos de la creencia tradicional, dió calor a la secta indígena de los iluminados místicos, favoreció los progresos del libre pensar erasmita, que llegó a nacionalizarse en alto grado, y abrió en parte los caminos de la Reforma, aunque por otro lado fuese su antítesis. Y de la misma suerte, en el orden político produjo a un tiempo tardías reivindicaciones aristocráticas; generosos aunque mal concertados esfuerzos por la libertad municipal, corona de las ciudades castellanas; insurrecciones que, sin perder el carácter de los antiguos bandos y hermandades, parecían agitadas por un soplo revolucionario más ardiente e impetuoso; y hasta en algunos espíritus turbulentos, sueños de repúblicas al modo de Génova y Venecia, y en la masa popular de aquellas tierras donde la industria y el comercio habían madrugado más, una agitación hondamente socialista, de que los agermanados de Valencia y Mallorca fueron terribles definidores e intérpretes.

La libertad o más bien la licencia de la imprenta no tuvo cortapisa en aquellos años. La Inquisición, atenta sólo a la persecución de los judaizantes, que había sido el primordial objeto de su introducción en Castilla, no se cuidó hasta mucho más tarde de intervenir en la censura de libros, y aun el primer Índice no se hizo en España, sino en la Facultad teológica de Lovaina, como es notorio. Bajo este aspecto puede decirse, habida consideración a los tiempos, que la literatura del reinado de Carlos V (es decir, de casi toda la primera mitad del siglo xvi) se desarrolló con pocas trabas, lo cual explica su libertad y audacia, su desordenada y juvenil lozanía que tanto contrasta con el tono grave, reflexivo y maduro que todas las cosas fueron tomando en tiempo de Felipe II.

Dejando aparte lo que toca al desarrollo general de las ideas y al fondo de la literatura didáctica y polémica del Renacimiento, materia no bien tratada aún y en que conviene hacer muchas distinciones, el genio poético de aquel principio de siglo habló mordaz y cáustico por boca de los grandes satíricos Torres Naharro, Gil Vicente, Cristóbal de Castillejo, en quienes la valentía del pensamiento se junta con la gracia de la dicción. La sátira lo invadió todo, desde las farsas teatrales hasta la acicalada prosa de los hermanos Valdeses y la pintoresca y sabrosísima del médico Villalobos. La corriente naturalista derivada de la *Celestina* fué engrosando sus aguas, cada vez más turbias, al pasar por el bajo fondo social, y paró en representaciones monstruosas, con que ingenios mediocres halagaban una profunda depravación social.

Esta depravación, que en el centro de España era más bárbara que refinada hasta que por los puertos secos se comunicó a Castilla el contagio, tenía su principal asiento en las ciudades marítimas y populosas, enriquecidas por la navegación y el tráfico, especialmente en las del Mediterráneo, abiertas de antiguo a la influencia italiana, que juntamente con los primores de sus artes les comunicaba aquel género de viciosa elegancia que suele ser fatal e inevitable cortejo de la opulencia y del lujo. En esta parte ninguna ciudad tuvo tan extraña reputación como Valencia, por lo mismo que ninguna del litoral la aventajaba en el arreo y gala de sus moradores, en la belleza de sus mujeres, en las comodidades y deleites de la vida y en la alegría y pompa de sus fiestas y regocijos populares. Del estado de las costumbres en el siglo xv tenemos peregrinos datos en los sermones todavía inéditos que en su nativa lengua predicaba San Vicente Ferrer.[1] Si se compa-

---

[1] Véase el interesante estudio, con extractos copiosos, que de estos sermones, los cuales se conservan manuscritos en la Biblioteca de la Catedral de Valencia, ha publicado su digno archivero don Roque Chabás en la *Revista de Archivos, Bibliotecas y Museos*, tercera serie, tomos VI, VII, VIII y IX (1902 y 1903). Conviene advertir que muchas de las cosas que San Vicente dice sobre los vicios y escándalos que afligieron a la cristiandad durante el largo cisma de Occidente, son de aplicación general y no circunscrita a Valencia, pero otras tienen un carácter local muy marcado.

ran con las pinturas que en su famoso libro satírico trazó Jayme Roig,[1] el orador sagrado y el poeta se completan mutuamente, y el testimonio del uno y del otro puede corroborarse con documentos legales y notariales, libres de toda sospecha de hipérbole.

A principios del siglo XVI Valencia estaba considerada como la ciudad de la galantería, la metrópoli del placer:

> Os jardins de Valença de Aragão
> Em que o amor vive e reina, onde florece,
> Por onde tantas rebuçadas vão

decía el poeta portugués Sá de Miranda.[2] *Jardín de placeres* la llamaba en 1505 Alfonso de Proaza.

> De damas lindas hermosas
> En el mundo muy loada...
> Rico templo, donde Amor
> Siempre haze su morada.[3]

Esta equívoca nombradía traspasaba los aledaños hispánicos, y en verdad que pasma encontrar acusaciones de afeminada molicie bajo la pluma de escritores italianos que no tenían grande autoridad para mostrarse muy severos. *Plerique Valentini cives tum senes tum iuvenes, amoribus dediti ac delitiis*, dice el gran humanista Pontano, gloria de la honestísima Nápoles,[4] con ocasión de mencionar a un Rodrigo Carrasco (¿Carroz?) que a los ochenta años había caído en la inofensiva chochez de tocar la flauta o el pífano y de ir cantando su amor por las calles: «*e media scilicet Valentia delatum hoc est*».[5] Pontano tenía el buen gusto de no

---

[1] *Spill o Libre de les Dones. Per Mestre Jacme Roig.* Edición crítica con las variantes de todas las publicadas y las del Ms. de la Vaticana, prólogo, estudios y comentarios por don Roque Chabás. Barcelona y Madrid, 1905. (Forma parte de la *Biblioteca Hispánica*).

[2] *Poesías de Francisco de Sá de Miranda* (ed. de doña Carolina Michaëlis), Halle, Niemeyer, 1885, pág. 250.

[3] En el *romance heroico* que acompaña a su *Oratio luculenta de laudibus Valentiae*, recogido luego en el *Cancionero General*.

[4] *De Sermone*, lib. III, pág. 1.651, de las obras de Pontano en la edición de Basilea.

[5] «*Senex praeterit, octogenarius, cantitans amore insaniens...*» (En el diálogo *Antonius*, fol. 36 vto. del tercer tomo de la edición de Florencia por los herederos de Felipe Iunta, 1520). Sospechamos que se trata de la misma persona que en el pasaje anterior.

alborotar la calle con músicas y cánticos, pero en cambio confiesa que daba malos ratos a su mujer con los amores de cierta *puella gaditanula*.[1] De los conventos de monjas de Valencia escribió horrores; la relajación era evidente,[2] pero no mayor que la que podía ver en su tierra.

Dos veces aparece en el *Orlando Furioso* el nombre de nuestra ciudad levantina, y siempre con el mismo concepto tradicional y en gran parte injusto que de ella se tenía.

Pinta el Ariosto a Rugero encantado y sumergido en las delicias del jardín de Alcina:

> Umide avea l'inanellate chiome
> De' piú *soavi odor* che sieno in prezzo:

---

[1] En el mismo diálogo *Antonius* (fol. 65 vto.) hace decir Pontano a su mujer: «*Maritus meus amat ancillulas si quas facie liberali vidit, sectatur ingenuas puellas. Anno superiore Tarenti cum esset, cognovit non unam, anno ante in Hetruria cum Gaditanula deprehensus fuit. Iocatur etiam domi cum Aethiopissis, nec pati possum eius intemperantiam.*»

Tales costumbres no autorizan a nadie para convertirse en censor de las ajenas, pero Pontano, aunque fiel servidor de la dinastía aragonesa, había dado en la manía de atribuir todos los males del reino a su trato con los catalanes y demás españoles: el uso del puñal, las blasfemias y juramentos, la prostitución y todo género de horrores. Así lo dice en el mismo diálogo *Antonius* (fol. 33): «*Ideoque innocentissimus olim populus dum a Cata-»lonia reliquaque Hispania comportandis gaudet mercibus, dum gentis eius »mores admiratur ac probat, factus est inquinatissimus.*»

[2] *Valentine in Hispania citeriore aedes quaedam sacrae, Vestaliumque monasteria ita quidem patent amatoribus, ut instar lupanariarorum sint.* (En el tratado *De immanitate*, tomo II de la referida edición florentina, fol. 217 vuelto).

Esta escandalosa noticia puede ponerse en cuarentena respecto de la época en que escribía Pontano, pero de tiempos anteriores hay documentos que, desgraciadamente, la confirman. Véase una carta de los Jurados de Valencia a 5 de septiembre de 1414 sobre el monasterio de San Julián extramuros, que estaba fet *spluga e niu de vicis e peccats* (Carboneres, *La Mancebía en Valencia*, 1876, pág. 57). Cf. Danvila (don Francisco). *El robo de la judería de Valencia en 1391*, tomo VIII del *Boletín de la Academia de la Historia*, pp. 370 y 387.

En una visita eclesiástica del monasterio de Bernardas de la Zaidia de Valencia del año 1440 (Archivo Histórico Nacional), se manda por el Visitador que ninguna religiosa lleve «*manteta, mantonet, paternostres daur ni de coral... que no s'pelen les celles, los polsos, ni vajen pintades. ço est, de blanquet, argent e color e di ferse luors en la cara* (*Revista de Archivos*, 3ª época, tomo VIII, pág. 293).

> Tutto ne' gesti era amoroso, come
> Fosse in Valenza a servir donne avvezzo.
>
> (Canto VII, est. 55).

La heroína del pícaro cuento de Giocondo y del rey Astolfo era también valenciana, según el maligno poeta de Ferrara:

> Una figliuola d'uno ostiero ispano,
> Che tenea albergo al porto di Valenza,
> Bella di modi e bella di presenza.
>
> (Canto XXVIII, est. 52).

Lo de los *soavi odori* requiere alguna explicación. Ya en el siglo XV eran buscados en Italia con predilección los objetos de perfumería procedentes de Valencia. De ello da testimonio uno de los cantos de Carnaval del tiempo de Lorenzo *el Magnífico*, titulado en algunas colecciones *La canzone dei galanti* y en otras *Canto dei profumieri:*

> Siam galanti di Valenza
> Qui per paggi capitati,
> D'amor già presi e legati
> Delle dame di Fiorenza...
> Secondo i nostri costumi
> Useremo ancor con voi;
> Usseletti, olii e profumi,
> Donne belle, abbiam con noi... [1]

Los guantes de España, pero muy especialmente de Valencia, eran los más estimados, y en agosto de 1506 hacía especial encargo de ellos la elegante y sabia princesa Isabel de Este, recomendando que los viese antes algún español, «porque son los que »mejor entienden de la bondad de estas cosas». [2]

---

[1] *Trionfi, carri, mascherate o canti carnacialeschi.* Florencia, 1559. En esta rarísima colección formada por Lasca se atribuye el Canto de los perfumistas a Messer Jacopo da Bientina. Cf. *Canti carnacialeschi,* ed. Guerrini, Milán, 1883, pp. 116-17.

[2] «Ma il vorressimo in tutta bontà, e di quelli de Valenza che sono ben zaldi de dentro e se vedono pigati col revesto de fori. Pregamovi ad volere ven examinarli et farli vedere a qualche altra persona, et maximae a spagnoli che se ne intendono et cognoscono la bontà loro et come voleno essere per uso de donna.» (Luzio Renier, *Il lusso d'Isabella d'Este,* en la *Nuova Antologia* de 1896).

Tales industrias, sin ser pecaminosas en sí mismas,[1] requieren para desarrollarse un ambiente epicúreo y sibarítico, como era el de Valencia al decir de los viajeros de aquel tiempo, que la pintan como una nueva Capua, aunque no hayan de tomarse al pie de la letra todos sus dichos, que pueden nacer de observación superficial o son manifiestas calumnias. Desde el tudesco Nicolás de Popplau, que viajó por España en 1484 y 85, y el flamenco Antonio de Lalaing, señor de Montigny, que acompañó a Felipe *el Hermoso* en 1501, hasta el libro tan grave y estimado de las *Relaciones universales del mundo*, de Juan Botero (1596), para no hablar de otros posteriores, persiste esta mala nota de la gentilísima ciudad que fué en todos tiempos emporio de riqueza y de cultura.[2] En los italianos llega a ser un tipo convencional *il signor*

---

[1] «El traer olores y el preciarse de ungüentos preciosos, aunque no es »gran pecado, es a lo menos sobrado regalo, y aun vicio bien excusado; »porque el caballero mancebo y generoso como vos, más honesto le es pre- »ciarse de la sangre que derramó en la guerra de África, que no de la algalia »y almizcle que compró en Medina.» Así escribía Fr. Antonio de Guevara en 1529 a su amigo Micer Perepollastre *(Epístolas familiares,* 2ª parte, XX). Esta donosa *letra, en la cual se toca cuan infame cosa es andar los hombres cargados de olores y pomas ricas,* confirma el exceso que en esto había. Los guantes adobados se vendían a seis y a diez ducados.

[2] *Viajes de extranjeros por España y Portugal en los siglos XV, XVI y XVII,* colección de Javier Liske (año de 1878), traducida y anotada por F. R. (Félix Rozanski). Viaje de Nicolás de Popielovo, pp. 54-57. La costumbres, sin duda de origen francés, de besar a las damas, que llamó la atención del viajero alemán, es una de las que San Vicente Ferrer reprueba en uno de sus sermones inéditos: «Si aliqua est mulier juvenis quae osculetur juvenes, dicent et laudabunt eam tanquam bonam, et «dico ego quod est putana talis» (Ms. del colegio del Patriarca, fol. 209, sermón predicado en Villarreal. Apud. Chabás, *Revista de Archivos,* VIII, 293).

«Au regard des dames, elles sont les plus belles et plus gorgiases et mig- »nones que on sçace, car le drap d'or et le satin brochié et le velour cramoi- »sy leur est aussy commun que velour noir et satin en nostre pays» *(Voyage de Philippe le Beau en Espagne en 1501, por Antoine de Lalaing, Sr. de Montigny,* en el tomo I de la *Collection des voyages des souverains des Pays-Bas,* publicada por Gachard (Bruselas, 1876, p. 211). El mismo Lalaing hace una detallada descripción «de l'admirable bourdeau du dit Valence» (pp. 213-214).

Al año 1571 pertenece el viaje de Venturino da Fabriano, que acompañó al Cardenal Alejandrino legado de San Pío V en España. De este viaje, todavía inédito en la Biblioteca de Dresde, publicó algunos extractos E. Nun-

Lindezza de Valenza, aludido en *La Cortigiana* del Aretino.[1] «No hay más lasciva y amorosa ciudad en toda Cataluña», dice Bandello al comenzar una de sus más trágicas e interesantes novelas.[2] Y a este tenor pudieran acumularse otras citas, si ya no nos hubieran precedido en recogerlas los eruditos Croce, Farinelli y Mele.[3] Las alusiones a la mancebía de Valencia abundan

---

ziante, *Un viaggio in Europa nel secolo XVI,* y de ellos copia E. Mele *(Revista crítica,* III, p. 288) un pasaje muy curioso relativo a Valencia: «Le »donne di Valenza sono più belle dell'altre sinora viste in Spagna, e più »invernisate o lisciate e liberissime nella vita loro. Vanno a spasso con ca- »valieri a piedi, in groppa alle mule, in cocchio, con troppa licenza... Li »cavalieri similmente... vestono con ogni sorta di lindezza e ornamento, ben »spesso piuttosto muliebre che virile, e le donne con tutta la lascivia, con »abito como quello di Barcellona, e de più si coprono il volto, forse per »andar più libere, col mantello o con la ventarola, che tutte portano; usano »pianelle dette *chiappines,* altissime, nella foggia di zoccoli d'Italia; sono »variamente dorate e dipinte.»

Omito otras citas de viajeros, que nada añaden, como no sea alguna insolencia, y termino con la frase, seguramente hiperbólica, de Juan Botero, que por lo menos debiera haberse acordado de Venecia antes de escribirla: «Non è città in Europa, oue le donne di mal' affare siano più stimatte; cosa »ueramente indegna, conciosia che quiui e d'habitazione, e di uestito, e di »servitù la libidine avanza l'onestà» *(Le Relazioni Vniversali di Giovanni Botero,* Venecia, 1599, pág. 6).

[1] Act. I, sc. X. «Ho letto il cartello, che manda Don Cirimonia di Mon- »cada al Signor Lindezza de Valenza.»

[2] Novela 42 de la Primera Parte. *Il signor Didaco Centiglia sposa una giovane, e poi non la vuole e da lei è ammazzato.*

«Valenza, quella dico di Spagna, è tenuta una gentile e nobilissima città, »dove, siccome più volte io ho da mercadanti Genovesi udito dire, sono »bellisime e vaghe donne; le quali si leggiadramente sanno invescar gli »uomini, che in tutta Catalogna non è la più lasciva ed amorosa città: e »se per avventura ci capita qualche giovine non troppo esperto, elle di modo »lo radono, che le Siciliane non sono di loro migliori ne più scaltrite bar- »biere...»

(Novelle di Matteo Bandello, Milán, 1813, tomo III, pág. 124).

[3] Croce (B.), *Ricerche Ispano-Italiane, II. Noterelle lette all'Accademia Pontaniana.* (Nápoles, 1898, pp. 1-4).

Farinelli (Arturo). *Sulle Ricerche Ispano-Italiane di Benedetto Croce.* En la *Rassegna Bibliografica della Letteratura Italiana,* Pisa, tomo VII, (año 1899, pág. 284).

Mele (Eugenio). Sobre las *Ricerche* de Croce, en la *Revista Crítica de Historia y Literatura* de Altamira, tomo III, 1898, pp. 280-292.

en todas las *Celestinas* secundarias, sin excluir *La Lozana Andaluza*, compuesta en Italia.[1]

La corrupción había llegado a su punto máximo en los años que precedieron a las Germanías[2] y en los inmediatamente posteriores a aquellos tumultos. No es mera coincidencia que en 1519 y en 1521 saliesen de las prensas valencianas los dos libros más deshonestos de la literatura española: el *Cancionero de obras de burlas provocantes a risa*, que estampó Juan Viñao,[3] y las tres

---

[1] «Más ganaba yo (dice Divicia que p... que fuese en aquel tiempo, que por excellencia me llevaron al *publique de Valencia*, y allí combatieron por mí cuatro rufianes» (pág. 260).

[2] «Desde el fallecimiento de la Reina Católica había ido agravándose la dolencia moral que afligía al pueblo valenciano. Los asesinatos, impunes muchas veces; las violencias, los cohechos de los jueces y oficiales de justicia, las infidencias de los depositarios de la fe pública, los raptos de mujeres, los amancebamientos de los clérigos, la creciente apertura de tabernas, el próspero estado de la mancebía; la multitud de *enamorados*, rufianes, vagamundos, paseantes *(picatons)*, pendencieros y mendigos que inundaba la ciudad; la infame y repugnante asociación de libertinos, cuyo título y objeto no permite el decoro que se recuerden, y otros muchos justificados hechos que es innecesario consignar, trazan gráficamente el sombrío cuadro de aquella sociedad desquiciada y revuelta. Las crónicas, manuscritos coetáneos, disposiciones de los Jurados y Consejo General, registros de los establecimientos piadosos, procesos de la Inquisición y de los Justiciazgos civil y criminal, las homilías y otros muchos documentos públicos y privados, lo atestiguan de una manera irrefutable.»

Danvila y Collado (don Manuel), *La Germanía de Valencia*, pág. 31.

Escolano *(Historia de Valencia,* tomo II, lib. X, col. 1.449) atribuye el desbordamiento de las malas costumbres a «personas estrangeras de allende, que a ocasion de mercadear, la moravan».

[3] Sabido es que este libro inmundo y soez, cuyo único ejemplar conocido existe en el Museo Británico, fué reimpreso en Londres, 1841, por don Luis de Usoz y Río, con el extravagante propósito de mostrar la educación que el clero había dado a la sociedad española. Para Usoz, fanático protestante, era cosa fuera de duda que todas las indecencias del *Cancionero* habían sido escritas por clérigos y frailes. Tesis igualmente disparatada que la de los que suponen a tontas y a locas que toda nuestra literatura de los siglos XVI y XVII está informada por el espíritu católico y es una escuela práctica de virtudes cristianas.

La composición más extensa y brutal del *Cancionero de burlas*, es decir, la parodia de las *Trescientas* de Juan de Mena con su glosa, tiene algún interés para ilustrar las Celestinas secundarias y la historia anecdótica de la prostitución a principios del siglo XVI. Todos los nombres que en ella se

comedias *Thebayda, Hipólita* y *Seraphina,* impresas por Jorge Costilla. [1]

citan tienen traza de ser reales. Fué escrita, o a lo menos terminada en Valencia, a la cual se refieren las últimas glosas; pero el autor debía de ser castellano por la soltura y desenfado con que maneja nuestra prosa y por las muchas noticias que trae de Salamanca, Valladolid, Guadalajara y otros pueblos del interior de España.

[1] Esta rarísima edición existe en el Museo Británico, procedente de la Biblioteca Grenviliana. Salvá *(Catálogo,* I, 517) la describe en estos términos:

«El frontis tiene una ancha orla por sus cuatro lados, y dentro hay un grande escudo de armas del Duque de Gandía. En la parte superior de la portada se lee: *Con preuiligio,* y debajo del escudo: *Síguese la Comedia llamada Thebayda, nueuamēte compuesta, dirigida al ilustre y muy magnífico señor el Señor Duque de Gandia...* Al dorso se halla la dedicatoria titulada *Prefaction,* y en el fol. II otra dedicatoria en verso, después de la cual viene el argumento de *La Thebayda.* Esta comedia en prosa principia en el folio III y concluye al fin del XLV. En el blanco del XLVI se lee:

Síguese la comedia llamada Ypolita nueuamente compuesta en metro.

Esta termina en el fol. LII vto. Siguen después foliación y signaturas nuevas para la

Comedia nueuamente compuesta llamada Seraphina, en que se introducen nueue personas. Las quales en estilo comienço (sic. por *cómico) y a vezes en metro van razonando hasta dar fin a la comedia.*

Finaliza ésta en el reverso del fol. XIII, marcado por errata como si fuera el XII. Después leemos: *Aunque (¿Nunque?)* compuesto por el mismo autor. Sigue a esta especie de epígrafe una colección de sentencias en pareados de ocho sílabas, las que principian a la vuelta de la penúltima hoja y ocupan casi todo el blanco de la última, dejando solamente lugar para lo que copio a continuación:

Fue impresa la presente obra en la insigne Cibdad de Valencia por matre (sic) *George Costilla, impresor de libros; acabose a XV del mes d'febrero del año mil y D. XXj* (1521).

Otorgo su cesurea magestad al presēte libro graoia y Priuilogio que ninguno lo puedu imprimir en todos los reynos do Castilla ni aragon ni traer de otra imprimido por tiempo de diez años so las penas en él contenidas. Fol. y vto. 4º, como dice el Catálogo de la *Biblioteca Grenv.* Letra gótica con unas figuritas al principio de cada escena de los interlocutores de ella. Tiene foliación que se renueva al principio de la *Seraphina,* y las signs. A-Iiiij. Viene luego Aj hasta Cij. Cada cuaderno es de seis hojas.»

Hasta aquí el bibliógrafo valenciano. Ignoro si este ejemplar, único de que tengo noticia, es el mismo que poseyó Moratín, y al cual se refiere varias veces en sus cartas familiares. En 9 de junio de 1817 escribía desde Barcelona a don José Antonio Conde: «Ha parecido en Lutecia un librote que »me enviarán sin falta, y cuando venga no trueco mi opulencia por la de

Esta publicación no se hizo a sombra de tejado, sino con todas las circunstancias de la ley, consignando el impresor su nombre y el día en que terminó su trabajo y el privilegio de la Cesárea

---

»Midas el de las *aures asininas*. Es nada menos que las tres citadas, y vuel-
»tas a citar y nunca vistas, comedias *La Thebayda*, la *Tolomea* y la *Sera-*
»*phina*, impresos en Valencia en el año de 1521, esto es, cuando Lope de
»Rueda jugaba a la rayuela y al salta tú con otros chicos como él en el are-
»nal de Sevilla. Con esta nueva adquisición tengo ya material para unos
»ocho tomos de piezas dramáticas del primer siglo del teatro español, co-
»menzando en Juan de la Enzina y acabando por Juan de la Cueva» (*Obras Póstumas de don Leandro Fernández de Moratín*, tomo II, 1867, pp. 284-285)

Moratín, por distracción sin duda, puso en vez de la *Hipólita* la *Tolomea*, que es una de las tres comedias de Alonso de la Vega, impresas en 1566. Las otras dos son la *Serafina* y *la Duquesa de la Rosa*.

En carta al mismo Conde (9 de agosto de 1817) añade: «Hoy mismo ten-
»dré en mis manos pecadoras el libro que contiene aquellas comedias anti-
»guas de que hablé a usted, y él me consolará por algunos días de los des-
»abrimientos que continuamente me molestan» (pág. 288).

La compra se hizo por medio del abate don Juan Antonio Melón, a quien escribía Moratín desde Montpellier, en 10 de septiembre de 1817: «Me han »acompañado en mi viaje aquellas tres rancias comedias que me adquiriste, »de las cuales aún no he podido leer más que la mitad de la primera. Es »una novela en diálogo, imitación de la *Celestina* y muy inferior a aquel »excelente original» (pág. 960).

Antes que Moratín diese breve cuenta de estas piezas en sus *Orígenes del teatro español*, sólo se encontraba la escueta noticia de sus títulos y del año y lugar de impresión en Nicolás Antonio (*Biblioteca Hispana Nova*, tomo II, pág. 338), que duda por cierto si el autor es uno solo: «sive unum sive plures». Velázquez, en sus *Orígenes de la poesía castellana* (traducción alemana de Dieze, p. 310), copió la indicación bibliográfica de Nicolás Antonio, que repitieron luego García de Villanueva (*Origen, épocas y progresos del teatro español*, p. 251), Pellicer (*Tratado Histórico de la Comedia y del Histrionismo*, I, pág. 16) y otros autores, ninguno de los cuales da el menor indicio de haber visto tales comedias.

Es muy dudosa la existencia de las dos ediciones que algunos bibliógrafos suponen hechas en Valencia por el mismo Jorge Costilla en 1524 y 1532. Nadie las ha descrito, y puede haber error en los guarismos.

La única reimpresión positiva y auténtica es la de Sevilla, 1546, de la cual se conocen tres ejemplares más o menos completos. Ninguno de ellos contiene la *Hipólita*, sino solas la *Thebaida* y la *Seraphina*. Nuestra Biblioteca Nacional posee el magnífico ejemplar que fué de Salvá y le sirvió para el cínico análisis inserto en el tomo I de su *Catálogo*. Brunet describe el de la Biblioteca Nacional de París, que está falto de las últimas hojas, y Wolf (*Studien*, pág. 290) cita el de la Biblioteca Imperial de Viena.

Esta edición de Sevilla no es en folio, sino en 4º. Lleva en la portada y

Majestad, que por diez años le aseguraba la propiedad de la obra en los reinos de Castilla y Aragón. Y un magnate de tan elevada alcurnia como el duque de Gandía, don Juan de Borja y Llansol, padre del tercer general de la Compañía de Jesús, que hoy veneramos en los altares con el nombre de San Francisco de Borja, fué la persona escogida por el desvergonzado autor de la *Thebayda* para Mecenas de su obra, en que como él dice «había sacado de madre la cómica prosa».

En ninguna parte del libro se dice claramente que las tres comedias sean de la misma mano, pero la hermandad de la *Thebayda* y de la *Seraphina* parece innegable, aunque la segunda tenga más chiste y mejores proporciones que la primera.

De la *Comedia llamada Hipólita, nuevamente compuesta en metro*, fácilmente podemos descartarnos, pues aunque plagia servilmente la fábula de la *Celestina*, salvo el personaje principal y el desenlace, que no es trágico sino festivo y placentero y por consiguiente inmoralísimo, su corta extensión, que no es mayor que la de las farsas de Jaime de Huete y Agustín Ortiz, su versificación en coplas de pie quebrado a estilo de Torres Naharro y todas sus condiciones externas, en suma, hacen de ella una pieza dramática y de ningún modo novelesca. Para darla a conocer basta copiar su *argumento*:

«Hipólito, caballero mancebo de ilustre y antigua generación
»de la Celtiberia (que al presente se llama Aragón), se enamoró
»en demasiada manera de una doncella llamada Florinda, huér-
»fana de padre, natural de la provincia antiguamente nombrada
»Bética (que al presente llaman Andalucía): y poniendo Hipólito
»por intercesor a un paje suyo llamado Solento, estorbaba cuanto

---

al principio de las escenas figuritas que supongo que serán las mismas de la edición príncipe. Carece de foliatura y tiene las signaturas *a-r*, todas de ocho hojas. Al fin, dice:

Fue impressa la presente obra, llamada Thebayda, en Seuilla en casa de Andrés de Burgos. Acabose a diez de mayo. Año de mil y quinientos y quarenta y seys años.

La extremada rareza de estas comedias hizo que algunos eruditos sacasen copias de ellas para su estudio. En el departamento de Manuscritos de la Biblioteca Nacional existen la *Thebayda* y la *Seraphina* copiadas del ejemplar de Viena por Böhl de Faber, y la *Hipólita*, transcrita de la edición de 1521 por don Agustín Durán.

»podía porque Florinda no cumpliese la voluntad de Hipólito;
»pero ella, compelida de la gran fuerza de amor que a la conti-
»nua le atormentaba, concedió en lo que Hipólito con tanto ahin-
»co la importunaba, y así ovieron cumplido efecto sus enamorados
»deseos, intercediendo ansimesmo en el proceso Solisico, paje de
»Florinda y discreto más que su tierna edad requería, y Jacinto,
»criado de Hipólito, malino de condición, repunó siempre: y Car-
»pento, criado ansimesmo de Hipólito (hombre arrofianado), por
»complacer a Hipólito, no solamente le parecían bien los amores,
»pero devotó que el negocio se pusiese a las manos; e así todas las
»cosas ovieron alegres fines, vistiendo Hipólito a todos sus cria-
»dos de brocado y sedas, por el placer que tenía en así haber
»Florinda (doncella nacida de ilustre familia) concedido en su
»voluntad, seyendo la más discreta y hermosa y dotada en todo
»género de virtud que ninguna doncella de su tiempo.»

Tanto esta comedia como las otras dos no está dividida en actos, sino en escenas, que aquí son cinco. Es pieza muy endeble, y sobre ella hay que estar al juicio de Moratín, casi siempre inapelable en las cosas que estudió por sí mismo. «La acción es lángui-
»da y la entorpecen impertinentes discursos, tendencias pedan-
»tescas y rasgos de erudición histórica puestos en boca de los cria-
»dos de Hipólito y en la de Florinda, que, estimulada de indomable
»apetito, habla de Popilia, Medea Penélope, Sansón, Electra, Da-
»vid, Clodio, Salomón, Lamec, Masinisa y el rey don Rodrigo, todo
»para venir a parar en abrir aquella noche la puerta a su amante.
»Esta indecente farsa está escrita con muy mal lenguaje y muchos
»defectos de consonancia y medida en los versos.» [1]

La *Seraphina* (que no ha de confundirse con las piezas del mismo título, pero de muy diverso asunto, compuestas por Torres Naharro y Alonso de la Vega) es ferozmente obscena, pero mucho más ingeniosa que la *Hipólita* y la *Thebayda*. Ni siquiera puede considerarse como imitación de la *Celestina*, con la cual no tiene más parentesco que el de su prosa, que sería excelente si no la deslustrasen tantas afectaciones y pedanterías en la parte seria, tantas citas impertinentes de filósofos y Santos Padres, Aristóteles, Platón, Séneca, San Jerónimo, San Bernardo... puestas

---

[1] *Obras de Moratín*, ed. de la Academia de la Historia, I. pág. 152.

indistintamente en boca de todas personas, y que contrastan de un modo grotesco con los lances y situaciones de la comedia. Moratín incluyó su título en el catálogo que acompaña a sus *Orígenes del teatro*, fundándose en las palabras con que termina: «Quedad »y holgaos entre esta gente de palacio, e regocijaos bien, que yo, »Pinardo, acabo de *representar* la comedia *Seraphina* llamada.» Pero basta leer la comedia para convencerse de que se trata de una pura fórmula y que el autor no pudo pensar seriamente en que tal monstruosidad se representase.

Su tema, que lo ha sido de innumerables cuentos verdes, desde las colecciones orientales hasta la novela afrentosamente célebre del convencional Louvet de Couvray, es el mismo que en la antigüedad sugirió la fábula de Aquiles y Deidamia y en los tiempos modernos un episodio del canto 6º del *Don Juan* de lord Byron: las aventuras amorosas de un hombre disfrazado de mujer.[1] La *Comoedia Alda* de los tiempos medios, que ya hemos tenido ocasión de mencionar, nos ofrece una variante semidramática del mismo argumento, y no es inverosímil que el autor le tomase de fuente italiana, aunque eran pocos los *novellieri* impresos (Boccaccio, Sabadino degli Arienti, Massuccio y pocos más).[2]

En enredo de la *Seraphina* apenas puede exponerse en términos honestos. Un caballero portugués, Evandro, se enamora en Castilla de una dama principal llamada Serafina, mujer de Filipo, «el qual era de natura frío». Y como el mucho recogimiento de la dama y la guarda cuidadosa de su suegra hacían muy difícil toda conversación con ella, un paje llamado Pinardo, disfrazado en hábito de mujer, se ofrece a penetrar en casa de Filipo; logra la mayor intimidad y favor con la vieja Artemia, dueña de malas

---

[1] En la introducción que Du Méril puso a su edición de la comedia *Alda* (*Poésies inédites du Moyen Age*, 3ª sección, París, 1854, pág. 423) dice que este asunto se encuentra con algunas diferencias en el *Mischle Sandabar*, colección de cuentos hebreos, traducida por Carmoly, y con identidad completa en un poema francés inédito del siglo XIII, *Floris y Lyriope*, y en el *fabliau* de Trubert, colección de Méon, tomo I, pág. 192.

[2] En dos de las *Settanta Novelle Porretane* del boloñés Sabadino (folios XII y LIIII de la edición de 1510) intervienen hombres disfrazados de mujeres. Ambas novelas son muy licenciosas, pero nada tienen que ver con el argumento de la *Seraphina*. Más se parece el de la novela XII de Masuccio Salernitano (*Il Novellino*, ed. Setembrini, Nápoles, 1874, pp. 150 a 162).

costumbres, y con la desenvuelta Violante, doncella de Serafina, y persuade a ésta a condescender con la voluntad de Evandro, interviniendo en tan abominable tercería todos los personajes de la pieza, y muy señaladamente la perversa Artemia, que arrastrada por su senil lascivia se presta sin reparo a la deshonra de su hijo.

Si por un momento pudiera vencerse el disgusto y repugnancia que tales escenas infunden, si realmente pertenecieran a la literatura obras como ésta, en que el autor convierte el noble arte de la palabra en instrumento de vil sugestión, la *Seraphina* sería una de las rarísimas producciones de su género que pudiera salvarse del desprecio que todas ellas merecen. Pero el innegable talento de escritor que muestra quien la compuso agrava el crimen social que cometió y el daño que todavía puede causar su lectura, porque la *Seraphina* está, no sólo perfectamente escrita salvo en aquellos pasajes en que los interlocutores declaman o profieren sentencias, sino conducida con más arte y habilidad que la mayor parte de nuestras comedias primitivas. Y aun siendo tan inmoral y lúbrica como es, nunca apela su autor al grosero recurso de estampar los *verba erotica*, como hicieron Francisco Delicado y los poetas tabernarios del *Cancionero de Burlas*.

Una riqueza grande de proverbios y de idiotismos familiares; una locución constantemente pura, aunque no muy aliñada; un sabroso y natural gracejo, que se manifiesta en mil expresiones rápidas y felices, son prendas que nadie puede negar a la *Seraphina*, y que duele ver tan torpemente empleadas. Algunos versos contiene sobremanera inferiores a la prosa, todos de la antigua escuela trovadoresca y llenos de tiquismiquis amatorios:

> El qual siente lo que siento,
> Y siente q'el mi sentir
> Ya no siente,
> Y siente qu'el sentimiento
> Del sentido y consentir
> Bien consiente...
>
> (Pág. 316).

El poeta estaba tan satisfecho de esta ridícula jerigonza, que no se cansa de admirarse a sí mismo por boca de sus personajes: «Oh alto y maravilloso fabricador de las cosas criadas, y qué

»gran manera de metrificar: por cierto los [1] *Sonetos del Serafino* »*Toscano* no se igualaron, con harta parte, en la sentencia ni en »la gentileza; menos se pueden equiparar los metros del galano »Petrarca.»

Engañado vivía el anónimo de Valencia en cuanto a los quilates de su ingenio, que nada tenía de lírico. Su verdadera fuerza estaba en la observación realista, en la pintura de costumbres, aunque fuesen malas y abominables. Cuando quiere levantar el tono y «trastornar con circunloquios las filosóficas cartas», no dice más que desatinos y se pierde en un galimatías ampuloso. Todos los defectos de impertinente erudición que la *Celestina* tiene están subidos de punto en esta comedia, donde Evandro se pone muy de propósito a relatar a sus criados la historia del ateniense Foción (*cena* 2ª). Pero cuando la vena abundante y fácil del estilo va empujada por la corriente del diálogo o se explaya en largas enumeraciones, que son como alarde y muestra de un pintoresco vocabulario, muchos de las excelentes cualidades de la prosa de Fernando de Rojas reaparecen en su imitador. Véase un corto pasaje, que algo interesa a la historia del arte culinario en la España de Carlos V, y es de los pocos que pueden citarse sin reparo. Trátase de los regalos que hacía el vejestorio de Artemia («estantigua y fantasma de la noche») a sus interesados galanes: «Pues »los presentes que envía por año ¿quién los podría contar? Las »cargas de ansarones enteros, de pollos, de anadones, de lechones, »de capones, de palominos, de gallinas, las cestas de huevos frescos, »la docena de las perdices, el par de los carneros, la media docena »de los cabritos, la ternera entera, las ubres de puerca en adobo, »las piernas de venado en cecina, los jamones de dos y de tres »años, las cargas de vino tinto, blanco, aloque, clareas, *vin grec*, »otros qu'ella hace hacer adobados en casa con mil aromatizados »olores. Pues las frutas que les envía, a cada uno en su estado, ya »es cosa de locura: codoñate, calabazate, citronate, costras de »poncil, nueces moscadas, limones en conserva, pastas de con-

---

[1] Trátase de Serafino Aquilano, célebre músico y poeta napolitano (1466-1500), muy dado a sutilezas y conceptos, por lo cual se le considera como uno de los precursores del *seicentismo*. En España debía de alcanzar mucho crédito a principios del siglo XVI, pues ya hemos visto que también Urrea le cita con elogio.

»faciones de cien mil maneras, priscos, peras, membrillos de di-
»versas maneras confacionados y cocidos en el azúcar, y a las
»vueltas muchas frutas de sarten de mil cuentos de maneras,
»trayendo las mujeres de en cabo la ciudad diestras en aquellos
»menesteres.» [1]

Muy inferior a la *Seraphina*, aunque parece del mismo autor, [2] es la *Comedia llamada Thebayda*, libro de prolija y fastidiosa lectura, que en la reimpresión moderna ocupa la friolera de 544 páginas de letra bastante menuda. Muy tentados de la risa debían de ser nuestros progenitores cuando no les encocoraban tales libros, por muy licenciosos que fuesen. La acción, aunque diluída en largos razonamientos y alargada con episodios parásitos, se reduce en el fondo a muy poca cosa. Véase el argumento que el mismo autor antepuso a su fábula:

«Don Berintho, caballero mancebo y dotado de toda discipli-
»na, así militar como literaria, fué hijo del duque de Thebas, y
»conmovido de exercitar la fuerza de sus varoniles miembros y
»la fortaleza de su ánimo y la prudencia de que estaba asaz ins-
»truto, así de su natural como adquisita mediante la doctrina de
»preceptores, vino en las Españas con propósito de servir al rey
»que al presente la monarquía del mundo gobierna, después de
»haber andado peregrinando por otros reinos de diversas nacio-
»nes; y en el reino de Castilla fué tocado y encendido más de lo
»que a su grandeza de ánimo convenía del amor de una doncella,
»huérfana de padres, llamada Cantaflua, dotada de extremada
»hermosura y de incomparable honestidad y virtud, muy rica de
»posesiones, nacida de ilustre generación y acompañada de muchos
»parientes y nobles. La cual, asimismo presa en el amor de Be-
»rintho, sufrió grandes trabajos, compelida de las fuerzas de su
»honestidad, a cuya causa el proceso de sus amores se prorrogó

---

[1] Pág. 379-380. Cito por la reimpresión que los señores Marqués de la Fuensanta del Valle y don José Sancho Rayón hicieron en el tomo V de su *Colección de libros españoles raros o curiosos* (Madrid, 1873) que comienza con la *Comedia Selvagia*. De la *Seraphina* se tiraron también algunos ejemplares aparte.

[2] «Estilo, frases, traza, todo es idéntico», dice Gallardo *(Ensayo,* I, col. 1.184). Algo habría que objetar a esto, pero en realidad prevalecen las semejanzas.

»más de tres años. Y al fin, sin consejo de sus parientes, interce-
»diendo Franquila, mujer de un mercader y persona discreta,
»concedió en la voluntad de Berintho, otorgándole su amor, y
»se desposaron secretamente, estando Cantaflua en una ermita
»teniendo novenas. Lo cual sabido por los parientes se aprobó,
»y así todas las cosas de su historia y lo a ella concerniente tu-
»vieron prósperos y alegres fines, como de la escritura parece.»

Este plan se desarrolla en quince interminables escenas. Las ridículas lamentaciones de Berintho, interpoladas con medianos versos que los demás interlocutores ponen en las nubes; [1] el desenfrenado apetito de Cantaflua, que se manifiesta en los términos más indecorosos y grotescos; las proezas eróticas del pajecillo Aminthas con Franquila, la esposa del mercader, con la muchacha Sergia, con Claudia, la doncella de Cantaflua, y con cuanta mujer encuentra en su camino; los fieros, baladronadas, embelecos y fingidas pendencias del rufián Galterio y de su amigote «el padre de la mancebía», son los principales ingredientes de

---

[1] *Menedemo.*—En verdad te digo, si hubieses visto las cosas que en »prosa y en metro tiene compuestas, te pondría espanto» (pág. 41).

«*Franquila.*—¿A quién en el mundo visteis vosotros hablar ni trobar »por tan alto y limado estilo? ¿E adónde se hallará su abundancia de vo- »cablos, e la facundia de la lengua?» (pág. 104).

«*Franquila.*—¿Y en el arte de la oratoria, parécete que se queda atrás? »*Menedemo.*—Muy mejor escribe en prosa que en metro» (pág. 108).

«*Galterio.*—Oh canción digna de estar escrita con letras de oro! y cierto »aquel Florentino Petrarca, en su galana toscana lengua, no declaró su »pasion con sentencia ni metros tan altos, ni pudo por tal estilo, aunque »mucho se trabajaba, representar en público lo que en el alma sentía, en el »tiempo que él, como muchas veces afirma, más fuego tuvo encerrado en el »pecho; ¡oh quién la tornase a oír otra vez! ¿Qué me dices, Menedemo, que »te veo helado?»

»*Menedemo.*—Por la Sagrada Escritura te juro que daría mi caballo »con el jaez por tener la canción escrita, porque pienso que cosa semejan- »te a ésta nadie hasta hoy la compuso» (pág. 137).

«*Menedemo.*—¡O santo Dios! qué maravillosa manera de metrificar, e »qué medida en los pies, y qué sentencia tan comprehensible en su propó- »sito» (pág. 258).

Como no es de suponer que el autor de los versos sea uno y el de la prosa otro, habrá que convenir en que ningún poeta ha llegado a la frescura de este anónimo en lo de elogiarse a sí mismo. Todas sus composiciones son a estilo de los cancioneros del siglo xv. Las más curiosas son dos glosas de romances, *Rosa Fresca* y *Por el mes era de Mayo*.

esta bárbara composición. Como libro obsceno no es sinónimo de libro ameno, la *Thebayda*, que es en alto grado lo primero, poco o nada tiene de lo segundo. A no ser por el interés filológico que realmente ofrece, sería imposible acabar la lectura de su pesadísimo texto. La procacidad de las palabras corre parejas con la inverecundia de las acciones, y el desatino llega a veces hasta la blasfemia y el sacrilegio. Las vinosas y desvergonzadas lenguas de los rufianes profanan a cada paso las advocaciones más santas, jurando por «Nuestra Señora del Pilar de Zaragoza», por «la Verónica de Jaén», por «los Corporales de Daroca», por «las reliquias de San Juan de Letrán», por «la Vera Cruz de Caravaca», por «el cuerpo de San Ildefonso que está en Zamora», por «el Crucifijo de Burgos», por «la Casa Santa de Jerusalén», etc., ejemplo que luego siguieron Feliciano de Silva y otros, no por verdadera impiedad, según creo, sino por una absurda mezcolanza de lo más profano con lo que sólo debe inspirar acatamiento y reverencia. Cuando Galterio sugiere a Berintho la idea de valerse de Franquila como tercera en sus amores, exclama asombrado el protagonista de la obra: «Este consejo no ha procedido de Galterio, pero »sin duda de la inmensa Trinidad fué guiado, y espíritu de pro»fecía inspiró en él, y alumbrado de la Divina Justicia, con la »primera flecha que dió en el blanco» (pág. 54). «Que el Señor »que guió en Belén los tres Reyes de Oriente te guíe» dice Claudia a Aminthas después de una noche de amores (pág. 464). A este tenor hay otros pasajes increíbles, que me guardaré muy bien de indicar, porque causarían más escándalo que provecho.

La deshonestidad y la pedantería son las notas características de la *Thebayda*, sin que se pueda decir cuál predomina. En la primera no hay que insistir, pues tanto a esta comedia como a la *Seraphina* (y aun más a la *Thebayda*, por ser cinco o seis veces más larga) les cuadra lo que desgarradamente escribió Gallardo en una de sus notas bibliográficas: «Es toda ella un continuo *fornicio* a ciencia y paciencia del público espectador.» El autor creyó componerlo todo con un matrimonio final, que, lejos de destruir, agranda, dejándolos impunes, el mal ejemplo de tantas situaciones y discursos indecentes. ¡Qué lejos estamos de la lección grave y pesimista que en el fondo entraña la *Celestina*, donde la ley moral, violada un momento, se restablece vengadora por el conflicto trágico!

El estilo de la *Thebayda*, que en las escenas bajamente cómicas tiene fuerza y naturalidad, es ridículamente enfático en la parte que quiere ser oratoria y sentimental. A cada paso se tropieza con párrafos de este jaez, puestos sin distinción en boca de todo género de personas:

«*Galterio.*—¿No miras que la corona del hijo de Latona ya
»no resplandece, y también en la octava esfera, en el sublunar
»mundo está dividiendo la luz de las tinieblas, y Vulturno con el
»aliento de la húmeda noche anda corrusco?...» (pág. 50).

«*Aminthas.*—Ya el arrebatado Boreas con el poco temor por
»el ocaso de los atentos (?) del basis procedentes, y con las fuer-
»zas nuevamente en él infusas, a causa de la lumbre del primer
»planeta está predominante, anda despojando los árboles de sus
»frondas, y a los dulces campos de la apostura de sus hermosos
»cabellos» (pág. 451).

«*Claudia.*—No pienses, mi verdadero amigo Aminthas, que
»descanso hallándome falta de ti, que eres mi verdadero bien;
»ni pienses... que los rayos piramidales procedentes del lucido
»Febo resplandecen más en el sublunar mundo, ni pienses que la
»hermosa cara de Apolo es tan grata a toda potencia vejetativa,
»cuanto más agradable a mí la vista de tu graciosa persona; ni
»la festividad de las mieses es tan delectable al ministro de la
»agricultura; ni la sombra del frondoso árbol en el estío es más
»conveniente al que viene cansado; ni fuente ni arroyo del agua
»que va saltando es más apacible al que quiere matar la sed, que
»a mí es dulce tu conversa y los razonamientos de tan gentiles
»y graciosas sentencias, que de la elegancia de tu lengua y claro
»y maravilloso entendimiento proceden...» (pág. 408).

Berintho y Cantaflua se enamoran en párrafos astrológicos y metafísicos de dos o tres páginas de andadura, que darían envidia a cualquiera de los más gárrulos oradores modernos:

«*Ber.*—¡Oh mi señora! ¡Oh mi verdadera felicidad! Ni la lu-
»ciente cara de Apolo resplandece tanto en el hemisferio, cuando
»con los rutilantes y encendidos rayos fuga la congregación de
»los globos (¿lóbregos?) vapores; ni el rostro de la fermosa Diana
»se muestra más claro en el signo de Libra o Acuario, cuando su

»vista y clarífico rostro resplandece en mi entendimiento, ense-
»ñándole las verdaderas líneas de tu tan inmensa excelencia y de
»tu tan incomparable poderío, con el cual, acompañándole la
»beldad sin comparación que tanto florece en tu persona, pu-
»sieron en prision mi cautiva libertad, dándole leyes de perpe-
»tua servidumbre, de la cual, más áspera que la causada por la
»culpa del postrimero rey de los israelitas, fuera imposible tener
»esperanza de libertad, si no fuera con el mando de la misma
»primera causa, de donde procedió la privación de los sentidos
»corporales juntamente con el del libre albedrío; pero este tan
»primario y supremo poder, acompañado de su demasiada cle-
»mencia, usaron de tanta benevolencia, de tanta mesura, de tan-
»ta piedad, que certificadas las potencias de la razón, ya tan
»privadas de las sus obras, y certificado el ya tan apasionado en-
»tendimiento del remedio que de la su alta bondad les venía, en
»un instante, en un improviso se verificaron y unieron de tal ma-
»nera, que la mucha y grande esperanza y tan entera noticia y
»notoria *certeriorizacion* que venían a *obtemperar* y a gozar en es-
»peculacion de su clarífica vista, dieron ocasion que cobraran de
»nuevo aliento, para que las partes y potencias de menor dig-
»nidad, ejerciendo el fin de su composicion, trujesen en su presen-
»cia a este tu verdadero súbdito, tu fiel servidor, tu tan aherroja-
»do cautivo; pero gran mudanza, gran novedad se les representa,
»en haber tan de súbito perdido la vista, con la tan demasiada
»lumbre que sienten proceder de los clarores de tu seráfica y alta
»mesura» (pp. 354 y 355).

Además de este detestable gusto, entre retórico y escolástico, que hace al incógnito comediógrafo un precursor de las peores extravagancias del siglo XVII, como el Aretino lo es de muchos de los vicios del *secentismo* italiano, hay que notar en la *Thebayda* un gran número de latinismos inútiles, de los cuales ya hemos visto algunos; a los cuales pueden añadirse *permisa* por «permitida», *vaco* por «vacío», *blandicias* por «halagos o caricias», *proditor* por «traidor», *demulcir* por «ablandar», *solercia* por «discreción o prudencia», *curriculo* por «curso de estudios» y otros que es inútil citar. De mitología e historia no se hable. Todos los personajes han leído a Quinto Curcio y a Valerio Máximo y saben al dedillo las *Genealogías de los Dioses* de Boccaccio. Menedemo

dice a su señor que oirá el cuento de sus amores «con más aten-
»ción que el Tarquino Prisco los tres libros de la prudente sibila»
(página 29). Franquila, que es una Celestina de corto vuelo,
dice a su rufián: «Siéntate, Galterio, y tu venida sea con tanta
»prosperidad y tan en buen hora como fué la de Furio Camilo
»a los romanos cuando, elegido dictador, alzado su destierro vino
»a remediar el Capitolio» (pág. 71).

Nada tenía de ingenio lego el que compuso la *Thebayda;* más
bien pecaba de erudición farraginosa e impertinente. No sólo abusa de las citas de autores clásicos, especialmente de Séneca, Cicerón, Virgilio, Ovidio, Persio y Juvenal, sino que se complace todavía más en las de los Santos Padres y doctores de la Iglesia,
cuya doctrina aplica al redropelo, formando extraño constraste
con la profunda inmoralidad de la obra. Hay verdaderas discr-
taciones teológicas sobre el sumo bien, sobre las excelencias de
la virtud y el corto número de los elegidos, sobre el pecado original, sobre el sacramento de la penitencia. Menedemo, criado grave
y sentencioso de Berintho, cierra la última escena con un largo
y edificante sermón, en que recopila toda la historia sagrada desde
la creación del mundo hasta la venida del Antecristo y el Juicio
Final. Y adviértase que en todo esto hay propiedad de lenguaje
y suma ortodoxia en los conceptos. Sólo a la pluma de algún estudiante de Teología puede atribuirse tan híbrido y escandaloso
maridaje de lo más profano con lo más sagrado.

Los personajes de la *Thebayda,* sin ser verdaderos caracteres
literarios, viven con cierta vida brutal y fisiológica. El mejor
trazado es, sin duda, el rufián Galterio, que conserva todos los
rasgos esenciales del admirable Centurio de la *Celestina,* pero
abultados monstruosamente hasta la caricatura, y añade otros
nuevos, muy curiosos para la historia de las costumbres. En la
Thebayda se aprende la intimidad en que este género de facinerosos vivía con los ministros de justicia, alguaciles y porquerones,
que entraban a la parte en sus robos, denuncias y estafas;[1] la

---

[1] «*Galterio.*—Mi principal intencion es, como ya sabes, ser amigo de
»todos los ministros de la justicia, porque éstos contentos, puede hombre
»desollar caras en medio de la ciudad como cada día ves que se hace; y esto
»con poco trabajo se alcanza, porque con dar... algunos avisos de hombres
»facinerosos, y de algunos que juegan juegos devedados, y de algunas man-

especie de barato que cobraban en los *hostales* y tablajerías; la protección vergonzosa que les daban los grandes señores, asalariándolos como *bravos* de profesión o como activos corredores de sus vicios. El repugnante tipo del «padre de la mancebía», el *rey Arlot* de los tiempos medios,[1] viene a dar los últimos toques a este horrible cuadro.

La *Thebayda*, como todos los libros de su género, es un rico depósito de lenguaje popular y abunda en proverbios e idiotismos, especialmente cuando habla Galterio. Allí se repite el célebre refrán «topado ha Sancho con su rocín» (pág. 247), que ya había recogido el marqués de Santillana en esta forma: «fallado ha Sancho el su rocín».[2] Reminiscencia probablemente de algún cuento y germen de una creación inmortal.

Las tres comedias que acabamos de analizar fueron no sólo impresas sino compuestas en Valencia, de cuyo lenguaje conservan algún rastro en ciertas palabras, tales como *gañivetes* por cuchillos, *tastar* la fruta nueva por catarla o probarla, *codoñate* por carne de membrillo o mermelada, *citronate* por cidra confitada, *rondallas* por cuentos, *hostal* en el sentido de mancebía, y en algunas alusiones locales, v. gr. «ir al tálamo virgen «como el *portal de Cuarte*».[3] Pero no puede admitirse sin otra prueba que el

»cebas de casados, o frailes o clérigos pobres, que de los demás otro norte
»se sigue, como luego y tambien acostumbro acompañar algunas noches al
»corregidor o teniente, y con llevalle alguna vez un presentillo liviano de
»cualquier par de perdices, y con otros servicios de pelillo semejantes a éstos
»puedes a banderas desplegadas matar moros...»

«Esto dejado, tambien procuro de tener contentos los caballeros de la »ciudad, en algunas cosas como en acompañallos de que hombre los en»cuentra en la calle, que es cosa de que ellos mucho se honran; y también »loar sus cosas a persona que se lo hayan de decir el mismo día, como a »criados y familiares de su casa... Otra forma no pensada tengo tambien »para con los señores de la Iglesia, etc.» (pp. 180-183).

[1] Don Pedro IV de Aragón mandó extinguir este *oficio*, por carta real dada en Valencia a 6 de marzo de 1337 (vid. *Aureum Opus regalium privilegiorum*, p. CIII. *De revocatione officiis regis Arloti*, VIII, citado por Carboneres en sus curiosos apuntes históricos sobre *La mancebia en Valencia*, Valencia, 1876).

[2] *Obras del Marqués de Santillana*, ed. de Amador de los Ríos, pág. 513.

[3] Vid. sobre estos valencianismos de la *Seraphina* (que son mucho más raros en la *Thebayda*) una indicación de don Cayetano Vidal de Valenciano en *Lo Gay Saber*, segunda época, año IV, 15 de mayo de 1881.

autor fuese valenciano, porque no había en Valencia a principios del siglo XVI ningún escritor indígena que dominase la lengua castellana hasta el punto de poder escribir la prosa abundante y lozanísima de la *Seraphina* y la *Thebayda*. Aunque el influjo del castellano hubiese ido penetrando en los géneros poéticos desde fines del siglo XV, en la prosa, que es un instrumento mucho más difícil de manejar, apenas se mostraba todavía. Los más insignes escritores valencianos del tiempo de Carlos V escribieron en latín; algunos continuaron escribiendo en catalán. Hasta fines de aquella centuria no hubo en Valencia prosistas castellanos dignos de competir con los de la España central y Andalucía, aunque hubiese ya muchos excelentes poetas líricos y dramáticos. Algunos cronistas, como Viciana y Beuter, se habían traducido a sí mismos, pero lo hicieron con suma tosquedad y rudeza. Un vocabulario tan rico, una sintaxis tan gallarda y libre como la de la *Thebayda* presuponen un autor que había mamado con la leche la pureza de la lengua castellana.

Avanzando más, puede tenerse por seguro que el tal autor era andaluz. A cada paso habla de cosas propias de aquella región. En la *Seraphina* (pág. 379) se menciona «el lienzo sevillano y el lino de Guadalcanal, que cuesta a moneda de oro la vara». En tierra andaluza había hecho su aprendizaje el Galterio de la *Thebayda*: «Yo he sido prioste de juego de esgrima, y en San Lúcar »de Barrameda serví un hostal por el mismo señor de la casa, »y en Carmona tuve casa de trato, y en algunas partes, como ya »te es notorio, he sido *padre*» (pág. 64). Una de estas partes había sido Lucena (pág. 48): «Seyendo mancebo y hijo de vecino en »Ecija, me afrentó la justicia» (pág. 81). *Afrentar* está tomado aquí en el sitio de azotar. «Estábamos en Cabra, en la posada de »Pedro Agujetero» (pág. 92). El mismo Galterio hace el panegírico de su invencible espada en estos términos: «De treinta años »a esta parte no se ha hecho desafío en toda la Andalucía donde »ella no se haya hallado, porque de Córdoba, de Cádiz, de Jerez, »de Málaga y de otras muchas y diversas partes, donde suce- »den algunos desafíos entre los amigos, luego me envían por ella, »y con ésta fué con la que mataron al tablajero de Sant Lúcar, »y con ésta cortaron entrambos los muslos a Navarrico, el solda- »do del duque, y con ésta Rabanal hizo las grandes cosas en To-

»ledo, y al tiempo que Solisico mató el vizcaíno en Alcázar de »Consuegra, no fué otra cosa la causa salvo tener esta espada» (páginas 132-133). El Potro de Córdoba había sido teatro de sus proezas: «Por cierto fué gran osadía la mía, que estando en el »Potro, Francisco Guantero hizo muestra que iba a hacer mano »contra mí, y no se hubo acabado de desenvolver, cuando ya le »tenía con su mismo puñal cortada la mano derecha clavada en- »cima del bodegón de Gaytanejo; pero ni por eso perdí la tierra »ni dejé de pasearme» (pág. 176). El vino que los protagonistas beben no es el de Murviedro, tan grato a Celestina, y que debía de ser el que principalmente se consumiese en Valencia, sino de la vega de Martos, de Luque o de Lucena (págs. 326-27). La «tabernilla del Alcázar, el Caño quebrado» y otros sitios que en el libro se mencionan, pertenecen a la topografía de Córdoba, según el decir de los expertos en ella; pero no creemos que eso sea suficiente motivo para tener a su autor por cordobés. Lo mismo podría suponérsele hijo del reino de Jaén o de los Puertos, puesto que de todas partes tiene recuerdos picarescos: «¿No me has oído »decir de cuándo fuí al desafío, que maté a Francisco Cordonero »en Arjona?... Pues ese fué mi padrino, y el tiempo que en Mo- »guer nos quisimos embarcar, cuando doce por doce tuvimos la »cuestión, de cuatro que quedamos vivos ese es el uno, y el otro »el ventero de la Guarda Cabrilla y el otro el que agora es Padre »en Estepa» (págs. 424-425). Pudieran añadirse otros pasajes, pero no hacen falta para comprobar lo que salta a la vista de cualquier lector un poco atento.

El mejor de los prosistas castellanos que por aquellos años escribía en Valencia es el bachiller Juan de Molina, aunque no nos haya dejado más que traducciones, tan notables algunas como la de los *Triumphos de Apiano,* encabezada con una narración de la guerra de las Germanías (1522); la *Crónica de Aragón* de Marineo Sículo (1523) y la muy excelente de las *Epístolas de San Jerónimo,* cuya primera edición es de 1520, dedicada a doña María Enríquez de Borja, duquesa de Gandía, un año antes de que su marido recibiese la dedicatoria de las tres empecatadas comedias. Pero Juan de Molina no era andaluz, sino manchego, de Ciudad Real, según dice Nicolás Antonio; y además el género de literatura en que principalmente se ejercitó, interpretando, además de las obras citadas, el *Homiliario* de Alcuino, el *Confesonario* de Gerson, el *Gamaliel* catalán atribuído a San Pedro Pascual y otros textos análogos, parecen excluir la sospecha de que manchase nunca su pluma en composiciones tales como la *Thebayda* y la *Seraphina*, que sería temerario atribuir por livianas conjeturas a un hombre honrado.

En su tiempo y aun algo después no debieron de escandalizar tanto como ahora. No sólo fueron reimpresas en 1546, sino que Juan de Timoneda, en el prólogo de sus *Comedias,* que son de 1559, citaba sin ambajes la *Thebayda,* poniéndola al nivel de la *Celestina*, como obra de «muy apacible estilo cómico, propio para pin- »tar los vicios y las virtudes». La Inquisición, que tratándose de este género de libros solía padecer extraños olvidos, no la prohibió nunca, a pesar del dictamen de Zurita, que opinaba lo contrario. [1]

Pero aún cabía descender más en pendiente tan resbaladiza y escandalosa. La corrupción española, agravada y complicada con la italiana, produjo un singular documento que lleva la siniestra y trágica fecha del saco de Roma. Uno de los fugitivos de aquella catástrofe, refugiado en Venecia, hizo estampar allí en 1528 un libro, con todas las trazas de clandestino, cuyo rótulo, a la letra, dice así: «*Retrato de la loçana Andaluza: en lengua española muy clarissima. Compuesto en Roma. El qual Retrato demuestra lo que en Roma passaua y contiene munchas* (sic) *mas cosas que la Celestina*». Un solo ejemplar de la Biblioteca Imperial de Viena nos ha conservado esta obra, [2]

---

[1] La *Thebayda* fué reimpresa por el marqués de la Fuensanta del Valle en el tomo XXII de la *Colección de libros españoles raros o curiosos* (Madrid, año 1894). Esta edición es incorrectísima; se hizo por una mala copia del ejemplar de la Biblioteca Nacional, y se ve que no fué cotejada ni corregida por nadie. Hay erratas monstruosas, que hacen a veces impenetrable el contido. A ella nos referimos, sin embargo, por ser la única accesible a la mayor parte de los lectores.

[2] Es un tomo en 4º, sin lugar ni año, 54 folios, signaturas Aij-Niij, con grabados en madera.

Hay tres reimpresiones modernas de la *Lozana*, una en el tomo primero de la *Colección de libros españoles raros o curiosos,* de Sancho Rayón y Fuensanta del Valle (Madrid, 1871); otra de París, 1888, en que acompaña al texto castellano una traducción francesa de Alcides Bonneau, y la última

y Fernando Wolf dió la primera noticia de él en 1845.[1]

La *Lozana* estaba escrita desde 1524,[2] según al folio tercero se declara: «Comiença la historia o Retrato sacado del Jure cevil »natural, de la Señora Loçana: compuesto el año mill y quinien- »tos y veinte e quatro; a treynta dias del mes de junio; en Roma, »alma ciudad, y como auia de ser partido en capítulos va por ma- »motretos, porque en semejante obra mejor conviene.» *Mamotreto* quiere decir, según el autor, «libro que contiene diversas razo- »nes o copilaciones ayuntadas», y el número de estos mamotretos llega a sesenta y seis.

Aunque por todo el libro dejó sembradas bastantes noticias de su persona, en ninguna parte declara su nombre, para lo cual no le faltaban buenas razones: «Si me decís por qué en todo este »Retrato no puse mi nombre, digo que mi oficio me hizo noble »siendo de los mínimos de mis conterráneos, y por esto callé mi »nombre, por no vituperar el oficio escribiendo vanidades con

---

de Madrid, en la *Colección de libros picarescos* del difunto editor Rodríguez Serra (1899). Todas estas ediciones, que en rigor se reducen a una sola, proceden de una copia que Gayangos hizo sacar del libro de Viena y que nadie se ha tomado el trabajo de cotejar.

1 En su artículo sobre la *Celestina* reimpreso en sus *Studien* (pág. 290).

2 El autor indudablemente la retocó antes de imprimirla, añadiendo algunas cosas de fecha posterior, porque no hemos de atribuirle don de profecía.

«*Rampin.*—Los cardenales son aquí como los mamelucos.
»*Lozana.*—Aquellos se hacen adorar.
»*Ramp.*—Y éstos también.
»*Loz.*—Gran soberbia llevan.
»*Ramp.*—El *año de veinte y siete* me lo dirán.
»*Loz.*—Por ellos padeceremos todos» (pág. 45 de la ed. de *Libros raros*).
«*Lozana.*—¿Qué predica aquél? Vamos allá.
»*Ramp.*—Predica cómo se tiene de perder Roma, destruirse el año del »XXVII, mas dícelo burlando» (pág. 73).
«*Anctar.*—Pues año de veinte e siete dexa a Roma y vete.
»*Comp.*—¿Por qué?
»*Anct.*—Porque será confusion y castigo de lo pasado.
»*Comp.*—A huir quien más pudiere.
»*Anct.*—Pensá que llorarán los barbudos, y mendicarán los ricos, y pa- »descerán los *susurrones* y quemarán los públicos y aprobados o canonizados »ladrones.
»*Comp.*—¿Cuáles son?
»*Anct.*—Los registros del Jure Cevil» (pp. 131-132).

»menos culpa que otros que compusieron y no vieron como yo;
»por tanto ruego al prudente lector, juntamente con quien este
»retrato viere, no me culpe, máxime que sin venir a Roma verá
»lo que el vicio della causa; ansimismo por este Retrato sabrán
»muchas cosas que deseaban ver y oír, estándose cada uno en su
»patria, que cierto es una grande felicidad no estimada» (pág. 334).

Pero algunos años después no tuvo reparo en descifrar el enigma en la introducción que puso al *tercer* libro del *Primaleón*, corregido por él para la edición de Venecia de 1534: «Como lo fuí
»yo quando compuse la *Loçana* en el comun hablar de la polida
»Andalucía». Al fin del volumen se expresa que los tres libros de
Primaleón «fueron corregidos y emendados de las letras que tras»trocadas eran por el vicario del valle de Cabezuela *Francisco De»licado,* natural de la Peña de Martos.»

A don Pascual de Gayangos se debe este descubrimiento, con el cual se aclaran y fijan todas las noticias sueltas que hay en la *Lozana* y en otras publicaciones de Delicado, aunque no sea hacedero trazar de él una completa biografía.

No había nacido en la villa de Martos, aunque la consideraba como su patria por las razones que alega en el mamotreto 47.

«*Loz.*—Señor Silvano, ¿qué quiere decir que el Auctor de mi
»retrato no se llama Cordovés, pues su padre lo fué y él nació
»en la diócesis?»

«*Silv.*—Porque su castísima madre y su cuna fué en Martos,
»y como dicen, no donde naces, sino con quien paces» (pág. 239).

Cordobesa hizo a su heroína: «La señora Lozana fué natural
»compatriota de Séneca» (pág. 5). Y del mercado de aquella ciudad se acuerda ella misma con cierta melancolía, repitiendo el viejo cantar de los Comendadores:

«En Córdoba se hace los jueves, si bien me recuerdo:

> Jueves era, jueves,
> Dia de mercado,
> Convidó Hernando
> Los Comendadores.

»¡Oh, si me muriera cuando esta endecha oí» (pág. 72).

De la Peña de Martos, que nunca perteneció a la diócesis de Córdoba, sino a la de Jaén, hace una curiosísima disertación, con-

signando algunas leyendas locales: «Los ataútes de plomo y mar-
»móreos escritos de letras gódicas e de egipciacas»; «la fuente
»con cinco pilares a la puerta de la villa, edificada por arte mágica
»en tanto espacio cuanto cantó un gallo»; la fuente, todavía más
salutífera, de Santa Marta, donde «la noche de San Juan sale la
»cabelluda, que quiere decir que allí muchas veces apareció la
»Madalena, y más arriba está la peña de la Sierpe, donde se ha
»visto Santa Marta defensora, la cual allí miraculosamente mató
»un ferocísimo serpiente, el cual devoraba los habitantes de la
»cibdad de Marte, y ésta fué la principal causa de su despobla-
»ción» (pág. 237).

Todo este capítulo, perdido entre los horrores de la *Lozana*,
hace el efecto de un idilio que sosiega apaciblemente el ánimo,
y algo dice en pro de su autor. No debía de ser enteramente malo
y corrompido el hombre que en medio de su vida loca y desenfrenada sentía la nostalgia del «alamillo que está delante de la
»iglesia de Martos», y a quien el espectáculo de la perversión de
Roma y Venecia traía a la memoria por contraste la honestidad y
devoción de las mujeres de su tierra. «Y si en aquel lugar, de poco
»acá, reina alguna envidia o malicia, es por causa de tantos fo-
»rasteros que corren allí por dos cosas: la una porque abundan
»los *torculares* (lagares) y los copiosos graneros, juntamente con
»todos los otros géneros de vituallas, porque tiene cuarenta millas
»de términos, que no le falta, salvo tener el mar a torno; la segun-
»da, que en todo el mundo no hay tanta caridad, hospitalidad y
»amor proximal cuanto en aquel lugar, y cáusalo la caritativa
»huéspeda de Christo (Santa Marta)». Indudablemente algún jugo
de alma conservaba el que escribió estas cosas: válganle en atenuación de tantas otras.

En el prólogo de su edición del *Amadís* se precia de haber sido
discípulo de Antonio de Nebrija, a quien también menciona en
la *Lozana*: «Eso que está escrito, no creo que lo leyese ningún
»poeta, sino vos, que sabeis lo que está en las honduras, y *Le-*
»*brixa* lo que en las alturas, excepto lo que estaba escrito en la
»fuerte peña de Martos, y no alcanzó a saber el nombre de la
»cibdad, sacrificando el dios Marte, y de allí le quedó el nombre
»de Martos a Marte fortísimo» (pág. 264).

Pero no creo que se aprovechase mucho de la doctrina de tan

excelente maestro, ni que llegase a ser nunca un verdadero humanista. Su arqueología es popular y del gusto de la Edad Media;[1] su estilo, el de la conversación, no el de los libros: rara vez cita autores clásicos. Quizá su relativa incultura le libró de pedanterías y afectaciones, que en su tiempo eran frecuentes, pero en cambio rebajó su ideal artístico hasta un punto que apenas pertenece a la literatura.

Durante el pontificado de Julio II,[2] probablemente siendo ya

---

[1] Véase una muestra:

«*Lozana.*—Mira, no te ahogues, que este Tíber es carnicero como Tor»mes, y paréceme que tiene este más razón que no el otro.

»*Sagüeso.*—¿Por qué éste más que los otros?

»*Loz.*—Has de saber que esta agua que viene por aquí era partida en »munchas partes, y el emperador Temperio quiso juntarla y que viniese »toda junta, y por más excelencia quiso hacer que jamás no se perdiese ni »faltase tan excelente agua a tan magnífica cibdad, y hizo hacer un canal »de piedras y plomo debaxo a modo de artesa, y hizo que de milla a milla »pusiesen una piedra y escrito de letras de oro su nombre, Temperio, y »andaban dos mil hombres en la labor cada día; y como los arquimaestros »fueron a la fin que llegaban a Ostia Tiberiana, antes que acabasen vinie»ron que querían ser pagados. El Emperador mandó que trabajasen sin »entrar en la mar; ellos no querían, porque si acababan, dubitaban lo que »les vino, y demandaron que les diese su hijo primogénito, llamado Tibe»rio, de edad de diez y ocho años, porque de otra manera no les parecía »estar seguros; el Emperador se lo dió, y por otra parte mandó saltar las »aguas, y ansí el agua con su ímpetu los ahogó a maestros y laborantes y »al hijo, y por eso dicen que es y tiene razon de ser carnicero Tíber a Tibe»rio» (pp. 262-263).

Ignoro el origen de esta leyenda, que no encuentro en el precioso libro de Graf, *Roma nella memoria e nelle inmaginazioni del Medio Evo.*

Otros rasgos de esta arqueología infantil hay en la *Lozana:* «Os puedo »mostrar al *Rodriguillo español de bronce;* hecha fué estatua en Campidolio, »que se saca una espina del pie y está desnudo» (pág. 48).

»*Lozana.*—¿Por dó hemos de ir?

»*Rampín.*—Por aquí, por plaza Redonda, y veréis el templo de Panteón, »y la sepultura de Lucrecia Romana, y el aguja de piedra que tiene la ceni»za de Rómulo y Rémulo, y la coluna labrada, cosa maravillosa» (pág. 69).

[2] «*Auctor.*—Y a vos no conocí yo *en tiempo de Julio segundo* en plaza »Nagona, quando sirviedes al señor canónigo? (pág. 84).

La acción de la *Lozana* pasa en 1513, puesto que se menciona la coronación de León X.

»*Loz.*—Yo venía cansada, que me dixeron que el Santo Padre iba a en»coronarse. Yo, por verlo, no me curé de comer.

clérigo, pasó como tantos otros a Roma en busca de algún beneficio, y allí debió de obtener ese vicariato del valle de Cabezuela, que según la relajada disciplina de aquel tiempo, sería nominal y no le privaría de la residencia «*in curia*». De sus ocupaciones en Roma, del género de sociedad que frecuentaba y de los achaques que su vida pecadora le produjo, hay largos y nada edificantes detalles en la *Lozana*, donde el autor interviene a cada momento como grande amigo y confidente de la heroína. El vicio tenía entonces su castigo inmediato y terrible en aquella nueva peste que apareció con horrendo estrago a fines del siglo XV, cebándose en los ejércitos franceses y españoles que lidiaban en el reino de Nápoles. Sobre esta dolencia hay en la *Lozana* algunos detalles que pueden interesar a la historia médica.[1] Su autor adoleció, como tantos otros, de las *pestíferas bubas* (ni eran para otra cosa los pasos en que andaba), y para entretener o consolar la *pasión melancólica* que su enfermedad le produjo, compuso un tratado

»*La Sevillana.*—¿Y vístelo por mi vida?
»*Loz.*—Tan lindo es, y bien se llama León décimo, que así tiene la cara» (página 23).

De las cosas del tiempo de Alejandro VI se habla en la *Lozana* como de oídas: «Ya es muerto el duque Valentín, que mantenía los haraganes y va-»gamundos» (pág. 254).

[1] «*Loz.*—Dime Divicia, ¿dónde comenzó o fué el principio del mal francés?
»*Divicia.*—En Rapolo, una villa de Génova, y es puerto de mar; porque »allí mataron los pobres de San Lázaro, y dieron a saco los soldados del rey »Carlo Cristianísimo de Francia aquella tierra y las casas de San Lázaro... »y luego incontinenti se sentían los dolores acerbísimos y lunáticos, que »yo me hallé allí y lo vi, que por eso dicen el Señor te guarde su ira, que »es esta plaga que el sexto ángel derramó sobre casi la metad de la tierra.
»*Loz.*—¿Y las plagas?
»*Div.*—En Nápoles comenzaron, porque tambien me hallé allí cuando »dicían que habían enfecionado los vinos y las aguas; los que las bebían »luego se *aplagaban*, porque habían echado la sangre de los perros y de los »leprosos en las cisternas y en las cubas, y fueron tan comunes y tan invi-»sibles, que nadie pudo pensar de dónde procedían. Munchos murieron, y »como allí se declaró y se pegó, la gente que después vino de España lla-»mábanlo mal de Nápoles, y éste fué su principio, y este año de veinte y cua-»tro son treinta e seis años que comenzó. Ya comienza a aplacarse con el »legno de las Indias Occidentales, cuando sean sesenta años que comenzó, »al hora cesará» (pp. 273 y 274).

De consolatione infirmorum, que al parecer fué impreso, pero del cual sólo conocemos el título.[1] Y habiendo logrado cierto alivio con el conocimiento del *guayaco* o palo santo de las Indias, que, introducido en España en 1508 y en Italia en 1517, había suplantado en la terapéutica al mercurio, desacreditado por el brutal empirismo con que se administró en los primeros momentos, determinó convertir en beneficio de sus prójimos y juntamente de su bolsa aquella preparación farmacéutica, y compuso un cierto electuario, que vendía como un específico, aunque la Lozana no tenía mucha fe en su eficacia. «Di que sanarás el mal francés, y »te judicarán por loco del todo, que esta es la mejor locura que »uno puede decir, salvo que el legno es salutífero» (pág. 280).

El rarísimo opúsculo, escrito en italiano, en que Delicado expuso su plan curativo, reservándose el secreto de su composición, se ocultó a la diligencia de Nicolás Antonio, pero no a la del erudito médico de Montpellier Astruc, famoso especialista en esta materia, ni a los historiadores de nuestra Medicina, Morejón y Chinchilla,[2] que parecen haber tomado de él sus noticias. Uno y otro llaman al autor Francisco *Delgado,* y así le denomina también el privilegio que le concedió Clemente VII para la impresión de su libro en 4 de diciembre de 1526. Acaso fuese éste su verdadero apellido, ligeramente alterado por él para acomodarle a los oídos italianos; pero es lo cierto que en todas sus publicaciones usó constantemente el de Delicado.

---

[1] «Y si por ventura os veniere por las manos un otro tratado *De con-* »*solatione infirmorum,* podeis ver en él mis pasiones, para consolar a los que »la fortuna hizo apasionados como a mí; y en el tratado que hice del leño »del India, sabreis el remedio mediante el cual me fué contribuída la sani- »dad, y conocereis el Auctor no haber perdido todo el tiempo, porque como »vi coger los ramos del árbor de la vanidad a tantos, yo, que soy de chica »estatura, no alcancé más alto, asenteme el pie hasta pasar, como pasé, mi »enfermedad» (pág. 334).

[2] *Historia bibliográfica de la Medicina Española,* obra póstuma de don *Antonio Hernández Morejón,* tomo II, Madrid, 1843, pág. 219.

Anales Históricos de la Medicina en general, y biográfico-bibliográficos de la española en particular, por don *Anastasio Chinchilla. Historia de la Medicina Española,* tomo I, Valencia, 1841, pág. 186.

Las donosísimas coplas de Cristóbal de Castillejo «en alabanza del palo »de las Indias, estando en la cura del», cuya fecha es lástima no conocer, prueban el entusiasmo y avidez con que fué recibido el nuevo remedio.

Graves y tremendos sucesos impidieron que el tratadillo sobre *il mal franceso* fuese publicado por entonces. No se imprimió hasta 1529, en Venecia, un año después de la *Lozana*, sin duda para que el segundo libro sirviese como de preservativo o antídoto del primero.[1] La entrada del ejército imperial en Roma, con todas las atrocidades que acompañaron a su estancia de diez meses, le pareció providencial castigo de anteriores abominaciones, y repitió, como Alfonso de Valdés y tantos otros, el *vae tibi civitas meretrix*. «¿Quién jamás pudo pensar, oh Roma, oh Babi»lonia, que tanta confusión pusiesen en ti estos tramontanos »occidentales y de Aquilon, castigadores de tu error?... ¿Pensólo »nadie jamás tan alto y secreto juicio como nos vino este año »a los *habitatores* que ofendíamos a su majestad... ¡Oh cuánta »pena mereció tu libertad, y el no templarte, Roma, moderando »tu ingratitud a tantos beneficios recibidos, pues eres cabeza de »santidad y llave del cielo, y colegio de doctrina, y cámara de »sacerdotes y patria común!... ¡Oh vosotros que vernés tras los »castigados, mirá este retrato de Roma, y nadie o ninguna sea »causa que se haga otro!... (páginas 337 - 338).

Las últimas páginas que sirven de apéndice a la *Lozana* están escritas bajo la impresión de aquella catástrofe y tienen un vigor que recuerda a veces el *Diálogo* de *Lactancio*: «Sucedió en Roma »que entraron y nos castigaron y atormentaron y saquearon cator»ce mill teutónicos bárbaros, siete mill españoles sin armas, sin »zapatos, con hambre y sed, italianos mill y quinientos, napoli»tanos *reamistas* dos mill, todos estos infantes; hombres darmas »seiscientos, estandartes de jinetes treinta y cinco, y más los gas»tadores, que casi lo fueron todos, que si del todo no es des»truida Roma, es por el devoto femenino sexo, y por las limosnas »y el refugio que a los peregrinos se hacía: agora a todo se ha »puesto entredicho, porque entraron lunes a días seis de mayo de »mill e quinientos e veinte e siete, que fué el escuro dia y la tene»brosa noche para quien se halló dentro, de cualquier nación o »condición que fuesen, por el poco respeto que a ninguno tuvieron,

---

[1] *Il modo de adoperare el legno de India occidentale, salutifero remedio a ogni piaga et mal incurable, et si guarisca il mal Franceso: operina de misser prete Francisco Delicado.* (Al fin): *Impressum Venetiis sumptibus vener. presbiteri Francisci Delicati Hispani de Oppido Martos, die 10 Februarii 1529.* 4º, ocho folios de letra gótica.

»máxime a los perlados, sacerdotes, religiosos... Profanaron sin »duda cuanto pudiera profanar el gran Sofí si se hallara presen- »te...» (págs. 344-45). «¡Oh gran juicio de Dios! venir un tanto »ejército *sub nube* y sin temor de las maldiciones sacerdotales, »porque Dios les hacía lumbre la noche y sombra el día para cas- »tigar los *habitatores romanos*, y por probar sus siervos, los cuales »somos muncho contentísimos de su castigo, corrigiendo nuestro »malo y vicioso vivir, que si el Señor no nos amara no nos casti- »gara por nuestro bien; ¡mas guay por quien viene el escándalo!» (página 346).

Con esta inesperada lección acaba un libro de tan frívolas apariencias y vergonzoso contenido. Las ideas que en estos párrafos se apuntan no eran peculiares del grupo llamado *erasmista*, aunque lograsen bajo la pluma del elegante secretario de Carlos V su expresión más atrevida. Otros españoles de no sospechosa ortodoxia abundaban en el mismo sentir. «Es la cosa más mis- »teriosa que jamás se vió... (decía el abad de Nájera, comisario »del ejército del duque de Borbón). Es sentencia de Dios: plega »a él que no se *desdeñe* (italianismo por *indigne*) contra los que lo »hacen.» En otra relación anónima y dirigida también al Emperador leemos: «Esta cosa podemos bien creer que no es venida por »acaecimiento, sino por divino juicio, que muchas señales ha habi- »do... En Roma se usaban todos los géneros de pecados muy des- »cubiertamente, y hales tomados Dios la cuenta toda junta.» [1]

Delicado salió de Roma con el ejército español a diez días de febrero de 1528, «por no esperar las crueldades vindicativas de los naturales», y desde entonces parece haber fijado su domicilio en Venecia. Los *mamotretos* que había llevado consigo fueron su tabla de salvación en aquel naufragio. Entonces publicó la *Lozana* y el tratado del *leño de la India*. «Esta necesidad me com »pelió a dar este retrato a un estampador por remediar mi no »tener ni poder, el cual retrato me valió más que otros cartapa- »cios que yo tenía por mis legítimas obras, y éste, que no era legí- »timo, por ser cosas *ridiculosas*, me valió a tiempo, que de otra »manera no lo publicara hasta despues de mis dias, y hasta que »otrie que más supiera lo enmendara» (pág. 347).

---

[1] Vid. el tomo II de mi *Historia de los Heterodoxos Españoles*, pág. 113.

En Venecia vivió dedicado principalmente a la corrección de libros españoles, que entonces tenían muchos aficionados en Italia. Son conocidas y gozan de grande estimación bibliográfica sus ediciones del *Amadís de Gaula* (1533) y del *Primaleón y Polendos* (1534). Hizo también dos de la *Celestina* en 1531 y 1534, y creo por varios indicios que se le puede atribuir también una rarísima de la *Cárcel de Amor*.[1] Acaso con el tiempo se descubran otras.

Previas estas noticias, muy incompletas sin duda, pero que nos permiten columbrar la extraña psicología de Francisco Delicado, digamos algo de la *Lozana Andaluza*, sin entrar, por supuesto, en su análisis, que no es tarea para ningún crítico decente. La *Lozana*, en la mayor parte de sus capítulos, es un libro inmundo y feo, aunque menos peligroso que otros, por lo mismo que el vicio se presenta allí sin disfraz que le haga parecer amable. Es un caso fulminante de naturalismo fotográfico, con todas las consecuencias inherentes a este modo de representación elemental y grosero, en que la realidad se exhibe sin ningún género de selección artística y hasta sin plan de composición ni enlace orgánico. Con saber que llegan a ciento veinticinco los personajes de esta fábula, si tal nombre merece, puede formarse idea del barullo y confusión que en ella reina. No es comedia, ni novela tampoco, sino un retablo o más bien un cinematógrafo de figurillas obscenas, que pasan haciendo muecas y cabriolas, en diálogos incoherentes. En rigor puede decirse que la *Lozana* no está escrita, sino hablada, y esto es lo que da tan singular color a su estilo y constituye su verdadera originalidad.

Aunque muy admirador de la *Celestina*, que cita desde la por-

---

[1] Está descrita con el número 4.568 en las adiciones al *Ensayo* de Gallardo (t. IV, cols. 1563-64). Las palabras con que termina este volumen son exactamente las mismas que Delicado solía usar, aunque no se expresa su nombre. «Estampado en la ynclita ciudad de Venecia; hizo lo estampar »miser Juan Batista Pedrezano, mercader de libros: por importunacion de »muy munchos señores a quien la obra y estilo y lengua Romance Caste- »llana muy muncho plaze. Correcto de las letras que trastrocadas estavan: »se acabo año del Señor 1531. A dias 20 Novembris. Reinando el inclito y »serenissimo príncipe miser Andrea Griti, Duque clarissimo. Cum gracia y »privilegio del inclito e prudentissimo Senado; a la libreria o botecha que »tiene por enseña la Torre junta al puente de Rialto.»

tada y vuelve a mencionar en otras partes.[1] Delicado no pertenece a la escuela de Fernando de Rojas, ni era capaz de comprender siquiera el arte tan profundo y humano de la tragicomedia de Calisto y Melibea. Sólo podía asimilarse los elementos picarescos de aquella creación, y ni aun esto hizo, porque las costumbres que describe son más italianas que españolas, y él mismo era un español italianizado. El tipo de la protagonista Aldonza carece de la grandeza y de la perversidad transcendental del de Celestina. Una sola seducción y tercería de ésta significa más que todas las acciones indignas y vituperables que comete la Lozana y todos los disparates que pronuncia su cínica lengua. La «parienta del Ropero, conterránea de Séneca, Lucano, Marcial y Averroes» (página 184), no pasa de ser una moza desenvuelta y atolondrada, de mala vida y buen humor, de natural despejo y fácil labia, que trabaja por cuenta propia y ajena en aventuras escandalosas, pero que se guarda mucho en corromper la virtud de las doncellas ni de inquietar con mensajes y tercerías a las mujeres honradas. Su conciencia moral está atrofiada por la vileza de su oficio, pero

---

[1] En el prólogo habla del «arte de aquella mujer que fué en Salamanca »en tiempo de Celestino segundo». Claro que es broma lo de la época de Celestino II, cuyo breve pontificado pertenece al siglo XII (1143-1144), pero la indicación de Salamanca es uno de los más antiguos testimonios que pueden encontrarse en favor de la tradición que pone allí el teatro de la tragicomedia de Rojas. Ya que me olvidé de citarlo en su lugar propio, subsano aquí la falta.

Pág. 187: «Monseñor, esta es *Cárcel de Amor,* aquí idolatró Calisto, aquí »no se estima Melibea, aquí poco vale Celestina.»

Pág. 255: «Dicen que no es nacida ni nacerá quien se la pueda comparar »a la Celidonia, porque Celestina la sacó de pila.»

La lozana se hacía leer por los amigos, entre otras composiciones literarias, la *Celestina:* «Quiero que me leais, vos que teneis gracia, las coplas »de Fajardo y la comedia Tinalaria y a Celestina, que huelgo de oir leer »estas cosas muncho.»

»*Silvano.*—¿Tiénela vuestra merced en casa?

»*Loz.*—Señor, vedla aquí, mas no me la leen a mi modo, como hareis »vos» (pág. 239).

La *Comedia Tinelaria* es de Bartolomé de Torres Naharro. Las coplas de Fajardo no deben de ser otra cosa que la bestial *C... comedia del Cancionero de Burlas,* dedicada, como en ella se dice, al «noble caballero Diego Fa-»xardo, que en nuestros tiempos en gran luxuria floreció en la ciudad de »Guadalaxara».

su índole nativa no parece tan abominable como sus costumbres.

Se ha supuesto que Delicado pudo tener otros modelos, ya en la literatura clásica, ya en la italiana de su tiempo, para la forma de coloquios desligados que dió a su obra. Los *diálogos meretricios* (ἑταίριοι διάλογοι) de Luciano ofrecen una serie de escenas que, salvo dos o tres verdaderamente monstruosas, tienen una gracia ática digna del elegantísimo sofista de Samosata. Pero dudamos mucho que hubiesen llegado a noticia del autor de la *Lozana*. Francisco Delicado, lo mismo que Pedro Aretino, con quien algunos le han comparado, pertenece al Renacimiento, no por su cultura, sino por sus vicios. El Aretino escasamente sabía latín, cosa que apenas se concibe en un literato italiano del siglo XVI. Y aunque de nuestro Delicado, que se preciaba de discípulo del Nebrisense, no pueda decirse otro tanto, su libro no indica familiaridad alguna con las letras clásicas, salvo con el *Asno de Oro* de Apuleyo, que parece haber manejado mucho, ya en el original, ya en la elegante versión del arcediano de Sevilla, Diego López de Cortegana.[1]

Otros han supuesto que la *Lozana* era una imitación de los *Ragionamenti* del Aretino, a los cuales se parece, en efecto, de una manera extraordinaria.[2] Pero hay una razón cronológica que

---

[1] «*Lozana.*—Andate, ahí, p... *de Tesalia*, con tus palabras y hechizos, »que más sé yo que no tú ni cuantas nacieren, porque he visto moras, judías, »zíngaras, griegas y cecilianas, que éstas son las que más se perdieron en »estas cosas, y vi yo hacer munchas cosas de palabras y hechizos, y nunca »vi cosa ninguna salir verdad, y todas mentiras fingidas, y yo he querido »saber y ver y probar como Apuleyo, y en fin hallé que todo era vanidad, y »cogí poco fruto, y ansí hacen todas las que se pierden en semejantes fan- »tasías» (pág. 267).

«*Loz.*—Como dixo *Apuleyo*, bestias letrados» (pág. 303).

«*Porfirio.*—¡Oh Dios mío y mi Señor! como Balán hizo hablar a su asna »¿no haría Porfirio leer a su Robusto, que solamente la paciencia que tuve »cuando le corté las orejas me hace tenelle amor? pues vestida la veste talar, »y asentado y bello, como tiene las patas como *el asno de oro de Apuleyo*, »es para que le diesen beneficios, cuanto más graduallo bacalario» (pág. 324).

El mismo Porfirio dice de su asno que «no sabe leer, no porque le falte »ingenio, mas porque no lo puede exprimir por los mismos impedimentos »que *Lucio Apuleyo, cuando, siendo asno, retuvo siempre el intelecto* de hom- »bre racional» (pág. 324).

[2] Esta semejanza fué advertida primeramente por los señores Fuensan-

impide admitir esta imitación. La *Lozana* estaba escrita desde 1524 y fué impresa en 1528. Todas las obras del Aretino análogas a la novela española son posteriores a esa fecha. El *Ragionamento della Nanna e della Antonia* es de 1533; el *Dialogo della Nanna e della Pippa sua figliola* es de 1536; el *Regionamento del Zoppino fatto frate... dove contiensi la vita e genealogia di tutte le cortegiane di Roma*, que algunos han señalado como modelo de la *Lozana*, [1] no se publicó hasta 1539. Si imitación hubo, sería, pues, del Aretino y no a la inversa, y así lo han conjeturado algunos críticos italianos tan competentes como Arturo Graf. [2] Pero no creo en semejante imitación, que por otra parte ningún honor haría a nuestra literatura. El Aretino no necesitaba recibir lecciones de nadie en semejante materia, y menos del autor oscurísimo de la *Lozana*, a quien nadie cita ni en Italia ni en España durante aquella centuria. [3] Las semejanzas que entre los dos autores existen nacen de la materia misma y de los procedimientos del vulgar realismo que uno y otro emplean.

En rigor, la *Lozana* no tiene antecedentes literarios. Nació de la vida y no de los libros: fué un producto mórbido de la corrupción romana. Su valor estético es nulo, pero su importancia como documento histórico es grande, con ser tantos los que existen

---

ta del Valle y Sancho Rayón en la advertencia preliminar de su edición de la *Lozana*, pág. 7.

[1] Th. Braga, en un artículo muy interesante de la *Bibliographia Critica*, de F. Adolpho Coelho, tomo I (y único). Porto, 1875, pág. 99.

Es cierto que en la *Lozana* se cita más de una vez a *Zopin*, pero no como personaje literario, sino como tipo popular, como uno de los rufianes más conocidos en Roma (pág. 203). La *Lozana* se indigna de que la comparen con él.

[2] *Giornale Storico della litteratura italiana*. Turín, 1880, tomo XIII, página 317. Ya el traductor francés Alcides Bonneau había notado la prioridad cronológica de la obra de Delicado sobre los *Ragionamenti* del Aretino.

[3] «E discutibile e discutibilissimo che l'Aretino abbia foggiati i *Ragionamenti* e la *Puttana errante* sul tipo della sfrontata ed accorta *Lozana Andaluza* di Francesco Delgado, come pare inclini ad ammetere il Graf. Nella vita licenciosa delle cortigiane e femmine di postribolo l'Aretino, esperto di tutto, ne sapeva un punto di piú del Delgado .. nè a me consta che la *Lozana*, benchè composta a Roma, godesse grande diffusione a'tempi dell'Aretino.»

(A. Farinelli. En la *Rassegna Bibliografica della litteratura Italiana*, tomo VII, pág. 281, Pisa, 1900).

sobre la prostitución en el siglo del Renacimiento. Extraño singular mundo aquel en que nos hace penetrar la *Lozana*. No el de aquellas cortesanas cultas y literatas como Tulia de Aragó y Verónica Franco, en quienes renació hasta cierto punto el tip de las *hetairas* griegas,[1] sino el mundo abigarrado y confuso, e gran parte de importación extranjera, que llenaba los prostíbulo de Roma y que ya en 1490 alcanzaba, según el *Diario* de Esteba Infessura, la formidable cifra de 6.800 mujeres, «exceptis ill »quae in concubibatu sunt et illis quae non sunt publice sed s »creto»;[2] cifra inferior, sin embargo, a la de Venecia, donde comenzar el siglo eran, según Marino Sanudo, 11.654 en una p blación de 300.000 habitantes.[3] Toda casta de gentes y nacione se mezclaba en este ejército del pecado, y el autor de la *Lozan* hace una curiosa enumeración geográfica de ellas,[4] aparte d otras clasificaciones y distinciones en que no hay para qué entra A veces nombra a meretrices opulentas y pomposas, como la c lebre Imperia la aviñonesa[5] y *madona Clarina, la favorida;* per

---

[1] Vid. el precioso estudio de A. Graf, *Una cortigiana fra mille: Veroni Franco*, en su libro *Attraverso il Cinquecento* (Turín, 1888, pp. 217-355).

[2] Apud Eccard, *Corpus historicorum medii aevi*, tomo II, pág. 1.99 Apud Graf, pág. 284.

[3] *Diarii*, tomo VIII, col. 414. Apud Graf, pág. 286.

[4] «Hay de todas naciones; hay españolas castellanas, vizcaínas, mont »ñesas, galicianas, asturianas, toledanas, andaluzas, granadinas, portuguesas, n »varras, catalanas y valencianas, aragonesas, mallorquinas, sardas, corsas, si »lianas, napolitanas, brucesas, pullesas, calabresas, romanescas, aquilanas, s »nesas, florentinas, pisanas, luquesas, boloñesas, venecianas, milanesas, lo »bardas, ferraresas, modonesas, brecianas, mantuanas, reveñanas, pesauranas, v »binesas, paduanas, veronesas, vicentinas, perusinas, novaresas, cremonesas, al »xandrinas, varcelesas, bergamascas, trevijanas, piedemontesas, saboyanas, pr »venzanas, bretonas, gasconas, francesas, borgoñonas, inglesas flamencas, tude »cas, esclavonas y albanesas, candiotas, bohemias, húngaras, polacas, tramont »nas y griegas.

»*Lozana.*—Ginovesas os olvidais.

»*Bolijero.*—Esas, señora, sonlo en su tierra, que aquí son esclavas o v »tidas a la ginovesa por cualque respeto» (pp. 107-108).

[5] La Imperia Romana, manceba del célebre banquero Agustín Chi murió en 1511, según lo publicaba su insolente epitafio en la capilla de Sa ta Gregoria. «Imperia Cortisana Romana quae digna tanto nomine, rar »inter mortales formae specimen dedit. Vixit a. XXVII, d. XII. Obiit MDX die XV Augusti.»

La Imperia Aviñonesa que aparece en el *Retrato de la Lozana* (mam

principalmente habla de sus paisanas, que parece haber tratado más de cerca y de cuyas andanzas estaba mejor informado: «la »de los Ríos, que fué aquí en Roma peor que Celestina y manaba » en oro» (pág. 160); «la Xerezana, la Garza Montesina, la galan »portuguesa, que mandaba en la mar y la tierra, y señoreó a Ná- »poles, tiempo del gran Capitán, y tuvo dineros más que no qui- »so, y verla allí asentada demandando limosna a los que pasan!» (página 248).

Todos estos nombres tienen trazas de ser históricos: acaso lo es también la heroína Aldonza; a lo menos su carácter tiene grandísimo parecido con aquella Isabel de Luna de quien en las ingeniosas y desenvueltas novelas del obispo dominico Bandello queda tanta memoria.[1] Así como la *Lozana* había peregrinado

---

tretos 60-62) debe ser una cortesana posterior, que tomó el nombre de la primera, según acostumbraban las de su oficio: «Y como vienen, luego se »mudan los nombres con cognombres altivos y de gran sonido, como son: »la Esquivela, la Cesarina, la Imperia, la Delfina, la Flaminia, la Borbona, »la Lutreca, la Franquilana, la Pantasilea, la Mayorana, la Tabordana, la »Pandolfa, la Dorotea, la Oropesa, la Semi-dama, y doña tal, y doña Adria- »na, y así discurren, monstrando por sus apellidos el precio de su labor» (página 109).

[1] Vid. especialmente la novela 51 de la 2ª parte: *Isabella de Luna, spagnuola, fa una solemne burla a chi pensava di burlar lei.*

«Fra l'altre che a Roma sono, ce n'e una; detta Isabela da Luna, Spag- »nuola, la quale ha cercato mezzo il mondo. Ella andó alla Goletta e a Tu- »nisi; per dar soccorso ai bisognosi soldati, e non gli lasciar morir di fame. »Ha anco un tempo seguitata la Corte dell' Imperadore per la Lamagna »e la Fiandra e in diversi altri luoghi... Se n'è ultimamente ritornata a Roma, »dov'è tenuta, da chi la conosce, per la più avveduta e scaltrita femmina »che stata ci sia già mai. Ella è di grandissimo intertenimiento in una com- »pagnia, siano gli uomini di che grado si vogliano, perciocchè con tutti si »sa accomodare e dar la sua a ciascuno. E'placevolissima, affabile, argu- »ta, e in dare à tempi suoi le riposte a ciò che si ragiona prontissima. Parla »molto bene Italiano; e se è punta, non crediate che si sgomonti, e che le »manchino parole a pungerchi la tocca; perchè e mordace di lingua, e non »guarda in viso a nessuno, ma dà con la sue pungenti parole mazzate da »orbo. E' poi tanto sfacciata e presuntuosa, che fa professione di far arros- »sire tutti quelli che vuole, sensa che ella si cangi di colore». *(Novelle di Matteo Bandello*, Milán, 1814, tomo VI, pp. 518-519).

Todas las señas de este retrato convendrían perfectamente a la Lozana, si la cronología lo permitiese. Pero no siempre fueron afortunadas las andanzas de Isabel de Luna en Italia. Véase la novela 17 de la parte IV del

no solamente por España, Francia e Italia, sino por todas las escalas de Levante, haciendo estancia con su amigo Diomedes «en »Alexandría, en Damasco, en Damieta, en Barut, en parte de la »Siria, en Chipre, en el Cairo, en Constantinopoli, en Corinto, en »Tesalia, en Boxia, en Candía» (pág. 15), también Isabel de Luna había corrido medio mundo, había estado en Túnez y la Goleta, había seguido la corte del Emperador en Alemania y Flandes, y pasaba en Roma por la más astuta e ingeniosa mujer que podía encontrarse, la de más entretenida conversación y dichos agudos, prontísima en las réplicas mordaces y en tomar desquite de quien la ofendía. Pero tanto Isabel de Luna como otras cortesanas española de que la literatura italiana guarda memoria, la Beatriz, que cuando tuvo que cortarse la hermosa cabellera fué consolada en elegantes versos latinos por el Molza, su amante y su víctima; otra Beatricica, de quien habla el Aretino; la Ortega, predilecta de abogados y procuradores, parecen haber *florecido* en años posteriores a la composición de la *Lozana*.

No es sólo el mundo lupanario el que Delicado retrata o *retrae* (como él dice), aunque sea el centro de su obra. Otros bajos fondos de la sociedad romana tenía igualmente conocidos y explorados: las «camiseras castellanas» que moraban en Pozoblanco, las napolitanas que tenían por oficio «hacer solimán, y blanduras y afeites, y cerillas, y quitar cejas, afeitar novias, y hacer mudas de azúcar candi y agua de azofeifas» (pág. 21), aunque todavía las aventajaban en el arte cosmética sus maestras las judías, como Mira la de Murcia, Engracia, Perla, Jamila, Rosa, Cufra, Cintia y Alfarutia: un tropel de ensalmadores y curanderos, charlatanes y sacamuelas y de otros mil extravagantes oficios que invadían el *Campo de Fiore*. Sobre la situación de los judíos en Roma tiene algunos pasajes interesantes: «Esta es sinoga de cata»lanes, y allí son tudescos, y la otra franceses, y ésta de romanos »e italianos, que son los más necios judíos que todas las otras »naciones, que tiran al gentílico y no saben su ley; más saben los »nuestros españoles que todos, porque hay entre ellos letrados »y ricos, y son muy resabido» (pág. 76).

---

mismo Bandello, *Castigo dato a Isabella Luna meretrice, per a innobedienza ai comandamenti del Governatore di Roma* (tomo IX, pp. 283-290).

Gran parte del interés de este libro consiste en los elementos *folklóricos* que encierra, y los hay de todas especies. Abundan los relativos a *abusiones* y supersticiones, que el autor reprueba severamente, pero que la Lozana practicaba sin escrúpulos, comerciando con la necedad ajena: «Yo sé ensalmar, y encomendar y santi- »guar, cuando alguno está aojado, que vieja me vezó, que era salu- »dadora y buena como yo; sé quitar ahitos, sé para las lombrices, »sé encantar la terciana... Sé sanar la sordera y sé ensolver sue- »ños, sé conocer en la frente la phisionomía, y la chiromancia en la »mano, y prenosticar» (pág. 216). El *ensalmo del mal francorum*, puesto en boca de Rampin «el pretérito criado de la Lozana», es una parodia de los supersticiosos conjuros populares:

> Eran tres cortesanas,
> Y tenían tres amigos
> Pajes de Franquilano...
>
> (Pág. 88).

La relativa antigüedad de la *Lozana* da importancia a las menciones que en ella se hacen de varios tipos tradicionales, como *Pedro de Urdemalas, Juan de Espera en Dios* (nombre español del judío errante) y principalmente *Lazarillo* (pág. 180), que según se deduce de este texto era ya protagonista de algún cuento oral antes que un grande ingenio anónimo le hiciese inmortal en nuestra literatura.

La lengua de la *Lozana* es tan singular como su argumento y estilo. Aunque ridículamente haya sido calificada en nuestros días de «joya de la literatura española» y su autor del «mejor hablista de su tiempo», no hay libro del siglo XVI cuya prosa sea más impura ni más llena de solecismos y barbarismos. Pero su misma incorrección la hace muy curiosa. Lejos de estar escrita en «lengua castellana muy clarísima», como anuncia el frontis, lo está en aquella lengua franca o jeringonza italo-hispana usada en Roma por los españoles de baja estofa que llevaban mucho tiempo de residir allí, y que, sin haber aprendido verdaderamente la lengua ajena, enturbiaban con todo género de italianismos la propia: pícaros y galopines de cocina, rufianes, alcahuetas y rameras, valentones de la hampa, soldados mercenarios y otra chusma por el estilo. Ya Bartolomé de Torres Naharro, ingenio más decoroso y de otro fuste que Delicado, había plagado intencionadamente de voces exóticas algunas escenas de sus comedias *Soldadesca* y *Tinelaria*. Pero en él fué capricho pasajero, nacido de la ocasión y lugar en que se representaron sus comedias para un auditorio principalmente italiano.[1] Por el contrario, la jerga mestiza y tabernaria en que está escrito el *Retrato de la Lozana* es constante y sistemática, como trasunto de lo que el autor oía por las calles, el mismo Delicado lo confiesa: «y si quisieren reprender »que por qué no van munchas palabras en perfeta lengua caste- »llana, digo que siendo andaluz y no letrado, y escribiendo para »darme solacio y pasar mi fortuna, que en este tiempo el Señor »me había dado, conformaba mi hablar al sonido de mis orejas, »que es la lengua materna y el común hablar entre mujeres, y si »dicen por qué puse algunas palabras en italiano, púdelo hacer »escribiendo en Italia, pues Tulio escribió en latín y dixo muchos »vocablos griegos y con letras griegas; si me dicen que por qué »no fuí más elegante, digo que soy iñorante» (pág. 333). Pero las innovaciones de Delicado no eran del género de las de Marco Tulio. No sólo algunas palabras, sino más de un centenar de ellas jamás oídas en Castilla, y lo que es peor formas estropeadas de la conjugación, y una sintaxis flotante y anárquica, que no es ni española ni italiana, impiden que tal libro pueda ser considerado como texto de lengua. No me refiero, claro es, a las frases correctamente italianas que Delicado pone en boca de personajes de aquella nación para mejor caracterizarlos: recurso permitido a todos los dramaturgos y novelistas. Trato sólo del lenguaje

---

[1] Vid. el estudio crítico sobre aquel poeta, que publiqué al principio del segundo tomo de la *Propaladia* (Madrid, 1900, en la colección de los *Libros de antaño*).

Torres Naharro tiene algunas afinidades con Delicado, especialmente en una composición bastante licenciosa que no se atrevió a incluir en la *Propaladia*: *Concilio de los Galanes y cortesanas de Roma invocado por Cupido* (pliego suelto de la Biblioteca de Oporto). De su contexto parece inferirse que fué compuesto en 1515.

En el *prohemio* de la *Propaladia* dice Torres Naharro: «Ansí mesmo ha- »llarán en parte de la obra algunos vocablos italianos, especialmente en las »comedias, de los cuales convino usar, habiendo respecto al lugar y a las »personas a quien se recitaron. Algunos dellos he quitado, otros he dejado »andar, que no son para menoscabar nuestra lengua castellana, antes la hacen »más copiosa» (pp. 10-11 de la edición moderna).

que usan todos los interlocutores de la pieza, comenzando por el autor mismo. A cada paso se tropieza con locuciones como éstas: «*parentado*» (por parentela), «*es estada mundaria*», «*sois estada en Levante*», «quizá que trae *guadaño*» (por ganancia), «*canavario* o *bostiller* de un señor», «cuando comen parece que *mamillan*», *chambelas* por pasteles, *mancha* por aguinaldo o propina, *famillos* por criados, *patrones* por señores o dueños, *fantescas* por criadas, *forcel* (de *forziere*) por arca o cofre, *buturo* por manteca, *romeaje* por romería, *contenteza* por contento, *no os amaleis* por no enferméis, *locanda* por casa de posada, *travestidos* por disfrazados, *judicar* por juzgar, *tal vuelta (tal volta)* por a veces, *refata* por remendada, *escátula* por caja, *grávida* por preñada y a mayor abundamiento el verbo *engravidarse*, *estaferos* por palafreneros y otras innumerables que sería prolijo relatar, algunas de las cuales sólo se encuentran en este libro y allí pueden quedarse.

A pesar de este vocabulario de acarreo tiene la *Lozana* un fondo castizo, por las reminiscencias que el autor conservaba del «común hablar de la polida Andalucía». Véase, por ejemplo, el trozo siguiente, en que Aldonza enumera los primores de cocina y repostería en que era maestra conforme al gusto de su tierra, que no era precisamente el de Ruperto de Nola y otros tratadistas clásicos. Es materia en que Delicado insiste con gran riqueza de palabras y cierta sensual delectación: «Por amor de mi agüela »me llamaron a mí Aldonza, y si esta mi agüela viviera, sabría »yo más que no sé, que ella me mostró guisar, que en su poder »deprendí hacer fideos, empanadillas, alcuscuzu con garbanzos, »arroz entero, seco, graso, albondiguillas redondas y apretadas »con culantro verde, que se conocían las que yo hacía entre cien- »to... ¡Y qué miel! pensá, señora, que la teníamos de Adamuz »y zafrán de Peñafiel, y lo mejor de la Andalucía venía en casa de »esta mi agüela. Sabía hacer hojuelas, pestiños, rosquillas de »alfaxor, textones de cañamones y de ajonjolí, nuégados, xopaipas, »hojaldres, hormigos torcidos con aceite, talvinas, zahinas y na- »bos sin tocino y con comino, col murciana con alcarabea, y olla »resposada no la comía tal ninguna barba. Pues boronía ¿no sabía »hacer? por maravilla, y cazuela de berengenas moxies en perfi- »ción; cazuela con su ajico y cominico, y saborcido de vinagre, »ésta hacía yo sin que me la vezasen. Rellenos, cuajarejos de cabri-

»tos, pepitorias y cabrito apedreado con limon ceutí, y cazuelas
»de pescado cecial con oruga, y cazuela moriscas por maravilla, y
»de otros pescados que serían luengo de contar. Letuarios de arro-
»pe para en casa, y con miel para presentar, como eran de membri-
»llos, de cantueso, de uvas, de berengenas, de nueces y de la flor del
»nogal, para tiempo de peste; de orégano y hierba buena, para quien
»pierde el apetito; pues ¿ollas en tiempo de ayuno? éstas y las
»otras ponía yo tanta hemencia en ellas, que sobrepujaba a Platina,
»*De voluptatibus,* y Apicio Romano, *De re coquinaria*» (págs. 8 - 9).

Además de las curiosidades de lengua y extraños detalles de costumbres que un lector serio puede entresacar de la *Lozana,* tiene para la historia de la novelística el interés de algunos cuentos, en general muy conocidos, como el del tributo pagado por los médicos a Gonella, famoso truhán del duque de Ferrara,[1] y el del asno de Micer Porfirio, a quien la Lozana enseñó a *leer* poniéndole cebada entre las hojas de un libro, con lo cual pudo sin obstáculo graduarse de bachiller o *bacalario.* Esta vieja *facecia* se encuentra en el *Esopo* de Waldis, en el libro alemán *Til Eulenspiegel,* en las *Nouvelles Recreations et joyeux devis* de Buenaventura Des Periers, en el *Fabulario* de nuestro Sebastián Mey y en otras colecciones.[2] Pero en la *Lozana* tiene más gracia, porque está puesto, no en narración, sino en acción.[3]

---

[1] «Demandó Gonela al Duque que los médicos de su tierra le diesen dos
»carlines al año. El Duque, como vido que no avia en toda la tierra arriba
»de diez, fué contento. El Gonela ¿qué hizo? atóse un paño al pie y otro al
»brazo, y fuese por la tierra. Cada uno le decía ¿qué tienes? y él le respon-
»día: tengo hinchado esto, e luego le decían: va, toma la tal hierba y tal
»cosa y póntela y sanarás; despues escrevía el nombre de cuantos le decían
»el remedio, y fuese al Duque, y mostróle cuantos médicos habia hallado en
»su tierra, y el Duque decía: ¿Has tú dicho la tal medicina a Gonela? El
»otro respondía: señor, sí; pues pagá dos carlines, porque sois médico nuevo
»en Ferrara» (pág. 272).

Esta anécdota, u otra muy análoga, se repite en varias colecciones de *facecias* italianas y españolas. Es el primero de los *Doce cuentos* de Juan Aragonés, que acompañan al *Alivio de caminantes,* de Juan de Timoneda, en algunas ediciones.

[2] Vid. el tomo I de estos *Orígenes de la novela.*

[3] «*Lozana.*—Micer Porfirio, estad de buena gana, que yo os lo vezaré
»a leer, y os daré orden que despachés presto para que os volvais a vuestra

Quizá nos hemos detenido más de lo justo en dar razón de este libro, por lo mismo que su lectura no puede recomendarse a nadie. Es de los que, como decía don Manuel Milá, «no deben salir nunca de lo más recóndito de la necrópolis científica». Las tres reimpresiones modernamente hechas hubieran podido excusarse, y el ejemplar de Viena bastaba para satisfacer la curiosidad de los filólogos, que ya hubieran sabido encontrarlo y a quienes su misma profesión acoraza contra el contenido bueno o malo de las obras cuyo vocabulario y gramática examinan.

Por lo demás, el *Retrato de la Lozana* es una producción aislada, que ninguna influencia ejerció en nuestra literatura ni en la italiana, aunque se haya pretendido lo contrario. Nadie la cita en el siglo XVI. Ni siquiera consta su título en el *Registrum* de don Fernando Colón, que con amplio eclecticismo bibliográfico recogió toda la literatura de su tiempo, desde la más mística a la más licenciosa.

Por otra parte, el género a que pertenecía, y que de ningún modo ha de confundirse con las *Celestinas*, era exótico para nosotros, y se comprende que no tuviera imitadores. La *Thebayda* y la *Seraphina* son obras desenfrenadas, pero no contienen un doctrinal teórico y práctico del libertinaje como la *Lozana*. Por la misma razón nunca fueron populares aquí el nombre ni los escritos de Pedro Aretino. Sus mismas comedias, que valen más que su fama, no fueron imitadas por nadie, y es caso muy raro verlas mencionadas con elogio. Sólo recuerdo este pasaje del prólogo de la *Comedia de Sepúlveda*, fechada en 1547: «¿Y qué dire-
»mos de Pietro Aretino, a quien por la excelencia de su juicio

---

»tierra; id mañana, y haced un libro grande de pergamino, y traédmelo, y
»lo vezaré a leer, e yo hablaré a uno que si le untais las manos será notario,
»y os dará la carta del grado, y hacé vos con vuestros amigos que os busquen
»un caballerizo que sea pobre y joven... y desta manera venceremos el plei-
»to, y no dubdeis que de este modo se hacen sus pares bacalarios. Mirá, no
»le deis a comer al Robusto dos dias, y cuando quisiere comer, meteldé la
»cebada entre las hojas, y ansí lo enseñaremos a buscar los granos y a boltar
»las hojas, que bastará y diremos que está turbado, y ansí el notario dará
»fe de lo que viere, y de lo que cantando oyere. Y así *omnia per pecuniam
»facta sunt*, porque creo que basta harto que lleveis la fe, que no os deman-
»darán si lee en letras escritas con tinta o con olio o iluminadas con oro...»
(página 324-325).

»tienen por epíteto en su nombre *el Divino?* Pues notorio es que »lo principal de sus obras son las comedias que hizo.»[1]

De los *Ragionamenti* sólo se tradujo uno, el que forma la tercera *giornata* de la primera parte[2] y aun éste sumamente expurgado. Hizo la versión o arreglo el beneficiado Fernán Xuárez, vecino y natural de Sevilla, dándole el título celestinesco de *Coloquio de las damas, en el qual se descubren las falsedades, tratos, engaños y hechicerías de que usan las mujeres enamoradas para engañar a los simples, y aun a los muy avisados hombres que de ellas se enamoran.* La primera edición, sin nota de lugar, es de 1548; la segunda lleva el pie de imprenta de Medina del Campo y la fecha de 1549.[3] El traductor tomó todo género de pre-

---

[1] *Comedia de Sepúlveda* (edición de don Emilio Cotarelo), Madrid, año 1901, pág. 15.

[2] *La Prima Parte de Ragionamenti di M. Pietro Aretino, cognominato il Flagello de Prencipi, il veritiero, e'l divino, divisa in tre giornate*, año de MDLXXXIIII (1584).

PP. 141-219: «Comincia la terza et ultima giornata de capricciosi ragio- »namenti de l'Aretino, ne la quale la Nanna recconta a l'Antonia la vita »de le Puttane.»

[3] *Coloquio de las Damas, agora nueuamēte corregido y emendado M. D. XL. VIII.*

8º, letra itálica, 94 hs. foliadas, inclusas las preliminares, y una sin foliar y otra blanca. El bello ejemplar que tengo a la vista perteneció a la biblioteca de Ternaux Compans.

Edición seguramente clandestina, que algunos suponen hecha en Salamanca, por Juan de Junta. Pero el género de las erratas, y hasta el tipo de letra, muy parecido al de los *Diálogos* de Luciano, estampados en Lyon, año 1550, por la imprenta del Grypho, hacen sospechar que salió de esta u otra oficina extranjera.

La edición de 1549, descrita por Brunet, tiene la portada de rojo y negro: *Coloquio de las damas. Nueuamente impreso año de 1547.* Es de letra gótica, y lleva el siguiente colofón: *Fue impreso el presente tratado intitulado: Coloquio de las damas, en la noble villa de Medina del Campo, por Pedro de Castro, impresor. Acabose a qro dias del mes de enero. Año d' mil y quinientos y quarenta y nueue años.*

La omite don Cristóbal Pérez Pastor en su excelente monografía sobre *La Imprenta en Medina del Campo,* acaso por considerar apócrifa la suscripción final, aunque no lo parece.

—*Coloquio de las Damas, Agora nueuamente corregido y emendado,* 1607. 8ª, 141 pp. de letra redonda.

Una nueva y bien excusada reimpresión hizo en Madrid, 1900, el di-

cauciones para hacer pasar aquel diálogo, que él mismo empieza por calificar de «abominable cieno corrompedor de toda salud de la casta limpieza». Pero la misma insistencia y extravagancia de sus excusas hace dudar de la pureza de su intención, porque los libros de historias profanas, como las de Amadís y Tristán, de que habla en uno de sus prefacios, nada tienen que ver con la literatura a que pertenece el *Coloquio*. Lo que no puede negarse es que le adecentó bastante,[1] quitándole algunas obscenidades, aunque todavía quedaron las suficientes para que fuese con mucha razón prohibido en los Índices del Santo Oficio.[2] Otras cosas alteró, procurando españolizar el libro. La traducción no es de las peores que por entonces se hacían del toscano, pero es apelmazada y carece de la viveza y gracia del original. Sin embargo, de ella se valió, con preferencia al texto italiano, el erudito y extravagante humanista Gaspar Barthio, cuando tradujo al latín este *Coloquio* con el nombre de *Pornodidascalus*.[3]

---

funto editor Rodríguez Serra en el segundo tomo de la que llamó *Colección de libros picarescos*.

[1] «Si por ventura alguno, más furioso de lo que conviene, murmurando acusase al traductor deste Coloquio, diziendo no averlo romançado al pie de la letra de como está en Toscano, quitando en algunos cabos partes, y en otros renglones, e assi mesmo mudando nombres y alguna sentencia y en algun otro lugar diziendo lo mesmo que el autor, aunque por otros modos: A esto respondo, que en diversos lugares deste Coloquio fallé muchos vocablos, que con la libertad que hay en el hablar y en el escrivir donde él se imprimio se sufren, que en nuestra España no se permitirian en ninguna impresion, por la desonestidad dellos. De cuya causa en su lugar acordé de poner otros más honestos, procurando en todo no desviarme de la sentencia, aunque por diferentes vocablos, excepto en algunas partes donde totalmente convino huyr della: por ser de poco fructo, y de mucho escándalo y murmuracion.» (Fol. XI de la primera edición).

[2] Consta ya la prohibición en el Índice de Valdés, 1559. (Vid la reimpresión de Reusch, *Die Indices librorum prohibitorum des Sechzehnten Jahrhunderts*... Tubinga, 1886, tomo 176 de la Sociedad Literaria de Stuttgart, pág. 233).

[3] *Pornodidascalus, seu Colloquium Muliebre Petri Aretini ingeniosissimi et ferè incomparabilis virtutum et vitiorum demonstratoris: De astu nefario horrendisque dolis, quibus impudicae mulieres juventuti incautae insidiantur. Dialogus. Ex italico in hispanicum sermonem versus à Ferdinando Xuaresio Seviliensi. De Hispanico in latinum traducebat, ut juventus Germana pestes illas diabolicas apud exteros, utinam non et intra limites, obvias ca-*

Todas las obras citadas hasta aquí, excepto las paráfrasis en verso, tienen con la *Celestina* una relación indirecta y genérica. Las tres que, por orden cronológico, se ofrecen ahora a nuestra consideración, no sólo imitan deliberadamente la tragicomedia de Rojas, sino que continúan su argumento y vuelven a sacar a la escena a algunos de sus personajes. Hubo, pues, segunda, tercera y cuarta parte de la *Celestina*. Sus autores, de muy desigual mérito, son Feliciano de Silva, Gaspar Gómez de Toledo y Sancho de Muñón.

Feliciano de Silva es aquel caballero de Ciudad Rodrigo, fecundísimo productor de libros caballerescos, que la sátira de Cervantes ha inmortalizado. *La segunda comedia de Celestina, en la qual se trata de los amores de un caballero llamado Felides y de una doncella de clara sangre llamada Polandria*, impresa en 1534,[1] es la única de sus obras que merece sobrevivirle, aunque

---

vere possit cautius, Gaspar Barthius... Francofurti. Typis Wechelianis, sumptibus Danielis ac Davidis Aubriorum, et Clementis Schleichii. Anno M. DC. XXIII.

8º, 124 pp. y tres de erratas sin foliar. Fué reimpresa una o dos veces.

[1] Hay quien cita una edición de 1530, pero hasta ahora no se conoce ejemplar alguno ni es verosímil su existencia.

—Segunda comedia de Celestina: en lo (sic) que se trata de los amores de vn cauallero llamado Felides, y de vna donzella de clara sangre llamada Polandria. Donde pueden salir para los que lieren muchos y grandes auisos que della se pueden tomar. Dirigida y endreçada al muy excelente e ilustrissimo señor don Francisco de Çuniga Guzman, y de Soto mayor: Duque de Bejar: Marques d'Ayamonte, y de Gibraleon. Conde de Belalcaçar, y de Bañares. Señor de la puebla de Alcocer con todo su vizcondado y d'las villas de Lepe: Burguillos y Capilla, y justicia mayor d'Castilla. La qual comedia fue corregida y emendada: por el muy noble cauallero Pedro d'Mercado: vezino y morador en la nobla (sic) uilla de Medina del Campo. M. D. xxxiiij.

(Al fin): «Acabose la presente obra en la muy noble villa de Medina »del Campo. En casa de Pedro touans *(Tovans),* en el coral (sic por *corral*) »de boeys. Año de M. D. xxxiii (1534) a XXX de Octobre.»

4º, let. gót. Sin foliatura, signaturas a-q. Cada una de ocho hojas. La orla de la portada es la misma que llevan las *Coplas de las comadres,* de Rodrigo de Reinosa.

Esta primera edición era enteramente desconocida hasta que la describió Salvá (Nº 1.414 de su *Catálogo*).

Pedro de Mercado declara al principio el nombre del autor en la penúltima de las coplas de arte mayor que escribe en loor de la obra:

no sea una obra maestra. Tal como es, sería grande injusticia medirla con la misma vara censoria que al *D. Florisel de Niquea* o al *D. Rogel de Grecia*.

Singular parece a primera vista la idea de continuar la *Celestina* donde casi todos los personajes sucumben al final: Celestina a manos de los criados de Calisto, éstos degollados en la plaza pública, Calisto rodando de la escala y Melibea arrojándose de la torre. Pero tal obstáculo no era para detener a Feliciano de

> Aqueste excelente tan buen Caballero
> A quien de su casta s'esmalta el saber,
> La sciencia es esmalte de tal rosicler,
> La casta el fino oro ques el verdadero:
> De casa y linaje de Silva heredero,
> Felice en sus obras, pues es Feliciano,
> Al cual yo suplico que mi torpe mano
> Perdone guiada por seso grosero.

—*Segunda comedia de Celestina.* (Al fin): «Salamanca, por Pedro de »Castro... Año de M. D. XXXVI a doze dias del mes de junio». 4º, let. gótica, signaturas *a-o*, con grabados en madera. Citada por Brunet. No la he visto.

—*Segunda comedia de la famosa Celestina, en la qual se trata de la Resurrection de la dicha Celestina, y de los amores de Felides y Polandria, corregida y emendada por Domingo de Gaztelu, Secretario del Illustrissime* (sic) *Señor don Lope de Soria, embaxador Cesareo acerca la Illustrissima Señoria de Venecia. Año 1536 en el mes de junio.*

(Al fin): «El libro presente, agradable a todas las extrañas naciones, »fue en esta inclita ciudad de Venecia reimpreso por maestro Estephano »de Savio, impresor de libros griegos, latinos y españoles, muy corregidos »con otras diversas obras y libros. Lo acabó este año del Señor del 1536, »a días diez de Zunio (sic).» Hace juego con las dos ediciones de la primera *Celestina* corregidas por Delicado. Let. gót. Viñetas en madera, sin foliatura y con las signaturas A-X, de ocho hojas cada una.

—*Segunda comedia de Celestina... Agora nueuamente impresa y corregida... Vendese la presente obra en la ciudad de Anvers, a la enseña de la polla grassa, y en paris a la enseña cabe sant benito.* Sin año (¿hacia 1550?). En 16º 228 ho. sin foliar. Esta edición, de muy lindo aspecto, es la menos rara de las antiguas, pero la más incorrecta.

—*Segunda Comedia de Celestina, por Feliciano de Silva,* Madrid, imp. de Ginesta, 1874. Es el tomo noveno de la *Colección de libros españoles raros o curiosos.* Cuidó de esta edición, que está bastante limpia, don José Antonio de Balenchana, tomando por texto la de Venecia, pero sin hacer uso de la primitiva de Medina del Campo, que no llegó a ver hasta después de impreso el volumen.

Silva, que tenía una brava imaginación de novelista de folletín. Si Celestina estaba muerta, ¿había más que resucitarla? Bastante le había importado a él que el bachiller Juan Díaz, en el segundo *Lisuarte* (1526), diese por muerto a Amadís de Gaula y celebrase sus exequias.

La farsa de la resurrección de Celestina está presentada con bastante habilidad e interés y tiene el mérito de que no se descifra hasta la última escena con estas palabras de Felides: «Pues »sabed, que una persona honrada y quien a Celestina es en gran »cargo la tuvo escondida todo el tiempo que se dijo que era muer-»ta; y ella con sus hechizos hizo parescer todo lo pasado para se »vengar de los criados de Calisto, porque le querían tomar lo que »su amo le había dado; y hizo con sus encantamientos parescer »que era muerta, y agora fingió haber resucitado... Y sea en gran »secreto, porque el Arcediano viejo me lo dijo, que con esto le »quiso pagar muchas deudas de cuando era mozo que desta buena »mujer había rescibido» (pág. 514).

El arte de excitar la curiosidad con situaciones sorprendentes no podía faltar a un novelista tan ducho como Feliciano. La reaparición de Celestina en la séptima *cena* o escena de la obra; el tumulto y algazara con que la acompaña el pueblo, formando un verdadero coro; el asombro y pasmo con que la reciben sus discípulas Elicia y Areusa, están presentados con mucha amenidad y chiste:

«*Celest.*—Válame Dios, y ¡qué de gente paresce y viene a mí, »como si fuese lechuza o buho que camina de día! Quiérome me-»ter presto en mi casa, si no aquí me sacarán los ojos.

»*Pueblo.*—Vala el diablo, a aquella Celestina, la que mataron »los criados de Calisto paresce, ¿o es alguna visión? por cierto »non es otra; y qué priesa que lleva que paresce que va a ganar »beneficio. ¡Oh, gran misterio, que ella es!

»*Cel.*—¡Válalos el diablo, y qué mirar que tienen! Hora, sus, »yo digo que la puerta de mi casa está abierta; bien paresce a »osadas el poco cuidado que con mi absencia hay. Acá están Eli-»cia y Areusa, espántanse de verme, santiguándose están; quié-»roles hablar, que dan gritos y se abrazan la una con la otra, pen-»sando que soy fantasma. Oh, las mis hijas y los mis amores, no

»hayais miedo, que yo soy vuestra madre, que ha placido a Venus
»tornarme al siglo...

»*Elicia.*—¡Ay hermana mía, que mi madre Celestina paresce!
»¡Ay válame la Virgen María, y no sea alguna fantasma que nos
»quiera matar!» (pág. 75).

La peregrina intervención del coro, única, a lo que creo, en libros de esta clase, da carácter muy dramático a algunos pasos de la *segunda Celestina*, y es profundamente cómico, aunque toca en irreverencia, lo que la vieja cuenta de su estancia en el otro mundo y el alarde de fingida devoción y arrepentimiento con que logra embaucar al mismo pueblo que había sido testigo de su licenciosa y diabólica vida.[1] Este matiz de la hipocresía en ella y de la credulidad y ligereza en los otros está muy bien marcado al principio, pero luego el autor se contradice, no saca partido de un dato tan ingenioso y estropea su más feliz creación a fuerza de chafarrinazos. Feliciano de Silva era un improvisador con relámpago de talento, pero le faltaban cultura y gusto y le sobraba una facilidad superficial, que es el mayor obstáculo para la perfección en nada.

Dos finos estimadores de los antiguos libros españoles han dado a la *Segunda Celestina* más encomios que los que merece.

---

[1] «*Pueblo.*—Oh madre Celestina, ¿qué maravilla tan grande ha sido esta
»de tu resurrección?
»*Celest.*—Hijos, los secretos de Dios no es lícito sabellos a todos, sino
»a quien él los quiere revelar, porque ya sabeis que lo que encubre a los
»sabios descubre a los pequeñuelos como yo. Sabed, hijos míos, que no
»vengo a descubrir los sucesos de allá, sino a enmendar la vida de acá,
»para con las obras dar el ejemplo, con aviso de lo que allí pasa; pues la
»misericordia de Dios fué de volverme al siglo a hacer penitencia. Y esto
»baste, hijos, para que todos os emendeis, como en la predicación de Jonás,
»porque no perescais; que las cosas de la otra vida no bastan lenguas a de-
»cillas, y por tanto todos vivamos bien, para que no acabemos mal...
»*Pueblo.*—Madre Celestina, tú seas muy bien venida, y Dios quede con-
»tigo. Parécenos que la vieja viene escarmentada. Trato le deben haber
»dado por donde quiere mudar el natural, que no se dirá agora que mudó
»la piel la raposa, mas su natural no despoja; pues con mudar la piel, viene
»mudadas las obras. No de valde se dice que el loco por la pena es cuerdo.
»Aquí podremos con razon decir, que de los escarmentados se hacen los ar-
»teros. Por cierto, caso de predestinación paresce, pues la quiso Dios sa-
»car de los infiernos para tornalla a hacer penitencia de sus pecados» (páginas 89-91 de la ed. de *Libros raros y curiosos*).

Uno fué don Bartolomé José Gallardo, que en los apuntamientos bibliográficos que hacía al correr de la pluma exclama entusiasmado: «En esta comedia, o llamémosla novela dramática, brilla »un profundo conocimiento del corazón humano y de los costum- »bres del siglo. Contiene escenas y caracteres trazados de mano »maestra. Celestina es un personaje sublime, que no desmiente »en nada el carácter creado por Rodrigo Cota (?) y sostenido por »el bachiller Rojas de Montalbán.»[1] El voto de Gallardo puede ser sospechoso, porque sabido es que para aquel insaciable catador de literatura añeja no había libro malo en siendo raro, ni libro bueno en siendo moderno. Pero su opinión se refuerza aquí con la de Don Serafín Estébanez Calderón, que no era sólo erudito, sino hombre de gusto y artista de estilo. *El Solitario*, pues, en un delicioso artículo, que viene a ser una *Celestina* en miniatura, imitación feliz del lenguaje de las antiguas, comienza aseverando que «Feliciano de Silva, para llevar a buen cabo los amores del »caballero Felides y de la hermosa Polandria, supo resucitar y »tornar al mundo, con más caudal de astucias, con mayor raudal »de razones dulces y con número más crecido de trazas y ardides, »a la famosa Celestina».[2]

Nada de esto puede admitirse. No hay más Celestina *sublime* que la primera, cuya negra profundidad no acierta a comprender ni por asomos el imitador. Así y todo, es la figura mejor trazada del libro, y a veces el remedo es tan fiel y ajustado al modelo de Rojas, que puede producir la pasajera ilusión de que Celestina ha resucitado. Pero pronto se ve que es inconsistente toda esta tramoya. Celestina no vive más que con vida ficticia y prestada. Ni siquiera es el centro de la comedia. Sin ella hubieran podido llegar a feliz término los lícitos amores de Felides y Polandria, que nada tienen de la impetuosa pasión de Calisto y Melibea, y acaban desposándose en secreto por una razón de conveniencia que expone así la discreta doncella Poncia: «aunque el es tan rico »y de muy buen linaje, ya sabes que tu mayorazgo no puedes »heredallo casándote fuera de tu linaje» (pág. 303).

---

[1] *Ensayo*, tomo IV, col. 614.

[2] *Escenas Andaluzas* por *El Solitario.* Madrid, Imp. de D. B. González, 1847, pp. 131-149. *La Celestina.* Este artículo se había publicado antes en *Los Españoles pintados por sí mismos.*

La obra de Feliciano de Silva es, pues, una *Celestina* muy morigerada en lo que toca a su fábula principal, aunque muy desenfrenada en los episodios. No faltan en ella afectos nobles, pero expresados casi siempre de un modo enfático y ampuloso por los dos amantes. Hay verdadera delicadeza moral en el tipo de la criada y confidente Poncia, alegre y chancera, honestamente jovial, virtuosa sin afectación, llena de buen sentido no exento de cálculo. Ella salva a su ama de muchos peligros, la precave contra las imprudencias de su propio corazón, la alecciona en las situaciones difíciles, se defiende ella misma contra los arrebatos amorosos del paje Sigeril y ella es, y no Celestina, quien verdaderamente prepara el desenlace, en que la moral queda a salvo, y todavía más íntegramente respetada por la doncella que por la señora. Esta ligera y graciosa creación recuerda algunas heroínas shakesperianas, como la Porcia de *El mercader de Venecia*, pero no conviene abusar de los grandes nombres tratándose de obras medianas. [1]

---

[1] Es curioso, sin embargo, notar ciertas coincidencias.

En la escena del jardín, con que la obra termina, hallamos este diálogo entre Polandria y su criada:

«*Pol.*—Hermosa noche hace, y gloria es estar debajo de las sombras de
»estos cipreses, a los frescos aires que vienen regocijando las aguas marinas
»por encima de los poderosos mares.

»*Poncia.*—Señora, ¿cuál te paresce mejor, esta música que dizes destos
»airezicos en las hojas de los árboles o la de la voz y cantar de Felides?

»*Pol.*—Ay, Poncia, la de Felides; tanto cuanto va y no menos de la
»mezcla de la razon que con las consonancias viene mezclada, al regocijo
»que estos aires naturalmente hacen, sin ornamento de más razon de aque-
»lla que ellos guardan en su naturaleza; porque esta música pone descanso
»al cuerpo y la otra al ánima, porque goza el entendimiento en las palabras
»que en los oídos suenan» (pp. 498-499).

Involuntariamente se recuerdan las palabras de Lorenzo a Jéssica sobre el prestigio de la música en el acto V, esc. I de *El Mercader de Venecia:*

  How sweet the moon light sleeps upon this bank!
  Here wil we sit, and let the sounds of music
  Creep in our ears: soft stillnes, and the night,
  Become the touches of sweet harmony.
  Sit, Jessica: look, how the floor of heaven
  Is thick inlaid with patines of bright gold:
  There's not the smallest orb wich thou behold'st,
  But in his motion like an angel sings,

La parte cómica de la *Segunda Celestina* está monstruosamente recargada. Lo accesorio ahoga a lo principal y la cizaña no deja medrar el trigo. Las escenas de la germanía [1] y de la hampa, en que Feliciano parece más experto y curtido que lo que pudiera esperarse de un cronista de caballeros andantes, que «vivió en»cantado diez y ocho años en la torre del Universo» (según la zumbona frase de don Diego de Mendoza), son de una prolijidad espantable y de un *verismo* tosco y brutal. El rufián Pandulfo es un plagio servil del Galterio de la *Thebayda*, con la misma mezcla de cobardía y fanfarronada, con las mismas bravezas y desgarros, con las mismas interjecciones y juramentos: «por las reliquias de Roma», «por el *Corpus damni*» (corruptela de *Corpus Domini*); «por nuestra dueña del Antigua» (aludiendo a la iglesia de este nombre en Valladolid), y a este tenor otros infinitos disparates. Este figurón insoportable, que tanto se precia de haber «corrido a ceca y a meca y a los olivares de Santander» [2] (pági-

---

>   Still quiring to the young-ey'd cherubims:
>   Such harmony is in immortal souls;
>   But vhilst this muddy vesture of decay
>   Dothgrossly close it in, we cannot hear it.

[1] Feliciano de Silva es, después de Rodrigo de Reinosa, el primer autor en quien encuentro esta palabra en el sentido de lengua rufianesca.

«Calla ya, mal aventurado, con tus *girmanías*» (pág. 41).

«Yo querría, par Dios, antes topar a Pandulfo para reir... y irnos mano »a mano a un bodegon donde bebiésemos el alboroque y hablásemos alga-»rabía como aquel que bien la sabe, *germanía* digo» (pág. 270).

«Así que, hermano Albazin, aun agora bisoño eres en este colegio, y »poco experimentado en esta guerra; y pues no la sabes, aprende de tal »doctor como yo los misterios de la santa *germanía*» (pág. 446). En el mismo lugar habla de *las leyes de la santa gualteria*, con probable alusión al Galterio o Gualterio de la *Comedia Thebayda*.

El rufián Centurio, que sólo en el nombre recuerda al de Rojas, nos da algún *specimen* de esta jerigonza: «Desto no me quejo, que no sé tan poco »de las tramas destas tales, que no sepa yo *enchilar las canillas* y aun tira-»mar los *liñuelos* sin quebrar los hilos, y hacerme bobo, y pasar en el alar-»de el *gayon* por *primo*, y haciendo que creo del cielo cebolla y que no hay »otro sino yo. Que viejas son para mí todas roncerías, que bien sé aguar-»dar los tiempos de la *iza* y cuáles son, como sé los de la *guadra* y del *ro-*»*dancho*» (pág. 445).

[2] Estos *olivares* están citados otra vez en la *Segunda Celestina*, cuando la vieja proyecta el casamiento de su sobrina Elicia:

na 174), y de poseer a fondo la «retórica del burdel» (pág. 125), sólo tiene un momento original y curioso, el de su fingida conversión por excusarse del peligro de acompañar a su amo Felides en una ronda nocturna. La escena en que aparece trocado en ermitaño, rezando con cuentas de agallones, es una fina sátira de la hipocresía,[1] contra la cual hay punzantes dardos en todo el li-

---

«*Pandulfo.*—Ha, ha, ha. ¿Agora la quiere casar, después de haber co-
»rrido a ceca y a meca y a los *olivares de Santander?*» (pág. 192).

También en la *Tragicomedia de Lisandro y Roselia* (pág. 55) se encuentra la misma frase: «Descreo de tal... que haya yo corrido la casa de ceca
»y meca, y los *cañaverales y los olivares de Santander*, y pasan ya de cien
»mujeres las que me han sustentado en mi estado y honra en públicos bur-
»deles, y todas me han tenido acatamiento con obediencia, y que esta he-
»chicera al cabo de mi vejez, después de traídos treinta años los atabales
»acuestas, burle de mí con menosprecio!»

Trátase casi seguramente de la mancebía de la villa, que, a pesar de su escaso vecindario en tiempo de Carlos V, es muy probable que la tuviera como puerto muy frecuentado por marineros gascones, ingleses, flamencos y de todo el Norte de Europa. Pero a fines del siglo XVI había desaparecido del mapa picaresco de España. Cervantes no la cuenta entre las diversas partes del mundo por donde había buscado aventuras el ventero. También debió de haberla en Bilbao, y de ella guardaba recuerdo el rufián Palermo en la *Tragedia Policiana:* «Medio ojo me arrebataron en Bilbao, y este rascuño me dieron en Jerez de la Frontera» (pág. 44).

[1] «*Sigeril.*—Pues si lo vieses, señor, cuál anda con unos agallones, que
»no parece sino ermitaño rezando toda esta mañana...
»*Pandulfo.*—Señor, ¿qué es lo que demandas?
»*Felides.*—¿Qué santidad es esta tan súpita, Pandulfo?
»*Pand.*—Señor, el espíritu donde quiere espira. Quien convirtió a Sant
»Pablo y a Sant Agustín y a María Magdalena, es mucho que dé gracia a un
»hombre pecador como yo he sido?
»*Felid.*—Por cierto que la gracia no sé si te la dió, mas es gracia la
»que veo en verte con esas cuentas.
»*Pand.*—Señor, las cuentas como a sólo Dios se han de dar, no me pena
»que te parezcan gracia; porque a solo Dios se ha de satisfacer, que los
»hombres de nada se satisfacen; y ándeme yo caliente en su servicio y ríase
»la gente cuanto quisiere, pues sabes que bienaventurados sereis cuando los
»hombres dijeren mal de vosotros mintiendo por mí.
»*Felid.*—En fin, que ya no son tus misas cosas de armas ni de afrentas
»como hasta aquí?
»*Pand.*—Señor, no soy tan necio que no entiendo algaravía, como aquel
»que bien la sabe; mas sabé que en cosas justas que ninguno me echara el
»pie adelante, ni en cosas injustas quedará más atrás que yo.

bro.[1] También Molière prestó veleidades de hipócrita a su don Juan; pero lo que es natural y hace reír en un baladrón cobarde como Pandulfo, es indigno del burlador de Sevilla y contradice radicalmente su carácter.

Dignos compañeros de Pandulfo en bellaquerías y truhanadas, y en vil y descocado lenguaje, son los dos pajes de Felides: Corniel, el mozo de espuelas; Barañón, el mozo de caballos; el rufián Crito, amante de Elicia; su rival Barradas, el despensero Grajales, Albacín el paje del infante (don Fernando de Austria, hermano de Carlos V), mancebo de rubios cabellos y poquísima vergüenza; y descendiendo todavía más, el tabernero *Montón de oro*, los rufianes *Tripa en brazo*, y Traso el cojo, el viejo primo de Celestina Barbantesco, y la inmunda ramera Palana, daifa de Pandulfo. Toda esta canalla está tomada visiblemente del natural: no son tipos convencionales como el de Pandulfo. Tienen en sus hechos y dichos una animación endiablada. Constituyen, por

---

»*Felid.*—Bendito sea Dios que tan presto te mudó. ¿Mas qué llamas »cosas justas, para que sepamos lo que te hemos de encomendar?
»*Pand.*—Guerra contra infieles; tomar armas en defensión de tu persona.
»*Felid.*—¿Pues cómo anoche no las quisiste tomar para ir en defensión »de mi persona?
»*Pand.*—Porque ibas en ofensa de tu persona y ánima, y no tenemos »los servidores de Dios tanta licencia, que si a ti te viniesen a matar, en-»tonces yo tomaría las armas.
»*Felid.*—Mas entonces no las llevarías para estar más suelto; que el »peso de las armas empide mucho» (pp. 384-386).

[1] «*Celestina.*—Más me precio, hija, de dar consejos que de tales ven-»cejos; de un rosario, digo, hija, y sus misterios, de una oración del Conde »o de la Emparedada: esto te podré yo amostrar, mi amor, si lo quieres »aprender» (pág. 218).

Estas dos oraciones supersticiosas *del Conde y de la Emparedada, en romance,* fueron prohibidas en el Índice del inquisidor general Valdés (pág. 237 de la reimpresión de Reusch) y en el de Quiroga de 1583 (pág. 438).

De las irreverencias y profanaciones que en el templo se cometían da idea lo que Polandria cuenta de Felides: «Al tiempo que llegué a tomar el »agua bendita, hizo él que tomaba la agua, y apretóme un dedo; y despues »en la misa toda ponía las manos hacia mí como que pedía piedad, cuando »vía que no miraba naide; estando alzando el fraile, hacía él señas que no »adoraba la hostia, sino a mí; y desto no pude estar que no me sonriese de »su necedad y herejía» (pp. 151-152).

decirlo así, el bloque informe y tosco del cual por magia del arte surgirá en su día el grupo clásico del patio de Monipodio.

Atento Feliciano de Silva, como novelista de oficio que era, a dar variedad a su libro con todo género de salsas e ingredientes, introdujo el ridículo episodio pastoril de Acays y Filinides, que es una de las primeras apariciones del bucolismo en la novela castellana,[1] y remedó la media lengua de los negros de Guinea en los coloquios de dos esclavos, Zambrán y Boruca. Esta segunda novedad tuvo más éxito que la primera y fué imitada por muchos. No faltan, por supuesto, en este centón (que de tal puede calificarse la *Segunda Celestina*) bastantes versos menos que medianos, y varios cuentos, de los que sólo merece recordarse por su interés *folklórico* la siguiente versión de una de las parábolas más conocidas del *Barlaam y Josafat:*[2] «Pues has de saber que un rey
»mandó a un sabio que enseñara a un hijo suyo dende que nasció
»adonde no viese más que al sabio, y despues que ya hombre lle-
»vólo adonde pasaban muchas cosas, y pasando unos y otros y
»el hijo del rey preguntando cada cosa qué era y el sabio dicién-
»doselo, pasaron unas mujeres muy hermosas, y preguntó el hi-
»jo del rey qué cosa era aquello, y el sabio dijo que diablos,
»pues tales hacían a los hombres; y respondió el hijo del rey: si
»éstos son diablos, yo quiero que me lleven a mí. Y así, señora,
»me lleva tú a mí si eres diablo, que yo por ángel te tengo» (página 373).

El estilo de esta *comedia* es muy desigual, como en todas las obras de Feliciano de Silva. Excelente a veces, sobre todo en las reposadas pláticas de Celestina con el arcediano viejo y con su ama Zenarra; pintoresco y expresivo, pero arrufianado y soez, en las escenas de mancebía y taberna, es alambicado, sutil, ridículamente hinchado y a ratos ininteligible cuando el autor quiere remontar su rastrera pluma a las etéreas regiones, para él vedadas, de la poesía y del sentimiento. Ya desde el primer folio nos encontramos con aquellas *entrincadas* razones, que parecían de perlas a don Quijote. Dice así el enamorado Felides: «Oh amor,

---

[1] Vid. *Orígenes*, T. I, págs. CDXXXI - CDXXXII.
[2] De algunas versiones de este cuento hemos tratado también en los *Orígenes*, Vol. I, pág. XXXII, nota.

»que no hay razon en que tu sinrazon no tenga mayor razon en »sus contrarios. Y pues tú me niegas, con tus sinrazones, lo que »en razon de tus leyes prometes, con la razon que yo tengo para »amar a mi señora Polandria, para ponerte a ti y casarte con la »razon que en ti continuo falta, el consejo que tú niegas en mi »mal quiero pedir a mi sabio y fiel criado Sigeril» (pág. 8). De este modo suelen expresar el amor los personajes de la pieza cuando quieren hablar por lo fino.

Dice Gallardo [1] que «leyendo esta obra salta continuamente »a la memoria el nombre de Cervantes, unas veces por expresio- »nes que él usa mucho y aquí estaban ya usadas a menudo: *para* »*mi santiguada, andaos a decir donaires, entendérsele a alguno* »*de alguna cosa o de achaque de alguna cosa*, ya por tal cual peloteo »de palabras al símil de la *razón de la sinrazón*». Esto último no se puede negar, pero burlarse del estilo de un autor es precisamente lo contrario de imitarle. En cuanto a las demás expresiones que se citan, pertenecen al vocabulario común del siglo XVI y no al particular de nadie. Tenemos, pues, por quimérica esta influencia lingüística de Feliciano de Silva en Cervantes, escarmentados como estamos por la facilidad con que Gallardo y otros eruditos de su escuela descubrían *a tiro de ballesta* cervantismos en todos los libros que topaban. [2]

---

[1] *Ensayo*, tomo IV, col. 614.

[2] Más fundamento tiene esta otra observación del insigne erudito:

«Aquel donoso pasaje de *El Celoso Extremeño*, en que antes de llegar Loaisa a verse con la incauta Leonora le exigen tan solemnes juramentos, está sin duda imitado de la escena XXVI, al fin, donde entre las prevenciones que hace *Polandria* a *Celestina* como requisitos para haber de recibir a su amante al concierto a que se presta, la dice:

»*Polandria.*—Madre, mira que le tomes muchos juramentos, y que mire »de quién se fía; porque si mi señora (madre) algo barrunta todo irá borrado.

»*Celestina.*—¡Ay hija! ¡angelito, angelito! En Dios y en mi ánima ¿qué, no te queda más en el estómago? ¿Y a Celestina avisas tu de secreto? ¡Dolor de mí, que este es el primer secreto que en este mundo yo he sabido encubrir! Calla, señora, que eres boba; ¡nora mala! que así te lo quiero decir, y perdóname.

»Antes ya hay otros juramentos graciosos sobre que no cuenten a Felides cómo Polandria ha leído un billete suyo.

»*Quincia.*—¡Guárdeme Dios, señora! ¿y de decirlo había?

»*Polandria.*—Pues poné aquí la mano en la cruz, y tú también, Pon-

Tampoco creemos que tuviese razón el insigne erudito en suponer que la escena de la *Segunda Celestina* pasa en Salamanca. Cuando él, tan conocedor de aquella ciudad donde había hecho sus estudios, no acertó a encontrar más alusión local que la *Horca del Teso*, que según él corresponde «a un altillo que en el día lla- »man el Teso de la Feria» (como si la voz *teso*, en el sentido de cima de un cerro o collado, no fuese genérica y usada en todas partes), poca fuerza podemos dar a esta conjetura, que se aviene muy mal con los varios pasajes en que se hace referencia al mar como presente o muy vecino. Dice Celestina a Felides en la vigésimaoctaba *cena:* «Que tú vayas esta noche allá a la una, y por una es- »cala puedes entrar *a la parte que la mar bate en el jardín*, y él »está tan apartado, que sin que se pueda oir, puedes cabe las rejas »de dentro hacer las señas tañendo y cantando para hacer parar »las aguas y venir las piedras con las aves, junto con el corazón »de Polandria, a te oir» (pág. 328). Va en efecto Felides a la cita amorosa, y dice a uno de sus criados: «Llega, Corniel, y pon aquí »el escala *cabe la mar*» (pág. 355). Luego canta un romance que principia así:

> La luna resplandecía,
> El cielo estaba estrellado,
> Los árboles se bullían
> Con el aire delicado,
> *Con golpes de las riberas*
> *Del sordo mar concertado*...

«*Polandria*.—Oh válame Dios, qué suavidad de voz y qué »garganta; *y con el son del ruido de las ondas del mar* y el regocijo

---

cia. Y agora oid: señora mía, tu merecer y mi atrevimiento te darán a conocer...»

El pasaje a que Gallardo alude es aquel en que Loaisa jura por «la inte- »merata eficacia donde más santa y largamente se contiene, y por las en- »tradas y salidas del Santo Líbano monte, y por todo aquello que en su »proemio encierra la verdadera historia de Carlomagno, con la muerte del »gigante Fierabrás, de no salir ni pasar del juramento hecho y del manda- »miento de la más mínima de vuesas mercedes...»

En el primitivo borrador de la novela juraba además por «el espejo de la Magdalena» y por «las barbas de Pilato» (ed. crítica de Rodríguez Marín, páginas 72 y 73). Estos juramentos son análogos a los que usan los rufianes en la obra de Feliciano de Silva, y generalmente en todas las *Celestinas*.

»delicado de los aires en los cipreses, como él dice, no parece sino »cosa divina» (págs. 356-357).

«*Polandria.*—Hermosa noche hace, y gloria es estar debajo »de la sombra de estos cipreses, a *los frescos aires que vienen re-*»*gocijando las aguas marinas por encima de los poderosos mares*» (página 498).

Parece que nada de esto puede aplicarse al Tormes. Sin duda, Feliciano de Silva, aunque nacido tan cerca de sus riberas, se acordaba más bien de Sevilla y de Sanlúcar donde pasó su juventud como paje de los condes de Niebla. Ciertos personajes picarescos, y aun la especie de germanía que usan, pueden ser indicio de esto.

La *Segunda Celestina* debió de ser bastante leída en su tiempo, puesto que tuvo dos ediciones en España (1533 y 1536); otra en Venecia, corregida por Domingo de Gaztelu, secretario de don Lope de Soria, embajador de Carlos V, y otra en Amberes, sin nota de año, pero que no perece posterior a 1550. La tendencia anticlerical, que ya apunta en algunos lugares de la *Tragicomedia de Calisto y Melibea,* llega a ser insolente y agresiva en el libro de Feliciano, en que no faltan proposiciones que frisan con la heterodoxia y que pueden ofender al lector menos timorato. Y aunque en libros de pasatiempo se disimulaba todo, no es maravilla que el Santo Oficio, cumpliendo por esta vez con su obligación, tomase cartas en el asunto prohibiendo la *Resurrection de Celestina* en el Índice de 1559, de donde pasó la prohibición al de 1583 y a todos los posteriores. [1]

Aunque la *Segunda Celestina* no deja ningún cabo suelto, no debió de parecérselo así a un oscuro escritor toledano, llamado Gaspar Gómez, que escudándose con el nombre de Feliciano de Silva, y dedicándole su obra, aunque dudamos que fuese con su anuencia, estampó en 1536 una *Tercera parte de la tragicomedia de Celestina,* [2] que es la más rara de esta serie de libros, aunque

---

[1] Vid. los índices de Valdés y Quiroga en la edición de Reusch (pp. 238 y 439).

[2] No he visto la primera edición que cita Brunet copiando a Panzer: *Tercera parte de la tragicomedia de Celestina... agora nueuamente compuesta por Gaspar Gomez.* (Al fin): «Acabose la presente obra en la muy

a esta rareza se reduce todo su mérito. Como los pocos bibliógrafos que han llegado a verla se han limitado a copiar su portada, me ha parecido curioso dar algunas noticias más, poniendo íntegras en nota la dedicatoria y la tabla de los *cincuenta* actos en que se divide,[1] con lo cual puede excusarse la lectura, enteramente

»noble villa de Medina del Campo. A seys dias del mes de Julio. Año de »mil y quinientos y treinta y seis». 4º letra gótica.

Sólo conozco la de 1539, cuyos ejemplares son rarísimos. El que tuvo Salvá (Nº 1.269 de su Catálogo) pertenece hoy a nuestra Biblioteca Nacional. Existe también en el Museo Británico y en la Universidad de Leyden.

Tercera parte de la tragicomedia de Celestina: ua prosiguiendo en los amores de Felides y Polandria: concluyense sus desseados desposorios y la muerte y desdichado fin que ella uvo: es obra de la qual se pueden sacar dichos sutitissimos (sic) *sentencias admirables: por muy elegante estilo dichas: agora nueuamente compuesta por Gaspar Gomez natural de la muy insigne cibdad de Toledo: dirigida al magnifico cauallero Feliciano de Silva. Impreso. Año de M. D. XXXIX.*

(Al fin): *Acabose la presente obra en la muy noble e Imperial cibdad de Toledo. A veynte dias del mes de Nouiembre. En casa de Hernando de Santa Catalina. Año de nuestro Señor Jesu christo: de mil quinientos y treynta nueve años.*

4º let. gót. Sin foliación. Signaturas A-2, todas de ocho hojas, menos la última que tiene seis.

[1] *Prologo del autor. Al noble cauallero Feliciano de Silua al qual va dirigida la obra.*

«Noble y muy magnifico señor: Como en los tiempos antiguos no era digno de memoria: sino el que exercitando su vida en algun notable exercicio despues de sus dias la dexaua: quise forçar a mis fuerças: a que siendo fauorecidas con el fauor que de vrā. merced espero: tomassen ocupacion en se ocupar algunos ratos en poner en obra a hacer esta obrezilla: la qual va tan tosca en sus dichos qual sutil es en sus sentencias subtilissimas la pasada que es la de donde ésta depende. E presuponiendo que la mar provee a los rios que della salen: acordé esta como minimo arroyo podir socorro a quien socorrer la puede: e yo como su *administrador* y muy cierto sieruo de vrā. merced en su nombre pido ayuda a vuestra merced como a persona que tiene poder de poder la dar, e si se marauillare del sobrado atreulmiento que me conmovio atrever pidiendo mercedes a quien jamas hize seruicios: A la verdad no sera tanta la admiracion quanta la causa que tuve y tengo para se lo suplicar: porque como yo fue informado de la veniuolencia que vrā. merced tiene con los que esffuerçan a pedir esfuerço a vuestra merced, pareciome que no dexaria de ser comigo veniuolo: como lo es con los demas. E si acaso algunas partezicas en esta obra se hallaren que de notar sean: las quales sin auer conuersado con vrā. merced tengan los lectores por imposible auerlas notado: siendo el autor tan friuolo e in-

inútil, de tan necia y soporífera composición, que termina con las bodas de Felides y Polandria y con la muerte de Celestina, la cual corriendo a lograr las albricias que esperaba de los novios, tropieza y se cae de los corredores de su casa, haciéndose pedazos en

---

hauil, puede se responder que assi como el que está de hito mirando al sol su gran resplandor le ciega: por el consiguiente si mi torpe lengua con la subtil y elegante de vra. merced vuiera conuersado: hallo por muy cierto que vuiera enmudecido de arte: que no digo escriuir lo escrito, mas pensar de pensarlo no osara. Pues qué medio an tenido mis sentidos para poder sentir cosa que tanto sentimiento de necesario se requería para effectuarlo? Creera vuestra merced que sus calidisimos rayos dieron vigor a mi tibia inteligencia porque entendiesse en se ocupar al presente con la esperança futura de vuestra merced a se oponer a lo otro mas abil era licito. E ansi vuestra merced puede juzgar que ni las razones que entre Felides y Polandria por razon avian de ser primas no van con el primor que se requiere: ni el fundamento de los dichos de los demas tan fundados: ni las sentencias de Celestina tan sentidas. En conclusion, que no lleua otra cosa vtil sino la vtilidad que de vuestra merced como de señor a quien va dirigida cobrare. E como no aya quien conociendo mejor los hierros (sic) los ponga con buen concierto más concertados: quise suplicar al querer de vuestra merced lo acepte, y no mirando la osadía affirme la voluntad muy recta que de seruirle tiene este su verdadero criado: la qual se empleará en lo que vuestra merced le mandare: agora no me falta despues de tener la merced concedida de vuestra merced, sino rogar al lector que esto leyere lea primero la segunda que es antes desta: porque avn no yo me condeno en esto, que cotejar la vna con la otra se verá la diferencia que ay, gano mas fama con ser trobada de historia tan subtil que infamia con hallar en ella las palabras toscas e inusitables que hallarán. E ansí porque el vulgo note la historia de donde procede, Suplico a vra. merced se lo encargue.»

«Primer auto. Felides recuerda y empieça a razonar como que halla ser impossible auer estado la noche passada con su señora Polandria y afirmandolo por sueño llama a Sigeril para que le diga la certenidad de aquella duda que tiene. En lo qual passan muchas razones. E Sigeril declara por muy ciertas señales como auia estado con ella. Y Felides por mas se satisfacer determina de emviar le a la posada de Polandria. E introduzense.

»Auto segundo. Sigeril como sale de con Felides para yr a casa de Polandria: va consigo razonando: y en el camino topa a Pandulfo con el qual pasa diversas platicas: y como se despida dél acuerda no yr a casa de Polandria: y con esta determinación se buelue a su posada a do dexó a su amo...

»Acto III. El hortelano de Paltrana llamado Penuncio anda por el vergel escardando la hortaliza: y platicando consigo de ver por allí pisadas halla entre las yeruas un tocado de Polandria: y pareciendo le mal deter-

la caída. La fábula es insulsa y deslavazada, el estilo confuso, incorrecto y a veces bárbaro. Todos los personajes e incidentes de la obra de Feliciano de Silva reaparecen en la de su imitador, que apenas pone nada de su cosecha. Apuntaré sólo algunas curiosidades.

---

mina mostrarle a Paltrana. Y él estando en este acuerdo entra Poncia a cojer unas rosas: y pasan entre los dos diuersas razones sobre el mismo caso, en que al fin da el tocado a Poncia e pierde el enojo...

»Aucto quarto. Sigeril como se despidio de Pandulfo, viene consigo razonando: y vee a la puerta de su posada a Corniel paje de Felides: y como an hablado entrambos, entra a dezir a su amo que viene de casa de Polandria: y que habló con Poncia, en que acuerdan que vayan a dar una musica en la noche: y por este plazer Felides le manda para quando se casare trezientos ducados...

»Aucto quinto. Polandria llama a Poncia para que le dé las rosas que trae del vergel: y ella e cuenta todo lo que con el Hortelano allá passó, y estando en estas pláticas las dos entra Borruga la negra que las a estado escuchando: y amenaza a Polandria con su señora: en conclusion que Poncia la acalla con dalle una cofia...

»Aucto sexto. Sigeril viendo que es hora de yr a dar la musica habla con Felides: y luego van al concierto lleuando consigo a Canarin: y dicha vna cancion, como quieren poner la escala, Polandria se pone a la ventana y escucha (sic) la subida donde causa para ello inonvenientes: y ansí se despide Felides della y Sigeril de Poncia muy tristes...

»Aucto VII. Quincia se quexa de su ventura por se auer salido con Pandulfo: y estando en esto entra él y dize la que se apareje para se partir: porque ha comprado una azemilla: y para pagarle de pide una faldila, en que sobre este caso allegan a reñir: y passa por allí Rodancho rufian, el qual es compañero de Pandulfo: y los pone en paz, con que haze de arte que ella le da vn manto, y otras cosas: todos tres comen en plazer: y queda acordado entre Pandulfo y Rodancho de castigar a Celestina por los diez ducados que no le prestó...

»Aucto VIII. Felides estando solo, entra Sigeril a dezirle: que ponga medio en hablar a Polandria; el qual le manda que llame a Celestina para que lo negocie: y Sigeril le aconseja que embie vna carta primero: y que la dara a Poncia, y segun Polandria respondiere ansí hará: y con este acuerdo lleva Sigeril la carta...

»Aucto nueue. Como Polandria viene a reposar a la noche, halla en su aposento a Poncia, la qual la da la carta de Felides: y como la ha leydo, pasan las dos algunas pláticas sobre ello: en conclusion que queda acordado de le responder...

»Aucto X. Sigeril buelue a dezir a su amo lo que negoció con Poncia, y Felides le torna a embiar por la respuesta de la carta: el qual va, y Polandria misma se la da.

El acto tercero, en que interviene un hortelano, es el precedente seguro de las escenas del mismo género que luego hemos de encontrar en la *Tragedia Policiana.*

«*Penuncio.*—A fe que hallo muy garridas estas albahequeras,

»Aucto XI. Felides manda a Corniel que salga a ver si viene Sigeril: y estando en esto Sigeril entra y cuenta a su amo lo que con Polandria passó: y como los dos leen la carta quedan con acuerdo que Celestina provea en ello. Y Sigeril determina que la llame...

»Aucto XII. Pandulfo dice a Rodancho que pongan en effecto su determinacion: que es castigar a Celestina, y él dice que es contento. Y como lo van a cumplir topanla con un jarro de vino: y en la misma calle se vengan muy bien della. E ansí la dexan llorando y se van...

»Aucto XIII. Areusa viene a ver a Elicia: y despues que an passado algunas pláticas: Areusa la pregunta por Celestina. E como Elicia la dize que es yda por vino: viendo cómo tarda la van las dos a buscar: a la cual hallan tendida del arte que la dexaron Pandulfo y Rodancho: y lleuanla con grandes lastimas a su casa...

»Aucto XIIII. Sigeril como va a casa de Celestina oye a la puerta a Elicia y Areusa platicar con Celestina sobre su desuentura: y marauillandose de tal caso entra por se informar d'llo: e dize la embaxada que de Felides trae. Y avnque Celestina se escusa de yr concluyen en que le trayga en que vaya y que irá...

»Aucto XV. Felides espantandose de Sigeril como tarda tanto llama a Caluerino su moço d'espuelas, el qual finge de rufian algunas vezes: y los dos salen a passear: y en el camino topan con Sigeril: y como él cuenta a Felides lo que dexa acordado, despidese con yr a lleuar lo necessario para traer a Celestina...

»Aucto XVI. Perucho vizcayno, que es moço de cauallos de Felides está alimpiando un cuartago d' su amo y quexasse de la vida que tiene. Y como empieça a cantar por despedir su enojo, entra Sigeril y los dos van por Celestina. Y despues de auer reydo con ellos Areusa y Elicia la traen...

»Aucto XVII. Castaño alguazil va platicando con Falerdo su porqueron que andan a rondar: y topan con Celestina como la lleuan Sigeril y Perucho: y por ser la hora vedada y por verla yr en mula la quisieran lleuar a la carcel. Perucho como lo vee huye: y estando en esto passa Martinez racionero: y despues de dar ciertos auisos del guardar de la justicia a Castaño la dexa yr por su intercession...

»Aucto XVIII. Felides dize a Eruion su escudero que le dé un libro de leales amadores para sobrelleuar la pena entre tanto que Sigeril trae a Celestina: estando los dos en diuersas platicas tocantes al mismo caso llega Sigeril con la vieja: y Felides le dize lo que ha de hazer: aunque a los principios se escusa ella despidese con yr a negociarlo con Paltrana el dia siguiente...

»Aucto XIX. Albazin que es amigo de Elicia dize que la quiere yr a ver a la qual halla sola: estando los dos holgando viene Areusa: y passan entre

»y estos claveles, con el rocío desta madrugada: que no parescen
»estas goticas de agua sino perlas: loado sea el que lo riega con
»tan buen orden...»

Aunque los detalles de costumbres no son muchos ni de gran novedad, merece recordarse la descripción que el paje Corniel

---

todos diuersas platicas: en que Elicia le dize cómo Celestina la mandó que no entre en su casa: y él como lo oye se despide dellas jurando que la vieja se lo ha de pagar...

»Aucto XX. Perucho vizcayno entra muy de priessa en casa de su amo Felides: y pregunta a Sigeril por Celestina; y despues de contarle él lo que les passó entra a dezir a su señor como aya *(sic* por «avía»*)* venido. Y Felides le manda entrar: y como ha reydo con él sobre la deligencia que puso en defender la vida del Alguazil le embia a la posada de Celestina a que le acuerde que vaya a do está concertado...

»Aucto XXI. Celestina dize a Elicia que mire quién llama a la puerta. Y ella como ve que es Perucho le baxa abrir: con el qual rien escarneciendo le sobre el caso passado: y Areusa de sus amores: en que se detiene vn rato: y él por se d'spedir dize a la vieja a lo que fue su venida. Y luego ella como él se va dexa la casa encargada a Areusa y a Elicia y pone por obra d'yr a hablar a Paltrana...

»Aucto XXII. Poncia estando a la ventana vee a Celestina venir coxeando: la qual le pregunta por Paltrana: y la ruega que le haga saber como está allí, que viene a pedir vnos vntos para curar su pierna: y Poncia lo dice a Paltrana: y la manda entrar: en conclusion, que despues que la buena vieja la cuenta sus duelos: declara la por cifras lo que Felides le encomendó acerca de los casamientos de Polandria: y oye la respuesta muy fuera de su proposito: y ansí se despide. Y Poncia se entra a dezir a su señora lo que ha oydo...

»Aucto XXIII. Polandria llama a Poncia y la pregunta si ha oydo las platicas que passaron entre Celestina y su señora Polandria: la qual como dize la summa de todo, Polandria la manda que dé una carta a la vieja para Felides, sino es yda. Y ella la hace entrar en el apossento de su señora: y dassela Polandria mesma...

»Aucto XXIIII. Celestina viene hablando consigo del despacho que trae a Felides: y topale en camino ya Sigeril con él: al qual despues de contarle lo que passó con Paltrana le da la carta de Polandria: y es (¿el?) con sobrada alegria, aunque con la primer nueua tuvo tristeza, da a la vieja honrrada cincuenta ducados...

»Aucto XXV. Elicia estando a la ventana ve a Albacin que passa por su puerta: y ella le habla de arte que él sube: y como estan retoçando, Barrada llama y dize que viene a hablar a Celestina: y Elicia responde no está en casa: y oyendo que Albacín está con ella se va jurando de hazer vn buen castigo a la vieja y cobrar sus quatro ducados: Albacin riñe con Elicia por celos de Barrada y entroduzense.

hace de los trajes y atavíos preparados para la boda de Felides:
«Las colores de nuestra librea son sayetes hechos a la tudesca
»de grana colorada, que dello a carmesi no ay differencia: con
»vnas faxas de terciopelo verde de tres pelos tan anchos como

---

»Aucto XXVI. Celestina sale de con Felides muy contenta razonando de los cincuenta ducados que le dió: y topa con Barrada: el qual la hace vn estremado castigo: y queriendo la sacar de la bolsa sus quatro ducados la halla los cincuenta, y se los toma: y ella queda llorando y pidiendo justicia...

»Aucto XXVII. Grajales yendo a ver a su amiga Areusa topa a un rufian llamado Brauonel que es compañero suyo. Y como van los dos hablando veen a Celestina de la manera que la dexó Barrada. A la qual lleuan a su casa iurando que la an de vengar: y hallan a Elicia y Areusa allá. Y despidiendo se Brauonel. Grajales queda a holgar con Areusa...

»Aucto XXVIII. Felides llama a Sigeril para que se apareje que quiere yr a hablar a Polandria. Y ansi van los dos: hallando un postigo abierto entran en el vergel a do está Polandria esperando sola. Y Felides haze venir allí a Poncia que con su señora no auia salido: y la da cien ducados para ropas. Y de esta manera acaba con ella que Sigeril cumpla su voluntad. Y despues de auer holgado amo y criado con sus señoras se despiden muy alegres...

»Aucto XXIX. Brauonel como se enamoró de Areusa quando fue con Grajales a lleuar a Celestina propone de la yr a hablar: y con esta determinacion va a la posada de Celestina a do la halla; y hablando sobre el caso a la vieja: dala ciertos dineros: por los quales concierta con Areusa que le dé la palabra de lo hazer: y ella avnque se escusa le promete que lo hará...

»Aucto XXX. Poncia dice a Polandria que se prouea en como se negociarán los casamientos: y su señora responde que no ay otra sufficiente que lo haga sino Celestina. Y con este acuerdo Poncia dize que dirá a Sigeril que la diga que buelua a hablar a Paltrana.

»Aucto XXXI. Sigeril passando por la puerta de Paltrana vee a Poncia que está en una ventana. Y despues de aver passado entre los dos diuersas platicas ella le declaró que tenian acordado que Celestina tornase a entender en los casamientos. Y el dice que lo dira a Felides para que lo ponga por la obra...

»Aucto XXXII. Felides pregunta a Canarin su paje por Sigeril. El qual le responde que no sabe dél: y que le vee andar pensatiuo. Y sobre esto como estan riendo entra Sigeril: y despues (que) ha reñido con Canarin, dice a su amo lo que Poncia le dixo. Y Felides le embia luego a casa de Celestina con vn buen presente...

»Aucto XXXIII. Elicia dize a Celestina que trayga de comer: y ella le responde que no tiene blanca. Y estando en estas platicas llega Sigeril con el presente que Felides embia a la vieja: y dize la que luego vaya allá, y ella se lo promete: y haze con él que coma con ellas antes que se vaya...

»cuatro dedos, con vnas pestañas angostas de damasco blanco
»y las mangas izquierdas son de terciopelo verde con dos subtiles
»coraçones en cada manga de carmesi, que casi estan juntos con
»vna saeta que entra por el vno y sale por el otro. Las calças son

»Aucto XXXIIII. Celestina pregunta a Poncia por Paltrana, la qual despues de rogar la que negocie bien los casamientos la dize que entre, que desocupada está. Y la vieja entra con son de pedir la vnos paños para su herida: y trasmuda la voluntad a Paltrana que antes tenia con sus razones, para que (sic) diziendo la lo que toca a Felides en los casamientos, y oye la respuesta y de confiança (sic)...

»Aucto XXXV. Brauonel yendo a cumplir su concierto con Areusa topa con Celestina que viene d'hablar a Paltrana: y vasse con ella platicando hasta su casa, do halla a Areusa con Elicia. Y como Brauonel está con él holgando, allega Recaxo a buscar a Grajales que es su amigo: y oyendo a Brauonel allá dentro buelue sin llamar, iurando que él podra poco o seran castigados los amores.

»Aucto XXXVI. Sigeril va a saber de Celestina lo que negoció con Paltrana: la qual no se lo quiere dezir por ganar de su amo las albricias, y los dos van juntos, y como lo cuenta a Felides él se las da de gran valor...

»Aucto XXXVII. Albacin yendo a vengar se de Celestina la vee estar llamando a su puerta, y alli la da una cuchillada por el rostro: la qual da tales bozes que se llegan las vezinas. Y él con el ruydo buelue disfraçado: y saca a Elicia d'entre la gente: y ansi se la lleua...

»Aucto XXXVIII. Paltrana embia a llamar a Dardano con Guzmanico su page: el qual venido ella le ruega que vaya a estar con Felides: y le hable en lo de los casamientos: de manera que no se desconcierte: y Dardano se despide para yr a negociarlo...

»Aucto XXXIX. Felides dize a Sigeril que saque unas pieças de brocado y de seda de las armas para cortar ropas, y ellos estando las mirando entra Canarin a dezir como está alli un cauallero: y sabiendo Felides que es Dardano tio de Polandria, sale a hazerle entrar: y despues de se auer hecho los recebimientos pertenecientes a quien son, Dardano le declara su intento: y Felides avn que al presente le rehusa diziendo como le traen a la otra, concluye con que antes que diga el sí quiere saber la voluntad de Polandria...

»Aucto XL. Recuajo yendo consigo razonando en la vellaqueria de Areusa en tener a Brauonel topa con Grajales, al qual se lo cuenta todo. E los dos van a casa de Celestina a vengar aquel hecho: y hallan allá a Brauonel con Areusa: y allí dan el fin a ella, y él se escapa muy mal herido...

»Aucto XLI. El corregidor passando por casa de Celestina oye la barahunda que ay con la muerte de Areusa: y como entra y haze la pesquisa manda luego a Galantes alguazil que viene con él que llame al Pregonero para hacer justicia de la vieja encubridora: y ansi desde su posada la sacan açotar juntamente com emplumarla, a donde burlan della los mochachos hasta que la quitan de la escalera.

»de grana con vna luzida guarnicion en los muslos, del mismo ter-
»ciopelo verde y con sus taffetanes de la misma color, que salen
»por las cuchilladas. Los jubones son de raso carmesi: los çapatos
»de vn enuessado blanco asaz picados. Las gorras de terciopelo

»Aucto XLII. Paltrana estando sola entra Dardano y cuenta le lo que negoció con Felides: y como quedó la cosa en que diga Polandria de sí: con las quales nueuas Paltrana huelga mucho. Y embia a llamar a su hija con Frunces page al jardin para concertarlo...

»Aucto XLIII. Polandria estando en el jardin platicando con Poncia sobre los casamientos: allega Frunces a llamar la de partes de su madre y de su tio Dardano. Y ella va: y como la hablan para que conceda en recebir a Felides rehusa mucho de lo hazer: dando causas sufficientes para sus dissimulaciones: en conclussion, que viendo cómo Paltrana y Dardano la dizen que en todo caso lo ha de hazer otorga en ello.

»Aucto XLIIII. Brauonel va a casa de vna muger que tiene a ganar, con el braço cortado de la manera que huyó de casa de Celestina; y despues d' la auer pedido cuēta la da de coces: porque ella no le da una perdiz. Y estando riñendo entra Solarcia, compañera de Ancona: que es del mismo officio: y pone los en paz.

»Aucto XLV. Antenor arcidiano que es sobrino de Paltrana, yendo a saber de su tia lo que se hace en los casamientos, topa a Dardano que va a casa de Felides a lleuarle la respuesta de lo que negoció, y como lo cuenta a su sobrino van los dos a estar con Felides: y despues de se lo auer dicho él da las manos a Dardano por cosa hecha: y Antenor las da por Polandria: y ansí se despiden dexandole con Sigeril platicando...

»Aucto XLVI. Sigeril como va a casa de Polandria vee a Poncia a la ventana: y despues de la contar las nueuas con sobrada alegria llama ella a su señora Polandria: la qual le da muy buenas albricias. Y Sigeril se despide d'ellas lleuando a cargo que rogará a Felides declare sus desposorios secretos...

»Aucto XLVII. Felides pregunta a Sigeril si estan las libreas apareiadas, y como le dize sí, va con doze pajes y otros tantos moços de espuelas a besar las manos de Paltrana y a recebir a su señora Polandria: a donde despues passar diuersas platicas con ellas declara él los conciertos d'Sigeril y Poncia a la que como es llamada da Felides dozientos ducados para su dote...

»Aucto XLVIII. Antenor arcediano dize a su tia Paltrana que ora es de hazer los desposorios: y los dos entran en la sala a do hallan a Felides con Dardano, y a Poncia con Polandria, y luego lleuan a Sigeril, y como los desposa Antenor, entran los ministriles y tocando los instrumentos canta Canarin...

»Aucto XLIX. Celestina como sabe que los desposorios son hechos, dize que no perderá las albricias. E yendo muy apriessa a las pedir con el sobrado gozo no mirando cómo va cae de los corredores de su casa abaxo y allí

»verde con sus plumas coloradas y con alguna argenteria. Las
»capas de grana con las faxas y guarnicion de los sayetes. Los
»pages de la misma arte: excepto que los sayos son cumplidos
»y no lleuan cosa de paño mas de las capas». (Aucto IV).

Son varias las jerigonzas usadas en esta pieza. Además de la
negra *Boruga,* que ya estaba en Feliciano de Silva, hay un vizcaíno, Perucho, mozo de caballos de Felides, que habla siempre
en castellano chapurrado y entona una canción que al parecer
está en vascuence, y cuyo estribillo recuerda el del famoso *Canto
de Lelo,* que antes de la falsificación erudita del escribano Ibargüen fué acaso un canto de cuna. Entregamos a la sagacidad de
los expertos en aquella lengua la canción de Juancho, que quizá
no ofrezca ningún sentido, y de seguro estará mal transcrita por
el escritor toledano que la recogió a oído.

«O Perucho, Perucho, quan mala vida hallada te tienes: lina-
»ge hidalgo tu cauallo limpias: no falta d'comer un pedaço *oguia*
»sin que trabajo tanto le tengas, iuras a mi siempre cauallo a
»suzio mi amo le haze: y Perucho almohaçando, él nada le pena
»por carreras hazer en amores que tienes: entre tanto busco otro,
»aderezar le tengo si pide, y cantarle empiezo biscuença».

    Lelo lirelo çarayleroba
    Yaçoe guia ninçan
    Aurten erua
    Ay joat ganiraya
    Astor vsua
    Lelo lirelo çarayleroba.
     Ayt joat ganiraya
    Aztobicarra
    Esso amorari
    Gajona chala

---

fenecen sus tristes dias. Y entrando los vezinos a socorrerla por los gritos
que dió la hallan hecha pedazos. Y ansi se van a contar a Felides aquella
muerte de la desdichada...

»Aucto L. Felides como le an informado de la muerte de Celestina llama
a Sigeril: y con gran pena le cuenta lo que passó: y le da veynte ducados
para que honradamente la entierren y hagan sus obsequias: y Sigeril lo
lleua a cargo y lo va a hazer: y con este ultimo aucto se acaba la obra...»

Y penas naçala
Fator que dala,
Lelo lirelo çarayleroba.

....«*Sig.*—Precioso borrico es este, que se quexa de la vida que
»passa y dize estar desesperado y pone se a cantar: y tal le dé Dios
»la salud como yo le entiendo: aunque no dexaré de responder a
»algunos vocablos comunes que en bizcuençe dice...» (Aucto decimosexto).

El tedio que la insípida rapsodia de Gaspar Gómez infunde
se disipa como por encanto con la sabrosa lectura de la *Tragicomedia de Lysandro y Roselia*,[1] que es la mejor hablada de todas
las *Celestinas* después de la primitiva, de cuyo aliento genial carece, pero a la cual supera en elegancia y atildamiento de dicción, como nacida en un período más clásico de la prosa castellana.

El autor de esta joya literaria procuró ocultar su nombre con
más complicado artificio que sus predecesores, y aun afectó o simuló que el libro se imprimía sin su consentimiento, lo cual se
explica bien por las particulares circunstancias de su persona.
Al fin del colofón van tres cartas y unas octavas de arte mayor
que contienen su nombre como en cifra.

La primera carta es de un amigo del autor, que le pide perdón
porque hizo imprimir la obra sin su licencia. «No fué pequeña
»merced para mí la que recebí de su liberalidad con inviarme aque-

---

[1] *Tragicomedia de Lisandro y Roselia llamada Elicia y por otro nombre
quarta obra y tercera Celestina.* 1542 (Al reverso de la portada el escudo del
impresor Junta, y una figurilla de la Muerte con la hoz al cuello y un ataúd
debajo del brazo.) La dedicatoria, el prólogo al lector y el texto de la tragicomedia ocupan los 89 primeros folios. En el que debía ser 90, numerado por
equivocación 100, se halla el colofón:

«Aquí se acaba la tragicomedia de Lysandro y Roselia... nueuamente
»impressa. Acabose a veynte dias d'l mes de deziembre. Año del nascimien-
»to de nuestro Saluador Jesu christo de mil z quinientos y quarenta y dos
»años.»

Los folios siguientes hasta el CVI contienen las dos cartas y las octavas
de arte mayor.

4º let. gót. con viñetas. Es libro de la más extraordinaria rareza.

Por una esmerada copia que había pertenecido a don Serafín Estébanez
Calderón, le reimprimieron los señores Fuensanta del Valle y Sancho Rayón,
y es el tercer tomo de la linda *Colección de libros raros y curiosos* (Madrid
Rivadeneyra, 1872).

»lla obra que llama *Elicia y cuarta parte de Celestina*, que con
»sutil juicio compuso, porque por ella veo ser verdadera la esti-
»mación que de su entendimiento siempre tuve, pareciéndome que
»pues *en una materia tan fuera de su experiencia* tanto se aventajó
»sobre todos los que han escripto, no es de maravillar que en las
»cosas de peso todos se queden muy atrás de su saber. Gran con-
»suelo recibí leyéndola, y gran edificacion para el ánimo notando
»la manera de su proceder, y con cuánto ingenio y sotil elocuencia
»pinta las cosas que más a pecar nos atraen, y los engaños de las
»vanas gentes, y las adulaciones de los servidores, y la hipocresia
»de los esforzados... Pero como mi voluntad sea de la condicion
»del fuego, que nunca dice bástame, no me contento con la merced
»recebida sin pedir otra mayor, la cual será tan provechosa a todos
»los hombres cuanto señalada para mí. Esto es pedirle perdon
»del atrevimiento tan osado que tuve en hacer imprimir sin su
»licencia esta obra, pareciéndome que con su *gravedad* no podria
»acabar que con su licencia se hiciera, y tambien que emprimién-
»dola, todos quedarian muy aprovechados, y yo glorioso con haber
»alcanzado que esta merced, por mi atrevida diligencia, a todos
»se les comunicase, y para esto le suplico mire ser dicho de la
»Suma Verdad, que ninguno encienda la candela y la ponga de-
»baxo del celemin, pero sobre el candelero, para que todos vean
»la luz...» Esta carta anónima está fechada en Madrid a 22 de
noviembre de 1542.

De la respuesta del autor a su amigo se deduce que habían sido
condiscípulos desde los primeros estudios hasta los de Teología,
cursándola juntos bajo el magisterio de un insigne varón, que
por el tiempo y la nombradía pudo muy bien ser Francisco de
Vitoria, el más célebre de los teólogos de la época de Carlos V.
«Si la estrecha y antigua amistad que entre vuestra merced y mí
»hay desde los primeros principios de gramática, donde con gran
»exercicio de las artes liberales aprendidas de unos mesmos maes-
»tros y preceptores, venimos despues juntos a estudiar *aquella
»tan alta sabiduria y tan escondida a los entendimientos humanos,
»cuan bien enseñada de un tan famoso varon, luz de las Españas,*
»no terciara entre nosotros, bien creo que vuestra merced habia
»dado no pequeña ocasion de enemistad, pues quiso que los varios
»juicios de los hombres, de hoy mas, discanten en mí al son de

»la liviandad que hace imprimir mucho a mi pesar. Nadie mirará
»que cuando me ocupé en esa niñeria estaba yo ocupado de una
»muy trabajosa terciana, la cual no me dejaba emplear en mis
»principales estudios; y asi fue necesario tomar alguna recreacion
»en cosas de pasatiempo y no fatigar mi ingenio, pues mi cuerpo
»estaba tan cansado de frío y de calentura.»

Para vengarse de algún modo determinó entregar al impresor de Salamanca Juan de Junta un poema que su amigo le había confiado y del cual hace los más pomposos encomios: «Yo leí
»el libro de las espantosas hazañas que el esforzado Hector hizo
»camino de Panonia, que vuestra merced con tan sobrada elo-
»cuencia compuso, y me hizo merced de inviar con el mesmo
»mensajero que recibió mis borradores... Y mientras más lo leia,
»más necesidad me ponia de lo tornar a pasar; la majestad de las
»palabras, la grandeza de los hechos de un tan animoso varon, las
»sotiles imaginaciones, la artificiosa invencion, las sentidas can-
»ciones derramadas por esos cuatro libros con tan subida trova y
»y alto estilo, me ponian admiracion aunque, a la verdad, siem-
»pre esperaba de su más divino que humano entendimiento que
»saldrian obras tan primas como esa, pues tal era la forma y el
»dechado de donde salian las labores. Asi que, por vengarme del
»atrevimiento que vuestra merced tuvo en sacar a luz esos borra-
»dores sin mi licencia, he entregado a Juan de Junta los libros de
»Hector, en lugar de inviallos a vuestra merced, para que los im-
»priman, que bien creo que como el sol con su luz escurece la cla-
»ridad de la luna, asi estas obras de vuestra lumbre escurecerán
»esa *enojosa recua de libros de caballerias*, y no lo tenga vuestra
»merced a mal, pues la mesma razon me guia a mí para vengarme
»que a él para atreverse.»

En una segunda carta, pedantesca por extremo, donde en pocas líneas se trae a colación a Aristóteles, a San Agustín, a San Pedro, a Lactancio Fimiano, a Plinio el Naturalista, a Salustio, a San Jerónimo, a Valerio Máximo, a Tito Livio, a Dionisio Areopagita, el amigo se resigna con su suerte, y da por bien empleado que sus libros de las hazañas de Héctor se divulguen a trueque de que salga a ver la luz del mundo la *tragicomedia de Lisandro*.

Nadie ha visto los tales *libros de Héctor*, y toda la correspondencia tiene visos de amañada. Las cartas del amigo están fechadas en Madrid, y como la *Tragicomedia* no consigna punto de impresión, han supuesto algunos que allí pudo cometer su inocente abuso de confianza. Pero tal suposición es inadmisible, porque está probado que en Madrid no hubo imprenta hasta 1566. [1] Además el libro tiene todas las trazas de estar impreso en Salamanca por Juan de Junta, cuya cifra o monograma, compuesto de las letras *J. A.* primorosamente enlazadas, campea a la vuelta de la portada, y es idéntico al que usó en otros libros como el *Tractatus perutilis Martini de Frias* (Salamanca, 1550) y el *Remedio de jugadores* de Fr. Pedro de Cobarrubias (1543).

En la última de las octavas de arte mayor se da la clave para descubrir al enmascarado poeta:

> Si el nombre glorioso quisierdes saber
> Del que esto compuso, tomad el trabajo
> Cual suele tomar el escarabajo
> Cuando su casa quiere proveer.
> Del quinto renglón debéis proceder,
> Donde notamos los hechos ufanos
> De aquel que por nombre entre los humanos
> Vengador de la tierra pudo tener.

A la sagacidad de don Juan Eugenio Hartzenbusch estaba reservada la solución de este acertijo. El texto dice claramente que se ha de partir del quinto renglón de una copla donde se alude a las hazañas de un héroe, que por ella mereció que se le llamase *vengador de la tierra*. Son varios los textos de Ovidio y Séneca el trágico en que Hércules, por otro nombre Alcides, es calificado de *vindex terrae*. Hércules está mencionado en el verso 7º de la 4ª octava:

> Alcides al mundo con hechos gloriosos...

Contando, pues, desde el verso quinto de dicha copla hacia atrás, o cuesta arriba a semejanza del escarabajo, y tomando las primeras letras de cada verso (una, dos o tres), resulta la siguiente cláusula: «Esta obra compuso *Sancho de Munino*, natural de Salamanca.» [2]

---

[1] Vid. Pérez Pastor (don Cristóbal), *Bibliografía madrileña del siglo XVI* (madrid, 1891), pág. 1.
[2] Carta a los editores de la *Colección de libros Españoles raros o curio-*

Pero siendo tan exótico el apellido de *Munino,* y no encontrándose noticia de ningún sujeto que por aquellos tiempos le llevara, ocurrió a los modernos editores de la *Tragicomedia* (Fuensanta del Valle y Sancho Rayón) que sin violentar el acróstico pudiera leerse el nombre de otro modo, y en efecto también se lee *Muñón,* juntando las primeras letras de los tres versos en que está el apellido, de la manera siguiente: *Mu-n-non* dando a la *n* doble el valor de *ñ.*

Completado de esta manera el descubrimiento, pudo comprobarse la personalidad de un *Maestro Sancho de Muñón, teólogo,* del cual hay noticias en la colección de Estatutos de la Universidad Salmantina, impresos en 1549 por Andrés de Portonariis. Allí consta que Sancho de Muñón asistió en 31 de agosto de 1549 a un solemne claustro pleno, presidido por el rector don Diego Ramírez de Fuenleal, con objeto de formar ciertas constituciones relativas al entierro de los señores Rector, Maestrescuela, Doctores y Maestros de dicha Universidad. En 9 de octubre del mismo año concurrió a otro para resolver que no se diesen tratados *in scriptis* bajo ciertas penas, y finalmente, en 9 de noviembre se le cita nada menos que en compañía de Melchor Cano como uno de los asistentes al claustro en que se formaron nuevos estatutos sobre el examen de los estudiantes artistas antes que pasasen a cursar Medicina y Teología.[1]

Después de esta fecha no se ha encontrado en España dato alguno de Sancho de Muñón, pero todo induce a creer que es la misma persona que un Dr. D. Sancho Sánchez de Muñón que en 26 de abril de 1560 tomó posesión de la plaza de Maestrescuela de la Catedral de México, ejerciendo en tal concepto el cargo de Cancelario de aquella naciente Universidad, donde recibió o incorporó el grado de Doctor en Teología en 28 de julio de dicho año. En 1570 hizo un viaje a la Península como solicitador de las iglesias de Nueva España. En 1579 visitó por comisión del Arzobispo de México, don Pedro Moya de Contreras, las escuelas de niños,

---

sos en los preliminares del tomo cuarto que contiene el *Cancionero de Stúñiga* (pp. XXXIII a XLII).

[1] Carta de Sancho Rayón y Fuensanta del Valle a Hartzenbusch, en los preliminares del tomo quinto de *Libros raros o curiosos,* que contiene la *Comedia Selvagia* (pp. XIII a XVI).

y notando algún descuido en la enseñanza religiosa, compuso e hizo imprimir una *Doctrina Cristiana*, de la cual se conoce un solo ejemplar falto de portada.[1] Las noticias de su vida alcanzan hasta el año 1601. El último cabildo eclesiástico a que asistió fué el de 31 de octubre de 1600. La identidad de este personaje con el Sancho Muñón de Salamanca parece segura, aunque nada dice de ella el eruditísimo García Icazbalceta, a quien debemos estos peregrinos datos.

Natural es que un eclesiástico de respetable carácter y autoridad como el Maestro Sancho de Muñón tuviese algún reparo en confesarse autor de una obra de tan liviana apariencia y desenfadado lenguaje como la *Elicia*. Pero no se arrepentía de haberla compuesto, por estar «llena de avisos y buenas enseñanzas de vir»tud sacadas de muchos autores santos y profanos, con celo de la »utilidad pública» (pág. XVI). «Dicen que la mandrágora tiene »tal virtud, que si nasce cerca de las vides hace que se ablande »la fuerza que el vino habia de tener para embriagar; asi la poesia »toma de la philosophia la doctrina, y juntándola con la mandrá»gora del cuento fabuloso, hácela más blanda y facil para ser per»cibida» (pág. XI). En su prólogo esboza una teoría del arte docente, y en la dedicatoria a don Diego de Acevedo y Fonseca, justifica la materia misma de su libro, aunque vuelve a declarar que le escribió a manera de pasatiempo: «Y como ya los años »pasados tuviese vacacion de graves y penosos estudios, en que »he gastado los tiempos de mi mocedad... compuse esta obrecilla »que trata de amores, propia materia de mancebos. Cuando digo »de amores no digo cosa torpe ni vergonzosa, sino la más excelen»te y divina que hay en la naturaleza. Dejo los loores que del amor »dice Platon en su *Simposio,* dejo lo que en la *Theogonia* escribe »Hesiodo, que el amor es el más antiguo Dios entre todos los

---

[1] *Bibliografía Mexicana del siglo XVI,* por don Joaquín García Icazbalceta. México, 1886, págs. 232-233.

En la dedicatoria al arzobispo dice el doctor Muñón que esta doctrina «se ha cogido de las fuentes de algunos escritores graves, que a mi parecer »en esta materia hablaron bien, en especial de una Doctrina Cristiana que »se trató de hacer por la memoria y papeles de Pío V de gloriosa memoria». Hay también un prólogo «A los muy reverendos Padres Curas del Arzobispado de México», en que les recomienda la enseñanza de la doctrina.

»dioses; dejo lo de Ovidio, que el amor tiene dominio universal »y reina sobre los dioses y sobre los hombres, y dejo otras infini- »tas auctoridades que hablan en esta materia, porque sería nunca »acabar. Sólo quiero decir que si alguno pareciere no ser la obra »digna de mi profesion y estudios, se acuerde que casi no hubo »ilustre escriptor que no comenzase por obras bajas, y de burlas »y chufas, tomadas de en medio de la hez popular» (pág. 1).

Para evitar todo peligro de mala inteligencia, la *Tragicomedia* está sembrada de reflexiones morales, y aun de verdaderos sermones, muy bien escritos, como todo lo demás, pero prolijos e impertinentes. El papel de personaje predicador le desempeña a maravilla, Eubulo, «hombre de honestas costumbres», criado de Lisandro, que constantemente está dando consejos a su amo y procura apartarle de su perdición. La segunda *cena* del cuarto acto es una disputa entre ambos, defendiendo Eubulo contra su señor que el sumo bien no consiste en el deleite. En la cuarta del mismo acto le da diez remedios contra el amor, tomados en parte de Ovidio, pero mucho más de la filosofía cristiana. Cuando se consuma la catástrofe del malogrado mancebo, el piadoso ayo cierra la pieza con una declamación contra el amor, atestada de lugares comunes y de una pedantería escolástica que supera a la de Pleberio, a la de Melibea y a todo lo creíble: apenas hay nombre de la antigüedad que no figure en aquella enumeración descabellada. Pero hay, en medio de este fárrago, trozos que tienen verdadera elocuencia sentimental: «Oh mi señor y mi bien, ¿eres tú aquel que »yo llevé recien nacido a la ama que te criase? ¿Eres tú al que volví »niño destetado a casa de tu padre? ¿Eres tú el que empuse en »buenas doctrinas y crianza, que parecias un ángel cuando chico? »¿Eres tú el que enseñé a los doce años a correr caballos y otros »muchos exercicios, asi de letras como de armas? ¿Eres tú el que »hasta los veinte y un años fue muy dado a la virtud, amigo de »religion, enemigo del vicio, amador del culto divino? ¡Ay, ay, »que nuestros pecados quisieron que te juntases con caballeros »viciosos y distraídos y te acompañases con ellos, y de esta ma- »nera se te pegasen sus malas y perversas costumbres!» (pág. 269).

Eubulo no es sólo un moralista profesional que alecciona a la juventud contra los peligros del loco amor. Sancho de Muñón le hace intérprete de su propio pensamiento en materias mucho

más graves y pone en su boca las más audaces ideas del grupo llamado *erasmista,* al cual indudablemente pertenecía como casi todos los humanistas españoles y no pocos teólogos del tiempo de Carlos V. Véase, por ejemplo, esta valiente invectiva, que parece un compendio del terrible *Diálogo de Mercurio y Carón:* «¡Cuán
»muchos se condenan, y cuán pocos se salvan, y cuán abierta está
»de día y de noche aquella puerta del triste Pluton; cuán ancho,
»cuán pasajero y cuán real camino es el que guia a la muerte
»eterna! Por él se van espaciando los reyes, los duques, los condes,
»los caballeros, los hidalgos, los oficiales y pastores. Por ahí se
»pasean los pontífices, los cardenales, los arzobispos y obispos, los
»beneficiados y sacristanes, con un descuido, como si nunca hu-
»biesen de llegar allí donde los halagos de la vida, los regalos
»del cuerpo, las honras, las riquezas, los favores y todos sus pa-
»satiempos se volvieron en lamentaciones y lloros perpetuos. Ahi
»serán atormentados muy cruelmente los papas que dieron largas
»indulgencias y dispensaciones sin causa, y proveyeron las dig-
»nidades de la Iglesia a personas que no las merecian, permitien-
»do mil pensiones y simonías. Ahi los obispos y arcedianos que
»proveen mal los beneficios, teniendo respecto a sus parientes y
»criados, y no a los doctos y suficientes. Ahí los eclesiásticos
»profanos y amancebados. Ahi los reyes que tiránicamente go-
»bernaron sus reinos, y los que no dieron los oficios y cargos,
»que suelen proveer, a personas de merecimiento. Ahi los duques
»y condes, y los grandes señores que a sus tierras y vasallos con
»muchos tributos molestaban. Ahi los caballeros enamorados. Ahi
»los letrados que no juzgaron conforme a derecho y verdad, y no
»obraron segun sus letras les enseñan. Ahi los logreros y usureros,
»los oficiales, los mercaderes y tratantes que llevan más del justo
»precio por la cosa que venden, y con juramentos falsos cambian
»sus haciendas. Ahi los criados lisonjeros que con lisonjas quieren
»ganar las voluntades de sus amos, conformándose con ellos en
»bueno y en malo. ¡Oh terrible descuido en los hombres! ¡Oh
»desvario loco! como si no hubiese otro mundo, y no hubiesen de
»fenecer todas las cosas dél, asi hacemos hincapie en lo que presto
»habrá fin» (págs. 245 - 247).

Esta libertad y energía de lenguaje iba a perderse muy pronto en España, pero todavía el gran Quevedo supo conservarla dentro del siglo XVII. La sátira clerical es tan libre y desnuda en la *Tragicomedia de Lisandro* como en las *Celestinas* anteriores, pero de seguro mejor intencionada. Hay rasgos que sacan sangre, como lo que dice Elicia de la amiga del cura Bermejo (pág. 42). Pero en el fondo Sancho de Muñón es un teólogo severo, que tiene la conciencia, y aun pudiéramos decir el orgullo de su profesión, y mira con sumo desdén a los canonistas que «saben poco en casos de conciencia» (pág. 141) y «andan atados a las glosas como asno a estaca» (pág. 139). Según él, todo obispo debe ser teólogo, porque «a su oficio compete predicar la doctrina evangélica al pueblo; »que el púlpito agora está usurpado de frailes... Y para esto les »es necesario saber la Sagrada Escriptura y Santa Teologia, don- »de se aprenden tambien los textos de cánones que tocan a la »salud de las ánimas, cuanto más que los cánones fueron fundados »de varones teologos como conclusiones sacadas del manantial »de las letras divinas» (pág. 141). A lo cual le objeta maliciosa- mente el Provisor: «Dexaos, por mi vida, de eso, señor doctor, »que nunca habeis mayorazgo si os ateneis mucho a los teologos.» Lo cierto es que no obispó nunca, y tuvo que ir a morir de Maes- trescuelas en México. Todo el donosísimo episodio del pleito en que el Provisor absuelve al estudiante Sancías de la demanda que por Angelina le fué puesta sobre caso de ser su esposo y marido (*cena* quinta del segundo acto) es una parodia desembozada del estilo y modo de razonar de los letrados, en la curia eclesiástica.

La acción de esta tragicomedia pasa indisputablemente en Sa- lamanca, y por cierto que Sancho de Muñón no anda muy galan- te con sus paisanas: «Ya sabes que en Salamanca pocas hermosas »hay, y esas se pueden señalar con el dedo» (pág. 92). Calventa, émula de Elicia, tenía su principal clientela entre los cursantes de la Universidad, que en su casa empeñaban los libros: «Si no traen »dineros, que dexen prendas... ¿No miraste la rima que tenia llena »de Decretos y Baldos, y de Scotos y Avicenas y otros libros?» (pá- gina 41). Hay también alusiones a costumbres estudiantiles, al- gunas de ellas tan peregrinas como la fiesta de Panza, que aca- so no fué ajena al nombre que dió Cervantes a su escudero, como tampoco lo fué el antiguo proverbio de Sancho y su ro- cino. Sobre esta fiesta platican así dos mozos de espuelas, Siro y Geta:

«*Geta.*—Panza es un sancto que celebran los estudiantes en
»la fiesta de Santantruejo, que le llaman sancto de hartura.
»*Sir.*—¿Dónde aprendiste tanto?
»*Get.*—En el general de Phisica, cuando llevaba el libro a un
»popilo, oí al bedel de las escuelas echar *la fiesta de Panza*» (página 24).

El gusto que domina en la obra es el de las antiguas comedias humanísticas, y de él proceden sus principales defectos, que se reducen a uno solo, el alarde de erudición fácil y extemporáneo. No necesitaba alegar a cada momento aforismos y centones de poetas y filósofos antiguos quien se mostraba tan de veras clásico, no sólo en el estilo jugoso y en la locución pulquérrima, sino en la composición sencilla, lógica y perfectamente graduada. El buen gusto con que borra o aminora muchos defectos de las *Celestinas* precedentes, y el manso y regalado son que sus palabras hacen como gotas cristalinas cayendo en copa de oro, bastarían para indicar la fuente nada escondida donde él y los hombres de su generación habían encontrado el secreto de la belleza. Tal libro, por el primor con que está compuesto, es digno del más glorioso período de la escuela salmantina, en que salió a luz. Pero algo le perjudica el haber sido concebido y madurado en un ambiente erudito y universitario y no en la libre atmósfera en que andando el tiempo había de desarrollarse el genio de Cervantes. La prosa de la *Tragicomedia de Lisandro y Roselia*, perfecta a veces, revela demasiado el artificio retórico, y no está inmune de afectación. Su autor escribía demasiado bien, en el sentido de que era un prosista de los que *se escuchan* y se complacen ellos mismos con la suavidad y galanura de sus palabras y con la pompa y armonía de sus cláusulas. Dice Lisandro en la primera escena del cuarto acto:
«¿No me pusiste las escalas de arriba para descender al jardín do
»mi señora baxó? ¿No la besé ahí con mil retozos entre unos flo-
»ridos jazmines y unas hermosas clavellinas? Los lirios, las ale-
»grias, los tréboles y alegres alhelises, las frescas azucenas, las
»olorosas albahacas, los toronjiles y artemisas, las rosas, y viole-
»tas, ¿no fueron testigos de aquel azucarado rato? ¿No nos pasea-
»mos despues asidas las manos junto a una fontecica con una dul-
»císima plática? ¿Y cabe unos camuesos no nos despedimos con
»dos reverencias y sendos besos, cuando los paxaritos mensajeros

»de la alborada comenzaba a cantar con un suavisimo ruido, »cuando la mañanica con sus arreboles lo sombrio de los cipreses »ilustraba y esclarecia y las hierbecicas de rocío bordaba?» (página 206). Cuando se abusa de este estilo es fácil empalagar a los que no gustan de tanta dulcedumbre.

Hay lujo y alarde de palabras en todo el libro. Para hacer una sola comparación, apura Celestina todos los términos de cetrería: «¿Qué girifaltes, qué sacres, qué neblíes, qué esmerejones, qué »primas, qué tagarotes, qué baharíes, qué alfaneques, qué azores, »qué alcotanes, qué gavilanes, qué águilas tan subidas en alto »vuelo bastarán a abatir en tierra con sus uñas la páxara escon- »dida en las nubes, como yo, sabia Celestina, con mis palabras »cautelosas abati a mi peticion al muy encerrado proposito de »Roselia?» (pág. 103). Poco después hace una larga enumeración de los pájaros cantores, y otra de los instrumentos músicos, «sa- »cabuches, chirimías, atambores, trompetas, rabeles, flautas, dul- »cemeles, guitarras, vihuelas, arpas, laudes, clarines, dulzainas, »añafiles, órganos, monacordias, clavecinbanos, clavicordios y sal- »terios» (pág. 104). Esta intemperancia de vocabulario divierte a veces, como divierte en Rabelais, pero es un procedimiento vicioso y en suma bastante fácil.

En las situaciones culminantes, en los monólogos de la hechicera, en los coloquios de Celestina y Roselia, hay cosas dignas de ponerse al lado de lo mejor de la *Celestina* antigua, aunque con la desventaja de haber sido escritas medio siglo después. Lástima que el talento del maestro salmantino no se hubiese ejercitado en un argumento de pura invención suya, que siempre le hubiese dado más gloria que una labor de imitación, por primorosa que sea. Pero le fascinó el prestigio de un gran modelo y renunció a su originalidad o por excesiva modestia o por la presunción de igualarle.

Aunque en la primera carta del amigo se da a la tragicomedia el título de *Elicia* y *cuarta parte de Celestina,* que es el número que realmente le corresponde en esta serie de libros, en la portada se califica de *quarta obra* y *tercera Celestina,* sin duda porque Sancho de Muñón desdeñaba profundamente la obra de Gaspar Gómez de Toledo, a la cual no hace ninguna alusión. Tampoco se propuso continuar a Feliciano de Silva, pero tomó algunos rasgos felices de su Pandulfo para acomodarlos al rufián Brumandilón. La idea de resucitar a Celestina, el embuste de su muerte supuesta, le parecían invenciones ridículas, que condena por boca de sus personajes, especialmente de Eubulo, a quien «no parecía esta segunda Celestina tan sabia como la primera». Celestina había muerto verdaderamente a manos de los criados de Calisto, y la que intervino en los amores de Felides y Polandria «no era la bar-»buda, sino una muy amiga y compañera desta, que tomó el ape-»llido de su comadre» (pág. 37). Otro tanto había hecho su sobrina Elicia, a quien generalmente se llama Celestina en el libro de Sancho de Muñón. Pero Elicia pica más alto que la vulgar comadre de la *resurrección*, y no quiere que nadie la confunda con ella:

«*Drionea.*—¿Qué respuesta daré a Sigiril, escudero de Felides, »si te buscare, que ayer vino acá y no te halló?

»*Celest.*—Dile que vaya con Dios o con el diablo, que no soy »yo casamentera, ni menos es ese mi oficio; allá a la amiga de mi »tía vaya él con esas embaxadas, o a los parientes de Polandria, »que concierten el casamiento, que para ese caso no es menester »el estudio de mis artes, ni mucho menos que mi tia resucitara »o apareciese como holgaron de mentir» (pág. 80).

Al revés de la *Segunda Celestina*, tan informe y mal compaginada, tiene la *Tragicomedia de Lisandro y Roselia* un plan sencillo y claro, imitado en parte del de Fernando de Rojas, pero con un desenlace nuevo, que basta para dar alta idea del talento dramático de quien le concibió.

La fábula de los amores de Lisandro y Roselia, que son los de Calisto y Melibea trocados los nombres podía recibir tres soluciones. Es la primera la que dió el bachiller Rojas, con sentido hondamente pesimista, envolviendo a todos los personajes en una catástrofe trágica, determinada principalmente por el caso fortuito de haber caído de la escala Calisto al salir de las delicias del jardín de Melibea. Es el segundo la pedestre solución matrimonial, que parece casi una burla sacrílega en la *Comedia Thebayda*, y que presentaron con más decoro, aunque no con mucha eficacia artística ni gran escrúpulo en los medios, Feliciano de Silva, el autor de la comedia *Florinea* y otros varios. Quedaba todavía otro desenlace eminentemente teatral, que Bartolomé de Torres Naharro había apuntado ligeramente en su *comedia Hi-*

menea, donde aparece el tipo de un hermano vengador de la honra de su casa, aunque tal venganza no llega a consumarse en la desvalida Febea, que logra el honesto fin de sus amores, parando todo en regocijo y boda.

En esta solución se fijó el Maestro Sancho de Muñón, pero dándola su verdadero carácter trágico y vindicativo. No es un accidente casual el que lleva a la muerte, desde el seno del placer que apenas comenzaban a gustar Lisandro y Roselia, sino la fiera ley del pundonor familiar, que ordena contra secreto agravio secreta venganza, y arma las ballestas de Beliseno y sus escuderos para asaetear a los dos amantes, y a cuantos habían sido cómplices en la deshonra de su hermana. La escena es verdaderamente terrible, y su efecto se acrecienta con las supersticiosas invocaciones de los asesinos pagados.

«*Rebollo.*—Yo tengo aqui en el seno una nomina que me dió
»mi abuela la habacera, que quien la traxere consigo, no podra
»morir a cuchillo.
»*Dromo.*—Tambien mi tia, la Luminaria, me rezó unas pala-
»bras, que en cualquier tiempo que las dixere les caerán luego de
»las manos las espadas de los que se estuvieren acuchillando.
»*Rebollo.*—Es verdad. Otra oracion muy aprobada me enseñó
»la hortelana amiga de mi madre, para que donde hobiere ruido,
»si se rezare, no se saque sangre...» (pág. 252).

Nadie antes de Sancho de Muñón había empuñado con tanto brío el puñal de Melpómene, y no puede negarse que en su obra está adivinada y practicada por primera vez la que fué luego solución casi única de los conflictos de honra y amor en nuestro drama romántico del siglo XVII; singularidad en que no se ha parado hasta ahora la atención de la crítica.

Menos original que en el desenlace se mostró el autor de la tragicomedia en la pintura de los caracteres, donde parece que su único empeño fué beber los alientos al autor de la *Celestina,* hasta confundirse con él. Roselia es una linda repetición de Melibea, pero sin la llama del genio que hace inmortales los ardores de aquélla:

*Vivuntque commissi calores
Aeoliae fidibus puellae.*

Lisandro es una figura más apagada. Sus criados tienen carácter y fisonomía propia, que impide confundirlos con Sempronio y Pármeno. Eubulo, el hombre de buena voluntad o de buen consejo, es una verdadera creación, que no se desmiente en obras ni en palabras, y que encarnando el sentido moral y aun ascético de la pieza, es el único que se salva de la universal desolación, y cumple probablemente la resolución de hacerse fraile, que más de una vez insinúa.

Las mejores figuras del libro son sin disputa Elicia y su protector el rufián Brumandilón. Elicia no es Celestina, aunque haya usurpado su nombre, pero es una sobrina digna de su tía y la más legítima heredera de todo el caudal de sus malas artes. «Y muchos extrangeros que no conocieron a Celestina, la vieja, »sino de oídas, piensan que esta es aquella antigua madre, porque »vive en la mesma vecindad, y tienen razon de creello, ca ninguna »remedó tan bien las pisadas y exemplos, la vida y costumbres »de la vieja, como ésta, que en la cuna se mostraba a parlar las »palabras de que ella usaba para sus oficios; de manera que con »la leche mamó lo que sabe» (pág. 34). El reposado y sentencioso hablar de Celestina, su ciencia diabólica y secreta,[1] su astucia refinada y cautelosa, su aparejo de trapacerías y maldades no se

---

[1] A la infernal botica de Celestina había añadido Elicia «otras cosas »muchas que con mi buen trabajo y propio sudor y mayor esperiencia he »yo adquirido, conviene a saber: hieles de perro negro macho y de cuervo, »tripas de alacran y cangrejo, testículos de comadreja, meollos de raposa »del pie izquierdo, pelos priapicos del cabron, sangre de murciélago, estiér- »col de lagartijas, huevos de hormigas, pellejos de culebras, pestañas de »lobo, tuétanos de garza, entrañuelas de torcecuello, rasuras de ara, *ciertas* »*gotas de olio y crisma que me dio el cura*, zumos de peonía, de celidonia, »de sarcocola, de tryaca, de hipericon, de recimillos y una poca de hierba del »pito que hobe por mi buen lance; tengo tambien *la oracion del cerco*, que »no tenía mi tia que Dios haya, que es esta: *avis, gravis, seps, dipa, unus* »*infans, virgo, coronat;* y oi todo lo de mi tienda acabase de contar, sería »cosa para nunca acabar. Este oficio me bastaba, éste mantiene mi casa, »sustenta mi honra, y me hace ser temida y acatada de todos, y afama mi »nombre por la ciudad, que nadie hay que me vea que no me llame: madre »acá, madre acullá, el uno me dexa, el otro me toma, el vicario me convida, »el arcediano me llama, que ningun señor de la iglesia me ve que no quiera »ganar por la mano cuál me llevará primero a su casa» (pp. 74-75).

Ciertamente que los que fuesen entonces vicario y arcediano de Salamanca, quedarían muy agradecidos al Maestro Muñón por el modo de señalar.

desmienten en su alumna, cuya psicología está seriamente estudiada.

Brumandilón es un tipo más en la galería inaugurada por la efigie clásica de Centurio, a la cual no llega ciertamente, pero supera en mucho a las bárbaras copias de Galterio y Pandulfo. Sancho de Muñón, como delicado humanista que era le ha conservado el sabor plautino del original, y pone en su boca chistes de muy buena ley. Se habla de las hazañas de Diego García de Paredes y replica muy satisfecho: «Aquí está Brumandilon, que siendo maes»tro de esgrima en Milan, le enseñó a jugar de todas armas, de »espada sola, espada y capa, de espada y broquel, de dos espa»das, de espada y rodela, de daga y broquel grande, de daga sola »con guante aferrador, de puñal contra puñal, de montante, de »espada de maño y media, de lanzon, de pica, de partesana, de »baston, de floreo y de otros muchos exercicios de armas; y él »viendo mi esfuerzo en los golpes, mi osado atrevimiento para »acometer seis armados, rebanar brazos, cortar piernas, harpar »gestos, hender cabezas y otros miembros, con mi exemplo salió »tan diestro y animoso como veis» (pág. 102). En otra parte exclama: «La diversidad y gran variedad de las hazañas que por mí »han pasado por diversos reinos y ciudades, me privan de memo»ria a que no me acuerde de los casos particulares que tengo »hechos por todo el mundo» (pág. 163).

Pero demos paz a la pluma, porque para copiar todo lo bueno que hay en la *tragicomedia de Lisandro y Roselia* necesitaríamos de mucho espacio. Don Juan Eugenio Hartzenbusch la calificó perfectamente en estos términos: «El libro es de lo mejor que en su »tiempo se escribió en castellano. El autor se muestra doctísimo »en todo género de letras, conocedor profundo del corazón hu»mano, hábil pintor de costumbres y personaje por muchos tí»tulos distinguido.»

La caprichosa injusticia de la suerte sepultó en olvido su obra apenas nacida. Un solo contemporáneo alude a ella: Alonso de Villegas en su *Comedia Selvagia*. Y ya en el siglo XVII debía de ser rara, puesto que don Nicolás Antonio sólo cita un ejemplar que guardaba entre sus libros don Lorenzo Ramírez de Prado, sin duda como cosa peregrina. Hartzenbusch supone que Maximiliano Calvi tuvo muy presente esta tragicomedia cuando escribió su *Tractado de la hermosura y el amor* (1576). «Trozos hay »en él (dice) con los mismos pensamientos, con el propio lengua-»je casi que otros de la tragicomedia». Así será cuando tal maestro lo afirma; pero aunque tengo muy manejado el curiosísimo infolio de Calvi, que es la más completa enciclopedia de cuanto especularon sobre la filosofía del amor y de la belleza los neoplatónicos del Renacimiento, no he podido encontrar esas coincidencias verbales, aunque sí algunas ideas comunes, que por serlo tanto en las escuelas de entonces no necesitaba Calvi tomar directamente de la tragicomedia.[1]

Mientras estas «*Celestinas*» se publicaban en Castilla, un ingenio portugués digno de mayor nombradía que la que logra en su patria y fuera de ella, componía tres largas comedias en su lengua nativa, tomando por modelo en todas ellas, y especialmente en la primera, el libro incomparable de Fernando de Rojas, pero sin calcarle tan servilmente como otros. Las comedias *Euphrosina*, *Ulyssipo* y *Aulegraphia*, de Jorge Ferreira de Vasconcellos, atestiguan, a la vez que el talento original de su autor, la influencia profunda que ejerció en Portugal la tragicomedia castellana desde el momento de su aparición. Ya hemos visto hasta qué punto penetró en el teatro de Gil Vicente. Es inútil hablar de poetas menores. «Raras son las comedias portuguesas (dice Teófilo Braga) »que no aluden a esta comedia, que se tornó proverbial en la len-»gua de nuestro pueblo. Aun en las islas Azores se habla de las »*artes de la madre Celestina encantadora*, sin saber a qué gran fe-»nómeno literario se refieren».[2] En vano fué que severos moralistas como Juan de Barros protestasen contra ella y hasta considerasen como un timbre de la lengua portuguesa el ser tan honesta y casta que «parece no consentir en sí una tal obra como »*Celestina*».[3] Ya Gil Vicente había demostrado, contra monjiles

---

[1] *Tractado de la Hermosura y del Amor compuesto por Maximiliano Calvi... En Milán. Por Paulo Gotardo Poncio, el Año MDLXXVI.*
Cada uno de los tres libros en que la obra se divide forma un volumen con paginación diversa.

[2] *Historia do Theatro Portuguez*, II, *A comedia classica e as tragicomedias* (Porto, 1870), pp. 29-30.

[3] *Grammatica* (1536), pág. 73 de la edición de 1785. «Verdade he ser »(a lingua portugueza) em si tā honesta e casta que parece não consentir »em sy hūa tal obra como Celestina».

escrúpulos, que la lengua portuguesa lo toleraba todo, como las demás lenguas del mundo, cuando diestramente se las maneja.

Dos testimonios muy singulares, cada cual en su línea, tenemos de la enorme popularidad, no ya literaria, sino social, que alcanzaba la *Celestina* entre los portugueses a principios del siglo XVI. El primero, cuya indicación debemos a nuestra sabia y generosa amiga doña Carolina Michaëlis de Vasconcellos, prueba que antes de 1521 el drama de Rojas había dado asunto para trabajos de orfebrería. En el ajuar de la infanta doña Beatriz, que en dicho año se casó con el duque de Saboya, había *una taza de plata con la historia de Celestina*.[1]

Precisamente en el mismo año Francisco de Moraes, futuro autor del *Palmerín de Inglaterra*, fué testigo en Braganza, su patria, de la inaudita profanación de un Diego López, herrero que en viernes de Dolores estaba en la iglesia de San Francisco, ante el Sagrario, leyendo a un corro de mujeres la *Celestina*, «y paréceme »que era en el auto que habla de Centurio».[2]

A tiempos poco menos remotos que éstos han querido referir algunos la composición de la primera comedia de Jorge Ferreira, sin razón a mi juicio, y hasta con evidente imposibilidad cronológica. Hubo un Jorge de Vasconcellos (a quien también se llama Jorge de Vasco Gonçelos), insignificante trovador del *Cancionero de Resende*,[3] el cual frecuentaba ya la corte de don Manuel en el año 1498, y está citado en 1519 por Gil Vivente.[4] Para admitir que este poeta cortesano fuese la misma persona que el autor

---

[1] *Historia Genealogica da Casa Real portugueza*, por D. Antonio Caetano de Sousa... Lisboa Occidental, 1738, Provas. II, pág. 448.

[2] «Em sexta feira de Endoenças do anno de 1521 vi no mosteiro de »Sam Francisco en bragança un Diogo Lopes, ferreiro, vestido em manto »bérneo e touca foteada, estar ante o Sacramento en roda de mulheres len»do por *Celestina*, e parece-me que era no auto que falla do Centurio.» (Ms. tal vez autógrafo, que poseía el conde de Azevedo, y hoy debe de estar en la Biblioteca de Oporto).

Vid. C. Castello Branco, *Narcoticos*, I, Porto, 1882, pág. 66.

[3] Tomo III de la ed. de Stuttgart, pp. 114, 120, 129, 215 y 222. En la pág. 632 hay unos versos de García de Resende a Jorge de Vasconcellos «porque nam querya escreuer humas trovas suas».

[4] En la tragicomedia de *Las Cortes de Júpiter* (*Obras de Gil Vicente*, tomo II de la ed. de Hamburgo, pág. 404).

de la *Eufrosina*, como pretende Teófilo Braga, habría que rechazar la fecha hasta hoy tenida por cierta de la muerte de Jorge Ferreira de Vasconcellos en 1585 o suponer que vivió más de cien años, pues hemos de creer que tendría por lo menos diez y seis cuando poetizaba en los saraos de palacio.

Aun prescindiendo de esta confusión de dos personas, que pueden ser fácilmente deslindadas, quedan grandes oscuridades en la biografía de nuestro autor. Ni siquiera consta con seguridad la tierra en que nació, que unos quieren que fuese Coimbra, otros Montemor o Velho, sin que falte quien le suponga hijo de Lisboa. [1] Ninguno de los antiguos biógrafos se fijó en el dato capital de haber sido Jorge Ferreira de Vasconcellos mozo de cámara del infante don Duarte, hijo de don Manuel, a cuyo servicio estaba en 1540, fecha de la muerte de aquel príncipe, nacido en 1515. De aquí dedujo con excelente crítica doña Carolina Michaëlis que debía de ser joven entonces, no de mayor edad que Francisco de Moraes, el cual también figura en la lista de los servidores del infante. [2] No se sabe a punto fijo si Ferreira siguió formando parte de la casa de la viuda y del hijo póstumo de don Duarte, o pasó a la de don Juan III, como indica su yerno en el prólogo de la *Ulyssipo*. [3] En este caso sería destinado al servicio del príncipe don Juan, heredero de la corona, puesto que a él dedicó las primicias de su ingenio: la comedia *Eufrosina* y el *Sagramor*, entre 1550 y 1554 probablemente. Muerto el infante en 1564, siguió al servicio del que fué luego rey don Sebastián. El único puesto oficial que cons-

---

[1] Jose Joaquim da Costa e Sá, editor de la traducción de Terencio de Leonel da Costa en 1788, dice haber visto un ejemplar de la *Eufrosina* de 1561, que tenía en el reverso del pergamino las siguientes palabras de letra antigua: «O Autor d'este livro foi Jorge Ferreira de Vasconcellos, na»tural de Lisboa, tamben Author da Tavola Redonda e d'outras obras» (Tomo I, pág. XXI, nota 9).

[2] En la *Vida de D. Duarte*, escrita en 1565 por Andrés Resende, que había sido su maestro de latinidad, se hace mención de Francisco de Moraes, pero no de Jorge Ferreira de Vasconcellos. Tampoco en el testamento del Infante, publicado en las *Provas* de la *Historia Genealogica*. Pero está citado en el *Rol dos Moradores do Infante*, redactado poco después de su fallecimiento. (Vid. Caetano de Sousa. *Hist. Geneal. Provas*, II, 615).

[3] «Das comedias que Jorge Ferreira de Vasconcellos compos, foy esta »*Vlysippo* a segunda estando ja no seruiço del Rey nesta cidade.»

ta de un modo positivo haber logrado es el de «escribano del Tesoro», con *quince mil reis* de sueldo al año (!!). Tal destino no era ciertamente para enriquecer a nadie, y es posible que espontáneamente le renunciase, puesto que por un albalá de 10 de julio de 1563 tomó posesión de él un Luis Vicente (hijo acaso del gran poeta), mozo de cámara del rey don Sebastián, en los mismos términos en que le había tenido Jorge Ferreira, que debía de estar vivo, puesto que no se usa respecto de él la frase sacramental «*que Deus perdoe*».[1] Además, el prólogo con que en 1567 apareció el *Sagramor* tiene todas las trazas de estar escrito en aquel mismo año. Tampoco debe negarse crédito a Barbosa Machado, cuando afirma que Ferreira falleció en 1585 y fué enterrado con su consorte doña Ana de Sousa en el crucero del convento de la Santísima Trinidad de Lisboa. Escribiendo Barbosa en 1747 es muy probable que tomase esta fecha del epitafio que existiría en dicho convento, destruído, como tantos otros, por el terremoto de 1755.[2]

Otras noticias que el mismo Barbosa da tienen igualmente sello de verosimilitud y no han sido hasta ahora contradichas por ningún documento, aunque tampoco hay ninguno que las confirme. Le llama caballero profeso de la orden de Cristo y uno de los más distinguidos criados de la casa de Aveyro[3] y afirma que fué «tesorero de la casa de la India». De su matrimonio con la ya referida doña Ana de Sousa tuvo dos hijos, Pablo Ferreira, que en edad juvenil perdió la vida en la jornada de África con el rey don Sebastián, y doña Briolanja de Vasconcellos, que se casó con Antonio de Noronha.

No sólo fué hombre de ingenio agudo y gracia nativa, dotes que en sus composiciones resplandecen, sino verdadero y culto humanista. La *Eufrosina* parece documento irrecusable de haber hecho sus estudios en Coimbra, lo cual no pudo ser antes de 1537,

---

[1] Vid. Brito Rebello, *Ementas Historicas*, II, *Gil Vicente*, pág. 114.
El título exacto del cargo era «escrivão da receita e despesa do tesoureiro »da casa real».

[2] Barbosa Machado, *Bibliotheca Lusitana*... Lisboa, 1747. Tomo II, páginas 805-807.

[3] Acaso en este punto haya confusión con el Dr. Antonio Ferreira, autor de la *Castro*. El ducado de Aveyro fué creado en 1547 para don Juan de Lencastre, nieto de don Juan II.

fecha de la traslación de la Universidad desde las orillas del Tajo a las del Mondego.[1]

Parece singular que con tales condiciones y con el positivo mérito de sus escritos, un solo contemporáneo suyo le mencione, Diego de Teive en un elegante epigrama latino,[2] que en parte nos da la clave del enigma, pues hace notar que Ferreira jamás ponía su nombre en las obras que compuso:

Non tua subscribis, sed latitare cupis.

Este amor a la oscuridad y al anónimo, y quizá todavía más la circunstancia de no haberse prestado al cambio de elogios mutuos, puesto que ni se encuentran versos suyos en loor de ningún ingenio de su tiempo, ni sus libros llevan panegíricos de mano ajena, explican su aislamiento respecto de la literatura de su época y el olvido en que cayó muy pronto su nombre, hasta el punto de ser atribuída a otros autores su mejor obra.

Además, sus gustos parecen haber estado en discordancia con esa misma literatura. Era, como Cristóbal de Castillejo, un rezagado de la escuela del siglo XV. A ella pertenecen todos los poetas que elogia: Macías, Juan Rodríguez del Padrón, Garci Sánchez de Badajoz, el Bachiller de la Torre, Juan de Mena, el Ropero, Jorge Manrique, Juan del Encina, entre los castellanos; don Juan

---

[1] Vid. Teophilo Braga, *Historia da universidade de Coimbra...* Tomo I, Lisboa, 1892, cap. V, pp. 449 y ss.

[2] Estos dísticos se encuentran en la comedia *Aulegrafia,* pero no al fin, como dice Barbosa, sino al principio, antes del folio primero e inmediatamente después de la dedicatoria:

Inscribunt alii morituris nomina chartis
Cumque illis cernunt nomina obire sua.
....
Tu, bone Ferreri, victuris nomina chartis,
Non tua subscribis, sed latitare cupis.
Est tibi sat saeclis prodesse aliquando futuris.
Quamvis nulla tui nominis aura sonet.
Nil agis, insequitur fugientem fama, sequentem
Aufugit, ad superos et volat alta polos.

Siendo tan raros los elogios antiguos de Jorge Ferreira, no debemos omitir el de Juan Soares de Brito *(Theatr. Lusit. Lit.,* let. G.), citado por Barbosa: «Vir ingenio promptissimo et lepidissimo».

de Meneses, Gil Vicente, Bernaldim Ribeiro, entre los portugueses.[1] De los poetas de la escuela nueva menciona a Boscán, Garcilaso y Sá de Miranda.

Hasta aquí las noticias biográficas de Jorge Ferreira, que no

---

[1] Las coplas de Jorge Manrique le eran tan familiares que desde la primera escena de la *Eufrosina* intercala varios versos en el diálogo: «Dexemos a los troyanos que sus males no los vimos». «Recuerde el alma dormida». Y a continuación dos pedazos de romances que él mismo califica de antiguallas: «Por aquel postigo viejo», «Buen Conde Fernán González». Dos veces está citado Macias en la misma escena, y poco antes el «Huid que rabio» de Juan Rodríguez del Padrón, (páginas 63, 64 y 65 de la presente edición). Nueva reminiscencia de Jorge Manrique es la escena 2ª: «Todo tiempo pasado fué mejor» (pág. 71). De los *elevamientos de Garci Sánchez* se habla en el acto 3º, escena 2ª (pág. 105).

De la popularidad de los pliegos sueltos que contenían romances es buena prueba lo que dice Cariofilo a Zelotipo en la segunda jornada del acto tercero: «Partios a Castilla y dexad a Portugal a los castellanos, pues »les va tan bien en ella. Poned tienda en Medina del Campo y ganaréis »de comer con glosar romances viejos, que son apacibles, y ponedles por »título «obra nueva sobre mal hubistes los franceses la caza de Roncesva»lles»; mas temo que ande ya allá el trato tan dañado como acá, donde lo »censuran todo estos críticos, que no medran ya chocarreros» (pág. 106).

En el mismo acto hay tres canciones castellanas, puestas en boca de Zelotipo. El traductor sólo ha conservado la tercera: «Aora quiero os dezir »unas coplas que hize poco ha en castellano, por ser más recebido y menos »glosado.» Las otras dos tienen los siguientes principios, que bastarán para mostrar su directa filiación de la poesía de los Cancioneros:

> De grado en grado ha sobido
> La pena a la fortaleza,
> Del ansia y mayor tristeza
> Que ay en el mundo.
>
> Cayó se me hasta el profundo
> Con dolor el pensamiento,
> Del más subido cimiento
> De la esperanza...
>
> En mal punto fue nacido
> Un corazon desdichado,
> Qual el mio [a], que ha querido
> Ser más vuestro desdeñado
> Que de otra favorescido...

Tiene en portugués otras composiciones del mismo gusto. La mejor es un villancico que canta Silvia de Sousa en la escena 1ª del acto 4º:

[a] *El niño* dice la incorrectísima edición de Sousa Farinha, 1786, pág. 172.

he tenido ni siquiera el trabajo de recoger, puesto que juntas y depuradas las ha puesto a mi disposición la doctísima escritora doña Carolina Michaëlis, ornamento al par de la erudición germánica y de las letras peninsulares, a quien me complazco en dar

>   Aquelle cavaleiro,
>   Que d'amores me falla,
>   Querolhe bem na alma...
>   (Pág. 229 de la ed. de 1786).

El capitán Ballesteros traduce estos versos, pero omite o mutila arbitrariamente otros, así castellanos como portugueses, en todo el curso de la obra. No tiene disculpa, por ejemplo, la supresión de esta linda cantiga que entona Eufrosina en el acto 4º, escena 5ª:

> Castigado me ha mi madre
> Por vos, gentil cauallero,
> Mandame que no os hable:
> No lo haré, que mucho os quiero.
>
> Fuerça me por vos amor,
> Venceme vuestro deseo:
> Cuanto me riñen, si os veo,
> Se me olvida, y el temor.
>
> Defiende me lo mi madre,
> Que no os vea, cavallero,

> Mandame que no os hable,
> Y yo por hablar os muero.
> ¿Qué valen consejos sanos,
> Quando está mal sana el alma?
> Si el amor lleua la palma,
> Vencen los cuidados vanos.
>
> Que me mate la mi madre
> Por vos, gentil cavallero,
> No quitará que no os hable,
> Pues sin vos vida no quiero.
>
>   (Pág. 248 de la misma edición).

El nombre de Jorge Ferreira debe añadirse al *Catálogo de los autores portugueses que escribieron en castellano* formado con tanta erudición y diligencia por mi difunto e inolvidable amigo el doctor García Peres, no sólo por estas y otras piezas poéticas, sino por una parte del diálogo de la comedia *Aulegrafia*.

No encuentro citadas en la *Eufrosina* más obras en prosa que el *Clarimundo*, libro de caballerías de Juan de Barros (pág. 110 del presente volumen), la novela de Diego de San Pedro y el *Marco Aurelio* del obispo Guevara: «En esta materia pocos aciertan y todos reprehenden y no dexan »de aferrarse con *Carcel de Amor* en lugar solitario, y tienen por tanto con- »vertillo en portugues como si fuese Homero; mas pues llegamos a tratar »de antiguedades, qué malo sería hablar por *Marco Aurelio*, que tiene gran »copia en el dezir?» (pág. 111).

De Petrarca y aun de Dante hay indudables reminiscencias: «De la se- »ñora Eufrosina no se puede hablar como de cosa deste mundo, sino como »de *una muestra que Dios nos quiso dar de su poder*» (p. 137). «La mayor »*congoja en estas adversidades es acordarme que fui algun tiempo venturoso*» (página 140).

En la *Vlysipo* (fol. 149 vuelto de la ed. de 1618) se encuentra un soneto, único tributo que pagó a la métrica italiana. No sabemos si puede tomarse

este público testimonio de gratitud por su admirable compañerismo literario.

No todas las producciones del ingenio de Jorge Ferreira han llegado a nuestros días. El conde da Ericeira, al dar cuenta en el año 1724 a la Academia Real Portuguesa de los manuscritos que contenía la biblioteca del Conde de Vimieiro, cita con el número 79 unas *Obras Moraes* de Jorge Ferreira de Vasconcellos, compuestas en 1550 para la educación del rey don Sebastián. La primera de ellas era un *Diálogo das grandeças de Salomão,* y la otra un coloquio sobre el psalmo 50. La librería de Vimieiro fué de las que perecieron en el terremoto. Barbosa Machado, que escribió antes de aquella catástrofe, menciona, no sólo el *Diálogo de las grandezas de Salomón,* dedicado al rey don Sebastián en su infancia, sino también el *Peregrino,* «libro curioso escrito en el estilo de la *Eufrosina* (lo cual hace creer que se trataba de una nueva comedia en prosa), y los *Colloquios sobre Parvos* (coloquios sobre los tontos), en respuesta a una pregunta que le hizo una prima suya religiosa, *«que cosa era parvoisse».* De ninguno de estos manuscritos queda, al parecer, rastro.

Como obras impresas tenemos las tres comedias, y un libro de caballerías, del cual existen dos redacciones, al parecer distintas. La primera, que con el título de *Triunfos de Sagramor,* fué impre-

---

por expresión de su propio pensamiento o meramente de la persona que habla, el siguiente pasaje de la *Aulegrafia* (act. II, sc. 10, fol. 78 vuelto). En el primer caso habría que creer que cambió de rumbo en sus últimos años, como lo hizo también Gregorio Silvestre: «Eu, senhor, tenho minha »poesia nova e faço minha viagem *por fora da rota de João de Lenzina,* e »terzo-me da vitola dos antigos como de espirro: porque são musicas de »fantasia sem arte, e não alcançam o bem dágora, que tem furtado o corpo »a idolatrias contemplativas quando ihe dizia: *En tus manos la my vida »encomiendo condenado,* etc., e então logo morrem e vinham os *Testamentos, »os Infernos do amor, e tudo era ayre».*

Poco antes se habia quejado del abandono de la lengua portuguesa y del predominio de la nuestra: «Somos tā incrinados a lingua castelhana »que nos descontenta a nossa, sendo dina de maior estima, e não ha entre »nós quem perdoe a hua trova portugueza, que muytas vezes e de vanta- »gem das Castelhanas, que se tem aforado comnosco, e tomado posse do »nosso ouvido, que nenhumas ihe soan melhor: em tanto que fica em tacha »anichilarmos sempre o nosso, por estimarmos o alheyo» (fol. 66 vuelto).

sa en 1554,[1] se enlaza artificialmente con el ciclo del rey Artús y de la Tabla Redonda, pero su principal objeto fué describir las fiestas o torneo de Xabregas con ocasión de haber sido armado caballero el príncipe don Juan, a quien servía, mozo estudioso y protector de las Musas, ensalzado como tal por todos los poetas de su tiempo, incluso Luis de Camoens (en la égloga 1ª). Más o menos refundida esta obra con el título de *Memorial das proezas da segunda Tavola redonda,* y dedicada al rey don Sebastián, volvió a imprimirse en 1567.[2] El editor de la *Aulegraphia* en 1619 habla de una segunda parte inédita, que al parecer se ha perdido. Los versos que el *Memorial* contiene no desmienten las aficiones ar-

---

[1] Inocencio da Silva no llegó a ver los *Triunfos de Sagramor,* y se limita a copiar la escueta noticia de Barbosa:

Triunfos de Sagramor, em que se tratão os feitos dos Cavalleiros da segunda Tavola Redonda. Dirigido al Principe D. Juan Coimbra, por Juan Alvares, impresor del Rey. 1554. fol.

Doña Carolina Michaelis me escribe: «Infelizmente nunca vi o *Sagra-*»*mor*. Nem vive quem o visse! Apenas ha boatos vagos sobre un exemplar »guardado na Torre do Tombo. Creio que o *Memorial* é 2ª ed. do *Sagramor,* »apenas com o titulo mudado por improprio. O melhor teria sido *Memo-*»*rial das Proezas dos Cavaleyros da (Segunda) Tavola Redonda do Rei Sa-*»*gramor*. No prologo ha no fim a oração seguinte: «não me disculpo dos »erros e atrevimentos de que nesta trasladação do *Triumpho del Rey Sa-*»*gramor* posso ser reprendido, nem os nego». No cap. 26 diz que «Foro-»neus... não foy sua tenção tratar de hum soo cavaleyro... antes pretende »fazer huma viva memoria de tudo o que alcançou saber dos da Tavola »Redonda del Rey Sagramor.»

[2] *Memorial das proezos da segunda Tauola redonda. A o muyto alto e muyto poderoso Rey do Sevastião primeyro deste nome em Portugal, nosso senhor. Con licença. En Coimbra. Em casa de João de Barreyra,* 1567. 4º 240 hs. dobles.

Barbosa cita otra del mismo año en folio, pero debe de ser la misma.

De esta edición rarísima sólo se conocen dos ejemplares en Portugal (según Inocencio): el de la Biblioteca Nacional de Lisboa, procedente de la librería de don Francisco de Mello Manuel, y el de la biblioteca de Braga. En el *Suplemento* de Brito Aranha se cita otro que perteneció al conde de Azevedo.

Hay una edición moderna del *Memorial,* dirigida por Manuel Bernardes Branco (Lisboa, na tip. do «*Panorama*», 8º grande).

Vid. *Diccionario bibliographico portuguez, estudos de Innocencio Francisco da Silva applicaveis a Portugal e ao Brasil.* Tomo IV Lisboa, na Imprensa Nacional. 1860, pp. 167-171. Y el *Suplemento* de Brito Aranha (tomo XII del Diccionario, 1884).

caicas y enteramente hispanistas de Jorge Ferreira. Son casi todos romances, algunos de ellos de asunto clásico, como la guerra de Troya, los amores de Sofonisba y la batalla de Farsalia; otros enlazados con la acción de la novela, y algunos de tema histórico portugués, como la muerte del príncipe don Alfonso, hijo de don Juan II, y la del mismo príncipe don Juan, mecenas del autor. [1]

No puede negarse que Jorge Ferreira, sin dejar de ser ingenio genuinamente portugués, y el que después de Gil Vicente nos ha dejado más fieles pinturas de la sociedad de su tiempo, tenía puestos los ojos en nuestra literatura del siglo anterior, y especialmente en la obra insigne que glorificó las postrimerías de aquella centuria. Sus comedias lo comprueban sin que el autor trate de ocultarlo, y no pueden confundirse de ningún modo con *Os Estrangeiros* y *Os Vilhalpandos* de Sá de Miranda, con *Bristo* y *O Cioso* de Antonio Ferreira, que son también comedias en prosa, pero de pura imitación latino-itálica, de moderada extensión y de forma representable. Ferreira de Vasconcellos, por el contrario, es un imitador deliberado de la *Celestina*, y sus comedias son extensos libros, destinados a la lectura únicamente. [2]

La más antigua de estas obras, y la que principalmente nos interesa, es la *Eufrosina*. En el proemio al príncipe don Juan, el autor la llama *primicias de meu rustico engenho, primeiro fructo, que delle colhi inda ben tenro*. Y en el prólogo, puesto en boca de *João de Espera em Deus*, la anuncia como *cousa nova, invenção nova nesta terra*. Tenemos, pues, en ella, no sólo las primicias del ingenio de su autor, sino las primicias de un género: «o novo autor em nova inuenção».

La acción pasa en Coimbra, y hay continuas alusiones a las costumbres de los estudiantes, aunque no lo son los dos principales personajes. [3] En el prólogo de *Juan espera en Dios* se declara ex-

---

[1] Vid. Th. Braga, *Floresta de varios romances*, Porto, 1868, pp. 36-53.

[2] Basta leer la *Eufrosina* para convencerse de que no pudo ser representada a lo menos en su forma actual; pero algunas frases del prólogo de *Juan de Espera en Dios*, parecen indicar que su autor la destinó a alguna recitación o lectura pública, como creemos que lo fué también la *Celestina*. En este caso los oyentes serían estudiantes o profesores de Coimbra, y a ellos aludirá la frase *neste anfitrioneo convento*.

[3] Por cierto que Jorge Ferreira no se muestra nada blando con ellos,

presamente que allí fué compuesta: «Na antiga Coimbra, coroa »destes Reynos, a sombra dos verdes sincerais de Mondego, nasceo »a portugueza Eufrosina.» ¿Pero en qué tiempo? No es posible admitir la fecha de 1527, propuesta por Teófilo Braga. Su único apoyo está en una carta fechada en Goa a 28 de diciembre de 1526, que se lee en la escena quinta del acto segundo de la obra. Pero en esta fecha tiene que haber error tipográfico, puesto que en la misma carta se alude a la fortaleza de Diu, no construída hasta 1535. La verdadera fecha de la comedia debe rebajarse por consiguiente, en diez años, y esta fecha cuadra perfectamente con todo lo que sabemos de la vida del autor.

La *Eufrosina* corrió mucho tiempo manuscrita, estragándose en las copias, hasta que el autor, doliéndose de verla andar *por muitas mãos deuassa e falsa*, determinó colocarla bajo el real amparo del Príncipe don Juan, heredero de la corona. Si se la dedicó impresa, como parece muy creíble, esta primera edición es desconocida hasta ahora. Pero existen otras dos del siglo XVI, ambas sin nombre de autor, únicas que nos dan el primitivo y auténtico texto de la comedia. Una es de Coimbra, 1560; otra de Évora, de 1561.[1] Sus ejemplares son de extraordinaria rareza.

---

especialmente con los legistas: «Estos son gente sin ley ni Rey, todo su cuy- »dado es buscar recreacion; la ciencia está en los libros; el estudiar, yr y »venir a su tierra, y despues de largo tiempo mal gastado: bachiller soy, »bien votado o mal votado, y dan sentencias de golpe, como palo de ciego, »que lleua el pelo y el pellejo, y el mal es para quien les cae en las manos» (página 88).

El enfado del estudio no se puede sufrir si no es a fuerza de necesidad... «Rico es mi padre, lograrme quiero con su trabajo... quanto más que »yo podré graduarme por suficiencia, y con estar dos días en Sena o en Bo- »lonia, espantaré toda esta tierra, y con dos sentencias que traiga de la Rota »pensará mi padre que vengo hecho un oráculo» (pág. 09).

[1] Debajo de una viñeta con tres figuras que representan a Zelotipo, Eufrosina y Silvia de Sousa, se lee este título:

Comedia Eufrosina. De nouo reuista & em partes acrecētada. Impressa em Coimbra. Por Ioao de Barreyra, Impresor da Vniuersidade; Aos dez de mayo M. D. LX.

(Colofón): «Foy impressa a presente obra, em a muy noble & sempre »Real cidade de Coimbra, por Ioāo de Barreyra empressor da Vniuersidade. »Com privilegio Real que nenhūa pessoa a possa imprimir, nem vender, nem »trayer doutra parte impressa, sob as penas conteudas no Privilegio. Aca- »bouse aos dez dias de mes de mayo. De M. D. LX».

A ello contribuiría sin duda la prohibición inquisitorial, que aparece por primera vez en el Índice portugués de 1581,[1] pero que no pasó al castellano de 1583.

Como a pesar de la censura, o quizá por virtud de ella, seguía leyéndose con aprecio la *Eufrosina*, un buen ingenio de principios del siglo XVII, poeta y novelista, Francisco Rodríguez Lobo, determinó obsequiar con una reimpresión de ella a su mecenas don Gastón Coutinho, que había mostrado deseo de leerla, entre otras razones porque «todas las cosas prohibidas obligan a la voluntad »a procurarlas, más que otras a que no pone precio la dificultad, »y siempre nuestro deseo se esfuerza a lo que le prohiben». Y do-

---

8º 347 pp. Láminas en madera. Letra redonda, excepto la lista de las figuras de la Comedia, que va en letra gótica.

Las palabras «revista e em partes acrecentada» apenas dejan duda de la existencia de una edición anterior.

Esta de 1560 es rarísima. El ejemplar que poseyó Salvá y describe en su *Catálogo* (núm. 1.254) pertenece hoy al Museo Británico. Allí mismo hay un ejemplar incompleto de otra edición, que parece ser la siguiente:

Comedia Eufrosina. De nouo reuista, z em partes acrecentada. Agora nouamente impressa. Dirigida ao muito alto z poderoso principe dom Joam de Portugal.

(Colofón): «Foy impssa en Euora en casa de Andree de Burgos, impssor »e cavaleiro da casa do Cardeal Iffante. No fin dabril de 1561». 8º let. gót.

«Había un ejemplar excelentemente conservado en la librería del hospicio de la Tierra Santa, el cual pasó después al Archivo Nacional de la Torre do Tombo» (Inocencio da Silva). Otro existe en la librería que fué de don Fernando Palha (núm. 1.206 de su *Catálogo*).

Don Blas Nasarre, que reimprimió en 1735 la *Eufrosina* castellana, dice en la advertencia «al que leyere», tratando del original portugués: «Imprimióse este libro la primera vez en Evora el año 1566 por Andrés de Burgos, »impresor y cavallero de la Casa del Cardenal Infante.» Pero como esta edición no parece por ninguna parte, puede sospecharse que el 1566 sea errata por 1561.

—*Comedia Evfrosina. Nouamente impressa e emendada. Por Francisco Roiz Lobo. Em Lisboa, Antonio Aluares*, 1616, 8º, 4 hs. prls. y 223 fols.

—*Comedia Eufrosina. De Iorge Ferreira de Vasconcellos, nouamente impressa, e emendada por Francisco Roiz Lobo. Terceira ediçao fielmente copiada por Bento Ioze de Sovsa Farinha, professor regio de Filozofia, e Socio da Academia Real das Sciencias de Lisboa. Lisboa, na off. da Academia Real das Sciencias, anno MDCCLXXXVI. Con licença da Real Mesa Censoria.*

Es pésima edición, lo mismo literaria que tipográficamente considerada.

[1] Pág. 359 de la reimpresión de Reusch.

liéndose él, por su parte, de que una obra tan digna de loor por la excelencia de sus palabras, la galantería de sus conceptos, la verdad de sus sentencias, la agudeza y sal de sus gracias, estuviese fuera del uso común y no pudiese ser leída libremente, se determinó a quitar «algunos descuidos y yerros que en ella había», y es de creer que fuesen alusiones satíricas sobre las costumbres de clérigos y frailes, que nunca faltan en esta casta de libros.

Corregida de esta manera por Rodríguez Lobo, la *Eufrosina* volvió a ser impresa en 1616 con permiso del Santo Oficio, que autorizó esta edición sola en el Índice de 1624, continuando la prohibición de las anteriores: *Euphrosina impressa antes de* 1616. *Author Jorje Ferreira de Vasconcellos.* Los inquisidores sabían el nombre del autor, pero Lobo no le consigna, y la tradición fué perdiéndose, hasta el punto de decir Faria y Sousa en su *Europa Portuguesa:* [1] «El primer libro que se escrivio con la mira de ensartar »refranes y dichos graciosos fue (con admirable acierto) el que »llaman *Eufrosina,* malissimamente traducido en castellano: *no se »le sabe autor;* diole ultimamente a luz Francisco Rodriguez Lo»bo, muy diminuto.» Por su parte, don Francisco Manuel de Mello, en el *Hospital das Lettras,* [2] habla dubitativamente de la paternidad de la *Eufrosina,* aunque no de las otras dos comedias: «O illustre Jorge Ferreira, auctor de *Ulysipo, Aulegraphia e dizem »que Eufrosina».* Nuestro don Nicolás Antonio escribió con mejores informes, catalogando la *Eufrosina* a nombre de Jorge Ferreira y dando a Lobo por mero editor. [3]

Como anónima se había presentado en la traducción castellana del capitán don Fernando de Ballesteros y Saavedra, regidor de Villanueva de los Infantes (1631), que en la dedicatoria al in-

---

[1] Tomo III, part. 4ª, cap. VIII, núm. 67, pág. 372 (2ª ed., Lisboa, 1680.)

[2] Pág. 30 de la edición de Mendes dos Remedios. El *Hospital* fué escrito en 1657.

[3] «Georgius Ferreira de Vasconzelos, Lusitanus, Conimbricensis, urba»nitate vir ac disertis salibus suo tempore in pretio habitus, scripsit comoe»dias tres prosaicas, quae magni aestimantur a civibus eius, et omnibus his »qui lusitanae linguae suavitate ac delitiis delectantur, nempe: *Comedia Eu»phrosina;* quae ut prima exiit ab auctoris ingenio, ita aliis quae sequutae »sunt, excellentiae palmam praeripuit. Edita est saepius in Portugallia, et »tandem recognita a Francisco Rodriguez Lobo &» *(Biblioth. Hisp. Nova,* I, pág. 538).

fante don Carlos, hermano de Felipe IV, dice textualmente: «Bien »pudo la modestia del autor desta comedia ser hazañosa en qui- »tarse la gloria que de averla escrito le resultará en los siglos.» Don Francisco de Quevedo, que apadrinó esta traducción con una curiosa advertencia, conocía, no sólo la edición de 1616, sino las antiguas, pues hace notar que «su original no cercenado por Lobo »es difícil por los idiotismos de la lengua y los Proverbios antiguos »y que ya son remotos a la habla moderna». Pero ignoraba por completo quién fuese el autor primitivo. «Esta comedia *Eufrosina*, »que escrita en Portugues se lee sin nombre de autor, es tan ele- »gante, tan docta, tan exemplar, que haze lisonja la duda que la »atribuye a cualquier de los más doctos escritores de aquella »nacion. Muestra igualmente el talento y la modestia del que la »compuso, pues se calló tanta gloria que oy apenas la conjetura »halla sujeto capaz a quien poder atribuirla.»

El juicio que aquel grande escritor formó de la *Eufrosina* no puede ser más honroso para las intenciones morales de su autor: «Mañosamente debaxo el nombre de comedia enseña a vivir bien, »moral y políticamente, acreditando las virtudes y disfamando los »vicios con tanto deleyte como vtilidad, entreteniendo igualmen- »te alque reprehende y al que alienta; extraña habilidad de plu- »ma, que sabe sin escandalo ser apacible, y provechosa condicion »que deuen tener estas composiciones.» Iguales elogios repiten los aprobantes. Así el maestro José de Valdivielso: «La fabula es sen- »tenciosa y exemplar: despierta avisos y avisa escarmientos; deberá »al traductor Castilla estos divertimientos y Portugal estos ho- »nores.» Y Bartolomé Ximénez Patón: «Aunque fábula, es de muy »delicada corteza, con substancia y copia de sentencias y conse- »jos.» En efecto, el carácter doctrinal y sentencioso está marcado en la *Eufrosina* más que en ningún otro libro de su clase, y no es el menor de los defectos que hacen cansada su lectura, no obstante la agudeza de muchas de sus reflexiones morales.

La traducción de Ballesteros, que va reimpresa en el presente volumen a título de curiosidad literaria, difícil de hallar, no sólo en la edición príncipe de 1631, a cuyo texto nos ajustamos,[1] sino

---

[1] *Comedia de Eufrosina traducida de lengua portvguesa en castellana. Por el Capitan D. Fernando de Ballesteros y Saavedra. Al serenissimo Señor*

en la reimpresión de 1735, que dirigió don Blas Nasarre, oculto con el seudónimo de don Domingo Terruño Quexilloso,[1] dista mucho de ser tan mala como Faria y Sousa da a entender. Está sí, algo abreviada, y en algunos puntos el traductor no penetra bien el sentido de los proverbios portugueses, pero generalmente es fiel, está escrita con soltura y da idea bastante aproximada de los méritos y defectos del original. Hacer la comparación de ambos textos es tarea que peculiarmente incumbe a los eruditos portugueses, así como otra más importante, la de reimprimir críticamente la primitiva *Eufrosina* de las ediciones del siglo XVI, para que sepamos a ciencia cierta cuáles son las variantes que en ella introdujo Lobo.

Mucho antes de salir a luz la edición expurgada de 1616 era conocida y celebrada entre nosotros la obra de Jorge Ferreira que en Castilla no estuvo prohibida nunca. Prueba irrecusable de su popularidad nos ofrece *La Pícara Justina,* novela impresa, como es notorio en 1605. Su autor enumera en el prólogo las principales obras de entretenimiento, y allí están citados los chistes de la *Eufrosina,* al lado de *El Asno de Oro,* la *Celestina* y el *Lazarillo de Tormes.* Tratando Justina en el primer libro, capítulo tercero, «de la vida del mesón», empieza por decir que nadie había escrito sobre ella, pero luego se retracta: «Dígolo por un librillo »intitulado *La Eufrosina,* que leí siendo doncella, que se refiere »de un *discrépito* poeta, que para alabar el meson dijo que Abra-»ham se preció en vida de ventero de ángeles, y en muerte de me-

---

Infante don Carlos. Con Privilegio. En Madrid en la Imprenta del Reyno. Año de 1631. A costa de Domingo Gonçalez. 8º De la forma que Gallardo llamaba de *Astetes viejos.* 12 hs. prls. sin foliar y 251 pp. dobles.

[1] *Comedia Eufrosina. Traducida de lengua portuguesa en castellana por el Capitan D. Fernando de Ballesteros y Saavedra. Con licencia. En Madrid, en la oficina de Antonio Marin, año de 1735.* 8º 12 hs. prls. y 422.

Dedicatoria «a la Señora Doña Sophrosina Pacheco, mi señora», firmada por D. Domingo Terruño Quexilloso. «Dedico una comedia en prosa; pero »poetica, y con sus primores y harmonia; libro raro, y de exquisito gusto, »de invencion dichosa, de composicion elegante, y que pinta con vivos colo-»res las personas que representa, poniéndolas sobre el Theatro al natural, »y con decencia, y enseñando con ellas los principios y progresos de la ga-»lanteria, que no son fáciles de conocer ni por los mismos que se hallan »presos de sus lazos. Enseña las señales y symptomas del suave veneno, casi »incurable despues de aver ganado el corazon.»

»sonero de los peregrinos y pasajeros del limbo, los cuales tuvieron
»posada en su seno. Pero este escritor *monobiblio* no advirtió dos
»cosas: lo uno, que es necedad traer tales personas en materias
»tales, y lo otro, porque Abraham dió de comer a su costa en su
»casa a los vivos y a los del limbo no llevó blanca de posada, lo
»cual no habla con los mesoneros de este mundo, ni tal milagro
»acaeció en casa de mi padre. Demás que yo no me quiero meter
»en historias divinas, no porque las ignore, sino porque las adoro.»
El pasaje a que se alude debió de ser por lo irreverente uno de los
cercenados en la refundición de Lobo.

Un género de interés, para nosotros secundario, tiene la *Eufrosina*, y es su gran valor *paremiológico*. En todas las *Celestinas*, desde la de Rojas hasta la *Dorotea* de Lope, abundan los proverbios y los idiotismos familiares; pero en la *Eufrosina* se encuentran en tal copia, que muchos trozos y aun escenas enteras son un tejido de refranes y de frases hechas. En este sentido fué el modelo primero, aunque indirecto (porque no creo que nadie la imitase de propósito) de las *Cartas en refranes* de Blasco de Garay, del *Entremés de refranes* de autor anónimo, de *El Perro y la Calentura* de Pedro de Espinosa, del *Cuento de Cuentos* de Quevedo, de la *Historia de Historias* de don Diego de Torres, y de las dos *Rondallas* valenciana y mallorquina de Fr. Luis Galiana y de don Tomás Aguiló; obras de ingeniosa taracea en que puede aplaudirse el mérito de la dificultad vencida; pero que principalmente valen como repertorios de frases, no como diálogos o cuentos.

Sería injusto decir lo mismo de la *Eufrosina*, a pesar de lo artificial del procedimiento, que por otra parte no es tan sistemático como en las obras citadas. En la comedia portuguesa lo esencial es el argumento de la comedia, aunque importen mucho los proverbios y sentencias de que el diálogo está materialmente tejido, con menoscabo de la naturalidad, primera condición de toda obra que afecta formas dramáticas. Los interlocutores casi nunca usan la expresión directa y sencilla; todos ellos presumen de ingeniosos, agudos y sutiles: mezclan la pedantería de las escuelas con el tono galante y amanerado de las conversaciones de palacio; son cultos y conceptistas en profecía, y hasta cuando remedan el habla popular lo hacen con dejos y resabios cortesanos. Hay una continua afectación en el estilo, afectación que no siempre desagrada, porque se ve que es trasunto del buen tono de una época gloriosa y de una sociedad elegante, como lo fué la portuguesa de los reinados de don Manuel y don Juan III. Pero tanta metáfora rebuscada, tanta alusión fría e impertinente, tanta mitología pueril, tantas reminiscencias de los poetas clásicos, especialmente de Ovidio, tanto *doctrinaje* insípido, vicios que más o menos afean todas estas comedias y tragicomedias, no van compensados aquí como en otros casos hemos visto, con la verdad plástica del detalle, con la representación franca y enérgica, aunque a veces brutal, de la realidad. Todo es pálido y atenuado en la *Eufrosina:* los tipos tienen algo de abstracto, y la obra entera se resiente de cierta frialdad seudoclásica.

Pero en esto mismo consiste su relativa originalidad. Un vago sentimentalismo, que no hemos visto hasta ahora, penetra calladamente en algunas escenas y modifica el concepto del amor, llevándole por rumbos idealistas y en cierto modo platónicos. La psicología del autor no es profunda, genial y avasalladora como la de Fernando de Rojas: no llega a producir criaturas inmortales. Pero es ingeniosa, delicada y de suaves matices, como cuadra a una acción familiar y honesta, en que no hay grandes conflictos de pasión y llegan todas las cosas a un término sereno y apacible. El seso y la gravedad campean en esta producción juvenil, con cierto elevado y noble sentido de la vida, que hace simpático al hombre y al moralista.

El mérito principal de la *Eufrosina* estriba en el contraste entre los dos jóvenes *Zelotipo* y *Cariofilo*, representante el primero del amor exclusivo, caballeresco y respetuoso, que hace un ídolo de la persona amada, y el segundo del apetito sensual, frívolo, ligero y veleidoso. Uno y otro logran su condigna recompensa, obteniendo Zelotipo por premio de la pureza y constancia de su afecto la mano de la noble y rica Eufrosina, única hija y heredera de don Carlos, señor de las Povoas, y viéndose Cariofilo, de resultas de una de sus vulgares aventuras, obligado a casarse por fuerza con la hija de un platero, a quien había dado, como a otras varias, promesa de matrimonio. Los contrapuestos caracteres de los dos amigos se reflejan fielmente en sus palabras: «Quando segui amores »que no estimé dexar (dice Zelotipo), a todo me aventuraua; aora »que tengo hecho empleo del alma, no ay cosa que no tema, y

»esto juzgo por lo mejor, porque me lo enseña vn puro y verda-
»dero amor, que es propio maestro de virtudes, y quien muda la
»mala condicion en buena, el escaso en liberal, el ignorante en
»discreto, el inconsiderado en prudente, el cobarde en osado»
(página 69 de la presente edición). «Las almas contemplativas tie-
»nen los gustos muy diferentes de la otra gente... No ay contento
»general que valga la sombra de una tristeza particular. De mí
»os sé dezir que no trocaria el estar triste dos horas por quantos
»placeres ay en la vida, porque estas viuo para mí y las otras para
»el mundo. De donde se sigue que me enfadan las fiestas públicas
»y es a mi propósito el pasatiempo solitario, y no me conformo,
»antes aborrezco los amigos de regocijos públicos y que son co-
»munes con todos en holgarse» (pág. 92).

Antítesis de este contemplativo personaje es Cariofilo, que, sin
la grandeza trágica del burlador de Sevilla, profesa una filosofía
del amor muy parecida a la suya, y responde a los sanos consejos
de su amigo con frases análogas al *Tan largo me lo fiais:* «Atengome
»a sacudillas y dexallas, que assi hazian los dioses de la gentili-
»dad; lo demas es burla, porque es tan mala ralea la de mugeres,
»que ya ninguna quiere bien si no es por el interés, y en quanto
»ay que darles; yo conózcolas por el diente, y en tanto, lo que la
»loba haze al lobo le place, y a vn ruin, ruin y medio. Amor en-
»seña mil caminos de engañar; prometiendo con franqueza, de
»promessas las hago ricas; al tiempo de la paga no faltan escapa-
»torias...» (pág. 98). «Quando alcanço fauor de una muger de
»calidad, que me es de gusto y provecho, en teniendola rendida y
»señalada de mi señal, por no aficionarme mucho y venir a ser
»esclauo de mi gusto, procuro diuertirlo, por no criar cuerbo que
»me saque el ojo, y ocúpome en hazer empleo en otra y en otras.
»Desta manera juego con cartas dobladas, y no puedo perder, y
»aseguro mi mercaduria por no estar pendiente de la cortesia de
»la fortuna, y en esto me escuso grandes disgustos» (pág. 99).

Pero todavía es más *donjuanesco* el diálogo siguiente, que no
quiero abreviar por su importancia, desatendida hasta ahora:

«*Cariofilo.*—Sabeis lo que os digo, amigo mio? O tuerto o de-
»recho, mi casa hasta el techo; aun no estoy *a porta inferi;* allá
»vendran los aborrecidos ochenta años; dexadme aora lograr mis
»años floridos, en quanto tengo tiempo; despues no faltará la

merced de Dios y la misericordia, de que la tierra está llena. En
»poco espacio se saluó el buen ladron.

»*Zelotipo.*—Essa es una gentil cuenta. Por qué cédula teneis
»vos assegurado esse momento y essa condicion que basta para
»merecer en él? Pues cómo os acogeis a la misericordia, conside-
»rando que anda de compañia con la justicia, la cual no se dobla
»como la del mundo?

»*Cariofilo.*—Aunque dezis verdad y os lo concedo, yo vine al
»mundo para lograr mi vida, pues tengo tan cierta la muerte, que
»no es pequeña pena y descuento éste; y si aora no la logro, quan-
»do la edad lo pide y permite, el tiempo se me va huyendo, y yo
»no querria que me dexasse a buenas noches, sin dexar fruto ni
»señal de la jornada con la congoxa de quién tal pensara. Si yo
»tuuiera vida de nouecientos años, como los antiguos, anduuiera-
»me regalando? Todo era dos dias más o menos, porque avia paño
»para cortar y desperdiciar; mas vida de quatro negros dias, y
»estos inciertos y alternados en mal y bien, y que los passe lloran-
»do, mala Pascua a quien tal hiziere, y no fuere moço quando
»moço para ser viejo cuando viejo.

«*Zelotipo.*—Essa es vna mala conclusion. Essos esfuerços ju-
»veniles y essas quentas vanas tienen muy cierto el castigo; guár-
»deos Dios de pecador obstinado; las más vezes se ven desdichados
»fines a tales distraymientos. El hombre discreto ninguna cosa ha
»de temer tanto como a su gusto; nunca os precieis de culpas,
»porque desmerecereis el perdon; hazed siempre la cuenta de
»cerca, y no perdereis de vista el arrepentimiento... Mirad por vos,
»que quien se guardó no erró, y el Señor mandó velar a los suyos
»por la incertidumbre de la hora; y yo tengo sin duda que a exce-
»sos sensuales no dilata Dios la paga para el otro mundo, y assi
»se han visto muy grandes castigos.

»*Cariof.*—No me canseis aora; mirad vos vuestra alma y no
»tengays cuidado de la mia; yo dare cuenta de mí quando llamen
»a mi puerta, y no me faltará vn texto para hazerle a vna ley que
»venga a mi proposito y me ponga en salvo. Y Monseñor Ouidio
»dize que se rie Jupiter de los amantes perjuros...

»*Zelot.*—...Ninguno presuma que engaña, porque siempre él
»queda engañado; y por amor de mi, que nunca hagais esos ju-
»ramentos, porque son segun la intencion de quien los oye. En

»quanto Dios, estais obligados a essa moça en todo lo que le pro-
»metisteis; mirad lo que aueis hecho, no engañeis vuestra alma...

»*Cariof.*—...Yo os digo que las enredo y las sé burlar; ellas
»tratan siempre engaños, yo nunca les digo verdad ni tengo ley con
»ellas; ellas interessadas, yo escaso; ellas mudables en el amor,
»yo desamorado; ellas libres, yo raposo; assi nos damos en los
»broqueles, mas yo quedo siempre en pie como gato» (pp. 100 - 101).

Este tipo del libertino, que lo es más por atolondramiento y ligereza que por perversidad, es uno de los mejores aciertos de la *Eufrosina*. El autor le castiga blandamente y con catástrofe que tiene más de cómica que de trágica, porque en el fondo se trata de un tonto, cuyas ridículas empresas sirven de diversión a las mozas de cántaro y a todas las *raparigas* del Mondego. Pero si se prescinde de sus actos y se atiende sólo a su cínica profesión de inmoralidad amatoria, ningún personaje se hallará en nuestra primitiva literatura dramática y novelesca que en este punto concuerde tanto con las máximas y palabras de don Juan.

En los amoríos de Cariofilo interviene, como era natural, una Celestina de bajo vuelo, Filtria, mucho menos chistosa que sus comadres castellanas. Pero en los de Zelotipo prescinde el autor cuerdamente de tan vil sujeto, y quien sirve de medianera es una prima del mismo enamorado, Silvia de Sosa, amiga y confidente de Eufrosina, aunque constituída en cierto género de dependencia familiar respecto de ella. La figura de Silvia tiene finos toques y recuerda algo la doncella Poncia de la *Segunda Celestina*, aunque es menos razonadora que ella. Por su intervención se efectúan los secretos desposorios de Zelotipo y Eufrosina, aprovechando una ausencia del señor de las Povoas, que tiene que resignarse al fin con los hechos consumados, a pesar de la indignación que manifiesta en los primeros momentos y de su graciosa consulta con el doctor Carrasco.

Aunque Jorge Ferreira brilla más en lo serio que en lo cómico, es de gran mérito esta escena como pintura de costumbres universitarias, y recuerda el pleito del estudiante en la *Tragicomedia de Lisandro y Roselia*. Así como Sancho de Muñón, que era teólogo, tenía entre ojos a los canonistas y se burlaba de ellos a su sabor, Jorge Ferreira, que era humanista y hombre de mundo y de corte, profesaba especial aversión a los letrados y profesores de

Derecho civil, a su erudicción farragosa, a su pragmatismo huero. «Si no son prudentes (dice), las letras en ellos son peores que le- »pra, porque *quieren medir por las leyes de Iustiniano, que ha »mil y tantos años que se hizieron, las costumbres de aora, y no »consideran que el tiempo lo hace todo de su color*» (pág. 143). Palabras verdaderamente notables para escritas a principios del siglo XVI por un poeta que no hacía profesión de reformador de los estudios jurídicos.

Otras dos comedias en prosa compuso Jorge Ferreira, que generalmente pasan por inferiores a la *Eufrosina,* aunque la verdad es que apenas han sido estudiadas hasta ahora. La comedia *Ulyssipo* fué escrita en 1547 o poco después, según las alusiones que en ella se contienen a la campaña de Mazagán, atacada en aquel año por los moros. Rápidamente, pero con acierto, caracteriza esta obra Teófilo Braga: «La *Ulyssipo* es un cuadro de las »costumbres portuguesas en el siglo XVI: locuciones familiares, »más de 386 refranes que todavía andan en la tradición oral, »juramentos, juegos, diversiones, todo se encuentra reproducido »allí. Es un tesoro de lenguaje. La acción no tiene condiciones »escénicas, por las grandes e infinitas mutaciones y la falta de ra- »pidez de los diálogos, que están diluídos en consideraciones mora- »les atestadas de proverbios. Actos extensos que tardarían dos »días en representarse, flaca intriga bajo grandes y poco intere- »santes accesorios, hacen de la *Ulyssipo* una obra secundaria. »Crece su mérito, no obstante, si tenemos en cuenta que es una »de aquellas comedias que se escriben solamente para ser leídas. »En los saraos de palacio la leería Jorge de Vasconcellos delante »de D. Juan III a su hijo y heredero el príncipe D. Juan, apasio- »nado por el arte dramático, como lo fueron todos sus tíos y su »abuelo. Mirada de esta suerte, no carece de vida la *Ulyssipo.* »Los caracteres acentuadamente delineados, las situaciones bas- »tante cómicas y la filosofía del sentido común, son cualidades que »revelan un grande artista, que si hizo una comedia defectuosa »fué por no haberla escrito intencionadamente para la escena.»

Ni Barbosa Machado, ni Inocencio de Silva, ni ningún otro de los bibliógrafos portugueses que he visto, indican el año ni el lugar en que fué impresa por primera vez la *Ulyssipo.* Pero consta la existencia de una edición del siglo XVI, no sólo por el Índice inquisitorial de 1581, donde aparece prohibida, sino por los preliminares de la edición corregida y expurgada de 1618.[1] La principal enmienda que mandó hacer el Santo Oficio fué quitar el hábito de beata a la viuda Constanza d'Ornelhas, personaje celestinesco.

La última comedia de Jorge Ferreira, titulada *Aulegrafia,* no fué impresa en vida suya, ni siquiera dentro del siglo XVI, «por un disgusto general de este reino», según indica su yerno don Antonio de Noronha.[2] Algunos suponen que este disgusto fué la muerte del príncipe don Juan, pero más natural parece que se alude al desastre de Alcazarquivir en 1578, en que pereció el único hijo varón de Jorge Ferreira, si son exactas las noticias de Barbosa. La pérdida del príncipe en 1554 no pudo influir para nada en las publicaciones de Ferreira, puesto que de 1560 y 1561 hay ediciones de la *Eufrosina,* y en 1567 dedicó a don Sebastián el *Memorial de la Tabla Redonda.*

---

[1] *Comedia Vlysippo de Iorge Ferreira de Vasconcellos. Nesta segunda impressão apurada e correcta de algūs erros da primeira, con todas as licenças necessarias. Lisboa, Pedro Craesbeck, 1618, con Privilegio Real.* 8º 4 hs. prls. 278 foliadas y dos blancas al fin.

Hay una reimpresión de Lisboa, 1787, hecha por Benito de Sousa Farinha, tan poco apreciable como la de la *Eufrosina.*

[2] En la *advertencia ao Leitor* que precede a la comedia *Vlysipo,* y que seguramente salió de su pluma, aunque no lleva su nombre:

«Das Comedias que Jorge Ferreira de Vasconcellos compos foy esta *Vlysipo* a segunda, estando ja no serviço del Rey nesta cidade...

»E a derradeira a sua *Aulegrafia* cortesam em que cantando *cygnea »voce,* como dizem, melhor que nunca, a não imprimio por hum *desgosto »geral deste Reyno,* que nella se contará (a), se no bom trato que a esta se »fizer, quizerdes mostrar o gosto que tereis destoutra sair, que está da pena »do seu autor, e assi aprovada ja e com todas as licenças pera logo se poder »imprimir... A outra comedia (es decir la *Aulegrafia)* não tratando da *Eu-»frosina,* com *a primeira parte da Tavola Redonda que pera a* 3ª *impressão »emendou o autor em sua vida, de sorte que do meyo em diante em tudo ficou »differente. E assi mais a* 2ª *Parte da mesma historia podeis começar a espe-»rar muito em breve,* que quiza ordenou o Ceo differirselhe a impressão pera »este tempo, pera com ella se dar lugar a ouvir nelle a boa memoria deste Por-»tuguez...»

Nada de lo que aquí se promete, excepto la *Aulegraphia,* llegó a publicarse.

a Claro es que no en el texto de la comedia, sino en el prólogo o advertencia de ella. Pero al imprimir la *Aulegrafia* nada se dijo de esto.

No existe de la *Aulegrafía* más que la edición póstuma publicada por don Antonio de Noronha, yerno del autor, en 1619, treinta y tres años después de su fallecimiento.[1] De las tres comedias de Ferreira es la más rara y la que más precio ha tenido siempre en el mercado bibliográfico. A pesar de eso, nadie se ha decidido a reimprimirla, ni siquiera en la forma ruin y mezquina con que lo fueron la *Eufrosina* y la *Vlyssipo* en el siglo XVIII. Tan ingratos y olvidadizos han sido los portugueses con un escritor de tanto ingenio y cultura, de tan rica y sabrosa locución y tan útil para la historia de las costumbres peninsulares.

La *Aulegrafía*, que consta de cinco actos como las otras dos comedias, y no de cuatro como dice Barbosa, es, según indica su título, una pintura de la vida de la corte y especialmente de los amores de palacio. En este sentido puede ofrecer curioso tema de comparación con el *Cortesano* de Castiglione, con el de Luis Milán, con el *Arte de galantería* de don Francisco de Portugal y otros libros análogos. Uno de los personajes de la *Aulegrafía*, el aventurero Agrimonte, habla siempre en castellano.

Pero tanto la *Vlyssipo* como la *Aulegrafía*, sobre todo esta última, tienen con la *Celestina* una relación no directa y específica, sino genérica. Atendiendo a esto, y también a la circunstancia de no haber ejercido influencia alguna en nuestra literatura, dejemos intacto su estudio para los críticos del reino vecino. Hora es ya de volver a las *Celestinas* castellanas, aunque tengamos que acelerar el paso para poner fin a este larguísimo tratado.

En 1547 salió de las prensas de Toledo la *Tragedia Policiana*,[2] cuyo autor declara su nombre en cuatro estancias de arte

---

[1] *Comedia Aulegraphia, feita por Jorge Ferreira de Vasconcellos. Agora novamente impressa a costa de D. Antonio de Noronha. Dirigida ao Marquez de Alemquer, Duque de Francavilla, do Conselho de Estado. Lisboa, por Pedro Craesbeck, 1619.* 4º IV, 186 hs.

Desde la 179 hasta el fin del volumen se inserta una *carta que se achou entre os papeis de Jorge Ferreira de Vasconcellos,* composición de 344 versos en redondillas octosilábicas.

[2] (Portada en rojo y negro, con un grabadito que representa a un caballero ofreciendo una flor a una dama).

Tragedia Policiana. En la qual se tractan los muy desdichados amores de Policiano z Philomena, executados por industria de la diabolica vieja Claudina Madre de Parmeno, z maestra de Celestina.

mayor dirigidas «a los enamorados». Las iniciales de los versos, leídos de arriba a abajo, dicen: «El bachiller Sebastián Fernández». Es cierto que en una segunda edición, también toledana, de 1548, descubierta por Fernando Wolf en la Biblioteca Imperial de Viena,[1] hay otras estancias de «Luis Hurtado al Lector», de las cuales dedujo aquel insigne erudito que éste era el verdadero autor de la *Tragedia:*

> Lector desseoso de claras sentencias,
> Aquí debuxa la madre Claudina
> Debaxo de gracias sabrosa dotrina,
> Para guardar del mal las conciencias:
> Verás los auisos de mil excelencias
> Que a los virtuosos son claro dechado;
> Y si su autor se haze callado,
> Es por el vulgo, tan falto de ciencias.
> ....
> Y si algun error hallares mirando,
> Supla mi falta tu gran discrecion,
> Pues yerra la mano y no el coraçon,
> Que aqueste lo bueno va siempre buscando.

A mi ver, Luis Hurtado no habla aquí como autor, sino como mero corrector de imprenta, que era al parecer su oficio en los años juveniles. En la primera octava elogia al autor como persona distinta, y dice de él que «se haze callado», es decir, que oculta o disimula su nombre; lo cual no puede entenderse de Hurtado,

---

(Al fin): *Acabose esta Tragedia Policiana a XX dias del mes de Nouiēbre a costa de Diego Lopez librero, vezino de Toledo. Año de nra. Redēpcion de mil z quinientos z quarenta y siete. Nihil in humanis rebus perfectum.*
4.º let. got. 80 hojas foliadas.
A cada uno de los 29 actos precede una viñeta con las figuras de los interlocutores.
El ejemplar de la Biblioteca Nacional (fondo antiguo) es el que nos ha servido para esta reimpresión.
Los traductores castellanos de Ticknor (Madrid, 1851, tomo I, págs. 525-528) dieron un resumen del argumento de la *Policiana.*

[1] Esta edición es de Toledo «en casa de Fernando de Santa Cathalina» y se acabó «al primero día del mes de Março, año de 1548».
Véase lo que de ella dijo Wolf en su opúsculo sobre *La Danza de la Muerte* (Viena, 1852), traducido al castellano por don Julián Sanz del Río en el tomo XXII de la *Colección de documentos inéditos para la Historia de España* (Madrid, 1853), págs. 522-524.

que estampa el suyo con todas sus letras al principio de los versos. Los errores o faltas por las cuales pide perdón son, sin duda, las erratas tipográficas. En el mismo sentido deben entenderse las octavas acrósticas que puso en el *Palmerín de Inglaterra*, impreso en el mismo año y en la misma oficina, pues ni le pertenece la obra original, que es del portugués Francisco de Moraes, ni la traducción castellana, que reclama por suya el mercader de libros Miguel Ferrer.[1] No faltó entre sus contemporáneos quien formulara contra Luis Hurtado acusaciones de plagio. Pedro de Cáceres y Espinosa, en su biografía de Gregorio Silvestre, acusa al poeta toledano de haberse apropiado el *Hospital de Amor* del licenciado Jiménez.[2] En todas sus obras anda mezclado lo ajeno con lo propio, y no siempre pueden discernirse bien. Dotado de más estilo que inventiva, gustaba mucho de continuar y remendar obras ajenas, como hizo con las *Cortes de la Muerte* de Miguel de Carvajal y con la *Comedia Tibalda*, de Perálvez de Ayllón. Pero ni siquiera esta parte de refundidor pudo tener en la *Policiana*, puesto que el texto de la segunda edición es idéntico al de la primera, que la antecedió en un año, cuando Luis Hurtado sólo contaba diez y ocho.[3]

Creemos, por las razones expuestas, que el bachiller Sebastián Fernández fué único autor de la *Tragedia Policiana*, pero ninguna noticia podemos dar de su persona. El famoso libro de caballeros *D. Belianis de Grecia*, impreso precisamente en 1547, el mismo año que la *Policiana*, se dice «sacado de la lengua griega, en la cual le escribió el famoso sabio Fristón, por *un hijo del virtuoso »varón Toribio Fernández»*; pero siendo tan vulgar el patronímico, ninguna relación nos atrevemos a establecer entre ambas obras.

El autor de la *Tragedia Policiana* no aspiraba ciertamente al

---

[1] Vid. *Orígenes de la Novela*.

[2] «El licenciado Jiménez hizo el *Hospital de Amor*, que imprimió por suyo Luis Hurtado.» (*Discurso sobre la vida de Gregorio Silvestre*).

Se refiere sin duda a «El hospital de galanes enamorados, con el remedio y cura para nueve enfermos que en él están», y a «El hospital de damas de amor heridas, donde son curadas otras nueve enfermas de amorosa pasión», insertos en las *Cortes de casto amor*, de Luis Hurtado.

[3] Se deduce esta fecha de su poema de las *Trecientas*, acabado en 1582, donde declara haber cumplido cincuenta años.

lauro de la originalidad. Desde el título mismo declara la estrecha dependencia en que su obra se halla respecto de la tragicomedia de Rojas, mediante la introducción de un personaje episódico en aquélla, que pasa a ser capital en la obra del bachiller Sebastián Fernández: «la diabólica vieja Claudina, madre de Pármeno y maestra de Celestina». La *Policiana* no se presenta, pues, como continuación, sino más bien como preámbulo de la *Celestina*; pero es lo cierto que la sigue al pie de la letra, con personajes idénticos, con la misma intriga y a veces con los mismos razonamientos y sentencias. Policiano y Philomena corresponden exactamente a Calisto y Melibea; Theophilon y Florinarda a Pleberio y Alisa; Solino y Silvanico a Sempronio y Pármeno; Parmenia a Areusa; Dorotea a Lucrecia, y a este tenor casi todos los restantes. Los rufianes son dos, Palermo y Pizarro, uno y otro copias de Centurio, recargadas con la presencia de la *Segunda Celestina*, de Feliciano de Silva, donde también se encuentra el germen de las escenas de hortelanos, que son una de las partes más curiosas de la *Tragedia Policiana*.

Según costumbre de los autores de este género de libros, el bachiller Fernández hace grandes protestas de la pureza de sus intenciones y de su «voluntad virtuosa».

«En el processo de mi escriptura no solamente he huydo to-
»da palabra torpe, pero avn he euitado las razones que puedan
»engendrar desonesta ymaginacion, porque ni mi condicion ja-
»mas se agradó de colloquios suzios ni avn mi profession de tra-
»tos dissolutos... E si algo paresciere que a los oydos del honesto
»e casto Lector haga offensa, crea de mí que no lo digo con ánimo
»desonesto, sino porque el phrasis y decor de la obra no se per-
»vierta.»

No puede negarse que el *phrasis* y *decor* de la obra, entendidos por el autor con aquella especie de bárbaro realismo que entonces predominaba, le han llevado muchas veces, especialmente en los coloquios de rufianes y rameras, a una licencia de expresión desapacible para oídos modernos. Pero esta licencia es relativa, y de seguro menor que la que se encuentra en ninguna de las *Celestinas* anteriores. Las escenas de amor están tratadas con cierto recato y miramiento. Y aun en la parte lupanaria y bajamente cómica hay más grosería de palabras que deshonestidad de conceptos. La blasfemia y el sacrilegio o desaparecen del todo o están muy velados. Los reniegos y porvidas de Palermo y Pizarro son extravagancias inofensivas si se los compara con los de Galterio, Pandulfo y Brumandilón: «¡Por los huesos de Aphrodisia madre!», «Voto al pinar de Segovia», «Descreo del puerto de Jafa», «Reniego de las barbas de Barrabás», «Despecho del galeón del Rey de Francia», «Descreo del memorable Golías», «Juramento hago a las calendas de Grecia», «Pese a las barbas de Júpiter», «Descreo de Placida e Vitoriano», y otros no menos estrafalarios.

Fuera de algunas leves variantes que apuntaré después, la *Policiana* es la primitiva *Celestina* vuelta a escribir. Este servilismo de imitación la reduce a un lugar muy secundario, pero no la quita sus positivos méritos de rico lenguaje y fácil y elegante composición. Es la obra de un estudiante muy aprovechado, aunque incapaz de volar con alas propias. La contemplación de un gran modelo embarga su ánimo y no le deja libre para ningún género de invención personal. Se limita a calcar, pero no desfigura los tipos, y si la tragicomedia de Calisto se hubiese perdido, ésta sería de todas sus imitaciones la que nos diese una idea más fiel y aproximada de ella, aunque nunca pudiese sustituirla. Las obras de genio no se escriben dos veces, y su pesadumbre anonada las frágiles construcciones que quieren levantarse a su sombra y remedan en pequeño su traza exterior.

Pero aun este género de reproducción tiene su mérito cuando es inteligente y no mecánica tan sólo. El autor de la *Policiana* comprendía lo que imitaba y se esfuerza por conseguir algo de la rica plasticidad, del franco y sabroso diálogo, y aun de la intensa virtud poética del drama de Rojas. Un eco de la apasionada elocuencia y del rendimiento amoroso de Melibea resuena, aunque muy atenuado, en las palabras de Philomena: «Cauallero, ya no »es razon que se dissimule y passe en secreto lo que mis apassiona- »dos desseos tan a la clara publican; porque si las tinieblas de la »noche no impidieran tu vista, en mis señales públicas conoscie- »ras mis congoxas secretas. Algunos dias han passado despues »que tus cartas e amorosos mensages recibi, en que mis captivas »fuerças han rescebido muy rezios golpes e yo varonilmente con- »tra ellos he peleado. Pero al fin, si como tengo el coraçon de car- »ne le tuuiera de un rezio diamante, no dexara de caer de mi vo-

»luntad en la tuya: tal ha seydo el combate que en mi coraçon
»he sentido. Finalmente, estoy rendida a tu querer, porque eres
»quien en mis ojos más meresces de los nascidos. Ordena, Señor
»mio, como nuestros apassionados desseos ayan aquel effecto que
»dessean, porque hasta esto ninguno momento passará que para
»mí no sean mil años de infernal tormento. Las fuertes rexas
»de estas ventanas impiden el remate de nuestros sabrosos amores.
»La mañana paresce que comiença a embiar sus candidos resplan-
»dores por despidientes mensajeros de nuestro gozo. Toma, señor
»mio, la possesion de mi voluntad, e della e de mí ordena de mane-
»ra que mi passion se afloxe y la tuya se acabe, e si te paresciere,
»para la noche venidera se quede el concierto por las cercas de
»esta nuestra huerta, por la parte donde el rio bate en ellas,[1]
»que es lugar más sin sospecha e donde yo estaré esperando tu
»venida no menos que mi desseada libertad» (Acto XX).

En las escenas del jardín, la musa lírica contribuye, como en
Rojas, a idealizar el cuadro misterioso y poético de la entrevista
nocturna. Es muy feliz, sobre todo, la evocación del romance
viejo de *Fontefrida*, que canta el paje Silvanico, y al cual se
alude en otro pasaje de la tragedia: «Veemos que entre los anima-
»les que de entendimiento carescen, este amor matrimonial está
»esculpido, pues las tortolicas passan su vida contentas con una
»sola compañía. E si aquélla muere, la que queda no beue más
»agua clara, ni se pone en ramo verde, ni canta ni haze señal de
»alegria, señalando la cuitadica quán cosa es perder su dulce com-
»pañia» (Acto XI).

Poco hay que advertir en cuanto a los caracteres. Claudina
no merece el título de maestra, sino de humilde discípula de Celestina. Tiene un grado más de perversidad, puesto que hace
infame tráfico con su propia hija Parmenia, y parece más rica,
puesto que alardea de sus «sábanas randadas», de sus «manteles
de Alemania», de sus «tapices de Flandes». En las artes diabólicas es fiel trasunto de su amiga. Tiene como ella un demonio
familiar a quien invoca con horrendos conjuros y pavorosos sacrificios: «Ora, hijo Siluano, es menester que me traygas, para hazer
»vn conjuro, una gallina prieta de color de cueruo, e vn pedaço

---

[1] La acción de la *Policiana* pasa en Toledo, según todos los indicios.

»de la pierna de un puerco blanco, e tres cabellos suyos cortados
»martes de mañana antes que el sol salga, e la primera vez que
»cabe ella te veas, despues que los cabellos la ayas quitado, pon-
»dras tu pie derecho sobre su pie izquierdo, e con tu mano dere-
»cha la toca la parte del coraçon, e mirandola en hito sin menear
»las pestañas la diras muy passo estas palabras: Con dos que te
»miro con cinco te escanto, la sangre te beuo y el coraçon te par-
»to. [1] E echo esto, pierde cuydado, que luego verás marauillas»
(Acto XVI).

---

[1] Sobre esta invocación de la perversa bruja me comunica mi querido amigo el admirable escritor don Francisco Rodríguez Marín, las curiosísimas noticias que van a leerse, y que son pequeña muestra de lo mucho que ha descubierto su tenaz investigación en el campo de las supersticiones populares.

«La fórmula de conjuro:

Con dos que te miro...

que Sebastián Fernández insertó en el acto XVI de la *Tragedia Policiana*, parece tomada, más bien que de la tradición oral inmediatamente, de una de las *Epístolas familiares* de Fr. Antonio de Guevara, de la IV de la segunda parte de su colección, único lugar en donde encuentro tal fórmula con el *que* del verso primero y con el verbo *escantar* del segundo. Este conjuro era comunísimo entre las hechiceras, y así, parece citado con frecuencia en los procesos inquisitoriales, unas veces como fórmula completa y otras como fragmento de otras de mayor extensión.

»En la causa seguida en 1600 contra Alonso Berlanga (Archivo Histórico Nacional, Inquisición de Valencia, legajo 28, núm. 1), figura entre los papeles que se hallaron en la casa de su manceba, uno en que los versillos en cuestión se dirigen a la valeriana, como remate de un conjuro hecho a esta hierba:

Valeriana hermana,
Yo te conjuro con Dios y con Santa María;
Valeriana,
Yo te conjuro con la luz del alba;
Valeriana,
Yo te conjuro con la claridat del dia;
Con el libro misal
Y con el cirio pascual...

»Y termina de esta manera:

Con tres te miro *(sic)*,
Con cinco te ato,
Con sangre de leon tu vertut te pido,
Que seas en mi favor de contino.

Hay un personaje de la tragicomedia antigua que está presentado con cierta novedad en la *Policiana*. Es Theophilón, el padre de Philomena. No se duerme en la ciega confianza de Pleberio, sino que se muestra desde el principio receloso guardador de la

---

»Esta última parte de la fórmula se empleaba no sólo para hacerse querer, sino también, y cerca andaba lo uno de lo otro, para hacer mansos y sufridos a los hombres. Así, entre los cargos que se enumeran en la sentencia contra Isabel Bautista, año de 1638 (Inquisición de Toledo, legajo 32, núm. 28), figura el siguiente: «Y enseñó esta oración a dichas personas, que »quando viniese su marido o su galán, dixessen:

>   Con dos te miro,
>   Con tres te tiro,
>   Con cinco te arrebato,
>   Calla, bobo, que te ato.

»Y dándose una puñada en la rodilla, dixessen:

>   Tan humilde vengas a mí
>   Como la suela de mi çapato,

y que con esto quedarían desenojados y como un borrego.» Y en otra causa, seguida en 1645 contra Francisca Rodríguez, por el mismo tribunal toledano del Santo Oficio (legajo 94, núm. 230), dice acusando el Fiscal: «En otra ocasión dixo a cierta muger que si quería que un conjuro suyo callase aunque la viese hacer qualquier cosa, que lo haría; y quiriendo la dicha muger ir a consultar a otras hechizeras, esta rea *(sic)* la advirtió dello y la enseñó el conjuro siguiente:

>   Con dos te miro,
>   Con una te hablo,
>   Con las pares de tu madre
>   La boca te tapo.
>   Señor San Silvestre, encántalo.

con que el conjuro se amansaba.» A idéntico fin, Bautista Hernández, procesada en 1723 por la Inquisición de Valencia (legajo 25, núm. 14), hacía tres nudos en una cinta, diciendo:

>   Con dos te miro,
>   Con tres te sigo,
>   Con cuatro te ato,
>   De tu sangre bebo,
>   El corazón te parto,
>   Con las parias *(sic) de tu madre*
>   La boca te tapo.

»Más interesante que todas las lecciones transcritas es otra para *ligar* a las personas, conservada asimismo en un proceso seguido en la Inquisición

honra de su casa, y muy sobre aviso de los peligros que puede correr la virtud de su hija: «Hija mía, lumbre de mis ojos, báculo »de mi cansada vejez, más noble es preservar al hombre para que »no cayga que ayudarle a levantar después de caydo. No permita »Dios, hija de mi coraçon, que en tus costumbres yo aya conosci- »do alguna falta que de castigo sea digna, pero no te deue dar pena »si yo como padre y viejo y experto en los trabajos que el tiempo »cada día descubre, te dé auiso como sepas defenderte de ellos, »sin lesión del ánima y *de la fama que tus pasados cobraron*» (Acto X).

El sentimiento del honor, que es el alma de tantas creaciones de nuestros poetas dramáticos del siglo XVII, tiene en Theophilón uno de sus primeros intérpretes. Sentencia suya es que «la »mácula de las illustres doncellas todo un reino deja manchado »de infamia (Acto X).

En el notable diálogo que tiene con su mujer (Acto XXIII)

---

de Valencia por los años de 1639 (legajo 28, núm. 3). Entre los papeles que se recogieron en la casa de la procesada Juana Ana Pérez y que están unidos a los autos, hay uno que dice así:

>Con dos te miro,
>Con cinco te ato,
>Tu sangre bebo,
>Tu corazón te arrebato,
>Con las pares de tu madre y mía
>La boca te tapo.
>La garfia del fiero león
>Que te ligue y te ate el corazón.
>Asno, mira que te ligo
>Y te ato y te reato y te vuelvo a reatar,
>Que no puedas comer ni beber,
>Ni armar ni desarmar,
>Ni en campo verde estar,
>Ni en campo seco pasear,
>Ni en casa de nenguna mujer entrar.
>Ni con ella holgar,
>Ni en viuda ni en casada
>Ni en doncella ni en soltera a efeto llegar,
>De aquí delante de mis ojos vengas atado,
>Hechizado, conjurado,
>A quererme, [a] amarme;
>Todos tus dineros vengas a darme.
>Que vengas, que vengas, que vengas;
>Que hombre ni mujer te me detenga.

habla como un personaje calderoniano: «El crimen de liuiandad »en la mujer no se ha de castigar sino con la muerte, e qualquier »castigo que éste no sea no es sino una licencia para que sea mala »con la facilidad de la pena.»

Los sobresaltos de su honra tienen a veces muy enérgica expresión: «Oh canas ya caducas! Oh años desdichados! Oh pobre »viejo, para que viniste al mundo?... Qué haré? Si descubro lo que »siento y lo quiero castigar, poco castigo es que esta ciudad se »abrase. Pero si lo dissimulo por quitar los paresceres del vulgo »vendrá en términos mi honrra que se acabe con mi vida. Oh mis »fieles criados, dezid me qué haga o tomad este puñal e dad con »él fin a mis dias!» (Acto XXVI).

Don Gutierre Alfonso de Solís y don Lope de Almeida se encierran en impenetrable monólogo y no dan parte de tales cuitas a sus criados, pero el fondo de su alma es idéntico, salvo la diferencia que va del padre al marido. «Qué bien tiene quien de honrra »caresce? pues qué honrra tiene quien liuiana hija ha criado? »pues un hombre deshonrrado como biuirá sossegado?»

Theophilón interesa en su calidad de padre vengador, pero la catástrofe es disparatadísima. El buen viejo tenía enjaulado un león, como pudiera tener un perro, y sus hortelanos le sueltan por la noche «para que espante las zorras que andan entre los árboles». Acude Policiano a la segunda cita con su amada, y el león le hace pedazos. Cuando Philomena encuentra muerto a su amante, hace una prolija lamentación sobre su cadáver y se mata con la propia espada de Policiano.

Todo este pasaje es una mala imitación de la fábula de Píramo y Tisbe, tal como se lee en el libro IV de las *Metamorphoses* de Ovidio (v. 55 - 165). El bachiller Fernández, que debía de estar recién salido de las aulas con la leche de la retórica en los labios, creyó que esta historia trágica cuadraba a maravilla para final de la suya, y sin vacilar transportó a Toledo la leona de los campos de Babilonia, cuyas huellas cerca de la tumba de Nino indujeron a fatal error a los dos enamorados jóvenes prez de Oriente:

Venit ecce recenti
Caede leaena boum spumantes oblita rictus,
Depositura sitim vicini fontis in unda.

(V. 96-99).

La imitación es visible, sobre todo en las últimas palabras de Philomena comparadas con las de Tisbe:

> Pyrame, clamavit, quis te mihi casus ademit?
> Pyrame, responde: tua te carissima Thisbe
> Nominat: exaudi, vultusque attolle iacentes.
> ....
> Quae postquam vestemque suam cognovit, et ense
> Vidit ebur vacuum; Tua te manus, inquit, amorque
> Perdidit, infelix. Est et mihi fortis in unum
> Hoc manus: est et amor, dabit hic in vulnera vires.
> Persequar extinctum: letique miserrima dicar
> Causa, comesque tui: quique a me morte revelli
> Heu sola poteras, poteris nec morte revelli.
> Hoc tamen amborum verbis estote rogati,
> O multum miseri mei illiusque parentes,
> Ut quos certus amor, quos hora novissima iunxit,
> Componi tumulo non invideatis eodem.
>
> (V. 142-157).

Los versos de Ovidio son bellísimos y tienen una concisión rara en él. A su lado hace pobre figura la prosa del imitador, pero su filiación no puede negarse.[1]

Otra de las curiosidades de la *Tragedia Policiana* es la introducción de dos hortelanos, Machorro y Polidoro, que hablan en lenguaje rústico, con extraños modismos y formas villanescas, que creemos dignas de la atención del filólogo, como también el vocabulario agrícola que ellos y su amo Theophilón usan, y que habrá de confrontarse con el de Gabriel Alfonso de Herrera y demás autores clásicos en esta materia. Reimpresa en el presente volumen la *Policiana*, que era punto menos que inaccesible, podrán hacerse sobre ella los estudios analíticos que cada uno de estos libros requiere, y que de ningún modo caben en el estrecho marco de una introducción.

---

[1] También el autor de la primitiva *Celestina* se había acordado de este pasaje, aunque se me olvidó notarlo en su lugar oportuno: «E assi conten-»tarte he en la muerte (dice Melibea), pues no toue tiempo en la vida... »¡O padre mio muy amado! Ruégote, si amor en esta pasada e penosa vida »me has tenido, que sean juntas nuestras sepulturas, juntas nuestras obse-»quias» (Acto XX). Es el mismo sentido de los últimos versos de Ovidio. Véase cuán antiguo y clásico abolengo tiene el grito *que los entierren juntos* de nuestros días.

Un sólo año, el de 1554, vió aparecer dos nuevas *Celestinas,* una en Medina del Campo, otra en Toledo. Titúlase la primera *Comedia Florinea,* y fué su autor el *Bachiller Joan Rodriguez Florian,* según declara la portada de algunos ejemplares, y la dedicatoria de todos, aunque suprimido el *Florian:* «El Bachiller »Ioan Rodriguez endereçando la comedia llamada Florinea a vn »especial amigo suyo, confamiliar en el estudio, absente.» [1] Tarea

---

[1] *Comedia llamada Florinea: que tracta de los amores del buen duque Floriano, con la linda y muy casta y generosa Belisea, nueuamente hecha, muy graciosa y sentida, y muy prouechosa para auiso de muchos necios. Vista y examinada, y con licencia impressa.* (Escudo del impresor.) *Vendese en Medina del Campo en casa de Adrian Ghemart, 1554.* (Título en rojo y negro.)

(Al fin): *Acaba la comedia no menos util que graciosa y compendiosa: llamada Florinea nueuamente compuesta. Impressa en Medina del Campo en casa de Guillermo de Millis, tras la iglesia mayor. Año de 1554.*

4º 4 hs. prels. sin foliar, y CLVI folios, let. gót.

El escudo del impresor Adrián Ghemart tiene la conocida divisa del halcón, con el mote *post tenebras spero lucem,* que algunos estrambóticos comentadores del *Quijote* han creído inventada por Cervantes para la primera edición de *El Ingenioso Hidalgo,* en 1605.

Hay algunos ejemplares que difieren de los restantes en llevar impresas con tinta negra, después de la palabra *necios,* estas otras: *Compuesta por el bachiller Ioan Rodriguez Florian.* Uno con esta portada tuvo don José Sancho Rayón, y está hoy, según creo, en la biblioteca de la *Hispanic Society,* de Nueva York. También uno de los dos ejemplares que posee nuestra Biblioteca Nacional, y nos ha servido para la presente reimpresión, pertenece a esta clase.

En el que describen los adicionadores de Gallardo *(Ensayo,* IV, número 3.656) estaba manuscrito, al final, de letra antigua, el siguiente soneto, que sólo a título de curiosidad bibliográfica reproducimos:

> Hermanos, Floriano i Belisea,
> Grandes burros os hiço la natura,
> Al uno en no goçar la coniuntura
> I al otro en dilatar lo que dessea.
>
> Ausente, la beata cacarea,
> Rabia, muere, apetece i se apresura,
> I quando amor le muestra su ventura
> Se engroña, se desdeña i lo arrodea.
>
> Polites i Justina me contentan,
> Que a la segunda cuenta remataron,
> I de durables poco se atormentan;
> Estotros, matracones, no gustaron.

predilecta de bachilleres parecía la de componer *Celestinas,* sin duda para asemejarse a Fernando de Rojas en el empleo de sus vacaciones. Pero no bastaba el grado universitario para comunicarles la virtud poética de aquel bachiller primero y único, y fué Rodríguez Florián de los que menos se acercaron al insuperable modelo. Su labor, toda de imitación y taracea, revela un talento muy adocenado y es de una prolijidad insoportable. Nada menos que cuarenta y tres actos o escenas larguísimas tiene, y todavía promete una segunda parte, que afortunadamente no llegó a escribir o a publicar.

Las bodas del buen Floriano esperando
Para otro año de más vacacion,
Adonde la historia tendrá conclusion,
A Dios dando gracias, allá nos llegando.

De la primitiva *Celestina* aprovechó menos que otros, salvo los datos capitales de la fábula y algunos rasgos en el carácter de la alcahueta Marcelia. [1] Todo lo demás procede o de la *Comedia*

A Lucendo por árbitro presentan:
Dios sabe si despues se concertaron.

De la *Florinea* habla breve pero atinadamente Ticknor, que también la poseía (tomo I de la traducción castellana, pág. 220). Antes de él había fijado su atención en esta pieza el malogrado erudito sevillano don Juan Colom y Colom en sus *Noticias del teatro español anterior a Lope de Vega (Semanario Pintoresco Español),* Madrid, segunda serie, tomo II, año 1840, pp. 163-166).

En el inventario de los libros que a su fallecimiento dejó en su tienda Juan de Timoneda (Valencia, 26 de octubre de 1583) figura la siguiente partida:

«Item cinquanta comedies intitulades *Floranteas* a cinch plech tenen una ma.»

(Vid. Serrano Morales, *La Imprenta en Valencia,* 1899, pág. 553).

Estas *Floranteas,* que sólo tenían cinco pliegos, no pueden confundirse en modo alguno con la *Florinea,* que es muy voluminosa. Trátase, pues, de otra comedia desconocida hasta ahora.

[1] A veces, sin embargo, cae en el plagio literal, por ejemplo (escena quinta), cuando Lydorio habla mal de las mujeres, repitiendo los mismos conceptos y ejemplos de Sempronio: «Y porque no me digas que hablo de »coro y que las infamo por mi cabeça, no acotando qué digan los que las »conoscieron y qué vieron de ellas los que las trataron, mira en lo primero »al sabio Salomon, que tanto las amó y tanto daño le vino por ellas, lo que

Thebayda o de la *Segunda Celestina* de Feliciano de Silva, aunque sin la brutalidad de la primera ni el interés novelesco de la segunda. El don Berintho, duque de Thebas, se encuentra puntualmente reproducido en el caballero Floriano, duque también y poderoso señor de vasallos, venido de lejanas tierras, que tiene a su servicio «catorce mozos de espuelas y quince escuderos, y otros tres tantos »continos y otros tres tantos oficiales y una chusma de pajes», personaje, como se ve, de más categoría que Calisto. Enamorado románticamente de la doncella Belisea por la fama de su hermosura y por un retrato que en secreto manda sacar de ella, cae en una extraña pasión de ánimo, busca en la soledad y en la música alivio a sus melancolías, y retraído continuamente en su aposento, cierra los oídos a las advertencias y consejos de su viejo criado Lydorio, que es el personaje predicador de la pieza, como el insoportable Menedemo de la *Thebayda,* puesto que sería demasiado favor compararle con el sabio y prudente Eubulo de la *Tragicomedia de Lisandro.* Floriano tiene a sueldo, por de contado, varios rufianes de lengua soez, manos cortas y pies de liebre, entre los cuales sobresalen dos, llamados Felisino y Fulminato, copias serviles de Galterio y Pandulfo, sin más originalidad que algunos juramentos y bravatas nuevas.[1] Manceba de Fortu-

---

»de ellas dize en sus escrituras, quando se le offresce hablar de mugeres. »Lee el Mantuano en una egloga, mira al Petrarcha, escucha al Ouidio, y »atiende al Juuenal, e finalmente quantos sabios Gentiles, Judios, Christianos, »Moros, Paganos, offreciendoseles en sus escritos materia en que hablar de »mugeres, afanan y se desvelan en como avisar a los leyentes que se guarden »en sus conuersaciones» (pág. 175).

[1] En todos ellos, lo mismo que en los de la *Policiana,* se nota menos irreverencia que en las *Celestinas* más antiguas, o está velada con eufemismos, porque los tiempos eran otros y la censura comenzaba a mostrarse más rigurosa. Véase alguna muestra de los disparatados fieros y bravatas de Fulminato: «Descreo del agareno y de toda la ley del Alcoran», «Descreo de los adoradores del becerro», «De Saturno ayuso reniego», «Descreo de los adoradores de Mars», «Descreo del inventor de la idolatria», «De todos los Talmudistas reniego», «Descreo de quantos adoran el sol», «Reniego de los Jebuseos», «Por el santo cerrojo de Burgos», «O, pesar de los Moabitas», «O, descreo de Jason y aun de Medea», «O, pesar de la casa santa de Mecha», «Descreo de los quiciales de la puerta del cielo», «Reniego del sepulcro de Absalon y del sceptro de Roboan», «Reniego del hijo de Latona», «Voto al

nato es cierta viuda depravada e hipócrita,[1] la cual viene a representar en la nueva fábula un papel más semejante al de la Franquila imaginada por el anónimo de Valencia que al de Celestina, harto machucha para ser heroína de amorosos tratos y no solamente medianera en ellos.[2] Marcelia, que tal es el nombre de

»santo Calendario Romano». Una sola vez jura «por las reliquias de San
»Salvador de Oviedo», otra por «la espada de Sant George y aun por la es-
»criuania de Sant Lucas», y usa la expresión malsonante «descreo de la vida
»de los condenados» (pág. 166).

[1] «Tú sabrás cómo la fortuna, que favorece a los osados, me dió ventura
»en ganar trauacuenta con una viuda de hasta treynta y quatro, que en
»aspecto está como de diez y ocho. Esta no tiene en casa padre ni madre,
»ni can que la ladre, más de sola vna hija bonita y harto muchacha, de
»diez y siete para menos: ésta le sirue en casa de moça, y fuera de hija y
»authorizada doncella» (pág. 169).

[2] El rasgo de la hipocresía está finamente acentuado en Marcelia más
que en ninguna otra de las Celestinas secundarias, incluso la de Feliciano
de Silva. Véase singularmente la escena nona:

«*Gracilia.*—Pues dónde con manto y sombrero tan de mañana?
»*Marcelia.*—A Nuestra Señora de los Remedios; luego en oyendo la
»missa primera soy de buelta...
»*Liberia.*—Gran cosa es ésta, que no ha de faltar mi madre esta missa.
»Pero haze bien, que siempre trae su par de panecillos, y algo para ayuda
»de costa.
»*Grac.*—Ya ves, prima, por tal señora lo haze. Pero no en balde dize
»ella tanto bien del sacristan, y agora veo que tiene razon...»

En el camino se encuentra con el paje Polytes, que no quiere creer que ella vaya a la misa del alba:

«*Polytes.*—Ni aun soy tan bouo como esso, que agora passé por junto
»a la Trinidad, y no ay sueño de abrir puerta.
»*Marc.*—Y aun esto quiero.
»*Polyt.*—Peor es de entender una muger que un Concejo. Pero atento
»que vas a missa donde no ay puerta abierta, las que como tú he topado
»disfraçadas, cruzando callejuelas, dime, van contigo a representar autos de
»comedias en cas de los abades o van por las llaues para abrirte la puerta
»donde tú vas?...
»*Marc.*—Calla ya, no apures tanto las cosas, que con algo se han de man-
»tener en honra las que se defienden de la pobreza, de lo que a mí cabe gran
»parte por mis pecados.
»*Polyt.*—Y aun creo yo que tú y las otras andays estos passos en busca
»de los tales pecados.
»*Marc.*—Ay, qué dizes? alguna malicia, asuadas.
»*Polyt.*—La mesma. Pero digo que me agradas en darme a entender que
»andays estas andolencias a partir con los encerrados las quentas del rezar

la equívoca tercera, con visos de primera en ocasiones, toma por su cuenta los amores de Floriano y encamina la intriga por los mismos pasos que hemos visto hasta la saciedad en este género de comedias novelescas. La romería de Nuestra Señora de Prado recuerda inmediatamente una situación análoga de la *Thebayda*. Pero el bachiller Florián procede con mucho más decoro y pulcritud. La noble Belisea, cauta y reflexiva, se defiende bien en las dos entrevistas del jardín, mostrando menos pasión que deseo de un casamiento ventajoso.[1] Su doncella Justina, pizpireta

---

»y las obladas con los sacristanes, y las raciones y capellanías y los benefi-
»cios con los clérigos» (pág. 192).

En la escena XV se vale de su fingida devoción para hacer llegar a manos de Belisea una carta de Floriano: «Por mi vida, pues que no hay una cria-»tura en la yglesia, que quiero auenturarme a poner esta carta en la grada »del altar de la Madre de Dios; porque si ellas son, no dexará Belisea de »llegar la primera a hazer su oracion» (pág. 208).

En cambio, la parte de hechicerías es insignificante en esta pieza. «Quie-»ro echar unos polvillos del cabron en esta carta, que ya los he hallado apro-»bados», dice Marcelia poco antes. No hay rastro de evocaciones ni de conjuros ni de fórmulas supersticiosas.

[1] «Pero mira, Floriano, que si tú como hombre buscas tu desatinado »descanso, yo como donzella mamparo mi delicada honra. Y si tú buscas »la consecucion de tu infectionada voluntad, yo defiendo mi libertad. E si »tú quieres guiar tras tus venenosos y no limpios desseos, con tu amor »desamador de mi honestidad, yo tengo de cerrar la puerta a todo lo que »ni a mi ánimo trayga limpieza ni a mi spiritu reposada castidad. Por tanto »como a hermano en tal amor te ruego me ames, y me quieras bien para »mi bien, y no de suerte que queriendo me, quieras mal para ti y peor para »mí. E con hazer tú esto, podras ganar en mí un amor que como a bien que-»riente de mi honra te tendre. De otra guisa, desamarte he como a enemigo »de virtud, y perseguidor de mi honra, y menoscabador de mi limpieza, y »matador de mi innocencia, y derramador de mi fama, y destruydor de mi »reposo, y asolador de la casa de mi padre, y ensuciador de mi alta sangre. »E si te han mentido de mi otra cosa, desapega la de tu imaginacion» (página 224).

«Agora que te hallo buen obediente, determino, para hazer más por ti, »mandar te lo segundo, y es que es este cenadero, al sonido destas fuente-»zitas, te sientes en este poyo, y luego, porque vaya cumpliendo mi palabra »de hacer algo por ti, me quiero yo sentar en el mesmo poyo par de ti. Pero »mira que al ver me sentar tan cerca de ti pienses que es más para mejor »oyr te y responder te sin sonido de voz, que para despertar en ti algun »atreuimiento de los que soleys tener los hombres en semejantes trances pues-»tos que agora tú» (pág. 269).

y desenvuelta, procede con menos recato en sus coloquios con el paje Polites, pero todo tiene feliz y apacible término con los matrimonios clandestinos de ama y criada, por lo cual la pieza se intitula *comedia* y no *tragicomedia*, al revés de los libros de Rojas, Sancho Muñón y Sebastián Fernández.

El carácter mejor trazado de la obra es, sin disputa, el de Lucendo, padre de Belisea. Así como el Theophilón de la *Policiana* representa la desconfianza, el punto de honra vindicativo y celoso del honor doméstico, así Lucendo, no menos honrado y respetable que él, fía ciegamente en la virtud de su hija, y el amor paternal se sobrepone en él, de un modo tierno y simpático, a todo interés, a toda sospecha, a todo recelo (escenas XXII y XXVI).

Los aciertos en la parte seria de la *Florinea* no son raros, aunque tengan poco de originales. Como todas estas comedias de estudiantes y bachilleres, abunda en temas retóricos, desarrollados con pueril alarde, pero no llega a las horribles pedanterías de la *Thebayda*. Ya en la escena quinta encontramos «grandes pláticas» sobre la fuerza del amor y sobre los vicios y virtudes de las mujeres. En la escena XXVIII hay un largo razonamiento sobra la *amicicia* en estilo que recuerda mucho el de Fr. Antonio de Guevara.[1] Entre Belisea, Justina y Marcelia pasan largos razonamientos «sobre los bienes y males que ay entre los casados» (escena XLII). Y a este tenor otras digresiones, que se leen sin fastidio por el buen sabor de la lengua, pero que son una sarta de lugares comunes. Algunos pasajes, como aquel en que Lydorio se queja de la triste condición de los servidores de los grandes y del mal pago que sus amos les dan (escena XXXVII), pueden tener, sin embargo, algún interés histórico.[2]

Belisea, aunque inferior en prosapia al duque Floriano, era de muy noble linaje: «Y quiero que sepas que Lucendo, el padre della, con ser cauallero »de tanta estima y casta y poder en el reyno, y con ser uno de los más sabios »que oy tienen ditado en España, quiere y tiene en tanto a la hija, que no »pensará que errará en cosa que haga; y hecho, qualquier cosa la perdonará »ligeramente» (pág. 289).

[1] En la escena 2ª alude expresamente a un célebre capítulo del *Marco Aurelio*: «Mira lo que Faustina hizo por la llave...» (pág. 163).

[2] «De Floriano, pues, yo tengo lástima a su honra y gravedad y ha- »zienda y alma. Lo primero, porque le comiençan a cobrar en opinion de »poco assentado y mal concertado en sí y en su casa. Lo segundo, porque

Las cartas de amor que la *Florinea* contiene son afectadas y declamatorias, como casi todas las que se hallan en nuestras novelas antiguas. Quizá el gusto de la *Cárcel de Amor* influía en esto. El diálogo es mejor, pero comienzan a notarse síntomas de flojedad y cansancio, sobre todo en la parte cómica, que es pesada, insípida y fríamente indecorosa. Los chistes son forzados, las situaciones vulgarísimas, y el ánimo menos severo acaba por empalagarse de tanta prostitución y bajeza. Si la *Florinea* no contuviese más que las repugnantes aventuras de Marcelia, de su hija Liberia y su sobrina Gracilia, de los dos rufianes, del despensero de Floriano, de los pajes Grisindo y Pinel y del estudiante escondido en la nasa, por ningún concepto podría disculparse su exhumación. Pero no todo es de tan depravado gusto. La fábula principal, aunque de endeble contextura, está presentada con cierto arte, y las escenas entre los dos amantes respiran cortesía y gentileza. Rasgos hay en la salida matinal de Belisea al campo que recuerdan *El Acero de Madrid* y otras comedias

---

»da parte de las flaquezas y tracta y comunica un duque Floriano, y en
»ojos de corte imperial, con vn paje y unos moços de espuelas. Lo tercero,
»he lástima a su hacienda, que la veo andar baylando en manos de amigos
»públicos de ella y enemigos secretos dél. Y veo le yr tras chismosos, tras
»rufianes, tras p..., tras alcahuetas, y con gente que con sus dones se hon-
»ran, y de la honra dél despedacen camino de los burdeles, do se gaste mal
»la hacienda del que la heredó bien, y la posee bien, y la dispensa y gouier-
»na mal... Y vereys que no dará audiencia ni crédito a vn criado antiguo,
»leal, seruicial, amador de su honra, defensor de su persona, augmentador
»de la gloria de su estado, y aun lo que peor y más peligroso es, que os co-
»brará enemiga porque le retraeys de los vicios, le desseays la salud, y le
»procurays por la hacienda, y le tractays de ensalçar su orden. Y esto es el
»porqué ay oy en dia pocos criados antiguos fieles bien medrados en las
»casas de los señores... Y aquellos por fieles van se con quitarles la racion
»porque no asisten, y darles a más librar (más por vergüenza que compelle
»al señor que por voluntad que le combide) el medio acostamiento, porque
»se van como buenos, y lleuanle doblado los livianos que asisten, porque
»se pican de andar más galanes que graues... y ansi se han tornado los pa-
»lacios acorro de viciosos, porque se despueblan de viejos y se acompañan
»de moços, y porque ay poca audiencia de verdades y gran gula de menti-
»ras... Y por esto con poca autoridad de los palacios, los seruientes de peli-
»llo, los mentirosos, chismosos, malsines, truhanes, decidores maliciosos, cho-
»carreros, como hallan audiencia en el Señor, ansí los tornan de su talle, si
»Dios y la buena condicion no los defiende de enviciarse» (pág. 211).

análogas de Lope,[1] de cuyo teatro es digna también la bizarra escena en que Floriano mata un toro a vista de su amada.[2]

Hay en la *Florinea* algunos versos líricos, bastante mejores que los de la *Thebayda*, pero del mismo género y estilo, que es el de las antiguas coplas castellanas, sin mezcla de endecasílabos. Figuran entre ellos romances, letras y motes con sus glosas, una *lamentación* en coplas de pie quebrado a manera de las de Garci Sánchez de Badajoz (pág. 203) y una *contemplación de Floriano en absencia de su señora* trovada en quintillas dobles con mucha soltura:

>   Vos, dama, soys mi esperança,
>   Vos mi muerte, vida y gloria,
>   Vos mi bienauenturança,
>   Vos de mis males bonança,
>   Vos pinzel de mi memoria.
>   Yo sin vos soy el perdido,
>   Yo sin vos el que más muero,
>   Yo sin vos el mesmo olvido,
>   Yo sin vos el mal nascido,
>   Yo sin vos quien mal me quiero.
>
>   Vos sin mí de más valer,
>   Vos sin mí más sublimada,
>   Vos sin mí soys de querer,
>   Vos sin mí soys de temer,
>   Vos sin mí soys adorada.
>   Yo por vos soy muy dichoso,
>   Yo por vos quien resuscita,
>   Yo por vos vanaglorioso,
>   Yo por vos el más gozoso
>   Que en casa de amor habita...

Pero la más notable de estas poesías, bajo el aspecto métrico y musical, es una danza o *pavana* que Floriano compone y tañe a la vihuela en celebridad de sus bodas. La estrofa, que suponemos inventada por el bachiller Rodríguez, es anterior en diez años a las tentativas de rimas provenzales y francesas de Gil Polo. Consta de cuatro versos de doce sílabas, dos de seis y uno de nueve. Véase este curioso *specimen* de ritmo *modernista*:

>   Vos soy, Belisea, mi gloria cumplida,
>   Mi bien todo entero, mi nueva esperanza;
>   Por veros ya muero con tanta tardança,
>   Por ver que la hora aun no es ya venida;
>   Al tiempo maldigo,
>   Pues vsa conmigo
>   Con su tardança do enemigo.
>
>   Ay, quándo podré yo verme en la gloria
>   De aquel parayso de vuestro vergel!

---

[1] Vid. escena XV (pág. 211).
[2] Vid. escena XVIII (pp. 223 y 224).

Dichosas las plantas que vos veys en él,
Mas yo más que todos en vuestra memoria,
Mas ay, que hora veo
Que muy poco creo
Del bien que en vos halla mi desseo.

Vos sola soys gloria por vos merescida,
Pues otro ninguno no ay que os merezca;
Vos soys de las damas la más escogida,
Dichoso el amante que por vos padezca;
Mas ay, si yo fuese
Quien solo os siruiesse
Y solo quien por vos muriesse

Vos soys el retracto del summo poder,
Que Dios ha mostrado en las criaturas;
Angélica imagen que acá en las baxuras
Ensalçais a Dios en tal os hazer;
Soys solo una
A quien fortuna
Obedece desde la cuna.

Vos soys mi prision y mi libertad;
Yo vuestro captiuo, y tan venturoso,
Que es tanta mi gloria, que hablarla no oso
Porque es offendida vuestra majestad;
Ansí yo callo
El bien que hallo
En ser vuestro libre vasallo.

Vos soys paradero de mis pensamientos;
Vos soys el pinzel con que mi memoria
Esculpe en mi alma tal contentamiento,
Que en vos halle objecto de su mayor gloria,
Pues con gran razon
El mi coraçon
Descansa en tal contemplacion.

(Pág. 307).

El autor de la *Florinea* era valisoletano, o por lo menos en Valladolid residía cuando compuso esta obra dramático-novelesca, cuya acción se desarrolla en aquella ciudad, con gran copia de alusiones locales: a la Puerta del Campo, a la Cal Nueva, a San Benito, San Pablo, Nuestra Señora del Prado, San Julián, la Trinidad y otras iglesias. También se habla de «la estatua de Don

Pero Añiago (o Miago), del hospitalejo de Sanct Esteuan» (página 261), curiosa antigualla folklórica que sirvió de tema a una comedia de Luis Vélez de Guevara, atribuída por error a don Francisco de Rojas. Aun en el lenguaje se nota algún modismo propio del habla familiar de aquella parte de Castilla la Vieja, como el uso transitivo del verbo *quedar*. [1]

El estilo de la *Florinea* es terso y puro, pero carece de vigor y animación, no sólo comparado con la *Celestina* primitiva, como ya observó Ticknor, sino con la mayor parte de las secundarias. No iguala a la *Selvagia*, ni siquiera a la *Policiana*. La prosa del bachiller Florián es demasiado fácil, redundante y desaliñada. Pero la riqueza de su lenguaje familiar y el desenfado de su sintaxis la hacen digna de salir del olvido, y en tal concepto la hemos reimpreso, no como libro de amena recreación (que ciertamente no lo es), sino como pieza de estudio para gramáticos y lexicógrafos, que encontrarán en ella un caudal no despreciable de idiotismos.

Mucho más vale la *Selvagia*, [2] y de seguro la hubiéramos preferido a no existir ya una reimpresión moderna, bastante correcta y fácil de adquirir. [3] El estudiante toledano que a los veinte años la compuso era escritor de raza, y ya en este ensayo juvenil y algo liviano manifiesta las excelentes dotes que habían de darle muy señalado lugar entre los prosistas del mejor tiempo de nuestra lengua. Llamábase el tal Alonso de Villegas Selvago, siendo quizá el Selvago un sobrenombre meramente poético, pues no

---

[1] Abundan los ejemplos de esto: «Y en lugar del anillo *te quedo mi coraçon en este abraço*» (pág. 182). «Bien dices; ve luego y buelve, que *me quedas sola*» (pág. 201). «Ay mezquina yo, ¿quién *quedó abierta la puerta?*» (ibid). «Y como Fulminato *os quedó solos*» (pág. 277).

[2] *Comedia llamada Seluagia. En que se introduze los amores d'un caua-llero llamado Seluago, con vna ylustre dama dicha Isabela: efetuados por Dolosina, alcahueta famosa. Cōpuesta por Alōso de Villegas Seluago, Estudiante.*

(Al fin): *Fue impressa la presente obra en la Imperial Ciudad de Toledo: en casa de Joan Ferrer. Acabose a diez y seys dias del mes de Mayo. Año de mil y D.L.iiij.*

(Esta portada tiene un grabado en madera, que representa una de las escenas de la tragicomedia).

4º let. gót. 76 hojas foliadas.

[3] Está en el tomo quinto de la colección de *Libros raros o curiosos* (Madrid, Rivadeneyra, 1873), el mismo que contiene la *Seraphina*.

volvió a usarle en las obras de su edad madura, y coincide además con el del protagonista de su comedia, en quien manifiestamente quiso representarse a sí propio, como a su amada en la heroína, a la cual ni siquiera cambió el nombre. Ya en la portada estampa el suyo, acompañado de la calificación de «estudiante». Seríalo probablemente en la modesta Universidad de Toledo, algo oscurecida por el radiante foco de la vecina Alcalá, aunque tuvo sus días de esplendor con preceptores tan doctos como los Cedillos y Venegas, y más adelante con los Scotos y Narbonas. En unos versos acrósticos puestos al principio del libro, según la costumbre de sus predecesores, constan la edad, la patria y otras circunstancias de nuestro autor: «Alonso de Villegas Salvago compuso la »*Comedia Selvagia* en servicio de su señora Isabel de Barrionuevo, »siendo de edad de veinte años, en Toledo, su patria.» Habría nacido, por consiguiente, en 1534, y al mismo resultado nos conducen otras fechas que fué consignando en sus obras posteriores, como luego veremos.

Aunque el autor de la *Selvagia* imita muy de propósito a Fernando de Rojas,[1] también paga largo tributo al «magnífico caba-»llero Feliciano de Silva, radiante luz y maravilloso exemplar de »la española policía», cuya influencia se siente ya en las disparatadas coplas preliminares:

> Gozando sus gozos te muestra gozoso,
> Y goza los gozos que goza su parte,
> Adonde gozando por gozo tal arte,
> En gozo te goza con gozo sobroso.

Cuanto hay de malo en el estilo de la *Selvagia* puede atribuirse al contagio de la prosa de Feliciano, cándidamente admirado por

---

[1]
> Osado se puede sin duda llamar,
> Miradas sus faltas y pocos primores,
> Pues quiere sin fuerzas con otros mejores
> Valer, siendo pobre de baxo lugar:
> Sabemos de Cota que pudo empeçar
> Obrando su ciencia la gran Celestina;
> Labróse por Rojas su fin con muy fina
> Ambrosia, que nunca se pudo estimar.

Sin duda por haber puntuado mal estos versos, creyó Ticknor que la frase «pobre de baxo lugar» aludía a Cota, cuando por el contexto es visible que se refiere al autor mismo.

el joven escolar. Pero le sirvió de saludable antídoto la lectura reflexiva del admirable original primero, y el ejemplo más reciente de la *Tragicomedia de Lisandro y Roselia*, en la cual él solo parece haber fijado la atención.[1] El rufián Escalión de la *Selvagia* se declara hijo de Brumandilón (pág. 237) y lo parece tanto en sus hechos como en sus palabras. También se alude a la muerte de Elicia (pág. 236).

Titúlase la *Selvagia* comedia, y no tragicomedia, lo cual tratándose de este género de obras, quiere decir tan sólo que tiene el final no trágico ni lastimero, sino matrimonial y festivo. Pero con más razón que otras pudo llamarse *comedia*, porque es más dramática que ninguna de las *Celestinas*, a excepción de la primitiva, y precisamente en serlo se cifra su mayor mérito y su relativa novedad. Alonso de Villegas imaginó una fábula propia del teatro, la dió ingenioso principio e inopinado desenlace, la exornó con agradables peripecias y en desarrollar su plan se mostró más hábil que sus contemporáneos Sepúlveda, Lope de Rueda, Timoneda y los demás autores de comedias en prosa influídas por el arte italiano. Puede decirse que adivinó mejor que ninguno de ellos lo que había de ser la futura comedia de capa y espada. La *Selvagia*, que es una de las *Celestinas* más breves, pues consta sólo de cinco actos, divididos en corto número de escenas, hubiera podido sin gran esfuerzo reducirse al marco teatral, y su autor la creía representable, como se infiere de las últimas palabras que pronuncia el enano Risdeño: «Yo, Risdeño, hombre de bien aunque »chiquillo de cuerpo, amigo de todos aquellos que mi bien desean »y mi provecho procuran, pidiendo por las faltas cometidas el »debido perdón, acabo de representar la comedia llamada *Selva-* »*gia*» (pág. 291).

El argumento de la comedia dice de esta suerte:

«Un caballero llamado Flerinardo, generoso y de abundante »patrimonio, vino de la Nueva España en esta ciudad, donde »un dia por ella ruando, como acaso pasase por casa de un caballe-

---

[1] Gran parte de lo que en la primera cena dicen Flerinardo y Selvago en loor y en vituperio del Amor está servilmente copiado de la obra de Sancho de Muñón, con los mismos ejemplos históricos.

»ro anciano llamado Polibio, de una fenestra della vido una fer-
»mosa doncella, de la qual excesivamente fué enamorado. Pues
»como le fue dicho el tal Polibio tener una muy apuesta hija, cuyo
»nombre era Isabela, y la tal fenestra fuese de su aposento, cre-
»yendo ser la mesma Isabela la que visto habia, por caballero de
»su amor se intitulaba. Donde, dando parte a un gran amigo suyo,
»caballero de ilustre prosapia, llamado Selvago, de su crescida
»pena, sucedió que el mesmo Selvago, teniendo deseo de ver quién
»a su amigo tan subjeto y captivo le tenia, cumpliendo un dia
»su propósito y viéndola, no pudiendo su libertad someter a lo
»que a la verdadera amistad de Flerinardo debia, grandes culpas
»y mortales deseos a su causa padesce, tanto que fue puesto en
»grave enfermedad. Pues veniendo su gran amigo Flerinardo en
»presencia de su hermana Rosiana llamada, a visitarle, conoció
»que la tal Rosiana era la que en la fenestra de Polibio habia visto,
»y no Isabela, como se pensaba, porque acaso, como hubiese
»amistad entre las dos doncellas, aquel dia se habian juntas re-
»creado; lo cual como a Selvago fuese dicho, con excesivo placer,
»porque abiertamente osaria amar a Isabela, de su tan grave enfer-
»medad fue sano, donde poniendo en el negocio una vieja astuta,
»cuyo nombre era Dolosina, cumplieron enteramente sus deseos,
»siendo primero desposados por palabras de futuro, lo que de a
»poco, con licencia de sus padres, se puso por obra, pasando lo
»mesmo de Flerinardo con Rosiana. Pues estando el dia que las
»bodas se solenizaban con gran regocijo, vino un maestro de la
»Nueva España, que habia sido de Flerinardo, el cual declaró cómo
»el mesmo Flerinardo era hijo único de Polibio, padre también
»de Isabela, que de chico, con un tio suyo, en aquellas tierras se
»habia partido; con las quales nuevas todos muy gozosos, quedan-
»do dos hermanos con dos hermanas juntos en matrimonio, se
»dará fin a la comedia.»

Tenemos aquí, como se ve, los principales incidentes de una
comedia de amor e intriga del siglo XVII, que si por la crudeza
de algún detalle no cuadraría bien a la severa musa de Calderón,
pudiera figurar sin violencia en el repertorio de Tirso de Molina,
donde abundan los desposorios clandestinos y los matrimonios consumados entre bastidores. Dos parejas enamoradas, confusión de
una dama con otra, galantes coloquios por la ventana, histo-

rias novelescas de hijos perdidos y encontrados, intervención de personas que han estado en el Nuevo Mundo. La combinación de estos recursos con los que ofrecía la tradición celestinesca remoza un tanto el viejo y ya gastado tema. El reconocimiento o *anagnórisis* final procede del teatro de Plauto o de las comedias italianas del Renacimiento.

No puede negarse, sin embargo, que la mayor parte de las escenas de la *Selvagia* son copia diestra y bien entendida, pero copia al fin, de la tragicomedia de Calisto. En los caracteres es poco lo que se añade o modifica, salvo la duplicación del caballero y de la dama y la aparición de dos figuras secundarias trazadas con bastante acierto, Valera, el ama de leche de Isabela, y el enano Risdeño.

El ama Valera, que se parece poco a la nodriza de Julieta, salvo en su locuacidad impertinente, es una embaucadora que explota a la enamorada doncella, sacándola muchas y ricas joyas so pretexto de un fingido conjuro. Pero su papel es muy secundario al lado de la famosa hechicera Dolosina, hija de Parmenia y nieta de Claudina, por donde esta pieza viene a enlazarse con la *Policiana*. Para dar alguna novedad a este tipo obligado, el autor, que relata su historia por boca del rufián Escalión, la hace viajar por diversas partes y regiones «hasta que teniendo su asiento en »Milán, la buena vieja (Parmenia) dió fin a sus días, quedando la »hija huérfana y en extraña tierra, aunque no por eso perdió la »realeza de su ánimo, que con lo que al presente de hacienda tenía, »dió consigo en París, abriendo su tienda y mostrando sus merca- »derías a la Corte francesa. Tomando, pues, allí conocimiento con »cierto nigromántico, su arte muy por entero la enseñó, saliendo »en él tan famosa maestra quanto el delicado entendimiento de »una mujer es bastante. No contenta mucho con tal nación, en »España pretende tornar, y visitando las principales ciudades de »lla, aquí en su propia tierra fué tornada; donde habiendo sali- »do muy niña y fermosa, vieja y disforme volvió. Fué, pues, desde »poco aquí casada con un fanfarrón llamado Hetorino, mi amigo »especial, con quien agora bien contenta y gozosa vive. Tienen »allí cerca el rio una casa con dos puertas y dos moradas, donde »él enseña a esgrimir algunos gentiles-hombres en la una, y ella »a labrar mozas en la otra, ordenándose, entre las dos casas de

»discípulos, no pocos (antes muchos y muy grandes) malos recau-
»dos entre dia. Es asimesmo la vieja la más subtil y taimada al-
»cahueta hechicera que en nuestros tiempos, ni aun creo que en
»los pasados, se hallará; pero no sólo con sus palabras y conjuros
»ablanda los muy duros corazones, mas aun con su meneo y visaje
»os hace venir las manos atadas a conceder en su propósito y vo-
»luntad. Muchas veces, como su marido me ha dicho, con el arte
»de nigromancia que aprendió, delante dellos se torna invisible,
»y desde algún tiempo da señas verdaderas de lo que pasa en muy
»diversas tierras; tiene también poder de convertirse en animales y
»aves, con que no sólo hace sus hechos, mas aun se defiende de quien
»su mal procura, porque, como dicen, *o demo* a los suyos quiere.
»Es fama que tiene muy gran tesoro, aunque el lugar está celado,
»mas por ello la insaciable hambre de la codicia nunca olvida,
»antes siempre, confesándose por pobre, por una moneda de plata
»hará, como dicen, ciribones (?). Tiene a la continua en su casa
»dos mozas de buen parecer para alivio de cuitados que sus aven-
»turas buscan, que tan bien amaestradas la dueña honrada las
»tiene, aunque de pocos dias, que al triste que en sus manos cae,
»no solo con sus fingidos halagos lo que encima tiene le da, mas
»aun la palabra por prenda de más les dexa empeñada. Esta, pues,
»de quien, señores, habeis oido, es la dueña por quien me habeis
»preguntado, de quien con razón se podría decir que lo que en
»la leche mamó, en la mortaja mostrará» (pp. 115-116).

El tipo, como se ve, está gallardamente trazado, mezclando reminiscencia del *Asno de oro* con otras de la *Celestina*. Pero en el desarrollo de la intriga para nada se aprovecha la idea de las transmutaciones mágicas. El conjuro es tan pedantesco y tan remoto de las auténticas supersticiones populares, como todos los que hemos visto en obras anteriores, exceptuando la *Lozana*, que en este punto, como en todos, tiene la exactitud material de la fotografía. La *Dolosina* de Alonso de Villegas se atiene a la farmacopea tradicional en las de su oficio, desde la maga Erichto de Lucano: «el olio infernal, las candelas del cerco, el ídolo de aram-
»bre juntamente con la bujeta del ungüento serpentino, la lengua
»del ahorcado, los ojos del lobo cerval, la espina del pez rémora,
»los testículos del animal castor, el pedazo de carne momia y las
»taleguillas de las hierbas del monte Olimpo que truxiste el dia

»de Mayo» (pág. 151). ¡Buen aparato para una bruja toledana del siglo XVI! Fernando de Rojas había pecado en esto, y sus discípulos se creyeron obligados a seguirle al pie de la letra, aunque padeciese la verosimilitud material y moral que casi siempre observan en la pintura de costumbres.

El enano Risdeño es creación bastante donosa, que parece sugerida por análogos personajes del *Amadís de Gaula* y otros libros de caballerías, aunque a veces no tengan más carácter cómico que el que nace de la pequeñez de su estatura en contraposición con los gigantes, endriagos y vestiglos que en tales narraciones pululan. La figura poética y aérea de Risdeño; su jovialidad fresca y viva; su infantil afectación de valor,[1] más positivo, sin embargo, que el del rufián Escalión; la sutileza de ingenio con que hace la apología de los de su talla y enumera metódicamente sus excelencias,[2] prestan cierto encanto humorístico a las escenas donde interviene, que son las mejores de la obra.

Don Bartolomé Gallardo, demasiado severo en esta ocasión, tacha de afectada y relamida la prosa de la *Selvagia*, y Ticknor dice que el diálogo abunda en ridículas pedanterías. Esto último es innegable, y se explica bien por los pocos años del autor, por su condición de estudiante ávido de ostentar su corta ciencia y por el ejemplo de las *Celestinas* anteriores, todas más o menos conta-

---

[1] «*Risdeño.*—Sabed que con vos tengo de ir, y lo que de vos fuere »será de mí: ni quiero que penseis que aunque el cuerpo no es muy aven-»tajado, que me faltará corazon para cualquier caso de afrenta, especial-»mente en vuestro servicio.

»*Flerinardo.*—Por mi fe, Risdeño, si fueras del tamaño de San Cristó-»bal y tuvieras esfuerzo conforme al que con ese pequeño cuerpo demues-»tras, que tú solo tuvieras más aventajada fortaleza que todo el mundo.

»*Risd.*—¿Cómo, señor, y tan a pocas hablas en mi gran valentia? Pues »yo os aseguro que sin que San Cristóbal me prestase su cuerpo, osase entrar »en campo sobre un caso de honra con quatro tales como vuestro criado »Escalion, y aun pensaria de les llevar los despojos.

»*Flerin.*—Por mi vida, Risdeño, que si fueras en tiempo de los epimeos, »a quien tú pareces, que dellos fueras en rey elegido, porque los defendieras »de las grullas, que con ellos tienen batallas» (pp. 210 a 211).

[2] Este elogio de los enanos (pp. 261 a 263), que al parecer se funda en otro más antiguo compuesto en verso («En metro os las podria decir, porque así me las enseñaron a mí»), recuerda enteramente el gracejo de las *Epístolas familiares* del obispo Guevara.

minadas de pedantismo. Desde la primera *cena* encontramos citadas la *Ulixea*, la *Eneida* y los *Metamorfoseos*, y además a Platón, a Valerio Máximo, al Petrarca y a Boccaccio. Pero el autor predilecto es Ovidio, de cuyos *Remedia Amoris* se presenta un extracto,[1] añadiendo un remedio más, tomado de la *Silva* de Pero Mexía. El rufián Escalión jura «por la metafísica de Aristóteles» (página 31) y se jacta de haber dado muerte a dos contrarios suyos «con dos heridas terribles, que Héctor, ni aun su hijo Astia- »nax, el que Ulixes despeñó de una torre, no las hicieran» (página 50). Apéase Selvago en el zaguán de la casa de su amigo Flerinardo, y éste exclama: «Tan saludable sea para mí su venida como »la de Cincinato al afligido pueblo» (pág. 56). La doncella Isabela discurre sobre los cuatro elementos y sobre la creación del *soma* o cuerpo humano (pág. 66).

En esto no cabe excusa, pero puede haberla en cuanto a la prosa, que si es enfática y amanerada en los trozos de aparato, como razonamientos y cartas, es viva, natural y sabrosa en la mayor parte del diálogo, sobre todo en boca de los personajes secundarios. Es cierto que hay páginas enteras donde un hipérbaton violento y risible, acompañado de estúpidos juegos de palabras y metáforas incoherentes enmaraña la sintaxis de Alonso de Villegas y le hace en sus declamaciones digno émulo de Feliciano de Silva. ¿Quién esperaría nada bueno de un libro que comienza así?

«Resuenen ya mis enormes y rabiosas querellas, rompiendo el »velo del sufrimiento con que hasta hoy han sido detenidas. Pene- »tren los encumbrados cielos mis fuertes y congojosos clamores, »forzando su fuerza sin ella por haber sido forzada con acaesci- »miento tan desastrado y fuerte. Maticen los delicados aires mis »muchas y dolorosas lágrimas, de miserables y profundos suspi- »ros esmaltadas. Descúbranse los furibundos alaridos, quebran- »tando los claustros y encerramientos que tanto tiempo han teni-

---

[1] PP. 16 a 19. Expuesta la *doctrina de Nasón*, continúa: «Otro remedio »cuenta para el amor el magnifico caballero Pero Mexia en su *Silva*, con el »cual sanó Faustina, mujer de Marco Aurelio; la cual como excesivamente »amase a un esgrimidor de los que hacían los regocijos públicos, y viéndose »en peligro de muerte, por esta causa los médicos mandaron matar y quemar »al esgrimidor, y los polvos bebidos por Faustina fué libre de su amor in- »honesto.»

»do; esparzan con su ligero ímpetu las delicadas exhalaciones de
»que el no domable corazón solie ser cercado... Dolor, angustia
»y pena procuren de hoy más mi compañía; quieran con querer
»lo que contraria ventura no queriendo quiso. Apercíbase mi
»pequeña fortaleza para tan horrenda batalla como comenzar
»quiere, descubra sus insignias y estandartes de clemencia, ponién-
»dose los soldados de servicio en alarde de rompimiento. Resuenen
»los roncos atambores con querellosos zumbidos; los tiros mensa-
»jeros penetren con fuertes dislates los túrbidos vientos y muni-
»ciones de majestad contraria; los ligeros dardos y tajantes espa-
»das con desvíos consuman los míseros combatientes; inquiera el
»fuerte caudillo del ingenio nuevas y exquisitas maneras de com-
»bates, para que pueda venir en algún próspero suceso su fluctuoso
»partido» (págs. 1 a 3).

La primera carta de amor de Selvago a Isabela consta sólo de
dos cláusulas: la primera tiene treinta líneas. «Así como los peque-
»ños hijos de la caudalosa real ave, puestos a los radiantes rayos
»del lúcido Febo, para que verdaderamente sean tenidos por legí-
»timos y propios hijos de la tal madre, con grande admiración
»ocupan la vista en aquella prefulgente luminaria, sin tener parte
»para de allí ser apartados por el crecido amor mezclado de gran-
»de admiración, que tan fijo en ella pusieron, de la mesma manera,
»excelente señora, mi flaco y débil entendimiento puesto delante
»tu claro y lúcido aspecto, para que su ser claramente demostrase
»que parte de humano en sí tenía, de temeroso y crecido temor
»ocupado, los líquidos y delicados aires con profundos alaridos
»esmalta, sin que las continuas suasiones de su madre, la Razón,
»de tal espectáculo apartarlo puedan, no dexo de sentir, como
»humano, seráfica dea, la cruda y muy temerosa contienda que
»dentro de mí siento encrudelecerse, después que mis ojos fueron
»con tu divina vista clarificados, etc., etc.»

Si toda la *Selvagia* estuviese escrita en semejante estilo, sería
por cierto una rapsodia abominable, aunque curiosa para demostrar que las peores aberraciones del culteranismo tenían antecedentes en la literatura del siglo anterior. Afortunadamente, no
todo es de este gusto. A renglón seguido de la lectura de la carta
entra en escena el ama Valera, hablando en el puro y castizo
romance de Toledo:

«Enhorabuena vea yo la cara de oro y perlas preciosas, fresca
»como las flores de Mayo. Hija Isabela, en Dios y en mi concien-
»cia que de cada dia más te vas tornando una emperatriz en fer-
»mosura. Santa Pascua fué en domingo si no me pareces una Veró-
»nica y retrato de San Miguel, el ángel que está en mi perrochia
»en unas andas de oro» (pág. 75).

¡Con qué suave maña sonsaca a la enamorada Isabela lo que
necesita para el supuesto conjuro! «Lo primero son necesarias
»dos palomas de color de ñeve para sacarles la hiel, que es cosa en
»esto muy aprobada; ansimesmo un cabrito tierno y de buen ta-
»maño; dos gallinas prietas cresticoloradas; dos quesos de Mallor-
»ca o de los de Pinto; dos docenas de huevos de ánsar con algunas
»madrecillas; dos cangiloncillos de hasta cuatro o seis azumbres
»de lo de San Martín o Monviedre, y ansí finalmente, dos monedi-
»llas de oro bermejo; que si tú desto me provees, verás maravillas»
(página 87).

Los personajes nobles, como Polibio y Senesta, padres de Isabela, y la madre y la hermana de Selvago, expresan sus afectos
con la grave dignidad propia de la antigua familia castellana:

«*Funebra.* — Hijo mío, descanso de mi atribulada vejez, ¿qué
»sentís? ¿Qué mal es vuestro, que mi ánima, después de lo saber,
»ningun descanso ha tenido? Por vuestra vida, mi amor, que me
»lo digais, que si vos en el cuerpo lo sentís, yo en el ánima lo pa-
»dezco, por causa de ser vos en quien mi vida, despues de la
»muerte de vuestro padre, está pendiente...

»*Ros.*—Señor hermano, si por ser yo la persona que más en
»esta vida con razon os ama, la causa de vuestra poca salud me
»descubriésedes, no sería pequeña la merced que de vos recebiría,
»porque no sólo tendríades en mí quien en igual grado que vos
»vuestro mal sintiese, mas en ello hasta la muerte trabajaría,
»buscando la medicina en vuestra pena más conveniente» (página 103).

Tal es el estilo habitual de la *Selvagia,* y por él debe juzgárse-
la. Todo lo demás son *arias de bravura* que se repiten mecánicamente. A tales altibajos hay que acostumbrarse en nuestros libros antiguos, y quien no vea el anverso y el reverso de la me-
dalla no llegará a estimarlos rectamente. Alonso de Villegas, sa-
zonado y picante en las burlas, discreto y a veces afectuoso

y tierno en las veras, muestra una madurez de juicio muy superior a su corta edad, pero no podía tener formado su gusto. Lo que hay de bueno en la *Selvagia* honra su ingenio; lo demás es culpa del artificio retórico estudiado en pésimas fuentes.

Los versos que intercala en su comedia son pocos y malos. En esto tiene razón Gallardo. Sólo merece indulto de la condenación general un romance alegórico - amatorio a estilo de trovadores, con algunas reminiscencias de los viejos y populares.

A los montes de Parnaso
A caza va mi cuidado,
Vestido de ropas verdes
Que la esperanza le ha dado,
De canes, que son servicios,
Viene todo rodeado;
Los monteros pensamientos
Vienen cerca de su lado;
En una cueva metida,
Lugar solo y apartado,
Descubierto han una cierva;
Tras ella todos han dado;
Las cornetas de gemidos
Fuertemente han resonado;
El cuidado y un montero
Los primeros han llegado;
La cierva, sin tener miedo,
Muy contenta se ha mostrado;
Los perros se parten della
Que tocalla no han osado,
Porque con sola su vista
Los ha muy mal espantado.
Ellos estando en aquesto,
Un caballero ha llegado,
Armado de ricas armas,
Con señales de morado;
En la mano trae blandiendo
Un dardo bien afilado,
Que, como al cuidado vido,
Con soberbia le ha hablado:
«Por tu muy gran osadía
De mí serás maltratado.»
Diciendo estas palabras
El venablo le ha tirado,
Por medio del corazón
De parte a parte ha pasado;
No contando con aquesto,
A la cueva le ha llevado,
Echale fuertes prisiones
Do le dexa encarcelado.

(Pág. 139).

Desde 1554, fecha de la *Selvagia*, hasta 1578 hay una gran laguna en las noticias biográficas de Alonso de Villegas. Es probable que los amores del joven estudiante con «su señora Isabel de Barrionuevo» no tuviesen tan dichoso fin como él en su poética fantasía imaginaba, adelantándose a los acontecimientos en el desenlace de su comedia. Lo cierto es que veintidós años después le encontramos convertido en respetable eclesiástico y capellán de los mozárabes de Toledo. Acaso para borrar recuerdos profanos prescindía del apellido *Selvago*, si es que en realidad le tuvo, y añadía a su nombre el calificativo de *licenciado*, probablemente en Sagrada Teología. Su persona había experimentado la misma transformación que su siglo, pasando desde la bulliciosa y franca alegría de los tiempos del Emperador a la austera disciplina del reinado de Felipe II. Un nuevo período se abría a su actividad literaria, y durante el resto de su vida, que fué bastante larga, ejercitó sin cesar su fácil y castiza pluma en argumentos religiosos y propios de la gravedad de su estado. Por este camino llegó a ser uno de los escritores más populares, especialmente en materia hagiográfica. Los cinco abultados volúmenes de su *Flos Sanctorum,* compilados de las obras de Lipomano y Surio, con muchas adiciones de santos españoles, vinieron muy oportunamente a sustituir a las viejas y rudas traducciones de la *Leyenda Aurea.* Y aunque nuestro Villegas, como casi todos los que trataron de vidas de Santos antes de la grande obra de los Bolandistas, adolece de nimia credulidad y falta de crítica, es tan fervorosa la piedad con que escribe, tan patente su celo por el provecho de las almas y tan notoria su buena fe, que se le pueden perdonar sus defectos, casi inevitables, en gracia de la pureza y sencillez de su estilo, que parece reflejo de la ingenuidad de su corazón. El crédito persistente de sus libros, muchas veces reimpresos y traducidos al italiano y a otras lenguas, no cesó del todo aun después de la aparición del *Flos Sanctorum,* del Padre Rivadeneyra, escritor toledano como Villegas, pero muy superior a él en corrección y gusto. Ambas obras compartieron durante el siglo XVII el favor de las gentes inclinadas a la piedad, y fué gran lástima que en el XVIII, en que todas las cosas hasta la devoción, se afrancesaron en España, fuesen arrinconadas tan elegantes páginas, usurpando su puesto el *Año Cristiano,* del Padre Croisset, que llegó a ser lectura predilecta de las familias. En la prolija tarea de traducirle invirtió el Padre Isla mucho tiempo y trabajo, que hubieran estado mejor empleados en composiciones originales, y aunque la versión resultó menos galicana que otras, el mérito del texto no compensaba ni con mucho el sacrificio que voluntariamente se impuso uno de los últimos ingenios que con entera propiedad merecieron el nombre de españoles. En vano quiso hacer la competencia a la obra del jesuíta extranjero el erudito valenciano don Joaquín Lorenzo Villanueva con su *Año Cristiano Español,* digno de aprecio por su crítica en general sana y aun por el estilo, que es bastante limado, pero seco y pobre. Las sospechas de jansenismo que pesaban sobre el canónigo Villanueva perjudicaron, bien injustamente, a la difusión de su obra, y resultó casi estéril su tentativa hagiográfica, que apenas ha tenido continuadores.

Pero de la saludable reacción en favor de las lecturas castizas dan testimonio las varias reimpresiones totales o parciales del *Flos Sanctorum* del Padre Rivadeneyra, hechas durante la centuria pasada. Alonso de Villegas no ha tenido tanta fortuna. Sus infolios son de difícil adquisición y rara vez se encuentran juntos.

Apareció el primero en 1580, y en él, como en varios de los siguientes, hizo constar el autor la fecha en que los iba terminando. «En el qual puse postrera mano Domingo seys dias de »Enero, en que la Iglesia Católica celebra fiesta de los Reyes, »del año del nascimiento de Christo de mil y quinientos y setenta »y siete: teniendo la silla de Sant Pedro Gregorio decimotercio, »y reinando en España el catholico Rey don Phelippe, segundo des- »te nombre.» [1]

De la *segunda parte,* que comienza con la Vida de la Virgen, no conozco edición anterior a la de 1588, que se presenta ya adicionada y corregida. Villegas se titula en la portada, además de capellán de mozárabes, beneficiado de San Marcos. [2]

Del mismo año es la *tercera parte,* que contiene las vidas de «santos extravagantes» (es decir, que están fuera del rezo común) o de personas virtuosas no canonizadas. Villegas, que ningún

---

[1] *Primera parte de Flos Sanctorum nueuo: hecho por el Licenciado Alonso de Villegas, capellan en la Capilla de los Moçaraues de la Sancta Iglesia de Toledo. Toledo, por Diego de Ayala, en treze dias de Mayo, de mil y quinientos y setenta y ocho años.*

[2] *Flos Sanctorum, segunda parte y Historia general en que se escriue la vida de la Virgen Sacratissima madre de Dios, y señora nuestra; y los de los Santos antiguos que fueron antes de la venida de nuestro Saluador al mundo: collegidas assi de la diuina escriptura, como de lo que escriuen acerca desto los sagrados doctores, y otros autores graues y fidedignos. Ponese a fin de cada vida alguna doctrina moral, al proposito de lo contenido en ella con diuersos exemplos. Tratase de las seys edades del mundo, y en ellas los hechos más dignos de memoria que en él sucedieron. Puesto en estilo graue y compendioso... Por el Maestro Alonso Villegas, Capellan en la Capilla Moçarabe de la Santa yglesia de Toledo, beneficiado de San Marcos, y puesto otra vez en mejor estilo por el mismo Autor... Toledo, por Juan Rodríguez, 1588.*

tropiezo había tenido con el Santo Oficio cuando imprimió la *Selvagia,* le encontró mucho más riguroso con sus historias de Santos. La *adición* relativa a los varones ilustres en virtud se mandó quitar del libro, conforme a las sabias prescripciones de la Iglesia, que prohibe calificar de beatos por mera creencia pía a los que ella no ha declarado tales.[1]

También en las dos primeras partes se mandaron borrar

---

[1] *Flos Sanctorum. Tercera parte. Y Historia general en que se escriuen las vidas de Sanctos estrauagantes y de varones ilustres en virtud: de los quales, los unos por hauer padecido martirio por Iesu Christo o auer viuido vida Sanctissima, los tiene ya la Iglesia Catholica puestos en el Catalogo de los Sanctos. Los otros que aun no estan canonizados, porque fueron sus obras de grande exemplo, piadosamente se cree que estan gozando de Dios en compañia de sus bienauenturados... Toledo, por Juan y Pedro Rodriguez, hermanos, impressores y mercaderes de libros, 1588.*

Ejemplar de la Biblioteca Provincial de Toledo, descrito por Pérez Pastor, núm. 386. Este eminente investigador publicó en otro libro suyo *(Bibliografía Madrileña,* parte tercera, 1907, pp. 516 y 517) el curioso documento que sigue:

«Recibimos la de V. S. de XIII del pasado a los 27 del mismo, en que »V. S. manda se recoja la tercera parte del *Flos Sanctorum,* ordenado por el »maestro Villegas, impreso en Toledo año de 1588, y en cumplimiento della »se leyó aquí ayer domingo edicto para recoxerla, y han comenzado hoy »a traer algunos libros destos, ansi de los impresos en el dicho año de 1588 »y en los deste año de 1589, y porque en entrambas impresiones está el »principio y fin de las razones que V. S. manda borrar, y en los deste año »de 89 falta lo de la monja de Portugal, dudamos si faltando esto en otra »impresion, se ha de quitar los demas de las llagas de San Francisco y otras »cosas a este propósito, y hasta tener respuesta de V. S. de lo que en esto »se haga, habemos suspendido el enviar por el districto. Suplicamos a V. S. »nos mande avisar de su voluntad, porque habiéndose de quitar lo uno y »lo otro, es necesario poner otros edictos que exiban los de entrambas im- »presiones... En Toledo, XII de Junio de 1589.» (Archivo Histórico Nacional. Inquisición de Toledo. Cartas para el Consejo, fol. 211).

Como se ve, uno de los motivos que tuvo la Suprema para recoger este tomo tercero fué lo que en él había estampado el cándido Villegas sobre las llagas y demás embelecos de la célebre monja portuguesa Sor María de la Visitación. Si los falsos milagros de aquella embaucadora llegaron a sorprender por un momento la mente angelical de Fr. Luis de Granada, ¿qué mucho que también tropezase el hagiógrafo toledano? Pero la Inquisición, en este caso como en otros análogos, desempeñó un papel contrario al que vulgarmente se le atribuye, castigando con rígida mano la impostura y oponiéndose a su divulgación.

«algunas cosas apócrifas e inciertas», según se advierte en la edición toledana de 1591, obligando al autor a hacer una especie de refundición de su obra, en la cual salió muy mejorada. Puso la última mano a este trabajo a treinta días de mayo de 1595.[1]

En el intervalo se había publicado en Madrid, 1589, la *cuarta parte*, que contiene discursos y sermones sobre los Evangelios de todas las Dominicas del año, ferias de Cuaresma y Santos principales.[2]

Cuéntase como *quinta parte* del *Flos Sanctorum*, aunque en

---

[1] *Flos Sanctorum y Historia general de la vida y hechos de Iesu Christo, Dios y Señor Nuestro, y de todos los Santos de que reza y haze fiesta la Iglesia Católica, conforme al Breuiario Romano, reformado por el decreto del Santo Concilio Tridentino; junto con las vidas de los Santos proprios de España y de otros extrauagantes. Quitadas algunas cosas apocrifas e inciertas. Y añadidas muchas figuras y autoridades de la Sagrada Escritura, traydas aproposito de las historias de los Santos. Y muchas anotaciones curiosas, y consideraciones prouechosas. Colegido todo de autores graues y aprouados... En esta vltima impression van añadidas algunas cosas, y puestas otras en mejor estilo, por el mismo autor... Toledo, por la viuda de Juan Rodriguez, 1591.*

—*Flos Sanctorum. Segunda parte. Toledo, por Iuan Iaure, a costa de los herederos del dotor Francisco Vazquez. Año de 1594.*

(Al fin): «Yo el Maestro Alonso de Villegas, emende esta segunda parte »del *Flos Sanctorum* de muchas erratas y palabras trocadas que tenia: espe- »cialmente en las cotas marginales que estauan muy deprauadas. Y assi ser- »uira de original para que por él se hagan otras impressiones. Y en testimonio »de verdad la firmé de mi nombre.»

En 18 de julio del mismo año de 1594 puso Alonso de Villegas una nota marginal en el códice que poseyó de la *Coronyca de las antigüedades de España* de Fr. Juan de Rihuerga, y existe hoy en la Biblioteca Nacional. Villegas declara que le acabó de leer siendo de edad de sesenta años.

[2] *Flos Sanctorum. Quarta y ultima Parte. Y Discursos, Sermones sobre los Evangelios de todas las Dominicas del año, ferias de Quaresma y de santos principales: en que se contienen exposiciones literales, doctrinas morales, documentos espirituales, auisos y exemplos prouechosos para todos estados. Dirigida al Principe de España don Felipe segundo deste nombre. Por el Maestro Alonso de Villegas, sacerdote Teologo y predicador, capellan en la capilla moçarabe de la Santa Iglesia de Toledo y beneficiado de San Marcos, natural de la misma ciudad de Toledo... Madrid, en casa de Pedro Madrigal: MDLXXXIX.*

Lleva un retrato del autor con esta inscripción, que naturalmente no se refiere a la edad que tenía Villegas al tiempo de hacerse esa edición, sino que está tomada de otra anterior: «*Alfonsus de Villegas Tolet. Theol. Vitarum Sanctorum Scriptor. Annos agens 49.*»

rigor no lo sea, el *Fructus Sanctorum,* del cual sólo conocemos la edición de Cuenca, 1594.[1] Es, sin disputa, la más rara de todas las obras de Alonso de Villegas, y la más útil para el estudio de las leyendas y tradiciones piadosas. Contiene una selva numerosa de ejemplos morales, a la manera del *Prado Espiritual* de Santoro y otras colecciones análogas para uso de los predicadores y edificación de los fieles.

El tomo sexto de las obras de nuestro autor es la *Vitoria y Triunfo de Iesu Christo,* terminado en 1º de marzo de 1600, «siendo de edad de sesenta y seis años», e impreso en Madrid, en 1603.[2]

En varios tiempos publicó otros escritos más breves, todos de análoga materia. En 1592 dedicó a la villa de Madrid una *Vida de San Isidro labrador,*[3] que viene a ser la misma incluída en el *Flos Sanctorum.* En 1595 publicó en Toledo la *Vida de San Tirso,* acompañada de una carta al corregidor don Alonso de Cárcamo sobre ciertas antiguallas descubiertas en la imperial ciudad,

---

[1] No la menciona don Fermín Caballero en su opúsculo *La Imprenta en Cuenca* (Cuenca, 1869), pero sí la *Cuarta* parte impresa allí mismo, en casa de Juan Masselin, a costa de Cristiano Bernabé, mercader de libros, en 1592. Así en el colofón; pero en el frontis se puso, por una superchería o convenio editorial, la indicación de Madrid, en casa de Pedro Madrigal año 1593.

Sería impertinente aquí apurar la extensa y algo complicada bibliografía del *Flos Sanctorum* de Alonso de Villegas. La última edición de las muchas que la Biblioteca Nacional posee es la de Madrid, 1721 a 1724.

[2] «*Vitoria y trivnfo de Iesv Christo, y libro en que se escriven los Hechos »y milagros que hizo en el mundo este Señor y Dios nuestro, doctrina que »predicó, preceptos y consejos que dio: conforme a como lo refieren sus Evan- »gelistas y declaran diversos Doctores. Ponense conceptos y pensamientos »graues, exemplos y sucessos marauillosos, consideraciones y contemplaciones »piadosas de lo qual con el diuino fauor los Letores pueden sacar importante »prouecho. De modo que, a imitacion del mismo Jesu Christo, alcancen vito- »ria de los demonios y vicios que les hazen continua guerra: y assi adornados »de virtudes y obras meritorias, subiran triunfando al gozo de los bienes »eternos de la Gloria... Por el Maestro Alonso de Villegas... Es sexta parte »de sus obras. En Madrid, por Luis Sanchez, 1603».*

[3] *Vida de Isidro Labrador, cuyo cuerpo está en la Iglesia Parroquial de San Andrés de Madrid; escrita por el Maestro Alonso de Villegas, toledano. Dirigida a la muy insigne villa de Madrid. Madrid, por Luis Sanchez, 1592,* 27 hojas.

a las cuales presta ciega fe, lo mismo que a la supuesta carta del rey Silo, cayendo incautamente, como tantos otros, en las redes del gran falsario Román de la Higuera.[1] En 1600 tradujo un libro ascético de don Florencio Harleman, monje cartujo de Lovaina; pero este trabajo, que dedicó a doña María de Zúñiga, monja en San Clemente de Toledo, permanece manuscrito.[2] Entre los «*sermones predicados en la beatificación de la B. M. Teresa de Jesús Virgen...*» (Madrid, 1615) hay uno que Alonso de Villegas pronunció en la catedral de Toledo. Es la última noticia que tenemos de su persona.

Don Nicolás Antonio le atribuye equivocadamente dos libros más: el tratado de los *Favores que hace a sus devotos la Virgen nuestra Señora* (Valencia, 1635) y *Soliloquios Divinos* (Madrid, 1637). Uno y otro pertenecen al ilustre ascético jesuíta Bernardino de Villegas, natural de Oropesa.

En un cuadro del toledano Blas de Prado, existente en nuestro gran Museo Nacional, que representa a la Virgen con el Niño Jesús y varios santos, está representado Alonso de Villegas,[3] cuya

---

[1] *Traslado de la carta y relacion que embió a su Magestad el señor don Alonso de Cárcamo, corregidor de la imperial ciudad de Toledo. Relacion que hizo a su magestad Estaban de Garibay su coronista. Dificultades i obiecciones cerca de la opinion que el bienauenturado martyr San Thyrso fué natural de Toledo. Apología en que se responde a algunas obiecciones y dubdas puestas así contra la carta del Rey Silo, como contra la verdadera declaracion del hymno gothico de San Thyrso, embiada al rey nuestro señor, por don Alonso de Cárcamo, su corregidor en Toledo. Planta y alzados de las ruinas descubiertas. A don Alonso de Cárcamo, corregidor de Toledo, el maestro Alonso de Villegas. Vida de San Thyrso martir, colegida de diversos autores por el maestro Alonso de Villegas. En Toledo, por Pedro Rodriguez, 1595.* Fol. 38 hs.

[2] *Vía Vitae. Libro que contiene instituciones y exercitaciones espirituales para el christiano, en que se enseña de qué manera ha de comenzar y proseguir el camino de las virtudes hasta llegar a ser perfecto, hecho por Don Florencio Harlemano, monje, cartuxo en Lovaina. Traduxole de la lengua teutónica en latin Tacito Nicolao Zegero, del orden de los menores, y en español el maestro Alonso de Villegas, toledano.* Ms. al parecer autógrafo, que poseyó don José Sancho Rayón.

Esta versión es un nuevo dato para apreciar la influencia que pudieron tener los místicos alemanes en los nuestros.

[3] *Catálogo Descriptivo e Histórico de los Cuadros del Museo del Prado de Madrid*, por D. Pedro de Madrazo, Parte primera, pág. 519.

efigie nos han conservado, por otra parte, varias ediciones del *Flos Sanctorum*.

Es tradición consignada por don Tomás Tamayo de Vargas en su *Junta de libros*,[1] y repetida por don Nicolás Antonio,[2] que Alonso de Villegas, arrepentido de haber compuesto la *Selvagia*, hizo los mayores esfuerzos para recogerla y destruirla. Nada de particular tiene que un eclesiástico tan grave, entregado a ejercicios de piedad y a la composición de obras espirituales, mirase con ceño aquella producción algo liviana de su primera juventud. Pero no hemos de extremar las cosas hasta el punto de creer que se *horrorizase* de ella, como dice el erudito librero don Pedro Salvá, movido en parte por sus prejuicios anticlericales, y todavía más por el deseo de acrecentar el valor de su mercancía, exagerando la rareza de la *Selvagia*.[3] El caso no merece tantas alharacas. La *Selvagia* es una de las *Celestinas* menos desenvueltas en su lenguaje y menos escandalosas en sus lances. Y aun siendo rarísima, no es de las más raras, puesto que hemos visto de ella cinco ejemplares[4] sin salir de España. De todos modos, a los escrúpulos quizá nimios de Alonso de Villegas se debió que quedase inédito, y probablemente se perdiera, un libro suyo de *cuentos varios*, que serían apreciables de fijo, dadas las condiciones narrativas que el autor mostró en bien diversa materia.

---

[1] «*Selvagia*, comedia al modo de *Celestina*, para remedio de los estu- »diantes mundanos, que después, y aplicado a cosas sagradas solamente, pro- »curó recoger con gran diligencia. He leído de su mano un *libro de cuentos* »*varios*.»

[2] «*Selvagia* Comedia: ad *Celestinae* imitationem olim confecerat, quam »tamen supprimere maxime voluit curavitque iam maior annis totusque stu- »dio pietatis deditus. Prodiit haec Toleti.

»*Libros* (sic) de *qüentos varios*, quem Ms. se vidisse refert D. Thomas »Tamaius in magna *Collectione librorum Hispanorum*» (*Bibliotheca Hispana Nova*, tomo I, pág. 55).

[3] *Catálogo de la Biblioteca de Salvá*, I, núm. 1.497. «Horrorizado sin »duda Alonso de Villegas de su primera producción, procuró recoger y des- »truir cuantos ejemplares le vinieron a las manos, y a esto se debe induda- »blemente el que sea una de las comedias más raras de nuestro antiguo »teatro.»

[4] El que poseyó el mismo Salvá, el que fué de don Pascual Gayangos y hoy pertenece a la Biblioteca Nacional, el del Marqués de Pidal, el de don Isidoro Urzáiz y algún otro.

No debe confundirse con la *Selvagia* otra obra de parecido título, impresa treinta años después, y que también pertenece a la galería celestinesca, la *Comedia salvaje* de Joaquín Romero de Cepeda, vecino de Badajoz, inserta en el rarísimo tomo de sus *Obras* (Sevilla, 1582).[1] Fué Romero de Cepeda mediano poeta, más feliz en los metros cortos que en los de importación italiana; imitador a veces hábil de Castillejo y Gregorio Silvestre, pero no un ingenio de relevante personalidad ni mucho menos. Así lo testifican su poema *El infelice robo de Helena,* su colección de romances sobre *La antigua, memorable y sangrienta destruyción de Troya* (Toledo, 1583), su *Conserva Espiritual* (Medina del Campo, 1588), su traducción de las *Fábulas de Esopo* y otros (Sevilla, 1590) y un libro de caballerías, que fué de los últimos de su género, no descrito aún por los bibliógrafos.

La comedia *Salvaje* (no *Selvaje,* como han escrito algunos) no pertenece al género novelesco, sino al dramático. Es perfecta-

---

[1] *Obras de Ioachim Romero de Cepeda, vezino de Badajoz. Dirigidas al muy ilustre señor don Luys de Molina Barrientos, del Consejo de su Magestad en la Real Audiencia de Seuilla. Com* (sic) *preuilegio. En Seuilla. Por Andrea Pescioni. Año de 1582. A costa de Francisco Rodríguez, mercader de Libros.*
4º, 140 hojas, contando las tres primeras de preliminares.
La *Comedia Salvaje* ocupa los folios 118 a 138. Al fin de cada jornada se pone la lista de las personas de ella.
Va en el mismo tomo otra pieza dramática de Romero de Cepeda, la *Comedia Metamorfosea* (folios 130 a 137). Pertenece al género pastoril, y consta de tres jornadas muy breves. Moratín, que caprichosamente la asigna la fecha de 1578, la da como anónima en sus *Orígenes del Teatro* (número 131), refiriéndose a un ejemplar que existía en la biblioteca del Convento de dominicos de Santa Catalina de Barcelona. Acaso sería una edición suelta o la comedia estaría desglosada del tomo de las *Obras.* El mismo autor (núm. 156) cita una edición de la *Salvaje (Selvaje* dice) de Sevilla, 1582, que alcanzó a ver en la misma biblioteca barcelonesa y sobre la cual nos cabe la misma duda.
El tomo completo de las *Obras* de Joaquín Romero de Cepeda es muy raro. Nuestra Biblioteca Nacional posee el ejemplar que fué de don Agustín Durán. Existe también en la Escurialense y en la Nacional de París.
Tanto la *Salvaje* como la *Metamorfosea* fueron reimpresas con bastante desaliño por don Eugenio de Ochoa en el tomo primero del *Tesoro del Teatro Español* que publicó el editor Baudry (París, 1838), págs. 286-308. Y muy recientemente lo han sido en el *Archivo Extremeño,* erudita revista que se publica en Badajoz.

mente representable, y puede darse por seguro que fué representada. Consta de cuatro jornadas muy breves, escritas en redondillas dobles, y se asemeja del todo en su sencilla traza y artificio a las imitaciones de Torres Naharro que hicieron Jaime de Huete, Agustín Ortiz y otros, más bien que a las fábulas complicadas y aparatosas de Juan de la Cueva, que debían de estar en su mayor auge cuando Joaquín Romero de Cepeda ofreció al público sevillano las suyas.

La relación muy estrecha en que la *Salvaje* está respecto de la *Celestina* puede colegirse por su mismo título, que es casi un plagio, cometido también por Luis de Miranda: «*Comedia Salvaje, »en la qual, por muy delicado estilo y artificio, se descubre lo que »de las alcahuetas a las honestas doncellas se les sigue, en el pro- »ceso de lo qual se fallarán muchos procesos y sentencias.*»

Todavía es más explícito el *argumento*: «Anacreo, [1] caballero »mancebo de mediano estado, enamórase de Lucrecia, hija de »Arnaldo y Albina, única heredera de sus padres, muy rica y hermosa, la qual por medio de Gabrina, famosa alcahueta, viene »a condescender a los ruegos de Anacreo; descúbrese el hecho, »prenden a Gabrina, ahorcan a Rosio, criado de Anacreo. Huye »Lucrecia; van sus padres en su busca; a Arnaldo matan salteadores, y a ellos Anacreo, que va en busca de Lucrecia. Roban a »Albina dos salvajes, defiéndela Anacreo, sale Lucrecia al ruido »en hábito de pastora, mata los salvajes, dase a conocer, perdóna- »los Albina, despósanse Anacreo y Lucrecia.»

Dos partes hay que distinguir en esta composición. La primera, que comprende las dos primeras jornadas y parte de la tercera, es una imitación o más bien una *versificación* de la *Celestina*, tan servil que puede ponerse al lado de las traducciones literales de Urrea y Sedeño. Pero los versos son fáciles y no desnudos de elegancia, como ya advirtió Moratín. Júzguese por este soliloquio de Gabrina, cuando va a casa de Lucrecia (jornada segunda):

La madre que me parió
Haya mal fin y quebranto,
Que a hija que quiso tanto
Tan mal oficio mostró.

De contino el manto a cuestas,
Con las haldas arrastrando,
Por callejas rodeando
Y otras partes deshonestas.

---

[1] El poeta escribe una veces *Anacreo* y otras *Anacreon*, según cuadra a la medida de sus versos.

Contino por monesterios,
Por ermitas, por cantones;
De noche como ladrones
Cercando los cimenterios,
Por sepulcros de finados.
Y por lugares desiertos,
Buscando huesos de muertos
Y narices de ahorcados.

Y a la fin muy bien pagado
Al cabo de mis afanes!
Por servir a estos galanes
Dos veces me han emplumado;
Pues agora una coroza
O algún jubón sin costura.
Triste de tu hermosura,
Gabrina, cuando eras moza!

Ora en fin yo quiero ir,
Por demás en este lloro,
Que esta cadena de oro
Me hará a veces reir.
Llevo perfumes y olores,
Tocas de lienzo delgado,
Seis madejas de hilado
Y otras yerbas para amores.

La carta quiero guardar,
Porque el ir no me sea en vano,
Que en tomándola en su mano
Le haré a Anacreo amar.

Quiero ir, que ya me espera
De Lucrecia el hermosura.
¡Que buen principio y ventura
Que sus padres salen fuera!

Conjúrote, gran Plutón,
Emperador de dañados,
Rey de los atormentados
Y de la infernal región;
Señor del sulfúreo fuego,
Capitán del río Leteo,
Molestador de Fineo
Y veedor del reino ciego.

De las infernales furias,
Hidras, harpias volantes,
De las ánimas penantes,
Señor de las tristes curias;
Yo, Gabrina, antes que parta,
Te conjuro, pido y ruego
Que con tu sulfúreo fuego
Te encierres en esta carta.

Y cumpliendo mi deseo,
Que tanto tu nombre precia,
Hagas que muera Lucrecia
Por amores de Anacreo;
Y siempre te serviré
Con fe muy firme y constante,
Y si no con luz radiante
Tus cárceres heriré.

El resto de la pieza es un purísimo desatino, en que se amalgaman confusamente incidentes del drama novelesco y del pastoril. Moratín hizo de mano maestra su análisis, con aquella especial habilidad que él tenía para contar los argumentos de las comedias ridículas.

«Lucrecia, acompañada de la vieja alcahueta Gabrina, abandona la casa de sus padres y se va a la de Anacreo su amante: los padres de Lucrecia, echándola de menos, van a casa de Gabrina con la justicia, y de allí a la de Anacreo; pero éste y Lucrecia han huído descolgándose por una ventana. Presos Gabrina y el criado Rosio, los llevan a la plaza: allí aparece la horca a vista del auditorio; suben al reo y le cuelgan; a Gabrina la empluman, le ponen una coraza, y sentándola en la escalera del suplicio queda abandonada a merced de los muchachos, que a porfía le tiran brevas, berenjenas y tomates, le remesan los pelos y le dan puñadas; hecho esto dice el juez:

> Quiten luego a esa muger,
> Y entierren al ahorcado.

»En la cuarta jornada sale por un monte Lucrecia con arco y saetas y llora la mala ventura de sus amores; luego que se retira, sale por otro lado Anacreo lamentándose igualmente de la desdicha en que se ve. Salen después Albina y Arnaldo, padres de Lucrecia, vestidos de peregrinos, en busca de su hija; descansan un rato de la fatiga del camino, y al querer proseguirle los sorprenden dos ladrones llamados Tarisio y Troco; el viejo Arnaldo quiere defenderse y muere a sus manos; sobreviene al ruido Anacreo y mata a Tarisio; su compañero Troco se va huyendo; sigue el reconocimiento de Anacreo y Albina, y cuando tratan de enterrar el cadáver de Arnaldo, vienen dos salvajes, entre los cuales se ve Anacreo en mucho peligro de perder la vida; pero Lucrecia, que se aparece muy oportunamente, dispara una flecha y cae muerto uno de los salvajes. Anacreo en tanto consigue matar al segundo; la madre y el amante, sin reconocer a Lucrecia, le agradecen el socorro que les ha dado; ella al fin se descubre, y con el regocijo de los tres acaba la fábula.»

Sólo por tener forma de comedia en prosa e intervenir en ella una hechicera puede contarse entre las *Celestinas* la *Doleria del Sueño del Mundo*, que pertenece en realidad al género alegórico-fantástico, más cultivado en el siglo XVII que en el XVI, a cuyas postrimerías corresponde esta obra, tan singular por su título como por su desarrollo. Fué su autor Pedro Hurtado de la Vera, cuyo apellido indica origen extremeño, al paso que ciertas rarezas de su lenguaje pueden hacer sospechar que fuera nacido o criado en Portugal. ¿Sería por ventura algún judío portugués cuyos ascendientes hubieran pasado de Extremadura al reino vecino? De su persona nada podemos decir sino que en 1573 publicó, traducida del italiano, una de las más tardías versiones del *Sendebar*, conocida con el nombre de *Erasto*.[1] Algo de influjo

---

[1] *Historia lastimera d'el Principe Erasto, hijo del Emperador Diocletiano, en la qual se contienen muchos ejemplos notables y discursos no menos recreativos que provechosos y necesarios, traduzida de Italiano en Español.*

italiano se columbra también en la *Doleria*,[1] que recuerda, hasta cierto punto, la *Circe* de Juan Bautista Gelli y otros diálogos satíricos, sin ser positiva imitación de ninguno de ellos. El autor

---

por *Pedro Hurtado de la Vera. En Anvers, en casa de la Biuda y herederos de Iuan Stelsio, 1573.*
8º 113 pp. dobles.

El original italiano se titula, en la edición que tengo a la vista: *Erasto dopo molti secoli ritornato al fine in luce. Et con somma diligenza dal Greco fedelmente tradotto in italiano. In Vinegia apresso Agostino Bindoni l'anno M. D. LI* (1551). La 1ª edición es también de Venecia: *Li compassionevoli auuenimenti d'Erasto, opera dotta et morale di greco tradotta in volgare* (1542).

[1] *Comedia intitulada Doleria d'el Sueño d'el Mundo*, cuyo Argumento va tratado por via de Philosophia Moral: aora nueuamente compuesta por Pedro Hurtado de la Vera (Escudo del Mecenas). En *Anvers. En casa de la Biuda y herederos de Iuan Stelsio. Año de M. D. LXXII. Con gracia y priuilegio.*

(Al fin): *En casa de Daniel Veruliet, año 1572.*
12º 2 hojas sin foliar, de portada y principios, y 142 páginas dobles.

—*En Amberes, en casa de Guslenio Iansens, al Gallo vigilante, 1595. Con gracia y privilegio.* Edición idéntica en todo a la anterior.

—*La Doleria del sueño del Mundo. Comedia tratada por via de Philosophia Moral. Iuntamente van aqui: Los Proverbios morales. Hechos por Alonso Guajardo Fajardo. Paris, Ivan Foüet, M.D.C. XIIII.*

12º 6 hs. prls. y 193 folios para la comedia. Los proverbios tienen paginación diversa, que llega hasta el folio 47, numerado 46 por errata.

Estos *Proverbios* son doscientos ochenta. César Oudin reprodujo en su colección 49 acompañados de versión francesa.

No podemos adivinar por qué motivo se suprimió en esta edición de la *Doleria* el nombre de Hurtado de la Vera, y se añadió un escrito ajeno y muy anterior a él, como son los *Proverbios*. La primera edición de esta obrita moral se había publicado en Córdoba.

Proverbios morales. Hechos por un cauallero de Cordoua, llamado Alonso Guajardo Fajardo. Dirigido al excellentissimo Señor don Gonçalo Fernandez de Cordoua, Duque de Sessa y de Vaena, Conde de Cabra, Gouernador y Capitan General de Milan y estados de Lombardía. Con Priuilegio. En Cordoua. Por Gabriel Ramos Bejarano, 1586 (al fin, 1587).

8º 51 hs. y una blanca al fin. Precede al texto una «Carta de Sebastian »de Leon, vecino de Cordoua, clérigo, al Sr. Pedro Guajardo de Aguilar, hijo »mayor del autor, y uno de los veinticuatros del Regimiento de Cordoua».

«Illustre Señor. De muchas cosas que el señor Alonso Guajardo, padre »de V. merced y señor mio, escriuio, así *en lengua Latina y Griega como en »la Toscana y Española y aun Francesa, porque en todas tuuo general erudi- »cion,* los Proverbios Morales son los que mas se frequentan y andan en el »vso, y se estiman de todo género de gente por la doctrina y christianos auisos »de que tratan. Y como por los *traslados de diversas manos que dellos ay,* se

se muestra versado en todo género de literatura, especialmente en los libros de caballerías y en los poemas de Boyardo y del

»ha perdido y venido en corrubcion la primera verdad en que fueron escri-
»tos, que *ha mas tiempo de sesenta años, pues el de mil y quinientos y veynte*
»*y quatro, en la ciudad de Palermo en Sicilia, siendo el Señor Alonso Guajardo*
»*Capitán y Alguacil mayor de la sancta inquisicion de todo aquel reyno y yslas*
»*adjacentes, parece por el borrador antiguo que los escrivió,* hize muchas veces
»con su merced, para preuenir los yerros venideros, la instancia que basta-
»ron mis fuerzas, suplicandole los mandase o consintiese imprimir, y no lo pu-
»diendo acabar, ni otras personas muy graues que como yo deseauan su ser-
»uicio, lo bolví a intentar en la *ausencia que hizo desta ciudad siendo Co-*
»*rregidor en la de Huescar,* pareciéndome menor daño que el de mi castigo
»quando se supiesse, aunque fuesse grande, que el que se seguiria de oscu-
»recer y perderse obra tan universalmente buena, y tan dina de memoria
»larga; pero esto no pudo ser tan secreto que no llegase antes a su noticia,
»y con correo a diligencia agradeciendo mi voluntad, me mandó que en con-
»tradiccion de la suya no prosiguiese mi intento, fundando esta defensa en
»que *el excellentisimo Duque de Sessa don Gonçalo Fernandez de Cordoua, a*
»*quien los dedicó,* no pudo acabar con él que sacase a plaça con titulo de su
»nombre obra tan corta, y de tan pocos renglones, y asi paró mi denuedo,
»hasta que con su fin y muerte le he cobrado de nuevo, y a mis solas he ga-
»nado licencia para hazer imprimir un traslado que vino a mi poder, que
»más que todos los otros parece fiel. Suplico a vuestra merced no se desirva
»de ello, y tenga por bien que a esta ciudad de Cordoua, a quien tanta parte
»toca de la honra de tal hijo, se comuniquen impresos precetos tan dinos de
»ser sabidos, y hechos de un tan christiano y discreto cauallero que siempre
»puso por obra la virtud que aconsejó...»

Vid. Valdenebro y Cisneros (don José María), *La Imprenta en Córdoba,* obra premiada por la Biblioteca Nacional. Madrid, 1900, pp. 19 a 21.

En 1623 don Carlos Guajardo Fajardo obtuvo licencia del Consejo para reimprimir estos *Proverbios* por tiempo de cuatro años, pero esta reimpresión no llegó a efectuarse.

Hay una moderna lindísima, de cien ejemplares, publicada en Sevilla, año 1888, por el bibliófilo don Agustín Guajardo Fajardo de Torres, descendiente del autor.

He aquí el primero y el último de los *Proverbios* de Guajardo, manifiestamente imitados de Gómez Manrique y otros poetas del siglo xv:

Por el agosto la nieue
Parece contra razon,
Viene el agua sin razon
Quando en el estio llueue.
. . . .
Guarnezcala de alto muro
Virtudes en derredor,

Ariosto.[1] Cita con frecuencia y oportunidad trozos de romances viejos,[2] como antes de él lo había hecho Jorge Ferreira, a quien se parece también en lo cortado y sentencioso del estilo. En el

> Y morará el fundador
> De toda virtud siguro.

En este género de poesía *paremiológica,* Alonso Guajardo supera a Alonso de Barros y a Cristóbal Pérez de Herrera, más conocidos que él, pero es inferior al catalán Setantí, autor de los *Avisos de amigo.*

Las dos ediciones que poseemos de la *Doleria* (Amberes, 1572, y París, año 1614) son incorrectísimas, como impresas en país extranjero; pero como no tienen exactamente las mismas erratas, sirven a veces para corregirse la una a la otra. Con ambas va cotejado el texto de la presente reimpresión.

[1] «Por tener compañía al gran Rugiero» (pág. 318). «Mejor sería hallar »las fuentes de Merlin de amor y desamor para poner la vna al opposito »de la otra y hazer morir Angélica por Reynados, y él que huyese de ella »como del diablo» (pág. 345). «No sea ella la de Ferraguto viuo, que lle-»vaua a Ferraguto muerto» (pág. 379). «Esto es lo bueno para entrar y salir, »como hazia Malgessi ayudando sus doze pares» (pág. 379). «Deues hauer so-»ñado con *Carcel de Amor* o *Guarino Mezquino* (pág. 331).» «Estava en la »*gloria de Niquea,* con los amores de Amadis» (pág. 332, alusión a Feliciano de Silva). «Y encantar más tierras que el sabio Alquife» (pág. 354). «Y no »podrias darme mejor fiesta por discantar a mi plazer los ademanes de Zir-»fea, Reina de Cartas, esclava de Argenes» (pág. 361). «Mal año para don »Galaor o cualquiera de los doze Pares» (pág. 363). «Nuestro primo Hera-»clio... nos mete en trabajo aora de buscar Astolpho de Inglaterra con su »hypofrifo, que le vaya por el meollo al cielo como hizo al de Orlando» (página 369). «Quise tanto a vna que passara *el arco de los leales amadores,* »pensando ser no menos querido della; mas a la postre, porque no me re-»yesse de los otros, uve de descender al *infierno de Anastarax»* (pág. 372). Todavía hay otras alusiones a la literatura caballeresca italiana y española, común recreo de entonces.

[2] Pág. 331. «Por la calzada va el moro,—por la calzada adelante» (página 356). «Y tu merced no sabe quándo es de dia, ni quándo las noches sone, »como dezia el prisionero» (pág. 364). «Y dile *recibí cartas que Alfama era* »*tomada»* (pág. 372). «Madre y hija son entrambas,—y esta noche se nos »*vone:* palabras que yban diziendo—monedas de oro *sone,* que se mataron »por dos,—que no valen medio *none»* (pág. 339, parece contrahecho de burlas a imitación de los antiguos). «Yerros hechos por amores—dignos son de »perdonare» (id.), «Parildo, infanta, parildo,—que assi hizo mi madre a my» (página 351). «Vuelta, vuelta, los franceses—con corazon a la lid.» Cita también las coplas de Jorge Manrique (pág. 345), y algún cantarcillo popular: Vuélvete a tu majada, pastor,—toma tu zurron,—que no hay más dongolondron (pág. 364).

Los pocos versos que hay en la *Doleria* son casi todos de la antigua es-

pensamiento de su obra y en algunas de las alegorías de que se vale percíbese la acción eficaz de los moralistas y satíricos antiguos, sobre todo de Luciano, tan imitado en España durante nuestro Siglo de Oro.[1]

---

cuela, salvo algún pésimo soneto. En los versos cortos tiene más soltura y gracia:

> Damas, si soys tristes,
> Vos lo merescistes.
> De ser muy risueños
> Lloran vuestros ojos,
> Tengan sus enojos
>
> Como vos los sueños.
> Damas, mal dormistes,
> Pues tan mal soñastes,
> Si assi recordastes,
> Bien lo merecistes (pág. 386).

[1] Ya en la dedicatoria al Duque de Medinacelli alega Pedro Hurtado ciertas palabras de Alcíbiades en el *Simposio* platónico: «V. Excellencia la »defienda (esta comedia), y tome, no por liuiana o sensual como paresce, »sino por los Sylenos que dizen de Alcibiades (eran estos Sylenos ciertas »caxuelas pintadas por de fuera, con figuras de Satyros y otros animales »desprezibles (sic) y ridiculos, mas lo de dentro no tenía precio)» (pág. 312).

Del *Enchiridion* de Epicteto procede este pasaje:

«*Astasia.*—Conviene representar tu parte d'esta comedia con los habitos »que el maestro lo ordenare.

»*Idona.*—No lo entiendo.

»*Astasia.*—Yo te lo declararé; este mundo es el Theatro, nosotros las »figuras, Dios el que ordena la comedia; en ser Rey en ella, Monarcha, o »capitan, no está la gloria, sino en representar bien su figura cada vno, o »sea de loco, de cozinero, labrador, pastor o moço de cauallos. Es menester »obedescer al hado y no extrañar lance ninguno, porque viene de alta mano» (página 326).

Las escenas en que intervienen Morpheo y Charon parecen sugeridas por los diálogos de Luciano, que está nominalmente citado más de una vez: «Llamaríamos a *Luciano* en nuestra ayuda o a *Charon*, que es el verdugo »d'estas burlerias» (pág. 329).

Hay también algunas reminiscencias del *Asno de Oro*, leído en la traducción de Cortegana como lo prueba la sustitución del nombre de la criada de la hechicera *(Photis* en el original latino) por el de *Andria*.

«*Asosio.*—Hablas como reyna; esa es la más cierta experiencia. Pero »no sea éste el de *Apuleyo*, y tú *Andria* para mí? *Noramala* acá, vernia a ser »asno toda mi vida.

»*Doleria.*—No ves que estamos en el mes de mayo, y que terniamos a la »ora rosas?

»*Asosio.*—O pese al mundo, en mayo fue lo otro; pero el asno primero »huvo ciertos palos, y seruió mil amos con cien nil lazerias.

»*Doleria.*—Sí, mas ya estamos aduertidos, y esso fue en Thesalia.

»*Asosio.*—Doyle al diablo, que en cualquiera parte se hallan ya Milones »y ladrones» (pág. 352).

La *Doleria del sueño del Mundo* es una invención francamente alegórica. Todos los personajes tienen una doble representación real y simbólica; pero la primera es muy tenue y borrosa y queda casi enteramente anulada por la segunda, lo cual comunica extraordinaria frialdad al diálogo, y reduce a mínimo valor la intriga, tan confusa y enmarañada que a duras penas se entiende en la primera lectura. Todos representan alguna virtud o vicio, pero no siempre los actos que en la tragicomedia se les asignan van de acuerdo con lo que sus nombres griegos anuncian. Hay en esta parte notables incongruencias y falta de solidez en los caracteres, si tal nombre merecen.

El autor amonesta que se lea su *Comedia* «como cosa moral »y traslado de la vida humana. Amor es el argumento d'ella, por »ser en el mundo Amor la causa de todo mal y bien. Duerme *el* »*Mundo* y sueña ser *Heraclio* amor de virtud y fama, con el con- »trapeso de vanagloria, que es *Honorio* su criado. *Logistico,* la »Razón que manda sobre ella, la cual cae alguna vez para levan- »tarse con más fuerça como Antheo y reconoscer la fuerça sobe- »rana. *Astasia* es la sensualidad y hipocresia en habitos de virtud. »El deleyte, *Idona,* hermosa de cara, de obras fea. *Melania,* la »malicia, cuyo fruto es el trabajo, que la color d'el negro signifi- »ca, y a la postre queda subjecta a *Morio,* que es la ignorancia, »y con él casada. *Asosio,* la carne vagabunda, pero al spirito re- »duzida con el castigo y experiencia. Las Egypcianas son las ten- »taciones, que procuran de ajuntar los buenos a los malos. *Andro-* »*nio,* la ciuil costumbre que declina de la malicia a *Aplotis,* la »simplicidad. *Apio, Metio, Amercia, Mania* son los vicios. *Dole-* »*ria,* la casamentera d'ellos, engaño y castigo juntamente. El bos- »que de las sombras, la vanidad de las cosas d'esta vida. *Aglaia,* »*Thalia, Caliope, Melpomene,* las sciencias y virtudes que volun- »tariamente se presentan a sus amadores. Los Salvages, peniten- »cia y contino remordimiento de la conciencia. *Nemesis,* la jus- »ticia que yguala todo y manifiesta lo que hizo dissimuladamente »y disfraçada con *Asosio,* tomando despues por instrumento de »castigar los malos a los malos, de remunerar los buenos a los »buenos. Es *Charon* la Muerte, que despierta al Mundo y da prin- »cipio de vida a unos, de muerte a otros. Si el argumento o estilo »no te contenta, hagalo el desseo, que es de contentar los auisa-

»dos; si no, casate con la hermana de Melania, mujer de Morio, »y sereys cuñados».[1]

Estas últimas palabras de Hurtado de la Vera, que con tanta llaneza declara tonto de solemnidad al que no guste del artificio de la *Doleria*, indican lo satisfecho que hubo de quedar de este alarde de su ingenio. Pero algo había de temerario en su presunción, no justificada por las medianas dotes de su inventiva y estilo. El pensamiento de la obra era ingenioso, aunque no muy original, y, desarrollado con eficacia artística, hubiera podido ser el germen de una gran concepción fantástica. Hacer dormir al Mundo durante seis mil años y desarrollar en las visiones de un sueño el espectáculo de la vida humana, con sus ilusiones y sus desengaños, para destruir luego esta aérea fábrica al son de los remos de la barca de Carón, era empresa digna de un gran poeta, y debe contarse entre los precedentes de obras análogas, como las de Grillparzer y el Duque de Rivas. No puede negarse tampoco a Hurtado de la Vera cierto talento agudo y sutil, que de puro sutil se quiebra, en algunas de sus alegorías, como el banquete en casa de Astasia y el diálogo de las fingidas gitanas (escena 5ª del tercer acto); la transfiguración de Asosio por las mágicas artes de Doleria en la persona de un cortesano llamado Andronio, y las equivocaciones y lances cómicos (un tanto análogos a los del *Anfitrión* de Plauto) que esta trasformación ocasiona (escenas 7^a y 8ª del mismo acto; 1^a, 2^a, 4^a y 9ª del acto cuarto); los engaños del bosque encantado, donde las sombras se hacen cuerpos y los cuerpos sombras, y toda persona se duplica y llega a perder la conciencia de sí misma (escenas 6^a y 7ª del acto quinto); la aparición de las Gracias, de las Musas y de la justiciera Némesis, que ahuyentan con serena luz clásica las visiones de aquella *noche de Walpurgis* (escena 8ª del quinto acto).

No era ciertamente pensador vulgar el que *interpretaba* el mundo diciendo que «de lo bueno no hay en él más que la sombra, y »de lo malo todos son cuerpos» (pág. 383). Pero le faltó aquel extraño poder de dar vida a las abstracciones de la mente, que por tan diversos caminos mostraron, casi a un tiempo, en España el autor del *Criticón* y en Inglaterra el autor del *Viaje del Peregrino*.

---

[1] Pág. 313 del tomo presente. [Textos]

En la *Doleria del sueño del Mundo* se ve una imaginación pobre y apocada, que lucha con un argumento muy superior a sus fuerzas; que no llega, ni por asomo, a convertir en personaje real ninguno de sus fantasmas alegóricos y se pierde con ellos en un laberinto de disfraces y embrollos pueriles. Obra, en suma, que sólo por curiosidad puede leerse y que no deja en el espíritu ninguna impresión duradera.

El estilo es tan artificioso y revesado como el argumento. Todos los interlocutores hablan por sentencias y alusiones; todos aguzan el pensamiento en forma de epigrama. No faltan rasgos felices, que el fino amador de nuestra lengua debe estimar y recoger; pero el conjunto es de gran monotonía. Hurtado de la Vera, que carecía del genio brillante y a veces hondo de Baltasar Gracián, había adivinado, y aplicaba en su parte peor, medio siglo antes que él, aquella doctrina del estilo que el jesuíta aragonés teorizó en su libro de la *Agudeza*, y llevó al último extremo en *El Héroe*, el *Oráculo Manual* y *El Discreto*. Hay conceptos en la *Doleria* que son verdaderos enigmas, y cuando se llega a descifrarlos rara vez compensan el trabajo que cuestan.

Pero obra curiosa lo es, sin duda, hasta por sus particularidades de lenguaje, como el empleo de ciertas formas de la conjugación, ya arcaicas y desusadas a fines del siglo XVI, a no ser que se estimen como netamente portuguesas.[1] Acaso Hurtado de la Vera saldría de la Península muy joven, lo cual puede explicar la persistencia de estas locuciones, aprendidas en la infancia, al paso que su residencia en Flandes pudo dar ocasión a un corto número de galicismos y frases exóticas que de vez en cuando salpican su texto.[2] Todo el libro revela una cultura algo pedantes-

---

[1] Pág. 336: «Todavia quiero que me promettas trabajar de contentarte »y *creresme*». Pág. 339: «Hasta *la teneres* en la mano». Pág. 353: «Para *aca-»bares* a las dos». Pág. 357: «*Dexareste* engañar». Pág. 363: «En qué te offen-»dí para *me offenderes*? en qué te burlé para *me burlaros*?» Pág. 369: «Es una »salsa para *comereste* los dedos de sabrosa». Pág. 370: «*Burlareste* de mi y »*hazeresme* morir con tus descuydos?»

[2] »*Bandida* de sí la carne» por «desterrada» (pág. 328). «Pero no »hazes *que* irme a la mano rústicamente» (pág. 357). «Los officiales ha- »ziendo el *reporte* de lo que por las manos passa» (pág. 382). «No hay en »él *que* la sombra» (pág. 383).

También se nota algún italianismo, como *escabello* (pág. 350), *estriega*

ca. «¿Qué mal hago yo en observar las letras de la entrada de la »escuela de Platón, no entrando sin Geometría?... Hize prousion, »en casa, de un guante lleno de artes liberales» (pág. 331). En la escena 3ª del segundo acto se intercala extemporáneamente una disertación sobre los nueve cielos, con todos los errores de la antigua cosmografía.

Dudo mucho que don Pedro Calderón conociese la *Doleria*, nunca impresa en España; pero el título y el pensamiento general de la comedia alegórica de Hurtado traen a la memoria el título y la idea moral de *La vida es sueño*, si bien no hay en la ejecución ningún punto de contacto. No hemos de entrar en la cuestión, bastante compleja, de los orígenes del drama calderoniano, que muy pronto ha de ser tratada exprofeso por un erudito norteamericano; pero no podemos menos de llamar la atención sobre frases tan significativas como éstas de la *Doleria*: «¿Y a la postre no »pára todo en sueño? no hablamos d'ello, o no recordamos d'ello »como de sueño?» (pág. 315).

Muy distinto género de interés nos ofrece *La Lena o El Celoso*, obra lindísima del valisoletano don Alfonso Velázquez de Velasco y última de las que se ofrecen a la consideración del lector en el presente tomo. Impresa en 1602, tres años antes que el *Quijote*, marca el punto extremo de nuestro trabajo, no porque el siglo XVII dejara de producir otras *Celestinas*, sino porque la de Velasco pertenece enteramente al gusto del siglo anterior, dentro del cual la suponemos compuesta, aunque fuese algo tardía la impresión. Los pocos datos que tenemos del capitán *pinciano* (como entonces solían llamarse por error geográfico los hijos de Valladolid) nos inducen a creer que era hombre de madura edad cuando dió a luz esta producción suya tan sabrosa y picante. Y debía de ser persona de consideración en la milicia, puesto que le honraron con su íntima confianza dos de los grandes soldados españoles del tiempo de Felipe II: el coronel Francisco Verdugo, hijo ilustre de Talavera de la Reina, primer sargento mayor de los tercios de

---

por bruja (pág. 375), y bastantes latinismos, entre ellos *colligantia* (pág. 371) y *parentes* en vez de parientes (pág. 336). Algunas voces, como *tristoño* (página 360) y *amadiosa* (pág. 361), que tienen visos de portuguesas, pueden ser extremeñismos o leonesismos. La primera se encuentra en las farsas pastoriles compuestas en tierra de Salamanca a principios del siglo XVI.

Flandes y heroico gobernador de Frisia, donde resistió catorce años a los rebeldes holandeses, y el perínclito don Bernardino de Mendoza, capitán de caballos ligeros en el ejército del Duque de Alba, imperioso embajador del Rey Católico en Inglaterra y en Francia y árbitro de París durante los tumultos de la Liga, a la cual apoyó con su brazo y su consejo. [1]

Fué nuestro don Alfonso editor, y quizá algo más, del *Commentario* o *Memorias militares del coronel Verdugo*, impresas en Nápoles (1610), si bien cinco años antes corría ya de molde una versión italiana de Jerónimo Frachetta. [2] Preceden y siguen a la edición castellana [3] varios elogios poéticos de Verdugo, que había fallecido en 1597, gobernando las armas de España en el Estado de Luxemburgo, después de haber hecho victoriosa entrada en Francia, llegando hasta las puertas de Sedán. En un prólogo muy bien escrito, como suyo, recopila don Alfonso una parte de las hazañas de su amigo, y se queja de la envidia que oscureció sus proezas y dejó sin el debido premio tan extraordinarios servicios.

---

[1] La vida militar y política de Mendoza merece un libro que no ha sido escrito aún, y cuya base debe ser su riquísima correspondencia diplomática, aprovechada ya, aunque no completamente, por los historiadores franceses. Dos preciosos artículos del señor Morel - Fatio, publicados en el *Bulletin Hispanique* de 1906 *(Don Bernardino de Mendoza. I, La Vie. II, Les Oeuvres)*, son, hasta ahora la más cabal biografía del autor de los primeros *Comentarios de las guerras de los Países Baxos*.

[2] *Li Commentari di Francesco Verdugo delle cose sucese in Frisia nel tempo che egli fu Gobernatore e Capitan Generale in quella provincia. Non mai prima messi in luce et tradotti della lingua Spagnuola nell' Italiana. Con la vita del medesimo Verdugo. Dedicati da Girolamo Frachetta all Illustris. et Eccellentis. Sig. Don Giovan Alfonso Pimentelo d'Herrero. Conte di Benevento. Vicere & Capitan Generale del Regno di Napoli. In Napoli, nella Stamperia di Felice Stigliola, a Porta Reale. M. DCV (1605).*

[3] *Comentario del coronel Francisco Verdugo, De la guerra de Frisa: en XIIII Años que fue Gouernador y Capitan general de aquel Estado, y Exército, por el Rey D Phelippe II. N. S. Sacado a luz por D. Alfonso Velazquez de Velasco. Dedicada a D. Francisco Ivan de Torres, Comendador de Museros, de la Orden de Santiago; Alcayde perpetuo de la Casa Real de Valencia, del Consejo Colateral de S. M. & En Napoles. Por Iuan Domingo Roncallolo, 1610. Con licencia de los superiores.*
8º 18 hs.
Reimpreso por los señores Fuensanta del Valle y Sancho Rayón en su *Colección de libros españoles raros o curiosos*, tomo II (Madrid, 1872).

Y en la dedicatoria nos da estas noticias del libro que publica: «Confieso haberme pesado de ver este *Commentario* traducido e »impreso en lengua italiana antes que en la natural que le escri- »bió su autor, el cual, como a su familiar servidor, me le dio de »su mano en Bruselas, y así, estimandole por de no menos sus- »tancia, en su tanto, que cualquiera de los de Julio César, le he »traido como un breviario después acá siempre conmigo... No he »querido dexar de sacarle de la tiniebla en que le he tenido, y asi »le comunico ahora a mi patria y nacion en su idioma, sin alterar »cosa ninguna d'él, ni añadir las postilas o glosas que suelen no- »tarse en semejantes obras, por saber de cierto que la intencion »del coronel no fue señalarse en la pluma (aunque podia) como en »las armas, antes decir sucintamente los sucesos de Frisa, sin más »afectacion de la que trae la pura verdad consigo, manifestando »su integridad y proceder para confusión de sus emulos.» [1]

Con ser tan explícitas estas palabras, no faltó en su tiempo persona bien informada de las cosas de Verdugo que atribuyese al capitán Velasco la redacción de sus *Commentarios*. Así, el autor de la biografía anónima descubierta y publicada por don Antonio Rodríguez Villa: «Lo sucedido en ella (la guerra de Frisia) desde »el año 1581 hasta el de 1593 ó 94, anda ya escrito en tantas »relaciones y en diferentes lenguas, y últimamente en libro particu- »lar que desto ha sacado a luz de poco tiempo a esta parte don »Alonso Velazquez de Velasco, que le imprimio en Napoles... Re- »mito a quien fuere curioso o afortunado al libro referido y a los »demas que, aunque cortos, dan luz de lo que pasó en los catorce »años que el Coronel gobernó la dicha provincia, y quede a cargo »de quien ahora hace esta relacion sacar a vista de todos, con »mucha brevedad, todos los sucesos de Frisia, dando razón dellos »muy particularmente y comprobandolos con papeles y ordenes »de que no se puede recibir duda; porque *aunque es cierto que el* »*dicho don Alonso Velazquez de Velasco escribio el dicho libro* »*imitando a Julio César, fue tan solamente lo que el propio Co-* »*ronel le comunicó.*» [2]

---

[1] PP. 1-2 de la reimpresión.

[2] *Curiosidudes de la Historia de España. Tomo III. El Coronel Francisco Verdugo* (1537-1595). *Nuevos datos biográficos* (Madrid, Rivadeneyra, año 1890), pp. 39 y 40.

Páginas hay en el *Comentario* de Verdugo, que, como otras muchas de nuestros clásicos militares del siglo XVI, recuerdan la manera de Julio César;[1] pero el Coronel era muy capaz de escribirlas, puesto que, como dice su compañero de armas don Carlos Coloma «tuvo este insigne caballero *elocuencia natural grandísima,* »y todas las partes que para ser gran soldado y gran gobernador »convenían».[2] Fuera de estos pasajes, que fácilmente se destacan del resto, el estilo del *Comentario,* que más bien debería llamarse memorial o alegato en causa propia, tiene poco de literario, y a veces es tan desaliñado y confuso, que por ningún concepto puede atribuirse a la elegante pluma del autor de la *Lena.* Cuando prestó

---

[1] Véase, como muestra, el principio de una de las narraciones más felices: «El invierno entraba áspero, y nuestra gente, por lo que había pa- »decido en el sitio y la extrema necesidad que pasaba, estaba muy descon- »tenta, por lo cual invié a llamar a Tassis para que recogiendo el trigo que »se pudiese hallar en la Tuvent, lo llevase dentro de la villa. Y consideran- »do que había mucho tiempo que no llovía, y que ordinariamente hacia la »fin del otoño, como no llueva, el Rin está más baxo que en todo el año, »y por consiguiente los demás brazos dél, y más con los vientos orientales; »venido, le ordené que buscase vado, no dudando de que le hallaría (por »tener alguna experiencia de aquel río, del tiempo del Duque de Alba, el »cual me invió de guarnición a Deventer con el coronel Mondragon), y »hallándole, que passase y tentase si por detras podría ganar los fuertes »que el enemigo había dexado, y en caso que no, se entrase por la Velluva »adelante a executar las contribuciones que habían prometido y no pagado, »y para este efecto le proveí de más gente de la que él tenía. Avisóme que »había hallado el vado, y que pasaba y seguia la orden que yo le había »dado. Hubo dificultad en el pasar, porque por el río venían ya los hielos »grandes, por los cuales se perdieron algunos de nuestra caballería; la in- »fantería pasaba en barcas y a ancas de caballos, muy poco a poco y con »mucho trabajo. Hacía una niebla tan espesa, que impedía que los de los »fuertes del enemigo no los viesen, mas oyendo algún ruido, inviaron cua- »renta o cincuenta soldados a reconocer, y hallaron que los primeros de »nuestra infantería habían pasado, y que, hecho fuego, se estaban calentan- »do alrededor de él, y por la oscuridad de la niebla estuvieron muy cerca »unos de otros antes de verse. Nuestros soldados desesperadamente cerra- »ron con ellos, sin capitanes, porque todos estaban de la otra parte del »río ocupados con Tassis en hacer pasar la gente, fuéronlos siguiendo hasta »hacerlos meter en su fuerte, y con el mesmo ánimo cerraron con él, y ayu- »dandose los unos a los otros con las picas y alabardas lo mejor que pu- »dieron, le entraron y degollaron más de cien hombres» (pág. 83).

[2] Pág. 106 de la ed. de Rivadeneyra *(Historiadores de sucesos particulares,* tomo II).

a su antiguo jefe el gran servicio póstumo de divulgar su triunfante vindicación, respetó, sin duda, el manuscrito que tenía entre manos, creyendo muy bien que cualquier enmienda o retoque alteraría el carácter personalísimo de aquellas Memorias y haría sospechosa su veracidad.

También don Bernardino de Mendoza confió a Diego Alfonso Velázquez de Velasco un ensayo poético suyo, que Velázquez publicó juntamente con sus propios versos. Trátase de una oda *sobre la conversión del pecador,* compuesta con fervorosa unción en liras bastante fáciles, aunque poco limadas. Velasco encabezó con ella otras que él tenía escritas a imitación de los siete salmos penitenciales, y formó con todo ello un breve y elegante volumen, estampado por las famosas prensas Plantinianas, en 1593, bajo los auspicios del gran Conde de Fuentes, don Pedro Enríquez.[1] En la dedicatoria dice Velasco: «El Señor don Bernardino de Mendoza, »siendo embajador en Francia me envió de París a Napoles las »*Odas* que al principio de las mias he puesto; por haberme incita- »do, como todas las demas cosas de su divino ingenio, a seguirle »en la imitacion de estos *Salmos,* a los cuales me incliné, por con- »tinuar la materia de conversion, y tener en particular tantos de- »votos de nuestra nacion que ordinariamente los dicen. Y puestos »ya en la forma de más facil inteligencia que con humilde enten- »dimiento he podido alcanzar, con poco más de mi caudal que »decirlo en mi lengua; sin apartarme de la luz de algunos recibidos

---

[1] *Odas a imitacion de los siete salmos penitenciales del Real Propheta David, por Diego Alfonso Velazquez de Velasco. Al Ilmo. y Excmo. Señor D. Pedro Enrique, Conde de Fuentes, d'el Consejo d'Estado d'el Rey Catolico nuestro Señor. En Amveres. En la Emprenta Plantiniana. Año M. D. XCIII.*

8º 67 pp. inclusos los preliminares, un soneto con que termina y dos hojas más con un *Preuilegio* y tres aprobaciones. Lleva dos escudos de armas, el del impresor Plantino y el del Mecenas, y una lámina del rey David, todo ello grabado en cobre.

Fueron reimpresas estas odas por don Francisco Cerdá y Rico, en el curioso volumen titulado: *Poesías Espirituales escritas por el P. M. Fr. Luis de Leon, del Orden de S. Agustin; Diego Alfonso Velazquez de Velasco; Fray Paulino de la Estrella, del Orden de S. Francisco; Fr. Pedro de Padilla, del de N. S. del Carmen, y Frey Lope Felix de Vega Carpio... En Madrid: en la Imprenta de Andrés de Sotos. Año de M. DCC. LXXIX* (1779).

8º pp. 61-120.

»Intepretes, confiriendolos con personas doctas, persuadido, o cua-»si forzado de los mismos, he resuelto imprimirlos».

Las imitaciones de Velasco van tan ceñidas al sagrado texto, que casi pueden calificarse de traducciones parafrásticas, aunque desmayadas y sin brío. Tanto él como Mendoza procuran imitar a Fray Luis de León, no sólo en el metro, sino en el estilo; pero lo que es sabrosa y poética llaneza en el primero, es indigencia, falta de color y prosaísmo en las odas de los dos capitanes, que parecen haber atendido únicamente a la edificación de los devotos.

Pasar desde estos ejercicios espirituales a la composición de una comedia tan desenvuelta y libre como la *Lena*, parecería extraño en nuestros días; pero en el siglo XVI a nadie podía sorprender ni escandalizar. Nuestros grandes ingenios ofrecen a cada paso estos contrastes, siendo igualmente sinceros en las veras y en las burlas, sin rastro de los hipócritas melindres y afectada gravedad que hoy se estilan. El caso de don Francisco de Quevedo se ha repetido con mucha frecuencia, y puede tomarse como típico y normal de la sociedad en que vivía. No sabemos cuándo escribió su comedia don Alfonso Velázquez; pero es tan literaria y pulida, demuestra un gusto tan formado e indica tanta experiencia y conocimiento de la vida, que de ningún modo podemos creer que fuese una improvisación juvenil, sino el fruto muy maduro de los viajes, campañas, devaneos y aventuras de su autor. Impresos los *Salmos* en 1593 y la *Lena* en 1602, parece seguro que la obra devota antecedió a la picaresca, al revés del caso de Alonso de Villegas y de lo que parece más natural y lógico en el proceso de la vida humana.

Tuvieron ambas obras el mismo Mecenas en el insigne capitán don Pedro Enríquez de Acevedo, conde de Fuentes, gobernador de Lombardía, a cuyas órdenes estaba Velázquez cuando publicó en Milán su comedia.[1] Pero algo singular debió de ocurrir, puesto

---

[1] La identidad entre el autor de las *Odas* y el de la *Lena*, admitida por Barrera, Salvá y otros bibliógrafos, no creo que esté sujeta a contradicción alguna, aunque nunca falta quien arme caramillos sobre fútiles temas. En la dedicatoria de la segunda obra parece que se alude con bastante claridad a la primera: «Con fin de aliviar a V. S. algun rato en la »vacacion de sus graues ocupaciones, *renouando* el reconocimiento de su »seruicios»... «sus heroicas virtudes... llaman a celebrarlas al *humilde ta-*

que del mismo año y del mismo impresor encontramos otra edición, con el título cambiado, que aquí no es *La Lena,* sino *El Celoso,* con dedicatoria a distinta persona y con algunas variantes de palabras que en general mejoran el texto.[1] La modificación del título pudo tener por objeto alejar la infundada sospecha de que la comedia española fuese una imitación de la *Lena* del Ariosto, con la cual

---

»*lento que antes de ahora he dedicado a V. E.*» Y, en efecto, la *Lena* era la segunda obra que Velázquez dedicaba al conde de Fuentes.

Las iniciales *D. A. V. D. V.* que campean en la portada lo mismo pueden interpretarse *Diego Alfonso Velázquez de Velasco* (forma usada en las *Odas*) que *Don Alfonso Velázquez de Velasco.* La dedicatoria nos deja en la misma perplejidad, pues aunque está firmada con los apellidos enteros, los hace preceder de la inicial *D.*

Son verdaderamente extrañas las transformaciones que ha sufrido el nombre de este autor. Don Luis José Velázquez, en sus *Orígenes de la poesía castellana* (2ª edición, pág. 99), le convierte en don Alfonso *Uz* de Velasco, y lo mismo Mayans en su *Rhetorica.* Otros le han llamado eclécticamente *Uz, Vaz* o *Velázquez de Velasco.* ¡Tanta confusión puede nacer de una sencillísima abreviatura!

[1] *La Lena por D. A. V. D. V. Pinciano. Illutriss. y Excellentiss. S. D. Pedro Enriquez de Azebedo, Conde de Fuentes, d'el Consejo d'Estado, Gouernador del de Milan y Capitan General en Italia, por el Rey Católico N. S.* (Escudo del impresor). *En Milan. Por los herederos del quon (quondam) Pacifico Poncio et Iuan Bautista Picalia, compañeros, 1602. Con licencia de los Superiores.*

16º 5 hs. prls. y 276 páginas.

La dedicatoria está firmada en Milán a 1 de abril de 1602.

—*El Celoso, por D. Alfonso Vz. de Velasco. A D. Iuan Fernandez de Velasco, condestable de Castilla y Leon, duque de Frias &., del Consejo d' Estado, y presidente d'el de Italia por el rey nuestro señor. En Milan, por los herederos del q. (quondam) Pacifico Poncio y I. Baptista Piccalia, compañeros, año 1602. Con licencia de los Superiores.*

8º 278 páginas. La nueva dedicatoria al Condestable está firmada a 15 de septiembre de 1602, en Milán.

—*El Celoso, por D. Alfonso Vz. de Velasco. Barcelona, por Sebastian Cormellas,* 1613.

12º 14 hs. prls. y 134 foliadas.

La aprobación de Fr. Tomás Roca es del 20 de noviembre del mismo año.

El Celoso fué reimpreso por don Eugenio de Ochoa, siguiendo, al parecer, la edición de Barcelona, en el tomo I del *Tesoro del Teatro Español* de la colección de Baudry (París, 1838).

Al reproducir nuevamente la *Lena* con su primitivo título hemos tomado como texto el de la primera edición de Milán, anotando las variantes de *El Celoso.*

nada tiene de común más que el nombre y la remota analogía de encerrarse un amante en un arca, así como en la pieza del poeta ferrarés le ocultan en una cuba o tonel.[1] Tampoco es inverosímil que Velázquez cayese en la flaqueza de lisonjear simultáneamente a dos magnates, dedicándoles una misma obra con dos títulos, aunque el procedimiento no dejaba de ser peligroso tratándose de persona tan culta y literata como el Condestable de Castilla, bien conocido por la controversia que sostuvo con Hernando de Herrera titulándose el *Prete Jacopin* y por otros papeles satíricos, de uno de los cuales hay reminiscencias en la *Lena*.[2] Acaso buscó su sombra nuestro autor por no haber encontrado en el conde de Fuentes el galardón que esperaba.

---

[1] PACÍFICO

Or mi torna in memoria
Ch'o in casa una gran botte, che prestatami
Quest'anno al tempo fu della vendemmia
Da un mio parente, acciocchè adoperandola
Per tino, le facessi l'odor perdere
Ch'avea di secco: egli di poi lasciata me
L'ha fin adesso. Io vô lo vo nascondere
Tanto che questi che verran con Fazio,
Cercato a lor bell'agio ogni cosa abbiano.

CORBOLO

Vi capirâ egli dentro?

PACÍFICO

Ed a suo comodo.

(*La Lena*, a. III, sc. VII).

Opere Minori in verso e in prosa di Lodovico Ariosto, ordinate e annotate per cura di F. L. Polidori. Tomo II. Florencia, ed. Le Monnier, 1857. (Página 320).

[2] «*Ramiro.*—Vea yo a Vs. ms. señores de dos grandes ciudades.
»*Macias.*—Qué tan grandes, por vida mía?
»*Ramiro.*—Por lo menos, como la de Sumtien de la China, que (si no
»miente el que lo escriue) ha menester un hombre, para atrauessarla de
»puerta a puerta, caminar con buen cauallo todo vn dia sin pararse (esto
»sin los arrabales, que son otro tanto), y es de tanta gente, que en media
»hora pueden juntar doscientos mil combatientes, los cien mil a cauallo»
(página 429).

Parece clara la alusión satírica a la *Historia de la China* del P. Mendoza, y a la carta del *Soldado de Cáceres*, que contra ella escribió el Condestable.

Sea de esto lo que fuere, y quizá el tiempo lo aclare, la *Lena* no tiene trazas de ser fábula de pura invención, sino pintura de algún caso de la vida real, poco edificante por cierto. La misma Lena dice en el *Prólogo,* contando sus andanzas: «De lance en »lance fui a dar conmigo en Napoles... y al cabo de pocos dias me »resolui de tomar casa de por mí, y puse tienda abierta de corte- »sana... *El que estuvo alli en tiempo del buen Duque de Osuna se »acordará de la Buiza, que asi, me llamauan entonces*» (pág. 391).

La figura del marido celoso, en la cual se encarniza nuestro don Alfonso con vindicativo ensañamiento, también parece tomada del natural, y él mismo lo indica hablando con el conde de Fuentes y con los lectores: «El jocoso concepto que en mi ocio he »formado, *rompiendo lanzas* en un frenético y desesperado celoso...» «Hallando en mi ociosidad empeñada la melancolia en »diuersos pensamientos *de los graciosos tiros que muchas mugeres »del tiempo viejo hizieron,* y en la consideracion d'el ardiente furor »de aquel triste que siente el mortal veneno de una celosa descon- »fianza (de *cuyos rauiosos desconciertos me ha tocado gran parte),* »me puse por mi pasatiempo, *como en vengança del daño recebido,* »a componer esta ridicula comedia, en que algunos ratos he refres- »cado los espiritus de cierta seca tristeza mia» (pág. 389).

Este pasaje es importante para mostrar la verdadera filiación de *El Celoso,* que, siendo una de las más perfectas imitaciones de la prosa dramática de la *Celestina,* es al mismo tiempo una de las más originales e independientes en su traza, argumento, caracteres y estilo. No hay que tomar al pie de la letra lo que el autor dice: «consideren que hablo en el papel como al primero que en- »cuentro en la calle». Esto era lo que había hecho Francisco Delicado, pero un ingenio tan culto y fino como el de Velasco no podía satisfacerse con tan vulgar procedimiento. Fué realista, pues, de la grande escuela española, como lo había sido el autor de la *Celestina,* como iba a serlo Cervantes, de quien parece, no inmediato predecesor, sino imitador y discípulo a veces; tan grande es la fuerza de la semejanza.

Pero con ser la *Lena* tan castiza en el fondo, tiene mucho de comedia italiana en su técnica. Aunque escrita para la lectura y no para la representación, está concebida en forma de comedia y no de novela: es un poema esencialmente *activo,* en que conocemos a los personajes, no sólo por sus palabras, sino por sus hechos. Hasta cuatro intrigas se cruzan en él, ingeniosamente combinadas, sin daño de la claridad ni perjuicio del desenlace. En el artificio dramático, en la solidez de la construcción, en el vigor de los caracteres, vence con mucho a todas las comedias, bastante informes, que habían compuesto Timoneda, Lope de Rueda, Sepúlveda, Alonso de la Vega; y en las gracias del diálogo no cede a ninguna, con la ventaja de ser su humorismo de calidad más honda. Es pieza larga, pero no de tales dimensiones que la hagan irrepresentable, pues apenas llega a la tercera parte de la *Celestina* primitiva y no excede a la de varias fábulas que positivamente fueron representadas en Italia. En suma, la *Lena* es la mejor comedia en prosa que autor español compuso a fines del siglo XVI.

Pero ¿será enteramente original? Hasta ahora no he encontrado motivo para dudarlo. Pertenece a una escuela conocida: los medios y recursos que emplea recuerdan de un modo genérico los procedimientos del teatro italiano, y quizá más las astucias y estratagemas de amor que tanto repiten los *novellieri* o cuentistas. El mismo Velasco nos llama la atención sobre esto: «No puede »dexar de ser ésta de las más solenes burlas *que se hallan escritas* »*en el Bocacio*» (pág. 418). Pero entre las historias de maridos burlados, que abundan el en *Decamerón*, ninguna concuerda exactamente con el principal enredo de la *Lena*, es decir, el entenderse los amantes por medio del canto o recitación de ciertos versos, ardid que vemos repetido con alguna frecuencia en nuestros dramaturgos del siglo XVII, especialmente en Tirso, Calderón y Moreto. Del lance del arca ya hemos indicado que trae a la memoria otro del Ariosto, y algo semejante hay en la *Calandra* del cardenal Bibbienna; pero se trata de un tópico vulgarísimo, que lo es también de varias novelas italianas y españolas, como la del *médico de Cádiz* que insertó en su *Teatro Popular* don Francisco de Lugo y Dávila.[1] El tipo del dómine Inocencio, si bien tratado con

---

[1] *Teatro popular. Novelas Morales para mostrar los géneros de vidas del pueblo y afectos, costumbres y passiones del animo cō aprouechamiento para todas personas... Por D. Francisco de Lugo y Dávila. En Madrid. Por la viuda de Fernando Correa Montenegro. Año M.D.C.XXII. A costa de Alonso Perez.*

deliciosa novedad, pertenece a la familia de los *pedantes* de la comedia italiana (recuérdese, por ejemplo, *Il Candelajo* de Giordano Bruno). Otras semejanzas podrá reconocer, sin duda, la erudición de algún especialista, como el doctísimo Stiefel. Natural parece que un hombre tan leído como don Alfonso Velázquez, que no hacía alarde de originalidad, puesto que adoptó por divisa aquella sentencia de Terencio: *Nullum est iam dictum, quod dictum non sit prius;* que se complace en citas textuales de los autores clásicos, especialmente de Propercio y Ovidio; [1] que repite fábulas y cuentos de origen conocido, [2] aprovechara en la rica mies del arte toscano lo que le pareciese útil, con el mismo desenfado que tenía en explotar a sus propios contemporáneos españoles, hasta el punto de haber prosificado parte de una escena y un coro de la *Nise lastimosa* de Fr. Jerónimo Bermúdez, traducción libre, como es sabido, de la *Castro,* tragedia portuguesa de Antonio Ferreira. [3]

(Reimpreso por don Emilio Cotarelo en su *Colección Selecta de Antiguas novelas españolas,* Madrid, 1906, t. I).
La novela del médico de Cádiz es la sexta de las incluídas en el tomo.

[1] Vid. pp. 392, 396 y 407. «No soñaua el que pintó niño a Cupido, »porque propiamente el amar es de los moços...»

> Quicumque ille fuit, puerum qui pinxit Amorem,
> Nonne putas miras hunc habuisse manus...
> (Propert., Lib. II, eleg. IX).

[2] Como la siguiente, que es de origen esópico y también está en los *Cento Novelle Antiche:*
«Acuerdome ahora de qu'estando un malhechor en la escalera, le presen»taron vna moza perdida coxa, para librarle si se quisiesse casar con ella; »y al punto que la vio, boluiendo al verdugo, dixo: Hazé presto, hermano, »vuestro oficio, que renquea» (pág. 408).

[3] Compárese el monólogo de Macías (pág. 393) con el final del primer acto de la *Nise lastimosa:*
«Con quánta fuerça, o Amor, arrojas las inuisibles flechas, cuyas heri-»das se sienten en medio del coraçon, donde con ser ciego tan incierto acier-»tas, derramando por las venas el oculto veneno, con que enciendes la pu-»reza de los más elados. Qué cetro ay que te pueda hazer resistencia, tenien-»dolos todos a tu dominio sujetos? Quién puso a Troya en tanta ruina y »desuentura, que d'ella no dexó casi cenizas? Quién afeminó el robusto y »fuerte braço de Hercules, y puso en sus vengadoras manos, en lugar de »la pesada maça, vna ligera rueca? Si no tú, que escudriñando los más »escondidos senos del mar, en su profundo abismo a los mudos peces eucien-»des, a las aues en la region del aire no perdonas; ni menos a los brutos

Por tan extraños y tortuosos senderos camina a veces la imitación literaria, y tan raras sorpresas suele proporcionar la comparación de libros de materia y estilo muy diversos. Pero estas imitaciones ocasionales, aunque fuesen más, poco importarían en el con-

»animales, a quien traes en continua guerra. *Qué braueza muestran los fe-*
»*roces leones, los crueles tigres, los fuertes toros y los ligeros cieruos, quando*
»*se sienten heridos de su flecha! Al fin, todo este mundo, y el que no vemos,*
»*no es otra cosa sino una vnion y suaue liga con que todas estan trauadas;*
»*tú las crias, conseruas y entretienes; por ti respiran y no se acaban; serian*
»*los hombres peores que las fieras si tú no fuesses el cebo y alimento de sus*
»*coraçones*» (pág. 393).

¡Oh con cuánta crueza y osadía
Sus flechas contra todo el mundo arroja!
....
En el medio del alma siempre acierta,
Este joven cruel, cruel y ciego,
De allí derrama por las altas venas,
Su tósigo mortal, su fuego vivo...
   ...Todos a su yugo
Están sujetos, sabios, altos, fuertes,
Del poderoso rey el ceptro rico...
....
O Troya, Troya, ¿quién te puso fuego,
Y no dejó de ti ni aun las cenizas?
....
Y tú, de Alchimena hijo valeroso,
¿Por qué la piel dejaste leonina?
¿Por qué la fuerte maza, las saetas?
....
¿Por qué aviltaste con mujeril traje
Aquel robusto cuerpo, y ocupaste
con huso y rueca aquellas crudas manos?
....

Coro

También el mar sagrado
Se abrasa en este fuego...
Tambien las ninfas suelen,
En el húmido abismo
De sus cristales fríos,
Arder en estas llamas;
También las voladoras
Y las músicas aves,

Y aquella sobre todas
De Júpiter amiga...
¡Qué guerras, qué batallas
Por sus amores hacen
Los toros; qué braveza
Los mansos ciervos muestran!
Pues los leones bravos
Y los crueles tigres,

junto de una obra escrita con tanto ingenio y tanta bizarría como la *Lena*.

Lo que en ella parece más italiano es el espíritu. No pudo menos Velasco de contagiarse del ambiente que por tantos años había respirado en Milán y en Nápoles. Si la *Lena* no fuese obra de puro pasatiempo y burla, comedia *ridiculosa*, como su autor la llama, habría que calificarla de inmoral en alto grado, puesto que en ella queda triunfante el adulterio y vilipendiado y escarnecido el honor conyugal. Ninguno de los autores de *Celestinas* se había atrevido a tanto, salvo el anónimo de la *Seraphina*, que escribía en época de desenfrenada licencia. Su comedia es monstruosa en las situaciones y en el lenguaje, y de ningún modo puede compararse su grosera lubricidad con el arte refinado y la intensa malicia de la *Lena*, donde es mucho más lo que se sobrentiende que lo que realmente se expresa: obra, en suma, más bien picante que lasciva, pero de un cinismo cómico, que convierte en materia de risa las más aflictivas flaquezas y desventuras matrimoniales. Hasta los nombres de los interlocutores corresponden, casi todos, a la *maldita y descomulgada región de Cornualla* (pág. 422). Uno se llama Aries, otro Morueco, el de más allá Cornelio, el protagonista Cervino, una dama doña Violante de Cabrera, un paje

---

Heridos desta flecha,
¡Cuán mansos que parecen!
¿Qué cosa hay en el mundo
Que del amor se libre?
Antes el mundo todo,
Visible, y que no vemos,
No es otra cosa en suma,
Si bien se considera,
Que un spirito inmenso,
Una armonía dulce,
Un fuerte y ciego nudo,

Una suave liga
De amor, con que las cosas
Están trabadas todas.
Amor puro las cría,
Amor puro las guarda,
En puro amor respiran,
En puro amor acaban!...
Seríamos peores
Los hombres que las fieras
Si Amor no fuese el cebo
De nuestros corazones...

El origen remoto de este pasaje está en Virgilio *(Georg.,* III, v. 242 y ss.):

Omne adeo genus in terris hominumque, ferarumque
Et genus aequoreum, pecudes, pictaeque volucres,
In furias, ignemque ruunt. Amor omnibus idem...

Pero el desarrollo pertenece a Antonio Ferreira, y de su imitador Bermúdez le tomó Velázquez de Velasco, como lo prueban las frases que he subrayado.

Bezerrica, un barbero Ramiro Cornato. Y en el curso de la pieza se habla del médico doctor Cornejo; del licenciado Cervera, letrado; del licenciado Bicornis, juez; del trompeta Juan Cornier, y del auditor Monseñor Cornaro, a quien piensa acudir el señor Aries en el pleito de divorcio de su impotente yerno. La astuta y redomada Lena da las señas de su casa al simple de Inocencio diciéndole que vive «pared en medio de un oficial de tinteros, peines, »calzadores, mangos, lanternas, peonzas y macetas de sellos» (página 404). Ni Quevedo apuró tanto la letra en esta materia. La *lira de Medellín,* pulsada por la diestra mano de Velasco, *sonaba siempre a cuerno,* como en su tiempo la del festivo Iglesias.

Claro es que no faltan en el libro protestas de moral, aunque ligeras y poco sentidas. El autor quiere que su comedia sirva «no »sólo de entretenimiento, sino también de util consejo y exemplo, »para excusar la terrible pasion de los celos, que consume en su »propio fuego al insensato a quien toca» (pág. 398). Y ciertamente que alguna moralidad puede sacarse de ella, aunque no sea muy sublime, sino práctica y mundana, mostrando en acción el viejo aforismo «no puede ser guardar una mujer», tema que desde Lope y Moreto hasta Molière, Beaumarchais y Moratín ha sido fuente inextinguible de donaires cómicos, no siempre bien avenidos con la autoridad familiar y el sosiego doméstico. Los celos, por detestables y ridículos que sean, nacen de un sentimiento extraviado de amor o de honor, y suelen ser menos peligrosos en sus consecuencias sociales que la indiferencia o laxitud contraria. Pero ya hemos visto que nuestro don Alfonso no escribía para moralizar en ningún sentido, sino para burlarse a sus anchas de un celoso con quien tenía particulares motivos de resentimiento. «Ahora acabo d'entender ser los celos de las más violentas y »bestiales passiones que pueden tocar a un hombre, porque si una »vez se assientan en la cabeça d'el que se consume y seca inten- »tando vna tan escura verificación, le haze cometer tan ridiculos- »sos desatinos. Bien dixo aquel qu'el celoso es loco de arte mayor, »pues como tal, tiene miedo hasta de su mesma sombra, y de cosas »nunca vistas, oydas ni pensadas; mirandolas como en espejo de »alinde, que se las representa muy mayores de lo que son» (página 434).

Toda la comedia es irónica en grado superlativo; pero donde el autor remacha el clavo es en el pregón del faraute Cornelio con que el último acto termina: «De parte del señor Ceruino, guarda
»mayor de los montes, se hace saber a todo el insigne auditorio
»que los que no se fiaren de sus consortes estarán tan seguros
»como de no caer las ojas d'el arbol en fin de otoño. Porque los
»celos son contra el natural ingenio de las mugeres: cosolete de
»araña para los arcabuzazos; la curiosidad en todas partes viciosa,
»y en esta más perniciosa. Y assi (movido de piedad y celo fra-
»terno) amonesta que ninguno (de qualquiera calidad que sea)
»los tenga, dentro ni fuera de casa, so pena de que no le podrá
»faltar mala ventura. Antes, que todo el mundo se arme de la
»quieta y mansa paciencia. Porque la esperiencia le ha hecho tocar
»con la mano que todas las sutilezas y vigilancia de los espantados
»Lépidos (que no quieren dexar hacer su curso a la Natura) son
»açadones con que los cuitados sacan de los centros de sus sos-
»pechas las inuisibles cornetas de la Fama. Y aduierte que se
»burlan mas d'el que se fatiga en poner remedio que d'el pacífi-
»co que lo dissimula o ignora y qu'es menester gran ingenio
»para evitar tan inutil y enojoso conocimiento. Por lo qual acon-
»seja (sobre su conciencia) que cada vno renueue en su casa la
»costumbre de los prudentissimos Romanos (a quien deue imitar),
»que quando bolvian a las suyas lo embiaban delante a auissar
»a sus mugeres para no cogerlas de sobresalto, descuidadas y mal
»compuestas» (pág. 435).

Claro que no ha de tomarse al pie de la letra tan desvergonzada exhortación a la mansedumbre conyugal, sino entenderse del revés y como legítima sátira; pero el tono escéptico y maleante de Velasco es un síntoma de ligereza moral, que no encontramos, por ejemplo, en la primera *Celestina,* cuyo fondo es grave y amargo.

Todo es, por el contrario, vivo, jovial y risueño en la *Lena,* aunque no sea fruto primaveral sino muy tardío del Renacimiento italiano. Un buen humor constante; una profunda socarronería, que se divierte en la invención de lances grotescos y de personajes estrafalarios; un chiste no verbal ni epidérmico, sino nacido de los caracteres y de las costumbres; una frescura excesiva y desahogada, pero que no llega a los límites de lo torpe, prestan singular encanto a este ameno librillo. El diálogo, aunque muy recargado de picantes especias y frases de doble sentido, es tan pintoresco como dramático, lleno de brío y fuerza cómica y de ocurrencias felices. La locución es purísima y correcta, a pesar de haber residido el autor tantos años en extranjeras tierras. Entre los excelentes prosistas que dió Valladolid en nuestro siglo de oro ninguno aventaja a don Alfonso Velázquez en la propiedad de las palabras y en la elegancia de la construcción. El doctor Suárez de Figueroa, comparado con él, parece redicho y almidonado, a pesar de sus admirables dotes. Velasco tiene la espontaneidad de los grandes escritores, sin que le falte el aliño de las letras humanas, que comunica al estilo cierta distinción aristocrática. El inconfundible matiz de su ironía, si por una parte nos hace pensar en Italia, por otra nos recuerda el gracejo fuerte y sabroso de León y Castilla la Vieja; modalidad muy digna de tenerse en cuenta en el rico museo del humorismo peninsular, aunque sea distinta de la gracia andaluza.

Españoles son o parecen todos los personajes. La acción pasa en Valladolid, y no faltan toques de color local muy oportunamente dados. Se habla de los abogados de la Chancillería. Inocencio va a decir sus devociones al *Cementerio de la Magdalena* (pág. 399). Lena lava *por su devoción* paños del *hospital de Esgueva* (pág. 403). El barbero Ramiro anda por *la acera de San Francisco* buscando nuevas que contar a sus clientes (pág. 404). Vigamón compara la dureza y estrechez de su cama con la del *guardián del Abroxo* (página 412). Marcia y Casandra fingen ir a vísperas *en las Huelgas* (pág. 419). También se mencionan la romería de Nuestra Señora del Prado y la de Cerveros, la renta de Toro y la de Boezillo (página 421), la plazuela de San Llorente, la casa de Orates y el paseo del Espolón. Cervino, «acompañado de diez o doce escapados de la horca», asalta a los hijos de doña Violante «en aquel »passo estrecho que va de la Boheriza al Río, entre las casas del »duque de Bexar y la Rondilla» (pág. 427). Hay alusiones nominales, como en el teatro aristofánico, a personas conocidas de aquella ciudad: «¿Era por ventura vuestro pariente Corcuera, Maes- »tresala del Conde de la Gomera, que vino a ser Tesorero del de »Oñate y murió Contador del Marqués de Falces?» (pág. 400).

Todas las *Celestinas* abundan en datos de *folk-lore*, y no hace la *Lena* excepción en este punto. Algunos son por extremo pere-

grinos. Allí encontramos a los de la tierra de Babia, «que siegan el
»trigo con escaleras»[1] (pág. 394); a «los soldados de Trencha,
que eran treinta y seis a arrancar un nabo» (pág. 415), y a los
habitantes de «la gran ciudad de Cestiérnega, fundada al pie d'el
»alto monte de San Cristoual, media leguecita de aqui (Valladolid),
»que no tiene alcalde, alguazil, porqueron, escriuano, medico, bo-
»ticario, cura ni sacristan (falta para biuir en paz y con salud
»mil años), abundantissima de quixones y turmas de tierras, que
»son bonissimas para los avogados y mejores para los novios»
(página 429). Frisa en lo rabelesiano esta última fábula y bien
pudiera ser invención de nuestro desenfadado autor.

Aunque tenga la *Lena* tanto detalle español y aun regional;
aunque la Valladolid, alegre, pródiga y viciosa que nos presenta
sea la misma que nos dan a conocer los poetas, novelistas, viajeros
y autores de relaciones que la describieron durante el breve período en que llegó a ser transitoria corte de la monarquía española.[2]
La *Lena* es comedia de interés humano y sus caracteres tienen algo
de universal. Quizá el mayor mérito del autor estriba en eso. Gracias a él desaparecieron los tipos parásitos y convencionales, que
habían llegado a ser el *caput mortuum* de las *Celestinas* secundarias: el insoportable rufián baladrón y perdonavidas, y las palomas torcaces de la casa llana. Desembarazado el teatro de tales figuras, sólo quedaba del cuadro antiguo Celestina, es decir,
la Lena, tratada con la posible novedad, sin el intento temerario
de competir con el inaccesible modelo, sin el plagio inocente que
tantos cometieron queriendo arrancar a Hércules su clava. Todo

---

[1] Vid. Milá y Fontanals, *Obras Completas*, tomo V, pág. 322:

« Se ve que los habitantes de Babia (en Asturias) pasaban por hombres
»de pocos alcances y que se les atribuían costumbres ridículas, como de los
»de otros pueblos se cuenta que quisieron secar velas al horno o pescar la
»luna reflejada en un charco, etc. La circunstancia de ser Babia país en todo
»o en parte montuoso conviene con tan extraña siega y con la errada opinión
»de los habitantes de tierras llanas que miran como lerdos a los montañe-
»ses... *La Crónica* o *Estoria general* atribuída a don Alfonso el Sabio, al
»explicar el origen del nombre del famoso caballo Babieca, habla, como
»de cosa sabida, de la significación despectiva que ya se daba a la misma
»palabra».

[2] Véase el precioso folleto de don Narciso Alonso Cortés, *Noticias de una
corte literaria* (Valladolid, 1906), que en breve espacio contiene gran suma
de datos nuevos, expuestos con notable discreción y amenidad.

el maleficio sobrenatural que envuelve la creación de Rojas ha desaparecido. La *corredora* Lena Corcuera de Cienfuegos no es más que una vieja hipócrita y taimada, que a costa de la simplicidad del bachiller Inocencio, y sin tener que zurcir voluntades ajenas, puesto que cuenta desde el principio con la complicidad de Marcia y de su hijastra, conduce a su fin dos intrigas escandalosas, y acaba por contraer grotesco matrimonio con el barbero Ramiro: última bufonada de la obra. No hay seducción de ningún género, ni podía haberla, porque las dos damas rinden desde el primer momento la fortaleza de su honor, y sólo se trata de burlar la vigilancia del celoso. «Ya murió Calisto, y nuestra Melibea se »da tanta priessa a sacarnos de pena, que la mercancia vendra »a salir poco más que de balde», dice Cornelio (pág. 411), marcando con esto sólo la diferencia entre ambas obras.

Pero aun siendo tan subalterno el papel de la Lena, que aquí no ejerce ninguna sugestión psicológica, son tantos los donaires que el autor pone en sus labios, especialmente cuando habla con el Bachiller, y tanta la viveza y gracia de sus réplicas, que bien mereció dar su nombre a esta comedia, con más justicia que el Celoso, cuya semblanza, trazada por la mano del rencor, tiene mucho de caricatura. Cervino es una especie de bestia, sin ningún rastro de sentimientos generosos, y aunque las necias precauciones de que se vale recuerdan algo las del *Celoso Extremeño*,[1]

---

[1] «*Lena.*—Este es el más sospechoso animal que sabemos, y al presente »está tocado de tan rauiosos celos, que se le comen biuo. Ha sido casado dos »vezes, y de primera muger tiene vna hija llamada Casandra, de diez y »seis a diez y siete años, encerrada en vn aposento como vna muda, tan »oscuro que a medio dia se la pueden dar buenas noches, sin consentir que »trate con nadie; diziendo que la donzella es como flor cubierta de rocio, »que por poco que la toquen se marchita... No quiere que coma bocado »de carne fresca, porque halla que solicita y despierta el apetito de la sala»da; y de la micoria que la embia para sustentarse haze antes anotomia, »temiendo no aya dentro alguna contraseña. Si meten alguna cesta de paños »o de otra cosa, lo rebuelue de abaxo arriba; porque vna Reyna de Esco»cia (dize) s'enamoró de su enano, y que dentro de vna canasta se le metie»ron en su cámara. Quiere que los criados hablen como por señas, porque »no los oyan las mugeres, guardandolas como si fuesen yeguas del relincho »y salto del cauallo» (pág. 391).

«*Cornelio.*—Crea V. M. que perdemos tiempo, porque estoy informado »de vno que ha seruido en su casa más de vn año, que no la dexa ver ven-

no hay en la licenciosa farsa del poeta *pinciano* nada que remotamente pueda compararse con la honda y severa tristeza que infunden las últimas páginas de la historia de Felipe de Carrizales. Este ejemplo bastaría para probar cuánto va del genio al ingenio, por muy despierto y hábil que éste sea. Las sales de la *Lena* son de las que no sólo en la mesa de Plauto sino en la de Miguel de Cervantes pudieran servirse. Si el portentoso novelador tuvo conocimiento, como es muy probable, de una obra que en Valladolid debía de ser muy leída cuando él residió allí, pudo aprovecharla ciertamente para el estilo, porque aquella prosa está muy vecina a la suya, pero nada hallaría que aprender de lo que es más humano y profundo en su arte.

Todos los caracteres secundarios de la *Lena* están presentados con mucho garbo y viveza. El viejo enamorado Aries, la honesta dueña doña Violante, que con toda su severidad esconde bajo las tocas y el monjil una juventud todavía fresca y la codicia de nuevos amores; los dos hermanos Damasio y Macías, enamoradizos, pendencieros y díscolos, como hijos de viuda rica, criados con toda libertad y regalo; el barbero Ramiro, charlatán entremetido, con sus puntas y collares de alcahuete; su hija Policena, tipo de precoz y salaz desenvoltura, que recuerda un poco ciertas heroínas de los *Entremeses* de Cervantes... todos son lo que deben ser en el conjunto de la fábula, y todos hablan en el estilo más adecuado a sus respectivas condiciones.

Pero entre tantos personajes felices, ninguno llega al bachiller Inocencio, que es la gran creación cómica de Velasco y uno de los más graciosos pedantes que en el teatro o en la novela pueden encontrarse. Lo de menos es la copia de latines que ensarta y la disparatada aplicación que les da. Lo fundamental es su carác-

---

»tana sino por Iubileos, y si sale de casa, de manera que a penas se le pue-
»den ver los ojos» (pág. 402).

Cervino.—Quiero que mi suegro se ria de mí, si puede otro día tanto
»comigo que las dexe oyr otras visperas este año; es verdad que me qui-
»tará que no enclave la ventana, que por amor d'él dexé abierta» (pág. 420).

Hay también una remota analogía con *El Celoso Extremeño,* en lo que
»cuenta Vigamón, criado del avaro Aries: «De manera, hermano, que soy
»medio biuo, sin más conversacion que la de *vn negro boçal* que cura el ca-
»uallo, con quien passo mis ratos, hartandonos ambos de *zinguerrear en*
»*una guitarra* más destemplada que discante de ramera» (pág. 413).

ter bonachón y simple, que no ve mal en nada, que se resiste a la evidencia más palmaria, que cree a pies juntillas cuanto embuste le dicen, y colabora cándidamente en la deshonra de la casa de Cervino, que tal vigilante había buscado para su mujer. Chistosísima es, bajo este aspecto, la escena en que se descubre el engaño del arca por una infantil travesura del paje Bezerrica:

«*Inocencio.*—¿Qué maldad puede cometer un hombre ence-
»rrado en un arca? tuviessemos assi todos los malos y podriamos
»dormir a sueño suelto, sin temor de ladrones. Quanto más que
»son cosas de mozos, y auran querido hazer alguna burla al bar-
»bero y a su hija...

»*Cervino.*—¡Mirá a quién he yo encomendado mi honra!

»*Inocencio.*—No está mal guardada quando el que la podria
»quitar viene debaxo de llaue.

»*Cervino.*—Quitaosme de delante, insensato, no me hagais...

»*Inocencio.*—Mire V. md. que se deue tener respeto a un hom-
»bre graduado como yo, porque d'este palo nascen los Oydores y
»Presidentes que mandan el mundo. Si, que yo no soy zahori
»para ver lo que está en las arcas cerradas; por qué no lo ade-
»vinó V. md. quando la hizo descargar en casa? *Auctor horum*
»*malorum praeter te nemo fuit*» (pp. 424 - 425).

Las cándidas distracciones del Bachiller Inocencio sugieren a Ticknor el recuerdo de aquel incomparable dómine Sámsom que pinta Walter Scott en su novela *Guy Mannering* o *El Astrólogo*; pero la semejanza es aparente y exterior, porque Inocencio es tonto de capirote, aunque simpático por su misma bobería, y el dómine Sámsom, rico de otra bondad más alta, sólo hace reír por lo torpe y desmañado.

Tal es esta comedia magistral, aunque frívola y liviana, que, si no fué la última de las *Celestinas*, por haberse publicado todavía durante el siglo XVII algunas muy notables, señala el término de la primera serie y anuncia la transformación del género, libertándole de la servidumbre de los lugares comunes en que había caído, restituyéndole el nervio dramático y trayendo nuevos elementos a la pintura de costumbres. Por esta senda caminaron otros ingenios, especialmente Salas Barbadillo en *La Sabia Flora* y en *El Sagaz Estacio*, obras en que me parece evidente el influjo de la *Lena* juntamente con el de la comedia italiana. Pero de esto se hablará en otro lugar.

Por ahora aquí termina el estudio analítico y minucioso que nos hemos impuesto de una de las más singulares manifestaciones de nuestro arte dramático y novelesco, pues a los dos se extiende su influjo y sirve de puente entre los dos géneros. La especial índole de estos libros exige todo género de precauciones en su exposición, pero creo haberla realizado con decoro literario y sin hipocresía, persuadido como estoy de que la ciencia purifica todo lo que toca y tiene derecho a invocar todo género de testimonios, interpretándolos con desinterés absoluto. Consecuencias muy importantes, no sólo de historia literaria, sino de historia social, se deducen de estos libros, que son además un tesoro de lengua castellana; y no me arrepiento, por tanto, de la tarea nada leve que este volumen me ha costado, ni juzgo que desdiga de mis años y de la severidad de los estudios que profeso.

A continuación de este prólogo van reimpresas cinco obras del género *celestinesco:* la *Tragedia Policiana,* la *Comedia Florinea,* la *Eufrosina,* la *Doleria del Sueño del Mundo* y la *Lena.* Las dos primeras son de la más extraordinaria rareza; la *Doleria* lo es mucho menos, pero sólo podía leerse en las ediciones primitivas. La *Eufrosina* castellana escasea bastante, aun en la reimpresión del siglo XVIII. De la *Lena* hay edición relativamente moderna, pero poco satisfactoria, y el valor literario de la obra es tal, que por ningún concepto puede faltar en una Biblioteca de Autores Españoles.

No he reproducido la *Tragicomedia de Lisandro y Roselia* y la *Comedia Selvagia* (aunque lo merecían) por estar ya incluídas en la colección de *Libros Raros y Curiosos,* donde figura también la *Segunda Celestina,* de Feliciano de Silva. En la misma colección se hallan la *Thebayda,* la *Seraphina,* y la *Lozana,* que bajo ningún pretexto hubieran debido exhumarse.

Con esta colección y la nuestra queda casi completa la serie de las *Celestinas,* pues apenas falta otra que la de Gaspar Gómez de Toledo, tan absurda y mal escrita que nadie ha de pensar en sacarla del olvido.

En todos los textos seguimos fielmente las ediciones originales (salvo la puntuación) y conservamos la antigua ortografía, no sólo por razones filológicas, sino por la conveniencia de cercar con una especie de vallado o seto espinoso estas producciones, alejando de ellas al profano vulgo. Las obras que este tomo encierra son ciertamente de las menos libres y más morigeradas de su clase: lo son hasta en cotejo con la tragicomedia primitiva; pero así y todo no deben correr indistintamente en todas las manos. El precio relativamente elevado de esta colección, el aspecto arcaico del texto, el aparato crítico y bibliográfico que le acompaña, bastarán, según creemos, para conjurar todo peligro.

Una deuda de gratitud me resta cumplir con mi sabio y cariñoso amigo el eminente literato don Francisco Rodríguez Marín, que con su bondad acostumbrada y su pasmoso conocimiento de la lengua del siglo XVI, me ha ayudado en la corrección de pruebas de estas comedias, cuya recta lección ofrece no pocas dificultades. Aun con tal auxilio no me lisonjeo de haberlas vencido todas, pero seguramente habré disminuído el número de las erratas, y las que queden sólo a mi descuido deben achacarse.

En próximos capítulos de estos *Orígenes de la novela* trataré especialmente del género picaresco, y también de otras formas novelísticas o análogas a la novela, como los coloquios y diálogos satíricos. [1]

---

[1] Aunque en otro lugar digo que no he visto en España ningún códice de *comedias elegíacas*, existe por lo menos uno que contiene la *de Vetula*. Es el CCLXXXVIII de la biblioteca del Cabildo de Toledo, manuscrito en vitela, del siglo XIII, procedente de la librería del Cardenal Zelada. Empieza con los libros *Ex Ponto* y de *Remedia Amoris*, de Ovidio, y prosigue desde el folio 63 al 73 con el *Pamphilus de Amore*.

Vid. *Catálogo de la librería del Cabildo Toledano, por don José María Octavio de Toledo. 1ª. Parte. Manuscritos*, pág. 141. (Publicado por la Revista de Archivos, Bibliotecas y Museos).

Advertiré finalmente, ya que esta sola nota me queda para hacerlo, que la cuestión relativa a la parte que pudo tener don Alfonso Velázquez de Velasco en la redacción de los *Comentarios* del Coronel Verdugo parece resuelta, después de la excelente edición crítica que de este libro ha publicado el profesor Enrique Lonchay, bajo los auspicios de la Comisión Real de Historia de Bélgica *(Comentario del Coronel Francisco Verdugo... publié par Henry Lonchay,* Bruselas, 1899). El inteligente editor restaura el verdadero texto de la obra, tomando por base la edición de 1610, cotejada con un manuscrito de la Biblioteca Nacional de París, que contiene importantes pasajes suprimidos en el texto impreso, como ya hizo notar el señor

Morel-Fatio *(Catalogue des manuscrits espagnols de la Bibliothèque Nationale de Paris,* pág. 79, núm. 187, París, 1892). Además de estas supresiones, que recaen principalmente sobre los lugares en que Verdugo se queja de Alejandro Farnesio, pueden atribuirse a Velázquez muchas correcciones de estilo, si es que el mismo coronel no las había hecho ya en el original que le entregó en Bruselas, y que debemos suponer mejor que ninguna de las copias. La de París, única que hoy se conoce, es mala e incompleta.

APÉNDICE I

LA NOVELA
ENTRE LOS LATINOS

TESIS DOCTORAL

LEÍDA EN LA

Facultad de Filosofía y Letras de la Universidad de Madrid

POR

D. MARCELINO MENÉNDEZ Y PELAYO

SANTANDER.—1875
Imp. y Lit. de Telesforo Martínez
Blanca, núm. 40

Al Señor D. José Ramón de Luanco,

Doctor en Ciencias, Catedrático de Química general en la Universidad de Barcelona, individuo de la Academia de Ciencias Naturales y Artes de la misma ciudad, en testimonio de acendrado cariño y respetuosa gratitud,

EL AUTOR.

TESIS DOCTORAL

DE LA NOVELA ENTRE LOS LATINOS.—«EL SATYRICON» DE PETRONIO.—«LAS METAMÓRFOSIS» O «EL ASNO DE ORO» DE APULEYO,

Excmo. Sr.:

Suelen los que en trabajos críticos se ocupan comenzar encareciendo la importancia grande del asunto que ofrece materia a sus investigaciones y a sus juicios. Encuéntrome yo en un caso muy diverso. El género literario de que voy a hablar carece en los pueblos antiguos de la importancia que ha tenido en los modernos; su estudio es uno de los menos interesantes que pueden ofrecerse en el vasto y amenísimo campo de las letras clásicas; los autores cuyos escritos intento analizar en esta tesis, gozan por cierto de no envidiable fama; sus libros son de importancia secundaria y sólo pueden llamar la atención de la crítica como pintura, siquiera incompleta, de la sociedad antigua en ciertos momentos de su existencia, y como primitivos monumentos de una forma literaria que hoy domina prepotente y sin rival, ejerciendo ora saludable, ora perniciosa influencia, y dejando tal vez la purísima esfera del arte para convertirse en eco de ideas buenas o malas, pero extrañas siempre a la realización de la belleza, fin que debe proponerse toda creación artística. Por eso entro con desconfianza en este trabajo y paso a desarrollar la enunciada tesis que escogí movido más por la novedad, que a mi entender presentaba,[1] que por las ventajas intrínsecas que ofrece.

---

[1] No conozco trabajos especiales sobre esta materia fuera del de Chauvien, *Les Romanciers graecs et latins*, ligero e incompleto, y un estudio sobre Petronio publicado años ha en la *Revue des deux mondes*.

No es mi intento discutir las varias definiciones de la novela dadas por los preceptistas, ni menos determinar el puesto que ocupa en el campo de la literatura y las relaciones que con otros géneros guarda. Cuestiones son éstas que ni me empeño en resolver, ni tienen quizá grande importancia, ni caben dentro del tema propuesto bastante extenso para que él sólo sea asunto de este discurso sin distraernos a inútiles digresiones. Pero siendo conveniente determinar con claridad el carácter del género, y pudiéndose suscitar dudas sobre si realmente pertenece a él alguna de las obras de que voy a hablar, expondré, siquiera sea ligeramente, el concepto y significación artística de la novela.

Los que atendiendo sólo a la forma externa han definido a la novela *historia ficticia*, además de parangonar lastimosamente géneros de índole diversa, han incurrido en una contradicción en los términos. Condición esencial es la verdad en la historia, constituye su materia lo real o bien lo ideal manifestado en lo real, si es cierto que las ideas gobiernan el mundo; real y efectivo es el proceso de la humanidad en el tiempo. *Historia verdadera* es un evidente pleonasmo. Sólo en burlas aplicó Luciano este nombre a la serie de increíbles y maravillosas ficciones que refiere en los dos libros así intitulados. Si toda historia es o debe ser verdadera, ¿cómo puede haber una *historia ficticia?* Los que tal definición dieron, sólo consideraron en la novela su forma narrativa. Y ciegos debieron ser para no reparar en que la narración es carácter distintivo de una forma poética con quien la novela tiene íntimo enlace y de la cual tal vez desciende por rigurosa filiación.

Y género poético es también la novela por más que comúnmente emplee la prosa como instrumento.[1] Sin remontarse a altas teorías estéticas, debieron conocerlo los citados preceptistas que colocaban en la *ficción* la esencia de la poesía y que guiados por tal principio llegaron a negar a Lucano el lauro poético. Y, sin embargo, descaminados por apariencias externas y ponién-

---

[1] Al llamar a la novela *género poético*, aténgome especialmente al origen del vocablo *poesía* y a la acepción en que es tomado por muchos estéticos. Por lo demás, si la *prosa* se considera como expresión de lo real y la *poesía* de lo ideal, la novela puede ser *poesía* y *prosa*, según los casos.

dose en evidente contradicción con sus principios, excluían del Parnaso obras enteramente poéticas, al paso que denominaban poemas a ciertos tratados didácticos bien lejanos por cierto de la noble y legítima poesía didascálica. ¿Por qué esta diferencia? Porque las unas estaban en prosa y las otras sujetas a números regulares. ¿Basta esto para establecer una diferencia?

Constituye la obra poética, dice nuestro sabio maestro el doctor Milá y Fontanals, *una concepción presidida por la idea de belleza.* ¿Y quién negará que éste y no otro es el carácter de la novela? Su forma de exposición es narrativa; dicho se está que no pertenece ni a la poesía *subjetiva* o lírica, ni a la *objetivo - representativa* o dramática. La novela es poesía *objetivo - narrativa,* y como tal entra plenamente en la jurisdicción de la epopeya,[1] es un subgénero suyo. Sólo se parece a la historia en cuanto a ésta se asemeja la epopeya. En dos grandes secciones puede dividirse el vasto campo de la poesía narrativa. Constituyen la primera las epopeyas *primitivas* y la segunda las *literarias* que otros apellidan *poemas épicos.* Las verdaderas epopeyas pueden subdividirse en *completas y fragmentarias.* En el primer grupo entran sólo las epopeyas sanskrita y griega y puede añadirse la obra del Dante si es que hay empeño en considerarla como *epopeya cristiana,* no obstante su falta de carácter narrativo. Entre las *fragmentarias* incluímos los cantos narrativos de todos los pueblos que no han llegado a constituir una verdadera epopeya. A este género pertenecían, sin duda, los que, según Cicerón, recitaban en los festines los jóvenes romanos; a él pertenecen positivamente los romances históricos españoles, los *Niebelungen* y otros poemas alemanes, los fragmentos de la epopeya finlandesa del *Kalevala* y diferentes poesías populares de todos tiempos y naciones.[2] Vienen después los *poemas épicos* o *epopeyas literarias* calcadas,

---

[1] Tomamos aquí la epopeya en un sentido genérico y lato, comprendiendo en ella todo género de narraciones poéticas.

[2] Según la teoría wolfiana, que todavía siguen muchos eruditos, toda epopeya es *fragmentaria* en cuanto se formó de cantos separados. En la parte relativa a los poemas homéricos, esta doctrina ha sido modificada considerablemente por los *semiwolfianos.* En cuanto a las demás epopeyas, hay quien sostiene que los cantos narrativos sueltos son fragmentos de grandes poemas anteriores.

en general, sobre el modelo griego y aun a veces las unas sobre las otras, no sin que alguna de ellas consiga de tal suerte identificarse con el espíritu nacional, que llegue a expresar los sentimientos y la vida toda de un pueblo con tanta verdad como puede hacerlo la poesía más popular de la tierra.

Todas las demás narraciones poéticas pueden reducirse a un solo grupo, que valiéndonos de un nombre poco exacto y comprensivo, a falta de otro más adecuado, llamaremos *novela*. En él entran el *cuento* y la *leyenda*, la pintura de costumbres y la narración de sucesos maravillosos. Desde el género *heroico*, degeneración de la epopeya, hasta el *pastoril*, extensión de la poesía *bucólica*, todo cabe dentro de la novela. La forma de estas composiciones es variadísima; unas veces están en prosa, otras en verso, otras en prosa entremezclada de versos. A veces emplean el diálogo, a veces usan la forma epistolar. En ocasiones se dan la mano con la sátira; otras veces muestran tendencia al análisis psicológico. Son las composiciones más libres en su forma, y menos reductibles a moldes determinados. Pero siempre presentan la *narración* como carácter distintivo. La novela exige *acción* y *caracteres*, he aquí todas sus reglas y hasta el germen de sus divisiones ulteriores. El campo inmenso de la vida humana pertenece a la jurisdicción de la novela.

El que revista o no la forma métrica, en nada altera su carácter poético. ¿Ha negado alguien que sean poesía los *fabliaux* de los troveros franceses, o los cuentos de Lafontaine y de Casti? ¿Pues por qué no han de serlo y de mérito incomparablemente superior el *Decamerón* de Boccacio o las *Novelas Ejemplares* de Cervantes? [1]

Indispensables he creído estas preliminares observaciones, porque algunos críticos, dando un sentido harto estricto a la palabra novela, han puesto en tela de juicio la legitimidad de este vocablo aplicado a las dos obras latinas comúnmente tenidas por tales y cuyos títulos figuran a la cabeza de esta tesis. Novela es,

---

[1] Si se niega el título de *poesía* a la *novela* porque muchas veces expresa sólo la realidad prosaica de la vida, ¿por qué no se aplica igual ley a la *comedia*, a la *sátira*, al *cuento en verso* que muchas veces son puro arte *realista*, como ahora suele decirse?

sin duda, el *Satyricon* de Petronio, a pesar de los extraños elementos en su composición combinados. Hay en él verdadera acción aunque ahogada en un diluvio de episodios, presenta caracteres bien marcados y definidos, y en medio de la variedad conserva cierta *unidad de interés*, a la manera de nuestras *novelas picarescas* del siglo xvi. En cuanto al *Asno de Oro* no se dudará de la *unidad interna* que en su composición existe, en vista del sucinto análisis que haré más adelante. Tanto el uno como el otro se acercan bastante a las formas de la novela moderna. Lo que por ningún concepto pertenece al género que nos ocupa es la obra alegórica de Marciano Capela. Desde luego, anuncio que prescindiré de ella, sin perjuicio de hacer sobre este punto alguna consideración en tiempo oportuno.

Debo ante todo reseñar la historia de este género antes de su aparición en Roma.

Por de más parece repetir lo que tantas veces y de tantas maneras se ha dicho sobre la natural inclinación a lo maravilloso que muestran, de igual suerte que los niños, los pueblos en su infancia. Los críticos que bajo cualquier aspecto han trazado la historia de la novela, se complacen en describir a los hombres del Oriente agrupados alrededor de los ancianos o de los jefes de tribu que sentados al pie de la palmera refieren historias extraordinarias, y aventuras y lances maravillosos. Semejantes descripciones pasan de unos escritores a otros, sin que éstos, por su parte, se entretengan en averiguar qué especie de historias o de consejas eran las que con tanta delectación escuchaban los orientales. Yo de mí sé decir que aunque poco inclinado a fantasear y perderme en vanas imaginaciones, concibo muy bien lo que tales escritores dicen y me represento con claridad las escenas que describen, pero quisiera menos vaguedad al exponer los orígenes de la novela.

El sabio Obispo de Avranches, Huet,[1] en su *Tratado del origen de las novelas*, pone en el Oriente la cuna de este género. Los orien-

---

[1] *Traité de l'origine des romans*, París, 1711. Fué escrito para servir de prólogo a la *Zaida* de Mad. de Lafayette. Aunque breve e incompleto, ha sido puesto a contribución por cuantos han tratado de esta materia.

tales, dice, hacen uso frecuente de la alegoría; por medio de apólogos y de parábolas exponen su teología, su filosofía, su moral y su política. Habla, con este motivo, del simbolismo de los egipcios, nota la inclinación de sus sacerdotes a cubrirlo todo con misterioso velo y sostiene, por último, que del Oriente pasó la ficción a Grecia. En apoyo de su opinión menciona el hecho de que las *fábulas milesias* nacieron como su nombre lo indica, en las colonias del Asia Menor y cita diversos novelistas así de la época clásica como de los tiempos bizantinos, que tuvieron su cuna en la Jonia o en la Siria. Clearco, nació en Cilicia; Jámblico, era babilonio; Heliodoro, aunque obispo de Trica en Tesalia, fué del linaje del Sol y natural de Emesa en Fenicia; uno de los tres Jenofontes mencionados por Suidas, nació en Éfeso; Luciano, en Samosata, y el mismo San Juan Damasceno, autor de la historia novelesca de *Barlaam y Josafat*, era hijo de la capital de Siria. En todo esto se funda el Obispo de Avranches para deducir que la ficción fué una planta indígena en el Oriente, pues aun los mismos que la cultivaron en lengua griega, vieron en Asia la primera luz.

La verdad es que la novela nació en Oriente por la sencilla razón de ser aquel país cuna del género humano. Que los orientales son inclinados a lo maravilloso, cosa es de todos sabida; que de esta inclinación nació el cuento, primitiva y rudimentaria forma de la novela, es, asimismo, evidente. Los cuentos árabes, por ejemplo, originarios sin duda de la India, han recorrido en triunfo la Europa y se encuentran en distintos pueblos con formas de redacción muy diversas. Orientales son la mayor parte de las consejas que en la niñez escuchamos a nuestras madres, y en algunas no sería difícil reconocer la filiación, a pesar de las variantes introducidas por el transcurso de los tiempos en narraciones confiadas durante siglos a la tradición oral.

La inclinación al símbolo y a la alegoría ha sido fuente de otro linaje de composiciones comprendidas en el género que nos ocupa, solamente en cuanto participan de la forma narrativa. La parábola, el apólogo, la fábula, son diversas manifestaciones del arte simbólico, pero bajo el aspecto citado, entran en la jurisdicción de la novela. Por de más sería citar las varias colecciones índicas de las cuales la más célebre es el *Pantcha-Tantra* o *Libro de las cinco divisiones*, tantas veces imitado y traducido ora por completo, ora a retazos, en todas las lenguas de Oriente y de Occidente. Tampoco haré detenida mención de los diferentes apólogos y parábolas esparcidas en los sagrados libros, limitándome a citar, como una de las más antiguas, la fábula de los *árboles buscando rey,* que se pone en boca de Joathán, hermano de Abimelech, en el capítulo 9º del *Libro de los Jueces,* y como una de las más conocidas la parábola con que Natán reprendió a David, que se lee en el capítulo 12º del libro 2º *de los Reyes.* El empleo de la locución parabólica fué común a todos los pueblos antiguos, y la historia romana nos presenta un ejemplo en el famosísimo apólogo *del estómago y de los miembros,* referido por Menenio Agripa a la plebe retirada al monte Sacro.[1] Hasta los cultos atenienses avezados a los más nobles placeres del espíritu se dejaban persuadir por este medio, propio, al parecer, exclusivamente de los pueblos en su infancia. El mismo Demóstenes le empleó más de una vez como recurso oratorio, y basta recordar a este propósito la fábula del viaje de Ceres en compañía de la anguila y de la golondrina. Impertinencia sería insistir más en este punto. Baste citar al árabe Lokman y al frigio Esopo, personajes ambos de autenticidad harto dudosa, bajo cuyos nombres corren colecciones de fábulas muy posteriores sin duda al tiempo que se les asigna, y que han sido mina fecundísima para más modernos apologuistas.

En Oriente nacieron, pues, el cuento y el apólogo, pero para encontrar algo que se aproxime a las formas de la novela moderna, es forzoso pasar a los griegos. Natural era, y doctamente lo advirtió el erudito Huet, que en la Jonia apareciese este género literario por vez primera. Aquel país asiático, pero sembrado de colonias helénicas, debía servir de intermediario entre el Oriente y el Occidente. En la Jonia apareció la novela en forma de narraciones ligeras y lascivas que de Mileto, cabeza de aquella región, recibieron el nombre de *milesias.* Hanse perdido todas, a lo menos en su primitiva redacción, y no es muy de sentir su pérdida, pero consérvase noticia de ellas en diferentes escritores antiguos. Cítase el nombre de un tal Arístides de Mileto, que ejercitó su plu-

---

[1] Is intromissus in castra, prisco illo dicendi atque horrido modo, etc., etc. (Tit. Liv., lib. II, cap. XXXII, pág. 195 de la edición *ad usum Delphini*).

ma en este linaje de obscenas composiciones. Ovidio le menciona en dos lugares de sus obras, y siempre de un modo que le honra poquísimo. En una larga elegía que llena todo el segundo libro de *Los Tristes* y está enderezada a excusarse de haber compuesto sus poesías amatorias, cita a Arístides entre los autores de obras escandalosas:

> Junxit Arístides Milesia crímina secum;
> Pulsus Arístides nec tamen urbe sua est.
>
> (Verso 413.)

Más adelante habla de Sisenna, traductor latino de Arítides (versos 443):

> Vertit Arístidem Sisenna, nec obfuit illi
> Historiae turpes inseruisse iocos [1]

Rastros de estas fábulas se conservan como a su tiempo veremos, en *El Asno* de Luciano y en la *Metamórfosis* de Apuleyo. A imitación de las Milesias, se compusieron cuentos efesiacos, cipriotas y sibaríticos, impregnados de repugnante licencia. Ninguno de ellos se ha salvado del olvido.

Como novela histórica, consideran algunos la *Ciropedia* de Jenofonte, pero no nos atrevemos a colocarla en este género, porque otros miran tan precioso libro como verdadera historia, si bien sumamente alterada en los pormenores y encaminada a un fin político, cual es presentar la imagen del perfecto monarca en la persona de Ciro.

Hasta los tiempos de Alejandro, apenas encontramos otros rastros de ficción novelesca. No aparece este género sino cuando llega la decadencia de la literatura griega. Sabemos que Clearco compuso libros de amor de los cuales no ha quedado otra memoria. Luciano y Diodoro Sículo citan a un tal Jámbulo, autor de un viaje extraordinario, que igualmente se ha perdido. Consérvanse dos colecciones muy breves de cuentos o más bien anécdotas, debidas la primera a Partenio de Nicea, y la segunda al historiador Plutarco. Titúlase la primera *Aventuras de amor* y la segunda *Desgracias ocasionadas por el amor*. Las colocamos

---

[1] P. Ovidii Nasonis opera, ed. de Tauchnitz, Leipzig, 1845, tomo tercero, págs. 194 y 195.

en este lugar porque sus autores tomaron los materiales en fuentes más antiguas.

En el *Bibliomirion*, del patriarca Focio, se encuentra un análisis de otra colección del mismo género debida a un tal Conon, escritor de los tiempos de la dominación romana. Entre los cuentos analizados por Focio se halla uno muy curioso, que, considerablemente mejorado, dió ocasión en la pluma de Cervantes, a uno de los más donosos juicios del gobernador de la ínsula Barataria. Como el asunto es curioso, citaré las palabras de Focio, valiéndome de la traducción o compendio latino que de su obra hizo el Padre Mariana e inédito se conserva en la Biblioteca Nacional (Bb-185): «Cierto ciudadano de Mileto huyó de su patria devasta-»da por Harpagon, general de Ciro (el joven), y recogiendo todo »su caudal lo puso en Taurominio de Sicilia en poder de un ban-»quero. Restablecida la paz, reclamó el depósito y negóselo el si-»ciliano alegando habérselo ya satisfecho. Acudieron a los jueces »y al ir a prestar juramento entregó al acreedor la caña en que »había encerrado su dinero. Irritado el de Mileto y protestando »que no había fe ni justicia entre los hombres, arrojó lejos de sí »la caña que al romperse dejó manifiesto el fraude de su adversa-»rio.» [1] Puede verse el pasaje correspondiente en el *Quijote*, capítulo 45 de la parte segunda.

Célebres fueron entre los griegos las narraciones de metamórfosis. A este género pertenecía la obra de Lucio de Patras, de la cual, así como de *El Asno* de Luciano, o quien quiera que sea el autor de fábula tan peregrina, hablaré detenidamente al ocuparme en el examen de *El Asno de Oro* de Apuleyo. Sólo de pasada citaré las *Historias verdaderas* del mismo Luciano, donosa burla de las relaciones de viajes portentosos y descripciones de países extraordinarios, género que cultivaron entre los griegos Jámbulo, Antonio Diógenes y algún otro, y que no sin aplauso han renacido en nuestros días, escribiéndose viajes a la luna y a los planetas dig-

---

[1] Milesius, cum patria esset in periculo, Harpagone Cyri duce provinciam vastante, sublatum aurum Taurominii in Sicilia apud mensarium deposuit. Rebus pacatis, cum repeteret, reddidisse mensarius affirmabat, iuraturusque apud iudices, ferulam in quam aurum incluserat in manus dedit; ille ira percitus, dolensque fidem apud homines periisse, proiecta ferula ruptaque, dolum aperuit.

nos tal vez de la satírica censura del escritor samosatense. Su obra, que consta de dos libros y no parece terminada, ha dado en los tiempos modernos ocasión a no pocas imitaciones. Al castellano fué traducida en el siglo XVI, e impresa en Colonia Argentina (Strasburgo) por los años de 1552. La versión es anónima, pero parece obra del protestante Francisco de Encinas, [1] notable helenista burgalés, discípulo de Melancton. Manuscrita se conserva otra traducción hecha a principios del pasado siglo.

No entraré en el estudio de los novelistas griegos posteriores a Luciano. En manos de Jámblico, de Jenofonte de Éfeso, de Aquiles Tacio y de Heliodoro, al arte experimenta una transformación. Las *Babilónicas*, las *Efesíacas*, el *Leucipe y Clitofonte* y el *Teágenes y Cariclea*, señalan un notable progreso y anuncian ya el advenimiento de la novela moderna. En Heliodoro especialmente, es visible la influencia de la idea cristiana que obra en la novela depurando las pasiones de la grosera herrumbre que las oscurece en los narradores antiguos. Pero ni él ni sus débiles secuaces pertenecen ya a la literatura propiamente helénica; su arte es arte bizantino, su literatura es la del Bajo-Imperio. Son además posteriores a Petronio y Apuleyo, y están, por ende, fuera de los límites de nuestro asunto en el cual entraremos, previos estos indispensables preliminares.

Dada la escasa importancia que entre los griegos tuvo la novela, que no existió, en realidad, hasta los tiempos de la decadencia, dicho se está que tampoco había de alcanzar notable florecimiento entre los romanos discípulos suyos. Así es que ni indicios encontramos en el siglo de Augusto, por más que puedan considerarse como bellísimos cuentos en verso muchas de las fábulas referidas por Ovidio en sus *Metamorfoseos*. Tal acontece, por ejemplo, con la ternísima historia de Píramo y Tisbe, narrada en el libro cuarto. Y forzoso es confesar que si estas fábulas pertenecen al género en que las colocamos, nada más primoroso han producido los

---

[1] Después de escrito lo que precede ha llegado a mis manos el primer tomo (único hasta ahora impreso) del admirable trabajo que con el título de *Bibliotheca Wiffeniana Spanish Reformers* publica en inglés el sabio profesor de lenguas romances de la Universidad de Strasburgo, Doctor Böhemer. En él he visto confirmada la conjetura que apunto en esta tesis.

modernos en este linaje de composiciones breves llevado, en general, por descaminados senderos.

Al leer el *Satyricon* de Petronio, que en opinión de algunos pertenece al género *Menipeo*, pudiera sospecharse que las perdidas *Sátiras* de Varrón debían ocupar un puesto en la historia de la novela. Compúsolas aquel erudito escritor, *el más docto de los romanos*, a imitación y ejemplo de Menipo, filósofo cínico,[1] tantas veces citado por Luciano, en cuyos diálogos suele figurar como principal interlocutor ni más ni menos que Sócrates en los de Platón. Diógenes Laercio[2] habla de un estatuario, de dos pintores, de un sofista, de un historiador de la Lidia y de un filósofo, todos los cuales llevaron el nombre de Menipo. Respecto al cínico refiere que era oriundo de Fenicia y esclavo; que como muchos de la escuela de Antístenes y Diógenes se dió a la mendicidad y llegó a reunir una suma bastante considerable para redimirse y comprar el título de ciudadano de Tebas. Posteriormente se enriqueció con la usura, pero habiendo perdido todo su caudal, desmintió solemnemente su doctrina, ahorcándose de sentimiento. Diógenes Laercio, crítico de poquísima autoridad y compilador sin fundamento, parece dar escaso valor a los escritos de Menipo y asegura que estaban llenos de chocarrerías; cita, sin embargo, *Las Funerarias* (¿serían acaso semejante a los *Diálogos de los Muertos* de Luciano?), *Los Testamentos, Varias cartas a nombre de los Dioses* (germen tal vez de los *Diálogos de los Dioses* del mismo Luciano), un libro sobre la *Generación de Epicuro* y otro sobre *La supersticiosa celebración epicúrea del día vigésimo del mes*. No eran éstos todos los escritos de Menipo, pues el mismo Laercio dice que llegaba a trece el número de sus obras. Y a la verdad, es por extremo lastimosa la pérdida de estos libros si, como creemos, fueron despertadores del agudo y poderoso ingenio del satírico de Samosata. Siempre saca a la escena a Menipo con particular delectación; siempre pone en su boca las burlas más amargas y las más severas enseñanzas, y se diría que la burlona carca-

---

[1] *Et tamen in illis veteribus nostris quae, Menippum imitati non interpretati quadam hilaritate conspersimus, multa admixta ex intima philosophia, multa dialectice dicta.* (Palabras de Varrón en Cicerón, lib. 1º Acad. Quaestion.)

[2] *De vitis et dogmátibus philosophorum,* lib. VI.

jada de Menipo el cínico resuena siempre en los oídos del implacable perseguidor de los Dioses y de los filósofos, así como las sublimes palabras de Sócrates moribundo resonaban en los oídos del divino Platón. En diez de los treinta *Dialogos de los muertos* figura Menipo como interlocutor, [1] y representa, además, el principal papel en los titulados *Necromancia*, [2] o sea, *consulta al oráculo de los difuntos*, e *Icaro-Menipo*, o sea, *ascención de Menipo a los cielos*, diálogos ambos de los más notables de Luciano. Atribúyese a Menipo la invención de las sátiras por él llamadas *menipeas* que, según parece, estaban escritas en prosa entremezclada de versos. Siguiendo Varron sus huellas, mezcló no sólo el verso y la prosa, sino también el griego y el latín. Con razón se aplicó a estas composiciones formadas de tan diversos elementos el nombre latino de *Sátira*, esto es, *Satura*, pues se llamaba *Satura*, según Acron, intérprete de Horacio, *el plato lleno de diversos manjares que se presentaba en las fiestas de Ceres, Lanxilla quae plena diversis frugibus in templo Cereris infertur*. Sátira es la obra de Petronio, plato compuesto de diversos manjares y aderezado con todo linaje, ora de sabrosos, ora de picantes condimentos; y aun tomado el vocablo en su sentido moderno, puede aplicársele con razón entera. Si a ella se parecían las de Varron y sus imitadores, no habría dificultad en considerarlas como novelas, pero si en vez de ajustarse al tipo del *Satyricon*, eran semejantes a la *Apocolocuntosis* de Séneca, a los *diálogos* de Luciano, a los *Césares* y al *Misopogon*, del Emperador Juliano, no habría motivo suficiente para incluirlas en esta clase. Faltaríales la *acción*, indispensable en la novela.

Esta digresión sobre la *Sátira Menipea*, que pudiera parecer ociosa, nos conduce como por la mano al estudio de Petronio y de su libro. Entremos a tratar de este asunto con la atención que a mi entender merece.

A nombre de Petronio corre en el mundo literario un libro o más bien una serie, a veces descosida, de fragmentos que ha

---

[1] Son los señalados con los números 2, 3, 17, 18, 20, 21, 22, 25, 26, 28 en la edición greco-latina de Didot.

[2] Por no existir tipos griegos en las imprentas de esta ciudad, he puesto en caracteres latinos así ésta como alguna otra palabra citada en esta tesis.

merecido los severos y justísimos anatemas de los moralistas, a la par que recibía fanática adoración y fervoroso culto de parte de algunos eruditos, que le consideraron, con justicia también, como obra clásica y fuente histórica de inmenso precio para cuantos pretendan estudiar las costumbres romanas del primer siglo del Imperio. Sobre el autor, a quien este libro se atribuye, tenemos afortunadamente noticias, extensas y seguras que dejan por cierto bastante mal parada su reputación. La severa pluma de Tácito se ha encargado de describirnos la extraña figura de Petronio. Dice así el inmortal historiador en el libro décimo-sexto de sus *Anales: En el transcurso de pocos días fueron muertos Anneo Mela (el padre de Lucano), Cereal Anicio, Rufo Crispino y Cayo* (sic) *Petronio.* [1] Vuelve a hablar más adelante de Petronio y escribe lo siguiente: «Pasaba los días en el sueño, la noche en las »ocupaciones y deleites de la vida; otros se hicieron famosos por »la actividad y diligencia, éste por la ociosidad. No era tenido »por disoluto y libertino, como la mayor parte de los que devoran »su patrimonio, sino por hombre de buen gusto aun en sus desórde-»nes mismos. Sus acciones y sus dichos, cuanto más sueltos y desen-»fadados, tanto mejor eran recibidos como indicios de la simpli-»cidad de su ánimo. No obstante, cuando fué procónsul de Biti-»nia y más adelante cónsul, se mostró hábil y suficiente para los »negocios, pero tornando después a sus vicios reales o fingidos, »fué señalado por Nerón entre pocos de sus familiares para juez »y *árbitro* de los placeres, no teniendo el Emperador por deleitoso »y ameno sino aquello que aprobase Petronio. De aquí nació la »envidia de Tigelino, que le tenía por émulo suyo, y más diestro »que él en la ciencia de los placeres. Acudió, pues, a la crueldad de »Nerón, más poderosa en él que todas las malas pasiones, y acu-»só a Petronio de amistad con Scevino, sobornando para esto »a uno de sus esclavos, quitándole todo medio de defensa y hacien-»do encarcelar a la mayor parte de sus servidores. Por aquellos »días había ido el César a Campania y llegando Petronio hasta »Cumas, fué detenido allí. No quiso sufrir las dilaciones en que le »tenían el temor y la esperanza, sino que haciéndose abrir las venas

---

[1] Paucos quippe intra dies eodem agmine Anneus Mella, Cerialis Anicius, Rufus Crispinus et C. Petrónius cecidere.

»y vendarlas después según le plugo para tornar a abrirlas, entre-
»túvose conversando con sus amigos, no de cosas graves o que
»pudieran darle fama de varón constante, antes, en vez de escu-
»char las opiniones de los sabios sobre la inmortalidad del alma,
»oía sólo poesías livianas y frívolos versos. De sus siervos a unos
»dió libertad, a otros mandó flagelarlos. Paseó por las calles, y
»durmió tranquilamente, procurando que su muerte, aunque for-
»zada, tuviese trazas de fortuita. Ni aún en sus codicilos elogió,
»como hicieron muchos a Nerón, a Tigelino o a algún otro de los
»poderosos, sino que describió las torpezas del príncipe bajo los
»nombres de mancebos disolutos y de mujerzuelas, apuntando
»las circunstancias nuevas de cada uno de los hechos. Selló el
»escrito y envióselo a Nerón, rompiendo después el anillo, para
»que en adelante no pudiera poner a otros en peligro. Y dudando
»Nerón de qué suerte podrían haber sido descubiertas sus livian-
»dades, sospechó de Silia mujer harto conocida por serlo de un
»Senador, y amiga íntima de Petronio. Envióla, pues, al destierro
»por no haber sabido callar las escenas en que había tenido parte.»[1]

Préstase a notables consideraciones el párrafo que acabo de traducir. En Petronio ha descrito Tácito al epicúreo de la época de Nerón, distinto ya del epicúreo de los últimos tiempos de la República y del Imperio de Augusto. Consecuentes los segundos en su sistema filosófico que preceptuaba en Moral la ausencia de todo cuidado y de todo linaje de dolores, apartábanse de los públicos negocios, no por falta de ambición, sino por sobra de egoísmo, y buscaban en vida quieta y sosegada los medios de satisfacer sus deseos, sin imponer otro freno a sus placeres que la ley del dolor promulgada por la naturaleza. Así vivió Pomponio Ático, cuya sabiduría, al decir de su biógrafo, consistió en huir toda carga enfadosa y mantenerse neutral entre los opuestos bandos que destrozaban la República. Y cuando la muerte llamó a sus puertas, dejóse morir de hambre para no agravar con el alimento

---

[1] Illi dies per somnum, nox officiis et oblectamentis vitae transigebatur, utque alios industria, ita hunc ignavia ad famam protulerat, habebaturque non ganeo et profligator, ut plerique sua haurientium, sed erudito luxu, etc. (C. Cornelii Taciti Annalium, lib. XVI, pp. 375 a 377, t. 2º de la edición de Madrid, 1794).

sus dolores, fiel, aún en sus últimos instantes, a la máxima capital de *huir toda incomodidad y todo daño.*

Así vivió Horacio en áurea medianía, gozando con moderación y con tasa, practicando una filosofía dulce y risueña, llamándose a sí propio *Epicuri de grege porcum,* y burlándose de la afectada severidad de los estoicos. En tales hombres, el epicurismo tenía un carácter artístico; el desenfado y la soltura de las costumbres revestían una forma elegante; aquella moral, más que laxa, profundamente corrompida, se presentaba ataviada con apariencias seductoras. En otras ocasiones, sin embargo, aquellas doctrinas conducían a diversas consecuencias, y en almas de elevado temple, en espíritus inclinados a la meditación profunda, convertíanse en torcedor y martirio que abreviaba sus días o acababa por conducirlos al suicidio. Tal aconteció a Lucrecio. Y en efecto, dada la vanidad de las cosas humanas y lo deleznable y perecedero de los bienes de esta vida, que, como se lee en el libro de Job, *quasi flos egreditur et conteritur et fugit velut umbra;* ¿a qué había de conducir la negación de la inmortalidad del alma que con treinta diversos sofismas intenta establecer Lucrecio en su libro cuarto, y las dudas sobre la existencia de los Dioses claramente manifestadas en diferentes pasajes del admirable poema *de rerum natura?* Lógicamente obró, pues, Lucrecio al poner término a su vida, e ilógicamente han discurrido los que para explicar este acto han supuesto que estaba loco. No fué locura, sino perversión de la mente, lo que produjo éste y tantos otros suicidios antiguos. A tal acabamiento conducían por diversos caminos la escuela estoica y la epicúrea, a pesar de su aparente oposición en las doctrinas. Y llegaron los tiempos del Imperio; rompióse el freno que a sus pasiones habían impuesto los primeros epicúreos; desbordóse el torrente antes en apariencia contenido y presenciáronse abominaciones increíbles, crímenes cuya sola idea asusta en las sociedades modernas, liviandades de que se estremece la naturaleza, excesos de gula verdaderamente prodigiosos y tantos escándalos y tantas torpezas como manchan a cada paso las páginas de Suetonio y de los biógrafos de la *Historia Augusta.* Y si no descendió fuego del cielo sobre Roma como sobre la Pentápolis, fué sin duda, porque la Ciudad Eterna estaba reservada para altísimos destinos, y ya en tiempo de Nerón se había extendido prodigiosamente una secta, que Tácito llama de *malhechores, enemigos del género humano,* y a *los cuales,* añade, *apellidaba el vulgo cristianos, nombre tomado de Cristo que, imperando Tiberio, fué crucificado por Poncio Pilato, procurador de la Judea.* Pero como la nueva vida no debía reanimar aquel cadáver en disolución, envió Dios a los bárbaros, que con el hacha y el fuego vinieron a destruir los templos y palacios de la Babel impura, para doblar después sus frentes ante la nueva idea que conservó por milagroso modo, cuanto había grande y noble, que era mucho por cierto, en la antigua filosofía y en la antigua civilización.

Representante de la sociedad romana en el primer siglo del Imperio aparece Petronio en el bosquejo que de su vida nos hace Tácito. Aquel varón de prodigioso talento sin duda, como lo muestra el *Satyricon,* hábil e idóneo para los negocios, como lo manifestó sucesivamente en los cargos de procónsul de Bitinia y de cónsul, entrégase después a los vicios y llega a ser ministro y árbitro de los infames placeres de Nerón. Y séanos lícito, no obstante, observar que del texto mismo de Tácito parece deducirse que Petronio tenía más de hipócrita de vicios que de vicioso, circunstancia que nos revela harto claro el lamentable estado de aquella sociedad, en que para medrar era preciso hacer gala de la más espantosa corrupción. Por lo demás, las circunstancias de su muerte dicen bastante para que sea preciso insistir más en este punto.

A los que tropezaron por vez primera con los fragmentos del *Satyricon,* debió llamarles poderosamente la atención este pasaje de Tácito. Lo que el grande historiador indica acerca de los codicilos, que con nombres supuestos revelaban las torpezas de Nerón, parecióles aplicable a los trozos de la novela que la casualidad había puesto en sus manos. Juzgaron, pues, que en el *Satyricon* estaba encerrada la historia secreta del hijo de Agripina, y afanáronse en busca de una clave que aclarase aquellas oscuridades. Fundándose en soñadas analogías vieron en Trimalción al quinto de los Emperadores, y distribuyeron los demás papeles de la fábula, como mejor les plugo para su intento. No repararon que la obra de Petronio, aun en el estado de mutilación en que ha llegado a nuestras manos, es larguísima para escrita en breve plazo por un hombre próximo a la muerte y ya con las venas abiertas. Ni pararon mientes en la contextura del *Satyricon*, pues si es cierto que en él se refieren escandalosas aventuras, semejantes a las que Petronio debió consignar en sus codicilos, también lo es que contiene mil cosas impertinentes a tal asunto, cuales son los dos largos fragmentos poéticos de *la destrucción de Troya* y de *la guerra civil*. No hay fundamento para sospechar que sean cosas idénticas el *Satyricon* y los codicilos de Petronio. Dando otros en el extremo opuesto han sostenido que el *Petronio Arbitro* novelista, es distinto del *Arbiter elegantiae* de Nerón. Hanse fundado en la diferencia de pronombres, pues al segundo llama Tácito *Cayo*, mientras el primero suena *Tito* en los códices de su obra. No me parece de bastante fuerza este argumento; acaso se llamó nuestro autor *Cayo Tito Petronio*, acaso ha sido alterada por los copistas la inicial del *praenomen* en los códices del *Satyricon* o en los de los *Anales*. De unos versos de Sidonio Apolinar parece deducirse que Petronio era natural de Marsella:

> Et te Massiliensium per hortos
> Sacri stipitis, Arbiter, colonum
> Hellespontiaco parem Priapo.

Apenas se encuentra otra mención de Petronio en los autores antiguos. Terenciano Mauro le cita de pasada al hablar del *dímetro yámbico ápodo* y del verso *anacreóntico*. Macrobio, en su *Comentario al Sueño de Escipión* habla de las *fábulas tejidas de casos amorosos (argumenta fictis casibus amatorum referta)*, en las cuales añade, *se ejercitó mucho Petronio Arbitro*. Fulgencio Planciades, en el libro primero de su *Mitología*, menciona la *Albutia Petroniana*, sin añadir explicación alguna. Más importante es el testimonio de Plinio, quien en el libro XXXVII de su *Historia Natural* refiere que el consular Tito Petronio, condenado a muerte por Nerón, rompió una copa múrrina que le había costado trescientos mil sextercios, a fin de que no cayera en manos del Emperador en la confiscación de sus bienes. Nótese que Plinio llama a Petronio Tito, lo que acaba de confirmarme en que éste y no otro es el autor del *Satyricon*.

Es común opinión entre los doctos, que apenas se conserva la décima parte de esta obra. Los fragmentos que hoy existen han sido encontrados en diferentes tiempos. Francisco de Puzzol

(Puteolanus) incluyó algunos en sus ediciones de Tácito y de *los panegiristas antiguos* hechas respectivamente en 1476 y 1482. El texto del novelista apareció mutilado y lleno de erratas en estas primitivas publicaciones. A lo que parece se corrigieron muchos defectos y se ordenaron en lo posible tan despedazadas reliquias en la edición de Venecia, 1499, que he visto citada en los *Anales Tipográficos* de Maittaire.[1] Sucesivamente reprodujeron el *Satyricon* las prensas de Leipzig (1500), París (1520) y León de Francia (1545). En grado considerable mejoró el texto en manos de Sambuco, que dirigió la edición *plantiniana* en 1565, de Dousa, ilustrador de la de Leyde de 1583, de Passerat, corrector de la de París en 1587 y de Juan de Wouweren, que cuidó de la holandesa dada a la estampa en 1596. Adelantaron los trabajos de recensión y comentario Melchor Goldasto (1610), Juan Bourdelot (1618), Pedro Lotichio (1629) y sobre todos nuestro insigne humanista don Jusepe Antonio González de Salas, a quien debemos la esmerada edición de Francfort, hecha en el año últimamente citado.

Considerablemente vino a aumentar el texto de Petronio el descubrimiento del *Banquete de Triamalcion*, verificado en Trau, pueblo de Dalmacia, en 1662. Negaron la autenticidad de este fragmento, Adrián Valesio (de Valois) y Juan Vajenseilio, pero vino a disipar toda duda la *Apología* de Pedro Petit, publicada a nombre del dálmata Marino Statilio. Desde entonces fué incluído sin contradicción el fragmento *Traguriano* en las posteriores ediciones de Petronio mejoradas por Nodot y por el infatigable holandés Pedro Burmano.

Aún así quedaban grandes lagunas en el *Satyricon*, y a llenarlas se dedicaron varios eruditos. Fué de los primeros el ya citado Nodot, que fingió haber descubierto en Belgrado (Albagraeca) un Petronio completo, en 1688. El fruto de tal superchería vió la pública luz en París, 1693, con este rótulo estrafalario: *Nodi solvuntur a Nodot*. A nadie engañó este fraude; los suplementos de Nodot, aunque llenan bastante bien los vacíos del original, están escritos en un latín atestado de solecismos, que bien a las claras indica ser obra de fábrica moderna. El gran Leibnitz

---

[1] Tomo primero, pág. 689.

no se desdeñó de combatir la autenticidad del manuscrito *nodotiano*, siguiendo su ejemplo otros eruditos, entre los cuales no es para olvidado el doctísimo inglés Ricardo Bentley. La falsedad de los suplementos de Nodot, quedó plenamente demostrada, pero, como facilitan la inteligencia del texto, suelen acompañar a las modernas ediciones del *Satyricon*.

Otra tentativa no menos notable hizo un español ilustre, cuyo nombre es digno de honrosa recordación en esta humilde tesis, ya que por tanto tiempo ha recibido de críticos extranjeros aplauso merecido y no escasa alabanza. Me refiero al abate Marchena, hombre de historia por extremo peregrina. Sabido es que, alistado en 1800 en el ejército francés del Rhin, entretuvo sus ocios, forjando un supuesto fragmento de Petronio que publicó en Basilea con este título: *Fragmentum Petronii ex bibliothecae Sti Galli vetustissimo ms. excerptum, Gallice vertit et notis perpetuis illustravit Lallemandus Sacrae Theologiae doctor.* 12º. Este fragmento llena a maravilla uno de los lugares incompletos del *Satyricon*, aquel en que *Quartilla* y *Encolpio* contemplan los amorosos juegos de *Giton* y de *Pannychis*. El estilo de Petronio está imitado con tal felicidad, que muchos sabios cayeron en el lazo, y fué precisa una declaración terminante de Marchena para desengañarlos. Y adviértase que el prólogo y las notas y hasta el frontis estaban escritos en estilo burlón y festivo, tal en suma que, a ser menor la habilidad del humanista español, hubiera bastado para descubrir el fraude. Supuso Marchena haber encontrado su fragmento en la Abadía de S. Gall, que gozaba de fama no escasa entre los bibliógrafos desde la época de los grandes descubrimientos de Poggio Bracciolini. De buen grado hubiera reproducido el opúsculo de nuestro abate por apéndice a esta disertación, pero retrájome lo escabroso de su asunto. De sentir sería, no obstante, que se perdiese tan ingeniosa travesura de ingenio, impresa íntegra una sola vez que sepamos, edición que, tanto por la escasez de ejemplares, como por la pequeñez del volumen, ha llegado a hacerse rarísima. Animado Marchena por el buen éxito de su empresa, publicó años después una composición de Catulo que dijo haber descubierto en un papiro de Herculano. Pero esta vez no logró su intento. Los latinistas alemanes, escarmentados con la primera superchería, negaron la autenticidad del nuevo descubrimiento y consiguieron, sin dificultad, demostrarla.[1] Prodigioso era, en verdad, el talento de imitación de Marchena. Él, que se preciaba de ateo y despreciador de toda creencia, ha dejado una oda *a Cristo Crucificado,* que ocupará siempre lugar altísimo entre las producciones de la lírica sagrada del siglo XVIII.

Como ni los suplementos de Nodot ni el de Marchena pertenecen al texto de Petronio, prescindiré de ellos, examinando el *Satyricon* en el estado fragmentario, en que ha llegado a nuestros días. No existiendo, que yo sepa, versión castellana, traduciré del texto latino los trozos que cite, valiéndome para este trabajo de la edición de Francfort, 1629, ilustrada con un docto y difuso comentario del ya citado humanista español don Jusepe Antonio González de Salas,[2] y consultando ediciones posteriores como la *Bipontina* y alguna otra para el *Banquete de Trimalción* y tal cual trozo más, modernamente descubierto.

A la superior ilustración del Tribunal no se ocultará que forzosamente ha de ser incompleto el análisis que yo haga de la obra de Petronio. Tal como le conocemos, presenta el *Satyricon* inmensas lagunas que truncan la narración y cortan en cien partes el hilo de la fábula. Además, los incidentes suelen ser de tal naturaleza que vale más cortar el nudo que entretenerse en desatarle. Trozos hay por los cuales pasaré como por ascuas, otros que ni citaré siquiera. Los jueces comprenderán la causa de mi silencio. Sobre todo, procuraré no aludir siquiera a una espantosa abominación de los antiguos, que en ninguna parte aparece con tan horribles caracteres como en este libro. *Nec nominetur in ore nostro;* tal es el consejo de la Escritura en este punto.

El héroe del *Satyricon* es un tal *Encolpio,* en cuya boca se pone la narración de sus aventuras. Aseméjase en esto a los héroes de nuestras novelas *picarescas,* y es probable que como ellos co-

---

[1] Así el fragmento de Petronio como el de Catulo encontrarán cabida en los apéndices de una monografía titulada: *Marchena y su tiempo,* para la cual venimos recogiendo noticias y documentos.

[2] T. Petronii Arbitri E. R. Satyricon. Extrema editio ex Musaeo D. Josephi Antonii Gonsali de Salas E. H. Philippi IV manificentia, Francofurti, cura Wolfgangii Hofmannii, 1629, 4º, 2 h. sin foliatura, 36 pp. de preliminares, 96 de texto, 462 de Comentarios y 110 de extensos índices. Los Comentarios de Salas y sus *Praeludia,* me han sido de grande utilidad para esta tesis.

menzase *ab ovo* la relación de su vida. Pero faltando, sin duda, larguísimos trozos al comienzo de la obra, no es fácil adivinar el desarrollo que dió Petronio a su fábula novelesca. Los que han visto en el *Satyricon* una embozada pintura de la corte de Nerón, sostienen que Petronio se oculta bajo la máscara de Encolpio. Por lo demás, el nombre de este personaje conviene con el carácter que se le asigna en la novela. Llámase *Encolpio*, del griego *egkolpiso, insinuarse*. Tal es, en efecto, su cualidad predominante. Es opinión generalmente admitida que la acción de la novela comienza en Nápoles. Las diversas situaciones en que se halla Encolpio, los diferentes personajes que en el *Satyricon* van apareciendo, constituyen la pintura fiel de la sociedad romana, que Petronio se propone describir con toda la desnudez de los pintores *realistas*. Tal vez el cuadro sería completo, si la obra se hubiese conservado en su totalidad.

Ábrese la escena en el pórtico de las aulas del retórico Agamenón. Perora Encolpio contra la declamación y los declamadores. En este trozo, así como en el de la *poesía*, que citaré más adelante, muéstrase Petronio crítico de buen gusto y de juicio severísimo. Sabido es que después de la caída de la libertad romana nada contribuyó tan poderosamente como las escuelas de declamación al menoscabo y total ruina de la elocuencia.[1] Creóse una oratoria ficticia, cuyos asuntos eran por la mayor parte absurdos y pueriles, y como las palabras siguen naturalmente al asunto, convirtióse la elocuencia de los pasados tiempos, *magna illa et oratoria eloquentia*, en una verdadera *declamación*, en el sentido que hoy damos a esta palabra. Para comprender los deplorables efectos que debió producir esta gimnástica intelectual mal dirigida, basta recorrer las *Controversias* y *Suasorias* de Séneca el Retórico, y las *Declamaciones* falsamente atribuídas, a lo menos en su mayor parte, a Quintiliano. Los asuntos son de lo más extraño que cabe imaginar. Citaremos algunos; *Raptor duarum* (controversia 5ª, lib. Iº de Séneca): Manda la ley que el raptor de una doncella se case con la robada o sufra la muerte. Un mancebo roba dos mujeres en una noche, una quiere su muerte, otra

---

[1] Véase el estudio de Nisard sobre *Juvenal y la Declamación* en el tomo 2º de sus *Etudes sur les poetes latins de la decadence*. París, 1867.

prefiere el casamiento. Defiéndese a la una y a la otra. *Cadaveres Pasti:* una ciudad sitiada envía un comisionado a comprar trigo. A su vuelta es arrojado por la tempestad a otra población; vende allí el trigo por el doble de su precio, y con este dinero compra provisiones en cantidad doble también. Pero entretanto, devorados sus ciudadanos por el hambre, habían acabado por comer los cadáveres. Vuelve el legado, y se le acusa de *pasto de cadáveres,* crimen peregrino que da nombre a la declamación. Largo sería referir los argumentos de las declamaciones que llevan los extravagantes títulos de *Sepulchrum incantatum, Apes pauperis, Venenum effusum, Tormenta pauperis,* etc., etc. Si tales ejercicios no hubieran salido del recinto de las aulas, pudieran ser considerados como útiles o a lo menos como inofensivos, pero es lo cierto que aquella falsa oratoria y aquel calor convencional, ejercieron perniciosísima influencia en toda la literatura de la época, extraviando genios como el de Lucano y corrompiendo a la vez la poesía y la elocuencia. Atinadísimas son las reflexiones que Petronio pone en boca de Encolpio:[1]

---

[1] Num alio genere Furiarum declamatores inquietantur, qui clamant? Haec vulnera pro libertate publica excepi, hunc oculum pro vobis impendi: date mihi ducem qui me ducat ad liberos meos, nam succisi poplites membra non sustinent. Haec ipsa tolerabilia essent si ad elocuentiam ituris viam facerent: nunc et rerum tumore et sententiarum vanissimo strepitu, hoc tantum proficiunt ut, cum in forum venerint, putent se in alium terrarum orbem delatos. Et ideo ego adolescentulos existimo in scholis stultissimos fieri, quia nihil ex iis quae in usu habemus audiunt aut vident: sed piratas cum catenis in littore stantes, sed tyrannos edicta scribentes quibus imperent filiis ut patrum suorum capita praecidant, sed responsa in pestilentia data ut virgines tres aut plures inmolentur, sed mellitos verborum globulos et omnia dicta factaque quasi papavere et sesamo sparsa. Pace vestra liceat dixisse, primi omnium eloquentiam perdidistis. Levibus enim atque inanibus sonis ludibria quaedam excitando effecistis ut corpus orationis enervaretur et caderet. Nondum juvenes declamationibus continebantur, cum Sophocles et Euripides invenerunt verba quibus deberent loqui. Nondum umbraticus doctor ingenia deleverat, cum Pindarus novemque Lyrici Homericis versibus canere non timerunt. Et ne poetas quidem ad testimonium citem, certe neque Platona, neque Demosthenem ad hoc genus exercitationis accesisse video. Grandis et, ut ita dicam, pudica oratio, non est maculosa, nec turgida sed naturali pulchritudine exurgit. Nuper ventosa isthaec et enormis loquacitas Athenas ex Asia conmigravit, animosque iuvenum ad magna surgentes veluti pestilenti quodam sidere afflavit, simulque corrupta

«¿Qué furias son las que agitan a los declamadores cuando repiten: *estas heridas recibí por la libertad pública, este ojo perdí en defensa vuestra, dadme un guía que me conduzca a casa de mis hijos porque mis heridas piernas no pueden sostener el peso de mi cuerpo?*»[1]

»Tolerable fuera todo esto si abriera el camino de la elocuencia, pero, con la hinchazón de las palabras y el estrépito de las sentencias, consiguen sólo que, al presentarse el orador en el foro, se juzgue trasladado a otro mundo. Yo pienso que los jóvenes se vuelven estúpidos en las escuelas, donde nada aprenden de lo que suele acontecer en la vida, y oyen hablar solamente de piratas encadenados en la playa, de tiranos que promulgan edictos mandando a los hijos descabezar a sus padres, de respuestas de oráculos que en tiempo de peste ordenan inmolar dos o más vírgenes, y todo esto dicho con melífluas palabras impregnadas como de sésamo y adormiladeras. Dicho sea con perdón vuestro, oh declamadores: vosotros fuisteis los primeros en corromper la elocuencia. Tratando asuntos pueriles con leves y vanas palabras, hicisteis que se enervase y decayese el vigor de la oración. No se ejercitaban los jóvenes en declamaciones en tiempo de Sófocles y Eurípides; no habían secado el ingenio sombríos preceptores cuando Píndaro y los nueve Líricos osaron cantar en versos homéricos. Y dejando aparte a los poetas, ¿por ventura Platón y Demóstenes se dedicaron nunca a este ejercicio? Grande es y casta su oración, no torpe, no hinchada, y muestra siempre natural belleza. Esa vana locuacidad vino del Asia a Atenas e inficionó los ánimos de los jóvenes de altas esperanzas, corrompiendo las reglas de la elocuencia, que desde entonces permanece inmóvil y silenciosa. ¿Quién llegó después a la fama de Hiperides, quién a la alteza de Tucídides? La poesía misma perdió su frescura y sus colores, y devorado todo por este monstruo, no pudo llegar a la perfecta senectud.»

---

eloquentiae regula stetit et obmutuit. Quis postea ad summam Thucydidis, quis Hyperidis ad famam processit? Ac nec carmen quidem sani coloris enituit, sed omnia, quasi eodem cibo pasta, non potuerunt usque ad senectutem canescere. *(Saty* de Salas, pp. 1ª y 2ª).

[1] Eran éstos lugares comunes de declamaciones puestas en boca de soldados veteranos.

Al razonamiento de Encolpio contesta Agamenón, observando que los retóricos no hacen más que seguir el gusto dominante, pues de otra manera quedarían desiertas sus escuelas; atribuye la culpa de todo a los padres que se empeñan en hacer sabios y oradores a sus hijos apenas salidos de la infancia, y termina refiriendo en verso las cualidades que ha de tener, y los estudios en que debe ejercitarse el joven que se dedica a la elocuencia. En esto nota Encolpio la desaparición de su compañero Asclito y corre presuroso en su seguimiento.

No son para referidas las aventuras que llenan el que pudiéramos llamar capítulo segundo de la novela. Buscando Encolpio a su amigo llega a una morada de disolución, que Petronio describe con la excesiva licencia en él harto frecuente. Pasaremos por alto este pasaje y algunos más que le siguen. Comienza en estos trozos a aparecer un tal *Giton* que, con nombre de *hermano* de Encolpio y con carácter harto equívoco, toma excesiva parte en la fábula.

Roban Encolpio y sus compañeros un *pallium* o manto, y descríbese después una repugnante orgía en que toman parte. Las escenas en que aparecen como protagonistas Quartilla, Psichis, Giton y Panychis, demuestran claramente a qué grado de depravación habían venido las costumbres romanas. Baste citar estas palabras que Petronio pone en boca de Quartilla: *Junonem meam iratam habeam, si meminerim me unquam virginem fuisse.* Y adviértase que estas líneas son las únicas que después de maduro examen he creído prudente transcribir. Los comentadores ven en esta parte del *Satyricon* alusiones claras a los desórdenes de Nerón.

Llegamos a uno de los episodios más célebres de la novela, a uno también de los poquísimos que pueden ser citados con libertad entera. Me refiero al *Banquete de Trimalción*. No traduciré ni extractaré siquiera tan largo pasaje, que por sí solo forma como una tercera parte del *Satyricon*. Me limitaré a dar una breve idea de su contenido, transcribiendo sólo algún brevísimo retazo.

Si queremos conocer el lujo y la suntuosidad de los romanos del Imperio en sus banquetes, Petronio nos conducirá a casa de Trimalción, *hombre rico, que tiene en el comedor un reloj y una bocina*, esto es, dos esclavos encargados únicamente de avisar la hora. Encuentran nuestros héroes al anfitrión *viejo, calvo vestido con una túnica rojiza,* entreteniéndose en jugar a la pelota con unos niños. Todo era extravagancia y despilfarro en la morada de aquel rico liberto, a quien siempre había sonreído la fortuna. Describe Encolpio cuantos objetos solicitaron su atención, comenzando por el vestíbulo y acabando por el triclinio. El portero mondaba guisantes en una fuente de plata; al lado de su habitación estaba pintado un perro con este rótulo: *Cave canem.* Diferentes cuadros representaban los diversos estados de la vida de Trimalción. En un armario colocado en uno de los ángulos se guardaban los *Lares* de plata, una estatua de mármol de Venus y una caja de oro que contenía la primera barba del opulento señor de aquella casa.

Toman los convidados asiento en el triclinio, y no tarda en reaparecer Trimalción, cubiertos los hombros con un manto de púrpura y cargado de anillos y brazaletes de oro. Empieza la comida. Distribúyense huevos de pava real entre los asistentes; cae al suelo una copa de plata, recógela el esclavo, manda flagelarle Trimalción y ordena que el mayordomo retire la copa entre los desperdicios. Dos esclavos etíopes sirven en ánforas de cristal vino de Falerno de cien años. Entonces exclama Trimalción: *Heu, heu, ergo diutius vivit vinum quam homuncio,* y añade:

Ergo vivamus, dum licet esse bene; expresión que parece el grito de aquella sociedad ebria y moribunda.

Otros dos siervos presentan en la mesa una vajilla redonda que contenía dibujados en extenso círculo los doce signos del Zodíaco. Sobre cada uno había puesto el cocinero aquel manjar que alegóricamente guardaba con él mayores relaciones. Trimalción las explica y habla de los destinos de los hombres nacidos bajo la influencia de cada signo. Trozo satírico es éste de no escaso mérito por cierto.

Sucesivamente son colocadas en la mesa diferentes viandas, cuya enumeración sería pesada y enojosa. Una liebre adornada de alas, un jabalí de cuyos dientes pendían dos cestas conteniendo la una dátiles de Siria y la otra dátiles de la Tebaida; un ciervo escogido entre tres presentados en el triclinio e inmediatamente cocido y aderezado; un becerro servido en inmensa fuente; éstos y otros innumerables manjares lisonjearon, a veces de extraña manera, el gusto de los convidados de Trimalción. No menor esplendidez desplegó en los postres aquel modelo de prodigalidad. Pero todo esto, así como los mil incidentes del banquete, deben leerse en el texto original, porque siempre se resisten a un extracto descripciones de esta índole. Sin duda hay exageración en los detalles, pero la exactitud del fondo es incontestable. Basta leer en Suetonio y en Lampridio las descripciones de los festines de Vitelio y de Heliogábalo.

Trimalción presenta siempre el carácter de un incansable hablador, estúpido, vano y presumido. Dice con la mayor seriedad los más extravagantes desatinos, canta, baila, recita versos y acaba riñendo con su mujer, Fortuna. Habla de Homero y refiere en estos términos la guerra de Troya:

«Diomedes y Ganimedes eran hermanos. Tenían una herma- »na llamada Helena. Agamenon la robó y puso a una cierva en »lugar de Diana. Con este motivo refiere Homero la guerra de los »Troyanos y de los Parentinos. Venció Agamenon y casó a su »hija Yfigenia con Aquiles, por lo cual Ayax se volvió loco. He »aquí el argumento de la Iliada.» [1] Los convidados aplauden estrepitosamente.

Jáctase Trimalción en otro pasaje de ser el único poseedor del metal Corintio, y anuncia el propósito de unir la Sicilia a sus tierras, para no tener que navegar por costas ajenas en sus viajes al África. Agudamente satiriza aquí Petronio la portentosa acumulación de propiedades en pocas manos, que según refiere Plinio el joven, llegó al extremo de estar repartida toda la Italia entre cinco o seis grandes propietarios. Preséntase en la sala del banquete un secretario *(actuarius)*, y abriendo el libro de cuentas, lee lo que sigue: «A seis de las Kalendas de Agosto nacidos en el »predio Cumano, propiedad de Trimalción, treinta varones y cua- »renta hembras; conducidos de la era al granero mil y quinientos »modios de trigo; domados quinientos bueyes.» Rasgos semejantes se encuentran a cada paso. Los criados de Trimalción estaban divididos en decurias y el cocinero pertenecía a la cuadragésima.

---

[1] Diomedes et Ganymedes duo fratres fuerunt: horum soror erat Elena. Agamenon illam rapuit, et Dianae cervam subiecit. Ita nunc Homerus dicit, quemadmodum inter se pugnent Troiani et Parentini. Vicit scilicet et Iphigeniam filiam suam Achilli dedit uxorem. Ob eam rem Ayax insaniit, et statim argumentum explicabit. (Saty., edi. Bip., pág. 79.)

Perdida entre el cúmulo de necedades, que pronuncia Trimalción, se encuentra una hermosísima sentencia que admira leer en semejante paraje. *También los esclavos son hombres «et servi homines sunt»*, palabras grandes, palabras sublimes que, tal vez sin darse cuenta de ello, puso Petronio en los labios del antiguo liberto, pero que anuncian ya, de igual suerte que ciertas máximas de Séneca, la doctrina de la fraternidad cristiana que presto había de regenerar el mundo. Completa Trimalción tan generoso pensamiento, que basta para hacer agradable y simpática su extraña figura, anunciando que en su testamento se propone manumitir a todos sus esclavos. No deja de tener gracia el epitafio que manda se grabe sobre la losa de su sepulcro: *Aquí yace Trimalción que dejó trescientos millones de sextercios, y nunca aprendió Filosofía.* [1]

Otra observación haremos sobre unas palabras, al parecer no intencionadas del mismo Trimalción. Hablando de la Sibila de Cumas, refiere que, siendo niño, la vió repetidas veces en su antro sagrado, y que, cuando la preguntaban: *Sibila, ¿qué quieres?* contestaba siempre: *Quiero morirme.* ¿No parece esto un símbolo admirable de la destrucción de las creencias paganas? La Sibila quería morirse: los oráculos callaban: los Dioses se iban.

Presta grande interés al banquete la pintura de los diversos caracteres de los comensales, que con aplauso reciben y celebran todas las acciones y palabras de Trimalción. Los parásitos, los filósofos, los poetas están viva y graciosamente retratados. Las animadas conversaciones de sobremesa nos dan razón de infinitas costumbres antiguas, y en esta parte forzoso es confesar que pocos monumentos nos ha legado el arte latino tan curiosos como éste. Hasta las noticias *de re coquinaria* son de un valor arqueológico inestimable.

Han supuesto los comentadores, no sin algún fundamento, que Trimalción es una caricatura del Emperador Claudio. Otros han visto en él a Nerón y en su mujer Fortunata, unos a Sabina Popea y otros a Actea, su liberta. Pero en verdad que no se encuentra grande analogía entre el ridículo viejo Trimalción y el joven

---

[1] Cn. Pompeius Trimalchio hic requiescit... sextertium reliquit trecenties nec unquam Philosophum audivit. (Edición Bipontina, pág. 97).

discípulo de Séneca, artista ingenioso y no despreciable poeta, al decir de los historiadores.

Terminado el banquete, vuelven a su habitación Encolpio y sus amigos. De resultas de una cuestión habida con Asclito, Encolpio se separa de los demás, y aquí queda cortado el hilo de la novela, faltando, sin duda, largos trozos. Reanúdase más adelante, presentándose en escena un nuevo personaje de los más interesantes y mejor descritos del *Satyricon.* Aludo al poeta Eumolpo. Encuéntrale Encolpio en un templo, preguntándole quién sea, responde desde luego: *Poeta sum et non humillimi spiritus, poeta soy y de no vulgar aliento.* ¿Y cómo andas tan mal vestido?, observa Encolpio. *Por lo mismo,* responde el poeta, *a nadie han enriquecido los dones del ingenio.* [1] Y para que no se dude de su pericia métrica, añade unos versos en comprobación. Cuenta luego una aventura que le sucedió en Pérgamo y que no es para recordada en este lugar. Observando en esto que Encolpio contempla atentamente un cuadro del incendio de Troya, aprovecha tan favorable ocasión para recitar una larga composición suya sobre tal asunto. El pueblo apedrea a Eumolpo, al escuchar sus versos, y Encolpio huye con él, temiendo ser tenido por poeta.

Esquivando Encolpio las persecuciones que sobre él habían atraído sus maleficios, embárcase en la nave de Licas Tarentino, que consigo llevaba a su mujer Trifena, antigua amada de nuestro aventurero. Prolijo y no muy conveniente sería recordar los sucesos de este viaje. Pero debemos hacer mérito de un bellísimo episodio contenido en esta parte del libro. Para divertir Eumolpo a sus compañeros, ya sosegados después de una empeñada porfía, refiere, a propósito de la inconstancia de las mujeres, el célebre cuento de *La Matrona de Éfeso.* Esta preciosa narración, considerada por algunos como *fabula milesia,* se encuentra reproducida en casi todas las lenguas modernas, pero nunca con la gracia y naturalidad que en el relato de Petronio. ¡Quiera Dios que haya conservado algo de su delicadeza y de su encanto en la traducción que me atrevo a presentar! Dice así: [2]

---

[1] Quare ergo tan male vestitus es? Propter oc ipsum, amor ingenii neminem unquam divitem fecit. (Saty. de Salas, pág. 26).

[2] Matrona quaedam Ephesi tam notae erat pudicitiae, ut vicinarum

«Había en Éfeso cierta matrona, de castidad tan notoria
»que, como a raro portento, acudían a verla las mujeres de los
»pueblos circunvecinos. Habiendo perdido a su esposo, no se con-
»tentó, según la vulgar costumbre, con acompañar al cadáver,
»llevando en desorden la cabellera e hiriendo en presencia de la
»multitud su desnudo pecho, sino que siguió al difunto hasta el
»sepulcro, y, colocado el cuerpo en el *hipogeo,* conforme al rito

---

quoque gentium feminas ad sui spectaculum evocaret. Haec ergo cum virum extulisset, non contenta, vulgari more, funus passis prosequi crinibus, aut nudatum pectus in conspectu frequentiae plangere, in conditorium etiam prosequuta est defunctum; positumque in hypogoeo, graeco more, corpus custodire, ac flere totis noctibus diebusque coepit. Sic afflictantem se, ac mortem inedia persequentem, non parentes potuerunt abducere, non propinqui: magistratus ultimo repulsi abierunt: comploratoque ab omni bus singularis exempli femina, quintum iam diem sine alimento trahebat. Assidebat aegrae fidissima ancilla, simulque et lachrymas commodabat lugenti, et, quoties defecetar positum in monimento lumen, renovabat. Una igitur in tota civitate fabula erat; et solum illud adfulsisse verum pudicitiae amorisque exemplum, omnis ordinis homines confitebantur. Cum interim Imperator provinciae latrones iussit crucibus adfigi, secundum illam casulam in qua recens cadaver matrona deflebat. Proxima ergo nocte, cum miles, qui cruces servabat, ne quis ad sepulturam corpora detraheret, notasset sibi et lumen inter monimenta clarius fulgens, et gemitum lugentis audivisset, vitio gentis humanae, concupii scire, quis aut quid faceret? Descendit igitur in conditorium; visaque pulcherrima muliere, primo quasi quodam monstro, infernisque imaginibus turbatus, substitit. Deinde, ut et corpus iacentis conspexit, et lachrymas consideravit, faciemque unguibus sectam, ratus scilicet quod erat, desiderium extincti non posse feminam pati: attulit in monumentum coenulam suam, coepitque hortari lugentem, ne perseveraret in dolore supervacuo, et nihil profuturo gemitu pectus diducere: omnium eundem exitum esse, sed et idem domicilium; et coetera, quibus exulceratae mentes ad sanitatem revocantur. At illa, ignota consolatione percusa, laceravit vehementius pectus, ruptosque crines super pectus iacentis imposuit. Nec recessit tamen miles, sed eadem exhortatione tentavit dare mulierculae cibum, donec ancilla, vini certe ab eo odore corrupta, primum ipsa porrexit ad humanitatem invitantis victam manum; deinde refecta potione et cibo, expugnare dominae pertinatiam coepit. Et *quid proderit,* inquit, *hoc tibi, si soluta inedia fueris, si te vivam sepelieris, si, antequam fata poscant, indemnatum spiritum effuderis? Id cinerem aut manes credis curare sepultos? Vis tu reviviscere reluctantibus fatis exstinctum? Vis, discusso muliebri errore, quam diu licuerit, lucis commodis frui? Ipsum te iacentis corpus admonere debet, ut vivas.* Nemo invitus audit cum cogitur aut cibum sumere, aut vivere. Itaque mulier, aliquot dierum abstinentia sicca, passa est frangi pertinaciam suam: nec minus avide replevit se cibo, quam ancilla, quae prior victa est. Ceterum scitis, quid tentare plerumque soleat humanam satietatem. Quibus

»de los griegos, púsose a custodiarle y llorar sobre él noches y días.
»No había consuelo para su dolor; quería morir de hambre, y ni
»sus padres, ni sus parientes, ni los magistrados pudieron vencer
»su obstinación. Todos lloraban la desdichada suerte de aquel
»modelo de fidelidad, y eran ya pasados cinco días sin que hubie-
»se tomado alimento. Asistíala y lloraba con ella una criada fide-
»lísima que, de tiempo en tiempo, renovaba la lámpara del sepul-
»cro. No se hablaba de otra cosa en la ciudad; los hombres de todo
»linaje y condición juraban a porfía no haber visto otro ejemplo
»semejante de castidad y de amor conyugal. Aconteció en esto
»que el gobernador de aquella provincia hizo crucificar a varios
»ladrones, cerca de la tumba en que la matrona lloraba sobre el
»reciente cadáver; a la noche siguiente, el soldado que guardaba
»las cruces, para que nadie diese sepultura a los cuerpos, vió
»luz en uno de los sepulcros, y escuchó los gemidos de la inconso-

---

blanditiis impetraverat miles, ut matrona vivere vellet, iisdem etiam pudicitiam eius aggressus est. Nec deformis aut infacundus iuvenis castae videbatur, conciliante gratiam ancilla ac subinde dicente:

Placitone etiam pugnabis amori?
Nec venit in mentem quorum consederis arvis?

Quid diutius moror? Ne hanc quidem mulier partem corporis abstinuit, victorque miles utrumque persuasit. Iacuerunt ergo una, non tantum illa nocte, qua nuptias facerunt, sed postero etiam ac tertio die, praeclusis videlicet conditorii foribus, ut quisque ex notis ignotisque ad monimentum venisset, putasset expirasse super corpus viri pudicisimam uxorem. Ceterum delectatus miles et forma mulieris, et secreto, quidquid boni per facultates poterat, coemebat: et prima statim nocte in monimentum ferebat. Itaque cruciarii unius parentes, ut viderunt laxatam custodiam, detraxere nocte pendentem, supremoque mandaverunt officio. At miles, circumscriptus dum residet, ut postero die vidit unam sine cadavere crucem, veritus supplicium, mulieri quid accidisset exponit: nec se expectaturum iudicis sententiam, sed gladio ius dicturum ignaviae suae: commodaret modo illa perituro locum, et fatale conditorium familiari ac viro faceret. Mulier non minus misericors quam pudica: *nec istud, inquit, Dii sinant, ut eodem tempore duorum mihi carissimorum hominum duo funera spectem: malo mortuum impendere quam vivum occidere.* Secundum hanc orationem iubet corpus mariti sui tolli ex arca, atque illi quae vacabat crucii adfigi. Usus est miles ingenio prudentissimae feminae; posteroque die populus miratus est, qua ratione mortuus isset in crucem. (*Saty.* de Salas, págs. 51, 52, 53 y 54.)

»lable viuda. Como la curiosidad es vicio de nuestra naturaleza,
»quiso saber de dónde salían, aquellos sollozos, o quien tenía en-
»cendida aquella luz. Bajó, pues, al sepulcro, y viendo tan her-
»mosa mujer, quedóse inmóvil, cual si alguna visión infernal le
»hubiese perturbado. Pero así que reparó en el cadáver y vió las
»lágrimas de la mujer y su rostro surcado por el dolor, compren-
»dió al punto de qué se trataba; y, trayendo al sepulcro su cena,
»comenzó a exhortar a la llorosa viuda para que no perseverase en
»un dolor inútil, ni desgarrase su pecho con gemidos que para na-
»da aprovechaban al difunto. Añadió tras esto que uno era el fin
»de todos y uno su paradero, e hízola en una palabra, todas aque-
»llas reflexiones que suelen calmar a los ánimos ulcerados. Pero
»ella exacerbada con el inesperado consuelo, hirió con mayor vehe-
»mencia su pecho, y, arrancándose los cabellos, púsolos sobre el
»pecho del difunto. No por eso cejó el soldado en su empresa,
»hasta que, movida la criada por el suavísimo olor del vino,
»dióse por vencida, y comenzó a expugnar la pertinacia de su
»señora. *¿De qué te sirve,* decía, *que el hambre te consuma, que
»te sepultes en vida, que exhales el postrimer aliento, antes que los
»hados lo pidan? ¿Crees tú que se cuidan de esto los manes ni las
»cenizas de los difuntos? ¿Quieres tú restituir la vida al que está
»muerto? ¿Quieres, deshecho el mujeril error, gozar, mientras pue-
»das, de la luz del día? El cadáver mismo te debe amonestar a que
»vivas.* Nadie oye con disgusto a quien le aconseja tomar alimento
»y vivir. Así es que la mujer, debilitada por algunos días de absti-
»nencia, consintió en vencer su tenacidad, y comió no con menos
»avidez que su criada vencida antes. Los mismos halagos de que
»se había valido el soldado para hacerla tomar alimento, usó des-
»pués para persuadirla a que consintiese en sus deseos. Miróle la
»casta viuda, y no le pareció feo ni falto de gracia, y, ayudando
»los consejos de su criada que sin cesar la repetía:[1]

        Placitone etiam pugnabis amori,
   Nec venit in mentem quorum consederis arvis?

»concedió al soldado esta nueva victoria. Juntos estuvieron aque-
»lla y otras tres noches, cerrando a prevención las puertas del

---

[1] Palabras de Ana, hermana de Dido, en el lib. 4º de la *Eneida*.

»sepulcro, para que pensasen todos que la fidelísima viuda había
»expirado sobre el cadáver de su marido. Enamorado el militar
»de la belleza de la mujer y del secreto que ocultaba sus amores,
»compraba cuanto podía con sus escasos medios, y, al anochecer,
»lo llevaba al sepulcro. Entretanto, los padres de uno de los cri-
»minales crucificados, viendo una noche el campo sin guardas,
»le bajaron de la cruz y le tributaron los últimos honores. Al día
»siguiente vió el soldado que faltaba el cadáver de una de las cru-
»ces y temeroso del castigo, refirió a la mujer todo el suceso, aña-
»diendo que él no esperaría la sentencia de los jueces, sino que
»con el acero iba a castigar su descuido. Rogóla que le colocase
»al lado de su difunto esposo, para que una misma tumba guarda-
»se los restos del amante y del marido. Entonces la mujer, tan
»compasiva como casta, exclamó: *No he de ver yo en tan poco
»tiempo la muerte de los dos hombres para mí más queridos. Más
»vale colgar al muerto que matar al vivo.* Y en seguida mandó sa-
»car del ataúd el cuerpo de su marido y colgarle de la cruz que
»estaba vacante. Gustó el soldado de la astucia de la prudentísi-
»ma mujer, y al día siguiente se admiraba el pueblo de ver cómo
»el muerto había ido desde el sepulcro a la cruz.»

La sal ática y la profunda malignidad de este cuento son harto patentes, aún en mi pobre y descolorida versión. El cambio de carácter en la mujer, que comienza por enterrarse con el marido y acaba por crucificar el cadáver, está muy hábilmente preparado. El *malo mortuum impendere quam vivum occidere,* es un rasgo de inestimable precio. El cuento, en su totalidad, es tal vez, artísticamente considerado, lo mejor que en el *Satyricon* se halla.

A las pendencias de los navegantes, que logra sosegar Eumolpo, siguen nuevos y peregrinos acaecimientos. Una tempestad arroja la nave a las costas de la Magna Grecia. Consigue Encolpio salvarse en compañía de Giton y de Eumolpo, y juntos llegan a Crotona, ciudad que Petronio supone dividida entre *cadáveres y cuervos,* entre los ricos viejos y sin hijos y los cazadores de herencias. Trozo es éste de los que mejor manifiestan la poderosa vena satírica del amigo y confidente de Nerón. Fínjese Eumolpo entre los crotoniatas hombre poderoso y opulento, poseedor en África de inmensos *fundos* y de millares de sextercios. Apoyan la ficción sus compañeros y acuden a porfía los *capta-herencias,* procurando atraerse su voluntad por medio de aquellos hábiles recursos que en cierta *sátira* de Horacio recomienda a Ulises el prudentísimo Tiresias. Refiérense en esta parte del libro los amores de Encolpio, disfrazado bajo el nombre de Polieno, con la bellísima Circe, episodio escrito con tanta libertad como muchos otros del *Satyricon*. Los comentadores quieren que esta Circe sea aquella Silia, harto amiga de Petronio y desterrada por Nerón después de su muerte, según refiere Tácito. No hay motivos para aceptar ni para rechazar esta hipótesis.

De aquí en adelante no encontramos más que fragmentos sin hilación alguna. En el suplemento de Nodot, descubierto el engaño, perece Eumolpo a manos de los crotoniatas, y Encolpio y Giton huyen a Roma. La obra no debía terminar aquí, y parece que había tela cortada para largos capítulos, pero tampoco es posible adivinar el desenlace que dió Petronio a su novela.

Fáltame hacer mérito de un notable trozo poético, que se lee en la última parte del *Satyricon*. Me refiero al *Poema de la guerra civil*, más propiamente intitulado de *mutatione reipublicae romanae*. Eumolpo, que jamás desmiente su carácter y aparece siempre versificando, lo mismo en el baño que en el templo, de igual suerte en la nave que en la playa después de la tempestad, entretiene a sus compañeros en el camino de Crotona con la recitación de dicho fragmento. Las palabras con que le anuncia son en alto grado enfáticas y pomposas. Contienen, no obstante, notables consideraciones sobre la poesía y alusiones claras a la *Farsalia de Lucano*. [1]

---

[1] Multos, oh juvenes, carmen decepit, nam ut quisque versum pedibus instruxit, sensumque tenerioren verborum ambitu intexuit, putavit se continuo in Heliconem venisse. Sic forensibus ministeriis exercitati, frequenter ad carminis tranquillitatem, tamquam ad portum faciliorem, refugerunt, credentes facilius poema extrui posse quam controversiam sententiolis vibrantibus pictam. Coeterum neque generosior spiritus vanitatem amat, neque concipere aut edere partum mens potest, nisi ingenti flumine litterarum inundata. Effugiendum est, ab omni verborum, ut ita dicam, vilitate, et sumendae voces a plebe submotae, ut fiat

Odi prophanum vulgus et arceo.

Praeterea curandum est, ne sententiae emineant extra corpus orationis expressae, sed intecto vestibus colore niteant. Homerus testis et Lyrici, Romanusque Virgilius et Horatii curiosa felicitas. Coeteri enim aut non viderunt

«Oh jóvenes, exclama nuestro poeta, muchos se dejan enga-
»ñar por la aparente facilidad de los versos, y, apenas han ence-
»rrado un pensamiento vulgar en la clausura del metro, imaginan
»haber llegado a la cumbre del Helicon. Por eso algunos, abando-
»nando el foro, se han refugiado a la tranquilidad de la poesía,
»como a puerto más seguro, por creer, sin duda, menos difícil
»componer un poema que tejer una controversia de agudas y
»vibrantes sentencias. Pero ni el generoso espíritu ama la vanidad,
»ni la mente puede concebir y dar a luz sus conceptos, sino después
»de bañada en el caudaloso río de las letras. Huirse debe toda
»bajeza en las palabras, y elegir voces apartadas del uso común,
»para que se cumpla aquello de Horacio:

Odi prophanum vulgus et arceo.

»Debe procurarse, además, que las sentencias no sobresalgan
»fuera del cuerpo de la oración, sino que brillen como el color en
»los vestidos. Testigos sean Homero y los líricos, y, entre los ro-
»manos, Virgilio y Horacio curiosamente feliz. Los demás o no
»vieron el camino de la poesía, o temieron hollarle. Ahí tenéis el
»grande asunto de la guerra civil: todo el que llegue a tocarle,
»si no está empapado en las letras, sucumbirá bajo el peso. No
»se han de referir en verso los sucesos, cosa que hacen mucho me-
»jor los historiadores, sino que por ambajes e intervención de los
»Dioses y fabuloso aparato de sentencias ha de precipitarse el
»libre ingenio, de suerte que el poema parezca más bien el vati-
»cinio de un profeta que la fiel y escrupulosa narración de un his-
»toriador. Veamos si aprobáis mi ensayo, aunque todavía no ha
»recibido la última mano.»

¿No parece, *mutatis mutandis,* oír a Don Quijote disertar sobre
la poesía con el Caballero del Verde Gabán?

A este trozo que demuestra en Petronio dotes de crítico no

---

viam qua iretur ad carmen, aut visam timuerunt calcare. Ecce belli civilis
ingens opus: quisquis attigerit, nisi plenus litteris, sub onere labetur. Non
enim res gestae versibus comprehendendae sunt...; sed per ambages, deorum-
que ministeria et fabulosum sententiarum tormentum praecipitandus est liber
spiritus, ut potius furentis animi vaticinatio appareat, quam religiosae orationis sub testibus fides: tamquam si placet hic impetus, etiamsi nondum
recipit ultimam manum. *(Saty.* de Salas, págs. 59 y 60.)

comunes, y prueba que era admirador de la literatura de la era de Augusto y severo censor de la de su tiempo, como lo fué más tarde Quintiliano, sigue el *poema de la guerra civil.* Consta de unos trescientos versos y llega sólo hasta la partida de Pompeyo a Tesalia. Es probable que Petronio dejase su obra en tal estado. Escrita para emular a la *Farsalia,* distíngese, sobre todo, por la corrección y la elegancia, pero es, en alto grado, inferior a la obra del gran poeta cordobés, cuya fama intenta eclipsar. Comienza exponiendo las causas de la guerra civil; presenta luego a Plutón y a la Fortuna pronosticando los venideros males; pinta a César salvando los Alpes, traspasando el Rubicón y cayendo sobre Roma, y termina el fragmento con la aparición de la Discordia que viene desde la Estigia a atizar los furores de la guerra. Lo mejor de este poema es, sin duda, la exposición de las causas de la guerra, entre las cuales señala como primera la corrupción de costumbres. Traduciré este pasaje, suprimiendo algunos versos harto libres y otros sobrado ampulosos y declamatorios: [1]

---

[1] Orbem iam totum victor Romanus habebat,
Qua mare, que terrae, qua sidus currit utrumque,
Nec satiatus erat. Gravidis freta pulsa carinis
Jam peragrabantur: siquis sinus abditus ultra,
Si qua foret tellus, quae fulvum mitteret aurum,
Hostis erat: fatisque in tristia bella paratis,
Quaerebantur opes; non vulgo nota placebant
Gaudia, non usu plebeio trita voluptas;
Assyria concham laudabat miles in unda,
Quaesitus tellure nitor certaverat ostro;
Hinc Numidae crustas, illinc nova vellera Seres;
Atque Arabum populus sua despoliaverat arva.
¡Ecce alia clades et laesae vulnera pacis!
Quaeritur in silvis Mauris fera, et ultimus Ammon
Afrorum excutitur, ne desit bellua dente
Ad mortes pretiosa suas: premit advena classes
Tigris et aurata gradiens vectatur in aula,
Ut bibat humanum, populo plaudente, cruorem.
.... Ecce Afris eruta terris
Citrea mensa, greges servorum, ostrumque renidens...
Ingeniosa gula est. Siculo scarus aequore mersus
Ad mensam vivus perducitur: inque Lucrinis
Eruta littoribus vendunt conchylia coenas,
Ut renovent per damna famen. Jam Phasidos unda

Ya el Orbe todo ante sus pies rendido,
Tierras y mares, el romano viera,
Y, aun no saciada su ambición, las olas
Peso oprimía de guerreras quillas.
Si alguna tierra en su escondido seno
Oro encerraba, con inicua guerra
Se extraía el metal de sus entrañas.
Ya no agradaban los vulgares goces,
Ni los deleites que la plebe anhela.
Asiria rinde sus preciadas conchas,
Y sus perfumes la Feliz Arabia,
Sérica lanas, mármoles Numidia:
Tiñe al blanco vellón de las ovejas
Rojo color de púrpura de Tiro.
¡Fuentes de guerra, destrucción y llanto!
El elefante de preciosos dientes
Es perseguido en la africana selva
Hasta el árido Anmón, de Libia extremo;
Vienen los tigres en dorada jaula,
Sangre humana a beber, entre el aplauso
De ronca multitud que el circo llena...
Mesas de cedro de África traídas,
Servil rebaño, púrpura esplendente
Del suntuoso festín la pompa aumentan.
Trae al banquete la ingeniosa gula
Vivo el escaro en agua de Sicilia,
La leve concha de Lucrinia playa:
Y ya sin aves la remota Fásis
En su triste ribera sólo escucha
Gemir el viento en las desiertas hojas...
Venden sus votos en el campo Marcio

Orbata est avibus: mutoque in littore tantum
Solae desertis aspirant frondibus aurae.
Nec minor in Campo furor est, emptique Quirites
Ad praedam strepitumque lucri suffragia vertunt:
Venalis populus, venalis Curia Patrum,
Est favor in praetio. Senibus quoque libera virtus
Exciderat, sparsisque opibus conversa potestas,
Ipsaque maiestas auro corrupta iacebat.
                    Quare tam perdita Roma
Ipsa sui merces erat et sine vindice praeda...
Hoc mersam coeno Romam, somnoque iacentem
Quae poterant artes sana ratione movere,
Ni furor et bellum ferroque excita libido?

(*Saty*. de Salas, págs. 60 y 61.)

Los Quirites, venal es el Senado,
Venal el pueblo, mercaderes todos.
Por precio vil se otorgan los favores,
Y la virtud ni en los ancianos queda:
La augusta majestad se rinde al oro.
Es Roma de sí propia mercancía:
Ni un brazo se ha de alzar en su defensa:
Es presa vil de quien primero llegue.
Soñolienta, en el ocio sumergida,
¿Quién podrá levantarla de su cieno,
Sino el furor, y la espantosa guerra,
Y con el hierro la Ambición armada?

Adolece este trozo de cierta hinchazón y de una excesiva tendencia a amplificar, vicios harto comunes en aquella era, y en que Petronio no deja de incurrir, a pesar de sus invectivas; pero al mismo tiempo, ¡qué pensamientos tan profundos y elevados, qué descripción tan animada y brillante, qué poesía tan varonil y tan enérgica! El *sui merces*, el *sine vindice praeda*, expresiones que parecen el comentario de aquella célebre sentencia de Yugurta: *Venalis urbs, si emptorem inveneris*, son rasgos de los que no se olvidan, una vez leídos, porque llevan la marca imperecedera del genio. ¡Qué melancolía tan íntima respiran estos versos:

mutoque in littore tantum
Solae desertis aspirant frondibus aurae!

Se diría que es Virgilio, y no Petronio, el *realista* y escandaloso Petronio, quien habla. Por el contrario, ¡cuán salvaje y tremenda energía tiene este robusto exámetro, más tarde imitado por Prudencio:

Ut bibat humanum, populo plaudente, cruorem!

Al fin del *Satyricon* suele insertarse una serie de fragmentos poéticos, algunos de notable extensión y mérito, que parecen trozos dispersos de su novela, pero que acaso sean composiciones sueltas, algunas de las cuales tal vez no pertenezcan a Petronio. Entre estos retazos se encuentran aquellas famosas palabras repetidas por Silio Itálico y malamente atribuídas por muchos a Lucrecio, en cuyo poema no se hallan:

Primus in orbe Deos fecit timor, ardua coelo
Fulmina cum caderent............................

Tiempo es ya de terminar este somero estudio sobre Petronio. El estilo del *Satyricon*, como puede juzgarse por los pasajes transcritos, es vivo, rápido, pintoresco y lleno de gracia y encanto; el lenguaje, con rarísimas excepciones, purísimo y digno de la Edad de Oro. En la prosa apenas se encuentra resabio de decadencia, los versos, por la afectación y oscuridad, indican a veces ser hijos de su tiempo. Atendiendo a la exquisita corrección de su lenguaje y a otra cualidad, nada laudable, de que hablaremos ahora, se ha aplicado a Petronio el dictado de *auctor purissimae impuritatis*.

En efecto, el *Satyricon* está lleno de obscenidades, y en él se describen escenas en alto grado repugnantes. Esto ha dado lugar a acerbas, pero justas censuras y también a proposiciones extremadas. Han dicho eminentes críticos que el libro de Petronio no debe ser leído, ni siquiera nombrado;[1] han añadido otros que un hombre de bien no debe confesar nunca haber hojeado autor semejante: cosa que en verdad no entiendo, pues, si le ha leído, ¿por qué negarlo? No me admiraría encontrar estas exageraciones en los admiradores de *Le Ver Rongeur*, en los piadosos secuaces del abate Gaume, pero me admira que lo haya dicho Voltaire, autor del *Cándido*, de la *Pucelle* y de otras obras que ni citarse pueden; me extraña todavía más verlo acogido por uno de los críticos más eminentes de nuestro siglo, por el insigne Villemain, y sólo me lo explico considerando que hablaba desde su cátedra de la Sorbona. Enhorabuena que no sea libro a propósito para correr en manos de niños y de doncellas; sería una profanación introducirle en la enseñanza: nadie ha pensado en semejante desatino; es hasta un crimen traducirle a las lenguas vulgares; yo considero como timbre de gloria el que nunca lo haya sido a la nuestra, pero ¡dejar de leerle un literato! ¡Avergonzarse de haberle leído! Ese libro, en sus dos terceras partes, es casi inocente; yo he podido hacer su análisis casi por entero, sin aludir siquiera a sus torpezas. Es una joya literaria, ejemplar de un

---

[1] Villemain. Tableau de la litterature du XVIII siécle, trenteneuvieme leçon.

género que apenas tiene modelos en la antigüedad: es el cuadro de costumbres más completo que de una época nos queda; y encierra, considerado en absoluto, bellezas eternamente dignas de admiración y estudio. Con intención casta todo puede ser tratado castamente. Califiquemos al *Satyricon* de obra en parte perversa, pero no peligrosa; otras menos execradas encierran mayor veneno. Los escándalos que describe suelen ser tan increíbles, tan apartados de las costumbres de la sociedad moderna, que muy depravada ha de ser el alma del lector para que en él hagan mella tales narraciones. Muy pervertida debe estar la mente y muy seco el corazón de quien vaya a buscar en ese libro la ciencia del libertinaje. Debemos acercarnos a él con el mismo respeto que a un cadáver, porque en esa novela está encerrada la sociedad antigua con todas sus abominaciones y sus miserias. Aquella sociedad murió hace siglos; la palabra escrita, símbolo de sus pensamientos, vive sólo para nuestra enseñanza y ejemplo. La justicia divina exterminó a aquel pueblo cargado con el peso de sus iniquidades. ¡Tremenda lección, ejemplo saludable! Estudiemos, pues, los despedazados fragmentos del *Satyricon*, que sin duda reservó la Providencia para mostrarnos a qué grado de maldad puede descender la corrompida naturaleza humana, y bendigamos a Dios que borró para siempre de la haz de la tierra aquel pueblo y aquella civilización.

Petronio tuvo admiradores entusiastas entre los sibaritas franceses de los siglos XVII y XVIII. Baste citar a St. Evremont y a Bussy - Babutin. Cuéntase que el príncipe de Condé tenía asalariado un lector exclusivamente para el *Satyricon*, que solía ser su entretenimiento durante las horas de la comida. Hubo alguien tan entusiasta que se propuso renovar el *Banquete de Trimalción*.

En el mundo literario ha producido varias imitaciones. La Fontaine y otros muchos popularizaron el cuento de la *Matrona de Éfeso*. Otra imitación completa debemos recordar, siquiera sea de pasada. El escocés Juan Barclayo, que con feliz éxito había seguido las huellas de Heliodoro en su *Argenis*,[1] se propuso a Petronio por modelo en otra novela que tituló *Satyricon*, encami-

---

[1] J. Barclaii Argenis. Editio novissima. Amstelodami, ex officina Elzeveriana, anno 1659.

nada a describir las costumbres del siglo XVI y relatar diferentes sucesos políticos bajo el velo de la fábula. Su libro, que es de útil y amena lectura y está en buen latín, ha sido impreso repetidas veces y aun continuado por diferentes eruditos.[1]

Debo entrar ahora, excelentísimo señor, en el estudio de *El Asno de Oro* de Apuleyo. Empezaré dando algunas noticias biográficas de su autor. Nació Apuleyo en Madaura, colonia romana situada en los límites de la Numidia y de la Getulia, en el año 114 de nuestra Era, a fines del reinado de Trajano. Por testimonio de San Agustín, africano como él y enemigo suyo filosófico, sabemos que su familia era muy distinguida: su padre había tenido el cargo de *duumviro* en aquella colonia, y su madre, Salvia, descendía de nobilísima estirpe griega. Educóse en las artes liberales, cursando en las célebres escuelas de Cartago. Heredero de inmenso caudal por muerte de su padre, emprendió largos viajes por el Oriente y Grecia, residiendo después en Roma, donde, a costa de ímprobo trabajo, consiguió aprender la lengua latina. Patentes están en sus obras la dificultad y falta de soltura, con que habitualmente la manejaba.

Época era aquella de inmensa lucha y de transformación moral. El cristianismo cundía prodigiosamente a pesar de las persecuciones, ejerciendo por doquier su saludable influencia y trocando en breve tiempo la faz del mundo romano. De portentosa manera iba penetrando en la inteligencia de los sabios y en el corazón de los pueblos, y no podía considerarse lejano el día de su triunfo completo y decisivo. En el seno del expirante paganismo fermentaban las más extrañas ideas y las más peregrinas supersticiones. Mientras los políticos se abrazaban a los Dioses romanos, en los cuales creían vinculada la eternidad del Imperio, intentaban otros formar una religión del todo filosófica, convirtiendo los mitos de la Grecia en personificaciones de ideas abstractas. Pululaban los taumaturgos y los pseudoprofetas, cuyo más acabado modelo fué Apolonio de Tiana. Amalgamaban otros el platonismo con diversas concepciones teosóficas, anunciando el próximo advenimiento de la escuela *neoplatónica* de Alejandría. Y renacían a

---

[1] J. B. Satyricon nunc primum in sex partes divisum. Lugduni Batavorum, ex officina Hackiana, 1674.

la par los más extraños ritos, las más olvidadas tradiciones de la Persia, de la India y del Egipto, acudiendo todo esto a Roma, para confundirse con las creencias nacionales, formando el conjunto más absurdo que puede concebir la fantasía. Y como faltaba la fe, que no podían dar los añejos ritos ni las creencias importadas del Oriente, acudíase a las artes mágicas, a los maleficios, a las hechicerías y encantamientos, obteniendo prodigiosa boga el estudio de la nigromancia y de todo linaje de ciencias ocultas. Errantes andaban los hombres de aquella edad de unas a otras religiones, de unos a otros sistemas filosóficos, de unas a otras prácticas supersticiosas. Asemejábanse a aquel *Peregrino* de quien refiere Luciano que, habiéndose hecho iniciar en los misterios de todos los cultos, acabó por quemarse vivo en los juegos olímpicos, convocando la Grecia entera a sus funerales.

Si Apuleyo no le imitó en la portentosa locura de su muerte, pareciósele en la inclinación a conocer y penetrar toda especie de religión y de filosofía. Inicióse, como él, en las ceremonias religiosas de todos los países que recorrió en sus viajes, estudió los sistemas teosóficos, y en Tesalia, país célebre en la antigüedad por sus hechiceros, aprendió la magia. A lo menos tal pretenden muchos escritores. Témome que proceda esta creencia del antiguo error de identificar a Lucio Apuleyo con el Lucio, héroe de su novela. Lo que positivamente consta es: que sus viajes duraron diez años, desde los quince hasta los veinticinco de su edad; que en Egipto se inició en los misterios de Osiris; que volvió a Roma en 136, y que allí pasó otros dos años, ejercitándose en la elocuencia y en la práctica del foro. Vuelto al África en 138, residió por algún tiempo en Madaura y más adelante en Cartago; allí contrajo matrimonio con una rica viuda llamada *Prudentila*. Sus parientes, que habían llevado muy a mal el casamiento, acusaron a Apuleyo de haberse captado la voluntad de aquella matrona, por medio de sortilegios y vedadas artes. Entre las obras de nuestro autor, se halla la *Apología*, que con este motivo pronunció en presencia de Claudio Máximo, procónsul de África. Es la fuente más copiosa de noticias relativas a su vida y en ella se encuentran extensamente narrados los peregrinos incidentes que dieron lugar a la acusación y a la defensa.

Escrita la última con verdadero calor y elocuencia, en algunos pasajes produjo tal entusiasmo que no sólo fué absuelto de la acusación, sino que además se le erigieron estatuas.

En Cartago vivió el resto de sus días, ora declamando en el foro, ora escribiendo las obras que conocemos y quizá alguna otra que no se ha conservado. No obtuvo cargo público en aquella colonia, a causa, tal vez, de su mala fama como hechicero y hombre de costumbres no muy arregladas. Fué, no obstante, sacerdote de Esculapio y estuvo muchos años encargado de la dirección de los juegos públicos. Murió septuagenario, hacia el 184.

De los sucesos de su vida, cuya narración he procurado abreviar en todo lo posible, y de la lectura de sus obras, se deduce que Apuleyo era hombre de grandes estudios y de erudición vastísima. En filosofía profesaba el platonismo, del cual fué en África propagador y apóstol. Como filósofo, no presenta novedad alguna, ni en el fondo de las doctrinas, ni en la manera de exponerlas. Tenía ciertas dotes oratorias que a veces se vislumbran en su *Apología*. Su carácter móvil e inquieto, su incesante curiosidad, reflejan bien el espíritu de la época. Como escritor, no pasa de una decorosa medianía, y en cierto modo no fué más que un plagiario. En mi humilde opinión, no tiene la importancia que muchos han querido atribuirle. Sería una blasfemia compararle con Luciano. ¿Cómo encontrar en las obras de Apuleyo la variedad inmensa, la profunda ironía, la poderosa vena satírica y el delicado aticismo del escritor samosatente? Si el episodio de *Psiquis* fuera invención de Apuleyo, razón sobraría para calificarle de novelista eminente, pero, como dicha fábula presenta huellas evidentes de origen griego y todas las presunciones están contra Apuleyo, no hay motivo suficiente para declararle autor de una de las más bellas y delicadas creaciones de la antigüedad. Fuera del *Asno de oro* que es, casi en su totalidad, traducción del griego, ¿qué cosa hay en las obras de Apuleyo digna de ser puesta en parangón con el menos acabado de los *Diálogos* de Luciano? [1]

Los escritos de Apuleyo que han llegado a nuestros días son, aparte de la *Apología* ya mencionada, las *Floridas,* colección de extractos de sus declamaciones; el *Liber de mundo,* traducción

---

[1] Fuera de Cervantes, no conozco prosista más encantador que Luciano. Sólo por el placer de leerle en su original debiera aprenderse el griego.

del atribuído a Aristóteles; el *De deo Socratis,* en que admite la existencia del demonio socrático e indaga a qué especie de demonios pertenecía, y el de *Habitudine doctrinarum et nativitate Platonis,* que sirve como de introducción a las obras del *divino* filósofo. Divídese este tratado en tres libros, consagrados el primero a la exposición de la Filosofía Natural, el segundo a la de la Moral y el tercero a la doctrina del Silogismo Categórico. La lectura de estas obras se hace enfadosa por el estilo bárbaro y oscuro en que están compuestas. Apuleyo abusa de los arcaísmos, forja palabras nuevas, emplea giros extravagantes y demuestra siempre su origen africano en lo duro y férreo de la dicción.

A nuestro autor se atribuye, asimismo, un fragmento poco edificante, traducido, a lo que parece, de Menandro.

Prescindiendo de los libros hasta aquí citados, que no pertenecen a mi asunto, estudiaré sólo las *Metamórfosis,* más generalmente conocidas con el título de *El Asno de Oro,* que se les aplicó en la Edad Media, para significar el primor y excelencia de la obra. En todos tiempos ha gozado este libro de extraña fama, debida en parte a consideraciones ajenas al orden literario. Los Padres de la Iglesia Latina que, al parecer, no tuvieron noticia de las *Metamórfosis* de Lucio de Patrás, ni de *El Asno* de Luciano, consideraron a Apuleyo como un taumaturgo, semejante a Apolonio de Tiana y vieron en su libro una exposición de las artes mágicas. Lactancio y San Jerónimo refieren, como tradición constante en su tiempo, que Apuleyo llegó a hacer falsos milagros, a la manera que lo verificaron los magos en la corte del Faraón perseguidor de los hebreos. San Agustín [1] afirma que los paganos habían esparcido cautelosamente tales rumores, pero que, por lo demás, las operaciones mágicas de Apuleyo no estaban confirmadas por autoridad alguna respetable, *nullo fideli auctore iactitand.* El santo, que había leído las *Metamórfosis* de nuestro autor y confundía, sin duda, al héroe de la novela con el novelista, imaginó que Apuleyo había escrito la transformación en asno, como suceso propio, ora porque realmente lo creyere, ora porque así lo hubiese fingido *aut indicavit aut finxit.* [2] Docta-

---

[1] D. A. Augustini opera omnia. Epist. XLIX, al presbítero Deogracias.
[2] D. A. A. de civitate Dei, Lib. XVIII, cap. XVIII. Ed. de J. Luis Vives.

mente advirtió nuestro inmortal Luis Vives que San Agustín había caído en tal error, por no haber visto el *Asno* de Luciano, cosa que no es de extrañar, dado su escaso conocimiento de las letras griegas. Pero para convencerse de que la obra de Apuleyo era ficción novelesca, hubiérale bastado leer con atención sus primeras cláusulas: *escribo una fábula griega*, dice, *fabulam graecanicam incipio. Voy a referir varias fábulas milesias*, añade, *ut ego tibi sermone isto milesio varias fábulas conseram*. Fácil es comprender que en la Edad Media, en que hasta a Virgilio se le supuso mago, dióse por cosa averiguada que Apuleyo había estado convertido en asno, y que, punto por punto, le habían acaecido todas las aventuras que en su libro refiere. Y no pararon aquí las cosas: hubo quien diera al *Asno de Oro* un sentido místico y simbólico; escribiéronse voluminosos comentarios sobre tal asunto; creyeron algunos que Apuleyo había encerrado en su obra todo el saber humano, y, para que nada faltase, diéronse los alquimistas a buscar en aquella fábula el secreto de la piedra filosofal, los recónditos misterios de la *Crisopeya* y de la transmutación.

Todavía en el siglo XVI eran creídas tales quimeras, si bien la crítica y la erudición disiparon las nieblas que sobre el *Asno de Oro* habían ido amontonando los errores de unos y la ignorancia de otros. Luis Vives, que conocía bien las fuentes del libro de Apuleyo y que en su *Comentario a la Ciudad de Dios* [1] corrige la equivocación del sabio Obispo de Hipona en este punto, admite a renglón seguido la magia de Apuleyo, fundándose en el testimonio de Lactancio y otros antiguos. Todavía en el siglo XVIII creyó oportuno el Padre Feijóo salir a la defensa de Apuleyo, demostrando que no había sido nigromante ni hechicero, sino filósofo y orador. [2]

Ese libro, que tanto ruido ha hecho en el mundo, no es más que una ingeniosa novela traducida del griego, a lo menos en su mayor parte. Sobre el primitivo autor hay no poca oscuridad y bastantes dudas. Expondré los datos de esta cuestión, sin pretender por mi parte resolverla.

---

[1] D. A. Augustini de civitate Dei. Basileae, apud Frobenium. Libro que mandó expurgar rigurosamente la Inquisición.

[2] Véase el párrafo V del curioso discurso titulado *Apología de algunos personages famosos de la historia*.

En la *Biblioteca* del Patriarca Focio se habla de dos obras griegas sobre este asunto, compuestas la una por Lucio de Patras y la otra por el famoso Luciano. Transcribiré las palabras de Focio, valiéndome, para evitar la inserción de textos griegos, de la traducción latina del Padre Mariana, ya antes de ahora mencionada.

«He leído, dice el Patriarca, la Metamórfosis de Lucio de »Patras en muchos libros. Su frase es clara, pura y agradable; »rehuye la novedad de voces: muestra grande afición a los por- »tentos, sobre todo en las narraciones, de tal suerte que puede »ser llamado un segundo Luciano, y positivamente sus dos pri- »meros libros están tomados de aquel escrito de Luciano que se »intitula *Lucio o el Asno*. Acaso Luciano los tomó de Lucio, por- »que yo no he podido averiguar cuál de los dos es el más antiguo. »Diferéncianse en que la obra de Lucio es más extensa y la de »Luciano más breve; por lo demás tienen el mismo asunto e igual »argumento, pero Luciano se propuso burlarse de las supersticio- »nes de los griegos, como hace en sus demás obras, al paso que »Lucio habla con seriedad de las transformaciones de hombres »en brutos y de otras semejantes necedades y delirios.» [1]

Dedúcese de las palabras que acabo de trasladar, que a manos de Focio llegaron dos narraciones de *Metamórfosis*, la de Lucio de Patras y la de Luciano. Infiérese asimismo que la segunda era un escrito breve, al paso que la primera constaba de muchos libros, dos de los cuales (adviértase esto) eran iguales en la sustancia al cuento de Luciano. Y dedúcese por último, que el Patriarca, investigador curioso y verdadero bibliógrafo, no pudo averiguar

---

[1] Legimus Lucii Metamorphoseon libris quamplurimis, phrasi perspicua, puraque atque iucunda; novitatem vocum fugit, portenta maxime in narrationibus consectatur, alter quodammodo Lucianus, si duo tamen priores libri eius ex Luciani scripto mutati non sunt, qui inscribitur: *Lucius* sive *Asinus*, aut ex Lucio Lucianus desumpsit, aut e contrario, videtur autem magis Lucianum sumpsisse, uter enim fuerit vetustior dicere non habemus. Alioqui Lucii opus fusius, in pauca, sed eisdem verbis, in Luciano contrahitur, idem argumentum, idem propositum utrique, nisi quod Luciano irridere Graecorum superstitiones, ut in aliis operibus destinatum; Lucio confirmare credibiles esse hominum in irrationabilia transformationes, irrationabilium in homines atque e contrario contingentes aliasque fabularum nugas et deliramenta contendit his scriptis. (Ms.Bb. 185.-Bib. Nac.)

cuál era la más antigua de estas dos obras, compuestas la de Lucio en serio, y en burlas la de Luciano.

A pesar de que Focio manifiesta prudentemente sus dudas, los críticos posteriores han supuesto que Luciano abrevió la obra de Lucio y han añadido que Apuleyo imitó la fábula de Luciano. ¿Y por qué no había de ser lo contrario? ¿Por qué Lucio no había de imitar la obra de Luciano, amplificándola, y Apuleyo seguir a Lucio? ¿No pudieron Luciano y Lucio tomar los materiales en una fuente común? Tales dudas han propuesto algunos eruditos terminando por declarar la cuestión enteramente insoluble.

Atendiendo algunos a la extensión de la obra de Apuleyo, han imaginado que era traducción de la de Lucio que, según refiere el Patriarca, constaba de muchos libros. Pero no han advertido que el Patriarca mismo dice que *sólo en los dos primeros* se parecía la obra de Lucio al *Asno* de Luciano, al paso que la novela de Apuleyo sigue punto por punto la narración de Luciano en los diez primeros libros, separándose sólo en el undécimo, que contiene la iniciación del héroe en los misterios de Isis y parece invención exclusiva de Apuleyo. Acaso éste no siguió ni a Luciano ni a Lucio, aunque para mí es cosa evidente que tuvo a la vista la obra del satírico de Samosata, contemporáneo suyo. Basta leer una y otra para convencerse de la semejanza. Trozos hay en la obra de Apuleyo casi literalmente traducidos de la de Luciano. Por lo demás, el retórico de Madaura se limita a decir que la historia de las transformaciones de Lucio es una fábula griega, y añade que va a reunir en su libro varias milesias, cuales son sin duda la historia de Psiquis y los muchos cuentos y narraciones esparcidos en todo el libro, que pueden sin dificultad separarse, por ser del todo ajenos al asunto. Más adelante indicaré una por una estas intercalaciones. Antes conviene dar idea de *El Asno* de Luciano, que nos facilitará en gran manera el estudio que hagamos del de Apuleyo.

El libro de Luciano es una *novela* en el primitivo sentido de esta palabra: es un cuento, una narración de dimensiones breves, parecida a las de *Il Decamerone*, si bien más larga que casi todas las de Boccaccio. Está escrita con particular esmero y compite con los mejores diálogos de su autor en punto a gracia y aticismo.

Deslústrala sólo la excesiva licencia de muchas situaciones. Si se parecían a ellas las fábulas *milesias*, razón sobrada hubo para tacharlas de livianas y desenvueltas. Su argumento, en pocas palabras, es el siguiente: Un joven llamado Lucio hace un viaje a Tesalia, con objeto de arreglar allí ciertos negocios de su padre. Detiénese en Hipata, donde se hospeda en casa de un tal Hiparco, cuya mujer tenía fama de hechicera. Anhelando Lucio hacerse sabedor de las artes mágicas, entra en relaciones con la criada Palestra, que le proporciona ocasión de ver a su ama cierto día en que, por medio de ungüentos, se convertía en ave. Estupefacto al presenciar tal maravilla, suplica a la criada que le unja de igual modo, para volar como la hechicera. Por desgracia, Palestra equivoca la redoma y el triste Lucio, en vez de transformarse en pájaro, queda metamorfoseado en asno. Consuélale su amada, asegurando que dejará aquella forma, en comiendo unas rosas, y promete traérselas al siguiente día. Pero cabalmente aquella noche asaltan unos ladrones la casa de Hiparco y llévanse a nuestro asno cargado con los despojos. El resto de la novela contiene las aventuras que a Lucio acaecieron, mientras conservó su disfraz *asinino*. Conducido por los ladrones a su cueva, intenta fugarse, llevando consigo una hermosa doncella que se hallaba cautiva en poder de los bandidos. Sorprendidos en su fuga, son condenados a horroroso suplicio, del cual oportunamente viene a salvarles el prometido esposo de la joven, que llega con gente armada a la guarida de aquellos facinerosos. Imagina el asno que entonces han de acabar sus males, pero, no obstante las buenas intenciones de sus amos, hace la fatalidad que los encargados de su custodia cometan con él las mayores tropelías y desmanes. Perecen ahogados los dos esposos; hácese almoneda de sus bienes, y nuestro asno pasa a poder de unos sacerdotes de la Diosa Siria, de quienes refiere Luciano espantosas abominaciones. La suerte del asno va de mal en peor. Enojados con él aquellos Corybantes, porque en cierta ocasión descubrió sus torpezas con un oportuno rebuzno, trátanle peor que lo habían hecho sus primeros dueños. Logra, al cabo, salir de tal esclavitud, gracias a la prisión de los sacerdotes que habían cometido un robo en cierto pueblo del tránsito. Sucesivamente sirve Lucio a un panadero, a un hortelano y por último al cocinero de un rico macedonio llamado Menecles. Cáptase con sus habilidades la voluntad de su amo; llévale éste consigo en un viaje a Tesalónica; acude el pueblo todo a presenciar sus gracias; viene, entre los curiosos, una matrona con quien nuestro asno tiene después cierta aventura, y a la postre, es expuesto en el circo para amenizar una función de gladiadores. Por fortuna ve cerca de sí unas rosas y, con admiración general, recobra su primitiva forma.[1]

Algunos dudan que sea de Luciano el libro que acabamos de extractar. Hay quien sospecha que no es otra cosa que los dos primeros libros de la obra de Lucio, reunidos en uno solo por los copistas. Fúndanse para esto en que, al terminar el héroe la relación de sus aventuras, dice: «Mi nombre es Lucio, soy de Patras, »ciudad de Acaya. Tengo un hermano llamado Cayo. Yo soy »autor de historias y otros escritos, él es buen poeta elegíaco.» Tan persuadidos han quedado algunos con estas palabras, que Pablo Luis Courier, traductor francés muy apreciado entre los suyos, publicó su versión con el título de *La Luciada de Lucio de Patras*. Pero esta suposición no concuerda bien con el tono de burlas y la finísima ironía que en todo el libro se hallan. Recuérdese que, según Focio, la obra de Lucio estaba escrita con toda seriedad y como si el autor estuviese convencido de los portentos que narraba. Lo que parece indudable, en vista de las palabras citadas y del análisis que acabo de hacer, es que Lucio de Patras escribió neciamente la historia del asno como suceso propio y Luciano, que nunca perdía ocasiones semejantes, convirtió su libro en una verdadera parodia, refiriendo historias ridículas que probablemente no estarían en la obra primitiva, y haciendo al malhadado Lucio blanco de su sátira implacable, que de rechazo cayó sobre todo linaje de supersticiones y creencias. No es de presumir que en el libro de Lucio estuviesen las sangrientas burlas contra la Diosa Siria y sus sacerdotes, que se leen en el de Luciano. Pero como la obra del novelista de Patras se ha perdido y solo existe la del satírico de Samosata, no nos perderemos en vanas conjeturas que a ningún resultado útil podrían en último caso conducirnos.

---

[1] Luciani Samosatensis opera, ex recensione Gulielmi Dindorfii, graece et latine cum indicibus. Parisiis, excudebant F. Didot, et fratres, 1840. (Lucius sive Asinus, pp. 445 a 467.)

Veamos ahora cómo aderezó Apuleyo la fábula de Luciano. Su obra consta de once libros, cada uno de los cuales tiene la misma extensión que el cuento griego. Hizo Apuleyo en este punto lo mismo que verificó Le Sage con muchas novelas españolas: intercaló cuentos y episodios que ninguna relación, guardan con el principal asunto. El héroe se llama Lucio, lo mismo que en la relación de Luciano. Los nombres de los demás personajes están alterados, como iremos viendo.

El libro primero refiere el viaje de Lucio a Tesalia. Aquí intercala una larga e impertinente historia de hechicerías contada por un tal Aristomenes, a quien Lucio encuentra en el camino. Por lo demás, sigue la narración de Luciano. El viejo que en Hipata hospeda a Lucio, no se llama aquí Hiparco, sino Milon. La criada, que toma gran parte en la fábula, ha trocado su nombre de *Palestra* por el de *Fotis*. Este primer libro corresponde a los tres párrafos con que comienza el *Asno* de Luciano. Por de más está decir que la exposición de éste es sobria y concisa, al paso que la de Apuleyo peca de difusa e indigesta. Otro tanto acontece en toda la novela. En el libro segundo se refiere el encuentro de Lucio con Birrena, amiga de su madre. En Luciano esta matrona se llama Abrea. Los amores de Lucio y Fotis están expuestos con tanta desnudez como en Luciano. Comprende este libro la materia de los párrafos 4º a 11º de la novela griega. Lo demás, es nuevo y parece invención de Apuleyo. Intercálase la historia del mercader Cerdon y del adivino Diofano y termina el libro con la muy curiosa de Telefron y con la descomunal batalla sostenida por Lucio ebrio con tres cueros de vino, que, en la oscuridad de la noche, se le antojaron malhechores apostados para quitarle la vida. Los que ven semejanzas entre las cosas menos parecidas afirman que Cervantes tuvo a la vista este pasaje, al describir el combate de Don Quijote con los cueros de vino tinto que él creía furibundos gigantes. Por este procedimiento fácil es descubrir analogías. No ha faltado quien suponga que Cervantes imitó *El Banquete de Trimalción* en las *Bodas de Camacho*. Sólo hay el ligerísimo inconveniente de estar impresa la segunda parte del *Quijote* unos cuarenta años antes de descubrirse en Dalmacia el fragmento del *Satyricon*, en que semejante banquete se describe.

En el libro tercero de Apuleyo continúa la historia de los cueros de vino y se refieren los resultados que tuvo aquella hazaña. El resto del libro contiene la transformación de Lucio en asno y el saqueo de la casa por los ladrones (párrafos 11º al 17º de Luciano).

El libro cuarto sigue al comienzo la relación de Luciano (párrafos 17º a 22º), pero después se intercalan largas historias puestas en boca de los bandoleros y al fin del libro empieza el episodio de Psiquis y Cupido, que llena todo el quinto y gran parte del sexto. Esta preciosa fábula, joya de la clásica literatura, ha ocupado en todos tiempos la sagacidad de los críticos y el ingenio de los artistas. Traducida e imitada en todas las lenguas, aun de los profanos es harto conocida, para que en ella excesivamente nos detengamos. Me limitaré a compendiarla en brevísimas palabras, para no dejar un vacío en este trabajo, omitiendo lo mejor del libro de Apuleyo.

Para entretener a la doncella, cautiva de los ladrones, refiere una vieja, guardadora de la cueva, la fábula citada. Su argumento, reducido a los menores términos posibles, es el siguiente:

Un rey tenía tres hijas de extraordinaria hermosura. La menor, sobre todo, era de beldad tan peregrina que acudían a verla desde los extremos de la tierra y le tributaban honores semi-divinos. Ofendida Venus al saber que existía una mortal superior a ella en belleza y que a esta dichosa criatura tributaban los hombres el incienso, abandonando por su causa los templos de Pafos y de Gnido, entra en odio y aborrecimiento contra la hermosa Psiquis y hace que, a pesar de su hermosura, no encuentre esposo, porque todos la admiraran, como a una estatua, sin amarla como a mujer ninguno. Acongojado su padre por tal desdicha, consulta al oráculo de Mileto y la respuesta viene a aumentar su aflicción, en vez de disiparla. Ordena el dios que sea expuesta aquella virgen, adornada con las nupciales vendas, en la cumbre de escarpado monte, donde vendrá a buscarla un horrible dragón, esposo que la destinan los hados. Cúmplese la voluntad del oráculo y la doncella es conducida a la montaña entre el clamor y llanto de la plebe, que más parecía acompañarla al funeral que al himeneo. En la roca es abandonada Psiquis y pronto la transportan los céfiros a un ameno y deleitoso prado en donde, a orillas de un río, se levantaba un palacio, de peregrina y maravillosa arquitectura labrado. Penetra en él Psiquis; escucha voces dulcísimas; es servida por misteriosas manos y por la noche reconoce la presencia de su esposo, cuyo rostro no le es posible descubrir. Entretanto, sus hermanas aquejadas por la curiosidad, se acercaban de continuo a la roca, anhelando saber el paradero de Psiquis. Adviértela su misterioso marido que no dé atención a sus clamores, pues dependía su perdición de verlas y escuchar sus engañosas palabras. Mas, a poder de ruegos y de lágrimas, consigue Psiquis que el céfiro conduzca a sus hermanas al encantado palacio en que ella moraba. Obséquialas pródigamente; cólmalas de regalos y manda al céfiro trasladarlas de nuevo a la montaña. Pronto se apodera la envidia del corazón de las hermanas y en sucesivas entrevistas interrogan cautelosamente a Psiquis sobre la edad y condiciones de su esposo. Persuádenla a que una noche descubra su rostro y le dé muerte si, como ellas imaginan, es un monstruo horrible que sólo anhela tener sucesión de ella para devorarla. Poniendo en ejecución tan malhadado pensamiento, levántase Psiquis, apenas ve dormido a su esposo, enciende una lámpara, arma su diestra con un puñal y, acercando la luz, reconoce con asombro que es el *Amor* mismo, el bellísimo *Eros*, quien descansa a su lado. Contémplale extasiada y crece su amor al contemplarle, pero de pronto cae una gota de aceite hirviendo en el hombro del dios, que pronto se aparta de su vista, no sin anunciarla antes que castigará con perpetua ausencia su funesta curiosidad. Deja Psiquis el palacio encantado y, ardiendo en deseos de castigar a sus hermanas, dirígese a la ciudad en que reinaba el marido de una de ellas. Refiérela que, en castigo de su temeridad, la arrojó el dios de su tálamo, pero anunciándola que su hermana debía sucederla. Fuera de sí la ambiciosa reina, se encamina a la roca y llama al céfiro para que la conduzca, mas, en vez de volar rápidamente como en otras ocasiones, rueda por la montaña y se hace pedazos en los peñascos. Otro tanto aconteció a la hermana segunda, engañada con otra narración semejante. Mientras recorría Psiquis el ámbito de la tierra en busca de su perdido *Eros*, sabedora Venus de los amores de su hijo, excogitaba medios para castigar a su nuera. Huyendo de sus persecuciones, llega Psiquis sucesivamente a los templos de Ceres y de

Juno, e implora su protección: ninguna de las dos se atreve a concedérsela. Venus envía en seguimiento suyo a Mercurio, alado mensajero de los dioses, que llevaba en unas tablillas las señas de la fugitiva. Logra apoderarse de ella y entregársela a la madre Ericina. Tras duras palabras y malos tratamientos, sométela a diferentes pruebas de gran dificultad. Mándala primero separar y distinguir diferentes semillas confusamente mezcladas, tarea que lleva a cabo con ayuda de las hormigas, compadecidas de su desgracia. Envíala después por un copo de la hermosa lana de ciertas ovejas que pastaban a la orilla opuesta de un caudaloso río. Llena, fielmente, este segundo encargo, gracias a los oportunos consejos de una verde caña que crecía en el fondo mismo del río. Entrégala después una redoma que ha de llenar con agua de un torrente que, naciendo de escabrosa peña custodiada por dragones, baja a aumentar las negras aguas de Cocito. Sálvala un águila de este tercer empeño. Ordénala, por último, la implacable Venus, bajar al Averno y entregar una caja a Proserpina. Vence los innumerables peligros que este viaje presentaba, pero, al volver, comete el desacierto de abrir la caja que la reina de los infiernos le había devuelto llena, y de ella sale un negro vapor que embarga sus sentidos y la sepulta en profundo sueño, del cual sólo consigue libertarla Cupido, hiriéndola levemente con una flecha de su aljaba. Los ruegos del Amor consiguen de Jove que haga inmortal a Psiquis y ratifique su casamiento con ella. La fábula termina con la descripción de sus bodas y con la noticia de que el fruto de esta unión fué una hija llamada *Voluptas*, esto es, *el Placer*.

Por el desencarnado resumen que precede, despojado de los mil incidentes que adornan la bellísima narración de Apuleyo, puede conocerse cuánta riqueza de invención y de ingenio ostenta tan sabrosa fábula. Que no es invención del retórico africano salta desde luego a la vista. Según todas las apariencias, es un cuento oriental, convertido después en *fábula milesia*. No se conoce otra redacción escrita que la de Apuleyo, pero yo recuerdo haber oído en mis primeros años una conseja semejante en el fondo y en muchos de los pormenores, si bien con notabilísimas variantes y muy alterada en la parte fantástica que había perdido todo el elemento clásico, aquí reemplazado por el sobrenatural poder de la hechicería y de la magia. Posible es que este cuento haya llegado a popularizarse en algunas partes de España por la lectura del *Asno de Oro* que, traducido al castellano, fué muy leído en el siglo XVI, pero atendiendo a las notables alteraciones antes mencionadas, paréceme indudable que reconoce origen diverso y que ha venido por otro camino a nuestro suelo. Suponen algunos que la fábula de Psiquis es símbolo de altísimas doctrinas platónicas. En este punto andan divididos los comentadores y nada puede afirmarse con certeza. No es nueva la creencia en un sentido místico y *esotérico*, en que recientemente han insistido los alemanes. Sin ir más lejos, pueden citarse las *moralidades* que añadió Juan de Mal-Lara a cada uno de los doce cantos de su *Psique,* poema que citaré más adelante. Allí está expuesto el simbolismo de la fábula de un modo no desemejante al empleado por los modernos. Júzguese por la *moralidad* del primer canto:

«Dios en la naturaleza humana forma tres cosas: carne, liber»tad de arbitrio y el ánima racional (Psiche, Psuxe, el alma), »cuya hermosura lleva ventaja no solamente a sus hermanas, »pero a todas las criaturas del mundo. Engéndrase en todos un »admirable deseo de verla. La sensualidad natural, que es Venus, »tiene envidia de tal excelencia, quiere castigarla por medio de »su deseo, que es Cupido, y queriéndolo para sí, ordena que la »lleven a las peñas que son los pensamientos altos, donde todos »los otros sentidos la dejan desamparada.»[1] Mucho se necesita alambicar el ingenio para dar en tales sutilezas. En la fantasía popular, que creó sin duda esta leyenda, no se conciben tales metafísicas ni simbolismos. Una cosa es el sentido alegórico, claro y perceptible en el cuento de Apuleyo y otra la abstrusa interpretación *esotérica* que le dan muchos expositores.

Rápidamente recorreré los demás libros de las *Metamórfosis* de Apuleyo. En el séptimo se narra con algunas variantes respecto al relato de Luciano, el modo cómo obtuvo libertad la doncella cautiva de los ladrones. En lo demás sigue, *ad pedem litterae,* la narración del satírico de Samosata (párrafos 23º a 34º).

---

[1] Este pasaje que con otros varios tomé, hace tiempo, de la *Psique* de Mal-Lara, manuscrita en la Biblioteca Nacional, está citado también en un reciente y curioso folleto del Excmo. Sr. D. Adolfo de Castro, relativo al verdadero autor de la *Epístola Moral,* atribuída hasta ahora a Rioja.

En el octavo exorna Apuleyo con novelescas circunstancias, la muerte de los dos amantes Tlepolemo y Cherita, sencillamente indicada en Luciano. Conócese que ésta es una de las historias intercaladas, porque no guarda relación con la fábula ni tiene en ella sus precedentes. Todo lo relativo a los embelecos y trapacerías de los sacerdotes de Cibeles está tomado de Luciano, si bien con notables adiciones (párrafos 35º a 40º).

Otro tanto acontece en el libro noveno, que encierra el contenido de los párrafos 40º a 46º de *El Asno* de Luciano. En él se hallan, además, diferentes cuentos, harto libres, que parecen restos de antiguas fábulas *milesias*.

El libro décimo abraza lo restante de la primitiva novela, pero en él se leen asimismo dos cuentos de bastante extensión y largas descripciones no tomadas de Luciano.

El undécimo es todo de invención de Apuleyo, que en él se propuso dar un sentido místico y simbólico a la fábula, por de más liviana, que hasta entonces había narrado. El acto de recobrar Lucio la forma humana, no es una escena burlesca, como en Luciano, sino una ceremonia religiosa. Verifícase mediante la sobrenatural intervención de la diosa Isis, y da ocasión a que Lucio, agradecido a tan singular merced, se consagre al culto de aquella deidad y solicite iniciarse en sus misterios. Esta última parte está escrita con altísima entonación y religioso sentido, muy diverso del que predomina en lo restante de la novela. Al parecer, Apuleyo ha descrito su propia iniciación en los misterios egipcios. Habla como fervoroso creyente y hombre profundamente convencido. Olvidándose de que es el griego Lucio quien hace la relación de sus aventuras, se dice natural de Madaura, dando con esto motivo a los singulares errores que hemos recordado al comienzo de este sucinto análisis. El sentido alegórico *a posteriori* de la fábula, se manifiesta con claridad en las siguientes palabras puestas en boca del sacerdote de Isis: «Después de tantas pruebas, después »de tan terribles vicisitudes y de borrascas tan deshechas, has lle- »gado, oh, Lucio, al puerto de salvación y al altar de la miseri- »cordia. Ni tu nacimiento, ni tu clara inteligencia, ni tu saber »te han aprovechado nada. Te dejaste llevar por los ardores de la »juventud; fuiste esclavo de la concupiscencia y has pagado harto »caramente tus antiguas liviandades. Pero al cabo, la fortuna,

»ciega en perseguirte, te ha conducido, bien contra su voluntad, »a la perfecta beatitud que sólo se halla en la religión.»[1] La descripción de los misterios, es bella y de grande interés histórico.

A no ser por los excelentes episodios intercalados y por las muy curiosas noticias de costumbres que en todo el libro se hallan, el *Asno* de Apuleyo se caería de las manos, después de leído el de Luciano. El estilo es rudo, bárbaro e incorrecto, muy lejano, en verdad, de la corrección y severo gusto del autor griego. Las *Metamórfosis*, no obstante, serán eternamente leídas, porque en ellas está la fábula de Psiquis y porque en tan peregrino libro se refleja a maravilla la época que le vió nacer.

Apuleyo ha sido mina muy explotada por los novelistas modernos. Citaré sólo las imitaciones que he notado, esperando que otros completen este trabajo.

Las aventuras acaecidas en la cueva de los ladrones, son la fuente de los primeros capítulos del *Gil Blas* de Le Sage, en el cual están sobremanera mejoradas. El episodio de Psiquis ha dado lugar a infinitas imitaciones. Entre ellas recuerdo una novela de La Fontaine, intitulada *Amours de Psiché*, escrita en prosa entremezclada de versos. En el Teatro francés la popularizó Molière; en el español dió asunto, en el siglo XVII, a una comedia de Lope de Vega y en nuestros días, a una zarzuela del señor Hartzenbusch, rotulada *El Amor Enamorado*. Existe, además, una detestable comedia del siglo pasado, titulada *Psiquis y Cupido*, obra, si mal no recordamos, de don Gaspar Zabala y Zamora, perverso dramaturgo del tiempo y escuela de Comella.

Un trabajo de mayor extensión e importancia hizo en el siglo XVI el famoso humanista sevillano Juan de Mal-Lara en su *Psique*, poema en verso suelto y en doce libros, que nunca se ha dado a la estampa, pero del cual se conserva copia en la Biblioteca Nacional (M.-166). Al fin está la *Psique*, elegía de Gerónimo Fracastorio (Fracastor), traducida en tercetos castellanos por *el Divino* Hernando de Herrera.[2]

---

[1] Para este análisis de Apuleyo hemos seguido constantemente la edición Bipontina.

[2] Tengo por inédita esta composición. De todas suertes, es poco conocida y no la he visto citada. Por eso la incluyo en el *Apéndice*, donde también se hallará una nota bibliográfica de la *Psique* de Mal-Lara.

Las artes plásticas se han ocupado, asimismo, en reproducir algunos episodios de tan deleitosa fábula. Existen varios grupos esculturales de *El Amor y Psiquis,* y una estatua de Westmacott, que representa a Psiquis en el momento de abrir la caja fatal que le había confiado Proserpina. Rafael reprodujo en treinta y dos frescos de las galerías de la *villa Farnesia,* todos los incidentes de la narración de Apuleyo, a la cual pueden servir de admirable ilustración y comentario. El Ticiano y otros artistas trataron posteriormente el mismo asunto.

De Apuleyo están tomados algunos cuentos y no ciertamente los más honestos, del *Decamerón* de Boccaccio. Entre ellos citaré el décimo de la quinta *giornata* y el segundo de la séptima, que se leen con escasas variantes en el libro noveno de Apuleyo. La Fontaine imitó el último en el décimo - cuarto de su libro 14º [1]

Apuleyo ha sido traducido a casi todas las lenguas modernas. Conozco dos versiones castellanas. Hizo la primera, a fines del siglo XV, el arcediano de Sevilla Diego López de Cortegana, quien declara su nombre en unos versos acrósticos, colocados al principio de la obra. La traducción es un modelo de gracia y de frescura. Existen de ella una edición sin año, hecha seguramente en Sevilla, acaso hacia 1513; otra de Medina del Campo, 1543, y otra de Amberes, 1551. Estas tres son íntegras y conformes al original. Imprimióse después en Alcalá de Henares, 1584 y en Madrid, 1601, expurgado ya el texto de orden del Santo Oficio por el licenciado Alonso Sánchez de la Ballesta. En tal forma fué varias veces reimpresa en los últimos años del siglo XVI y primeros del XVII. Es libro raro; sobre todo en las ediciones no expurgadas y muy digno de ser reproducido por alguna de nuestras sociedades de bibliófilos.

La segunda traducción aparece impresa en New York, 1844, y está hecha *por tabla,* como suele decirse, esto es, sobre la francesa de Betoulad y hecha por alguno que ignoraba de igual suerte el latín, el castellano y el francés. El lenguaje de este libro es una especie de jerigonza o lengua franca, que ni la de los arraeces de

---

[1] La peripecia principal de *El Asno de Oro* fué expuesta por Juan de la Cueva en un romance bastante malo, incluído en su raro libro *Coro Febeo de romances historiales* (Sevilla, 1580).

Argel. Apenas ha corrido esta versión en España; es más conocida en América. Del traductor sólo sabemos sus iniciales: F. C.

Poco tenemos que añadir sobre la novela latina. Dícese que el Emperador Claudio Albino escribió fábulas *milesias* a imitación de Apuleyo, pero de ellas no ha quedado otra noticia. Anuncié, al comenzar, que dejaría aparte el libro de Marciano Capella, que muchos incluyen entre las novelas: no necesito insistir mucho en los motivos de tal omisión. En concepto de Huet, el libro de Marciano Capella es una continua alegoría; titúlase *de nuptiis Mercurii et Philologiae* y en él ni se encuentra acción ni caracteres. Tiene, por otra parte, escaso valor literario, por más que su lectura sea curiosa y aun útil, bajo ciertos aspectos relativos.

Tales son los escasos y no muy granados frutos que este género produjo entre los romanos. Y ofrece, no obstante, singular interés su estudio que, unido al de los satíricos, puede darnos el cuadro fiel de la sociedad antigua en el momento de verificarse la transformación moral, que había de dar por resultado una grande y poderosa civilización, fundada en las ruinas de la antigua, pero animada por un nuevo y fecundo soplo de vida. En estas novelas, obras, si se quiere, medianas, libros de decadencia, está vivamente retratada aquella sociedad, corrompida hasta los huesos y sin fuerzas para levantarse del cieno en que sus crímenes la habían sumido. Estos novelistas no son profetas de nuevas ideas; no lloran tampoco sobre las ruinas de lo pasado; se limitan a reproducir lo que ven, con escrupulosa fidelidad, y ni siquiera se cuidan de templar los colores para que el cuadro no aparezca en toda su horrible desnudez. Por esto mismo son de mayor utilidad para el historiador; nada hay en ellos de convencional y de ficticio, nada de hipócritas medias tintas: escudados con la lengua en que escriben, no rehuyen la exposición de todo linaje de torpezas y esto que, moral y literariamente considerado, debe ser motivo de gravísima censura, es útil, sin embargo, en cuanto manifiesta la profundidad del abismo a que puede descender una sociedad halagada con todos los dones del poder y de la fortuna, sabia e ilustradísima como pocas en el mundo, pero en la cual se han extinguido las creencias y se ha apagado la luz del sentimiento moral. Porque es en vano pretender que viva una sociedad sin creencias, y la moral que no está enlazada con ningún dogma tiene que ejercer poquísima influencia en el ánimo de los pueblos. En vano se pretenderá fundar la moral en axiomas filosóficos y en *imperativos categóricos*; la experiencia demuestra que la moral no sale de las escuelas de los sofistas, sino de las entrañas vivas de las creencias nacionales. Faltaron en Roma estas creencias, y ni los estoicos, ni los epicúreos, ni los académicos, lograron imponer a aquella sociedad saludable freno, porque los libros de Zenón, de Cleantes, de Panecio o de Crisipo, podían obrar en algunas inteligencias aisladas y conducirlas por la senda de la verdad y del bien, pero no influir de un modo directo y poderoso en el alma del colosal imperio romano. ¿Y qué podían enseñar unos hombres que dudaban, cuando menos, de la inmortalidad del alma y presentaban como remedio supremo a todos los males la infame cobardía del suicidio? ¿Qué moral había de fundarse en la doctrina epicúrea, sino aquella de *comamos y bebamos y coronémonos de rosas, porque mañana moriremos*? Y si dirigimos la vista a los estoicos, ¿de qué sirvieron al mundo las estériles virtudes de Catón, de Tráseas o de Helvidio? ¿A qué idea obedecían esos hombres? ¿Qué principio regulaba sus acciones? ¿Quién podrá descubrir la filosofía ni la moral práctica de los estoicos en las contradicciones de que están llenos los libros de Séneca? Sólo a morir se aprendía en las escuelas de los filósofos; nadie enseñó a vivir para utilidad de sus semejantes. ¿Y qué valen esas muertes fastuosas, rodeadas siempre de cierto aparato teatral, al lado de las muertes sublimes de tantas mujeres, niños y ancianos como, en nombre de la idea cristiana lanzáronse gozosos al martirio, sin pensar siquiera que el mundo había de recordar sus nombres?

Esa sociedad romana agonizante y moribunda es la que describen los dos novelistas mencionados. Petronio, con la tranquila satisfacción del que vive en el desorden y participa de él; Apuleyo, con ciertas vislumbres de falso profeta y de restaurador de creencias antiguas. Y es que por instinto comprendió que aquella sociedad no tenía otra cura que el sentimiento religioso y, como las creencias romanas no encontraban albergue en corazón alguno, fué a buscar en los misterios egipcios algo que calmase la sed de creer que todos imperiosamente sentían.

No menos provechosa enseñanza ofrecen ambos libros considerados bajo el aspecto literario, que aquí especialmente nos ocupa. Nuestra sociedad, enferma casi del mismo mal que la romana, tiende, con más vehemencia cada día, al arte *realista*, expresión suprema de todas las épocas de descomposición, de todas las literaturas en decadencia. Pues bien, *el Satyricon, el Asno de Oro*, muestran el último término de ese arte, sostenido en Petronio por un talento prodigioso en medio del lodazal inmundo en que se arrastra con frecuencia. Útil fué siempre escarmiento en cabeza ajena. Petronio, grande escritor, prosista inimitable, elegante poeta, ha dejado en vez de un recuerdo glorioso, un nombre manchado con eterna infamia. Él, tan puro, tan correcto, es, con todo, un escritor de mal gusto, no en la superficie, sino en el fondo; no en las palabras, sino en las ideas; lo es, sobre todo, por la pintura monstruosa del desorden, que exagera acaso. Y si en las letras la perfección y la divina armonía de la forma son cualidades que bastan a perdonar inmensos yerros, al cabo aparecen como inferiores y subordinadas a la pureza del sentimiento, a la grandeza de la idea. ¡Admiración para el brillante ingenio de Petronio, pero maldición para ese arte que se complace en destruir y enervar las generosas aspiraciones de la cabeza, los nobles impulsos del corazón; arte que degrada y envilece la humanidad, que tiñe con horribles colores el cuadro social, sin presentar la triaca al lado del veneno, el remedio en pos de la dolencia, la luz de la esperanza en medio de las tinieblas de la desesperación y de la duda. La pendiente es inevitable. Del arte *realista francés* sólo hay un paso al *realismo* de Apuleyo y de Petronio: mayor decoro en la forma, quizá más ponzoña en el interior.

¿Por qué tuvo la novela tan limitado cultivo entre los griegos y latinos? Poco diremos sobre esta cuestión; sería volver a puntos ya dilucidados por la crítica y repetir ideas que, de puro ciertas, han llegado a hacerse vulgares. La novela, género bastardo, degeneración de la alta poesía narrativa, hubo de florecer escasamente entre los griegos, pueblo por excelencia artístico que, como tan rico en otras manifestaciones literarias, pudo sin desdoro abandonar ésta, que era al cabo de segundo orden, o dejarla a lo menos en mantillas. La grande y admirable novela, que produjo Grecia, fué la *Odisea*, la obra del segundo Homero, poema que señala el tránsito de la vida heroica representada en la *Ilíada*, a la vida familiar y doméstica; de la *cólera* del hijo de Peleo, a los viajes e infortunios de aquel hijo de Laertes, *que peregrinó por muchas tierras, conociendo sus leyes y costumbres*. Pero en tiempos posteriores, en medio de la perfección nunca igualada que llegaron a alcanzar la poesía lírica y la dramática, en medio de las tormentas y de los triunfos de la elocuencia, en aquella vida externa casi siempre, en el sublime tumulto de la *Agora* de Atenas o del *Foro* romano, ¿cómo puede concebirse la existencia de esa forma literaria, de inferiores quilates estéticos por otra parte, incapaz de igualarse a las divinas invenciones de Esquilo o de Sófocles, llenas de nacional y religioso sentimiento, a las sales imperecederas de Aristófanes, a los encendidos arrebatos del alma de Safo, a la gallarda carrera triunfal de las odas de Píndaro, a las aladas palabras de Demóstenes o a los rotundos períodos de Cicerón? La novela debía ser el patrimonio de los pueblos modernos, bárbaros en comparación de aquellos griegos y romanos, a quienes las musas concedieron habla sonora y adoración exquisita a la pureza de la forma; a quienes se mostró sin cendales la belleza inmortal de la Venus Urania.

Las demás razones expuestas para explicar la carencia casi absoluta de novelas hasta los tiempos de la decadencia, no bastan, ciertamente, para resolver la cuestión, y algunas podrían dar lugar a justos reparos. Tal sucede con *la escasa importancia o repugnante papel de la mujer entre los antiguos:* afirmación que con injustificable tenacidad se ha venido y viene sosteniendo. No parece sino que todas las mujeres de la poesía antigua o son esclavas como Briseida o malignas encantadoras como Circe, o fáciles y livianas como Helena, o incestuosas como Fedra, o monstruos de maldad como Medea. Respondan de lo contrario Penélope, modelo de fidelidad y de amor conyugal; Andrómaca y Alceste, tipos sublimes de la esposa y de la madre; Antígona, personificación de la piedad filial, no igualada, que yo sepa, por creación alguna de la poesía cristiana; Ifigenia y Polixena, tan puras, tan inocentes, tan delicadas; responda sobre todo la Dido virgiliana, *grande entre las mujeres caídas*, y dígase de buena fe qué lugar ocupa la mujer en las grandes concepciones del arte pagano. No comprendo ese empeño en adornar al cristianismo con ciertas galas artísticas, unas extrañas y otras de harto profana naturaleza.

El amor clásico era algo más que el ardor de los sentidos y la brutal concupiscencia; llevaba envuelto en sí el culto purísimo de la forma estética sensiblemente manifestada. Ni fueron desconocidos a los antiguos los sentimientos melancólicos, las vagas aspiraciones del amor que por excelencia se ha llamado *cristiano*. Ahí están Virgilio y Tibulo para confirmarlo. Ya en ocasiones habían realizado los antiguos aquel prodigio que el veneciano Fóscolo atribuye al Petrarca, con más elegancia que exactitud, a mi entender:

> Amore nudo in Grecia, nudo in Roma,
> D' un velo candidissimo adornando,
> Rendea nel grembo a Venere celeste. [1]

Tiempo es ya, excelentísimo señor, de terminar este ensayo crítico sobre la novela latina. Hemos seguido los primeros pasos de este género, al cual estaba reservada en lo porvenir alta importancia. Porque escrito estaba que en la corte bizantina había de transformarse en novela sentimental y de aventuras, obteniendo de manos de Heliodoro y de sus imitadores perfección y nuevas formas; que en la Edad Media había de recibir en su seno la ficción caballeresca que le diera poderosa vida y de género puramente erudito la fuese convirtiendo en lectura y recreación de todo linaje de gentes: y escrito estaba también que los extravíos de esta forma literaria habían de poner la pluma en la mano del ingenio más portentoso que han visto los tiempos modernos y que este escritor insigne había de elevar de un golpe la novela al puesto altísimo que desde entonces ocupa en las esferas del arte de las artes. Y desde entonces también ha tomado diversas direcciones, ora reproduciendo lo pasado, cual acontece en Walter Scott, Bulwer y Manzoni, ora retratando lo presente, como hicieron, en el siglo XVII, las *novelas picarescas* y hacen hoy las novelas de costumbres, ora pretendiendo convertirse no menos que en intérprete y nuncio de lo porvenir. Y para que nada faltase en este género, él ha sido el depósito de todas las extravagancias y, así como en tiempo de Luciano hubo autores de viajes maravillosos y de portentosas metamórfosis y en tiempo de Cervantes hubo autores desacordados de libros caballerescos, no han faltado posterior-

---

[1] I sepolcri.

mente quienes hayan juzgado que toda novela debe ser una lección científica y, guiados por tal principio, han enseñado, en forma de novela, moral, política, economía social, física, astronomía y últimamente hasta geogenia y paleontología. Y aun fuera éste tolerable daño, pues al cabo sólo el arte padece, si la novela no se hubiese convertido (pesa decirlo) en órgano de erradas doctrinas y semillero fecundo de torpezas y de escándalos. Harto se desmandaron los novelistas de todas las edades, pero el convertir el vicio en sistema, el glorificar la prostitución y el adulterio, el propagar la incredulidad y el escepticismo, era *gloria* reservada al siglo XVIII y a su fiel alumno el siglo XIX.

¿Cuándo será el día en que reconociendo la novela que no es su fin enseñar y mucho menos enseñar el mal y recordando que ella, como toda creación artística, debe realizar, en el modo y formas que le son propios, la belleza, reconozca a la par que esta purísima idea está eterna e indisolublemente unida con las de Verdad y Bien, cuyos eternos tipos residen en la mente de Dios, siendo las criaturas como débiles espejos y *letras quebradas* [1] que muestran alguna parte de sus infinitas perfecciones? Con puro corazón y mente sana debe ser contemplada la Belleza, casta virgen, inspiradora del pensamiento del artista, a la cual pueden aplicarse aquellas palabras que en boca de Beatriz puso el Dante:

> Io fui del cielo e tornerovi ancora
> Per dar de la mia luce altrui diletto,
> E chi mi vede e non se ne innamora
> D' amor non averá mai intelleto. [2]

---

[1] Fr. Luis de Granada. *Introducción al Símbolo de la Fe.*

[2] Canzone in lode di Beatrice, figlia di Folco dé Portinari di Firenze, bellíssima et onestíssima donzella.

APÉNDICE II

PROSPECTO

NUEVA BIBLIOTECA DE AUTORES ESPAÑOLES, PUBLICADA BAJO LA DIRECCIÓN DEL EXCMO. SR. D. MARCELINO MENÉNDEZ Y PELAYO, DE LA REAL ACADEMIA ESPAÑOLA, DIRECTOR DE LA BIBLIOTECA NACIONAL.

En medio de las calamidades que abruman a la patria española, parece cierto género de compensación el desarrollo cada día creciente que en todos los pueblos cultos del antiguo y del nuevo mundo logran los estudios relativos a la historia y literatura de nuestra Península, mejor y más sólidamente cultivados ahora que en ninguna época anterior. No va España del todo rezagada en este movimiento y algunos nombres generalmente respetados pudiéramos citar en comprobación de ello; pero gran parte del trabajo, la mayor sin duda, corresponde a la erudición extranjera, lo cual, si por una parte nos mueve a profundo agradecimiento, no deja por otra de molestar un tanto cuanto nuestro amor propio, sobre todo cuando comparamos la diligencia de los extraños, el amor y el celo que en la investigación ponen, con la frialdad, con el desdén, hasta con la irritante mofa que en nuestro círculo intelectual, hoy tan perturbado por un ciego y enervador pesimismo, ultraja y persigue cuanto lleva el sello tradicional. Desde que se puso en moda la estúpida frase de la *leyenda española,* parece que los españoles que quieren pasar por adelantados y cultos se avergüenzan de su casta y no quieren oír hablar de su pasado, convencidos, sin duda, de que es pura *leyenda*, es decir, patraña o cuento de viejas. Afortunadamente no piensan así los de fuera y para consuelo nuestro no hay día que de Francia, de Italia, de Inglaterra, de la América anglosajona, y, por supuesto, de la redentora Alemania, a quien debimos la primera y más profunda rehabilitación de nuestro genio nacional, dejen de venir en tropel monografías, tesis doctorales que son libros, ediciones críticas y cada vez más acrisoladas de nuestros clásicos y hasta bibliotecas enteras y revistas especiales consagradas al estudio de las tres literaturas hispánicas. Sólo el temor de incurrir en alguna omisión, nos retrae de estampar aquí nombres para los cuales toda nuestra gratitud será siempre corto premio.

Gracias a los concursos y publicaciones académicas, a los esfuerzos de algunas sociedades de bibliófilos y a la desinteresada bizarría de varios aficionados, no es pequeño el número de textos inéditos o rarísimos que en España han visto la luz, mejor o peor ilustrados, durante estos últimos años y son de indiscutible valor algunas obras críticas y bibliográficas que, a despecho de la indiferencia de los propios, van abriéndose camino entre los extraños. Con satisfacción se observa que cada día son más frecuentes y esmeradas las tareas de este género, lo cual parece indicio de saludable reacción en una parte, a lo menos, de nuestra juventud estudiosa. Pero conviene que este movimiento no se quede encerrado en los canceles de la pura erudición, sino que trascienda al público en general, proporcionándole a precio económico textos limpios y correctamente fijados que sería inútil buscar en el comercio. Estas ediciones, sin ser propiamente *críticas* ni *sabias*, lo cual exigiría un aparato de notas, variantes y comentarios incompatibles con los fines modestos de tal publicación, deben ir acompañadas de todas las ilustraciones necesarias para formar cabal idea de los libros y de los autores y para poder leerlos y entenderlos sin tropiezo. Tal es la empresa que nos proponemos realizar en la presente colección, que se titula *Nueva Biblioteca de Autores Españoles*, para anunciar desde el título mismo que será continuación y complemento de la tan conocida y popular Biblioteca de Autores Españoles, que dió nombre imperecedero a su editor y tipógrafo don Manuel Rivadeneyra.

Al llamar *continuación* a la nuestra, entendemos sólo tributar un justo homenaje a la *Biblioteca* antigua, única de su género entre nosotros y aceptarla provisionalmente como introducción o primera parte de la actual, puesto que nos proponemos no repetir ninguno de los autores incluídos en aquélla, a no ser que el texto publicado allí sea de tal manera deficiente o incorrecto que resulte hoy inútil o pueda inducir a error, como sucede con algunos poetas de la Edad Media y con otros de los siglos XVI y XVII.

Tampoco nos proponemos imitar, generalmente hablando, el plan de la *Biblioteca* primitiva, ni menos su manera habitual de reproducir los textos antiguos. No en balde ha corrido más de medio siglo desde que el benemérito grupo de eruditos que se asoció a Rivadaneyra (y de los cuales ya no existe ninguno) comenzó su labor, desigual sin duda, aunque contiene partes admirables. Las condiciones de la crítica y de la filología eran entonces muy diversas de las de ahora; los estudios de literatura comparada se han desarrollado portentosamente en este largo período, y aunque con lentitud han logrado penetrar en España; se ha acrecentado el rigor de las exigencias del método y aún el editor más negligente no puede menos de sentir hoy escrúpulos que antes no preocupaban al varón más docto. No es culpa de los que vivieron antes el no haber hecho más de lo que en su tiempo podía hacerse, pero sería culpa y grave en los tiempos actuales insistir en métodos imperfectos o anticuados.

Justo y digno es rendir homenaje a nuestros predecesores, y toda alma bien nacida debe sentir gozo en ello. Entre los prólogos de la *Biblioteca de Autores Españoles* se encuentran notables capítulos de historia literaria y hasta algún período de ella magistralmente tratado. Nada sustancial hay que añadir, por ejemplo, a la bella introducción que don Leopoldo A. de Cueto puso a los poetas líricos del siglo XVIII y en la cual se contienen, además, preciosas indicaciones sobre el movimiento general de las ideas en aquella centuria. *El Romancero* de Durán, tesoro de la tradición épica; la magistral, aunque no terminada, edición de Quevedo, por don Aureliano Fernández-Guerra; la de Santa Teresa, por don Vicente de la Fuente; el elocuente estudio de González Pedroso sobre los Autos Sacramentales; algunos de los tomos de Hartzenbusch, relativos al teatro; la introducción de Gayangos a los *Libros de*

Caballerías, y hasta los ensayos algo prematuros de Aribau y Navarrete sobre los novelistas anteriores y posteriores a Cervantes, son trabajos que honran la memoria de sus autores, y tampoco son los únicos que en la colección deben recomendarse. No todos los eruditos empleados en ella mostraron el mismo celo y conciencia; pero, en conjunto, la empresa fué altamente meritoria y obtuvo, con justicia, el auxilio de la patria, que para ella solicitó en el Parlamento la elocuente voz de don Cándido Nocedal. Mucho falta en la Biblioteca y algo sobra; pero si tal publicación no existiese, sería para la mayor parte de las gentes, tierra incógina la antigua literatura castellana, que, merced a ella, dejó de ser patrimonio exclusivo de los bibliófilos y entró en la circulación general.

No hemos de disimular, sin embargo, que la mayor parte de los textos de la colección Rivadeneyra no son de los que pueden infundir mucha confianza a un filólogo. Prescinciendo de que todos, aún los de la Edad Media, están sometidos a la ortografía moderna aun en los casos en que implica diferencia fonética, son muchos los que no han sido establecidos sobre los manuscritos o las ediciones más antiguas, sino sobre otras muy modernas y de dudosa autoridad, y no son pocos, por desgracia, los que han sido arbitrariamente retocados, corregidos y a veces modernizados por los colectores. De todo ello podría presentarse numerosos ejemplos, pero no queremos inquietar las cenizas de nadie con reparos que tienen fácil disculpa en los hábitos literarios de una generación ya fenecida y por todas razones dignas de respeto. Los que tal hacían eran hombres doctos, que pensaban obrar bien y que a veces acertaban en sus enmiendas, aunque hubieran hecho mejor en darlas como meras conjeturas.

De tales escollos hemos procurado huir en esta nueva colección pero sin desatender su carácter popular y sin poner trabas a la justa independencia de cada colector, único responsable de su trabajo, personal dentro de las condiciones generales de esta empresa literaria. Todos los textos anteriores a la época clásica serán reproducidos con su peculiar ortografía y acompañados de variantes y de notas críticas, que son indispensables para su inteligencia. En lo relativo a las obras de los siglos XVI y XVII, queda a la discreción de los colectores el emplear la ortografía moderna o la antigua, excepto en los casos de diferencia fonética, en que la antigua escritura debe ser respetada siempre. Sistema ecléctico es éste y que no puede satisfacer a todos, pero alguna concesión tenemos que hacer al gusto general y no restringir demasiado el círculo, todavía poco amplio, de lectores de este género de libros. La mayor o menor importancia de los textos, su especial carácter y otras circunstancias que sería largo enumerar, podrán justificar en su caso la adopción de uno u otro sistema ortográfico. Los libros del siglo XVIII y del XIX, se imprimirán con arreglo a la ortografía académica vigente, puesto que sus reformas, desde el reinado de Felipe V hasta nuestros días, han sido secundarias y poca enseñanza puede sacarse de ellas para la historia de la lengua.

Suspendida la *Biblioteca de Autores Españoles* poco después de la muerte de su fundador y propietario, quedaron en ella grandes vacíos, que a toda costa procuremos llenar. La Edad Media apenas ocupa lugar en aquel interrumpido monumento de nuestras letras. Un tomo de poetas y otro de prosistas anteriores al siglo XV, y algún texto aislado, como el de *La Gran Conquista de Ultramar,* son muy poca cosa para tan vasta porción de nuestros anales literarios. Con decir que faltan todas las obras legales, históricas y científicas del Rey Sabio, toda la serie de crónicas generales y todas las particulares que no son de reyes, todos los poetas y casi todos los prosistas del siglo XV sin más excepción acaso que la *Visión Delectable* del Bachiller Alonso de la Torre, que está como perdida en un tomo de *Curiosidades Bibliográficas,* se comprende que la antigua Biblioteca era casi nula bajo este respecto y que es necesario reforzarla en esta sección más que en ninguna otra, si ha de satisfacer las justas exigencias de los que quieren estudiar en sus fuentes, inéditas o poco accesibles, el proceso oscuro y complejo de los orígenes de nuestra poesía y de nuestra prosa.

Por lo que toca a la era clásica, es decir, a los siglos XVI y XVII, el género más favorecido por los colectores de Rivadeneyra fué, sin disputa, el teatro. Cerca de quinientas comedias distribuídas en dieciséis volúmenes, a los cuales ha de añadirse uno de autos sacramentales, dan idea bastante aproximada de la fertilidad prodigiosa de nuestra antigua escena, desde Lope de Vega hasta los últimos discípulos de Calderón. Pero faltan por completo los dramaturgos anteriores a Lope, que hoy se buscan y reimprimen con tanta curiosidad y ahinco. De los príncipes de nuestro teatro sólo se reproduce íntegro el repertorio de Alarcón y el de Calderón (las comedias, no los autos); se echan de menos dos terceras partes del teatro de Tirso, y resulta muy caprichosa y de todas suertes mezquina la selección de los dramáticos llamados de segundo orden, algunos de los cuales, como Guillén de Castro, Mira de Amescua y Luis Vélez de Guevara, merecían ocupar sendos tomos con tanta razón como Mojas y Moreto. Falta, por último y no es omisión leve, el riquísimo caudal de entremeses, bailes, loas, jácaras, mojigangas y todo género de piezas cortas, sin las cuales queda en la sombra uno de los aspectos más importantes de nuestro teatro popular.

Mucho peor fué la suerte de la poesía lírica de nuestra Edad de Oro, reducida a dos tomos raquíticos, que es preciso no sólo continuar, sino rehacer del todo. La sección novelesca está mejor tratada, pero hay que ampliarla mucho, porque este género es, juntamente con el teatro, lo más rico, original y característico de nuestro arte nacional, a la vez que el archivo histórico de nuestras costumbres.

Si de la amena literatura pasamos a aquellas altísimas regiones en que la lengua castellana se explayó con mayor hermosura y soberana elocuencia, para hablar de los insondables arcanos, de la eternidad y de las efusiones del alma hecha brasa viva por el amor de Dios, ¿cómo no deplorar que sea tan exigua la parte concedida a los ascéticos y místicos en este panteón de nuestra gloria literaria? Claro, que no faltan los mayores, los que de ningún modo podían faltar, pero ¿qué hombre de gusto no echará de menos, según su especial predilección, a Fr. Juan de los Ángeles o a Fr. Diego de Estella, a Fr. Jerónimo Gracián o a Fr. Miguel de la Fuente, al Beato Alonso de Orozco, a Fonseca o a Márquez, a Luis de la Puente, a Rodríguez o a Nieremberg y a tantos otros maestros de la vida espiritual y de la cristiana filosofía; no ciertamente íntegros, porque el género es muy ocasionado a repeticiones y casi todos fueron fecundos con exceso, sino en algunos de sus tratados principales, que hoy mismo, por la energía afectiva, por la agudeza psicológica y por el encanto de la dicción, cándida, inmaculada, sabrosa, pueden ser de apacible lectura para el más incrédulo?

Más reparable todavía es la omisión de géneros enteros. Los prosistas didácticos que tanto importan en toda literatura y son los que determinan el punto de madurez de la lengua mediante su aplicación a todo género de materias, inútilmente se buscarían en la *Biblioteca* que pretendemos continuar. Ya adivinamos lo que a esto ha de responderse. Lo mejor y más selecto del pensamiento español está en latín. El latín era la lengua oficial de la teología, de la Filosofía, de la Jurisprudencia, en sus manifestaciones más altas. En latín escribían no sólo los teólogos y filósofos escolásticos, sino los filósofos y pensadores independiente, Vives, y Fox Morcillo, Sepúlveda, Gómez Pereyra y Francisco Sánchez. Pero en esto como en todo, hubo excepciones y así como al lado de la Teología de las escuelas, nunca más floreciente que en el período que va desde Vitoria hasta Suárez, creció pujante y viviendo de su savia la Teología popular de los ascéticos y de los místicos, así también en el campo de los innovadores filosóficos hubo algunos, no muchos, que emplearon la lengua vulgar como instrumento. En otras ramas de la ciencia, todavía era más frecuente el uso del romance y puede decirse que los médicos y naturalistas se adelantaron a todos en este punto. Documentos de lengua castellana en su mejor período son los libros de nuestros primeros anatómicos, Valverde, Bernardino Montaña y Luis Lobera de Ávila. En un libro castellano y con la modesta apariencia de un comentario a Dioscórides, consignó el Dr. Laguna, con tanta amenidad como erudición, la ciencia botánica de su tiempo. La preciosa *Historia Natural de las Indias*, del P. Acosta, ¿quién duda que pertenece a la literatura tanto como a las ciencias físicas? ¿Cómo se ha de omitir entre los textos de lengua la *Agricultura* de Gabriel Alonso de Herrera, que es uno de los más clásicos y venerables? ¿No tuvo, por ventura, notables condiciones de escritor, aún en las materias más áridas, el bachiller Juan Pérez de Moya, ingenioso vulgarizador de los conocimientos matemáticos? En general, todos los libros que tenían algún fin de utilidad inmediata se componían en la lengua de la muchedumbre. No era aún la lengua de la ciencia pura, pero era la lengua de las aplicaciones científicas. Tenían que usarla forzosamente los tratadistas de cosmografía y náutica, como Martín Cortés y Pedro de Medina; los metalurgistas, como Bernal Pérez de Vargas y Álvaro Alonso Barba;

los plateros y quilatadores, como Juan de Arphe; los arquitectos, como Diego de Sagredo, y en general, todos los tratadistas de artes y oficios. Gran parte de las riquezas de nuestra lengua está contenida en esos libros, que nadie lee. Muchos de ellos nada importan para la literatura; pero hay otros, como los escritores de arte militar y los políticos y economistas, en los cuales abundan páginas que, ya por la viveza de la expresión, ya por la gracia candorosa, ya por el nervio de la sentencia, ya por el vigor descriptivo, pueden ponerse al lado de lo más selecto de la prosa literaria de su tiempo, con el singular atractivo de estar por lo común exentos de todo género de afectación retórica. El número de estos libros es tan grande, que impone hacer de ellos una selección inteligente y por grupos, y no sería de poca honra para nuestra lengua la crestomatía que de ellos se formase.

Bien comprendemos que en una colección literaria deben ocupar el mayor espacio las obras de arte puro, las creaciones poéticas en el más amplio sentido de vocablo: pero la omisión total de las restantes manifestaciones puede hacer caer a muchos en el vulgar error de suponer que nuestra literatura de los dos grandes siglos se reduce a novelas, dramas, versos líricos y libros de devoción, siendo así que no hubo materia alguna que en castellano no fuese tratada y enseñada; con más o menos acierto en cuanto a la doctrina, pero muchas veces con gallardía y desembarazo, con un vocabulario netamente castizo, que por desgracia hemos olvidado o sustituído con la jerga franca de las traducciones al uso. Es cierto que este daño no puede atajarse en un día, dada nuestra secular postración y creciente abatimiento; pero algo podría remediarse si nuestros hombres de ciencia, cuya educación hoy por hoy no puede menos de ser extranjera, interpolasen sus arduas labores con el recreo y curiosidad de la lectura de nuestros libros viejos (como ya comienzan a hacerlo algunos), pues suponiendo que nada tuviesen que aprender en cuanto al fondo, aprenderían por lo menos los nombres castellanos de muchas cosas y quizá se animasen a imitar aquella manera llana, viva y familiar de nuestros antiguos prosistas, que hace agradables, aun para el profano, libros que por su contenido no lo serían en modo alguno. Y esto se aplica no sólo a los libros graves de ciencia o arte, sino a los de apariencias más frívolas, a los de juegos, ejercicios y deportes caballerescos y populares, como la equitación, la esgrima, la caza y hasta el baile. En todos estos géneros tiene la lengua castellana preciosidades y un historiador de la literatura no debe olvidarlos completamente, aunque sólo sea por la luz que dan a la historia de las costumbres, y, por consiguiente, a la recta interpretación de los documentos literarios.

Es claro que entre los prosistas técnicos, los que tienen relación más inmediata con la literatura, y en cierto modo hay que considerar inseparables de ella, son los gramáticos y los preceptistas literarios, puesto que la historia de la lengua y la historia de las ideas artísticas llegan a confundirse con la historia de la palabra hablada o escrita. Nebrija y Juan de Valdés, Bernardo de Aldrete, primer investigador de los orígenes de nuestro idioma; el Pinciano, Cascales y González de Salas, hábiles expositores de las poéticas de Aristóteles y Horacio; el licenciado Juan de Robles, autor de los amenos y sustanciosos diálogos que llevan por el título *El Culto Sevillano*; Fr. Jerónimo de San José y los demás tratadistas del arte de la historia, pueden y deben ser incluídos entre los maestros teóricos y muchas veces prácticos, de nuestra lengua.

La historiografía española, que desde sus orígenes en el siglo XIII constituye una de las ramas más opulentas del árbol de nuestra literatura, está muy pobremente representada en la *Biblioteca de Autores Españoles*, donde no figuran más que la obra clásica del P. Mariana, algunos historiadores de sucesos particulares y los primitivos de Indias, faltando alguno de los más importantes, como Fr. Bartolomé de las Casas. Quedan, pues, fuera de la colección, los analistas generales, los de reinos, provincias, ciudades y pueblos, los historiadores eclesiásticos y de Órdenes monásticas (entre los cuales hay alguno de tan admirable estilo como Fr. José de Sigüenza), los autores de relaciones, avisos, memorias y autobiografías, la mayor parte de los grandes narradores militares de las campañas de Italia, Flandes, Alemania, y África; los geógrafos y viajeros y otros grupos no menos interesantes, puesto que por grupos y no por autores hay que contar aquí las omisiones.

Haylas también en la literatura del siglo XVIII, aunque relativamente sale mejor librada, pues además del *Corpus* de los poetas líricos, tienen colecciones más o menos completas, los principales escritores de aquella centuria: Feijóo, Isla, Jove-Llanos, los dos Moratines, Quintana. Falta coleccionar el teatro, en que, al lado de los fríos ensayos de la imitación galoclásica, ocuparán puesto de honor los regocijados sainetes del madrileño don Ramón de la Cruz y del gaditano don Juan del Castillo, única expansión de la musa popular entonces. Falta un tomo de novelistas, que será, sin duda, más curioso que ameno, pero que no deja de interesar por la misma rareza y discontinuidad en las tentativas, desde las imitaciones quevedescas de don Diego de Torres hasta las novelas pedagógicas de Montengón, imitador de Rousseau y de Marmontel. Falta, aunque no del todo, lo que más caracteriza la literatura de aquel siglo, cuya inferioridad artística nadie niega. En aquel círculo de estimables medianías y de buenos estudios se cultivó con ahinco la prosa didáctica y polémica y aparecieron una porción de obras muy útiles que suponen un gran movimiento de ideas, un celo del bien público, una actividad en la cultura general, que hoy mismo nos puede servir de estímulo y aun avergonzarnos en la comparación. Así lo prueban los trabajos de investigación histórica, que nunca han rayado en España más alto; la crítica arqueológica y artística, que entonces nació; la controversia filosófica, tan viva y a veces tan interesante, entre los sensualistas y los escolásticos, entre los partidarios de la Enciclopedia y los conservadores de la tradición; las expediciones de naturalistas y geodestas; la propaganda de las ideas económicas, en que tuvo Campomanes la mayor parte. Todo este movimiento científico tiene que reflejarse en nuestra Biblioteca del modo y forma que hemos indicado para las épocas anteriores.

La Biblioteca de Rivadeneyra apenas traspasa los confines del siglo xviii. Los autores más modernos que comprende, Quintana, Gallego, Lista, Toreno, son hombres nacidos y educados en él, aunque su actividad se desenvolviese en gran parte dentro del xix. Este límite, impuesto por razones de prudencia al primitivo editor, no debe subsistir después que el siglo xix ha terminado y pertenecen ya a la historia la mayor parte de sus representantes. La conveniencia de incorporar a nuestra galería nacional lo más selecto del tesoro literario del siglo xix (con exclusión, por supuesto, de los autores vivos), es tanto mayor cuanto que nunca después del Siglo de Oro se ha mostrado la literatura española con tanta pujanza y brío como en el período romántico y en sus inmediatas derivaciones. Fué aquél como un despertar del genio nacional, que conviene recoger en la historia, ya que han descendido a la tumba todos sus representantes.

En vista de todo lo expuesto, nadie nos tachará de hiperbólicos si afirmamos que es muy posible publicar otros 71 volúmenes análogos a los de Rivadeneyra, y que no les cedan en interés y variedad de materias. Y aun no se limitan a esto nuestros propósitos, acaso temerarios. Como nuestra *Biblioteca* se titula *de Autores Españoles*, no sólo comprenderá autores castellanos (incluyendo entre ellos, por de contado, a los nacidos en las repúblicas hispano-americanas y a los numerosos portugueses que escribieron en nuestra lengua tanto o más que en la suya), sino que, cumpliendo la voluntad expresa y varias veces declarada de los dos ilustres fundadores, don Buenaventura Carlos Aribau y don Manuel Rivadeneyra, figuran al cabo en esta obra nacional varios tomos de poetas y prosistas catalanes de los siglos medios: crónicas tan admirables como las de Don Jaime I, Desclot, Muntaner y la atribuída por tanto tiempo a Don Pedro IV; obras enciclopédicas y doctrinales de Ramón Lull y de Eximenis; novelas como Tirant lo Blanch; poetas como Ausias March, Jaime Roig y Corella. Estas publicaciones serán bilingües, para que puedan ser manejadas por todos los españoles, estampándose el texto y la traducción a dos columnas.

Finalmente y para justificar más y más nuestro título, publicaremos, de vez en cuando, traducciones fieles y esmeradas de las obras latinas más notables escritas por los españoles de la Edad Media y del siglo XVI, fijándonos especialmente en los textos relativos a nuestra historia y en las obras filosóficas, pedagógicas y críticas de nuestros pensadores y humanistas del Renacimiento, tan poco estudiadas todavía y tan dignos de serlo. Esperamos también obtener el auxilio de los orientalistas más competentes para que pueda enriquecerse nuestro catálogo con algunos tomos de historiadores y geógrafos, de filósofos y naturalistas, de poetas y novelistas árabes y judíos, que nacieron en España o escribieron sobre cosas españolas.

Tal es nuestro ambicioso proyecto, tan fácil de trazar sobre el papel como difícil de llevar a la práctica si el público no secunda esta ardua empresa, a la cual nos arrojamos sin presunción ni temor, por considerarla patriótica, civilizadora y sana. A nadie pretendemos hacer la competencia: reconocemos de buen grado el mérito de todas las colecciones existentes; deseamos larga y próspera vida a todas las que de nuevo se intenten. ¡Ojalá fuesen muchas, ojalá no quedase ningún texto importante en la literatura española que no estuviese ya impreso, críticamente ilustrado y divulgado por todas partes!

Satisfechos quedaremos con haber aportado unas cuantas piedras para el edificio que la erudición del porvenir levantará en honra de la literatura española, la más nacional de las modernas.

ÍNDICE DE TEMAS, AUTORES Y OBRAS

A

Acevedo y Fonseca, Diego de, a quien se dedica la llamada *Cuarta Celestina,* 341.

Adelaida de Romano, Historia de, madre del célebre tirano Ezzeline y Petrarca, 132.

Adeleta o Adelecta, anécdota derivada de Petrarca, 131, 132.

Agrícola, Vocabulario, en la *Tragedia Policiana,* 383.

Agustín, S., noticias de Apuleyo, 490; y el *Asno de Oro,* 493.

Alba, Maestro, Agustino de gran instrucción, y su amistad con Meléndez, 655.

Alberti, León Bautista, y la comedia *Philodoxas,* 112.

Alcibíades, en la *Celestina,* 132.

Alda, La Comedia, y la *Seraphina,* bibliografía, 279.

Alegoría, La, en la obra *Doleria,* de Hurtado, 420.

Alonso Cortés, Narciso, y el juicio que se hace sobre sus *Noticias de una corte literaria,* 436.

Alvarez de Villasandino, Alfonso, y la alusión que hace a la comedia llamada *Birria,* 93.

Amato Lusitano, y la alusión que hace a la llamada *Celestina* de Salamanca, 67.

Amor, según Fernando de Rojas, 171; su teoría, en la *Cuarta Celestina,* 341; entre los clásicos, 511.

Amor, Tratado del, del Tostado y la *Celestina,* 140.

Andalucía, Reflejos de, en las comedias *Seraphina* y *Thebayda,* 289.

Antonio, Nicolás, y la comedia *Eufrosina,* 363.

Añiago, Pero, antigualla inspiradora de una comedia de Vélez de Guevara, 393.

Apuleyo, en la *Celestina,* 76; en Francisco Delicado, 302; en la comedia *Selvagia,* 398; estudio de *El Asno de Oro,* 490; bibliografía, 492; Asunto de la obra, según Luciano, 497; según Apuleyo, 499; fábula de Psiquis y Cupido, 500; los últimos libros del *Asno,* 503; derivaciones del mito de Psiquis, 505; traducciones, 506.

Aquilano, Serafino, en P. M. de Urrea, 256; y la comedia *Seraphina,* 281.

Aquiles y Deidamia, Fábula de, y la *Seraphina,* 279.

Aretino, Leonardo, y su comedia *Poliscena,* en relación con la *Celestina,* 116.

Aretino, Pedro, y Francisco Delicado, 302; su escaso influjo en la literatura española, 311.

Areusa, El carácter de, en la *Celestina,* 152.

Ariosto, fecha de sus comedias, 124; en Timoneda, 236; y Valencia, 272; en la *Doleria* de Hurtado, 417; y la *Lena,* que no se refleja en la de Velázquez de Velasco, 429.

Aristófanes, y el desconocimiento que de él tuvo Fernando de Rojas, 203.

Asno de Oro, de Apuleyo, considerado como novela, 453, 490.

Asno que aprendió a leer, Cuento del, en la *Lozana,* 310.

Ateneo, y la comedia *Bile,* 112.

Aulegrafía, Comedia de Ferreira de Vasconcellos, 372.

Autores Españoles, su prospecto, en la Nueva Biblioteca, 515.

B

Babia (en Asturias), los pocos alcances que se conceden a sus gentes, y crítica de sus ridículas costumbres, 438.
Ballesteros y Saavedra, Fernando de, regidos de Villanueva de los Infantes, traductor de la *Eufrosina*, 363.
Bandello, Mateo, y Valencia, 273.
Banquete de Trimalcios, en el *Satyricon*, 474.
Barclay, Juan, humanista del siglo XVII, 221; y el *Satyricon*, 489.
Barlaam y Josafat, en la *Segunda Celestina*, 323.
Barrionuevo, Isabel de, y la *Selvaggia*, que le dedica Alonso de Villegas, 394.
Barth, Gaspar, traductor latino de la *Celestina*, 193; traductor latino de la *Celestina* y de otros libros españoles, 214; traductor del *Coloquio de las Damas*, del Aretino, 313.
Bermúdez, Jerónimo, y la escena de la *Nise Lastimosa* en la *Lena*, 432.
Bertaud, Renato, traductor francés de la *Penitencia de Amor*, de Urrea, 259.
Betoulad, traductor francés de *El Asno de Oro*, 506.
Bibienna, Cardenal, fecha de sus comedias, 124; posible fuente de *La Lena*, 431.
Biblioteca de Autores Españoles, Prospecto de la Nueva, 515.
Biblioteca de Autores Españoles, de Rivadeneyra, juicio sobre la misma, 516.
Bile, comedia humanística, reflejada en nuestra literatura, 112.
Birria, La comedia, y las alusiones del siglo XV que contiene, 93.
Blanco (White), y los autores de la *Celestina*, 48.
Blois, Guillermo de, y su comedia *Alda*, 549.
Blois, Vital de, y la comedia elegíaca, 90.
Boccaccio, en la *Celestina*, 134; y Velázquez de Velasco, 431; y Apuleyo, 506.
Bonilla y San Martín, Adolfo, y los autores de la *Celestina*, 44.
Bossuet, juicio sobre Terencio, 83.
Boyardo, Mateo, en la *Doleria*, de Hurtado, 417.
Braga, Teófilo, y la comedia *Ulyssipi*, de Ferreira, 371.
Brentano, Clemente, y la versión alemana de la *Celestina*, 206.
Brujas en la *Segunda Celestina*, 241.
Brumandilón, rufián, en la *Cuarta Celestina*, 350.
Bruno, Giordano, el tipo de pedante en la *Lena*, 432.
Bubas, Pestíferas, noticias en la *Lozana Andaluza*, 296.
Burlas provocantes a risa, Cancionero de obras de, 274.
Bussy-Babatín, y el *Satyricón*, 489.
Byron, Lord, y la Comedia *Seraphina*, 279.

C

Caballero, Fermín, el inolvidable, sus *Relaciones Geográficas* y Fernando de Rojas, 36.
Cáceres y Espinosa, Pedro de, su biografía de Gregorio Silvestre, y las acusaciones de plagio contra Luis Hurtado, 375.
Cadaveres Pasti, caso en las escuelas de oratoria, 472.
Calderón de la Barca, y la *Celestina*, 240; y la *Doleria*, 422.
Calisto, su carácter, en la *Celestina*, 158.
Calphurnia et Gurgulio, título de alguna edición de *Poliscena*, 119.
Calvi, Maximiliano, y la *Cuarta Celestina*, 350.
Campo Fregoso, Feltria, Mecenas de Ordóñez, traductor de la *Celestina*, 201.
Cancionero, de Pedro Manuel, y su relación con la *Celestina*, 249.
Cancionero general, y A. de Proaza, 20.
Cancionero de obras de burlas, juicio, 274.
Capella, Marciano, y la clasificación de su *De nuptiis Mercurii et Philologiae*, 507.
Capitán español, su tipo en la comedia italiana, 204.
Cárcel de Amor, de Diego de San Pedro, la P. M. de Urrea, 257.

Carvajal, Micael de, y los reflejos celestinescos en la *Tragedia Josefina*, 233.

Caseda, Ramón, poetastro de Salamanca, que destruye un ejemplar de la *Celestina*, 199.

Cassá, Jaime, autor de comedia latinas, 126.

Cassador, Juan, autor de comedias latinas, 126.

Castelobranco, Juan Rodríguez de (Ameto Lusitano), y la *Celestina*, 67.

Castellano, y la afición de los portugueses a ese lenguaje, 358.

Castillejo, Cristóbal, y las coplas en alabanza del palo santo de Indias, 297.

Castrillón, F. E., adaptador de la *Dorotea*, 239.

Catulo, falsificado por Marchena, 469.

Cecchi, Juan María, y la *Comedia pródiga* de Miranda, 234.

Celestina, La, estudio, 9; su forma dialogada, 11; y la influencia que tuvo en la evolución de la novela, 12; la influencia que tuvieron sus imitaciones en la evolución de la novela, 13; bibliografía, 14; y su autor, el bachiller Fernando de Rojas, 27; referencia a su autor como estudiante, 29; y las costumbres jurídicas, 31; cuántos fueron sus autores, 37; estudio de su estilo, 46; identidad de su estilo en los distintos autos, 48; los refranes que contiene, 52; estudio de la erudición que deja traducir, 53; su argumento, 56; el *Tractado de Centurio*, 56; fecha de su redacción, 65; lugar en que se desarrolla la acción, 67; fuentes de la *Celestina*, 72, 85, 86, 128; y Boccaccio, 134; y los Archiprestes de Hita y de Talavera, 136; Mena, 139; el Tostado, 140; y Diego de San Pedro, 141; valor literario de la *Celestina*, 143; opinión de los alemanes, 144; la composición, 166; su moralidad, 178; y la Inquisición, 180; consideración de sus valores artísticos como prosa castellana, 181; su estilo y la lengua, 183; traducciones que de la *Celestina* se hicieron, 200; su influencia en la literatura española, 224; imitaciones que tuvo en el teatro, 229; y la *Dorotea*, de Lope, 238; y Salazar y Torres, 241; sus refundiciones, 243; y la influencia que tuvo en las novelas picarescas, 244; otras imitaciones, 249; sus continuaciones, 314; y la *Segunda Celestina*, de Silva, 314; y la *Tercera Celestina*, de Gaspar Gómez, 336; imitaciones portuguesas y 326; y la *Cuarta Celestina* o *Tragicomedia de Lysandro y Roselia*, huellas que se encontraron de la *Celestina* en Portugal, 351; y su imitación castellana, la *Tragedia Policiana*, 373; y la *Comedia Florinea*, también imitación castellana, 384; y la *Selvagia*, 393; y la *Comedia Salvaje*, 411; y la *Doleria del sueño del mundo*, 414.

Celoso, El, o la *Lena*, de Velázquez de Velasco, estudio de esta obra, 422.

Centurio, y el carácter del rufián en la *Celestina*, 154.

Cerdá y Rico, editor de *Poesías espirituales*, 426.

Cervantes, Miguel de, y el elogio que hace de la *Celestina*, 182; y la *Celestina*, 145; y la burla del estilo de Feliciano de Silva, 324; y el cuento de la cañaheja y Focio, 459; y la imposibilidad de imitación del *Banquete de Trimalción*, 439.

César, Julio, imitado en los *Comentarios* de Verdugo, 464.

Cicerón, en la comedia *Thebayda*, 287.

Cinthio, Giraldi, y la relación que a su juicio existe entre la *Celestina* y la comedia ateniense, 202.

Ciropedia, de Jenofonte, y su calidad de novela histórica, 450.

Clariana, Comedia, y la *Celestina*, 229.

Claricio, Hyerónimo, corrector italiano de la *Celestina*, 202.

Clarimundo, en la comedia *Eufrosina*, 357.

Clarus, y el elogio que hace de la *Celestina*, 144, 173.

Clearco, y los libros de amor que escribió, 458.
Clerc, El, en la *Celestina*, 176; en la *Cuarta Celestina*, 344.
Cocina andaluza, y las noticias que de ella da la *Lozana*, 309.
Coja, La, y el cuento del condenado a muerte que no quiere casarse con ella, 432.
Colom y Colom, Juan, y la *Comedia Florinea*, 385.
Coloma, Carlos, elogio del coronel Verdugo, 425.
Coloquios de amores y de bienaventuranza, de Sedeño, 264.
Comadres, Coplas de las, por R. de Reinosa, 265.
Comedia de capa y espada, y los precedentes que de la misma se encuentran en la *Selvagia*, 395.
Comedias elegíacas medievales, 90; y el modo en que las mismas deben ser recitadas, 11.
Comedias humanísticas, estudio de las mismas, 107.
Conde, José Antonio, traductor de Museo, 86.
Conde, Oración del, en la *Segunda Celestina*, 322.
Condé, Príncipe de, aficionado al *Satyricón*, 489.
Con dos que te miro... (conjuro), 379.
Conjuros en la *Tragedia Policiana*, 378; en la *Comedia Selvagia*, 398.
Conon, autor de cuentos griegos, 459.
Coro, y su rara intervención en la novela llamada *Segunda Celestina*, 317.
Correcciones y modificaciones de textos literarios, ejemplos, 51.
Cortesanas, del Renacimiento, en la *Lozana Andaluza*, 304.
Cortesanía, Temas de, en la *Aulegrafía*, 373.
Cossi, Miguel, poeta latino, 19.
Costumbres, en la comedia *Thebayda*, 287.
Cota, Rodrigo, atribución de la *Celestina*, su personalidad literaria, 40.
Covarrubias, Sebastián, y los cuentos de la *Celestina*, 79.
Cratino, poeta griego, en la *Celestina*, 77.

Creizenach, y la *Celestina*, 11; y la comedia humanística, 108.
Criados, Tipos del, en la literatura, 154.
Criados, y la condición que a ellos corresponde, según lo que resulta de la comedia *Florinea*, 389.
Croce, Benedetto, y sus estudios sobre la *Celestina*, 204.
Cueto, Leopoldo A. de, y los poetas líricos del siglo XVIII, 517.
Cueva, Juan de la, y el *Asno de oro*, 506; y la influencia que se atribuye a la *Celestina* en el *Infamador*, 236.

CH

Chaucer, y Juan Rodríguez del Padrón, 162.
China, Historia de, por el P. Mendoza, aludida por Velázquez de Velasco, 329.
Chrysis, comedia de Eneas Silvio, y sus relaciones con la *Celestina*, 119.

D

Damas, Coloquio de las, y el título que a su versión o arreglo puso el beneficiado Fernán Xuárez, 312.
Dante, y las reminiscencias que de él se encuentran en la comedia *Eufrosina*, 357.
Declamación, La, y cuáles son sus reglas, según la opinión de Alonso de Proaza, 10; y su influjo en la decadencia romana, 471.
Delicado, Francisco, editor de la *Celestina*, 193; y la *Lozana andaluza*, 291.
Demonismo de Celestina, 149.
Desperiers, Buenaventura, y la *Celestina*, 208.
Diego Puede-ser, o sea James Mabbe, y la traducción que hizo de obras españolas, 210.
Digges, Leonardo, y la traducción al inglés que hizo de *El Español Gerardo*, 210.
Diógenes Laercio, y las noticias que nos trae Menipo, 461.
Dipsas, Vieja, y Celestina, 174.

Doleria del sueño del mundo, y la relación que tiene con el *Philodoxus*, 115; estudio de esta obra de Hurtado de la Vera, 414.
Donjuanescos, Los elementos, en la *Eufrosina*, 368.
Dorotea, de Lope, los elementos celestinescos que contiene y su adaptación para teatro, 238.
Drudon, Hilario, compilador de comedias humorísticas, 119.
Durán, y el *Romancero*, 517.

E

Echeneis, noticias del pez, y el comendador Hernán Núñez, 72.
Éfeso, Cuento de la *Matrona de*, preciosa narración, 478.
Égloga de la tragicomedia de Calisto y Melibea, por Urrea, 249.
Elegíacas, Comedias, estudio de las mismas, 86; reseña de las conservadas en España, 443.
Elicia, y su carácter, 152.
Elicia y cuarta parte de Celestina, 337.
Emparedada, Oración de la, en la *Segunda Celestina*, 322.
Enano Risdeño, de la *Selvagia*, 379.
Encina, Juan del, y Urrea, 251; y la *Celestina*, 224.
Encinas, Francisco de, y la traducción que hizo de las *historias verdaderas*, de Luciano, 460.
Encolpio, Protagonista del *Satyricón*, 470.
Epicteto, en la *Doleria del sueño del mundo*, de Hurtado de la Vera, 418.
Epicureo, El, en la vida romana, 464.
Epopeyas primitivas fragmentarias, 453.
Erasmismo de la *Cuarta Celestina*, 343.
Erasto, Príncipe, 414.
Estébanez Calderón, Serafín, y su juicio sobre la *Segunda Celestina*, 318.
Estrellas, El mentir de las, frase de Salazar y Torres, 242.
Eufrosina, comedia celestinesca de Ferreira de Vasconcellos, fuentes, análisis y bibliografía, 360.

Eurialo y Lucrecia, Historia de, de Eneas Silvio, y su relación con la *Celestina*, 121.
Ezzelino, El tirano, y su historia, según Petrarca, 132.

F

Faría y Souza, su *Europa Portuguesa*, y el autor de la *Eufrosina*, 363.
Farinelli, Arturo, y la comedia humorística, 108.
Farsalia, de Lucano, y las alusiones que contiene el *Satyricón*, 483.
Fedro, prosificado, en la Edad Media, 87.
Feijóo, defensa de Apuleyo, 494.
Fernández, Sebastián, y la *Tragedia Policiana*, 374.
Fernández Guerra, A., editor de Quevedo, 517.
Fernández de Villegas, F., refundición de la *Celestina*, 243.
Fernandus Servatus, tragedia de M. Verardo, 80.
Ferrara, Truhán del Duque de, cuento del, en la *Lozana*, 310.
Ferreira, Antonio, y Jorge Ferreira de Vasconcellos, 360; y la *Lena*, 432.
Ferreira de Vasconcellos, Jorge, y sus comedias celestinescas, estudio biográfico y crítico, 351.
Fitzmaurice-Kelly, editor de la *Celestina*, en inglés, 112.
Florantea, Comedia que poseía, Timoneda, 385.
Florinea, Comedia, de Juan Rodríguez Florián, estudio de esta obra, 384.
Flos Sanctorum, de Villegas, ediciones que de esta obra se hicieron y carácter de la misma, 404.
Focio, Patriarca, y los cuentos que contiene su *Bibliomirón*, compendiado por el P. Mariana, 459; noticias sobre el *Asno de Oro*, 495.
Folk-lore, en la *Lozana andaluza*, 307; en la *Lena*, 437.
Fontefrida, Romance de, en la *Tragedia Policiana*, 378.
Fornaris, Fabricio de, alusión a la *Celestina*, 203.
Fracastor, Gerónimo, y la *Psiqué*, 505.

Frachetta, Jerónimo, y la traducción al italiano que hizo de las *Memorias* de Verdugo, 423.
Fuentes, Conde de, Mecenas de Alfonso Velázquez de Velasco, 426.

G

Gallardo, y lo que desgarradamente escribió sobre la comedia *Thebayda*, 284; y su juicio sobre la *Segunda Celestina*, 318; y su juicio sobre la *Selvagia*, 399.
Garibay, Cuentos de, la *Floresta española* y la comedia *Bile*, 112.
Gastrimargus, comedia latina de Jaime Romanyá, 126.
Gaztelu, Domingo de, editor de la *Segunda Celestina*, 315.
Gelli, Juan Bautista, y la *Doleria del sueño del mundo*, de Hurtado de la Vera, 415.
Germania, Coplas en, por R. de Reinosa, 266.
Germania, Lengua de, en Feliciano de Silva, 320.
Gervinus, juicio sobre la *Celestina*, 143.
Gil Blas, y Apuleyo, 505.
Goethe, y la *Celestina*, 206.
Gómez de Toledo, Gaspar, y la *Tercera Celestina*, estudio, 326.
González Agejas, L., estudio de la versión alemana de la *Celestina*, 204.
González de Bobadilla, Bernardo, y la *Celestina* en Salamanca, 68.
González Pedroso, editor de los Autos Sacramentales, 517.
González de Salas, editor del *Satyricón*, 468.
Gracián, Baltasar, y el poco aprecio que sentía por la *Celestina*, 196; y la atribución de la *Celestina* a P. M. de Urrea, 252; precedente de Hurtado de la Vera, 421.
Granada, Conquista de, tragedia de M. Verardo, *Historia Baetica*, 80.
Griega moderna, La novela, 460.
Grise, Señor de la, traductor francés de la *Penitencia de amor*, de Urrea, 259.
Guajardo Fajardo, y los *Proverbios morales*, bibliografía, 415.

Guantes de Valencia, su reputación, 271.
Guerra Civil, Poema de la, fragmento del *Satyricón*, 483.
Guevara, Fr. Antonio de, y los libros de entretenimiento, 179; y el uso de perfumes, 272; en la comedia *Eufrosina*, 357; y el conjuro «Cón dos que te miro», 379; y la *Comedia Florinea*, 389.

H

Haebler, Conrado, bibliotecario de Dresde y su autoridad en materia de incunables, 16.
Hartzenbusch, y la depuración de sus obras, 71; y el autor de la *Cuarta Celestina*, 339; juicio sobre la *Cuarta Celestina*, 350.
Héctor, Poema sobre, original de un amigo del autor de la *Cuarta Celestina*, 338.
Hechicerías, en la *Segunda Celestina*, 241.
Heliodoro, y la influencia cristiana, 460; imitado por Juan Barclays, en *Argenis*, 489.
Heráclito, en la *Celestina*, 72.
Hero y Leandro, en la *Celestina*, 85.
Herrera, Fernando de, y la *Psique*, de Fracastor, 505.
Himenea, Comedia, y la *Celestina*, 227.
Hipocresía, en la *Segunda Celestina*, 321; en la *Comedia Florinea*, 387.
Hipólita, Comedia, estudio de su contenido, 275.
Historia Baetica, de M. Verardo, 80.
Historiografía en la Bib. de Autores Españoles, 523.
Historia, diferencia de novela, 452.
Historias verdaderas, de Luciano, y su versión española, 459.
Hita, Arcipreste de, su paralelo con el de Talavera y con F. Rojas, 136.
Honor, Sentimiento del, en la *Cuarta Celestina*, 348; en la *Tragedia Policiana*, 381.
Horacio, en la *Celestina*, 73.
Hrotsvitha, Monja, y sus obras dramáticas, 87.

Huet, Obispo de Avranches, y su *Tratado del origen de las novelas*, 455.
Huete, Jaime de, y sus comedias de corte celestinesco, 230.
Humanísticas, Comedias, estudio de ellas, 107; en España, 125; y la *Cuarta Celestina*, 345.
Hurtado, Luis, corrector de la *Tragedia Policiana*, 374.
Hurtado de la Vera, Pedro, y sus obras *Erasto y Doleria del sueño del mundo*, 414.

I

Infamador, El, de Cueva, influencia celestinesca, 237.
Inmoralidad de la *Celestina*, según Puibusque, 82.
Italiana del Renacimiento, Comedia, fechas y consideración de la influencia que pudo haber tenido en la *Celestina*, 124.
Italianismo de la *Lena*, 433.
Italianismo, en la *Lozana Andaluza*, 308.
Italianos, Eruditos, y el poco aprecio que sintieron hacia la *Celestina*, 202.

J

Jámbulo, autor de un libro en que relata viajes, 458.
Janus Sacerdos, comedia italiana del siglo xv, 111.
Jenofonte, *La Ciropedia*, y el carácter de esta novela, 458.
Jerigonza, Lenguas de, en la *Tercera Celestina*, 335.
Jiménez, el licenciado, robado por Luis Hurtado, 375.
Josefina, Tragedia, de Carvajal, y los reflejos celestinescos que en ella se advierten, 233.
Jovellanos, y su aprecio de la *Celestina*, 198.
Juan, Príncipe don, y el torneo de Xábregas, 359.
Juegos de escarnios, y las pocas noticias que de él se tienen, 127.

Junta, Juan de, y la determinación de quiénes fueron los autores de la *Cuarta Celestina*, 338.
Juramentos graciosos de Cervantes, y de Feliciano de Silva, 324; raros de valentones, 377.
Juvenal, en la *Celestina*, 73; en P. M. Urrea, 256; a la Comedia *Thebayda*, 287.

K

Klein, la *Celestina*, y Shakespeare, 144.

L

Laboratorio de Celestina, 138.
Laboratorio de Elicia, sobrina de Celestina, 349.
Lafontaine, y el *Satyricón*, 489; y los *Amores de Psiquis*, 505.
Lambas de Auriá, Anécdota de, en la *Celestina*, 133.
Lavardón, Jacques de, traductor francés de la *Celestina*, 207.
Lavigne, Germond de, traductor francés de la *Celestina*, 208.
Lefebure, Gustavo, y Menandro, 77.
Lelo, Canto de, y la *Tercera Celestina*, 335.
Lemcke, y los autores de la *Celestina*, 48; elogio de la *Celestina*, 144.
Lena, La, o el *Celoso*, de Velázquez de Velasco, estudio, 422.
Lena, romana, Tipo de, 76, 84.
León, Fray Luis de, y la imitación que de él hizo Alfonso Velázquez de Velasco, 427.
León, Sebastián de, carta al hijo de Alfonso Guajardo, 415.
Lépido, supuesto autor del *Philodoxus*, 112.
Libros que pueden vedarse, juicio de Zurita, 180.
Lista, Alberto, y su juicio sobre la *Celestina*, 168, 199; juicio sobre sus estudios del teatro, 227.
Lonchay, Henry, editor de los *Comentarios* del Coronel Verdugo, 443.
López de Cortegana, Diego, traductor de Apuleyo, 506.

Louvet de Couvrazy, y la comedia *Serafina*, 279.
Lozana Andaluza, Retrato de la, por Delicado, 291.
Luanco, José Ramón de, y la tesis doctoral del autor, 450.
Lucano, y las alusiones que a la *Farsalia* se encuentran en el *Satyricón*, 483.
Luciano, y Francisco Delicado, 302; en la *Doleria del sueño del mundo*, de Hurtado de la Vera, 418; las *Historias verdaderas*, y su versión española, 459; Comparación que se hace con Apuleyo, 492; y su influencia en el *Asno de Oro*, 495.
Lucio de Patrás, y su *Metamorfosis*, 495.
Lucrecio, en Boccaccio, 135; en Fernando de Rojas, 172; y el epicureísmo, 465; y una supuesta frase de él en el *Satyricón*, 487.
Lugo Dávila, Francisco de, y la *Lena*, 431.
Lulio, Raimundo, enseñado por Alonso de Proaza, 18.
Luna, Isabel de, cortesana anterior a la *Lozana*, 305.
Luzán, aprecio de la *Celestina* y sus derivaciones, 197.
Lydia, Comedia, de M. Vendôme, 92.
Lysandro y Roselia, Tragicomedia de, estudio de la misma, 336.

M

Mabbe, James, traductor inglés de la *Celestina*, así como de otros libros españoles, 210.
Macette, de Regnier, y la *Celestina*, 209.
Macrobio, y Petronio, 467.
Magnes, poeta griego, en la *Celestina*, 77.
Mal Lara, autor de comedias latinas, 126; y el mito de Psiquis y Cupido, 503.
Maldonado, Juan, y su comedia latina *Hispaniola*, 126.
Mallorca, teatro profano en el siglo XV, 127.
Mamotretos, capítulos en la *Lozana Andaluza*, 292.

Mancebia, Padre de la, en la comedia *Thebayda*, 288.
Manrique, Gómez, en Alonso Guajardo, 416.
Manrique, Jorge, en Ferreira de Vasconcellos, 356.
Marchena, Abate, y la falsificación que hace de algunos pasajes del *Satyricón*, 469.
Margarita poética, de A. Eyb, ediciones, 116.
Mariana, P., y el compendio y traducción que hizo de Focio, 459.
Marot, Clemente, y la *Celestina*, 208.
Martinenche, E., juicio sobre su tesis acerca de la *Celestina*, 153; tesis sobre la influencia de la *Celestina* en el teatro español, 224.
Martos, Peña de, en la *Lozana Andaluza*, 293.
Matrona de Éfeso, Cuento de la, 478.
Mayans, G., su aprecio de la *Celestina*, 198.
Médico de Cádiz, La novela del, y la *Lena*, 431.
Melo, Francisco Manuel de, omite citar la *Celestina*, 197; y la *Eufrosina*, 363.
Mena, Juan de, atribución de la *Celestina*, 39.
Menandro, en la *Celestina*, 77; y la imitación que de él hace G. de Blois, 93; traducido por Apuleyo, 493.
Mendoza, Bernardino de, y su relación con Velázquez de Velasco, 423.
Mendoza, Diego H., y la *Celestina*, como libro suyo único, 181.
Mendoza, P., y la *Historia de China*, a la cual alude Velázquez de Velasco, 429.
Menéndez Pelayo, y la alusión que hace a sus relaciones con Foulché - Delbosc, 27; su ironía contra los llamados «doctos filólogos», 30; y la invitación a investigar que hace a los Salmantinos, 31; y Bonilla, 44; su amistad con Sanesi y Farinelli, 103; su afición al método histórico comparativo, 142; elogio de Carolina Michaëlis, 357; y el capítulo sobre las continuaciones de la *Celestina*, 442; y Rodríguez Marín, 443.

ÍNDICE DE TEMAS, AUTORES Y OBRAS 537

Menipeas, Sátiras, originales de Varrón, 461.
Menipo, su personalidad y la intervención que le cupo en las obras de Luciano, 461.
Mercado, Pedro de, estrofas en la *Segunda Celestina*, 314.
Meretrices en el teatro latino, 83.
Metamorfosis o *Asno de Oro*, de Apuleyo, y sus cuentos entre los griegos, 459; análisis de la obra, 493.
Mey, y la comedia *Bile*, 112.
Michaëlis de Vasconcellos, Carolina, y los autores de la *Celestina*, 48; y la biografía de Ferreira Vasconcellos, 357.
Milesias, Fábulas, reminiscencias, 457.
Milor, Comedia, de M. Vendôme, 92.
Minutiano, Vincentio, corrector italiano de la *Celestina*, 202.
Miranda, Luis de, y las fuentes de su *Comedia Pródiga*, 233.
Mística, en la Biblioteca de Autores Españoles, 520.
Molière, y el mito de *Psiquis*, 505.
Molina, El Bachiller Juan, y sus obras, 290.
Moraes, Francisco de, y la *Celestina*, 352.
Moralidad de la *Celestina*, 178.
Moralidades en la *Cuarta Celestina*, 342.
Moratín, L., limador de sus poesías, 51; elogio de la *Celestina*, 182; juicio sobre la *Comedia Pródiga*, de Miranda, 233; su juicio sobre la *Celestina*, 243; y las comedias *Thebayda*, *Hipólita* y *Serafina*, 275.
Mujer, Papel de la, entre los antiguos, 510.
Mujeres como si fueran demonios, Cuento del *Barlaam*, y sus derivaciones, 327.
Muñón, Sancho de, y la *Cuarta Celestina*, 340.
Museo (Poema de), en la *Celestina*, 85.
Musuro, Marcos, traductor latino de Museo, 85.

N

Narciso, Alusión a, en la *Celestina*, y en Pérez de Guzmán, 55.
Nardi, y la fecha de su comedia, 124.
Nasarre, y la edición de la *Eufrosina*, 362, 365; y su juicio sobre las obras celestinescas, 197.
Natas, Francisco de las, y la comedia *Tidea*, celestinesca, 231.
Naturalismo de la *Lozana Andaluza*, 300.
Nebrija, Antonio, maestro de Francisco Delicado, 294.
Necromancia, La, en la *Celestina*, 75.
Negros, Lengua de, en la *Segunda Celestina*, 323.
Nerón, en el *Satyricón*, 471.
Nocedal, Cándido, y la Biblioteca de Autores Españoles, 518.
Nodot, falsifica pasajes del *Satyricón*, 468.
Novela, La, entre los latinos, tesis doctoral de D. Marcelino Menéndez Pelayo, 447.
Novela, La, su concepto y significación artística, 452; sus orígenes orientales, 455.
Núñez, Hernán, en la *Celestina*, 72.

O

Obscenas, Comedias, del siglo XV, 111.
Odisea, considerada como novela de los griegos, 509.
Ordóñez, Alfonso, traductor al italiano de la *Celestina*, 201.
Ordóñez, Maestro Alonso, profesor en Valencia, 18.
Oriente, cuna de la novela, según Huet, 455.
Ortiz, Agustín, y su comedia *Radiana*, de corte celestinesco, 231.
Ortiz, Lope, Coplas sobre la toma de Fuenterrabía, 260.
Ovidio en la *Celestina*, 74, 423; en las comedias elegíacas medievales, 90; *Dipsas* y *Macette*, de Regnier, 209; en P. M. de Urrea, 256; en la comedia *Thebayda*, 287; en la *Tragedia Policiana*, 382; en la *Selvagia*, 400; en la *Lena*, 432; y las fábulas *milesias*, 458; y los cuentos en sus sábalas, 460.

P

Padres, Santos, en la comedia *Thebayda*, 287.
Palau, Bartolomé, y la *Farsa Salamantina*, de corte celestinesco, 232.
Palmireno, y la cuestión relativa a quiénes fueron los autores de la *Celestina*, 43; autor de comedias latinas, 126.
Palo Santo de las Indias, remedio contra el mal francés, 297.
Pamphilus de amore, su influjo en el Arcipreste, 94; y la *Celestina*, 106.
Pandulfo, rufián en la *Segunda Celestina*, 320.
Panza, Fiesta de, en Salamanca, 345.
Paraíso y del Infierno, Tragicomedia del, y la *Celestina*, 226.
Parábola, Afición a la, en Oriente y en los libros sagrados, 456.
Pármeno, El carácter de, en la *Celestina*, 153.
Partenio de Nicea, Cuentos de, 458.
Parvos, Colloquios sobre, de Jorge Ferreira, 358.
Pastor, Juan, y sus comedias, 230.
Pastoril, La novela, episodio en la *Segunda Celestina*, 323.
Paulino et Polla, Libellus de, en la *Celestina*, 106.
Paulo, Emilio, Anécdota de, en la *Celestina*, 133.
Paulus, la comedia de Vergerio Senior, y su valor celestinesco, 109.
Pavana, composición estrófica nueva en la *Comedia Florinea*, 391.
Pedante, Tipo de, en la comedia italiana y en la *Lena*, 432; 440.
Pedantería, La, en la *Selvagia*, 399.
Pedrell, Maestro, y la refundición de la *Celestina*, 243.
Pellicer, Juan Antonio, y la *Comedia de Vetula*, 95.
Penitencia de amor, de P. M. de Urrea, y los elementos celestinescos que contiene, 254.
Peraza, Luis de, historiador de Sevilla, 19.
Pérez, Fray Andrés, y la *Pícara Justina*, 244.
Pérez Pastor, Cristóbal, y el juicio de sus documentos sobre Lope, 238.

Persio, en la *Celestina*, 73; en la comedia *Thebayda*, 287.
Pesimismo epicúreo, estudiado con relación a la *Celestina*, 175.
Petrarca, y la comedia humanística, 108; en la *Celestina*, 128; en P. M. de Urrea, 256; en la comedia *Eufrosina*, 357.
Petreyo, Juan, y las traducciones que hizo de las comedias de Ariosto, 126.
Petronio, y el *Satyricón*, 455.
Philodoxus, comedia de León Bautista Alberti, y su edición Española, 112.
Philogenia, de U. Pisani, y la *Celestina*, 115.
Pícara Justina, relación que trae la *Celestina*, 244; mención de la *Eufrosina*, 365.
Piccolomini, Eneas Silvio, y su comedia *Chrysis*, en relación con la *Celestina*, 119; su *Historia duorum amantium*, ediciones y relación con la *Celestina*, 121.
Píramo y Tisbe, Fábula de, en la *Tragedia Policiana*, 382.
Pisani, Ugolino, y su comedia *Philogenia*, en relación con la *Celestina*, 115.
Platón, en la *Doleria del sueño del mundo*, de Hurtado de la Vera, 418.
Planciades, Fulgencio, y Petronio, 467.
Plauto, en la *Celestina*, 77; y el *Querolus*, 86; y la influencia de su teatro en la Edad Media, 90; en la comedia *Chrysis*, 120; y la representación de sus comedias en el Renacimiento, 125; y la representación de sus comedias en Salamanca, 125; y el tipo de *miles gloriosas*, 155; en Timoneda, 236; en la *Doleria del sueño del mundo*, de Hurtado de la Vera, 420.
Plessis Bourrot, Señor de, traductor francés de la *Celestina*, 207.
Plinio, y Petronio, 467.
Plutarco, de Jacobo Amyot, y sus cuentos de amor, 458.
Poesía, La, y su relación con la novela, 452; crítica de ella en el *Satyricón*, 484.

Policiana, Tragedia, y los precedentes que de ella se encuentran en la *Tercera Celestina,* 330; estudio de esta obra de S. Fernández, 373.
Policraticus, de Juan de Salisbury, 107.
Poliscena, de Leonardo Aretino, y su relación con la *Celestina,* 108, 116.
Polo, Gaspar, Gil, precedentes de las rimas provenzales en la *Comedia Florinea,* 391.
Pontano, Giovanni, Valencia, y las malas costumbres del escritor, 269.
Pornoboscodidascalus Latinus, versión de la *Celestina,* 215.
Primaleón, El, en la edición de Francisco Delicado, 293.
Proaza, Alonso de, y el modo de leer la *Celestina,* 10; noticia bibliográfica, 17; y Valencia, 269.
Pródiga, Comedia, de Miranda, sus fuentes, 233.
Propercio, en la *Celestina,* 74; en la *Lena,* 432.
Prosa, La, y la novela, 452.
Prosa castellana, La, y los rasgos principales de su evolución, 184; en la *Celestina,* 187.
Prostitución, noticias que de ella trae la *Lozana Andaluza,* 303.
Prot, Juan, comentador de la comedia *De Vetula,* 95.
Proverbios morales, de Alonso Guajardo, bibliografía, 415.
Psiquis y Cupido, Fábula de, en Apuleyo, 500; en Mal Lara, 503; en las artes plásticas, 506.
Puibusque, y la inmoralidad de la *Celestina,* 182.
Puymaigre, Conde de, juicio sobre él, 137.
Puyol y Alonso, Julio, elogio, 95.
Puzzol, Francisco, editor del *Satyricón,* 467.

Q

Quadrado, y el teatro profano medieval en Mallorca, 127.
Querolus, El, o *Querulus,* en la *Celestina,* 86.
Quevedo, y la *Celestina,* 246; y su juicio sobre la *Eufrosina,* 364; precedentes en la *Lena,* 435.

Quijote, su dedicatoria y sus fuentes, 130.
Quirós, Bachiller, y la edición española del *Philodoxus,* 113.

R

Rabelais, y su comparación con la *Celestina* en las enumeraciones, 137.
Radiana, comedia celestinesca de Ortiz, 231.
Realismo, El, en Apuleyo y en Petronio, 509.
Refranes, Los, y el uso que de ellos se hace en la *Celestina,* 52; en la colección de Caro y Cupido, 220; en la *Eufrosina* y en otros libros, 366.
Regnier, y la literatura española, 209; y la *Celestina,* 209.
Reinosa, Rodrigo de, y *Tristán de Leonís,* 123; y los romances licenciosos y de corte celestinesco, 265.
Relajación social española a principios del siglo xvi, 267.
Representaciones profanas en la Edad Media española, 127.
Rimas provenzales francesas, y los precedentes que de ellas es posible hallar en la *Comedia Florinea,* 391.
Rodríguez Lobo, Francisco, arreglador de la *Eufrosina,* 362.
Rodríguez Marín, y su colaboración a D. Marcelino Menéndez Pelayo en la corrección de pruebas de las comedias celestinescas, 443.
Rodríguez del Padrón, Juan, y sus coincidencias con Chaucer y Shakespeare, 162.
Roig, Jaime, y la vida de Valencia, 269.
Rojas, Fernando de, autor de la *Celestina,* su biografía, 27; determinación de los actos de dicha obra de que es autor, 37.
Roma, noticia de los bajos fondos sociales, en la *Lozana Andaluza,* 306; Saco de, y su explicación en la *Lozana Andaluza,* 298.
Romance de Calisto y Melibea, habilidad narrativa, 261.
Romanos, La novela entre los, 460.

Romances viejos, Los, y la popularidad de sus glosas, 356; en la *Doleria del sueño del mundo,* de Hurtado de la Vera, 417.

Romanyá, Jaime, autor del *Gastrimargus,* comedia latina, 126.

Romeo y Julieta y la *Celestina,* 144.

Romero de Cepeda, Joaquín, y la *Comedia Salvaje,* 411.

Roncio de Vercelli, Mercurio, comedia *De falso hypocrita,* 111.

Rosabello, comedia de Martín de Santander, de corte celestinesco, 231.

Rosvita, Monja, y las obras dramáticas que escribió, 87.

Rueda, Lope de, y los elementos celestinescos en sus rufianes y en sus obras, 234.

Rufián, precedentes latinos de este tipo, 82; Centurio, y su carácter, 154.

Rufianes, Coplas de, en Lope de Rueda, y su origen celestinesco, 235; estudio de las de R. de Reinosa, 306.

Rutilio Namaciano, y el *Querolus,* 86.

S

Sâ de Miranda, y Valencia, 269; y Jorge Ferreira, 360.

Saavedra Fajardo, no cita la *Celestina,* 97.

Safo, coincidencia con un pasaje de la *Celestina,* 63.

Sagramor, Triunfos de, novela de Jorge Ferreira, 358.

Saint - Evremont y el *Satyricón,* 489.

Salamanca, como lugar de la acción de la *Celestina,* 67; y la vida estudiantil, en la *Cuarta Celestina,* 344.

Salas Barbadillo, y la *Celestina,* 247; y la *Lena,* 441.

Salazar y Torres, Agustín de, y la *Segunda Celestina,* 241.

Salisbury, Juan de, y el *Policraticus,* 107.

Salmos penitenciales, imitación de Velázquez de Velasco, 426.

Salomón, *Diálogos de las grandezas de,* por Jorge Ferreira, 358.

Salvaje, Comedia, de Romero de Cepeda, 411.

San Pedro, Diego de, en la *Celestina,* 142; en la comedia *Eufrosina,* 357.

Sanabria, desconocido autor de una comedia celestinesca, 192.

Sánchez de la Ballesta, Alonso, expurgador del *Asno de Oro,* 506.

Sánchez de Muñón, Dr. Sandro, y la *Cuarta Celestina,* 340.

Sanesi, Ireneo, y la comedia humanística, 108.

Santa Cruz, Melchor de, y la comedia *Bile,* 112.

Santander, Martín, y su comedia *Rosabella,* de corte celestinesco, 231.

Santander, Olivares de, y las alusiones que a él se hacen en la literatura celestinesca, 320.

Santos, *Vidas de,* de Alonso de Villegas, y sus ediciones, 404.

Satyricón, de Petronio, sus ediciones, 12; el *Banquete de Trimalción,* 12; falsificaciones de Nodot y Marchena, 13; análisis del *Satyricón,* 14; y las imitaciones que del mismo se hicieron, 33.

Scott, Walter, y la *Lena,* 441.

Schneider, Adam, y la *Celestina,* 206.

Secreto en la venganza, tema en P. M. de Urrea, 268.

Sedeño, Juan, la *Celestina* trovada y otras obras, 262.

Selvagia, Comedia, de Alonso de Villegas, estudio de la misma, 393.

Sempronio, El carácter de, en la *Celestina,* 153.

Sendebar, y la historia del *Príncipe Erasto,* 414.

Séneca, en la *Celestina,* 74; en P. M. de Urrea, 256; en la comedia *Thebayda,* 287.

Serafina, comedia anónima, estudio de la misma, 279.

Sergas de Esplandián, Las, de Garci Ordóñez de Montalvo, y A. de Proaza, 20.

Serrano y Sanz, M., y los documentos sobre Fernando de Rojas, 27.

Sevilla, como lugar de acción de la *Celestina,* 70.

Shakespeare, y la *Celestina*, 144, 159, 213; su *Mercader de Venecia* y la *Segunda Celestina*, 319.
Silio Itálico, en el *Satyricón*, 487.
Silva, Feliciano de, continuador de la *Celestina*, 314; y la *Tercera Celestina*, que le dedican, 327; en la comedia *Selvagia*, 394; su estilo y el de la *Selvagia*, 400.
Sociedad romana, La, retratada en las novelas latinas, 507.
Soldado español, su tipo en la literatura italiana, 203.
Soldado fanfarrón, y los precedentes latinos de su tipo, 83; su tipo en Plauto y en la *Celestina*, 154.
Soravilla, J. de, y el juicio de su libro sobre la *Celestina*, 212.

T

Tácito, noticias de Petronio, 463; y el *Satyricón* en sus ediciones, 468.
Teive, Diego de, y el epigrama a Jorge Ferreiro de Vasconcellos, 355.
Talavera, Arcipreste de, paralelo con el de Hita y con Rojas, 136; su *Reprobación* y la *Celestina*, 137.
Tamayo de Vargas, T., y la atribución de la *Celestina*, a Cota, 43.
Tasso, Torcuato, limador de su obra, 51.
Tavola redonda, Memorial das proezas da segunda, de Ferreira Vasconcellos, 359.
Teatro, en la Biblioteca de Autores Españoles, 519.
Teatro español, El, y la influencia de la *Celestina*, 224.
Teatro profano medieval en España, 127.
Tejada de los Reyes, Cosme Gómez, y Fernando de Rojas, 33.
Teócrito, en Lope de Rueda, 237.
Terenciano Mauro, y Petronio, 467.
Terencio, en la *Celestina*, 73, 71, 78, 82; imitado por la monja Rosvitha, 88; imitado por G. de Blois, 93; sus representaciones en Salamanca, 125; su influencia en el *Gastrimargus*, 126; en P. M. de Urrea, 256; en la *Lena*, 432.
Terentius et delusor, diálogo medieval, 107.
Terruño Quexilloso, Domingo, pseudónimo de Blas Navarro, 365.
Terosima, comedia de Huete, y la *Celestina*, 230.
Thebayda, Comedia, estudio de esta obra, 275; y la *Segunda Celestina*, 320.
Tía fingida, La, y la *Celestina*, 245.
Ticknor, y Fernando de Rojas, a quien toma por eclesiástico, 47; y la Comedia *Florinea*, 385.
Tidea, comedia, de Natas, de corte celestinesco, 231.
Tió, Jaime, editor de la *Celestina* en Barcelona, 200.
Tirso, y los elementos celestinescos que sus obras contienen, 240.
Toledo, como lugar de acción de la *Celestina*, 70.
Torres Naharro, y la *Celestina*, 227; y Francisco Delicado, 308.
Tostado de Madrigal, Alonso, su *Tratado de amor* y la *Celestina*, 140.
Tragicomedia, origen del nombre y ejemplos en el siglo XVI, 81.
Trajes, descripción de ellos en la *Tercera Celestina*, 332.
Trimalción, Banquete de, en el *Satyricón*, 468.
Tristán e Iseo, episodio de la muerte y comparación con la *Celestina*, 170.
Tristán de Leonís, y el nombre de *Celestina*, 78; en la *Celestina*, 123.
Trotaconventos, tipo del Arcipreste y la *Celestina*, 100.
Troylo y Cryseida, en España, 162.

U

Ulyssipo, Comedia de Ferreira de Vasconcellos, 371.
Ulloa, Alfonso de, editor de la *Celestina*, 194.
Universitarias, Las comedias, en Italia, en el siglo XV, 111.
Urrea, Pedro Manuel de, imitador de la *Celestina*, 249.
Usoz, Luis, y el *Cancionero de obras de burlas*, 274.

V

Valdés, Juan de, y la cuestión de autores de la *Celestina*, 43; elogio de la *Celestina*, 183.
Valdivielso, José, y la comedia *Eufrosina*, 364.
Valencia, Relajación de la vida social a principios del siglo XVI, 268.
Valencianismos en las comedias *Seraphina* y *Thebayda*, 288.
Valera, Juan, recuerdo de M. Pelayo, 143; juicio sobre la *Celestina*, 168.
Valladolid, Lugares de, en la *Comedia Florinea*, 392; en la *Lena*, 437.
Varones ilustres, Summa de, de Sedeño, 264.
Varrón, *Sátiras Menipeas*, 461.
Vasconcellos, Jorge, poeta del *Cancionero* de Resende, y la *Eufrosina*, 352
Vascuence, ejemplo de cantor, en la *Tercera Celestina*, 335.
Vega, Lope de, y la rapidez con que redactaba, 45; y los elementos celestinescos que contiene la *Dorotea* y otras de sus obras, 238; reminiscencias de la comedia *Florinea*, 390; y *El amor enamorado*, 505.
Velasco, Juan Fernández de, Condestable de Castilla, mecenas de A. Velázquez de Velasco, 428.
Velázquez, Luis José, y su aprecio de la *Celestina*, 198.
Velázquez de Velasco, Alfonso, la *Lena* y otras obras, 422.
Vélez de Guevara, Luis, comedia inspirada en la conseja de don Pero Añiago, 393.
Vendôme, Mateo de, y sus *Comedias*, 92.
Venegas, Alonso de, y la *Celestina*, 179.
Verardo de Cesena, Marcelino, y sus tragedias humanísticas, 80.
Verdugo, Coronel Francisco, y su relación con Velázquez de Velasco, que editó sus *Memorias*, 422; y la parte que Velázquez de Velasco tuvo en la redacción de los *Comentarios*, 443.
Vergerio, Pedro Pablo, Senior, y sus obras latinas, 109.

Vetula, Comedia de, y el Arcipreste de Hita, 94; su reflejo en la *Celestina*, 99.
Viajes por España, Los, y las noticias relativas a Valencia en el siglo XVI, 272.
Vicente, Gil, y la *Celestina*, 225.
Vidriana, comedia de Huete, y la *Celestina*, 230.
Villalba y Estaña, y la *Celestina* en Salamanca, 68.
Villanesco, Lenguaje, en la *Tragedia Policiana*, 383.
Villegas Selvago, Alonso, y la atribución de la *Celestina* a Cota, 42; y la *Cuarta Celestina*, 350; y la *Comedia Selvagia*, 393.
Virgilio, en la *Celestina*, 73; en *Eurialo y Lucrecia*, 122; enamorado, cuento de, 137, 257; en Juan de la Cueva, 237; en la comedia *Thebayda*, 287; en Antonio Ferreira, 434; en el *Satyricón*, 487.
Vitoria, Francisco de, maestro del autor de la *Cuarta Celestina*, 337.
Vives, Luis, y las novelas, 178; y la *Celestina*, 178; y Apuleyo, 494.
Voltaire, y el *Satyricón*, 488.

W

Wirsung, Máximo, traductor alemán de la *Celestina*, 204.
Wolf, Fernando, y la *Celestina*, 11, 12, 173; y los autores de la *Celestina*, 48; elogio de la *Celestina*, 144.

X

Ximénez, Gonzalo, poeta latino, 19.
Ximénez Patón, Bartolomé, y la Comedia *Eufrosina*, 364.
Xuárez, Fernán, y el *Coloquio de las damas*, del *Aretino*, 312.

Z

Zabala y Zamora, Gaspar, y *Psiquis y Cupido*, 505.
Zorrilla, y su alarde de rapidez en la redacción del *Puñal del Godo*, 45.
Zurita, Jerónimo, y la literatura de entretenimiento, 180.

ÍNDICE

Pág.

X. — La «Celestina». — Razones para tratar de esta obra dramática en la historia de la novela española. — Cuestiones previas sobre el autor y el texto genuino de la «Tragicomedia de Calisto y Melibea». — Noticia de sus primeras ediciones y de las diferencias que ofrecen. — Noticias del bachiller Fernando de Rojas. — ¿Es autor del primer acto de la «Celestina»? — ¿Lo es de las adiciones publicadas en 1502? — ¿Fecha aproximada de la «Celestina»? — Lugar en que pasa la escena. — Fuentes literarias de la «Tragicomedia»: reminiscencias clásicas. — Teatro de Plauto y Terencio. — Comedias elegíacas de la Edad Media, especialmente la de «Vetula»: su imitación por el Arcipreste de Hita. — Comedias humanísticas del siglo xv: el «Paulus», de Vergerio; la «Poliscena», atribuída a Leonardo Bruni de Arezzo; la «Chrysis», de Eneas Silvio. — La «Historia de Euríalo y Lucrecia», del mismo. — Otras reminiscencias de escritores del Renacimiento italiano: Petrarca; Boccaccio. — Literatura española del siglo xv que pudo influir en Rojas: el Arcipreste de Talavera, Juan de Mena, Alonso de Madrigal, La «Cárcel de Amor». — Análisis de la «Celestina». — Los caracteres. — La invención y composición de la fábula. — Estilo y Lenguaje. — Espíritu y tendencia de la obra. — Censuras morales de que ha sido objeto. — Historia póstuma de la «Celestina». — Rápidas indicaciones sobre su bibliografía. — Principales traducciones. — Su influjo en las literaturas extranjeras. — Importancia capital de la «Celestina» en el drama y en la novela española 19

XI. — Primeras imitaciones de la «Celestina». — «Égloga», de don Pedro Manuel de Urrea. — Su «Penitencia de Amor». — Farsa de Ortiz de Stúñiga. — Romance anónimo. — Rodrigo de Reinosa y otros autores de pliegos sueltos. — «Celestina» versificada, de Juan Sedeño. — Comedias «Hipólita», «Seraphina» y «Thebayda», de autor anónimo. — Francisco Delicado y su «Retrato de la Lozana Andaluza». — Escasa influencia del Aretino en España: refundición del «Coloquio de las Damas», por Fernán Xuárez. Continuaciones legítimas de la obra de Fernando de Rojas. — «Segunda Celestina» o «Resurrección de Celestina», de Feliciano de Silva. — «Tercera Celestina», de Gaspar Gómez de Toledo. — «Tragicomedia de Lisandro y Roselia», de Sancho Muñón. — La «Celestina» en Portugal; imitaciones de Jorge Ferreira de Vasconcellos: la comedia de «Euphrosina». — Su traducción, por Ballesteros y Saavedra. — Otras imitaciones castellanas de la «Celestina». — «Tragedia Policiana», de Sebastián Fernández. — «Comedia Florinea», de Juan Rodríguez Florián. — «Comedia Selvagia», de Alonso de Villegas. — «Comedia Selvaje», de Joaquín Romero de Cepeda. — «La Doleria del sueño del mundo», comedia alegórica de Pedro Hurtado de la Vera. — «La Lena» o «El Celoso», del capitán don Alonso Velázquez de Velasco 249

Apéndice I. — La Novela entre los Latinos 445

Apéndice II. — Prospecto de la Nueva Biblioteca de Autores Españoles 513

Índice de temas, autores y obras 527

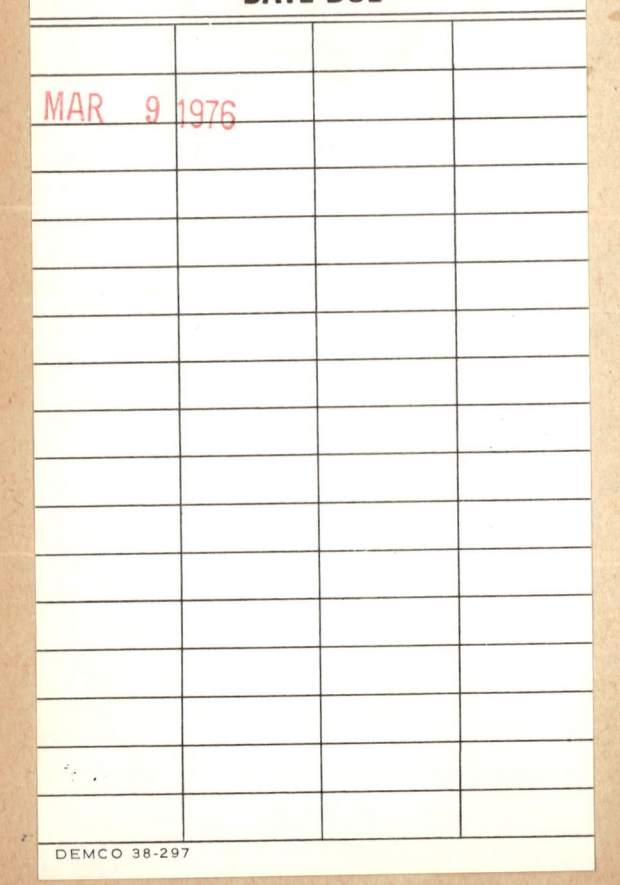